LE

# MONITEUR PRUSSIEN

## DE VERSAILLES.

DANS LE MÊME FORMAT :

LE

JOURNAL OFFICIEL

DU

# SIÉGE DE PARIS

**TROIS VOLUMES**

PUBLIÉS EN LIVRAISONS

1366— Paris. — Imprimerie Cusset et C⁰, rue Racine, 26

# LE
# MONITEUR PRUSSIEN
## DE VERSAILLES

REPRODUCTION DES 15 NUMÉROS DU *NOUVELLISTE DE VERSAILLES*

ET DES 108 NUMÉROS DU

*MONITEUR OFFICIEL DU GOUVERNEMENT GÉNÉRAL*

*DU NORD DE LA FRANCE*

PARUS A VERSAILLES PENDANT L'OCCUPATION PRUSSIENNE

*Publiés par*

## GEORGES D'HEYLLI

TOME DEUXIÈME

(Du 14 décembre 1870 au 5 mars 1871)

PARIS

L. BEAUVAIS, LIBRAIRE

25, QUAI VOLTAIRE

1872

# LE
# MONITEUR PRUSSIEN
## DE VERSAILLES.

N° 38. — MERCREDI 14 DÉCEMBRE 1870.

### PARTIE OFFICIELLE.

#### DÉPÊCHE OFFICIELLE.

VERSAILLES, 13 décembre. — Le 11 de ce mois, l'ennemi s'est retiré devant nos troupes, stationnées autour de Beaugency.

Le bombardement de Montmédy a commencé le 12 de ce mois.

La forteresse de Phalsbourg, cernée jusqu'à présent, a capitulé.

DE PODBIELSKI.

### PARTIE NON OFFICIELLE.

La correspondance qui suit, adressée de Versailles au *Moniteur prussien*, donne une relation claire et précise des combats qui ont eu lieu devant Paris le 30 novembre et le 2 décembre :

« On ne peut mettre en doute que le général Trochu n'ait essayé, cette fois, avec toutes ses forces, de percer la ligne d'investissement du côté de l'Est. — Tous les prisonniers s'accordent à dire que l'attaque du 30 novembre a été tentée avec le dessein de s'ouvrir un passage dans la direction de Meaux et de Fontainebleau. Ce but de la sortie, on l'avait fait connaître aux troupes parisiennes, et l'ordre général était — qu'il fallait *à tout prix* se faire jour à travers les lignes allemandes — *en masse, ou, si cela n'était pas possible, par bataillons.*

« Comme on sait, l'attaque principale a eu lieu contre les positions en deçà de la Marne. Le premier choc se concentra, le 30 novembre, sur **deux** points. Par le feu de ses forts et celui des ouvrages extérieurs nouvellement construits, l'ennemi commandait le terrain sud de la Marne, les localités de Adamville, La Varenne, Pont-Mesnil, sises à l'est de la courbure sud de la Marne, et, en arrière, Saint-Maur avec le bois Les Fossés, situé vis-à-vis. A l'ouest de la Marne se trouve la ville de Créteil avec environ 2,500 habitants qui, par la route impériale de Paris à Fontainebleau, se lie au fort de Charenton, éloigné de 3 kilomètres 1/2, soit à peine 1/2 mille allemand. La petite hauteur du Mont-Mesly s'élève à quelques centaines de pas de là, au sud. C'est contre cette position que fut dirigée la première attaque. La seconde, qui avait lieu en même temps, partait de Nogent-sur-Marne, sur la rive supérieure du territoire nord de la Marne, et se dirigeait contre les villages de Brie, Villiers, Champigny.

« Toutes ces localités étaient occupées par des troupes allemandes, dont les positions avancées, dans cette partie de la ligne d'investissement, s'étendent de Noisy-le-Grand, par le parc de Cœuilly, à Chenevières, Ormesson, Sucy et Boissy-Saint-Léger. — Les choses se présentaient ainsi et se sont passées exactement comme dans l'affaire du Bourget (31 octobre).

« Le 30 novembre, avant midi, lorsque les Français commencèrent leur attaque, il n'y avait à Mesly que trois compagnies d'infanterie wurtembergeoise. Celles-ci, conformément aux ordres donnés, s'étant repliées sur leur ligne de soutien, l'ennemi, qui débouchait de Charenton en colonnes profondes, occupa la hauteur et y amena deux batteries. A midi, cependant, une batterie wurtembergeoise pouvait être mise en position contre Mesly. Tandis qu'elle entretenait son feu, la division **wurtembergeoise** s'était rassemblée. Elle prit d'assaut la hauteur et balaya l'ennemi sur la pente du côté de l'Est. Le régiment Colberg du 2ᵉ corps, soutenu par l'infanterie wurtembergeoise, prit les Français en flanc et empêcha l'action de leur réserve, qui était postée dans un bois entre Créteil et le chemin de Paris à Melun. Des files entières de l'infanterie ennemie gisaient sur le sol des pentes; plus de 300 prisonniers étaient tombés aux mains des Allemands; l'ennemi se replia avec sa réserve.

« La seconde attaque se développa de la même façon. Les Saxons venaient, précisément le matin du 30, de relever les Wurtembergeois à Champigny et à Villiers. Mais il n'y avait dans ces deux postes avancés que 6 compagnies, qui, à l'approche des Français, se replièrent nécessairement sur leurs soutiens. Villiers fut immédiatement repris par les Allemands; dans Brie et Champigny, les Français se maintenaient encore, lorsque la nuit vint mettre fin au combat.

« Une dépêche du général Trochu porte à 2,000 hommes la perte des Français, le 30. Ce qui confirme l'étendue de leur perte, c'est que le 1$^{er}$ décembre l'ennemi demanda un armistice jusqu'à quatre heures, qui lui fut accordé; le but de la suspension d'armes était de faire transporter à Paris les blessés français. Mais ce transport n'ayant pas pu s'exécuter complétement dans l'espace de temps donné, les Français abandonnèrent une partie de leurs blessés à leur malheureux sort. Quelques-uns de ceux-ci furent recueillis, dans la soirée du 1$^{er}$ décembre, par les Wurtembergeois, qui donnèrent ainsi une nouvelle et honorable preuve de l'humanité allemande; mais beaucoup d'autres blessés français durent être laissés sur le champ de bataille, parce que le feu des forts ennemis rendait impossible de continuer à les relever; ces malheureux, abandonnés sans secours, dans une nuit glaciale, ont dû nécessairement succomber.

« Le 2 décembre, à sept heures du matin, la 1$^{re}$ brigade wurtembergeoise, réunie aux Saxons, reprit Champigny. Mais les Français prirent une seconde fois ce village. L'ennemi, recevant des renforts au moyen du chemin de fer, parvint vers midi à s'établir fortement dans la position. Le combat recommença, rude et sanglant pour les Wurtembergeois, qui firent preuve d'une ténacité extraordinaire. A trois heures, la moitié supérieure du village était occupée de nouveau par nos troupes. A cinq heures, l'ennemi interrompit le combat, et ses forts cessèrent leur feu... »

On sait que, le jour suivant, les Français évacuèrent sans combat la demi-position qu'ils avaient conservée, et se replièrent complétement derrière la Marne. Ainsi finit cette grande sortie en masse, qui n'a pas même pu rompre la première ligne allemande. »

---

On lit dans la *Correspondance provinciale :*

« La haute et magnanime initiative que le Roi Louis de Bavière a prise (en proposant le rétablissement de l'empire d'Allemagne) est justement appréciée par tout le peuple allemand comme ayant une importance décisive pour « le couronnement de l'édifice national. »

« Celui qui connaît le roi de Prusse sait qu'il n'a jamais ambitionné ni cherché pour lui et sa maison la dignité impériale. Ce que le roi Guillaume a désiré, et ce qu'il est glorieusement parvenu à réaliser, c'est le rétablissement de l'Allemagne dans sa puissance et son honneur parmi les peuples.

« Mais, dans la mémoire du peuple allemand, le souvenir de l'ancienne grandeur de l'Allemagne rappelle nécessairement l'*Empereur* comme le soutien et le chef de l'État allemand. La grandeur nationale étant rétablie aujourd'hui, il ne peut y en avoir de signe plus éclatant que la restauration du titre impérial.

« En étant prêt à satisfaire au vœu public, notre Roi a fait connaître en même temps de quelle manière Il comprend la tâche de l'Empire et de l'Empereur. Plus l'Empire est puissant, plus aussi, dans la pensée du Roi, la Constitution doit lui donner le caractère d'*Empire de la paix*. Maintenir la paix de l'Allemagne et, au besoin, celle de l'Europe, sauvegarder en même temps la prospérité et la liberté des peuples, — c'est uniquement dans ce but que doit être employée la puissance reconquise de l'État allemand et de l'Empire. »

---

Le *Drapeau* (1), dont nous avons déjà publié des extraits très-

(1) Journal du parti bonapartiste à Bruxelles.

intéressants, apprécie de la manière suivante la situation de la France depuis les derniers événements militaires :

« L'horizon militaire de la France s'assombrit de plus en plus. Les dépêches du quartier général prussien, publiées par les journaux allemands, donnent des détails qui démontrent que les combats livrés en avant d'Orléans ont eu une plus grande importance que celle que leur attribuent les dépêches de Tours.

« Orléans est occupé, Rouen est occupé, et une dépêche de Lille annonce en outre que les Prussiens marchent sur le Havre, et que les communications de cette ville, par terre, sont complétement coupées avec tout le reste de la France.

« La situation militaire s'est donc beaucoup aggravée. Le tableau est des plus sombres, et nous n'avons comme consolation qu'une dépêche de M. Gambetta, datée de Tours, qui ordonne aux préfets de démentir hardiment les bruits alarmants répandus sur la situation de l'armée de la Loire, en leur affirmant que plus ils affirmeront ce démenti, plus ils seront dans le vrai.

« Cette manière de donner des nouvelles d'une armée qui vient de subir une défaite, est au moins singulière. C'est là une preuve nouvelle des procédés politiques qu'ont inventés les avocats pour donner du relief à leur règne.

« Au lieu de donner simplement les renseignements précis, qui peuvent être fournis sans danger; au lieu de dire, par exemple, que l'armée de la Loire se retire en bon ordre, et va occuper des positions où elle sera, plus qu'avant, en mesure de faire face à l'ennemi, M. Gambetta ordonne de tout démentir.

« On ne sait rien, on craint tout; on demande à être rassuré.

« Et les seules nouvelles que M. Gambetta croit devoir donner en pâture à l'inquiétude publique, c'est un démenti.

« Qu'importera ce démenti aux populations anxieuses dont l'avenir dépend de cette armée de la Loire qui vient de subir un échec, que les détails de l'ennemi tendent peut-être à accroître pour les impressionner ?

« Y croiront-elles, et seront-elles tranquillisées, parce qu'un préfet aura publié le dithyrambe d'un ministre dont toutes les paroles affirment les espérances les plus vives, presque des certitudes que la patrie sera sauvée par lui, espérances et certitudes que les événements détruisent avant même qu'elles soient formées?

« Évidemment, ces populations aimeraient mieux des phrases moins ronflantes et moins académiques, mais de simples paroles qui leur remissent un peu d'espoir au cœur.

« Si la dépêche de M. Gambetta est impuissante à cet égard, du moins nous apprend-elle une chose qu'il faut répéter bien haut, dans l'intérêt de la France, c'est que l'opinion publique, un instant galvanisée par les promesses du Gouvernement de Tours, commence à comprendre de nouveau la situation telle que l'a faite ce Gouvernement.

« Si elle a pu s'illusionner un instant sur le mérite et le patriotisme des hommes du 4 septembre, elle sait aujourd'hui que ces hommes, impuissants pour la paix, sont également impuissants pour la guerre.

« Elle sait que l'état politique anormal qu'ils ont créé, loin de sauver la France, aggrave ses désastres; que cet état des choses la livre, sans défense effective, sans appuis du dehors, à un ennemi qui n'est intraitable que parce qu'il n'a devant lui aucun pouvoir légal avec lequel il puisse traiter.

« Et cette opinion publique se réveille, en attendant qu'elle se révolte, d'être obligée de subir un despotisme illégal qui n'est rien moins que le salut.

« Dans cette situation, bien que personne n'ose l'avouer encore, nous sommes convaincu que des désirs de paix couvent au fond de toutes les consciences, et que chacun se dit tout bas, en attendant que tout le monde le répète tout haut :

« Un pouvoir légal et la paix; là seulement est le salut. »

---

On a fondé à Bruxelles une Société internationale de secours pour les prisonniers de guerre. Cette Société vient d'adresser aux journaux la lettre et la circulaire suivante :

Bruxelles, 4 décembre 1870.

« Monsieur,

« Nous avons l'honneur de vous faire connaître la constitution de la Société internationale de secours pour les prisonniers de guerre, et de vous adresser une notice indiquant sommairement le but que la Société se propose, ainsi que la composition du comité de Bruxelles.

« Nous vous serons très-reconnaissants de vouloir bien donner place à cette notice dans votre journal, en la recommandant, par quelques mots, à l'attention de vos lecteurs, si vous le jugez convenable.

« La presse a beaucoup contribué, par son concours empressé, aux excellents résultats donnés par l'œuvre en faveur des blessés, et nous aimons à compter sur sa coopération également dévouée, pour le succès de l'institution non moins utile que nous venons de fonder.

« Veuillez agréer, monsieur le directeur, avec tous nos remercîments, l'assurance de notre considération distinguée.

« *Le secrétaire,*    « *Le président,*
« E. ROMBERG.    « Cᵉ DE MÉRODE-WESTERLOO. »

---

SOCIÉTÉ INTERNATIONALE DE SECOURS POUR LES PRISONNIERS DE GUERRE.

« La Société qui vient de se constituer sous cette dénomination à Bruxelles, n'a pas besoin d'un long programme pour exposer ses principes et son but.

« Faire pour les prisonniers de guerre, sans distinction de nationalité, avec l'agrément des belligérants, ce que la Convention de Genève a fait pour les blessés;

« Voilà pour le principe.

« Adoucir par des secours de toute nature la position des prisonniers de guerre;

« Leur faciliter, aux conditions fixées par les Gouvernements, les relations avec leurs familles;

« Multiplier autour d'eux les ressources de la vie intellectuelle, morale et religieuse;

Voilà le but.

« Pour être à même de remplir cette mission, à laquelle les

derniers événements ont donné des proportions immenses, la Société fait appel à toutes les nations civilisées.

« Sans se départir en rien de l'impartialité rigoureuse qui lui impose l'obligation d'étendre sa sollicitude et ses secours à tous les prisonniers de guerre sans distinction, la *Société internationale* a le devoir, en raison des circonstances actuelles, d'adresser au public un appel spécial en faveur des prisonniers français.

« Leur nombre si considérable, l'état d'épuisement et de dénûment dans lequel ils abordent les rigueurs de l'hiver, ont déterminé parmi eux beaucoup de souffrances et de maladies.

« L'intendance allemande fait tout ce qu'elle peut pour fournir à ces 350,000 prisonniers les vêtements, objets de laine et chaussures dont ils ont besoin. Mais les froids rigoureux ont commencé avant qu'elle ait pu achever une tâche si considérable.

« Il faut que de toutes parts la charité se mette à l'œuvre.

« Déjà, des délégués de la Société, envoyés en Allemagne, ont commencé à visiter les dépôts des prisonniers, et à distribuer, avec l'agrément des autorités militaires, des vêtements et des chaussures.

« De toutes parts aussi, les prisonniers demandent des livres, pour tromper les ennuis de la captivité.

« Souscriptions en argent, dons en nature, livres, vêtements, objets de laine, neufs ou vieux, pourvu qu'ils puissent encore être utilisés pour garantir les prisonniers contre le froid ; tout sera accueilli avec la plus vive reconnaissance.

« Il n'y a pas un moment à perdre. La promptitude des secours doublera leur efficacité.

COMITÉ DE BRUXELLES.

« M. le comte de Mérode-Westerloo, sénateur, président ;

« M. Thonissen, professeur à l'Université de Louvain, membre de la Chambre des représentants, correspondant de l'Institut de France, et M. le comte Auguste d'Ursel, vice-présidents ;

« M. Édouard Romberg, ancien directeur général au ministère de l'intérieur, et M. le comte Albert de Beaufort, secrétaires;

« M. le baron Arthur de Rothschild, trésorier.

« Le Comité fait appel aux souscripteurs de la charité privée, pour être à même d'envoyer le plus tôt possible aux prisonniers de guerre tous les secours dont ils ont besoin, à l'entrée de l'hiver.

« Outre les dons en argent, il recevra avec reconnaissance tous les objets en nature, comme vêtements, gilets et bas de laine, chemises et ceintures de flanelle, chaussures, etc., etc., ainsi que les livres avec lesquels on voudrait former de petites bibliothèques, dans chaque dépôt de prisonniers.

« Il se charge de faire remettre aux prisonniers de guerre, en Allemagne et en France, aux conditions qui seront fixées par les gouvernements intéressés, tout ce que leurs familles désireront leur faire parvenir.

« Il se procurera et enverra, autant qu'il lui sera possible, tous les renseignements qui seront demandés sur les prisonniers.

« Un Comité correspondant, établi à Berlin, aura pour mission spéciale de faciliter l'œuvre du Comité international de Bruxelles, en ce qui concerne les prisonniers français.

« Les souscriptions peuvent être remises à tous les membres du Comité, et plus particulièrement à M. le baron Arthur de Rothschild, trésorier, chez M. LAMBERT, banquier, 18, rue Neuve.

« On peut faire remettre, rue du Commerce, 67, à Bruxelles, les dons en nature. »

---

On écrit au *Times* :

« La canonnade des forts a été épouvantable pendant plusieurs jours. On pense au quartier général qu'elle avait pour but d'attirer l'attention de l'armée de la Loire, dont on attendait l'approche. Les Allemands persistent à dire que ces démonstrations font peu de mal aux lignes allemandes. Il n'y a eu de dommage causé qu'à la tour des Anglais, où une bombe a éclaté dans un abri occupé par des Bavarois.

Pendant les divers combats, l'état-major général n'a pas quitté Versailles. Le prince de Prusse était prêt avec son armée à porter secours sur les points menacés, mais son intervention n'a pas été nécessaire.

« On écrit du Vert-Galant, au même journal, en date du 30 novembre, que le quartier général du prince de Saxe a été transporté à Champs, au sud de la Marne, sur un ordre venu de Versailles. Cette mesure avait pour but de renforcer la défense de la grande route d'Orléans.

« Le correspondant attaché au quartier général du duc de Mecklembourg écrit de la Loupe, de Bretoncelles et de Nogent-le-Rotrou. Ce qu'il dit de l'armée de la Loire n'est pas fort rassurant pour les destinées de la France. A mesure que les Allemands avancent, les Français battent en retraite. « Les hommes que j'ai vus, dit le correspondant, sont la véritable écume de l'armée française, tellement inférieurs au moral et au physique à leurs adversaires, que c'est en quelque sorte un assassinat de les combattre. »

Le correspondant écrit aussi ce qui suit de Bretoncelles :

« J'ai vu un grand nombre de Français jeter leurs fusils, s'accroupir sous les arbres d'un verger et attendre l'arrivée des troupes allemandes qui les délivreraient en les faisant prisonniers.

« Deux jeunes gens revêtus de l'uniforme de la marine française, dont l'un exhalait des plaintes amères, étaient debout près de ruines fumantes. Je leur demandai leur âge. L'un avait 15 ans, l'autre 16. Ils étaient venus de Cherbourg avec 800 hommes, étaient arrivés le 6 au matin, et avaient été conduits au feu, à dix heures.

« L'un d'eux me dit piteusement : « J'ai été fait soldat contre ma volonté, j'ai été conduit au combat contre ma volonté, j'ai été fait prisonnier contre ma volonté. La seule chose que je n'aie pas faite contre ma volonté, c'est de brûler une cartouche. Tenez, voyez ma cartouchière et comptez les cartouches; elles y sont encore toutes les 84. Voyez mon fusil, je n'ai de ma vie tiré un coup de fusil contre un ennemi. »

« Il ajouta que presque tous ses camarades étaient des jeunes gens comme lui. Je pus reconnaître qu'ils appartenaient à un régiment que j'ai vu sortir vaillamment des villages et s'avancer jusqu'au centre du champ de bataille, où ils s'arrêtèrent et firent feu pendant un certain temps avec plus de fermeté que certains de leurs camarades.

« Un peu plus loin, dans un potager, je vis le cadavre d'un homme qui me parut un paysan ; mais, en retournant sa blouse, j'aperçus l'uniforme d'un franc-tireur. Une heure ou deux plus tard, on entendit un feu violent d'artillerie, tandis que l'ennemi battait en retraite vers Nogent-le-Rotrou. Mais rien n'indiquait une résistance de sa part, et mon premier soin fut de chercher un coin tranquille où je pusse écrire une lettre assez à temps pour vous l'envoyer par l'aide de camp que le général Wittich était sur le point de dépêcher au quartier général.

« Sous forme de satire, je vous envoie la copie d'une dépêche trouvée au quartier général français :

« Dépêche du général Trochu.

« 16,000 Prussiens tués.

« 8,000 hors de combat.

« 30,000 Bavarois hors de combat.

« 12,000 Bavarois entrés dans Paris, la crosse en l'air.

« Duc de Nassau tué par les éclaireurs.

« Prince Frédéric-Charles disparu. »

« A Nogent-le-Rotrou, les Allemands n'ont pas trouvé un seul soldat dans la ville. Ils s'étaient tous retirés à la nouvelle de l'approche de l'ennemi. Plusieurs officiers qui, après Sedan, avaient donné leur parole d'honneur de ne plus se battre contre les Prussiens, ont été faits prisonniers. »

On écrit de Tours, le 2 décembre :

« M. Gambetta a le talent de nous faire passer par les émotions les plus vives. Tantôt il nous apporte des joies si **complètes** que toute la France rit et chante et que, pour un peu, tout le monde s'embrasserait dans les rues ; tantôt il nous tire de notre rêve et nous ramène à la réalité si rudement que nous serions bientôt découragés, si nous pouvions l'être.

« Hier, l'éloquent fils de Cahors assemblait dans la cour tous les habitants de sa bonne ville de Tours et leur faisait part des exploits des Parisiens, ces exploits qui, en somme, n'ont pas produit en réalité de grands résultats ; mais sous la parole imagée et retentissante de M. Gambetta tout se transforme, et il nous montrait les Parisiens arrivés déjà à Montlhéry, à moitié chemin d'Étampes ; c'est-à-dire que les lignes prussiennes établies autour de la place assiégée auraient été traversées d'outre en outre, et le général Ducrot aurait occupé avec 150,000 hommes et 400 canons les positions où jadis était campée l'armée du prince royal de Prusse. Il semblait, d'après tout cela, que Paris fût débloqué, et beaucoup d'entre nous manifestaient l'intention de retourner d'ici à huit jours dans la capitale.

« Aujourd'hui nous avons examiné les textes officiels, les rapports militaires, les détails qui nous arrivent par lettres privées, et nous avons vu toute l'étendue de l'erreur où l'on nous avait jetés. En somme, après une sortie tentée pendant deux jours avec des forces considérables dans presque toutes les directions, nous avons pris quatre canons et quelques centaines de prisonniers. Plusieurs positions ont été enlevées à l'ennemi ; mais excepté l'île Marante, Port-l'Anglais et Épinay, situés à peu près sous le canon de nos forts, il paraît que nous n'avons pu conserver aucune portion du terrain que nous avions pris.

« Reste maintenant à savoir le résultat de la troisième journée, celle du 1ᵉʳ décembre. Un ballon a passé ce matin au-dessus du Mans, et il est probable que les dépêches qu'il portait nous arriveront demain, à moins que, par malheur, l'aérostat n'aille tomber dans la mer, ce qui paraît à craindre ; le vent est tellement vif que le *Jules Favre*, ballon qui nous a apporté les lettres de Paris du 30 novembre, est allé tomber à Kerviniec, près de Palais, à Belle-Isle-en-Mer. C'est à Belle-Isle-en-Mer qu'est né le général Trochu ; sa vieille mère y habite encore. Les aéronautes ont dû crever eux-mêmes leur ballon pour descendre, et la chute a été si rude qu'ils ont été blessés tous deux, ce qui ne les a pas empêchés de porter aussitôt leurs dépêches au télégraphe. »

Autre correspondance de Tours :

« J'ouvre le *Moniteur universel*. Je croyais y lire, à l'occasion du fameux anniversaire du 2 décembre, la révocation des magistrats qui ont participé au coup d'État. Je vous disais, il y a quelques jours, que ce décret était sur le point de paraître. Je vous faisais part également des répugnances de M. Crémieux à toucher à l'inamovibilité de la magistrature, malgré les vociférations des clubs. On m'affirme que, jusqu'à présent, les observations du garde des sceaux ont prévalu dans le conseil et que le décret sera retiré. Outre l'immense émotion qu'eût excitée cette Saint-Barthélemy judiciaire, on a craint de frapper un grand nombre de magistrats faisant partie de la Cour de cassation. Que dira de cette tolérance la ligue du Sud-Ouest et la fleur des clubs de Lyon, de Marseille et de Toulouse?

« M. Gambetta revient à l'exécution de son décret sur les onze camps de gardes nationales mobilisées. M. de Freycinet adresse une circulaire aux généraux pour hâter la préparation de l'emplacement de ces camps. C'est fort bien, mais je n'en persiste pas moins dans l'idée que j'ai eu l'occasion de vous exprimer. Les camps ne se formeront pas. Où M. Gambetta trouvera-t-il les sommes colossales nécessaires au déplacement de plus d'un million d'hommes? Ce serait une œuvre de ruine pour l'agriculture, le commerce, l'industrie, et qui atteindrait chaque Français, de tout âge et de tout sexe. Il est impossible que le sentiment public ne se révolte pas contre cet audacieux excès de dictature.

« On ne ménage pas les journalistes au Mans. M. Le Nordez, rédacteur de l'*Union de la Sarthe*, a été arrêté le 26 avec le gérant, et l'on annonce même une troisième arrestation dans les bureaux du journal. Cette triple violation de la liberté individuelle s'est opérée par les soins d'un préfet, qui a nom Lechevallier, avocat de Paris, plaidant, avant le 4 septembre, pour les assassins des pompiers de la Villette. Ce satrape au petit pied parle d'envoyer nos confrères devant une cour martiale, sous le prétexte qu'ils ont divulgué les positions de nos troupes. Rien n'est plus faux, assurément. M⁰ Lechevallier, qui est avocat, ne doit pas ensuite ignorer que, aux termes d'un décret rendu par le ministre Gambetta, tout individu non militaire n'est justiciable que du conseil de guerre ; mais avant de faire de la légalité, l'avocat Lechevallier, devenu préfet, n'aura pas dédaigné de faire de la terreur. »

### FAITS POLITIQUES.

Nous avons annoncé que le citoyen américain Georges-Francis Train avait été arrêté à Lyon.

M. Challemel-Lacour a fait procéder, la nuit, à cette arrestation. Au moment où le train du 13 novembre allait partir pour Tours, des gardes nationaux se sont présentés à la gare et ont enlevé M. Train de son wagon.

L'Américain a protesté, mais force est restée aux exécuteurs de cette mesure qui, jusqu'à plus ample information, ne nous semble pas entièrement justifiée.

Le citoyen Train a adressé alors au peuple de Lyon la curieuse lettre suivante, datée de sa prison :

*Cachot nº 13. — Appartement C. — Bastille Saint-Joseph.*

« Lyon, 19 novembre 1870.

« Aux républicains de Lyon,

« Vive la République, chers citoyens ! remercîments, chers républicains de la France, pour votre généreuse hospitalité. Au nom du peuple de l'Amérique et de l'Irlande, les seuls amis de votre jeune République, comme leur représentant, je vous remercie.

« Remercîments à l'escorte de votre garde nationale qui m'a arrêté à la gare de Lyon quand j'étais en route pour me rendre à Tours, afin d'obtenir une réponse de Gambetta pour l'organisation d'un bataillon Lafayette, et qui m'ont placé dans un cachot de galérien.

« Remercîments, chers amis, pour m'avoir laissé huit jours sans un essuie-main, sans une brosse, sans pouvoir changer de chemise, pour m'avoir laissé vingt-quatre heures solitaire dans une cellule.

« Lafayette, en Amérique, occupait la maison de Washington ;

ne soyez point offensés, chers citoyens, si je vous dis que l'inquisition espagnole est une base pourrie pour la faire servir à l'établissement de votre nouvelle République.

« L'Empire n'a jamais commis un outrage plus infâme contre la liberté individuelle; on m'a fait croire à Marseille que vous étiez à Lyon plus républicains que les Marseillais, peut-être l'êtes-vous?

« Quand je retournerai en Amérique, je dirai à mes compatriotes que la France n'est pas tout à fait disposée à nourrir des principes républicains ; j'ai commandé un habillement complet de galérien, n'oubliant pas les sabots, comme costume dans lequel je ferai mes discours en Amérique, afin de donner à mes compatriotes une preuve visible de la manière dont la France est mûre pour la liberté.

« Vous dépensez 600 millions pour vos armées et 4 millions pour des écoles libres; nous, le peuple américain, nous avons dépensé 3 millions de dollars pour émanciper les noirs. Longtemps se passera avant que vous fassiez quelque chose pour émanciper les blancs.

« Une fois encore, chers républicains de Lyon, remerciments, vive la France!

« Ou j'ai commis quelque crime gigantesque contre la République, ou bien le Gouvernement a fait cette fois une erreur grossière. Au temps à prouver lequel des deux.

« Liberté, égalité, fraternité, ont des significations diverses suivant les pays.

« En Amérique : vapeur, gaz, électricité.

« En Angleterre : prostitution, esclavage, mendicité.

« En Prusse : infanterie, cavalerie, artillerie.

« En France : mangeant, buvant, fumant pendant l'invasion.

« Vive la République universelle !

« Aux armes! en avant ! sincèrement.

« G. F. TRAIN,
« *Civis americanus sum*. Membre de la ligue du Midi et prisonnier dans une bastille lyonnaise. »

LES RESSOURCES MILITAIRES DE L'ALLEMAGNE
ET DE LA FRANCE.

(Extrait du journal *la Nation*, de New-York.)

« Les succès foudroyants de l'Allemagne ont prouvé que les armées organisées autrement que celles de la Prusse ne sont que des curiosités historiques. C'est en vain que le césarisme a voulu établir une barrière entre le soldat et le citoyen ; ils sont *un*, et à l'avenir les guerres ne seront plus faites par la lie du peuple.

« Un autre point caractéristique, c'est que l'Allemagne a mis en jeu, dès le début, toutes les ressources, tous les efforts de ses peuples, et n'a pas craint d'arrêter au besoin la machine de l'État. De cette manière, elle a démontré à la nation quel effroyable fléau c'est que la guerre. Si jamais la paix universelle se réalise, c'est qu'il sera impossible d'enrayer, même un instant, l'industrie et le progrès. L'Allemagne compte parmi ses soldats des hommes de toutes les classes, du ministre au simple prolétaire. Pour elle, la vie d'un soldat-citoyen a bien plus de valeur que celle d'un troupier de profession n'en a pour la France. Celui-là est le représentant de l'intelligence, de la valeur morale, le produit d'une excellente éducation, tandis que les troupes formées par Napoléon III ne partagent que rarement la culture de leurs concitoyens. L'instruction très-avancée du soldat allemand exige des connaissances approfondies chez ses officiers ; c'est pourquoi rien n'est épargné pour rendre ces derniers dignes de la confiance des hommes que la nation leur confie.

« L'officier français, au contraire, n'a souvent pas même d'instruction technique. Il arrive parfois qu'il sait à peine écrire son nom (quand il sort du cadre des sous-officiers). Son uniforme n'est pas, comme en Prusse, un passe-port qui lui donne l'accès de la meilleure société ; il n'y a pas de sympathie entre les officiers et les classes éclairées : c'est ce qui explique pourquoi les journalistes ne cessent de demander à grands cris une guerre quelconque ; ils y voient le moyen de se débarrasser d'adversaires incommodes.

« Sous le maréchal Niel, une loi a réorganisé l'armée française. Les désastres actuels ne prouvent rien contre la valeur du système de ce ministre; cette réforme n'a pas eu le temps de passer dans les mœurs du peuple, et, en outre, le remplacement qui subsiste toujours l'a falsifiée. Le plan de Niel, bien exécuté, doit donner à la France une *landwehr* semblable à celle de l'Allemagne, mais avec des charges moindres (?). La France aurait 1 million et demi de combattants au lieu des 350,000 qu'on a réunis à grand'peine au moment du danger...

« La France a encore un autre désavantage très-réel. Sa population diminue plutôt, tandis que celle de l'Allemagne augmente toujours dans une proportion importante. Il serait donc impossible aux Français d'arriver à l'effectif d'un million et demi sans des sacrifices énormes, et leur adversaire actuel finirait toujours par l'emporter. Néanmoins l'Allemagne doit être toujours moins agressive, car son sort sera entre les mains de ceux sur qui retombent en première ligne les malheurs de la guerre... »

Versailles, imp. BEAU, rue de l'Orangerie, 36.

N° 39. — JEUDI 15 DÉCEMBRE 1870,

PARTIE OFFICIELLE.

DÉPÊCHE OFFICIELLE.

VERSAILLES, 14 décembre. — Le 13 de ce mois, Blois a été occupé par nos troupes.

DE PODBIELSKI.

Reims, 9 décembre 1870.
AVIS.

Les bureaux de poste dans les territoires français occupés, indiqués ci-après, savoir :

Amiens (Somme), — Bar-le-Duc (Meuse), — Blainville-sur-l'Eau (Meurthe), — Blesme (Marne), — Briey (Moselle), — Châlons-sur-Marne (Marne), — Chantilly (Oise), — Charmes (Vosges), — Chartres (Eure-et-Loir), — Château-Thierry (Aisne), — Chaumont (Haute-Saône), — Clermont-en-Argonne (Meuse), — Compiègne (Oise), — Corbeil (Seine-et-Oise), — Coulommiers (Seine-et-Marne), — Crépy-en-Valois (Oise), — Dammartin (Seine-et-Oise), — Épernay (Marne), — Épinal (Vosges), — Étain (Meuse), — Étampes (Seine-et-Oise), — Fismes (Marne), — Frouard (Meurthe), — Gonesse (Seine-et-Oise), — Gray (Haute-Saône), — Lagny (Seine-et-Marne), — Laon (Aisne), — Lunéville (Meurthe), — Meaux (Seine-et-Marne), — Montdidier (Somme), — Nancy (Meurthe), — Nanteuil-le-Haudouin (Oise), — Nanteuil-sur-Marne (Seine-et-Marne), — Nemours (Seine-et-Marne), — Neufchâteau (Vosges), — Pont-à-Mousson (Meurthe), — Pontoise (Seine-et-Oise), — Rambouillet (Seine-et-Oise), — Reims (Marne), — Rethel (Ardennes), — Saint-Blin (Haute-Marne), — Saint-Germain-en-Laye, (Seine-et-Oise), — Saint-Loup (Haute-Saône), — Saint-Mihiel (Meuse), — Sedan (Ardennes), — Sens (Yonne), — Soissons (Aisne), — Toul (Meurthe), — Tournan (Seine-et-Marne), — Troyes (Aube), — Verdun (Meuse), — Versailles (Seine-et-Oise), — Vesoul (Haute-Marne), — Villeneuve-Saint-Georges (Seine-et-Oise), — Villers-Cotterets (Aisne), — Vitry-le-Français (Marne), seront autorisés désormais à recevoir des lettres contenant des valeurs déclarées à destination : de l'Allemagne du Nord, de la Bavière, du Wurtemberg et du grand-duché de Bade.

La déclaration ne doit pas excéder 2,000 francs.

L'adresse de la lettre doit être libellée avec clarté et précision, il faut indiquer les nom et prénoms du destinataire et le lieu de destination. Le poids des lettres, dont la valeur est déclarée, ne doit pas dépasser 250 grammes.

Les lettres contenant des valeurs déclarées doivent être placées sous une enveloppe, scellées de cinq cachets en cire fine, de manière que tous les plis de l'enveloppe soient bien en sûreté, et le contenu préservé de toute spoliation.

En cas que les lettres contiennent des pièces d'argent ou des objets précieux, ces pièces et ces objets devront être attachés sous l'enveloppe.

La déclaration de la valeur doit être portée à la partie supérieure du *recto* de l'enveloppe, elle doit énoncer en francs et centimes — en chiffres et en toutes lettres — le montant des valeurs envoyées.

Chaque expéditeur d'une lettre à valeur déclarée recevra un bulletin de dépôt.

Les lettres contenant des valeurs déclarées devront être affranchies jusqu'au lieu de destination. Les droits à payer pour l'expédition ont été fixés ainsi qu'il suit :

*a*. Port :

10 centimes par lettre ne pesant pas plus de 15 grammes;
25 centimes par lettre dont le poids dépasse 15 grammes, jusqu'au poids de 250 grammes.

*b*. Droit de chargement :

25 centimes par lettre.

*c*. Droit d'assurance :

10 centimes pour chaque 100 francs.

*L'administrateur des postes dans les territoires français occupés,*
ROSSHIRT.

## PARTIE NON OFFICIELLE.

Dans un télégramme adressé à Stuttgard, le Roi de Prusse a félicité le Roi de Wurtemberg de la brillante bravoure déployée par les troupes wurtembergoises (le 30 novembre et le 2 décembre devant Paris) et Lui a témoigné en même temps combien Il est sensible aux pertes cruelles que ces vaillantes troupes ont essuyées.

Le Roi de Wurtemberg, dans sa réponse, exprime ses remerciments, et dit :—« Je suis fier de ce qu'il ait été donné aux troupes wurtembergeoises de soutenir victorieusement un combat sérieux pour la cause commune... Je ressens cruellement la perte de tant de braves, mais j'ai la consolation de penser que c'est pour la grande cause de l'Allemagne qu'ils se sont sacrifiés. »

En dehors des champs de bataille, le peuple wurtembergeois vient de donner une autre preuve de ses sentiments patriotiques, si noblement exprimés par son souverain. D'après le résultat, connu jusqu'ici, des nouvelles élections wurtembergeoises, sur 45 députés élus, on compte 36 partisans du traité d'union avec l'Allemagne du Nord et 9 adversaires de ce traité. Le fameux *parti du peuple* qui voulait l'isolement du Wurtemberg, ou mieux encore son union — avec la Suisse! a perdu 12 des siéges qu'il occupait à la Chambre des députés; le parti dit grand-allemand (pangermain et austro-allemand) en a perdu 4. Le chef du parti du peuple, M. Karl Mayer, n'a pas été réélu dans le collége qui lui donnait jusqu'ici une grande majorité. Ainsi la faction antipatriotique, antinationale est complétement battue dans le pays même où elle avait eu momentanément une sorte de succès.

---

Nous recommandons à l'attention particulière de nos lecteurs l'article suivant du journal *la Situation*. Nous n'avons pas besoin de dire que nous ne connaissons ni les inspirateurs, ni les rédacteurs de ce journal; mais il nous paraît impossible de résumer avec plus de précision et d'accentuer avec plus de patriotisme les causes de la situation désastreuse dans laquelle la France se trouve aujourd'hui. Voici cet article :

### LA PAIX.

« Les nouvelles victoires remportées par les troupes allemandes sur les héroïques débris de nos armées et sur les légions vainement improvisées par la délégation de Tours, inspirent de plus en plus aux personnes dont le patriotisme est d'accord avec la raison le désir de voir la France se retremper dans une paix aussi honorable pour elle que pour ses vainqueurs.

« La prolongation de la lutte à outrance ne peut avoir d'autre résultat que de livrer le pays, soit aux dangers de l'occupation, soit aux horreurs de l'anarchie, et d'amener tôt ou tard une intervention armée des neutres, qui ne serait pas moins périlleuse pour la France que l'occupation ou l'anarchie.

« Mais si les gens sensés éprouvent ce désir, ce n'est pas aux hommes du 4 septembre qu'ils ont à reprocher le plus sévèrement d'en retarder la satisfaction; car, en persistant dans la résistance, ces hommes ne font que remplir la mission qu'ils ont revendiquée; et ce n'est pas à eux qu'on doit s'en prendre si l'Allemagne ne trouve aujourd'hui personne qui veuille tout sacrifier, même son honneur, au salut de la patrie.

« Notre conviction personnelle était, après Sedan, que l'Empereur ou l'Impératrice acceptassent résolûment la situation faite au pays par des hommes de leur choix et entrassent, d'accord avec les grands corps de l'État, en pourparlers avec le vainqueur.

« Toute l'Europe était intéressée à ce qu'il en fût ainsi. Quant à la France, nous pouvons affirmer que le nombre des partisans de la paix y était dans la même proportion que les votants *oui* lors du plébiscite.

« On a préféré, comme toujours, ne tenir compte que des volontés de la minorité usurpatrice et lui donner raison contre soi-même, en proclamant qu'on n'entendait en rien s'opposer à ce qui serait tenté par elle pour la défense désespérée du pays.

« De la part des souverains, cette préférence a tenu de l'héroïsme autant que du désintéressement, et nous avons dit à ce sujet tout ce que l'on pouvait dire; mais, de la part de leurs conseillers et des membres de tous les grands Corps de l'État, elle a eu un caractère que l'histoire qualifiera beaucoup plus sévèrement que nous n'oserions le faire ici.

« Dans tous les cas, l'heure du danger suprême ne saurait être l'heure des récriminations. Or, le danger est là; et quelques semaines de plus, ce qui n'est encore que l'anarchie ou l'occupation peut commencer à devenir le démembrement.

« Et tout cela, parce que personne ayant une autorité quelconque n'ose avoir le courage de formuler une opinion de peur de compromettre ou sa fortune ou son avenir, comme s'il n'était pas clair comme le jour que l'avenir ou la fortune de tous sombrent de plus en plus dans le grand naufrage, dont on s'obstine à ne pas vouloir limiter les proportions.

« Plus de cinq cents hommes investis d'une autorité méritée par leurs talents spéciaux, soit au nom du souverain, soit au nom du peuple, n'auraient en ce moment qu'un mot à dire, qu'un rendez-vous à se donner pour que le salut fût possible ; et c'est vainement qu'on les cherche; ils se sont évanouis.

« De deux choses l'une cependant : ou ils protestent contre le programme des hommes du 4 septembre, et alors le moment est venu de ne plus hésiter à le dire; ou ils acceptent ce programme, et alors il n'y a plus pour tous ceux qui sont en France ou hors de France qu'un devoir, c'est de s'armer de quoi que ce soit pour aller se ranger derrière le premier général improvisé venu et tenter d'écraser sous le nombre l'envahisseur.

« Dans le premier cas, une paix honorable est certaine. Dans le second, une chance est encore acquise à nos drapeaux. Dans les deux, l'honneur est sauf, parce que le courage et la loyauté ne sauraient alors faire doute aux yeux du monde.

« Il reste un troisième cas, celui d'une reconstitution du pays sous l'occupation allemande, parce que cinq cents hommes, qui ont eu recours à toutes les protestations de dévouement au pays et à la dynastie pour être membres du Conseil privé, ministres, sénateurs, députés, n'auront pas osé revendiquer l'honneur de les défendre, à l'heure du danger suprême !

« Nous savons bien que cette réserve persistante, pour ne pas la traiter de désertion honteuse, peut aboutir à une indifférence telle de la part de l'Europe et à une telle exténuation de la France qu'il soit possible de reconstituer un ordre de choses dans lequel chacun viendra reprendre sa place, parce que chacun, précisément, n'aura ni rien fait, ni rien dit.

« Dieu les préserve de retourner, à ce prix, s'asseoir sur leurs fauteuils de ministres, de députés ou de sénateurs, car ils ne pourraient y sommeiller sans entendre le sinistre cliquetis des ossements de nos frères qui meurent, ou sans voir le sang qui ruisselle battre leurs genoux frémissants.

« Mais sortez donc de votre ombre; mais quittez donc vos retraites; mais venez donc expier au moins, par votre résignation d'aujourd'hui, vos hésitations et vos fautes d'hier ! Vous ne voulez pas être responsable du mal? Mais qui donc l'a fait, si ce n'est vous?

« Nos frères tombent par milliers, nos femmes ont faim, nos enfants gèlent près de la huche vide. Partout l'incendie, le carnage, la ruine; et vous avez peur, devant cela, qu'on vous reproche, dans quelques années, qu'il manque à l'appel de la France quelques villes de nos frontières? Mais, dans un siècle encore, la trace sanglante de nos malheurs actuels redira à l'Histoire que, si vous n'aviez pas vous-même préparé le Quatre septembre, le Quatre septembre ne serait pas venu.

« Quant à ceux qui l'ont fait, l'Histoire sera pour eux moins sévère que pour vous; car *ils ont eu le courage de la guerre, lorsque vous n'avez pas même eu le courage de la paix;* et, s'ils ont eu le tort de jeter le désordre partout, ils l'ont fait du moins avec la résolution de payer de leur sang une ambition que vous n'avez pas le cœur de payer de votre responsabilité.

« Il faut en finir avec l'habileté, la lâcheté, la trahison; avec la jaunisse et avec l'épouvante. Quand on a eu l'arrogance de voter la guerre, avec l'intention d'en tirer autre chose que de la gloire, il faut avoir la modestie de vouloir la paix, sans s'étonner que le vainqueur veuille ce qu'à sa place vous auriez voulu.

« Une seule chose peut vous dispenser de cette triste obligation : la mort. Pourquoi êtes-vous encore vivants, lorsque tant d'autres sont morts par vous, qui n'avaient que le désir de vivre et la volonté de faire le bien? »

Voici le texte de la proclamation que le général Ducrot a adressée aux soldats de la deuxième armée de Paris :

(Suit la proclamation bien connue du général Ducrot, en date du 28 novembre, qui se termine ainsi : « Je ne rentrerai dans Paris que mort ou victorieux. »)

Le *Moniteur officiel de Seine-et-Oise* fait suivre cette reproduction de la réflexion suivante :

Nous savons heureusement ce que vaut la parole du général Ducrot.

« Rouen et Orléans ont succombé! » Telle est l'exclamation par laquelle le *Times* commence un article rédigé après la réception des dernières nouvelles de la guerre. — « Tout l'avenir de la France, quoiqu'on veuille s'en défendre, est dans ces quatre mots, résumant les opérations des belligérants dans cette dernière campagne, en dehors de la zone de Paris. »

Quant à la capitale assiégée, après l'insuccès de Ducrot et l'obligation faite à son armée de se replier sur Vincennes; après la prise de Rouen qui implique la dispersion de l'armée du Nord; après la reprise d'Orléans abandonné par d'Aurelles, et la retraite de l'armée de la Loire au sud de ce fleuve, il ne reste plus, pour Paris, qu'à voir s'effacer du cœur de ses défenseurs toute espérance d'être aidés par les armées de secours dont on leur promettait jusqu'ici la prochaine arrivée.

Tel est le résumé des appréciations du *Times*. — Son article se termine ainsi :

« Pour parler vrai, il faut reconnaître que la force de la France, dans toute cette guerre, n'a jamais été aussi bas que depuis 48 heures. Maintenant qu'assez, plus qu'assez a été fait pour la gloire de la capitale, et que ses défenseurs n'ont plus devant eux que la famine en dedans de leurs murs, et, au dehors, qu'un cercle de fer impossible à rompre, les Parisiens verront-ils leur véritable position, et penseront-ils à prolonger leur résistance ? »

---

L'administration des postes de l'Allemagne du Nord a maintenant une triple tâche à remplir en France : 1° la poste de campagne pour les armées et tout ce qui s'y rattache; 2° l'organisation postale définitive en Alsace et en Lorraine; 3° le service de la poste dans les provinces occupées par nous et devant l'être encore, qui seront ensuite restituées à la France. Pour ce triple service il y a dès à présent en activité sur le territoire français 247 bureaux de poste allemands *fixes* et 82 *mobiles*, ressortissant des directions supérieures des postes de Metz, de Strasbourg, de Reims, et de l'office supérieur de la poste militaire à Versailles. C'est un réseau postal de plus de 1000 milles allemands (près de 2000 lieues françaises); le point extrême au nord (jusqu'ici) est Amiens, à l'ouest Chartres, au sud Dijon. Naturellement, avec les victoires de ces derniers jours, ce réseau va s'étendre encore beaucoup.

Les relevés qui suivent se rapportent seulement à l'un des trois services des postes allemandes en France, — celui de la poste militaire; ils comprennent la période du 16 juillet au 15 novembre; — jamais troupes en campagne, croyons-nous, n'avaient eu avec leur pays de telles communications, et ces simples chiffres de la poste peuvent servir aussi à caractériser la culture intellectuelle et morale de l'armée allemande.

Du 16 juillet au 15 novembre la poste militaire allemande a expédié :

1° Lettres et cartes de correspondance de l'armée allemande pour l'Allemagne et réciproquement, et des différents corps de troupes allemandes entre eux : 49,000,000; soit en moyenne 400,000 par jour;

2° Espèces pour les affaires du service, caisse de l'armée, etc. : 27,675,000 Thalers (plus de 100 millions de francs); en moyenne 225,000 Thlr. par jour;

3° Espèces pour affaires particulières des militaires : — *a* d'Allemagne à l'armée : 2,706,000 Thlr.; en moyenne 22,000 Thlr. par jour; — *b* de l'armée : 1,150,000 Thlr.; en moyenne : 9,345 Thlr. par jour;

4° Paquets pour affaires du service militaire : 30,750; en moyenne 250 par jour;

5° Journaux expédiés sous bande : 460,020 exemplaires; en moyenne 3740 exemplaires par jour;

6° Paquets particuliers (seulement du 15 octobre au 15 novembre) : 724,923; en moyenne 20,712 par jour. Le transport de ces paquets a été fait en 45,052 sacs de la poste; il a été exigé 323 wagons de chemin de fer et plusieurs milliers de voitures ordinaires.

---

FAITS POLITIQUES.

On lira, croyons-nous, avec intérêt l'article qui suit, où la *Gazette générale de l'Allemagne du Nord* examine la situation intérieure de la France et propose un moyen pratique de créer en ce pays une autorité régulière avec laquelle il soit possible de conclure la paix :

« Il y a un peu plus de cent ans que J. J. Rousseau a écrit ses sophismes sur la *volonté générale*, et presque un siècle s'est écoulé depuis que les Français s'efforcent de trouver un régime politique qui réalise leur « volonté générale » et lui donne son expression. Suffrage universel et cens électoral, élection directe et à deux degrés, corps représentatif et vote immédiat, dictature et plébiscite, coups d'État d'en haut et d'en bas, tout a été essayé, — pour aboutir enfin à ce qu'une douzaine d'hommes, mis en possession de l'hôtel de ville, à Paris, par une émeute, puis expulsés de là, ou peu s'en faut, par une autre émeute, aient entre leurs mains les pouvoirs de l'État et diffèrent de plus en plus d'interroger la volonté de la nation.

« L'opposition et la rebellion à ce gouvernement qui ne tient son mandat que de lui-même, s'accroissent, il est vrai, de jour en jour. Les journaux qui se publient à Paris et à Tours sous les yeux des dictateurs réclament la convocation immédiate d'une assemblée constituante, — les commissaires du gouvernement sont chassés ici et là, — et les départements du midi s'organisent de leur propre chef. Qu'un terme soit mis à un tel chaos, et qu'en France se crée un gouvernement reconnu par le pays, notre propre intérêt le demande, afin qu'il y ait possibilité de conclure la paix; mais cette solution est encore plus dans l'intérêt des Français. La prolongation de l'état des choses actuel nous impose de grands sacrifices; mais la France en a de bien plus graves encore à supporter. Nous pouvons attendre, quant à nous, jusqu'à ce que le sentiment de sa propre conservation soulève le peuple français contre cette destruction de l'état politique, contre cette décomposition de la société. Mais précisément parce que nous sommes moins intéressés, moins pressés, peut-être sommes-nous en situation de mieux juger.

« Le vœu public qui réclame l'appel d'une assemblée constituante issue d'élections générales, — procède sans doute d'une intention excellente, mais il suscite de graves objections. Dans une grande partie du pays, les élections se feraient sous le terrorisme des dictateurs parisiens et de la clique qui fait cause commune avec eux, minorité relativement petite, mais d'autant plus turbulente et violente. La loi électorale du sieur Gambetta est positivement fondée sur ce calcul.

« Dans les territoires occupés par les troupes allemandes, les élections seraient vraisemblablement plus libres ; mais cela n'empêcherait pas que les élus n'eussent à combattre le soupçon d'avoir dû leur élection à l'influence d'une domination étrangère. — Peut-être cependant y aurait-il un moyen de tourner toutes ces difficultés : ce serait que les corps représentatifs des départements, les *Conseils généraux* se réunissent, et que l'on élût dans leur sein les députés à l'Assemblée nationale. Issus du suffrage universel, les Conseils généraux n'ont mandat, il est vrai, que de s'occuper des affaires, et notamment des finances du département ; mais il ne pourrait être question de légalité parfaite et de continuité du droit que si l'on recourait au Sénat et au Corps législatif (de Napoléon III), et personne ne paraît y songer. Une considération pratique recommande en outre le moyen dont nous parlons : c'est que les Conseils généraux, précisément parce qu'ils ont l'habitude de s'occuper des intérêts locaux, touchant directement aux électeurs et à leurs poches, n'ont pas été vraisemblablement élus sous l'influence de théories abstraites, pas plus sous la pression gouvernementale que sous celle des agitateurs de l'opposition, — et que par suite leurs membres sont peut-être plus aptes à comprendre et à soutenir sans parti pris ce qui convient le mieux au pays qu'une représentation centrale élue sur un programme. Enfin, pour que les Conseils généraux intervinssent ainsi, un ordre d'en haut ne serait pas nécesssaire ; il suffirait que ces Conseils s'entendissent entre eux pour prendre une telle initiative. L'assemblée de leurs députés serait armée d'une autorité devant laquelle les usurpateurs céderaient bientôt la place. »

---

L'intéressante relation des combats du 30 novembre et du 2 décembre, devant Paris, publiée par le *Moniteur prussien*, était moins détaillée pour la seconde que pour la première de ces deux journées. Le *Moniteur* donne aujourd'hui une relation nouvelle, plus explicite, des combats, spécialement du 2 décembre ; — nous traduisons :

« A 7 heures du matin, le 2 décembre, la 1ʳᵉ brigade wurtembergeoise attaqua Champigny et en eut bientôt délogé l'ennemi. Mais celui-ci, avec l'aide du chemin de fer de Paris à Strasbourg-Mulhouse, qui passe sous le fort de Nogent, pouvait aisément se renforcer de troupes fraîches ; les Wurtembergeois furent obligés, à la longue, de céder la position reconquise par eux.

« Pour les soutenir alors, le 2ᵉ corps d'armée prussien, qui était sorti de ses lignes de réserve dans la nuit du 1ᵉʳ au 2 décembre et avait bivouaqué derrière la position wurtembergeoise, dirigea sur Champigny une de ses brigades, la 7ᵉ, commandée par le major général du Trossel, et reprit la petite ville aux Français, après un combat des plus vifs.

« La ville de Champigny, proprement dite, est située sur un plateau, mais elle se continue, en descendant la hauteur, par un défilé de maisons qui s'étend jusqu'au pont sur la Marne, à Champignolles. Cette partie inférieure de la ville se trouve dominée par les forts de Nogent et de Charenton et par les batteries élevées à nouveau dans la presqu'île formée par la courbure sud de la Marne, en sorte que les troupes allemandes ne pouvaient pas penser à occuper cette partie basse. C'est pour cela que la 7ᵉ brigade dut se contenter de déloger l'ennemi du haut Champigny qui formait seul, d'ailleurs, la position avancée des Wurtembergeois, attaquée le 30 novembre, et prise par l'armée parisienne. (Le bas Champigny, sous le feu des forts, avait toujours été naturellement en dehors des lignes allemandes.)

« Cependant les Français ne tardèrent pas à reprendre l'offensive, par un mouvement de flanc dirigé de manière à percer la ligne entre Champigny et Villiers, où notre 7ᵉ brigade avait développé une partie de ses forces. Le combat nouveau qui s'engagea de ce côté fut particulièrement rude et difficile pour l'infanterie prussienne, parce que l'artillerie de campagne, sous le feu intense des forts parisiens, ne pouvait pas avoir sa complète action. — Le 49ᵉ régiment d'infanterie prussienne eut surtout à souffrir. Dans le corps d'artillerie, on compte 20 hommes mis hors de combat et plus de 100 chevaux blessés.

« A la fin, pourtant, l'ennemi se retira devant la résistance qui lui était opposée de ce côté et renonça aussi à son attaque sur Champigny.

« Le général Fransecky (commandant en chef du 2ᵉ corps d'armée) et le général Obernitz, qui commandait les Wurtembergeois, étaient prêts à recevoir de nouvelles attaques de l'ennemi, le 3 décembre ; mais, à l'exception de quelques démonstrations faites contre le corps saxon, cette journée se passa tranquillement...

« Le chiffre des prisonniers français dans ces combats du 30 novembre et du 2 décembre s'élève à plus de 800... »

On voit par ce qui précède combien le général français Ducrot a exagéré, dans ses bulletins, le chiffre des troupes allemandes qui ont fait échouer sa « sortie en masse. » Ce même général avait, il y a quelques années, un commandement à Strasbourg, et l'on s'étonne qu'il soit assez ignorant des forces militaires de l'Allemagne pour parler de *cent mille* Saxons et Wurtembergeois. Dans l'armée allemande, la Saxe royale forme un corps de 30,000 hommes, et le Wurtemberg une division de 12,000. Ces troupes ont été soutenues seulement, le 2 décembre, par une brigade prussienne de 6,000 hommes (nous donnons ici les chiffres *maximum*) ; — en sorte que 48,000 Allemands au plus ont tenu en échec d'abord, puis définitivement repoussé toute l'armée d'opération parisienne, dont le chiffre atteint au moins 100,000 hommes.

---

La *Réforme* de Florence cite les passages suivants d'une lettre d'un compagnon d'armes de Garibaldi, sur les combats qui se sont livrés près de Dijon :

« Notre artillerie, qui se trouve dans un triste état et dont les chevaux maigres et tombant de fatigue font ce qu'ils peuvent, commença l'engagement.

« La légion Fanara et les francs-tireurs, poussés en avant sur les bords de la forêt, dirigèrent une vive fusillade sur l'ennemi.

«Un village situé devant Dijon, occupé par des détachements prussiens en nombre supérieur, était le prochain objet du combat.

« Garibaldi, qu'on voit toujours dans les premiers rangs, anime les nôtres, pendant que les grenades ennemies passent par-dessus sa tête ou crèvent à ses pieds.

« L'ennemi paraît ébranlé par le feu de deux canons dirigé sur lui d'une hauteur : le moment d'une attaque générale paraît venu.

« Parmi la suite immédiate se trouvent 40 chasseurs d'Afrique, sous le commandement du capitaine Boudet, qui sur l'ordre du colonel Campios se jettent sur l'ennemi.

« Ils sont reçus par un terrible feu de peloton, qui étend à terre neuf chevaux, mais sans pouvoir, toutefois, empêcher la prise du village.

L'ennemi se retire en bon ordre, couvert par de l'artillerie et des détachements de cavalerie.

« Pasques et Prénois tombent entre nos mains ; la poursuite commence à la nuit tombante et nous mène jusque sous les portes de Dijon.

« Ce jour-là, nous faisions, tout en combattant, 17 kilomètres. Au premier rang marchaient les Gênois, suivis des francs-tireurs, sous Ricciotti, et de la légion italienne; la garde mobile formait la queue.

« L'ordre est donné de ne faire feu à aucun prix et de prendre la ville à la baïonnette et au cri de vive la République !

« A partir de ce moment, l'affaire prend une autre tournure. Les têtes de colonne se jettent hardiment sur les masses noires de la ville. Un feu formidable les reçoit, mais elles continuent de marcher en avant.

« C'est la garde mobile qui ne tient pas sous le feu. Les lâches alors se jettent dans les fossés ou s'enfuient comme des moutons effrayés. Garibaldi, toujours sublime, essaye de ramener les fuyards et descend de la voiture conduite par des officiers (les chevaux, après une trotte de douze heures, ne tenant plus). Il entonne *la Marseillaise* et mille voix enthousiastes la répètent : c'est en vain ; la fuite de ces couards nécessite impérieusement la retraite, quelque douloureuse qu'elle fût pour nous. Elle eut lieu sans que l'ennemi, qui, fort de 24,000 hommes, paraissait avoir une peur telle qu'il n'osait sortir de sa position, nous inquiétât (1).

« Nous gagnons la route de Lantenay, jurant contre la garde mobile qui, conduite par des officiers aussi incapables que lâches, ne résista pas à l'ennemi et par cela même ne permit pas de terminer cette journée aussi glorieusement qu'elle avait commencé.

« Menotti se montrait digne du nom qu'il porte, et c'est, je crois, le plus bel éloge qu'on puisse faire à un soldat.

« Ricciotti, Canzio, Tironi, Gariozzo et presque tous nos soldats et officiers italiens se sont bravement conduits. Mais, juste ciel, que peuvent quelques officiers avec peu d'hommes à la tête de paysans peureux ?

« Après une marche et un combat de 16 heures, nous arrivions affamés et fatigués à Lantenay où nous avions amené nos blessés. Les hommes étaient couverts de boue, presque méconnaissables. Eh bien ! c'est avec ces troupes que le lendemain matin, à 10 heures, nous avions un nouveau combat à livrer à l'ennemi qui, frais et en masses compactes, muni d'une nombreuse artillerie, tentait de nous envelopper.

« En vain nous cherchions notre batterie d'artillerie de campagne ; le lâche officier français qui la commandait avait décampé avec elle pendant la nuit, prenant la route de Soberman. Son exemple fut promptement imité par des bataillons entiers de gardes mobiles. Nous cherchions, sans succès, à les retenir et à les rassembler ; mais ils déjouèrent notre dessein *en tirant sur nous*.

« Menotti, avec le reste de la légion Ravelli, composée de francs-tireurs ayant toujours fait leur devoir, se jetait sur le village de Pasques.

« Mais le combat est inégal, et il est forcé de se retirer, laissant nombre de morts sur le chemin. L'ordre de se retirer

---

(1) Contrairement à cette assertion, il résulte de la version allemande que la seule crainte des Allemands était de voir les garibaldiens s'enfuir au premier coup de fusil.

est donné. Le général quitte le dernier le champ de bataille.

« La légion italienne et les francs-tireurs de Ricciotti, les premiers au combat, sont les derniers à la retraite.

« QU'EN DISENT LES ADMIRATEURS QUAND MÊME DES BATAILLONS IMPROVISÉS ? »

---

BULLETIN TÉLÉGRAPHIQUE.

BERLIN, 10 décembre. — Dans la séance de ce soir du Parlement allemand, le projet de loi relatif aux changements à la Constitution, nécessités par l'introduction des mots « empire et empereur, » a été adopté en troisième lecture par 188 voix contre 6.

---

BERLIN, 10 décembre. — Au sujet de l'impatience qui se manifeste de plusieurs côtés, de ce que le bombardement de Paris se fait toujours attendre, on fait observer que la supposition d'après laquelle ce retard devait être attribué à des influences particulières est complétement dénuée de fondement.

Ce retard repose uniquement sur des motifs militaires.

Les nouvelles levées de la landwehr sont destinées à former une nouvelle division de réserve qui se joindra à l'armée active.

---

*Source allemande.*

QUARTIER GÉNÉRAL DU GRAND DUC DE MECKLEMBOURG.

MEUNG, 8 décembre. — Un combat acharné, mais où la victoire nous est restée, a été livré aujourd'hui par les troupes du duc de Mecklembourg contre trois corps d'armée français.

Nos pertes sont assez considérables, celles des Français sont beaucoup plus grandes. Six canons et environ mille prisonniers ont été capturés.

QUARTIER GÉNÉRAL ROYAL.

VERSAILLES, 9 décembre, 1 h. 30 soir. — Hier, le duc de Mecklembourg a attaqué l'ennemi qui avait réuni des forces considérables près de Cravant, de Beaumont et de Marsas, devant Beaugency. Vers le soir, toutes ces places ont été évacuées par les Français; Beaugency a été occupé par nos troupes après un combat acharné. 1,100 prisonniers et six canons ont été capturés.

### TÉLÉGRAMME DU *Times*

BERLIN, 9 décembre, 3 h. 36, soir. — La France a accepté la proposition d'une conférence sur la question de la mer Noire, espérant trouver une occasion de soumettre son propre cas à la considération des pouvoirs.

Quand le roi de Prusse revêtira la dignité impériale, dans quelques semaines, le prince royal et la princesse seront probablement appelés Altesses Impériales. Tous les fonctionnaires fédéraux prendront le titre de fonctionnaires impériaux au lieu de royaux.

Les conditions de paix deviendront beaucoup plus dures si les Français ne cèdent pas bientôt.

*(Source française.)*

TOURS, 8 décembre. — Le siége du gouvernement sera transféré de Tours à Bordeaux demain.

Le gouvernement, en annonçant cette nouvelle aux préfets, dit que l'objet de cette mesure est de donner aux mouvements de troupes une entière liberté d'action.

Il n'y a aucune cause d'anxiété et la situation militaire est déclarée satisfaisante.

M. Gambetta restera avec l'armée de la Loire.

TOURS, 8 décembre, 8 h. 10, soir. — On croit que le combat a recommencé aujourd'hui, près de Beaugency. Les troupes allemandes opposées au général Chanzy menacent Blois et Tours, et un autre corps d'armée allemand marche sur Bourges.

TOURS, 8 décembre, 7 h. 40. — Des décrets, datés du 6, ont été publiés, en vertu desquels le général d'Aurelles de Paladines est appelé au commandement du camp d'instruction à Cherbourg. Le général Bourbaki est nommé commandant en chef de la 1re armée du Nord, avec le général Borel comme chef d'état-major; le général Billot est appelé au commandement du 18e corps d'armée; le général Chanzy est nommé commandant de la 2e armée, avec le général Vuillemot comme chef d'état-major; le général Jaureguiberry est appelé au commandement du 16e corps d'armée, et le général Colomb à celui du 17e corps.

Le décret fait observer que les généraux Bourbaki et Chanzy sont chacun appelés au commandement en chef de la 2e armée, qu'il ne faut pas confondre avec des corps d'armées.

Le *Moniteur* publie la nomination du général d'Aurelles de Paladines dans sa première page; mais dans la seconde, il insère une note annonçant que le général a refusé la nomination par suite de sa mauvaise santé.

M. Gambetta a envoyé une circulaire aux préfets dans laquelle il dit que l'intention du Gouvernement est de n'envoyer au camp d'instruction que dix classes du premier ban, et il ordonne aux préfets de suspendre l'exécution du décret appelant les hommes mariés et les veufs sans enfants.

TOURS, 8 décembre. — Après l'occupation de Rouen, l'armée du général de Manteuffel a été divisée en deux corps, l'un qui a occupé Évreux, d'où il semble menacer Cherbourg, tandis que l'autre marche sur le Havre.

La *Gazette de France* de ce soir dit que le général de Manteuffel a imposé à Rouen une contribution de 15,000,000 de francs.

FAITS DIVERS.

On vend à la Halle de Paris des corbeaux, morts ou vifs, à cinq francs la pièce.

« Comme rôti, dit un confrère, le corbeau ne vaut pas, certes, le perdreau. Mais bouilli, servi sur des choux, avec une certaine sauce un peu relevée, que l'on qualifie de « sauce rempart », le corbeau compose un plat de maître. »

Le prince Achille Murat, qui était attaché à l'état-major de l'Empereur à Sedan, et qui depuis a été interné avec l'Empereur à Wilhelmshœhe, est arrivé mercredi à Londres, et demeure avec la princesse à South-Kensington.

Les journaux de Berlin commencent à demander que la capitulation de Paris ne soit pas acceptée, à moins que les conditions mises à la paix par les allemands ne soient ratifiées de suite par la section de Paris du Gouvernement français.

### N° 40. — VENDREDI 16 DÉCEMBRE.

## PARTIE OFFICIELLE.

#### COMMUNICATION OFFICIELLE.

Dans Phalsbourg, 52 officiers et 1,800 hommes ont été faits prisonniers; on y a pris 65 canons.

La forteresse de Montmédy a capitulé le 14 de ce mois.

DE PODBIELSKI.

#### ORDRE DU COMMANDANT DE LA PLACE DE VERSAILLES.

A la suite des deux tentatives de meurtre commises successivement dans les bois de Meudon, de Ville-d'Avray et de Marnes, la circulation est interdite dans ces bois et dans ceux qui sont situés du même côté, aussi bien que sur les routes qui les traversent, à partir de trois heures de l'après-midi jusqu'à neuf heures du matin.

Les patrouilles ont reçu ordre de faire feu sur toutes les personnes en contravention.

Versailles, le 14 décembre 1870.

VON VOIGTS-RHETZ,<br>Général-major et commandant.

#### AVIS.

Par suite de l'arrêté inséré dans le Recueil administratif N° 3,

p. 40 et 41, et concernant le rétablissement des postes dans les territoires occupés par les troupes Allemandes, MM. les Maires des chefs-lieux de cantons avaient été chargés d'établir un service de poste régulier entre le chef-lieu de canton et les communes composant ledit canton, de manière à faire parvenir à destination toutes les dépêches officielles des autorités Allemandes, les journaux et les lettres du public.

Comme un grand nombre de plaintes m'arrivent au sujet de la manière défectueuse dont ces distributions se font, je prie ceux de MM. les Maires et des particuliers, qui auraient souffert de cet état de choses, de me faire parvenir leurs plaintes dans le plus bref délai, à la Préfecture de Versailles.

*Le Préfet de Seine-et-Oise,*
E. B.
Forster,
Conseiller de Préfecture et Sous-Préfet.

### LES DOCTRINES RÉPUBLICAINES.

Seuls, les hommes du 4 septembre ont le courage de se souvenir de leurs opinions dans les tristes circonstances où se trouve la France, et de scandaliser les véritables patriotes par l'étalage de leurs doctrines violentes et les menaces de leur ambition.

M. Ordinaire, préfet du Doubs, est représenté par son fils auprès de Garibaldi. Ce jeune homme demande qu'on applique les GRANDS MOYENS qu'employèrent de leur temps Danton et Robespierre, c'est-à-dire qu'on assassine, au nom de la liberté, ceux qui prétendraient avoir des opinions religieuses et politiques différentes de celle de M. Ordinaire.

L'*Union francomtoise* publie la lettre honteuse et atroce de M. Ordinaire, adressée au journal les *Droits de l'homme*. La voici; que les honnêtes gens la jugent :

« Autun, 16 novembre.

« Au timbre de ma lettre, vous voyez où nous sommes..., dans la ville la plus cléricale qu'il soit en France. C'est un foyer de réaction monarchique.

« Cela a moins l'air d'une cité que d'un vaste couvent ; de

grands murs noirs, des fenêtres grillées derrière lesquelles, dans l'obscurité et le silence, prient et conspirent pour la bonne cause, pour le droit divin, des moines de toutes couleurs.

« Dans la rue, à chaque pas, la chemise rouge coudoie la soutane noir, et il n'est pas jusqu'aux marchands qui n'aient un air mystique trempé dans l'eau bénite. Aussi, nous sommes à l'index ici, et les calomnies pleuvent sur nous avec une abondance qui peut défier les eaux du déluge. Un fait d'insubordination — ce qui est inévitable dans les corps francs et les armées volontaires — vite, on le transforme en véritable crime. De rien, on fait une affaire capitale. Basile insinue ses perfidies, ses perfidies circulent et il en reste toujours quelque chose.

« Pour ne pas laisser prise aux fausses nouvelles, on instruit jusqu'aux peccadilles, et souvent la montagne accouche de la souris; mais l'effet fâcheux n'en a pas moins été produit.

« Le croiriez-vous? l'autorité elle-même nous entrave. L'autorité, se faisant d'une façon inconsciente, je l'espère, l'écho des calomniateurs, nous regarde d'un mauvais œil, et il s'en faut peu que nos concitoyens ne considèrent notre armée comme une bande. Allez, croyez-moi, les monarchistes de toutes couleurs n'ont pas fait taire leurs ambitions malsaines, et ils nous haïssent parce que *nous avons juré de ne jamais laisser subsister ces tréteaux du haut desquels les rois et les empereurs dictent aux peuples les arrêts de leurs caprices.*

« Oui, nous le disons hautement, nous sommes *les soldats de la révolution*, et j'ajouterai, non-seulement française, mais de la *révolution cosmopolite*. Italiens, Espagnols, Polonais, Hongrois, en venant se ranger sous la bannière de la France, ont compris qu'*ils défendaient la république universelle*. La lutte est maintenant bien définie : elle est entre le principe du droit divin, de la monarchie, de la force, et le principe de la souveraineté populaire, de la civilisation et de la liberté. LA PATRIE DISPARAIT DEVANT LA RÉPUBLIQUE.

« Nous sommes des citoyens du monde, et quoi qu'on fasse, nous nous battrons jusqu'à la mort, pour arriver à réaliser le sublime idéal des États-Unis de l'Europe, c'est-à-dire de la fraternité des peuples libres. Les réactionnaires monarchistes le savent ; aussi l'armée prussienne est-elle doublée de leur armée ; nous avons devant la poitrine les baïonnettes étrangères, *dans le dos la trahison !* Et pourquoi ne chasse-t-on pas tous ces anciens fonctionnaires ? Pourquoi *ne casse-t-on pas impitoyablement tous ces vieux généraux de l'empire, plus ou moins emplumés, décorés, galonnés ?* Le gouvernement de la défense nationale ne voit-il donc pas qu'il est trahi par eux ? que ces hommes préparent, par leurs manœuvres hypocrites, par leurs capitulations honteuses, leurs retraites inexplicables, une restauration bonapartiste, ou tout au moins celle d'un d'Orléans ou d'un Bourbon ?

« Qu'il prenne garde, ce gouvernement qui s'est chargé de débarrasser des hordes étrangères notre territoire souillé, de n'être pas à la hauteur de sa mission ! Quand on est à une époque comme la nôtre, dans les circonstances terribles où nous sommes, il ne suffit pas d'être honnête, il faut être énergique, ne pas perdre la tête, ne pas se noyer dans un verre d'eau. Que les Crémieux, les Glais-Bizoin, les Fourichon, se souviennent des agissements de 92 et de 93 ! *Il nous faut aujourd'hui des Danton, des Robespierre, des conventionnels !* Allons ! Messieurs, *faites place à la révolution :* elle seule peut nous sauver. Dans les grandes crises, il faut *les grands moyens.*

« Que l'on n'oublie pas que l'organisation intérieure contribuera à la défense extérieure. C'est beaucoup de ne rencontrer aucune entrave, quand on marche à l'ennemi ; c'est beaucoup de se sentir appuyé par des fonctionnaires républicains, de savoir que l'armée n'est plus entre les mains des généraux prêts à se vendre. Qu'importent les formalités de hiérarchie ! *Prenez des généraux dans les rangs des soldats même,* si cela est nécessaire, dans la jeunesse surtout. Infusons un peu de sang jeune dans les veines de la république, et la république se sauvera, sauvera l'Europe avec elle *du joug des tyrans.* Allons ! un effort. Et vive la république *universelle !*

« F. ORDINAIRE,
« Officier d'état-major général de Garibaldi.

« *P. S.* — Voilà soixante-treize jours que la république a été proclamée en France, et la ville d'Autun est encore à la merci de l'élève de M. Pietri que le gouvernement de décembre lui avait imposé. Attendons que l'empire revienne pour le destituer!»

LA PATRIE DISPARAIT DEVANT LA RÉPUBLIQUE ! Voilà la doctrine que M. Ordinaire, préfet du Doubs, inculque à sa famille, et que les *officiers d'état-major* de Garibaldi prêchent dans les départements, sous la responsabilité du gouvernement du 4 septembre.

Et en même temps que la république universelle se place sous la protection des GRANDS MOYENS employés par Danton et Robespierre, elle demande la *destitution impitoyable* des généraux, c'est-à-dire des Bourbaki, des Cambriels, des Faidherbe, des Chanzy, des des Pallières, des Vinoy, des Ducrot, des Trochu, enfin de tous ceux qui commandent actuellement les armées françaises.

---

Avec la sympathie que nous avons toujours eue pour l'Italie nouvelle, il nous sera permis de souhaiter que ce pays, que ses écrivains, que ses hommes politiques se préservent du goût funeste de la phrase, auquel la France doit d'être livrée aux avocats. — Dans un article de la *Gazette de Milan*, la Prusse est représentée comme « tendant déjà une main anxieuse vers la « couronne de Charlemagne. » Faut-il rappeler qu'il y a vingt ans déjà l'Allemagne offrait au roi de Prusse la couronne impériale et que Frédéric-Guillaume IV la refusait? Si aujourd'hui la Prusse croit devoir accepter l'honneur suprême décliné par elle en 1849, quel rapport, demanderons-nous, existe-t-il entre la couronne de l'Allemagne moderne et celle de l'Empire de Charlemagne, autrement dit le Saint-Empire romain? Celui-ci, comme son nom l'indique, continuait la tradition de la monarchie universelle : issu de la conquête, il se soutenait par le principe d'où il avait tiré son origine, et englobait les nationalités diverses dans son unité militaire. Le nouvel Empire d'Allemagne, au contraire, n'est autre chose que le droit public moderne, que le droit *national* triomphant et couronné. Comment supposer donc que sorti de cette source, que marqué de ce caractère, il puisse être hostile aux autres nationalités? Comment admettre, par exemple, comme le craint la *Gazette de Milan*, qu'il veuille « contester à l'Italie les conséquences de

« son unification? » Entre l'Allemagne et l'Italie il n'existe ni question de frontières, ni antagonisme de tendances, ni opposition d'intérêts matériels. Les deux peuples ont eu les mêmes ennemis à combattre, et il n'est rien moins sûr encore que l'un et l'autre ils s'en soient défaits pour toujours.

### FAITS POLITIQUES.

On écrit de Toulouse à *la France :*

« Je lis dans le numéro de *la France* du 15 novembre, votre très-judicieux article sur *La contagion de la dictature.*

« Il est certain que c'est un singulier spectacle pour nous, habitants de la Haute-Garonne ou du Gers, de voir la direction d'un camp et la manipulation de 4 millions confiés à M. Lissagaray, homme de lettres, fils d'un très-honorable pharmacien de notre ville, transformé *ex abrupto* en directeur général d'un camp (on ne nous dit pas avec quels appointements) et en dispensateur d'une somme de 4 millions (on ne nous dit pas avec quel contrôle).

« Jusqu'ici, M. Lissagaray n'a passé nulle part pour un financier économe ; et notre public a appris que son premier acte d'administration avait été de s'installer et de faire tendre de magnifiques tapis le palais du commandant du 6ᵉ corps à Toulouse, vide depuis que le maréchal Lebœuf avait quitté la ville, et que l'opposition d'alors avait justement contribué à faire vider sous l'empire.

« La place de M. Lissagaray, qui est loin encore d'avoir quarante ans, ne serait-elle pas mieux, au lieu d'un palais, dans le camp qu'il est appelé à former à Toulouse.

« Après les nominations de fantaisie ou de camaraderie, vous parlez de la circulaire de M. Gambetta, presque toujours mieux inspiré, d'après laquelle les instituteurs devront obligatoirement lire aux habitants réunis (est-ce aussi obligatoirement?) les articles de doctrine ou d'histoire que renferme *le Bulletin de la république française,* publication officielle du Gouvernement.

« En fait de morale s'étalent, dans ce bulletin, les aventures de mesdemoiselles Bellanger et Howard.

« En fait d'histoire, nous voyons dans le n° 6, un article intitulé : *Le Neveu jugé par l'Oncle*, dans lequel il est dit (textuel) que « Napoléon 1er, causant un jour avec ses officiers du général « Dupont qui, à Baylen, en 1810, s'était rendu avec une armée « de 10,000 hommes, *à l'armée anglaise commandée par Wel-* « *lington...* »

« Franchement, ceci passe les bornes ! Le nom de Baylen, à consonnance anglaise, a sans doute été le seul, avec celui de Dupont, que connût le rédacteur des leçons d'histoire destinées obligatoirement au pauvre peuple. De cette consonnance anglaise du mot Baylen, ville située au pied de la Sierra-Morena, a découlé naturellement, pour l'érudit rédacteur du *Bulletin officiel de la République française,* l'idée de donner la victoire à l'armée anglaise et au général Wellington, au lieu et place de l'armée espagnole et du général de Castanos, qui fut fait duc de Baylen. Je ne parle que pour mémoire de la date; au lieu de 1810, le rédacteur anglomane aurait dû écrire le 22 juillet 1808, qui est la date de la capitulation de Baylen. »

NANCY. — Le *Journal de Genève* emprunte les détails suivants à une lettre particulière de Nancy :

« Ici j'ai bien de la peine à m'entendre avec mes compatriotes. Je suis tombé au milieu d'honnêtes gens qui se font les illusions les plus bizarres. Dans le Midi on me faisait les contes les plus saugrenus sur ce qui se passe dans le Nord. Ici c'est exactement la même chose sur ce qui se passe dans le Midi. Malgré cela, on commence partout à désirer sérieusement la paix.

« J'ai conversé à Strasbourg et sur la route avec des négociants allemands. Ils m'ont paru tout aussi las de la guerre que nous. Pour moi j'appelle la paix de tous mes vœux pour mettre fin au gaspillage de ressources et à la curée de places à laquelle on se livre dans le Midi. Ici rien de bien particulier, me dit-on ; profonde tristesse, écrasement absolu, ruine complète. On ne recueille que des plaintes de la bouche des notables et des gens de la classe moyenne. Passage sans nombre de soldats français blessés, reconnus incapables de servir, que les Allemands rejettent en France par tous les chemins. Passage immense de malades allemands venant de Paris et de la route : c'est la même chose que ce que je voyais avant mon départ.

« On me dit que dans la campagne Lorraine les attaques du chemin de fer, les tentatives de déraillement deviennent moins nombreuses. On m'a expliqué l'affaire des locomotives. En réalité on n'a que très-rarement pris place à côté du chauffeur. Le plus souvent on a été invité à se tenir dans un wagon du train; c'est ce que me racontent quelques personnes qui y ont figuré; enfin plus d'une fois on a renvoyé les patients au moment de monter en voiture.

« J'ai voulu régler mon compte avec l'hôtel de ville. *J'ai eu droit* depuis l'occupation, me dit le chef de bureau, à 228 logements militaires. Maintenant si vous calculez que chaque logement revient à l'auberge à 3 ou 4 francs, cela fait une dépense (à 3 fr.) de 684 francs à laquelle j'aurai été soumis depuis le commencement de la guerre. Ce serait un détail bon à signaler pour que l'on se rendît compte de la très-triste situation où sont les pays occupés. En effet, en supposant que je sois dans la moyenne et en ne prenant en gros qu'une somme de 600 francs pour chacun, cela revient (pour deux ou trois mille personnes ainsi imposées) à une imposition de 1,200,000 à 1,800,000 francs sans compter les 3,000,000 environ exigés sous mille formes différentes, et cela au moment où toutes les sources de revenus publiques et privées sont taries ! »

---

CORRESPONDANCE ÉTRANGÈRE.

ITALIE. — On écrit de Rome, au *Journal de Genève* :

« Il est difficile de se faire une idée du résultat final de nos élections politiques d'après le premier scrutin du 20 : comme dans toute l'Italie, d'ailleurs, il y aura chez nous quantité de ballotages, dimanche prochain, puisque deux seuls des quinze colléges de l'État romain, le second de Rome et celui de Ceccano, ont élu définitivement leurs représentants (couleur du Gouvernement). Partout ailleurs un gouvernemental et un opposant sont en ballotage. A dimanche donc la lutte suprême.

Des deux côtés on se promet la victoire, et, en attendant, on s'injurie pour se faire la main, à l'instar des héros d'Homère. C'est à peine si une faible moitié des électeurs inscrits a voté dimanche dernier. Les cléricaux, cela va de soi, se sont abstenus. Tous, même les cardinaux, avaient reçu par la poste leurs cartes d'électeurs. La journée a été aussi calme que possible.

« Nous connaissons enfin les noms des 60 membres du conseil municipal de Rome et des 12 membres romains du conseil provincial élus le 13. Aux détails que je vous ai donnés sur la physionomie générale du vote, il faut ajouter ceux-ci. Dans certains villages, 4 ou 5 électeurs à peine se sont présentés au scrutin. Dans d'autres endroits, au Transtévère et à Arsou, par exemple, il y a eu de grosses irrégularités et même, à ce propos, des scènes de pugilat. Tout cela, naturellement, a nécessité des enquêtes et retardé le dépouillement des voix. Aujourd'hui, on sait que 25 des 70 élus de Rome sont des opposants. Parmi ces élus je trouve deux israélites : vive enfin l'égalité des cultes! Il y a plusieurs nobles dans les deux conseils, entre autres le duc D. Marius Massino, descendant (il y a du moins 2000 ans qu'on le dit à Rome, disait un spirituel cardinal de cette maison) de Fabius Maximus *Cunctator*.

« Autre maladresse, et, cette fois, colossale. L'*Osservatore* ayant reproduit ce matin l'encyclique *Respicientes*, on l'a séquestré. Tous nos journaux, sans distinction de couleur, protestent contre cet acte. L'*Osservatore* tendait un piège au gouvernement : il fallait l'esquiver, laisser reproduire l'encyclique dans toute l'Italie, en orner même la feuille officielle. Quelle réclame en faveur de ce fameux projet de garanties à accorder au pape pontife que la nouvelle Chambre va être appelée à discuter! Enchantée de ce séquestre, la cour de Rome s'est abstenue de faire afficher l'encyclique à la porte des basiliques. Le cardinal Antonelli n'aura garde de manquer cette belle occasion de protester contre le bâillonnement du chef de l'Église, s'il ne l'a déjà fait à l'heure qu'il est.

« Je ne vous dis rien de la façon dont cette nouvelle production du Vatican, prévue et annoncée depuis si longtemps, a fait son apparition. J'ai entre les mains un exemplaire latin. De l'avis de tous les connaisseurs, ce n'est ni le papier, ni le format, ni le caractère, ni le cachet typographique de ce qui sort des presses du Vatican. Pourtant, cet exemplaire ne porte pas de nom d'imprimeur. D'un autre côté, ici, personne, en dehors de quelques initiés discrets comme on sait l'être à la Cour de Rome, n'a vu le texte du document avant le 23, jour où des numéros de l'*Unità cattolica* échappés aux griffes du fisc nous ont été distribués.

« Evidemment, le Pape était libre d'imprimer son encyclique chez lui, sauf à essayer ensuite de l'afficher à la porte de Saint-Pierre et de l'expédier aux évêques. Affichée, on n'eût pas osé la saisir. Les moyens sûrs de la faire parvenir, même clandestinement, aux destinataires ne manquaient pas. Pourquoi donc la publier à Genève? Il n'y a qu'une explication possible. On a voulu montrer que le chef de l'Église est gêné dans ses communications directes avec les fidèles, et on a espéré que l'encyclique, arrivant de l'étranger, serait séquestrée à toutes ses étapes à travers l'Italie et enfin à Rome. Ce double but est atteint.

« Mais quels maladroits que ces ministres !

« Vous remarquerez que le Roi n'est pas placé personnellement sous le coup de l'excommunication majeure. En effet, un souverain constitutionnel n'est responsable que dans une certaine limite des actes de son gouvernement. Les excommunications à la Boniface VIII ne seraient plus logiques de nos jours.

« La *Nuova Roma* a publié hier soir un article gros de menace contre les *menées réactionnaires* du Vatican. C'est la phrase stéréotypée. Mais le général La Marmora a juré ses grands dieux aux diplomates que le Vatican n'a rien à craindre. Dimanche, il devait y avoir une démonstration sous les fenêtres du Pape. Toutes les troupes de la cité Léonine étaient consignées dans leurs quartiers. Ce que voyant, les *dimostranti* se sont prudemment ravisés.

« Il ne manquerait plus que cette faute !

« Le marquis Zappi, général pontifical, à peine de retour, a eu les honneurs d'un charivari de tous les diables. Il a fallu mettre des sentinelles à sa porte. On criait : *Signor marchese, quel frustino!* (M. le marquis, montrez-nous donc cette cravache). Allusion à un propos du général, qui se faisait fort, un jour, de reprendre les Romagnes à coups de cravache.

« Nous aurons bientôt une junte municipale définitive. Mieux vaut tard que jamais !

« L'école technique, le gymnase et le lycée établis au Collége romain seront ouverts incessamment. En Italie, chaque lycée porte le nom d'un grand homme de la ville : le nôtre s'appellera *Liceo Ennio Quirino Visconti*. En outre, l'université et l'Académie des beaux-arts ont été rouvertes samedi, réformées et pourvues de nouvelles chaires. Celle d'astronomie a été confiée au P. Secchi. On se demande si le savant jésuite acceptera : il est depuis quelque temps à Palerme, pour je ne sais quelles observations astronomiques. A vrai dire, la conscience n'a pas de drapeau, et du reste le Père en question est aussi peu jésuite que possible.

« La rentrée des cours s'est faite sans la cérémonie habituelle. L'*Osservatore* s'en est beaucoup scandalisé.

« L'*Osservatore* a ouvert une souscription qui marche très-bien, dont le produit est destiné à remplacer par un écusson en or, qu'on exposera dans une église *ad perpetuam rei memoriam*, l'écusson en pierre de la compagnie de Jésus détruit à coups de marteau sur la façade du Collége romain. Cet emblème se compose du monogramme I H S, surmonté d'une croix et entouré de rayons. Il avait beaucoup de relief; ont eût pu, en le sciant et en le remettant aux jésuites, s'épargner le titre de sacrilége. Il en coûte si peu, le plus souvent, de tout concilier !

« Il n'est plus question de l'arrivée d'un envoyé du Tsar auprès du Pape. C'était un *humbug*. Peut-être est-ce la présence accidentelle, à Rome, du prince Wolkonski qui y a donné lieu.

« La sûreté publique laisse à désirer. La police est si occupée à traquer les crieurs de journaux séquestrés, que les malfaiteurs prennent leurs franches coudées. Il est vrai que les attentats nous frappent davantage, aujourd'hui qu'ils sont tous connus et racontés dans les journaux.

« L'*Imparziale* (clérical), inspiré et subventionné par M$^{gr}$ Randi, a été séquestré ce matin pour la huitième fois, — sur 26 numéros.

« Le parti avancé renvoie au 15 janvier la commémoration de l'anniversaire de l'exécution de Monti et de Tognetti. Un avis affiché annonce que les têtes de ces « martyrs de l'unité nationale », seront transportées solennellement au cimetière de la ville, et qu'en présence des restes de ces victimes « du fer sacerdotal altéré de sang (*sitibondo di sangue*) », un congrès de jurisconsultes proclamera l'abolition de la peine de mort. »

###### BULLETIN TÉLÉGRAPHIQUE.

BERLIN, 10 décembre. — Parlement allemand. — Le projet de loi relatif à une modification de la Constitution, devenu nécessaire par l'introduction des mots « empire et empereur », a été adopté en première et seconde lecture. M. Delbruck déclare à cette occasion :

« Les gouvernements fédérés ne se dissimulent pas qu'on ne peut pas se borner à ces deux changements de constitution, qui partent du point de vue qu'il suffit pour le moment d'introduire aux deux endroits respectifs les expressions convenues, mais qu'il doit être réservé à procéder dans la session prochaine à d'autres changements au texte de la Constitution.

« En ce moment le temps manque pour faire ces changements, mais il ne s'agit nullement de remplacer simplement un mot par un autre, mais bien de modifications de fait ultérieures. »

TOURS, 9 décembre. — Voie de Londres. — Le *Moniteur* dit : « Le Gouvernement a décidé la création de deux armées pour opérer dans deux régions séparées par un fleuve et conserver la jonction avec Paris. Il importe que la liberté des mouvements stratégiques ne puisse pas être entravée par la proximité de Tours, qui peut gêner les opérations. Il a été décidé que les services publics seraient transférés à Bordeaux, qui, par ses facilités de communications par terre et par mer, offre de précieuses ressources pour l'organisation des forces et la continuation de la lutte.

« Le ministre de l'intérieur et de la guerre se rend demain aux armées, où est sa véritable place, dans les circonstances actuelles, pour assister aux efforts des soldats de la France vers Paris. »

FAITS DIVERS.

On écrit de Bruxelles :

*Menaces de mort contre le Prince impérial.*

Aujourd'hui a été appelé au tribunal correctionnel de Bruxelles, présidé par M. Vleminckx, le procès d'Albert Laurent, prévenu de menaces de mort contre le prince impérial.

Le prévenu avait été dénoncé à notre parquet par M. Conti, secrétaire de l'ex-empereur des Français. M. Conti devait comparaître comme témoin, mais il ne se trouvait pas à l'audience.

M. le substitut De Brauwer, qui occupait le siège du ministère public, déclare renoncer au témoignage de M. Conti, lequel ne devait instruire le tribunal que de la façon dont les lettres comminatoires lui sont parvenues. Cette déposition n'est nullement indispensable.

Il est donc passé outre aux débats.

Le prévenu déclare se nommer Albert Laurent, être âgé de 36 ans, être né en France, à Mons-en-Puelle, et avoir été employé de l'octroi de Lille.

M. LE PRÉSIDENT. Vous n'avez pas subi de condamnation. Cependant le Gouvernement français demande votre extradition, parce que vous auriez détourné 3,500 fr. appartenant à l'octroi de Lille. — R. Je suis innocent.

D. On verra plus tard. Que veniez-vous faire en Belgique? — R. Je suis venu sans motif. (On rit.)

D. Vous avez adressé à l'Empereur Napoléon deux lettres contenant des menaces de mort, avec ordre et sous condition. — Les reconnaissez-vous? — R. Oui, je suis l'auteur de ces lettres.

Le tribunal entend comme témoin le sieur Bourgeois, commissaire de police adjoint à Bruxelles.

Le témoin dit que M. Conti avait averti la police belge de

l'envoi des lettres par le prévenu. Celui-ci avait sommé l'Empereur de lui adresser 100,000 fr., poste restante. La police a instruit de ce fait l'administration des postes, en lui recommandant de faire arrêter l'individu qui se présenterait pour recevoir une lettre adressée à A. A. Laurent.

Le prévenu s'étant présenté, a été arrêté et reconnu avoir écrit la lettre.

M. LE PRÉSIDENT (au prévenu). Ces lettres ne contenaient pas de simples menaces; elles avaient pour but la remise d'une somme de 100,000 fr.

En voici les termes.

M. le président donne lecture de deux lettres qui sont écrites au crayon et conçues comme suit :

« Sire,

« Je viens, au nom de mes trois amis, vous faire part de la délibération qu'ils viennent de prendre, et qui est déjà en voie d'exécution.

« A l'heure où vous recevrez cette lettre, ils ont décidé d'enlever votre fils et de le conduire à Paris, et s'ils ne peuvent y parvenir, un coup de poignard fera l'affaire.

« Ils sont déjà à Londres, et ils ont des intelligences dans la place. Soyez assuré qu'ils réussiront : ils l'ont juré avant de partir.

« Voici ce qu'ils m'ont chargé de vous écrire. Ils m'ont chargé de vous demander *cent mille francs* (100,000 fr.) en échange de l'enlèvement ou de la mort de votre auguste fils.

« Aussitôt qu'ils auront touché la somme — ou plutôt moi — une dépêche est convenue entre nous. Je la leur expédie, et ils reviennent en vous bénissant, car vous aurez fait trois heureux.

« J'attends votre réponse très-prochaine. Poste restante, à Bruxelles, sous les initiales A. A. L. N'allez pas croire que si vous me faites prendre, cela serve à quelque chose, car je ne désignerai pas mes associés, et puis je ne leur expédierai aucune dépêche et ils feront leur besogne malgré et contre tous.

« Je suis avec le plus profond respect, Sire, votre plus dévoué serviteur.

« (Signé) A. LAURENT. »

Cette lettre ne porte pas de date, dit M. le président, mais elle est du mois d'octobre. Vous étiez fort pressé d'avoir une réponse, car le 7 octobre vous écriviez de nouveau :

*A S. M. l'empereur Napoléon III, à Wilhelmshœhe.*

« Sire,

« J'ai eu l'honneur de vous écrire le 2 courant une lettre dans laquelle je vous demandais 100,000 fr., et que nous allions attenter à la vie de votre fils, le seul espoir qui vous reste aujourd'hui de rentrer en France. Nous nous sommes associés à quatre en vue d'exécuter le projet de supprimer votre fils, et nous sommes assurés d'y arriver. N'importe par quels moyens nous y arrivions, nous y arriverons.

« J'espère, Sire, que le chiffre de cent mille francs est une petite chose pour vous, qui avez placé dans les banques étrangères quelque chose comme deux cents millions d'argent français, que de vous demander un bon de cent mille francs pour la vie de votre fils. C'est très-minime.

« Sire, trois de nous sont en Angleterre depuis huit jours; ils suivent pas à pas votre fils. Ils sont au courant de tout ce qu'il fait, il y a des domestiques qui les renseignent sur tout ce qu'il fait.

« C'est la deuxième fois, Sire, que je vous écris, et si je n'ai pas reçu de réponse avant le 11 au soir, je pars, et en même temps, j'expédie une dépêche pour qu'ils commencent la besogne, qui sera vite faite, s'ils ne s'attaquent qu'à votre fils. Mais il est très-possible que, dans le feu de l'action, une autre personne se présente. Alors, tant pis pour elle!

« Je suis, Sire, avec le plus profond respect,

« A. A. LAURENT.

« Poste restante, Bruxelles. »

Que dites-vous pour vous justifier. — C'est un moment de folie.

D. Qui commence le 2 octobre et dure jusqu'au 7. (On rit.) — R. Hélas! j'y suis encore. (Nouvelle hilarité.)

D. Cependant, tout fou que vous êtes, si l'on avait envoyé

lés cent mille francs, vous les auriez pris ? — R. Je crois que oui. (On rit.)

Le ministère public requiert l'application de la loi.

M. Van Meenen, avocat, présente la défense du prévenu. La stupidité dont Laurent a fait preuve démontre qu'en effet il a dû céder à l'égarement.

Le tribunal condamne le prévenu au minimum de la peine, six mois de prison et cent francs d'amende, ou un mois de prison subsidiaire.

---

On lit dans *la Gazette de France :*

« M. GAMBETTA ACCLAMÉ. — Aujourd'hui, 2 décembre, nous apprenons par *le Moniteur*, édition extraordinaire, que M. Gambetta, profitant des heureuses nouvelles apportées de Paris en ballon, s'est fait acclamer par ceux qui accouraient dans la cour de la préfecture prendre connaissance des dépêches.

« Voici le récit textuel de la feuille officielle de la délégation :

« A quatre heures, M. Gambetta, membre du Gouvernement,
« ministre de la guerre et de l'intérieur, a paru au grand balcon
« de la préfecture, et là en présence d'une foule considérable
« qui *l'a acclamé avec enthousiasme*, il a confirmé cette grande et
« heureuse nouvelle, dans l'*éloquent* et *magnifique discours* qu'on
« va lire. »

« Être acclamé à Tours pour avoir lu une dépêche confirmant le succès des braves défenseurs de Paris, c'est ce que nous avons vu de plus fort depuis longtemps! Bonaparte avait aussi cette manie de rapporter à lui les triomphes et les actions d'éclat de tous ceux qu'il appelait ses sujets. C'est le rôle de dictateur qui le veut ainsi, paraît-il. Les héroïques Trochu, Ducrot, La Roncière et Vinoy font une sortie, et M. Gambetta en profite pour se faire acclamer avec enthousiasme.

« Au reste, son discours est un chef-d'œuvre dans son genre : après s'être fait acclamer, il conteste à la France la gloire d'avoir renversé elle-même les Bonaparte, et de s'être levée pour venger, au prix des plus douloureux sacrifices, son honneur outragé. Oui, M. Gambetta affirme que c'est la République qui a *rendu à la France le sentiment d'elle-même!*

« S'appeler la France et entendre proférer une semblable parole.

« Il y a dix-neuf ans, Bonaparte se faisait acclamer par ses amis dans la cour de l'Élysée, et disait quelque chose d'analogue. Il prétendait aussi que l'empire rendait à la France le sentiment d'elle-même, et repoussait toute représentation. Quand donc en aurons-nous fini avec les sauveurs de société? Quand donc en viendrons-nous à rendre à notre cher pays l'hommage qui lui est dû, en reconnaissant que les Français sont des hommes libres et que la nation est assez intelligente pour se sauver elle-même? »

---

LA HALLE AUX RATS DE PARIS. — Nous avons dit que l'on mangeait des rats à Paris et que les égouts étaient mis en coupe réglée pour se procurer cet étrange gibier. Voici les détails sur le commerce dont cet animal est l'objet :

« Un des restaurateurs en renom a trouvé le moyen de faire un plat délicieux avec ces rongeurs : il les accommode au vin de Champagne avec force épices.

« Il ne suffit pas à toutes les commandes qui lui sont faites ; en un mot, la dernière mode est de manger du rat.

« Le marché de ces bestioles se tient place de l'Hôtel-de-Ville.

« Voici comment on procède pour *livrer* la marchandise à l'acheteur.

« Comme les rats sont enfermés dans une grande cage, on choisit dans le tas la bête que l'on désire ; au moyen d'une petite baguette, le marchand la fait entrer dans une autre cage, où alors elle se trouve seule, puis on amène un bull-dog; on secoue la petite cage, et le rat s'échappe, mais immédiatement il est saisi par les formidables crocs du chien, qui lui casse les reins et le dépose délicatement aux pieds de l'acheteur.

« Un rat se paye 60 centimes. Comme l'on voit, c'est un fort joli prix.

« Si le Parisien peut vaincre sa répugnance, nous avons au moins encore pour quinze jours de viandes fraîches... en rats.

« Paris renferme plus de vingt millions de rats. »

## Annonces et Avis divers.

**AVIS.** M. Olivier GODARD, lieutenant au 42ᵉ régiment de ligne, est mort, à l'ambulance de La Queue-en-Brie, des suites des blessures qu'il avait reçues au combat de Champigny.

Ses obsèques auront lieu *samedi prochain*, 17 du courant, à dix heures et demie, en l'église Notre-Dame de Versailles. Les amis et connaissances de la famille GODARD, qui n'auraient pas reçu d'invitation, sont priés de considérer cet avis comme devant en tenir lieu.

### N° 41. — SAMEDI 17 DÉCEMBRE 1870.

#### PARTIE OFFICIELLE.

##### DÉPÊCHE OFFICIELLE.

VERSAILLES, 16, DÉCEMBRE. — Le 11 de ce mois, des divisions de nos troupes ont occupé, après un court combat, Beaumont, à l'ouest d'Évreux.

L'ennemi, qui avait paru devant La Fère, est en retraite (1).

En poursuivant l'ennemi jusqu'à Ouques et Maves, la division de l'armée du grand-duc de Mecklembourg a réuni, le 13 de ce mois, 2,000 maraudeurs ennemis.

DE PODBIELSKI.

#### PARTIE NON OFFICIELLE.

##### LES ORIGINES DE LA GUERRE.

Le *Times* reçoit de Cassel une dépêche qui lui annonce une brochure de M. le marquis de Gricourt sur les causes de la

---

(1) On lit à ce sujet dans la dépêche de M. Gambetta du 16 décembre : « Le 11, un convoi prussien a été enlevé entre Chauny et la Fère par les troupes du Nord, qui ont fait une centaine de prisonniers. »

guerre (1). « Cette brochure, dit la dépêche, loue la politique pacifique de l'Empereur Napoléon, et rejette sur la nation française le blâme d'avoir fait la guerre. »

Nous avons lu très-attentivement la brochure dont il est question, et le *Times* nous permettra de lui dire que son correspondant lui a donné d'un écrit très-important, une traduction, non-seulement très-incomplète, mais surtout très-inexacte.

M. le marquis de Gricourt, qui paraît avoir puisé très haut ses inspirations et ses renseignements, n'accuse pas le moins du monde le pays pour disculper le souverain, il constate seulement deux choses que l'on oublie trop volontiers dans les discussions quotidiennes : la première, que l'opinion surexcitée par les longues attaques de l'opposition contre l'Allemagne s'est montrée très-favorable à la guerre; la seconde, que l'Empereur, souverain constitutionnel, n'a pas eu la même responsabilité en 1870 qu'en 1859 ou lors de la guerre d'Orient. Enfin, l'auteur de la brochure établit que depuis 1852 la politique impériale a été loyalement pacifique et particulièrement favorable à l'Angleterre et à la Prusse. Mais ces réserves faites, le marquis de Gricourt revendique hautement pour le chef de l'État sa part de responsabilité.

Les trois points établis par la brochure sont-ils contestables? Voilà ce que nous allons examiner rapidement.

Est-il vrai, d'abord, que l'opposition ait, depuis longtemps, préparé l'opinion aux entraînements de 1870, par des attaques réitérées contre la politique française à l'égard de l'Allemagne.

C'est là une question de fait à laquelle le compte rendu des Chambres, depuis 1866, répond d'une manière irréfutable. Vingt fois M. Thiers et M. Jules Favre lui-même ont déclaré à la France qu'elle était amoindrie, qu'elle était humiliée, qu'elle descendait au quatrième rang. Dire à la France qu'elle est amoindrie, n'est-ce pas lui dire qu'elle doit faire la guerre? Lui déclarer qu'elle a perdu son rang en Europe, n'est-ce pas l'engager à le reconquérir?

---

(1) Nous avons déjà signalé cette brochure au n° 15 de ce journal en date du 16 novembre. C'est la brochure intitulée : *Des Relations de la France avec l'Allemagne sous Napoléon III*. Bruxelles, librairie J. Rozez, brochure de 52 pages.

Aussi l'opinion s'était peu à peu habituée à cette pensée qu'une guerre avec la Prusse était tôt ou tard inévitable. Ce n'était qu'une question d'opportunité. Les uns pensaient que la guerre éclaterait à propos de l'article du traité de Prague; d'autres croyaient qu'elle aurait lieu au moment où la Prusse passerait la ligne du Mein; mais tout le monde était convaincu qu'une guerre était inévitable.

Ainsi préparée, l'opinion s'enflammait au moment où arrriva l'incident relatif au prince de Hohenzollern. Le mot de tout le monde était celui-ci : « Puisque la guerre doit avoir lieu tôt ou tard, autant la faire à propos de cet incident qu'à propos d'un autre. » La France, en un mot, se trouvait dans la position d'un homme de cœur, qui, ayant une querelle à vider, aime mieux la terminer le plus tôt possible. Voilà pourquoi, après la lecture faite par M. de Gramont, le 6 juillet, la paix n'était plus possible, à moins que la Prusse ne donnât des garanties contre le retour de complications incessantes. L'opinion était tellement excitée qu'un simple replâtrage était impossible, et qu'une solution était indispensable. C'est ce que disait la presque unanimité des journaux; c'est ce que disait la presque unanimité des députés, en y comprenant la majeure partie de la gauche; c'est ce qu'attestaient les préfets dans leurs rapports sur l'état de l'opinion; c'est ce que démontraient les manifestations tumultueuses. Si l'opinion d'un pays n'est exprimée ni par les journaux, ni par les députés élus, ni par les rapports des fonctionnaires, ni par les manifestations publiques, de quelle manière un gouvernement quelconque s'y prendra-t-il pour la constater? Supposez que, demain, presque tous les journaux anglais se déclarent partisans d'une guerre avec la Russie, supposez que la presque unanimité des membres des communes déclarent cette guerre indispensable, oui ou non serait-il raisonnable, si la guerre tournait mal, d'en faire peser ensuite la responsabilité exclusive sur S. M. la Reine? Nous nous en rapportons ici au bon sens de la presse anglaise, et nous n'insistons pas davantage.

Donc il demeure acquis que la France, surexcitée par les longues déclamations de l'opposition, jugeait la guerre avec la

Prusse comme, tôt ou tard, inévitable; il l'est également qu'après la lecture du 6 juillet la France a considéré qu'un arrangement temporaire serait contraire à nos intérêts. Mais la déclaration du 6 juillet, cette déclaration qui a donné à l'incident les proportions d'un conflit, a-t-elle été nécessaire et opportune? Voilà la seconde question qu'il faut aborder.

M. de Gricourt regrette cette démarche du 6 juillet, et l'auteur paraît autorisé à penser qu'elle n'avait pas l'approbation sans réserves du Souverain. En tous cas, il a le droit de dire, et nous avons le droit de répéter, que la lecture du 6 juillet a eu lieu sous la responsabilité du cabinet dont M. Émile Ollivier était le chef. A quoi servirait, en effet, la responsabilité ministérielle, quelle en serait l'efficacité, quelle en serait la sanction, si le Souverain était responsable d'un acte accompli, après délibération en conseil, par le cabinet qui a la confiance des Chambres? Si, en prenant le pays à témoin de l'incident Hohenzollern avant de le traiter diplomatiquement, le cabinet du 2 janvier a commis une imprudence; s'il a ainsi rendu un arrangement plus difficile en éveillant les susceptibilités de la Prusse et en surexcitant l'opinion en France, c'est un tort grave qu'il a expié en étant renversé par la Chambre au mois d'août; mais comment l'Empereur, Souverain constitutionnel, serait-il seul responsable d'un acte ministériel? La vérité est qu'après la lecture du 6 juillet l'Empereur n'avait qu'un moyen d'éviter la guerre, c'était de renvoyer le ministère Ollivier sans vote préalable de la Chambre, comme le roi Louis-Philippe avait renvoyé le ministère Thiers en 1840, à propos de la question d'Orient. Mais que n'eût-on pas dit si l'Empereur, au début du régime constitutionnel, avait renvoyé un ministère investi de la confiance du parlement, et que fût-il arrivé si la Chambre, engagée par sa manifestation du 6 juillet, eût refusé sa confiance au nouveau ministère choisi par l'Empereur? Constitutionnellement l'Empereur n'est donc pas responsable de la note du 6 juillet et il ne l'est pas davantage de la nouvelle apportée à la tribune d'une insulte faite à l'ambassadeur de France, nouvelle donnée un peu légèrement et qui a amené la déclaration de guerre.

## UNE ENQUÊTE.

On lira plus loin la note du ministre de la guerre français sur les événements d'Orléans, note qui rejette, en termes insolites, sur le commandant en chef, toute la responsabilité des faits accomplis.

On nous assure que M. Gambetta avait d'abord signé un décret relevant de ses fonctions le général d'Aurelles de Paladine, et déférant sa conduite à l'appréciation d'un conseil de guerre.

Mais ce décret, à peine lancé, aurait été retiré précipitamment, et remplacé par un autre qui ordonne une enquête et remet le soin de la diriger à une commission composée de trois personnes : un général, un préfet, un intendant.

C'est le général Barral qui est désigné pour cette mission.

Le temps nous manque pour apprécier cet acte extraordinaire sur lequel il y aurait tant à dire, et pour demander où s'arrêtera cette effrayante consommation de généraux par une République qui ne voit partout que des incapables et des traîtres.

Mais puisqu'une enquête est ordonnée, il serait bon de la voir pousser jusqu'au bout. Il faut que la vérité soit connue tout entière et que l'on sache nettement de quel côté se trouvent la présomption et l'incapacité.

Le jour où les opérations offensives de l'armée de la Loire ont commencé, une note officielle, rédigée et communiquée par M. Gambetta, portait textuellement ces mots : « L'armée de la Loire a commencé le mouvement général qui avait été concerté le 30 novembre au soir, au quartier général, *en vertu d'instructions émanées du ministère de la guerre.* »

Ainsi, c'est en vertu des ordres formels de M. Gambetta que l'armée de la Loire a été lancée en avant.

Le général d'Aurelles approuvait-il ces ordres auxquels il obéissait? Se croyait-il prêt à agir? Avait-il fait savoir qu'il se considérait en mesure de prendre l'offensive? Sentait-il bien son armée dans sa main?

Ce sont là des questions capitales; car si, comme on le prétend, le général ne se croyait pas encore en état de marcher en avant; s'il avait, à l'exemple de certains maréchaux trop dociles aux injonctions de Napoléon III, exécuté passivement des ordres jugés par son expérience inopportuns et regrettables, la responsabilité pourrait se déplacer.

Nous le répétons, il faut donc savoir avant tout si le général en chef de l'armée de la Loire a été laissé à ses inspirations propres, s'il a eu sa pleine liberté d'action, si les ordres, passant par-dessus sa tête et s'imposant à ses combinaisons, n'ont pas compromis le succès qu'il préparait par d'autres moyens.

Si les généraux de cour ont perdu la France, *ce n'est pas une raison pour les remplacer par des stratégistes de club et d'estaminet.*

Que l'enquête déchire tous les voiles, et que le monde connaisse la vérité tout entière.

La *vérité!* Si elle avait été dite à la Chambre, la guerre n'aurait pas eu lieu! C'est pour l'avoir cachée que le Gouvernement impérial a précipité la France dans l'abîme!

Que la vérité se fasse donc et que la France décide ensuite!

*M. Gambetta veut la guerre à outrance et jusqu'à extinction! Soit: qu'on recule jusqu'à Bourges, jusqu'à Bordeaux, jusqu'à Montpellier, jusqu'en Algérie et aux confins du Tell; mais que ce soit la France qui proclame son inébranlable volonté de pousser la lutte à cette extrémité désespérée; que ce soit elle qui s'ouvre les veines de ses propres mains, et que personne ne puisse dire que le ministre qui combat les Prussiens se sert d'eux pour imposer sa dictature!*

Voici la note officielle au sujet de l'enquête :

« Par décision de ce jour, M. le ministre de l'intérieur et de la guerre a désigné trois commissaires pour procéder à une enquête sur les faits qui ont amené l'évacuation d'Orléans.

« Ces trois commissaires sont :

« MM. de Barral, général de division, président; Robert, intendant général des services militaires; Ricard, ancien préfet des Deux-Sèvres, commissaire de la défense nationale. »

Il pourra paraître singulier de voir un ancien préfet à poigne de l'Empire recevoir un pareil témoignage de la République.

(*Situation.*)

LE MARÉCHAL BAZAINE

a adressé à un de ses amis la lettre suivante :

« Cassel, 1ᵉʳ décembre 1870.

« Mon cher ami,

« J'ai été, par ordre, interné ici, et je n'ai pu, à cause de l'état de santé de la maréchale, me rendre à Aix-la-Chapelle, où j'avais demandé et obtenu l'autorisation de résider.

« Vous me dites que vous, et beaucoup d'autres, commencez à vous étonner de mon silence et de ma patience devant les attaques insensées dont j'ai été l'objet de la part de M. Gambetta et deux autres délégués du Gouvernement à Tours.

« Ces attaques, qui visaient en même temps à déconsidérer tous les chefs de l'ex-armée régulière, rapprochées de ce fait que ces membres du Gouvernement à Tours connaissaient l'imminence d'une capitulation à Metz et ses causes, rapprochées encore de l'abandon absolu où a été laissée l'armée du Rhin, ces attaques, dis-je, m'ont fait ressentir une telle indignation que, dans les premiers moments, il est vrai, j'ai dédaigné d'y répondre, croyant ne devoir opposer que mon mépris à de pareils outrages et calomnies.

« Depuis, je me suis occupé de la rédaction d'un rapport sommaire qui sera livré à la publicité. D'ailleurs, mon parti, vous avez pu le savoir, a été pris dès la première heure.

« Je suis prêt, en effet, à justifier tous mes actes, tous sans exception, de général en chef de l'armée du Rhin ; mais, vu l'éclat donné à l'injure qui m'a été faite, c'est une réparation éclatante qu'il me faut.

« Cette réparation, je la demanderai à notre première assemblée représentative, dès que l'exercice de la souveraineté du peuple aura reconstitué en France un gouvernement régulier, quel qu'il soit. Je saisirai cette assemblée d'une demande d'enquête, afin que ce soit le pays lui-même qui fasse la lumière sur la capitulation de Metz, et qu'il prononce, cette fois, en connaissance de cause.

« Vienne donc le jugement définitif, mon cher ami ; je l'attends en parfaite tranquillité de conscience, n'ayant rempli mes devoirs, et tous mes devoirs, qu'en honnête homme et en loyal soldat, ainsi que je l'ai toujours fait dans les quarante ans de ma vie militaire.

« Voilà, cher ami, les motifs de mon silence et de ma patience.

« Votre bien dévoué,
« Maréchal BAZAINE. »

---

THÉATRE DE LA GUERRE.

On écrit de Tours, à la date du 6 décembre :

« L'arbre porte les fruits qu'il devait porter : l'indécision, les tâtonnements, les contradictions et, par suite, l'insuccès des efforts les mieux combinés, des opérations les plus patiemment et les plus mûrement préparées. Vainement les hommes sensés et les plus autorisés se sont-ils efforcés de faire comprendre à M. Gambetta et à ses trop complaisants collègues qu'il fallait laisser le temps travailler pour nous, attendre l'occasion, choisir son moment et ses moyens d'action. Cette sage lenteur, qui avait si bien servi le général d'Aurelles jusqu'ici, ne pouvait aller longtemps à notre bouillant avocat-dictateur. Il craignait peut-être que l'audacieuse éloquence dont il a donné tant de preuves depuis deux mois ne se rouillât dans l'inactivité, et que le peuple ne se déshabituât de le regarder comme le commencement et la fin de la question nationale et du salut de la France. De méchantes langues prétendent même, mais je n'en crois rien, qu'il ne voyait pas sans un secret dépit tous les yeux et toutes les espérances tournés vers le commandant de l'armée de la Loire. Vous ignorez peut-être qu'à leurs autres talents, M. Gambetta et ses collègues joignent celui de stratégistes de premier ordre, et que comme tels ils prétendent organiser la victoire à leur façon, et pas autrement. Ils nous l'ont cruellement prouvé : en quatre jours trois défaites sur cinq combats livrés, et la perte d'Orléans et de la rive droite de la Loire. Tel est leur bilan.

« Je m'explique.

« A la suite de quelques succès encourageants, mais qui n'étaient pas assez importants pour ébranler les Allemands, Aurelles, comme je vous l'ai dit dans ma dernière lettre, avait rapproché ses divers corps d'armée et commencé un mouvement de concentration qui dénotait l'intention de faire une pointe sur Fontainebleau; le prince Frédéric-Charles en faisait autant de son côté, mais par une manœuvre hardie il passa ses forces sur la droite et la gauche de la ligne que devait suivre son adversaire pour atteindre son objectif, les dissimulant le mieux possible et ne laissant en face des Français que ce qu'il fallait de troupes pour masquer son mouvement, et en cas d'attaque lui donner le temps d'arriver.

« On en eut bientôt la preuve : le 1$^{er}$ décembre le général Chanzy attaqua l'ennemi près de Patay et le repoussa assez loin ; le lendemain, il comptait poursuivre sa route, mais il trouva devant lui von der Tann et ses Bavarois, et il ne tarda pas à apprendre que d'autres corps ennemis n'étaient pas éloignés. Il fut repoussé à son tour. Aurelles soupçonna que le prince prussien voulait le laisser s'engager entre les deux armées allemandes, afin de pouvoir l'écraser à coup sûr. Il fut confirmé dans cette opinion lorsqu'il apprit que le général de Sonis, à son extrême gauche, et, à l'aile droite, un général dont le nom m'échappe, en allant au rendez-vous qu'il leur avait donné, s'étaient heurtés à des masses allemandes qui avaient évidemment mission de les empêcher à tout prix de rejoindre l'armée réunie autour d'Orléans, et qui n'y réussirent que trop. D'Aurelles jugea qu'il fallait sortir de cette dangereuse position avant que les deux branches de l'étau qui l'enserrait fussent trop rapprochées. »

### LE SIÉGE DE PARIS.

On écrit sur les dernières sorties au *Times* :

« ..... Je me déterminai à ne pas attendre plus longtemps mon ambulance, et à me rendre seul, ou plutôt en compagnie d'un ami muni d'une passe, sur le champ de bataille. Nous nous dirigeâmes vers Champigny, et après avoir franchi quelques centaines de mètres, nous trouvâmes des preuves abondantes de la ténacité et du caractère sanglant du combat. La voie était encombrée d'ambulances remplies de blessés, et nombre de maisons du village avaient été percées d'outre en outre par les obus.

« Un peu plus loin nous rencontrâmes un groupe de chirurgiens ayant le docteur Ricord à leur tête, et se hâtant d'exécuter les opérations qui ne pouvaient être retardées, bien que le chiffre des blessés qu'on leur amenait fût tellement grand qu'un certain nombre durent être abandonnés sans soins sur le sol, exposés à une mort certaine, car ils perdaient du sang en abondance. Comme nous ne pouvions être d'aucune utilité sur ce point, nous fûmes heureux de nous détourner de cette scène d'horreur et de poursuivre notre route pour reconnaître quelle était la fortune de la bataille.

« Nous étions tous deux novices, et ce n'est qu'à la longue que nous commençâmes à découvrir que plus nous nous approchions du champ de bataille, moins nous étions à même de comprendre ce qui s'y passait, à moins que nous n'eussions la bonne fortune de découvrir quelque point dominant l'espace; cas auquel nous aurions probablement eu, en échange, la mauvaise fortune de nous trouver à proximité d'une batterie. Quelque imparfaitement que nous puissions voir le théâtre de la lutte du sommet des maisons, nous pouvions du moins découvrir toute l'armée française et nous former une idée très-suffisante de ce qui lui arrivait. Mais là, complétement entourés par les troupes, et placés sur le terrain même qui venait d'être enlevé à l'ennemi, nous ignorions absolument ce qui se passait, et pouvions nous trouver à tout moment enveloppés dans les lignes prussiennes sans le savoir.

« Finalement, comme nous sortions d'un bois de l'autre côté de Champigny, nous arrivâmes sur un petit monticule, duquel nous avions vue sur une partie considérable du champ de bataille. L'aspect était loin d'être rassurant. Il était environ quatre heures à ce moment, et la gauche française semblait avoir entièrement cédé. Un régiment était en pleine retraite, quoiqu'en très-bon ordre, vers le terrain où nous nous tenions. Il ne faisait pas mine de combattre, mais se retirait lentement hors de portée; les soldats avaient l'air abattu, mais nullement honteux, d'hommes qui ont fait de leur mieux, mais en vain, et sentent qu'ils ne sauraient faire davantage. D'autres continuaient à maintenir le terrain qu'ils avaient conquis, mais sous un feu meurtrier qui leur causait de grandes pertes et sous lequel aucune troupe française n'aurait pu rester longtemps immobile. Ils devaient ou se lancer en avant, ou battre en retraite, et je m'attendais à leur voir exécuter ce dernier mouvement lorsque ma propre retraite fut précipitée d'une manière à laquelle j'étais loin de m'attendre.

« Le régiment en retraite, en approchant de l'éminence sur laquelle nous nous tenions, arriva en vue de l'ennemi, et comme il valait la poudre et le plomb — que nous ne valions pas, je suppose — il attira des décharges désagréablement nourries, et je fus obligé de me jeter à la hâte à plat ventre, mouvement que mon voisin avait exécuté avec non moins de vivacité que moi ; puis nous nous réfugiâmes dans un creux, où nous étions passablement en sécurité, mais d'où nous ne pouvions absolument rien voir. Ce que j'entendis, néanmoins, me fit craindre que les Allemands n'eussent le dessus. Le bruit des détonations, qui, vers quatre heures, devint plus fort qu'il ne l'avait encore été, venait principalement de leur quartier général, comme s'ils se concentraient pour une attaque finale.

« La fusillade, qui auparavant avait été comparativement faible, devint soudainement assourdissante, comme si de grandes masses d'infanterie s'avançaient pour emporter une forte position ; par-dessus les détonations de milliers de fusils, on entendait le bruit étrange de mitrailleuses, que l'on a heureusement comparé au rugissement de quelque bête féroce, dont le tir était à peine moins continu ; le sifflement des obus passant par-dessus nos têtes et le grondement du canon, quelque vigoureux qu'ils eussent toujours été, semblaient encore, si possible, augmenter en intensité. C'était un pénible supplice de se trouver au milieu d'un pareil pandémonium de bruits, et de ne pouvoir cependant conjecturer que vaguement quelle en était la signification, et, si le dernier et le plus grand acte de la tragédie du jour se jouait, de ne pouvoir s'assurer si le résultat nous était favorable ; mais ce ne fut que lorsque l'obscurité fut assez épaisse pour que nous puissions distinguer les éclairs incessants des batteries ennemies, que nous pûmes reconnaître que les Français paraissaient toujours être en possession des hauteurs près de Mont-Mesly, qu'ils avaient prises avec tant de bravoure, mais, je le crains, au prix de pertes énormes.

« J'ai appris depuis mon retour à Paris qu'ils n'ont gardé aucune partie des hauteurs dont ils s'étaient emparés, et que, quoiqu'ils aient remporté un succès en ce sens qu'ils occupent en ce moment ce qui ce matin appartenait à l'ennemi, c'est une position qui n'a aucune valeur, attendu que les Allemands sont aussi forts que jamais sur les hauteurs qui la commandent immédiatement. S'il en est ainsi, je présume que les Français évacueront subséquemment les localités qu'ils ont occupées, mais jusqu'au dernier moment, où l'obscurité mit fin au combat, leurs batteries, quoique terriblement atteintes, n'étaient pas réduites au silence. »

### BULLETIN TÉLÉGRAPHIQUE.

BERLIN, 11 décembre. — Le *Staatsanzeiger* dit, relativement aux dernières nouvelles de la 2ᵉ armée, qu'on doit relever surtout, pour caractériser l'état de l'armée française dispersée, que notre cavalerie a trouvé toutes les routes où elle a poursuivi les Français presque complétement couvertes de fusils et de pièces d'équipement jetés par l'ennemi dans sa fuite.

MUNICH, 11 décembre. — A la suite de la nouvelle de la victoire près de Beaugency, le Roi a adressé au commandant du 1ᵉʳ corps bavarois le télégramme suivant :

« Au général von der Tann, à Beaugency.

« J'ai appris avec une grande satisfaction, par le télégramme du grand-duc de Mecklembourg, la part glorieuse qu'a prise mon 1ᵉʳ corps d'armée aux dernières victoires sur l'armée de la Loire.

« J'exprime aux héroïques représentants de la gloire des armes bavaroises mon admiration et ma gratitude royales.

« Hohenschwangau, 9 décembre.

« Signé Louis. »

MUNICH, 11 décembre.— Une communication télégraphique au ministère de la guerre dit au sujet de la part qu'a prise le corps d'armée bavarois von der Tann aux combats au sud-ouest d'Orléans :

Dans l'après-midi du 7 décembre, nous avons, assistés par la 17ᵉ division prussienne, livré un combat près du Bardon.

Le 8 décembre, nous avons livré bataille près de Cravant et Beaugency. Dans un combat opiniâtre contre des forces beaucoup supérieures, le corps bavarois, assisté par la 17ᵉ et la 20ᵉ divisions, a repoussé les attaques de l'ennemi en gagnant beaucoup de terrain.

Le 9, une nouvelle attaque de l'ennemi a été repoussée glorieusement par le même corps et les deux divisions susmentionnées.

---

SCHWERIN, 11 décembre. — *Télégramme du grand-duc à la grande-duchesse.* — Meung, 10 décembre, onze heures et demie du soir. — Des démonstrations faites par l'ennemi avec de grandes masses cette après-midi contre notre aile droite, et une attaque violente de l'ennemi, suivie d'une lente canonnade contre la 22ᵉ division, ont été repoussées par l'artillerie et la cavalerie.

---

BERNE, 11 décembre. — La dernière canonnade a causé beaucoup de mal à Belfort. Dans le faubourg de France, beaucoup de maisons sont détruites; 30 personnes ont été atteintes.

Il y a eu des combats avec des francs-tireurs entre Bourogne et Moval. Bavilliers (entre Belfort et Delle) est presque complétement détruit.

---

BERLIN, 12 décembre.—*Officiel.*—Versailles, 11 décembre. — Des détachements du 9ᵉ corps d'armée ont rencontré le 9 décembre une division ennemie près de Montlivault, dans le voisinage de Blois; l'attaque de cette division a été complétement repoussée.

L'aile gauche du même corps a délogé l'ennemi de Chambord; un bataillon hessois lui a pris à cette occasion 5 canons.

Le 3ᵉ corps d'armée a poursuivi, le 8 décembre, jusqu'au-delà de Briare l'ennemi, qui a été refoulé près de Nevoy.

---

LONDRES, 12 décembre. — Le *Times* dit que M. Gambetta ne s'est pas adressé au quartier général prussien pour un armistice, mais qu'il a informé lord Lyons que la France ne pouvant pas être représentée à la conférence sans qu'une assemblée eût établi un gouvernement, le devoir de l'Angleterre était de négocier un armistice en vue des élections. Le ravitaillement de Paris étant une condition de l'armistice, la proposition de M. Gambetta n'a pas été acceptée.

Suivant un rapport de Versailles, les forces françaises dans les dernières sorties sont évaluées à 90,000 hommes.

Les journaux publient des nouvelles de Constantinople du 11 décembre.

Le général Ignatieff a eu une entrevue avec Aali-Pacha; le résultat en aurait été peu satisfaisant.

L'ambassadeur anglais maintient son attitude énergique et s'oppose aux demandes de la Russie.

---

FAITS DIVERS.

Le *Daily-Telegraph*, du 6 décembre, rend compte, en ces termes, de la visite que l'Impératrice vient de rendre à la reine d'Angleterre :

« Hier, dans l'après-midi, l'impératrice Eugénie, accompagnée du Prince impérial et de leur suite, a été rendre visite à Sa Majesté, au château de Windsor.

L'Impératrice est arrivée au château de Windsor à 2 heures 20 minutes et a été reçue à la gare par lord Charles Fitzray et l'honorable Harrett Phippe.

« L'Impératrice s'est dirigée vers le château en traversant le parc réservé. Après avoir pris part à un lunch avec Sa Majesté et la famille royale, l'Impératrice est retournée à la station, et a quitté Windsor à 3 heures 45 minutes.

---

Deux décrets rendus à Paris, le 8 novembre, modifient la

croix de la Légion d'honneur et la médaille militaire. La « tête de la république » remplacera l'effigie des deux empereurs.

---

C'est par erreur que le *Journal officiel* annonce la mort du colonel de Vigneral (1). Il est à l'ambulance du Théâtre-Français, grièvement blessé au bras par une balle ; mais on espère que l'amputation ne sera pas nécessaire.

---

Une rectification doit être faite. Aucun des chefs de bataillon d'Ille-et-Vilaine n'a été tué. MM. Lemintier de Saint-André, du 4ᵉ bataillon, et Le Gonidec de Kerhalec, du 3ᵉ bataillon, ont été blessés seulement et leur état est aussi satisfaisant que possible. M. du Dézersen a été légèrement atteint au bras.

---

Trois soldats français, internés dans un des forts d'Anvers, avaient imaginé, il y a quelques jours, l'ingénieux moyen que voici pour prendre la clef des champs :

On sait que les internés préparent en général eux-mêmes leur cuisine. Chaque semaine, un cultivateur des environs d'Anvers venait chercher, au fort, les pelures de pommes de terre que les soldats français avaient mises dans de grands sacs. A l'un de ses derniers voyages, en chargeant ces sacs sur sa charette, le cultivateur s'aperçoit que trois d'entre eux avaient un poids beaucoup plus lourd que les autres. Il en fit l'observation au sergent qui présidait à l'opération. Les sacs furent ouverts, et l'on ne fut pas peu surpris d'en voir sortir trois internés français qui, pour dissimuler la forme de leurs corps, s'étaient enveloppés de pelures jusqu'au-dessus de la tête, au risque de mourir d'asphyxie avant de sortir du fort. Ils furent aussitôt réintégrés dans leurs casemates.

---

(1) Lieutenant-colonel de la garde mobile du Morbihan. M. de Vigneral (Marie-Christian) était, au début de la guerre, capitaine au corps d'état-major démissionnaire et chevalier de la Légion d'honneur. A la suite de sa belle conduite à l'affaire de Villiers, il fut promu au grade d'officier du même ordre.

N° 42. — LUNDI 19 DÉCEMBRE 1870.

## PARTIE OFFICIELLE.

### DÉPÊCHE OFFICIELLE.

VERSAILLES, 17 décembre. — L'ennemi, attaqué le 15 de ce mois par des avant-gardes assez considérables de nos troupes, a évacué Vendôme le 16.

A Montmédy, nous avons fait environ 3,000 prisonniers, pris 65 pièces de canon et délivré 237 prisonniers allemands.

DE PODBIELSKI.

Versailles, le 17 décembre 1870.

### AVIS.

En vertu de l'arrêté du 10 octobre (*Recueil I*<sup>er</sup>), concernant le recouvrement des contributions directes, le montant de la cote mensuelle doit être versé le 10 de chaque mois au maire du chef-lieu de canton, qui doit en faire le versement le 15 du même mois à la caisse du département à la préfecture.

Ce terme étant expiré pour le mois de décembre, j'invite MM. les maires des chefs-lieux de canton du département, conformément à l'arrêté du 10 octobre et du 10 novembre (*V. le Moniteur du 11 novembre*), de venir verser immédiatement les contributions du mois de décembre.

Je préviens, en outre, ceux de MM. les maires qui n'ont pas encore effectué le payement complet pour les mois précédents, que conformément à l'article 3 dudit arrêté, j'ai requis la force militaire pour que l'exécution ait lieu dans toutes les communes qui persisteraient à rester en retard pour le recouvrement desdites contributions.

J'ose espérer que les communes en retard éviteront, par le payement exact de leurs contributions, les suites fâcheuses de l'exécution militaire.

*Le préfet de Seine-et-Oise.*
DE BRAUCHISTCH

DÉCRET.

Il est porté à la connaissance du public que tout papier-monnaie-allemand en général doit être accepté dans les transactions financières au même cours que l'argent allemand, tel qu'il a été établi le 8 novembre dernier par mon décret publié dans le *Moniteur officiel,* n° 8, du 16 novembre 1870.

Reims, le 7 décembre 1870.

*Le Gouverneur Général,*
E. R.
DE ROSENBERG-GRUSZCZYNSKI.
Lieutenant-Général.

---

DÉCRET
portant défense de laisser circuler les journaux *Courrier des Ardennes* et *Progrès des Ardennes.*

§ 1ᵉʳ. — La circulation des journaux paraissant à Charleville (Mézières) : *Courrier des Ardennes* et *Progrès des Ardennes,* est interdite pour la partie du département des Ardennes occupée par les troupes allemandes. Tout exemplaire de l'un ou de l'autre desdits journaux doit sur-le-champ être saisi par le Maire compétent et envoyé sans retard soit au préfet à Rethel, soit au sous-préfet à Sedan.

§ 2. — Toute personne entre les mains ou dans la maison de laquelle un exemplaire d'un des journaux susmentionnés est trouvé, est passible d'une amende de 50 à 200 francs.

En cas d'insolvabilité, cette amende sera changée en peine d'emprisonnement proportionnée.

Rethel, le 2 décembre 1870.

FR. DE KATTE, *préfet.*

---

MOUVEMENT DU PERSONNEL.

Ont été nommés :

1° Conseiller de préfecture et secrétaire général du département de l'Aube, M. DE BUTLER;

2° Sous-préfet provisoire de l'arrondissement de Reims, M. DE PARSEVAL;

3° Sous-préfet provisoire de l'arrondissement de Soissons, M. le comte DE GELDERN;

4° Sous-préfet de l'arrondissement de Vitry-le-Français, M. le baron d'ARDENNE.

Le lieutenant comte d'YRSCH, faisant fonction de sous-préfet à Reims, est allé rejoindre l'armée pour servir sous les ordres du grand-duc de MECKLEMBOURG comme officier d'ordonnance de Son Altesse Royale.

## PARTIE NON OFFICIELLE.

M. de Brauchitsch, préfet du département de Seine-et-Oise, qui, comme membre du parlement de la Confédération de l'Allemagne du Nord, s'était rendu à Berlin pour assister aux débats relatifs aux traités avec les États de l'Allemagne du Sud, vient de revenir à Versailles et a de nouveau pris possession de son poste.

### AVIS.

Le Préfet du département de Seine-et-Oise porte à la connaissance du public que la seconde liste officielle des blessés français recueillis par les troupes allemandes, publiée par les soins du comité international de Genève, a été déposée à la Mairie de Versailles, et que les intéressés peuvent en prendre connaissance dans les bureaux de la Mairie.

### L'EMPIRE D'ALLEMAGNE.

Le *Times* consacre au rétablissement de l'Empire d'Allemagne un article où il témoigne sa vive satisfaction non-seulement du fait en lui-même, mais aussi de la manière dont ce fait s'accomplit; — il ajoute :

« L'importance politique de ce changement de l'ordre de choses ne peut être estimée trop haut. Une puissante révolution s'est accomplie en Europe, et toutes nos traditions sont devenues soudain des vieilleries. Personne ne peut prédire les relations qui existeront entre les grandes puissances; mais il n'est pas très-difficile d'indiquer en traits généraux la tendance politique de l'époque dans laquelle nous entrons. Il y aura une Allemagne forte, unie, ayant à sa tête une famille qui ne représente pas seulement les intérêts de la patrie allemande, mais aussi sa gloire militaire. D'un côté de l'Allemagne se tiendra la Russie, forte et attentive comme toujours; de l'autre côté, la France, ou supportant avec patience son changement de fortune, ou brûlant de l'ardeur de la revanche, mais en tout cas impuissante durant longtemps à jouer en Europe le grand rôle qui lui appartenait pendant la brillante période de restauration napoléonienne. Quant à nous, Anglais, au lieu d'avoir comme précédemment deux puissants États militaires sur le continent, et entre eux une nation dont les forces sont usées, non prêtes au combat, et qui pouvait à tout moment être écrasée, si les deux puissances supérieures venaient à s'unir, — maintenant nous avons au centre de l'Europe une solide barrière, et ainsi se consolidera l'édifice général. Les vœux politiques que formaient les générations précédentes d'hommes d'État anglais se trouvent donc remplis. Tous, ils souhaitaient la création d'une forte puissance centrale, et ils y travaillaient, dans la paix comme dans la guerre, par les négociations et les traités, tantôt avec l'Empire, tantôt avec un nouvel État qui s'élevait dans le Nord... L'Allemagne, aujourd'hui, doit réaliser ce qui n'a été si longtemps qu'une conception politique... »

---

On écrit de Versailles au *Moniteur prussien*, le 7 novembre :

« Les victoires de nos armées sont beaucoup plus importantes que ne le faisaient supposer les premières nouvelles reçues par télégraphe.

« Le nombre des prisonniers qu'on amène à Orléans s'accroît de jour en jour. Hier, ce nombre s'élevait déjà à 20,000 hommes environ. Nos troupes n'ont pas perdu un instant pour donner la chasse aux débris de la Loire; M. Gambetta lui-même ne doit qu'à un heureux hasard d'avoir échappé pour la seconde fois à nos soldats. Il était en route de Tours pour rejoindre l'armée, lorsqu'il rencontra une colonne volante des nôtres qui dépassèrent sa voiture, en avançant en toute hâte; peu d'instants après, un détachement de uhlans de la division du prince Albert passa également au galop. Le ministre de la guerre français réussit à échapper en prenant un chemin à travers champs, avant que nos soldats pussent s'apercevoir du personnage qu'ils avaient tenu au bout de leurs fusils.

« Après l'occupation de Rouen par le général de Manteuffel, la navigation sera rétablie sur la Seine; le rétablissement du chemin de fer détruit en plusieurs endroits exigera plus de temps.

« J'apprends de source certaine qu'on n'engagera avec le gouvernement de la défense nationale aucune espèce de négociation, aussi longtemps que ce Gouvernement, au mépris de toutes les lois du droit des gens et de la morale, persistera à rendre des commandements dans l'armée française aux nombreux officiers faits prisonniers et relâchés sur l'engagement de ne plus servir dans la guerre actuelle. »

REICHSTAG DE LA CONFÉDÉRATION DE L'ALLEMAGNE DU NORD.
1<sup>re</sup> *Séance du* 10 *décembre* 1870.

L'assemblée adopte sans discussion en premier et deuxième débat et à la presque unanimité les modifications à la Constitution proposées dans la dernière séance.

Avant le vote. M. le ministre Delbrück fait la déclaration suivante :

« On connaît les faits qui ont amené nos propositions. Ils ont leur origine dans la lettre de S. M. le roi de Bavière à S. M. le roi de Prusse, lettre que j'ai eu l'honneur de vous lire. Tous les princes allemands, aussi bien que les villes libres, sont d'accord pour introduire dans la Constitution fédérale les deux points exposés dans le passage de la lettre du roi de Bavière où il est question de l'alliance conclue entre les États allemands et dans celui qui se rapporte au pouvoir présidentiel de a couronne de Prusse.

« Les gouvernements alliés ne se sont pas dissimulé l'insuffisance de ces modifications. Ils sont partis de l'idée que provisoirement il suffit d'exprimer dans les deux articles décisifs du Pacte fédéral ce dont ils sont convenus, et qu'il doit être réservé au *Reichstag* prochain de fixer les modifications ultérieures. Le temps manque pour aborder maintenant cette tâche, car il ne s'agit pas seulement de mots, mais de changements organiques. »

Le troisième débat aura lieu dans la séance du soir.

Le *Reichstag* s'occupe ensuite de diverses pétitions, dont quelques-unes ont trait aux pensions des invalides de la guerre actuelle. La plupart sont renvoyées à la Chancellerie fédérale avec recommandation. Il en est de même de la pétition où les autorités municipales de Kœnigsberg se plaignent de l'arrestation de M. le docteur Jacoby.

2ᵉ *Séance du 10 décembre.*

M. BEBEL déclare avoir reçu en effet la lettre de félicitation du consul français de Vienne ; il en révoque en doute l'authenticité ; mais « si elle est vraie, » ajoute-t-il, « *je l'accepte!* »

Les modifications constitutionnelles nécessitées par le nouveau titre de S. M. le roi Guillaume sont adoptées définitivement par 188 voix contre 6 (les 6 voix socialistes).

MM. LASKER et consorts proposent l'Adresse suivante à S. M. le roi de Prusse :

« Sire !

« A l'appel de Votre Majesté, le peuple groupé autour de ses chefs défend sur la terre étrangère avec une valeur héroïque la patrie violemment provoquée. La guerre exige des sacrifices immenses, mais le deuil profond causé par la perte de tant de braves ne saurait ébranler la ferme volonté de la nation de ne pas déposer les armes avant que la paix soit mieux garantie par des frontières plus sûres contre de nouvelles attaques d'un voisin jaloux.

« Grâce aux victoires qu'ont remportées sous le commandement de Votre Majesté les armées allemandes unies par une étroite confraternité, la nation se trouve en face d'une unité durable.

« De concert avec les princes de l'Allemagne, le *Reichstag* de l'Allemagne du Nord s'adresse à Votre Majesté pour la prier de parfaire l'œuvre unitaire en acceptant la couronne impériale. Cette couronne sur la tête de Votre Majesté donnera à l'Empire restauré de la nation allemande des jours de puissance, de paix, de prospérité et de liberté garantie par les lois.

« La patrie rend grâce au chef et à la glorieuse armée à la tête de laquelle Votre Majesté se trouve encore sur les champs de bataille conquis. Jamais la nation n'oubliera le dévouement et les hauts faits de ses fils. Puisse son auguste Empereur lui rendre bientôt la paix! L'Allemagne unie s'est montrée puissante et victorieuse dans la guerre, elle sera puissante et pacifique sous l'égide de son empereur.

« De Votre Majesté,
« les très-fidèles sujets.
« Le *Reichstag* de la Confédération du Nord. »

Cette Adresse est adoptée. Puis on tire au sort les noms des trente députés qui doivent la porter à Versailles.

M. le ministre Delbrück lit un message présidentiel qui clôt la session et les députés se séparent aux cris de : Vive le généralissime des armées allemandes!

---

NOUVELLES MILITAIRES OFFICIELLES.

VERSAILLES, 10 décembre. — Après les combats des derniers jours, les troupes qui se trouvent près la Loire devaient avoir le 10 une journée de repos. Dans la matinée cependant l'ennemi essaya, avec de grandes forces, de reprendre l'offensive, mais il fut repoussé dans un combat qui dura jusqu'au soir, soutenu principalement par l'artillerie. Nos pertes sont très-minimes. Plusieurs centaines de prisonniers sont entre nos mains.

Le général de Manteuffel mande que, le 9 au soir, Dieppe a été occupé par les troupes de son armée.

DE PODBIELSKI.

Extrait d'une lettre de Sa Majesté le Roi à Sa Majesté la Reine :

« Dans le combat d'Orléans a eu lieu une très-brillante attaque du 1ᵉʳ et du 6ᵉ régiment de uhlans sous les ordres du général Bernhardi; ils ont tout d'une haleine enfoncé deux bataillons, encore culbuté trois escadrons, enfin pris une batterie de 4 canons.

« Un escadron du 4ᵉ régiment de hussards a également pris une batterie; il s'était embusqué derrière des buissons et, tandis que la batterie faisait feu, il a chargé sur les pièces et les a enlevées. Ces canons, tout attelés, sont arrivés hier à Versailles; les habitants se sont laissé conter que nous avions fait venir ces pièces de Sedan pour les montrer comme des trophées conquis à Orléans. »

VERSAILLES, 11 décembre. — Des détachements du 9ᵉ corps d'armée ont rencontré hier, à Montlivaut dans les environs de Blois, une division ennemie, dont l'attaque a été complétement repoussée. L'aile gauche du corps a rejeté l'ennemi hors de Chambord, où un bataillon hessois a pris 5 canons.

Le 3ᵉ corps d'armée poursuivait, le 8, par-delà Briare, l'ennemi battu à Nevoy.

DE PODBIELSKI.

*A la Reine Augusta, à Berlin.*

VERSAILLES, 12 décembre. — Après quatre jours de combats autour de Beaugency, combats qui se sont tous terminés victorieusement pour nous, bien que, à cause de la supériorité numérique de l'ennemi, nous n'ayons pas gagné beaucoup de terrain, l'ennemi s'est inopinément replié aujourd'hui sur Blois et Tours, sans doute par suite des pertes considérables qu'il a souffertes, tandis que les nôtres étaient peu élevées. Un très-grand nombre de déserteurs est signalé de ce côté, ainsi qu'à Rouen. Beaucoup de gardes mobiles jettent leurs armes et leurs effets d'équipement et s'en retournent chez eux, mais il en reste encore assez. — Aujourd'hui dégel complet.

GUILLAUME.

BULLETIN TÉLÉGRAPHIQUE.

*Allemagne.*

CARLSRUHE, 13 décembre. — La Chambre a été ouverte aujourd'hui. Le discours du trône prononcé à cette occasion dit que la tâche de la Diète sera de donner aux nouveaux traités fédéraux une sanction constitutionnelle dans le grand-duché de Bade. Le discours exprime la confiance que l'idée de l'unité nationale, à qui la dignité impériale a donné une expression symbolique, arrivera, à l'aide des nouvelles formes constitutionnelles, à une réalisation plus énergique.

Le discours demande ensuite l'approbation des lois provisoires nécessitées par la subite explosion de la guerre, des mesures financières qui avaient été prises, ainsi que l'allocation de moyens ultérieurs pour la continuation de la guerre.

Le discours termine en exprimant l'espoir que cette surcharge de dépenses n'aura plus lieu lorsque, dans un temps non éloigné, une paix favorable aura été obtenue.

*Autriche.*

PESTH, 13 décembre. — *Séance de la délégation hongroise.* — Le général Bénédek a répondu au nom du ministère de la guerre à l'interpellation relative à la situation de l'armée.

L'armée compte maintenant 864,849 hommes de troupes régulières et 187,527 hommes de la landwehr. L'artillerie a été augmentée depuis 1867 de 378 canons. D'autres encore sont nécessaires. L'armée possède 899,272 fusils se chargeant par la culasse. La landwehr autrichienne possède 57,227 fusils à aiguille, et la landwehr hongroise 80,000. On doit en fabriquer encore 15,000.

Le ministre demande la nomination d'une commission de six membres pour examiner la situation de l'armée.

*Prusse.*

BERLIN, 14 décembre. — Le discours du trône fait mention de l'heureuse marche de la guerre et insiste sur l'esprit patriotique pénétrant partout.

Il fait observer que le gouvernement considère comme de son devoir de présenter le budget aussitôt que possible.

Le discours ajoute que le gouvernement reprendra la réforme de la législation intérieure après le rétablissement de la paix ; il a la confiance que l'esprit de conciliation, qui, dans un moment où l'amour de la patrie s'est puissamment éveillé et a déjà contribué à aplanir d'autres différends, facilitera aussi cette tâche.

BORDEAUX, 13 décembre. — (Voie de Suisse et d'Allemagne.) — M. Thiers reste à Bordeaux.

On lit dans le *Moniteur prussien* du 15 décembre :

« Quelques journaux ont rapporté que le 6 décembre la malle militaire prussienne (Feldpost) a été enlevée sur le territoire belge par des francs-tireurs qui avaient passé la frontière, sans que les autorités belges s'y fussent opposées. Cette nouvelle, ainsi que nous l'apprenons d'une source digne de foi, n'est pas exacte en un point; c'est par suite de l'intervention immédiate et active des autorités belges, civiles et militaires, dès que cet incident fut connu, que la malle a été reprise aux francs-tireurs, dont le chef a été arrêté. La malle a été remise intacte le 7 décembre aux mains des autorités prussiennes. »

### LE SIÉGE DE PARIS.

#### *Les dernières sorties.*

Extraits d'une correspondance de la *Gazette de Cologne.*

VERSAILLES, 2 décembre. — Les tentatives de sortie des Parisiens sous le commandement du général Ducrot ont été renouvelées hier avec des forces considérables, vers le côté sud-est de notre ligne d'investissement. Je n'ai pas pu me procurer encore de détails authentiques sur les combats qui ont eu lieu entre les Français et les Wurtembergois. Je déclare donc d'avance que le récit suivant, quoique puisé à des sources dignes de confiance, n'a pas la prétention d'être officiel ou incontestable.

Il résulte des déclarations de la plus grande partie de nos combattants, que les Français avaient réussi à occuper les villages de Champigny et de Brie.

Lorsque les nouvelles troupes qui venaient relever les anciennes, voulurent marcher sur Champigny et Brie, elles trouvèrent ces deux localités déjà occupées par les Français, qui étaient arrivés au pas de course et commençaient déjà à s'installer à leur aise. Les Wurtembergeois, voulant reconquérir ce qu'ils avaient perdu, engagèrent immédiatement une vive fusillade avec les Français, qui les dépassaient en nombre, sans attendre, dans leur ardeur, l'arrivée de renforts. C'est ainsi qu'ils ont subi des pertes considérables, surtout en officiers; onze de leurs chefs ont été plus ou moins sérieusement blessés. Cela avait eu lieu le 30 novembre.

Le 1<sup>er</sup> décembre il y eut un armistice presque général; les forts de Paris se taisaient dans toute la circonférence. Cependant, le 2<sup>e</sup> corps prussien, sous les ordres du général Fransecky, qui, depuis son arrivée de Metz, était stationné comme corps de réserve près de Corbeil, s'était avancé à marches forcées et arriva le 2 décembre sur le théâtre de la lutte, où il se joignit aux Wurtembergeois; les troupes réunies prirent immédiatement part au combat que les Français avaient recommencé.

Le général Ducrot paraissait supposer qu'il avait heureusement trouvé le point le plus faible de la ligne d'investissement des Allemands, et qu'il ne lui serait pas difficile de se frayer un passage vers le Sud-Est pour pouvoir tendre à Fontainebleau la main à l'armée de la Loire, attendue sur ce point. Si telle était, en effet, sa supposition, le général français, en dépit des masses énormes dont il disposait, a dû se trouver singulièrement désillusionné. Il attaqua, le 2 décembre, de bonne heure, nos positions avec une grande impétuosité; mais les parties du 2<sup>e</sup> corps qui prirent part au combat allèrent à la rencontre des Français avec un tel élan, qu'en peu de temps elles eurent repris le village de Brie-sur-Marne.

Champigny fut également repris, mais ne pouvait être suffisamment défendu, car il est exposé au feu croisé des forts de Charenton et de Nogent, et cela d'une façon trop écrasante pour que les grands sacrifices qu'aurait coûtés sa conservation eussent été justifiés par l'importance du succès. Toutefois, les Français ne réussirent nulle part à exécuter leur projet de percer nos lignes. Nos troupes maintenaient victorieusement, à la tombée de la nuit, toutes les positions qu'elles avaient occupées auparavant.

En attendant, le cercle autour de l'armée de la Loire paraît se rétrécir chaque jour davantage. Déjà, le 1ᵉʳ décembre, des patrouilles bavaroises et des détachements de cavalerie avaient, après un petit combat de reconnaissance, signalé au grand-duc de Mecklembourg, qui s'avançait de Nogent-le-Rotrou par Bonneval vers le Sud-Est, la présence de fortes colonnes ennemies appartenant probablement à l'aile gauche de l'armée de la Loire. Celle-ci était établie entre Orgère et Patay, villages situés au sud d'Angerville et à l'ouest de Ronceval.

Le lendemain, à 9 heures du matin, le grand-duc, qui était arrivé entre temps avec le gros de son armée, se posait entre Orgères et Bazoches-les-Hautes, de telle façon que la 17ᵉ division fermait l'aile gauche et la 22ᵉ division l'aile droite de sa position. Au moment où il voulut se mettre en mouvement pour attaquer l'ennemi, le corps du grand-duc se heurta contre les 14ᵉ et 15ᵉ corps de l'armée de la Loire, également en marche et prêts à attaquer.

La 17ᵉ division, appuyée par la 4ᵉ division et suivie par le 1ᵉʳ corps bavarois de von der Tann, qui formait provisoirement la réserve, se jeta avec un entrain irrésistible sur le 16ᵉ corps et le refoula après un combat brillant au delà de Loigny.

En même temps commencèrent les opérations de l'autre aile de l'armée du grand-duc, commandée par le général Wittich.

La 22ᵉ division, aidée de la 2ᵉ division de cavalerie, chassa devant elle le 15ᵉ corps français, qui cherchait en vain à prendre position à Pourpry. Ce dernier village fut pris d'assaut, et le général Wittich, poursuivant victorieusement l'ennemi, put avancer jusqu'à Artenay; c'est la seconde fois durant cette guerre qu'un combat sanglant a été livré dans le voisinage de cette localité. Plusieurs centaines de prisonniers nous sont tombés entre les mains ; pendant le combat et en plein feu, nous avons pris onze pièces de canon.

Nos pertes en morts et blessés doivent être assez considérables ; mais, suivant les rapports authentiques, les pertes des Français dépassent de beaucoup les nôtres. C'est ainsi que s'est aussi trouvée rejetée l'aile gauche de l'armée de la Loire ; l'aile droite l'avait été le 28 novembre près de Beaune-la-Rollande par le 10ᵉ corps.

### FAITS DIVERS.

On lit dans une lettre de Paris :

« Je suis allé jeudi au *club Valentino*. Là j'ai vu en chair et en os le citoyen Gaillard, cordonnier de Belleville. Il a été aplati par Vrignault, du journal *la Liberté*. Il s'agissait d'une somme de soixante-quinze centimes par jour que le gouvernement attribuait aux gardes nationaux mariés ou pères de famille, et refusait aux femmes et aux enfants des gardes non mariés ou n'ayant pas reconnu leurs enfants. Belleville s'est insurgé contre cette distinction. D'autres causes encore, celles-là militaires, ont amené le licenciement du bataillon des *tirailleurs de Belleville* et l'arrestation de Flourens. »

On vient de voir à Bruxelles une nouvelle monnaie : c'est une pièce de 10 centimes en bronze, au millésime de 1870, et portant, dit-on, d'un côté ces mots : « Gouvernement de la défense nationale, » de l'autre : « République française. » On remarque sur l'envers un magnifique ballon, orné de deux drapeaux et avec tous ses agrès.

Serait-ce une monnaie nouvelle pour laquelle le Gouvernement français aurait adopté un type de circonstance, destiné à rappeler aux générations futures l'utilité des ballons dans les villes assiégées?

La rareté du papier à Paris pendant le siége, n'empêche pas la pousse de nouveaux journaux : voici les titres de ces feuilles, dont quelques-unes sont déjà tombées ; d'autres jaunissent et ne tarderont pas à les suivre ! Le *Garde nationale,* le *Drapeau rouge* et le *Faubourien*, ont cessé de paraître. — Le *Moniteur des Citoyennes*, qui devait paraître tous les dimanches, n'a publié qu'un seul numéro. — Le *Garibaldi* n'a encore paru que deux fois. Puis vient le *Lion blessé*, dont les rugissements n'ont pas fait grand bruit jusqu'ici, et l'*Ami de la France*. Pour terminer cette liste, nous citerons le *Trac*, journal des peureux, qui prévient le public qu'en cas de bombardement, les abonnés de ce journal pourront le trouver et le lire dans leur cave, sans se déranger, recommandation étant faite aux porteurs de cette feuille de la jeter dans les soupiraux, pour le cas où cette poignante éventualité viendrait à se réaliser.

## Annonces et Avis divers.

**ON CHERCHE A LOUER** pour la durée de la guerre, 3 ou 4 grandes chambres vides, premier étage sur le devant, au centre de la ville. *Adresser les offres*, **65, RUE DE LA PAROISSE.** (1-3)

UN NOUVEL ASSORTIMENT COMPLET
DE
# GANTS D'HIVER

De toutes les couleurs et qualités, *en peau, Buxking* et *en laine, rembourrés ou non*, ainsi qu'un choix *d'excellents bouts-de-cigares* et de PIPES ALLEMANDES dites *de marche* vient d'arriver de Berlin chez
G. DE HULSEN.
**65, RUE DE LA PAROISSE.** (1-10)

N° 43. — MARDI 20 DÉCEMBRE 1870.

### PARTIE OFFICIELLE.

DÉPÊCHE OFFICIELLE.

VERSAILLES, 19 décembre. — Le 16 de ce mois, le 10ᵉ corps d'armée a pris, dans le combat par lequel il s'était emparé de Vendôme, 6 canons et 1 mitrailleuse.

Le 17, après un léger combat, Épuisay a été occupé par les têtes de nos corps qui poursuivaient l'ennemi. Nous avons fait 230 prisonniers.

Des papiers officiels, émanant du général Chanzy, commandant au nord de la Loire, et interceptés par nos troupes, constatent la diminution des forces de l'ennemi à la moitié de son effectif.

La tête des colonnes dirigées de Chartres contre l'ennemi a soutenu, près de Droué, un combat victorieux contre 6 bataillons.

L'ennemi a laissé en ce dernier endroit plus de 100 morts, plusieurs caissons de munitions et un transport de bétail. Perte de notre côté : 1 officier et 35 hommes, pour la plupart légèrement blessés.

De Podbielski.

Versailles, 18 décembre.

---

RÉCEPTION DE LA DÉPUTATION DU PARLEMENT DE LA CONFÉDÉRATION DE L'ALLEMAGNE DU NORD PAR S. M. LE ROI DE PRUSSE.

La députation du Parlement de la Confédération de l'Allemagne du Nord, chargée de présenter à S. M. le Roi de Prusse l'Adresse dans laquelle la représentation nationale, « unie aux Princes de l'Allemagne, exprime le vœu qu'il plaise à Sa Majesté de sanctionner l'œuvre de l'unité par l'acceptation de la couronne impériale de l'Allemagne, » est arrivée à Versailles dans la journée de vendredi, 16 décembre. Le Roi a daigné recevoir la députation le dimanche 18, à deux heures de l'après-midi.

Quelque temps avant cette heure, les Princes de l'Allemagne avec leur suite, ainsi que les membres de la députation, se sont rendus en voiture à l'Hôtel de la Préfecture du département de Seine-et-Oise, résidence actuelle du Roi.

Des gardes du corps avaient été placés aux portes des appartements de réception.

Les Princes se sont assemblés dans une des salles pendant que S. M. le Roi était resté dans ses appartements.

Le Roi a d'abord reçu S. A. le Prince Royal et le Chancelier de la Confédération de l'Allemagne du Nord, comte de Bismarck-Schœnhausen.

Les Princes se sont ensuite rendus dans les appartements du Roi et, à 2 heures précises, Sa Majesté est entrée dans la grande salle de réception. Le Roi, précédé du grand maréchal de sa Maison et de sa Cour, comte Pueckler, et accompagné par tous les Princes, s'est mis debout devant la cheminée faisant face à la cour d'honneur. Il avait derrière lui son aide de camp de service, M. le comte de Lehndorff. Le Prince Royal et LL. AA. RR. les Princes Charles et Adalbert se mirent à droite du Roi. Du même côté, prirent place les Princes héréditaires et les autres membres des maisons Royales et Princières. Derrière ce groupe, on vit les généraux commandants et les généraux de division ainsi que tous les autres généraux présents à Versailles.

Derrière Sa Majesté, à gauche, s'est tenu S. Exc. le comte de Bismarck-Schoenhausen et à côté du Roi à gauche, S. A. R. le grand-duc régnant de Bade, S. A. R. le grand-duc régnant de Saxe-Weimar, S. A. R. le grand-duc régnant d'Oldembourg, S. A. le duc régnant de Cobourg et Gotha et S. A. le duc régnant de Saxe-Meiningen. Parmi les princes héréditaires on voyait le prince héréditaire de Mecklenburg-Schwerin, le prince héréditaire de Mecklemburg-Strelitz, le prince héréditaire de Saxe-Weimar, le prince héréditaire d'Oldenburg, ainsi que le prince Guillaume de Wurtemberg, le duc Eugène de Wurtemberg, le prince héréditaire Léopold de Hohenzollern, etc.

Toute la Cour du Roi, c'est-à-dire la maison militaire et civile de Sa Majesté était aussi présente. S. Exc. le grand maréchal comte Pueckler et M. le maréchal Perponcher, reçurent successivement tous les personnages assistant à cette solennité.

Les princes n'étaient suivis que d'une seule personne de leur suite militaire. Tout le monde portait le petit uniforme, sans décorations.

Dans l'intervalle, les membres de la députation furent introduits dans la salle de réception et prirent place en face du Roi, des princes et de toute la cour assemblée.

Les membres du Parlement ne faisant pas partie de la députation, mais présents à Versailles pour affaire de service, se sont joints au corps de la députation. Parmi ces membres, on a remarqué S. Exc. M. le comte de Moltke, chef d'état-major général, M. de Brauchistch, préfet de Seine-et-Oise, M. Simpson Georgenburg et le comte Frankenberg.

M. le président Simson, qui avait à côté de lui le duc d'Ujest, prince de Hohenlohe, l'un des vices-présidents du Parlement, s'avança alors et prononça le discours suivant que nous publions en allemand et en français (1) :

« Très-illustre et très-puissant Roi,
« Très-gracieux Roi et Maître.

« Votre Majesté Royale a gracieusement permis que l'Adresse votée, le 10 de ce mois, par le Parlement de la Confédération de l'Allemagne du Nord, Vous fût présentée dans votre Quartier Général de Versailles.

« Le Vote de l'Adresse avait été précédé de l'approbation des traités conclus avec les États du Sud et de deux changements dans la Constitution garantissant au futur État Allemand et à son auguste Chef des titres entourés de la vénération de longs siècles et dont les aspirations de la Nation allemande n'ont jamais cessé de réclamer le rétablissement.

« V. M. reçoit les députés du Parlement dans une ville où plus d'une désastreuse campagne contre notre patrie a été conçue et mise à exécution. Près de cette ville, et sous la pression de la violence étrangère, les traités ayant pour conséquence immédiate la chute de l'Empire Germanique, ont été conclus. Aujourd'hui cependant il est permis à la nation de recueillir à la même place l'assurance que l'Empereur et l'Empire viennent de ressusciter, transformés par l'esprit vivifié du temps présent, et si Dieu continue à nous aider et à nous accorder sa bénédiction, cette régénération lui donne la garan-

---

(1) Nous supprimons le texte allemand.

tie de l'unité et de la puissance, du droit et de la légalité, de la liberté et de la paix. Daigne Votre Majesté donner les ordres pour que le texte de l'Adresse soit lu et pour qu'il soit, comme Document authentique, deposé entre les mains de Votre Majesté. »

L'Adresse votée par le Parlement dans la séance du 10 décembre fut alors lue par M. le Président Simson. (Nous l'avons déjà publiée dans le numéro du 16 de ce mois.)

Le Roi reçut l'adresse, écrite sur parchemin, et la remit au maréchal comte de Lehndorff. Sa Majesté prit ensuite des mains du chancelier de la Confédération comte de Bismarck le discours royal qu'Elle prononça d'une voix ferme.

Le *Moniteur* publiera demain le discours royal en allemand et en français. Aujourd'hui nous devons nous contenter d'ajouter quelques détails à la description de cette solennité à jamais mémorable.

Le Roi, après avoir prononcé le discours, s'avança vers le président et lui adressa, ainsi qu'aux autres membres de la députation, des paroles gracieuses.

L'assemblée se sépare aux cris de: « Vive le Roi, généralissime des armées allemandes ! »

La députation a été ensuite reçue par S. A. R. le Prince royal à la villa des Ombrages.

A cinq heures, un dîner de quatre-vingts couverts, auquel ont été invités tous les membres de la députation, ainsi que les princes et autres illustrations présentes à Versailles, a eu lieu chez S. M. le Roi.

## PARTIE NON OFFICIELLE.

Le Gouvernement de Tours-Bordeaux a chargé son secrétaire diplomatique, M. Chaudordy, « comte romain, » de lancer contre l'armée allemande et ses chefs un factum chargé d'injures et de calomnies (1). La *Gazette générale de l'Allemagne du Nord* dit à ce sujet :

(1) Allusion à la circulaire en date du 29 novembre.

« Au système de mensonges et de hâbleries dont le Gouvernement d'avocats, en France, use pour entretenir et surexciter le courage ou la fureur de la résistance, se rattache un tissu d'ignobles calomnies contre les troupes allemandes, que les dictateurs de Paris et de Tours, espérant ainsi améliorer leur situation internationale, font répandre dans toute l'Europe par leurs agents diplomatiques, dignes serviteurs d'une telle cause. Il paraît que M. de Chaudordy, secrétaire dudit Gouvernement, est spécialement voué à la fabrication de ces produits patriotiques. Naturellement nous ne relèverons pas les assertions de ce personnage, qui pour tout lecteur impartial portent le caractère de l'imposture la plus grossière. Contentons-nous de signaler, entre autres non-sens qui ont cette fois encore échappé au « comte romain, » comme dans ses précédentes élucubrations diplomatiques, un trait de précieuse logique républicaine : — traçant le tableau le plus horrible des barbaries dont l'armée allemande se souille partout sur son passage : églises profanées, prêtres frappés, femmes outragées, pendules volées, — M. Chaudordy explique que les Allemands n'arrivent à commettre de telles atrocités que *par un abus de leur inflexible discipline !...* Il y a aussi, dans le même morceau, des pensées neuves et profondes comme celles-ci : « L'intimidation est devenue un moyen de guerre, etc... » Mais c'est assez de chaudordisme pour cette fois... »

---

En réponse à des impatiences que plusieurs organes de la presse allemande ont témoignées au sujet du siége de Paris, la *Correspondance provinciale* publie la note suivante :

« On ne peut guère douter qu'après la défaite des armées républicaines la résistance de Paris ne soit bientôt brisée. Dans notre population, depuis quelque temps, certaines critiques se font jour, parce que, contrairement à l'attente générale, l'emploi de notre artillerie de siége contre Paris a été ajourné jusqu'ici. Il est à peine besoin de faire observer que des explications sur les faits et les vues à ce sujet, ainsi que sur d'autres opérations militaires, ne pourraient être données sans nuire aux intérêts de la conduite de la guerre. Tout éclaircissement précis sur ce qui se fait ou ne se fait pas, serait pour l'ennemi une indication utile. La population doit cependant avoir une confiance sans réserve dans le commandement de notre armée, — étant sûre que toutes les résolutions sur le sujet dont il s'agit, sont dictées uniquement par les conceptions militaires et d'après le point de vue des conseillers que le généralissime appelle auprès de lui. Nos chefs militaires, pendant tout le cours de cette guerre, ont toujours fait en temps utile ce qu'il fallait ; ils ne manqueront pas, en ce qui concerne Paris, lorsque le moment sera arrivé, de faire le nécessaire pour assurer le complet succès de cette guerre dans le présent et dans l'avenir. »

### OPINION DE LA PRESSE ÉTRANGÈRE.

Le *Morning Post* examine la situation actuelle de la France et se demande à quelle décision elle doit s'arrêter :

« ... Qu'est-ce que la France peut attendre d'une guerre *à outrance ?* Il est possible que, Paris même abattu, les Allemands aient encore de grands sacrifices à faire et doivent continuer à tenir leurs armées en campagne ; mais les Allemands sont une race résolue, patiente et persévérante. Évidemment ils renonceront à leur confort, à leur bien-être plutôt que de laisser inachevé ce qu'ils ont commencé. Et de quelle utilité peut-il être pour les Français que les Allemands souffrent de cette manière ? L'Allemagne ressent aussi vivement que possible l'absence de ses enfants ; mais la France sera littéralement ruinée. Quel est donc le principal obstacle à la conclusion de la paix ? C'est que la France ne veut pas céder l'Alsace et la Lorraine, ou, comme elle dit, ne le peut pas. Mais on peut lui objecter que, par le fait, ces deux provinces ont cessé d'appartenir à la France. Si les Français voulaient ne considérer la perte de l'Alsace et de la Lorraine que comme un *fait accompli*, qui ne peut actuellement être changé, les difficultés pour conclure la paix avec l'envahisseur seraient aisément écartées. Mais s'ils ne veulent pas considérer ainsi la perte de l'Alsace et de la Lorraine et mettre un terme à la guerre, vraisemblablement ils n'en perdront pas moins ces deux provinces et ils causeront en outre à leur malheureux pays d'autres pertes incalculables.....

« De toute façon, il nous semble que la France pourrait trouver une ocasion, un moyen d'exprimer sa volonté et d'élire un gouvernement qui obtienne la confiance du pays et l'estime non-seulement du pays, mais des autres États, et qui la dirige au mieux de ses intérêts dans la paix comme dans la guerre. Pour atteindre ce but, une élection générale et la réunion d'une assemblée nationale sont absolument nécessaires. Plus tôt on en arrivera là. et mieux cela vaudra pour la France... »

---

Un correspondant de *Pall Mall Gazette*, à la suite de l'armée du prince Frédéric-Charles, adresse à ce journal une intéressante relation, que nous reproduisons ci-après, du combat livré à Beaune-la-Rolande, dans l'Orléanais, le 28 novembre :

« Le village (Beaune) était occupé par une brigade du corps d'armée du général de Voigts-Rhetz ; ces troupes avaient reçu du commandant de leur corps l'ordre de tenir en ce lieu jusqu'au dernier homme, et, avant tout, de ne pas se laisser prendre. Les deux régiments tinrent, en effet, sans recevoir de renfort, pendant 6 heures, bien que complétement entourés par les Français, ils eussent à soutenir les attaques incessantes de trois divisions.

« L'ennemi les somma formellement de se rendre. Sur leur refus, les Français tentèrent de prendre Beaune à la baïonnette. Fidèles à leur tactique habituelle, les Prussiens laissèrent arriver l'ennemi jusqu'à une distance de 200 pas, et là, le reçurent avec un feu rapide si terrible, que les morts étaient couchés littéralement les uns sur les autres par monceaux. A une seule place gissaient plus de 1,000 Français tués. Ce n'est pas une exagération, car le chef de l'état-major général du prince les a fait compter.

« Vers 4 heures, une division du 3ᵉ corps, envoyée par le général d'Alvensleben, vint débloquer la vaillante brigade. Les Français alors furent repoussés en perdant 1,300 prisonniers et 1 canon. Parmi ces prisonniers, 300 environ, la plupart des Zouaves de la ligne, tout frais arrivés d'Algérie, furent enfermés durant quelques heures dans l'église de Pithiviers. Je les ai vus là. Ils avaient l'air de supporter très-philosophiquement leur sort. L'église était dépouillée de ses ornements; il n'y restait que les lourds flambeaux argentés sur l'autel. Dans une chapelle latérale, quelques femmes françaises tremblantes étaient en prières, tandis qu'un soldat allemand exécutait d'une manière magistrale sur l'orgue une symphonie de Sébastien Bach. »

---

Les journaux étrangers les plus favorables à la France républicaine commencent à trouver eux-mêmes exorbitante cette dictature du 4 septembre qui refuse obstinément de consulter le peuple français et continue à s'exercer sans contrôle comme sans mandat.

Un correspondant du journal *l'Étoile belge* montre par un exemple historique que les élections étaient possibles en France, malgré tout, si M. Gambetta et consorts avaient voulu les faire; il dit :

« Le gouvernement de la défense ne devait pas s'isoler de la nation, il n'avait pas le droit d'imposer à la France des sacrifices sans bornes, sans limites ; elle était seule juge de ce que lui commandait son honneur.

« *On objecte la difficulté des élections :* elle est grande, je le sais. Mais se souvient-on que l'Espagne, tombée plus bas que nous, à l'heure où les 2/3 de ses provinces étaient occupées par nos armées, a nommé des Cortès, et cela, sans armistice, sans la permission de nos généraux ? Et veut-on savoir ce que c'étaient que ces Cortès ? Il y avait des députés de trois catégories; les uns représentant les provinces, d'autres les villes, d'autres enfin correspondant à des circonscriptions électorales, mais élus par un suffrage qui n'était pas direct, qui n'était pas à deux mais même à trois degrés.

« Ces élections, si complexes, eurent lieu cependant : sur 200 députés qui devaient être nommés, on en nomma 150 régulièrement; ceux-ci choisirent 50 représentants parmi les réfugiés des parties du territoire où les opérations électorales avaient été trop entravées. Voilà comment furent nommées les célèbres Cortès de Cadix qui, avec l'aide de l'Angleterre, sauvèrent l'Espagne.

« Le Gouvernement de la défense nationale a commis une faute grave, quand il a cessé d'être ce que représentait ce mot; pour être fidèle à son origine, il ne devait pas faire œuvre de parti, il ne devait penser qu'à la France. Il devait chercher tous les moyens possibles de consulter le pays, accepter tous les concours. Il ne devait pas se méfier du pays et lui refuser une Chambre; 93 même n'avait-il pas la Convention ? Il n'y a jamais eu dans l'histoire d'exemple d'hommes menant une guerre comme la guerre actuelle sans aucun mandat; la France fait mieux que voter, a dit M. Jules Favre, elle s'arme. Sans doute, elle s'arme, et elle combat, et elle meurt. Mais est-ce bien à ceux qui doivent tout aux institutions parlementaires de dire qu'il n'y a plus besoin de parlement quand on a des armées? »

---

Un journal américain, qui ne dissimule pas d'ailleurs ses sympathies françaises, la *New-York Tribune*, réprouve la conduite tenue par le Gouvernement provisoire républicain, et lui retire toute confiance et toute estime; — nous citons :

« Personne ne peut mettre en doute nos sympathies sincères pour la France ou nos espérances de voir s'élever en Europe une grande et puissante république. Nous nous sommes réjouis de la chute du despotisme napoléonien. Les paroles enthousiastes avec lesquelles nous avons salué la République étaient sérieuses de notre part, et nous n'en retirons rien aujourd'hui. Mais nous avons passé l'âge où l'on met ses sympathies au-dessus de la saine raison et où l'on exalte le crime parce qu'il se commet au nom de la liberté.

« Nous avons accueilli avec joie l'achèvement de l'unité allemande, bien que ce fait ait pu prendre la forme d'un Empire d'Allemagne. Notre vœu serait que l'Allemagne fût une république; mais elle préfère une autre forme : la monarchie constitutionnelle régnant sur un peuple libre et cultivé. Si nous condamnons le Gouvernement français actuel, après l'avoir salué, il y a deux mois, de nos acclamations, c'est qu'il s'est montré indigne de confiance. Son premier acte, après l'abolition de l'Empire, a été de se faire l'héritier du crime de Napoléon en continuant une guerre commencée sans provocation et poursuivie sans excuse valable.

« Le peuple français n'a pas voulu la paix, ne l'a pas acceptée quand elle lui était offerte. Ceux qui le gouvernent ont plongé la France dans une déplorable anarchie et, avec eux, la situation militaire du pays est encore plus désespérée qu'elle ne l'était sous l'Empire. La conséquence naturelle de ce funeste commencement du régime Républicain est que, d'une part la France soutient une lutte désastreuse contre son formidable ennemi, et que de l'autre elle est déchirée par ses convulsions intérieures... Nulle part en Europe, encore moins dans la malheureuse France, nous ne souhaitons voir s'établir une république de cette sorte...

« Nous nous associerons de grand cœur aux paroles d'encouragement adressées à la république francaise, lorsque celle-ci aura cessé d'être livrée à l'anarchie, lorsqu'elle sera devenue libre et amie de la paix. Mais avant tout il faut que la France comprenne qu'elle doit porter la peine d'avoir troublé la paix en Europe et qu'elle fasse meilleur visage aux propositions modérées qui lui sont offertes par l'Allemagne. Jusque-là, l'Allemagne est dans son droit, et, à défaut de sympathie, nous lui devons notre estime. »

### LES COMPTES ARRIÉRÉS.

La lettre suivante, adressée de Berne à la *Gazette d'Augsbourg*, rappelle à la nation française certain compte arriéré qu'elle a sans doute oublié avec tant d'autres :

« Nous trouvons l'heure on ne peut mieux choisie pour que l'Allemagne commence à faire revivre le souvenir des rapines et du pillage érigés en système par Napoléon Ier dans les années de 1806 et 1807. Une bien autre somme que celle qui doit être exigée de la France par les Allemands a été extorquée en ce temps-là par les Français. On a peine à croire ce fait, trop réel pourtant, que des villes du nord de l'Allemagne, comme Kœnigsberg, n'ont pas encore pu, après 60 années, parvenir à éteindre leur dette provenant de cette guerre. Et Hambourg, que n'a-t-il pas eu à supporter et à souffrir sous Davoust!...

« Mais l'Allemagne n'est pas seule à pouvoir faire des revendications vis-à-vis de la France ; la Suisse aussi elle, et Berne en particulier, peuvent présenter un compte non moins chargé, pour la seule année de 1798. L'État bernois fut dépouillé de neuf millions en espèces, dont six millions et demi tirés des caves du trésor. Sans compter les valeurs portant intérêt, sans compter non plus le butin fait dans l'arsenal : 450 canons, 50 drapeaux et étendards conquis sur les champs de bataille, 100 armures, 299 fusils garnis d'ivoire de la garde du corps de Charles le Téméraire, 600 cuirasses de cavalerie, etc., etc. ; — l'ennemi confisqua dans les caves publiques plus de 350,000 mesures d'excellents vins du pays de Vaud. Mais qui peut calculer ce que notre pays tout entier, ce que les patriciens bernois en particulier ont souffert des Français ! Et par quoi les Bernois, les Suisses avaient-ils mérité cette invasion ?... Puissent tous ceux qui sympathisent aujourd'hui avec la France, ne pas perdre de vue ces exemples du passé !

« Jamais l'Allemagne ne s'est rendue coupable envers nous de tels actes. L'Autriche seule, jadis, a été notre ennemie, mais nous n'avons pas eu à souffrir de sa part de semblables excès...

« On se demande à Berne comment le Conseil fédéral peut tolérer que des jeunes gens d'Alsace, voire des officiers en uniforme, traversent la Suisse pour aller rejoindre l'armée dans le midi de la France. La neutralité, fidèlement observée jusqu'ici sous d'autres rapports, ne se comprend pas avec une telle tolérance. »

### LE RÉGIME DE LA DICTATURE.

Le *Drapeau* s'exprime de la manière suivante sur le régime de la dictature :

« Nous parlions hier de la confusion d'idées qui empêche certains républicains de voir que les hommes du 4 septembre tuent à jamais la république en France, en foulant aux pieds ses principes, et cela publiquement et avec obstination. Qui croira désormais que la république soit le gouvernement de tous pour tous, après avoir vu qu'elle est réellement le gouvernement de quelques-uns pour quelques-uns?

« Cela nous rappelle la déclaration d'un républicain sincère, M. Grévy, qui écrivait, le 5 novembre, au *Républicain du Jura*, auquel nous empruntons ses paroles :

« Je suis plein de confiance dans le gouvernement du pays par lui-même ; je n'en ai point dans *la dictature*, et je *ne reconnais qu'à la nation le droit de disposer de ses destinées.* »

« Si ces doctrines vraies, honnêtes, étaient partagées carrément par tout le monde, il n'y aurait plus de partis violents en France, et partant il n'y aurait plus de révolutions. On consulterait la nation avec sincérité ; elle disposerait de ses destinées, comme le dit M. Grévy, et puis chacun s'inclinerait respectueusement devant la volonté du peuple.

« Au lieu de cette soumission loyale à la volonté nationale, les minorités se liguent entre elles, ne désarment jamais, font servir toutes les libertés qu'on leur donne à créer des difficultés au pouvoir, à susciter des troubles; et à la première occasion favorable, elles s'emparent du pouvoir, par ruse ou par violence et sans tenir aucun compte des majorités, quelque grandes et écrasantes qu'elles soient.

« C'est ce qui est arrivé le 4 septembre, lorsqu'une poignée d'hommes appartenant à une seule ville, ont pris, de leur autorité privée, la place d'un gouvernement que sept millions trois cent mille voix venaient d'acclamer pour la troisième fois.

« Cette habitude des partis, en France, de se substituer par la force à la volonté nationale, a tellement égaré les esprits, que des hommes qu'on pourrait croire sensés en sont venus à ne pas reconnaître les vérités les plus matérielles et les plus palpables. »

---

### LES CONSÉQUENCES DE L'OBSTINATION.

Sur la foi de leurs chefs politiques et militaires les Français se persuadent que l'Europe, que le monde entier admirent leur opiniâtreté à soutenir encore une lutte sans raison et sans espoir. Voici ce que pense sur ce sujet l'un des principaux organes de la presse européenne, le *Times :*

« On a faussement prétendu que la France, comme autrefois la Pologne, combat pour son existence ; rien n'est plus éloigné des intentions de l'Allemagne que de vouloir porter atteinte à la liberté et à l'indépendance de son adversaire. On a pu soutenir aussi, mais sans plus de raison, que les Français luttent pour reconquérir l'Alsace et la Lorraine ; il est bien difficile, en effet, de supposer un tel retour de fortune des armes que la France soit en état de récupérer Metz, Strasbourg ou la frontière des Vosges. Les Français ne se battent donc en réalité que pour se battre, car ils ne peuvent remporter pour l'honneur de leur pays aucun succès de nature à contre-balancer l'effroyable masse de désastres dont ils sont accablés.

« Jules Favre et Gambetta ont pris sur eux de parler au nom de la France, de fixer d'impossibles conditions et de donner aux paroles du comte de Bismarck la pire interprétation. Les anciens Grecs devaient expier la démence de leurs rois....

*Quidquid delirant...*

« Ce qui est certain, c'est que jamais nation sous un maître absolu n'a plus cruellement souffert que la France sous l'aveugle conduite de ses chefs républicains (tous avocats jusque sous l'épaulette) qui se sont eux-mêmes institués les maîtres du pays. Nul despotisme n'a coûté plus de sang à un peuple que la dictature de Gambetta à la nation française, et tout ce sang aura été inutilement versé !

« Si la France avait conclu la paix après les événements de Metz et de Sedan, elle aurait pu se considérer comme victime d'une fortune contraire imméritée ; mais après les jours de Sedan, la nation, abusée par les phrases de Gambetta et consorts, est descendue dans la lice, et maintenant elle se voit irréparablement abattue. »

---

Nous appelons l'attention du lecteur sur la correspondance qui suit, adressée de Versailles, 7 décembre, à la *Gazette de Cologne* :

« Au quartier général du Roi la conduite du général français Barral, — qui, fait prisonnier à Strasbourg et ayant signé un engagement d'honneur de ne plus porter les armes contre l'Allemagne, pendant la guerre actuelle, n'en a pas moins pris le commandement d'un corps dans l'armée de la Loire, — cette conduite, dis-je, paraît provoquer les plus graves réflexions.

« Par le fait, un gouvernement qui, comme celui de Tours, emploie sous les drapeaux de l'État des officiers infidèles à leur parole d'honneur solennellement donnée, n'est pas autre chose que le complice de cette violation des lois de l'honneur. Si les hommes qui gouvernent en France aujourd'hui comprennent ainsi la valeur d'une parole donnée, on se demande naturellement quelle confiance, en cas de négociations pour la paix, il serait possible de leur accorder. Ce que ces messieurs de Tours n'ont pas trouvé déshonorant de la part d'officiers français, c'est-à-dire la rupture d'une parole donnée à l'ennemi, pourquoi ne se le permettraient-ils pas eux mêmes en face d'engagements qu'ils pourront se croire forcés momentanément de contracter? Les puissances allemandes n'auraient ainsi, dans les négociations, aucune garantie que du côté des Français on se considérât comme lié d'honneur par les obligations que l'on aurait cru devoir prendre sous l'empire de la nécessité du moment.

« De ces réflexions il n'y a pas loin jusqu'au point de reconnaître qu'en telles circonstances toute négociation avec les membres du gouvernement français est absolument impossible. Et je ne serais en aucune façon étonné que du côté des Allemands il fût posé en principe qu'on ne peut entrer en négociations, avec les hommes actuellement investis du pouvoir de l'État en France, tant que ces messieurs n'auront pas cessé de considérer comme honnête la rupture d'un engagement d'honneur. Aussi longtemps donc que l'on se fera complice, à Tours, des officiers qui ont manqué à leur parole, — non-seulement en les replaçant dans l'armée, mais aussi en les travaillant par des émissaires porteurs de cette maxime : « On n'est pas obligé de « tenir une parole donnée à l'ennemi, » — nous serons, de notre côté, dans l'impossibilité de reconnaître en ces complices d'hommes sans honneur un pouvoir moralement capable de conclure des traités d'État obligatoires.

« Les nouveaux malheurs que la politique adoptée à Tours peut causer indirectement au peuple français ne devront être attribués qu'à ceux qui, paraissant avoir perdu le sens de la responsabilité, jouent ainsi avec les lois de l'honneur et avec la dignité d'un État dont ils ont usurpé la représentation officielle sans aucun mandat du peuple lui-même. »

---

### LES CLUBS A PARIS.

M'étant rendu à une *réunion* au théâtre des Folies-Bergères, j'y trouvai un orateur déclarant, au milieu d'un noyau de journalistes anglais, que nous ne valons évidemment pas mieux que des espions à la solde allemande; que nous jouissons de facilités beaucoup trop grandes pour voir ce qui se passe, et que nous devrions être immédiatement chassés de Paris, ou tout au moins soumis à une surveillance. L'orateur aurait probablement été embarrassé de dire les priviléges dont jouissent les journalistes anglais, à l'exception de deux qui ont des amis en haut lieu.

La plupart, à moins qu'ils ne fassent appel à leur imagination, ne peuvent rien avoir à dire que ce qu'ils apprennent en lisant les journaux français, en parcourant les rues à l'intérieur des fortifications (ce n'est d'habitude qu'en esprit, et non en chair et en os, qu'ils font des excursions à l'intérieur) et en causant avec des amis ou avec des connaissances accidentelles.

Si je désirais gagner quelques thalers, — et en ce moment ils seraient très-acceptables, s'ils étaient payés en argent monnayé, car la monnaie métallique devient chaque jour plus rare, — je serais tristement embarrassé pour savoir comment m'y prendre. Cependant on dit si souvent des absurdités dans ces *réunions*, que je ne m'en sens pas particulièrement blessé, mais plutôt reconnaissant à l'orateur de ce qu'il n'ait pas proposé que nous soyons emprisonnés ou guillotinés.

A la *réunion* de Belleville, l'autre soir, un orateur complétement emporté par son éloquence, a dit, entre autres agréables déclarations, qu'il désirerait aller « en paradis, » non dans le but qu'impliquent ordinairement ces mots, mais pour « POIgnarder Dieu. » Un auditoire de Belleville ne se fâche pas facilement de quoi que ce soit, excepté de la louange des Prussiens; on rappela donc au déicide d'intention qu'il lui faudrait un ballon pour exécuter son projet, et qu'alors même il ne pourrait quitter Paris sans l'autorisation du général Trochu, qui, en homme pieux et pratique, ne l'accorderait probablement pas pour un semblable projet.

On dit un grand nombre d'absurdités, relevées cependant par beaucoup de bon sens, aux *Folies-Bergères*, mais rien qui approche de ce que je viens de rapporter. C'est la plus grande et la plus populaire des réunions, je pense, car le bâtiment, spacieux et commode, se trouve à proximité des principaux boulevards, et, par un beau ou par un mauvais temps, les oisifs trouvent que ce n'est pas mal placer leurs cinq sous que d'obtenir en échange l'occupation d'une salle bien chauffée, éclairée, dans laquelle ils peuvent se reposer, fumer, causer *sotto voce*, faire la cour, ou, si le cœur leur en dit, écouter les orateurs. Un auditoire ainsi composé n'est naturellement pas très-attentif ni très-maniable, et le pauvre président, un homme qui paraît consciencieux et zélé, pénétré de la responsabilité de sa position désespérée, passe de terribles moments.

Il s'est tant démené l'autre soir, criant, gesticulant et écumant, que j'ai cru un moment qu'il allait avoir un accès, et une demi-douzaine de fois qu'il se briserait un vaisseau sanguin et tomberait mort sur le carreau de la salle, à son poste. Ses fonctions sont plus ardues même que celles du président de l'ex-Corps législatif, quoiqu'il ait sur M. Schneider cet avantage que s'il veut se débarrasser de quelqu'orateur turbulent, il n'a qu'à demander à l'assemblée si elle veut lui continuer la parole.

La décision est prise à mains levées, et il est certain d'avance que l'assemblée répondra « non », car elle sait que si l'orateur suivant ne lui convient pas mieux, elle aura la satisfaction de l'expulser, à son tour, de la tribune.

Hier soir plus d'un orateur a été traité de la sorte et s'est vu couper la parole au milieu d'une phrase. Les orateurs forment une curieuse collection.

Un très-petit nombre viennent réellement pour discuter des

questions politiques, pourvu toutefois que l'auditoire le veuille permettre; mais la majorité (je parle, qu'on veuille ne pas l'oublier, non des *réunions* en général, mais de celles des *Folies-Bergères*, et seulement par ce que je sais par expérience personnelle) a ou bien des aventures personnelles à raconter ou des explications personnelles à donner, ou bien encore quelque plan à proposer pour faire sauter l'armée allemande ou pour introduire des vivres à Paris (selon qu'il conviendra à l'assemblée), et que l'on devrait, par la libre pression républicaine, forcer le Gouvernement à patronner. Si cette pression vient à manquer, il est un moyen facile et infaillible de lever l'argent nécessaire par souscriptions particulières. Mais l'auditoire ne se laisse pas prendre à ces insidieuses avances, et je n'imagine pas que les orateurs gagnent guère autre chose à leurs propositions qu'une bonne réclame, ce qui est peut-être tout ce qu'ils désirent.

Je me suis précédemment livré à des commentaires sur le fait que, tandis que chaque personne reçoit par trois jours une ration de viande qu'un enfant pourrait manger en un seul repas, les restaurants servent autant de plats qu'il plaît de commander à ceux qui peuvent les payer. S'il est tellement difficile que l'on distribue officiellement avec équité un seul article d'alimentation, il semble impossible de les distribuer tous, quoique je présume que, un peu plus tôt, un peu plus tard, on devra graduellement l'essayer, en prenant en mains un article après l'autre.

Le charbon devient rapidement un article de luxe, et, afin de l'économiser, la fourniture du gaz, déjà limitée, doit cesser entièrement. Il n'est pas possible de dire quel changement pourrait produire sur l'esprit public une mauvaise nouvelle — celle, par exemple, d'une défaite écrasante de l'armée de la Loire, — mais actuellement tout a l'apparence comme si le Gouvernement et la population étaient résolus à poursuivre la résistance de Paris pendant quelque temps encore.

Si la distribution officielle des vivres peut être organisée de telle façon que la pression de la famine ne se fasse pas sentir d'une manière irrésistible tant que les approvisionnements ne seront pas complétement épuisés, on n'échappera pas cependant aux scènes d'horreur que M. de Bismarck a prévues. Des milliers de gens, déjà descendus au plus bas point de la vitalité, peuvent mourir avant que des secours puissent leur être apportés. Mais, dans tous les cas, une grande mortalité résultera des épidémies qui éclatent invariablement au milieu d'une population mal nourrie et affaissée, sous le rapport mental non moins que sous le rapport physique, alors qu'un grand nombre de gens sont accumulés dans des habitations malsaines.

### BULLETIN TÉLÉGRAPHIQUE.

QUARTIER GÉNÉRAL ROYAL. — 12 décembre, quatre heures du soir. — Le 9 courant, des détachements du 9ᵉ corps, marchant sur Blois, ont repoussé une division française qui occupait une position à Montlevaud, près de Blois. Au même moment, d'autres détachements du même corps d'armée ont obligé les Français à se replier sur Chambord, et ils ont ensuite occupé les faubourgs de Blois sur la rive gauche de la Loire.

Un bataillon hessois a pris cinq canons.

Le 8, le 3ᵉ corps d'armée a poursuivi les Français qui ont été repoussés jusqu'à Névoy, près de Briare.

Les troupes opposées au grand-duc de Mecklembourg battent également en retraite et sont vigoureusement poursuivies.

*(Source belge.)*

BRUXELLES, 11 décembre, 11 heures du soir. — Les douaniers belges ont saisi des armes que l'on cherchait à faire parvenir en France. A Howardries, 108 chassepots ont été saisis, et à Blandin des carabines d'un vieux modèle.

LUXEMBOURG, 12 décembre. — Le comité patriotique prépare une pétition de toute la nation au Roi, protestant contre l'accusation portée contre le Luxembourg d'avoir violé les lois de la neutralité.

### FAITS DIVERS.

« Parmi les prisonniers de guerre français internés à Stettin on a remarqué, ces jours-ci, une assez vive agitation vraisemblablement produite par les mensonges insensés que répandent certains agents français et surtout les feuilles belges, où toutes les défaites de la France sont transformées en autant de victoires. Jusqu'ici cependant il n'y a eu que des cas isolés de désordre, et il serait regrettable que les écrits provocateurs qui doivent avoir été colportés par les agents secrets déjà nommés, pussent amener la grande masse des prisonniers à des actes de révolte... Dans la caserne d'artillerie, où sont logées plusieurs compagnies de prisonniers de guerre, on a saisi hier une proclamation datée d'Orléans, provoquant à la révolte dans les termes les plus virulents. Cette pièce avait été affichée par une main inconnue sur la porte de l'écurie. Des provocations de cette espèce, qui ne sont pas sans exercer un fâcheux effet moral, ont été déjà portées à la connaissance de l'autorité militaire, et celle-ci a pris les mesures de son côté pour étouffer en germe toute tentative de rébellion. Les prisonniers sont dûment avertis. »

A propos de chats et de rats, une plaisanterie de Cham a fait rire (rit-on encore?) tout Paris. Un cuisinier fait sauter au-dessus de sa poêle, côte à côte, un chat et un rat; au-dessous se trouve la légende : *Rapprochement forcé entre deux belligérants*. C'est assez l'image de la France et de l'Allemagne plongées dans la fournaise de la guerre à outrance.

**Prix de vente au détail des denrées alimentaires et autres articles de consommation, dans la ville de Versailles, du 17 au 24 décembre 1870.**

| DÉSIGNATION. | PRIX. | OBSERVATIONS. |
|---|---|---|
| Beurre. | 1 70 | le 1/2 kilo. |
| Pommes de terre. | » 75 | le décalitre. |
| Volailles (Poules). | 45 » | la douzaine. |
| Café. | 2 40 | le 1/2 kilo. |
| Sucre. | 1 60 | — |
| Eau-de-vie. | 1 75 | le litre. |
| Vin. | 0 60 à 0 70 | — |
| Pain. | » 25 | le 1,2 kilo. |
| Sel. | » 40 | — |
| Viande. | 1 10 | — |
| Huile à brûler. | 1 20 | — |
| Huile à manger. | 1 60 | — |
| Chandelles. | » 85 | — |
| Bougies. | 2 ». | — |

*Certifié véritable par le Conseiller municipal soussigné,*
BARRUE-PERRAULT

N° 44. — MERCREDI 21 DÉCEMBRE 1870.

## PARTIE OFFICIELLE.

### DÉPÊCHE OFFICIELLE.

VERSAILLES, 20 décembre. — Le 18 de ce mois, le général de Werder a attaqué l'ennemi, qui se trouvait en forces considérables près de Nuits et de Pesmes. Le soir, Nuits était pris, et nous avons fait environ 600 prisonniers.

Le 19, l'ennemi a été poursuivi dans la direction de l'ouest et du midi. De notre côté, le prince Guillaume de Bade et le général de Glumer ont été légèrement blessés (1).

De la part du 10ᵉ corps, la poursuite de l'ennemi a été continuée, le 18, au delà d'Épuisay. Des traîneurs ont été faits prisonniers et nous avons pris un drapeau.

D'autres divisions ont soutenu, près de Poislay et Fontenelle, un combat contre un corps ennemi fort d'environ 10,000 hommes, que l'on est en train de poursuivre dans la direction du Mans.

Les colonnes de l'aile gauche marchaient, le 19, sur Château-Regnault.

DE PODBIELSKI.

### DISCOURS DE S. M. LE ROI DE PRUSSE.

Le *Moniteur* du département de Seine-et-Oise a publié hier la relation de la réception officielle du Parlement de l'Allemagne du Nord par S. M. Le Roi de Prusse. Voici le discours que le Roi a prononcé à cette occasion :

« Honorés Messieurs!

« En vous recevant ici sur le territoire étranger, éloigné de la frontière allemande, J'éprouve avant tout le besoin d'exprimer ma gratitude à la divine Providence, dont le dessein merveil-

---

(1) « Le Prince Guillaume de Bade a été blessé mortellement » dit M. Gambetta aux Préfets dans sa dépêche du 24 décembre sur cette affaire.

leux nous a réunis dans l'antique cité royale de la France. Dieu nous a accordé la victoire dans des proportions que Je n'avais osé ni espérer, ni solliciter, lorsque, l'été dernier, J'ai commencé à vous demander votre concours pour cette guerre redoutable. Ce concours M'a été pleinement donné et Je vous en remercie, en Mon nom, au nom de l'armée, au nom de la patrie. Les armées victorieuses de l'Allemagne, au milieu desquelles vous êtes venu Me voir, ont trouvé leur encouragement, pendant de rudes combats et au milieu des privations, dans le dévouement de la patrie, dans la fidèle sollicitude et les préoccupations du peuple resté dans ses foyers, dans l'unanimité de la nation et de l'armée.

« L'allocation des moyens que les Gouvernements de la confédération de l'Allemagne du Nord ont encore demandée pendant la session du Parlement qui vient d'être close, afin de continuer la guerre, M'a donné une nouvelle preuve que la nation est décidée à employer toute sa force pour que les grands et douloureux sacrifices qui émeuvent profondément Mon cœur comme le vôtre, n'aient pas été faits inutilement et pour qu'on ne mette pas bas les armes avant que la frontière de l'Allemagne ne se trouve garantie contre des attaques ultérieures.

Le Parlement de l'Allemagne du Nord, dont vous m'offrez les vœux et les félicitations, a été appelé à contribuer efficacement à l'œuvre de l'union de l'Allemagne avant l'expiration même de son mandat.

« Je lui suis reconnaissant des bonnes dispositions avec lesquelles il a manifesté presque unanimement son approbation aux traités destinés à donner à l'unité de la nation une expression organique. Comme les gouvernements alliés, le Parlement a voté ces traités dans la conviction que la vie publique commune des Allemands se développera d'autant plus richement que les bases qui lui sont acquises ont été mesurées et présentées par une libre décision de nos alliés du sud, conformément à leur propre appréciation des besoins nationaux. J'espère que les représentations des États auxquels ces traités doivent encore être soumis, suivront leurs gouvernements dans la voie choisie par eux.

« La demande qui M'a été adressée par S. M. le Roi de Bavière de rétablir la dignité impériale de l'ancien empire d'Allemagne M'a rempli d'une émotion profonde. Vous, Messieurs, vous M'apportez, au nom du Parlement de l'Allemagne du Nord, la prière de ne pas Me soustraire à l'appel qui vient de M'être fait. J'aime à trouver dans vos paroles l'expression de la confiance et des vœux du Parlement de l'Allemagne du Nord. Cependant vous savez que dans cette question touchant à de si hauts intérêts et à de si grands souvenirs de la nation allemande, ni Mon propre sentiment, ni Mon propre jugement ne sauraient déterminer Ma résolution. Je ne reconnaîtrai l'appel de la Providence que je pourrai suivre en me confiant à la bénédiction divine, que dans la voix unanime des Princes allemandes et des villes libres, ainsi que dans les vœux de la nation allemande et de ses représentants qui s'y accordent.

« Vous apprendrez comme moi avec satisfaction que j'ai reçu de S. M. le Roi de Bavière la nouvelle que l'entente de tous les Princes allemands et des villes libres est assurée et que la publication officielle en est attendue.

---

## PARTIE NON OFFICIELLE.

### LE JUGEMENT DE L'HISTORIEN ANGLAIS THOMAS CARLYLE SUR L'AVENIR DE L'ALLEMAGNE.

Le rev. Dr. Moncure Conway, correspondant du *Commercial* de Cincinnati, rend compte, comme il suit, dans ce journal, d'un entretien qu'il a eu récemment avec l'illustre historien anglais, M. Thomas Carlyle :

« Depuis quelques années j'avais remarqué que la voix de « l'éloquent vieillard » était devenue un peu plus douce, et sa manière de voir moins sombre. Je suis sûr que la sérénité croissante de son esprit est due à l'agrandissement et au développement de sa chère Allemagne. Il y a longtemps qu'il a jugé le « magnanime comte de Bismarck » (c'est ainsi qu'il l'appelle), comme un homme suivant son cœur, l'homme de l'avenir.

Vous pouvez donc vous figurer que les événements de cette année n'ont fait qu'augmenter l'enthousiasme de M. Carlyle pour l'Allemagne et sa vive estime pour le Chancelier. D'un autre côté, l'historien anglais n'a jamais eu beaucoup de respect pour la France moderne ni pour son empereur. Quelques-uns ont pensé que M. Carlyle avait dû regarder comme un héros l'homme en qui s'incarnait le césarisme napoléonien. Il n'en est point ainsi. Tout en appréciant la force d'autorité de l'empereur Napoléon III, il tient toujours ce souverain pour un césar en Ruolz, et a parlé longtemps de lui comme « d'un constable quintessencié. »

« Pendant la soirée que j'ai passée dernièrement dans sa société, M. Carlyle n'a point caché cette opinion : — « Louis-Napoléon, disait-il, a toujours été un aventurier. Il est probable qu'il ne songeait guère à combattre l'Allemagne; mais, voyant monter autour de lui le flot démocratique, il a espéré détourner les esprits de ces idées par une guerre qui réveillât le patriotisme français. Les événements ont déjoué ses calculs; il est perdu sans ressources. »

« Parlant des Français, l'illustre historien s'est exprimé en ces termes : — « Ce peuple a fait presque toutes les guerres sérieuses en Europe depuis un siècle. La renaissance politique de l'Allemagne devait amener une lutte; mais, après tout, il est possible qu'on eût réussi à l'ajourner. Depuis 1866, les Français ont montré leur infériorité flagrante vis-à-vis des Allemands. Sans la désunion de l'Allemagne, Napoléon I$^{er}$ ne l'aurait jamais vaincue. Les Allemands sont une race plus vaillante que les Français. Ceux-ci ont de l'élan, qui se traduit trop souvent en gasconnades, mais ils sont sujets à des défaillances fatales. Néanmoins je n'aurais pas cru à une pareille décadence de forces chez eux. »

« Passant au comte de Bismarck : — « Tous les politiques du monde », a dit M. Carlyle, « me paraissent des bulles de savon à côté de lui. Il s'est montré capable de se confondre complétement avec sa cause, — et les autres causes sont insignifiantes auprès de la sienne, — qui est l'érection d'une grande puissance sur les fondements les plus solides. En réalité, il me semble que les vrais principes de l'ordre et du gouvernement auraient disparu de l'Europe, s'ils ne se retrouvaient en Allemagne. Il y a *sept siècles* que la Prusse a commencé à former le caractère allemand. Son histoire est merveilleuse. En 1170, un des ancêtres du roi de Prusse a fait le même voyage du côté du Rhin. Il s'arrêta à Kaiserslautern pour entrer au service de Barberousse, et depuis ce temps l'Allemagne cherchait un nouveau Barberousse... »

« Comme on le pense, M. Carlyle est un ardent avocat de la revendication de l'Alsace et d'une partie de la Lorraine. Envisageant les destinées de l'Allemagne, il exprima l'opinion que cette absorption est inévitable; qu'elle serait bientôt consolidée, et que les provinces essentiellement allemandes de l'Autriche seraient tôt ou tard réunies au reste de l'Allemagne. « L'Allemagne future », a-t-il ajouté, « sera infailliblement pacifique. Germain signifie homme de guerre. Néanmoins les Allemands n'ont jamais été portés à troubler la paix ; ce sont des gens tranquilles, sédentaires, industrieux, aimant les travaux domestiques et agricoles. Mais une fois poussés à la guerre, rien ne les égale. Nul doute que les Allemands du Nord ne tirent avantage d'une union plus intime avec le Sud. Les Allemands ont une certaine rudesse qu'on ne retrouve pas chez le peuple des petits États. Sous ce rapport il se produira de grands changements; la sécurité rendue à l'Allemagne par son unité écartera tous les obstacles. Tant que l'Allemagne a été divisée en petits États, les Français ont pu la maintenir dans un état perpétuel de trouble et de désordre. Avec son unité et ses nouvelles frontières, l'Allemagne se verra pour toujours à l'abri des menaces de la France et sera capable de créer tranquillement une grande civilisation au cœur de l'Europe.

---

### LA BROCHURE DU MARQUIS DE GRICOURT.

Nous continuons aujourd'hui l'analyse de la brochure du marquis de Gricourt, intitulée :

*Des relations de la France avec l'Allemagne sous Napoléon III.*

« On a dit que le gouvernement impérial a déclaré la

guerre dans un intérêt dynastique; — que cette guerre est le résultat du pouvoir personnel; — que l'Empereur a entraîné le pays dans une lutte qui était impopulaire. C'est là une triple assertion que cherche à réfuter complétement la brochure du marquis de Gricourt.

« Au mois de juillet, Napoléon III était plus puissant que jamais. Le plébiscite avait affermi les bases de l'Empire, et les esprits sensés étaient d'accord pour reconnaître qu'à moins de supposer une guerre où l'Empereur serait tué ou fait prisonnier, une révolution était impossible. Les partis extrêmes se montraient découragés.

« La prospérité du pays était sans exemple. Rien ne troublait le calme et l'ordre dont il jouissait. Ainsi donc, non-seulement la guerre n'était pas réclamée par les intérêts dynastiques, mais elle y était essentiellement contraire, car elle faisait courir à la dynastie le seul danger sérieux qui pût la menacer.

« Remarquons en second lieu que jamais résolution ne fut prise d'une manière plus conforme aux règles du système parlementaire. La liberté la plus complète présida aux délibérations des Chambres, aux discussions de la presse, aux manifestations de l'opinion publique. Les pièces diplomatiques furent toutes communiquées à la commission du Corps législatif. Qui fut le rapporteur? Un homme qui à coup sûr ne saurait être représenté comme un partisan du pouvoir personnel : le marquis de Talhouët. Qui fit entendre le discours le plus belliqueux? Un député qu'on ne pouvait pas accuser de servilité pour l'Empire : le comte de Kératry.

« Le Sénat fut unanime pour la guerre. Au Corps législatif, 247 voix contre 10 se prononcèrent dans le même sens. En résumé, qui avait tranché la question? Ce n'était pas l'Empereur. C'était un gouvernement purement constitutionnel, le plus libéral assurément qui ait jamais existé en France. « Députés élus par le suffrage universel, Corps législatif ayant toute liberté de discussion, tout droit de contrôle, d'interpellation et d'amendement; Sénat transformé en Chambre des pairs; ministres responsables; liberté de la presse et droit de réunion ; tel était le régime complété le 2 janvier 1870. » Tel était le gouvernement qui décida la guerre.

« Quant à l'entrainement belliqueux, on peut dire sans exagération qu'il était devenu irrésistible. Qui ne se rappelle comment les orléanistes eux-mêmes traitaient M. Thiers, parce que cet homme d'État avait trouvé la guerre inopportune, tout en déclarant qu'à un moment ou à un autre, elle serait nécessaire et inévitable ? De tous côtés on entendait dire : « Puisque la lutte doit avoir lieu tôt ou tard, combattons immédiatement. Si nous attendons l'hiver, notre flotte sera impuissante. Jamais nous ne serons sur un terrain plus favorable qu'aujourd'hui. Jamais l'honneur national n'a parlé plus impérieusement. » Qui ne se souvient des manifestations populaires, des cris de guerre de la foule, du chant de la *Marseillaise*, de cet enthousiasme universel que M. Thiers a si bien qualifié : un véritable emportement ?

« Au milieu de cette allégresse inconsidérée, seul l'Empereur était triste. Il ne voulait point faire un départ solennel, et il se dérobait ainsi aux ovations bruyantes que lui préparait un peuple surexcité. Sa proclamation, qui constatait à l'avance toutes les difficultés de la lutte, était empreinte de tristesse, et le *Journal des Débats* la trouvait trop modeste. Quelle est notre conclusion, en évoquant tous ces souvenirs ? C'est que si l'Empereur s'est trompé, il s'est trompé comme un souverain constitutionnel se trompe, avec le pays, avec les journaux, avec l'opinion publique, avec le ministère, avec les Chambres. *Oui, il est responsable, mais la nation est responsable comme lui*.

« Son excuse est qu'il accepta la lutte sans ardeur, plutôt
« comme un homme qui va se battre en duel parce que l'hon-
« neur l'exige, ne considérant pas si son adversaire est plus
« fort que lui : sans doute aussi qu'il se laissa emporter par
« l'élan national, par sa confiance illimitée dans la puissance
« de l'armée. » Assurément ce fut là une erreur, mais une erreur généreuse, chevaleresque, patriotique. LA FRANCE S'Y ÉTAIT ASSOCIÉE. La France la pardonnera.

« Notons, en terminant, la part de responsabilité qui incombe à l'opposition dans les causes de nos derniers désastres. Qui nous représentait sans cesse comme menacés, comme amoindris, comme humiliés ? L'opposition. Qui voulait nous enlever tout moyen de venger cette humiliation prétendue ? Qui se prononçait contre les armées permanentes ? Qui réclamait perpétuellement des réductions dans le budget militaire ? Qui soutenait qu'en cas d'invasion, des bandes improvisées suffiraient pour repousser tous les envahisseurs ? Les membres de la gauche ont eu plus d'imprévoyance que le gouvernement, et leurs déclamations incessantes ont été l'une des principales causes des catastrophes actuelles. En effet, comme le dit la brochure dont nous venons de faire l'analyse, « c'est connaître bien peu le tempérament de la France que d'exciter sa fibre jusqu'au paroxysme et de prétendre qu'elle doit contenir son indignation et sa force, ou bien c'est jouer un jeu d'opposition sans prudence et sans loyauté. »

Une brochure qui vient de paraître à Bruxelles, — sous ce titre : *L'Allemagne et la Belgique pendant et après la guerre de 1870*, — cherche à combattre les impressions fâcheuses que l'Allemagne peut éprouver à l'égard de la Belgique en voyant certains journaux belges se faire non-seulement les avocats mais en quelque sorte les organes officiels de la République française :

« Il serait souverainement injuste » — dit l'auteur de la brochure — « de rendre la nation belge responsable des écarts de plusieurs organes de la presse qui représentent des idées ou des intérêts étrangers à la Belgique, et qui ne sauraient être, par conséquent, envisagés légitimement comme l'expression de l'opinion publique.

« Si des liens nombreux attachent la Belgique à la France, des nœuds non moins étroits l'unissent à l'Allemagne; des rapports fraternels la lient à l'Angleterre. Chacune de ces grandes nationalités se retrouve à divers égards dans la nôtre et peut hospitalièrement s'asseoir à nos foyers. Aucune n'inspire à la Belgique des dispositions malveillantes; à toutes elle souhaite le rôle et la position que leur génie et leurs travaux leur assignent. La révolution européenne qui s'accomplit en ce moment nous frappe sans nous ébranler. Ainsi que l'Angleterre, la Belgique envisage avec confiance le réveil des nations germaniques, et bien des voix parmi nous ont salué avec enthousiasme l'aurore de leur grandeur. Que nulle discussion fâcheuse, qu'aucun malentendu blessant ne viennent entraver ou altérer ces sentiments : tel est le vœu du peuple belge, et telle est aussi l'inspiration de cet écrit. »

On lit dans le *Journal de Bruxelles* :

« Certains journaux remettent périodiquement en scène des soldats allemands qui auraient été refoulés sur le territoire de la Belgique.

« Tantôt ces soldats seraient en route pour être internés à Bruges, où l'intendance militaire leur ferait préparer des logements et des vivres ; tantôt ils disparaissent comme par enchantement, pour se retrouver, cela va sans dire, quelques jours après, sous la plume d'un autre correspondant fantaisiste.

« Renseignements pris, voici quelle est l'exacte vérité :

« Jusqu'au milieu du mois dernier, pas un officier ou soldat des armées allemandes ne s'est trouvé dans le cas de devoir être interné. A cette date, trois uhlans de Silésie, poursuivis par des francs-tireurs, ont été désarmés par des troupes qui gardent la frontière, et, après un court séjour à Bruges, ont été échangés contre trois soldats français.

« Nous ajouterons que, si parfois des officiers ou soldats allemands se sont avancés sur le territoire belge, ils se sont empressés de repasser la frontière aussitôt qu'ils furent avertis de leur méprise. »

UNE VICTOIRE ANTICIPÉE.

A la librairie Hartmann, à Hanovre, on voit exposée une lithographie d'après un tableau de Gustave Doré, intitulée :

*Le Passage du Rhin par l'armée française.*

Avant d'entrer en campagne, les Français étaient si sûrs de vaincre l'Allemagne que, déjà, — comme on peut s'en convaincre par la lithographie en question, — ils avaient chargé les beaux-arts d'immortaliser par avance leurs triomphes futurs. — Le tableau est dans la manière fantastique de Gustave Doré. Arrivés sur la rive droite du Rhin, les Français sont salués par les mânes des soldats de Louis XIV et du premier Empire, tombés jadis en ce lieu. Une borne de chemin indique par l'inscription qu'elle porte que l'armée qui arrive va marcher sur Germersheim. Dans le lointain on voit, par un très-habile raccourci, Caub, dans le Palatinat ; — c'est aux environs de ce lieu que Blücher, dans la nuit du 1$^{er}$ janvier 1814, passa le Rhin. L'artiste, sans doute, en choisissant cette place, a voulu indiquer que l'invasion française de 1870 serait une revanche de 1813, 1814 et 1815.

---

### RAPPROCHEMENTS.

BATAILLE DE PAVIE. — On lit dans Henri Martin, *Histoire de France* :

« L'impression produite sur la France par les nouvelles de Pavie fut profonde et terrible. Quand on sut le Roi captif, l'armée détruite, presque tous les grands chefs de guerre morts ou prisonniers, chaque ville crut voir l'ennemi à ses portes. La France ne montra point de lâche frayeur ; elle n'eut qu'une pensée, qu'un instinct : la défense du territoire et le salut public. La nationalité menacée éclata en un cri universel : Aux armes ! Mais *unanime quant au but, la nation ne l'était pas quant aux moyens ; là était le péril, mais le péril était extrême.* Les alarmes générales divisaient au lieu de réunir ; on n'entendait que récriminations et que griefs exposés avec violence....... *Le peuple accusait le chancelier Duprat, la Régente, le Roi lui-même.*

« Les parlements, encouragés par l'absence de la Régente, qui était à Lyon...... commencèrent d'envahir le Gouvernement.... Il était indispensable de centraliser la défense ; le grand parlement, le parlement de Paris, le sentait bien : les plus hardis de ses membres songeaient à convoquer les États Généraux, à mettre le chancelier en jugement et à transférer le Gouvernement des mains de la duchesse d'Angoulême dans celles du duc de Vendôme, premier prince du sang. . . . . . . Vendôme, gouverneur de Picardie, mandé par le parlement, reçut à cet égard les ouvertures de l'évêque de Paris et de plusieurs membres de la Cour Suprême. *Vendôme était un honnête homme.* . . . . . . . Il recula devant une telle responsabilité, représentant *avec beaucoup de sens*, que *diviser l'État en un pareil moment, c'était tout perdre*, et, loin de s'installer à Paris, il se rendit à l'appel de la régente, qui le mandait à Lyon. »

GUERRE DE TRENTE ANS, *période française*. — On lit dans Henri Martin, *Histoire de France*, — 1636 : « . . . . Richelieu songeait aux moyens de secourir Liége, quand il apprit que les impériaux... s'avançaient vers la Picardie ; une nuée de cavalerie légère, polonaise, hongroise et croate, leur était arrivée d'outre Rhin : 18,000 cavaliers, 15,000 fantassins et 30 pièces d'artillerie de siége entrèrent en France, au commencement de juillet, accompagnés d'un manifeste par lequel l'Infant offrait la neutralité aux villes et gentilshommes qui refuseraient leur concours aux « auteurs de la guerre », c'est-à-dire Richelieu.

« . . . . L'ennemi, cependant, s'était porté sur la Somme : le comte de Soissons et les deux maréchaux essayèrent de lui disputer le passage de la rivière. . . . il fut impossible de tenir tête aux masses de cavalerie que déployait l'ennemi. Les hispano-Impériaux forcèrent le passage de la Somme à Cerisy, entre Bray et Corbie, le 2 août. Les généraux français se replièrent sur Noyon et Compiègne, pour défendre la ligne de l'Oise. Piccolomini et Jean de Wert entrèrent à Roie sans résistance avec leur cavalerie. Les bandes féroces des Croates et des Hongrois promenèrent le pillage, l'incendie et le massacre dans tout le pays entre la Somme et l'Oise.

L'agitation fut terrible à Paris, quand on sut l'ennemi au cœur du royaume ; on croyait déjà voir le farouche Jean de Wert apparaître sur Montmartre, et les carrosses, les cochers et les chevaux des gens qui s'enfuyaient couvraient déjà les routes d'Orléans et de Chartres. Le peuple était en proie à un mélange de terreur et de colère que mettaient à profit les nombreux ennemis du ministre. Paris était en ce moment fort mal clos par suite de l'agrandissement de son enceinte vers le nord-ouest et de la démolition des remparts. « C'est pour satisfaire « son faste, » s'écriait-on, « c'est pour bâtir son palais Cardi- « nal et sa rue de Richelieu, qu'il a mis Paris hors de défense. « Pourquoi provoquait-il la guerre sans avoir les moyens de la « soutenir? »

« Des rassemblements menaçaient les carrefours.. . . . . . A mesure que le Cardinal approchait, tous ces gens exaspérés, qui l'instant d'auparavant ne parlaient que de le mettre en prison, se calmaient, se taisaient, ou priaient Dieu de lui donner bon succès, et de permettre qu'il sauvât la France. »

. . . . . . . . . . . . . . . . . . . . . . . .

---

UN BALLON PERDU.

Copenhague, 3 décembre.

Je vous apporte le récit du merveilleux voyage aérien de MM. Paul Rollier et Deschamps. Ce sont eux, vous le savez déjà, qui descendirent en ballon auprès de Christiania, en Norwége, il y a quelques jours. Je tiens les détails qui suivent de la bouche même de l'un des aéronautes.

Ils sont partis de Paris, jeudi, 24 novembre, à 11 heures 3/4 du soir, espérant se diriger sur Tours. Le ballon atteint bientôt une hauteur de 2,000 mètres, hors de portée des balles prussiennes, et il dominait alors tout le camp prussien. Puis, il passa successivement au-dessus de plusieurs villes du Nord.

Bientôt les aéronautes crurent entendre le bruit d'un grand nombre de locomotives; ils étaient sur les côtes de la mer ; et c'était le bruit des vagues sur les rochers qu'ils pouvaient parfaitement distinguer. Puis ils rentrèrent dans un brouillard épais, n'ayant aucun moyen de déterminer leur rapidité ou le mouvement horizontal de l'aérostat. Le brouillard s'étant dispersé, ils se trouvèrent au-dessus de la mer et virent successivement un grand nombre de vaisseaux (dix-sept), entre autres une corvette française, à laquelle ils firent des signaux, qui ne furent sans doute pas compris ; on ne leur répondit point. Leur intention était de se laisser tomber sur la mer et de se tenir là, jusqu'à ce qu'ils fussent recueillis par la corvette.

Plus tard, on tira sur eux, sans doute d'un vaisseau allemand, mais sans les atteindre. Ils avançaient toujours vers le Nord avec une rapidité vertigineuse. Ne voyant nulle part la terre et se trouvant dans le brouillard, ils expédièrent un de leurs pigeons voyageurs, annonçant qu'ils se croyaient perdus. Alors, ils jetèrent une longue corde de la nacelle, ce qui ralentit leur marche, le bout de la corde trempant dans l'eau. Enfin, ils aperçurent la terre et jetèrent un sac de journaux et de lettres. Le ballon, allégé, remonta, c'était une nouvelle direction vers l'Est.

Ce fut une heureuse inspiration; sans cela, d'après toute probabilité, le ballon était conduit vers la mer Glaciale. Placé dans un nouveau courant, l'aérostat continua son mouvement sur la terre ferme. Perdant de son lest, il s'était relevé à une plus grande hauteur.

On ouvrit la soupape pour lâcher du gaz et faire descendre le ballon. Près de Lifjeld, paroisse de Silgjord, le ballon toucha le sommet des arbres. Les voyageurs descendirent à l'aide de la corde qu'ils avaient laissé pendre, et arrivèrent à grande peine presque sains et saufs.

Aussitôt allégé d'une grande partie de son poids, le ballon s'éleva avec rapidité sans qu'on pût le retenir. Il était alors trois heures 40 minutes de l'après-midi, d'après le méridien de Paris; c'était le vendredi 25 novembre.

Quinze heures s'étaient écoulées depuis leur départ de Paris; ils ignoraient dans quel pays ils étaient tombés et comment ils seraient reçus.

Accablés de lassitude, mourant de faim, suffoqués par le gaz qui s'échappait du ballon, ils s'évanouirent tous les deux. Bientôt rétablis, ils se mirent à marcher en enfonçant profondément dans la neige. Les premiers êtres vivants qu'ils rencontrèrent furent trois loups, qui les laissèrent passer sans les attaquer. Après cinq ou six heures de marche, ils atteignirent une pauvre cabane, où ils s'abritèrent. Le lendemain, ils rencontrèrent une nouvelle cabane. Là, ils trouvèrent des traces de feu et comprirent alors qu'il n'étaient pas éloignés d'un endroit habité.

Peu après deux bûcherons survinrent; mais il leur fut impossible, à eux, Français, de se faire comprendre ou de savoir en quel pays ils étaient. Un des bûcherons sortit de sa poche une boîte d'allumettes pour allumer du feu. Rolier prit aussitôt la boîte et lut dessus : Christiania. Plus de doute, ils étaient en Norwége, nom que les paysans ne comprirent naturellement pas; mais ils se doutèrent pourtant que les étrangers voulaient se rendre à Christiania. Ils les conduisirent d'abord à leur domicile pour les réconforter et leur donnèrent tous les soins que nécessitait leur état, puis ils les menèrent chez le pasteur Celmer, où arrivèrent le docteur de l'endroit et un ingénieur des mines, nommé Nielsen. Ce dernier parlait très-bien le français, et ils purent raconter leur voyage.

Le journal de Drammen raconte que des paysans travaillant dans la forêt et apercevant le feu, s'élancèrent vers cet endroit, croyant que des vagabonds voulaient incendier la cabane.

Les Français, ajoute-t-il, reçurent nos compatriotes avec des visages souriants, battant des mains et criant : Norwégiens ! *Normœd* (?) Il faut alors qu'ils aient pu calculer qu'ils étaient en Norwége.

Les voyageurs furent conduits à Kappellangaarden, où l'on ne comprenait pas le français; mais ils se firent comprendre en dessinant un cercle dans lequel ils mirent un point qu'ils appelèrent Paris, expliquant par gestes l'ascension du ballon et que les Prussiens avaient tiré sur eux. Plus tard on les conduisit à Kroasberg, dans la nuit, vers deux heures. Ils étaient munis de pièces d'or, dont ils donnèrent, dans leur joie, quelques-unes à un pauvre petit garçon.

A Drammen, ils reçurent leurs cinq sacs de poste, pesant 330 livres, leurs six pigeons voyageurs et les autres objets qu'ils avaient laissés dans la nacelle : une couverture, deux bouteilles et demie de vin, un baromètre, un sextant, un thermomètre, un drapeau de signal, une casquette d'officier, etc.

Ils se déterminèrent à donner à l'Université de Christiania le ballon, qui mesure une hauteur de 21 mètres et qui en quinze heures a fait un trajet de plus de 300 lieues.

Il sera d'abord exposé à Christiania, et le profit de la recette sera offert aux blessés français.

### BULLETIN TÉLÉGRAPHIQUE.

BORDEAUX, 14 décembre. — Aucune malle belge n'est arrivée depuis celle du 5, aucune malle anglaise depuis celle du 7 ; aucune malle n'arrive de Tours.

Une dépêche officielle annonce que les Prussiens ont paru à Contres, Montrichard et Romorantin.

Le *Moniteur* dit que des renforts venant de l'Est et de l'Ouest seront incessamment envoyés aux généraux français de façon à rendre inexpugnables quelques points importants.

Les renforts seront répartis entre les deux armées de la Loire.

Des engagements fréquents ont lieu entre divers corps d'armée se trouvant en présence sur une longue ligne de bataille s'étendant depuis le Mans jusqu'au delà de Vierzon.

LONDRES, 15 décembre. — Le *Times* dit que les forts de Paris sont presque silencieux. Beaucoup de canons ont été retirés des forts d'Ivry et de Vanves et du mont Valérien. Un canon monstre a été monté au mont Valérien ; il porte à 9.000 pas.

MUNICH, 14 décembre. — Chambre des députés. — M. Bray présente le traité fédéral et relève que la ratification du traité rétablit l'alliance fédérative allemande et la communauté qui vaut les sacrifices faits par la Bavière.

La nouvelle communauté possédera des droits et la force d'une grande puissance de premier rang.

La Bavière aura dans cette communauté la place en rapport avec son importance historique et géographique et qui la met dans la possibilité de développer en Allemagne, et à l'aide de la Confédération hors de l'Allemagne, son action.

Le ministre de la guerre présente un projet de loi relatif à un crédit militaire extraordinaire jusqu'à la fin du mois de mars s'élevant à 41,020,000 florins.

Le ministre des finances présente un projet de loi tendant à continuer provisoirement la perception des impôts pendant un autre trimestre.

La proposition du second président de renvoyer les traités à une commission spéciale est adoptée sans discussion.

---

N° 45. — JEUDI 22 DÉCEMBRE 1870.

PARTIE OFFICIELLE.

###### DÉPÊCHE OFFICIELLE.

VERSAILLES, 21 décembre. — A la Loire, le 20 de ce mois, la colonne de l'aile gauche a continué sa marche sur Tours, celle de l'aile droite sa marche sur le Mans.

Sur la route d'Orléans à Blois, il se trouve plus de 6,000 blessés français, abandonnés par leur armée, sans aucun secours médical.

Les colonnes avancées au delà de Ham ont constaté que l'ennemi s'est retiré de ces environs.

DE PODBIELSKI.

---

###### ORDRE DU JOUR A L'ARMÉE.

Soldats des armées allemandes alliées !

Nous avons de nouveau traversé une phase de la guerre. Lorsque Je vous ai adressé la parole la dernière fois, la seule des armées encore debout de celles que nous avions devant nous au commencement de la campagne avait cessé d'exister par la capitulation de Metz. Depuis lors, l'ennemi, par des efforts extraordinaires, nous a opposé des troupes nouvellement formées; une grande partie des habitants de la France a abandonné, pour prendre les armes, ses occupations paisibles que nous n'avons jamais troublées. Souvent supérieur en nombre, l'ennemi n'en a pas moins été de nouveau battu par vous; car le courage, la discipline et la confiance dans une juste cause valent plus que la supériorité numérique. Tous les efforts de l'ennemi pour forcer les lignes d'investissement de Paris ont été victorieusement repoussés, souvent, il est vrai, moyennant de sanglants sacrifices — comme à Champigny et au Bourget, mais aussi avec un héroïsme tel que vous le montrez toujours. Les armées de l'ennemi, qui s'avançaient de tous les côtés au secours de Paris, ont toutes été défaites. Nos troupes, il y a quelques semaines encore, en position devant Metz et Strasbourg, se trouvent aujourd'hui au delà de Rouen, d'Orléans et de Dijon, et en dehors de beaucoup de petits combats victorieux, deux nouvelles grandes journées de gloire, Amiens et la bataille de plusieurs jours d'Orléans — sont venues s'ajouter aux précédentes. Plusieurs forteresses ont été conquises, et beaucoup de matériel de guerre est tombé entre nos mains; aussi ai-Je sujet de ressentir la plus grande satisfaction, et c'est pour Moi une joie et un besoin de vous l'exprimer. Je vous remercie tous, depuis le général jusqu'au simple soldat. Si l'ennemi s'obstine à poursuivre encore la lutte, Je sais que vous continuerez à mettre toutes vos forces dans ce commun effort auquel ont été dus nos grands succès, — jusqu'à ce que nous ayons obtenu une paix honorable digne des grands sacrifices achetés par tant de sang et de vies humaines.

Versailles, le 6 décembre 1870.

GUILLAUME.

## PARTIE NON OFFICIELLE.

*Les défaites rendent parfois incrédules les personnes qui, animées de sentiments patriotiques, n'osent pas s'avouer la défaite de leurs concitoyens. Il importe cependant que la vérité se sache et nous croyons rendre un véritable service à la population française en lui mettant sous les yeux la lettre suivante, lettre très-authentique tombée entre les mains de l'armée allemande :*

Suèvres, le 11 décembre 1870.

Mon cher Monsieur,

Vous avez compris mon silence et la douleur qu'il me fait éprouver. L'armée de la Loire, si glorieuse pendant un instant, est réduite en cendres et dans une déroute incroyable, quoi qu'en disent tous les journaux. Dieu merci, je suis encore en pleine vie, mais bien enrhumé.

Les Prussiens nous traquent de partout et ne nous laissent plus ni trêve, ni merci; je crois que nous nous arrêterons ou plutôt que les Prussiens s'arrêteront lorsqu'ils nous auront précipités des ports de Marseille dans la Méditerranée.

Je vous avouerai que tous ces beaux faits d'armes sont dus à l'ineptie, à l'ignorance, à la mauvaise volonté de *nos têtes de colonne*, pour ne pas dire de leur trahison.

On bombarde Blois aujourd'hui, la ville ne tiendra pas longtemps; aussi suis-je inquiet de savoir quelle route il faut que je prenne pour ne pas être fait prisonnier. Pour comble de bonheur, je suis détaché avec une vingtaine d'hommes entre Blois et Beaugency et mon général ne me donne pas d'ordre pour rejoindre; mais dès que je saurai Blois rendu, je me dirigerai sur Tours à travers champs, car je ne veux pas être prisonnier.

Il fait un froid excessif qui nous abîme, nous ne touchons plus ni vivres, ni solde; les convois ont été saccagés par l'ennemi, enfin nous sommes en vrai débâcle.

Je m'arrête, car cette narration me crève le cœur et je n'ose plus espérer pour l'avenir.

Je n'ai pas pu rencontrer votre franc-tireur provençal.

Au revoir, mon cher Monsieur, mes salutations empressées à tout le monde, et préparez-vous bien à défendre votre ville. Il se pourrait que l'on envoie les débris de notre armée se reformer à Lyon, je n'ai pas besoin de vous dire que je le désire de tout cœur.

---

· Sur le sol français les armées allemandes ne croyaient avoir à combattre que la France ;—elles rencontrent un autre adversaire : la République universelle. Des quatre coins de la démocratie sont accourus sous le drapeau français les « frères et amis » de Pologne, d'Italie, d'Amérique, d'Irlande, de Norwége, d'Espagne, etc. ; dans le nombre se trouvent même des républicains turcs, nouveauté démocratique que l'Albanie et l'Épire ont fournie.

Il avait toujours été entendu dans les cénacles de la démagogie cosmopolite (congrès de Bâle, de Genève, etc.) que la France était le foyer d'où devait partir la première étincelle du grand incendie. L'illustre Mazzini lui-même, ce précurseur du *Christ rouge*, comme on l'a nommé, déclinait pour l'Italie, son pays, l'honneur insigne de commencer « la liquidation du vieil État politique et social ». A la France de 1789-93, de 1830, de 1848, à la France révolutionnaire, dont la « force d'expansion » n'a point d'égale, revenait de droit la gloire de commencer cette « dernière guerre » annoncée et réclamée — par le Congrès de la paix. Les démocrates allemands, du Neckar et de la Sprée s'inclinaient, eux aussi, devant le Génie parisien, porteur de la foudre populaire. Déjà même, l'échéance était fixée. On se rappelle un redoutable article publié l'an dernier par le *Beobachter* de Stuttgard, sous ce titre : *Deux yeux !* Lorsque deux yeux se fermeraient à Paris (Napoléon III était assez malade en ce moment pour donner aux démocrates de telles espérances), le tremblement des trônes devait commencer par toute l'Europe, et la flamme révolutionnaire se répandre sur tous les sommets...

Le 4 septembre dernier l'explosion eut lieu, à l'Hôtel de Ville de Paris, sur le perron classique de la révolution. La république-mère était proclamée.

Dès ce moment la guerre que l'Allemagne, indignement provoquée, odieusement attaquée, soutenait contre la France, changea de caractère : tant que les armées allemandes avaient eu à combattre le Napoléonisme, le droit était pour elles, la victoire et la justice marchaient ensemble sous leurs drapeaux ; mais, aujourd'hui, le vainqueur a devant lui la Révolution, il ose porter la main sur l'arche sainte, il mérite d'être appelé — comme autrefois la vieille Autriche impériale — « l'ennemi du genre humain ! » Victor Hugo n'a point laissé ignorer à l'Allemagne belligérante qu'elle se rend désormais coupable de lèse-humanité, de lèse-majesté populaire, de lèse-avenir, etc.

Alors on a vu Joseph Garibaldi, — comme le lion symbolisant le peuple roi, que le poëte des *Châtiments* amène « du fond des profondeurs muettes », — quitter son île, s'enrôler au service de la troisième république française, sœur cadette de celle qui égorgeait Rome, il y a vingt ans, s'armer pour défendre la France du chassepot qui faisait merveilles à Mentana, appeler les Italiens au combat contre une loyale et généreuse alliée de l'Italie, et entrer en campagne pour défendre l'intégrité du sol sacré de la France, — Nice comprise. — A la voix du héros s'est levé le ban et l'arrière-ban ; la révolution cosmopolite a formé sa légion thébaine en chemises rouges, — et les armées allemandes, animées de ces sentiments que le socialiste Bebel nomme de vieux préjugés réactionnaires, c'est-à-dire l'amour de la patrie, la fidélité au devoir, le dévouement à la cause nationale, — n'ont plus été que des « hordes de barbares ! »

Pour l'honneur de son drapeau encore intact malgré la fortune contraire, le grand peuple français devait-il accepter le renfort de ces routiers de nouvelle sorte ? Et, après tant d'expériences qu'elle a déjà souffertes, la France était-elle réservée à servir de champ de bataille aux bandes de la révolution universelle ? C'est contre elle-même, c'est contre ses institutions, contre ses croyances, que se lève aujourd'hui, à côté de ses propres étendards, cette bannière insensée de l'anarchie et de la ruine. Quelle serait donc la victoire pour elle, avec de tels auxiliaires ? Quel lendemain le jour du triomphe aurait-il en France ?...

« Dieu nous préserve de souhaiter nulle part en Europe, pour
« la malheureuse France encore moins que pour tout autre pays,
« l'établissement d'une république de cette espèce ! » — Ainsi s'exprime un républicain pourtant, le rédacteur du *New-York Tribune*, et tous les vrais amis de la France diront comme lui.

---

Les électeurs du Cercle de Duisbourg ont envoyé à S. M. le

Roi une adresse couverte de plus de mille signatures, où ils protestent contre l'indigne attitude des démocrates-socialistes au Reichstag et désavouent en particulier *leur* député Hasenclever. — Cette adresse est ainsi conçue :

« Le député actuel du Cercle de Duisbourg, Hasenclever, n'a pas eu honte, au Reichstag, de voter contre les crédits demandés pour la continuation des opérations militaires. Les motifs de son vote ressortent des discours prononcés par ses correligionnaires politiques, grâce à Dieu, peu nombreux (les socialistes au Reichstag sont 6, en tout).

« Les mêmes députés faussent la parole loyale de Votre Majesté, en disant que la guerre contre la France était faite seulement contre la personne de l'empereur Napoléon ; — à leurs yeux, cette guerre, que Votre Majesté, provoquée par une frivolité et une insolence sans exemple dans l'histoire, a été contrainte de faire, — cette guerre, qui avait pour but d'arracher à l'Allemagne le pays du Rhin et de détruire l'unité allemande à peine conquise, — cette guerre, qui, de notre côté, n'a été acceptée et soutenue que pour défendre l'Allemagne ainsi que l'honneur et la dignité de ses représentants, — à leurs yeux, cette guerre de légitime défense est une injuste guerre de conquête, et ils ne craignent pas de la nommer ainsi.

« Ils vont jusqu'à exprimer publiquement leurs sympathies pour le peuple français, pour ceux qui le gouvernent actuellement, dont les opinions et le parti sont les leurs. Ils veulent une paix honteuse. Ainsi notre armée aurait inutilement versé son sang ; l'ennemi ne serait poins affaibli, il conserverait les provinces qu'il a enlevées à l'Allemagne et qui ont été jusqu'à présent le point d'appui de ses insolentes attaques ; nos troupes devraient évacuer sans gloire le théâtre de la guerre, et restituer à l'ennemi battu tout ce qu'elles ont conquis dans de légitimes et sanglants combats !...

« Majesté ! le rouge nous monte au visage en pensant que de l'urne électorale de notre Cercle est sorti le nom d'un homme qui méconnaît de cette façon l'honneur et l'intérêt de l'Allemagne. Aussi éprouvons-nous le vif besoin de déclarer que le vote de cet homme ne répond nullement à la véritable opinion de notre Cercle, et que notre population, au contraire, repousse avec indignation de pareils sentiments. Nous sommes fermement convaincus que les électeurs n'auraient jamais donné leurs voix au député Hasenclever, s'ils avaient pu prévoir qu'il commettrait par son vote, une telle trahison envers la patrie. »

---

On lit dans le *Moniteur prussien :*

« Pendant les premiers temps de la guerre actuelle, la véracité des bulletins allemands a pu être suspectée, à l'étranger, parce qu'ils annonçaient toujours victoire sur victoire. Mais après le désastre de Sedan, après l'arrivée de l'armée allemande devant Paris, la chute de Strasbourg et de Metz, etc., il a bien fallu, bon gré, mal gré, reconnaitre que les rapports du quartier-général allemand ne disaient rien que l'exacte vérité.

« Celui qui se donne la peine de parcourir la collection des bulletins militaires français, n'y trouve également qu'une suite de victoires, mais tous ces triomphes pompeusement annoncés, quelle suite ont-ils eue? — la capitulation d'armées entières, la reddition des principales places fortes, la perte d'une partie considérable du territoire français. Ainsi le lecteur doit accepter avec la plus grande défiance les nouvelles françaises, par cette raison que jusqu'ici elles ont toujours été en contradiction flagrante avec la vérité.

« Mais en France on ne se fait point cette objection préalable ; le Français croit tout ce qui flatte son amour-propre. Dans aucun autre pays la presse officielle n'aurait osé traiter le public comme un composé d'idiots ou d'enfants.

« Un artifice habituel dans la relation d'une bataille perdue consiste à arrêter le récit avant la fin de l'action. « *Jusqu'à 6 heures les choses allaient supérieurement ;* » — on ne dit pas qu'ensuite elles ont pris une tout autre tournure, mais on annonce que sur quelque autre point du pays, « *deux uhlans prussiens* » ont été faits prisonniers. Toujours, le rapporteur constate justement que les troupes se sont très-bien battues, et que « *leur élan était irrésistible* » ; cependant les Allemands y ont résisté. — « *Notre position est la meilleure* », dit le bulletin, quand une armée de 150,000 hommes s'est laissée bloquer dans une place forte, et la phrase habituelle après chaque défaite, c'est : « *le moral est excellent...* »

« Il faut, en réalité, que les choses aillent bien mal, si l'on est obligé d'avoir recours au mensonge pour encourager les masses. Le Gouvernement trompe le peuple sur sa situation, les avocats de Tours trompent les avocats de Paris, et réciproquement, en se promettant les uns aux autres un secours qu'ils savent bien ne pouvoir se donner. »

---

Le général Coffinières de Nordeck, commandant la place de Metz, publie la nouvelle lettre suivante, adressée à l'*Indépendance :*

Hambourg, 10 décembre.

« Monsieur le directeur,

« Si vous avez reçu une lettre de M. Rollet de Metz, et si vous jugez à propos de publier cette nouvelle attaque contre moi, je viens vous prier d'annexer ma réponse à la lettre de M. Rollet, ou tout au moins de l'imprimer le plus tôt possible. La loyale impartialité dont vous m'avez déjà donné des preuves, me fait espérer que vous voudrez bien faire droit à ma demande. »

« *A M. le directeur de l'*Indépendance belge.

« M. Rollet, de Metz, se plaint amèrement de ce que je l'ai désigné, dans une de mes lettres, sous la qualification d'exhuissier révoqué : pour que la citation fût exacte, M. Rollet aurait dû dire, *révoqué, je crois*, ce qui est le texte de mon récit.

« Puisque M. Rollet produit un certificat attestant qu'il a volontairement cédé son office, je m'empresse d'avouer mes torts; je regrette d'avoir publié le nom de M. Rollet, ce qui m'aurait dispensé d'employer une qualification que je retire. Mon excuse est dans un renseignement erroné que m'avaient donné quelques habitants de Metz auxquels je demandai quel était ce personnage si souvent investi du titre de délégué de la garde nationale.

« Après ce fait personnel, M. Rollet m'accable d'injures, me met au défi de comparaître devant la barre d'un tribunal; il croit m'accuser sous le poids d'un argument irrésistible.

« Dans la nuit du 13 au 14 octobre, j'ai juré solennellement de défendre Metz, et j'ai ajouté que mon commandement était distinct de celui du général en chef; j'ai réitéré ces affirmations à M. Rollet, délégué auprès de moi le 15 octobre, et la veille de la reddition j'ai répondu à M. Rollet, encore délégué, en balbutiant quelques explications confuses.

« M. Rollet me défend de lui répondre; la chose est cependant bien facile.

« Le 10 octobre, le maréchal croyait que l'armée allait partir, et il prit ses mesures en conséquence.

« De mon côté, je réservai la séparation des intérêts de la ville et de l'armée; je constituai mes conseils, je fis des perquisitions de vivres dans les maisons particulières, je demandai et j'obtins la constitution de la garnison, et fier de la haute mission qui m'était confiée, j'affirmais hautement, même sur la place publique, que j'étais fermement résolu à remplir mon devoir.

« Le 25 octobre, lorsque nos négociateurs furent pris dans les filets de la diplomatie et que toutes nos ressources furent épuisées, le maréchal et le conseil de guerre de l'armée m'imposèrent l'obligation de confondre leur intérêt avec celui de la place. Je demandai un ordre écrit et je dus obéir. La situation se trouva donc radicalement changée.

« Voilà l'explication bien simple de cette abominable duplicité qu'on me reproche.

« M. Rollet aurait sans doute voulu que je me misse en état de révolte contre le conseil de guerre et contre le général en chef. J'avoue que ces manières ne sont pas dans mon caractère, et que je ne comprends pas un militaire qui refuse d'obtempérer à un ordre écrit du supérieur qui commande le règlement à la main. Ajoutons que, dans ce moment désespéré, cet acte de rébellion n'aurait amené aucun résultat utile, puisque les vivres de la place étaient épuisées.

« Veuillez agréer mes salutations.

« Général COFFINIÈRES DE NORDECK. »

BULLETIN TÉLÉGRAPHIQUE.

Berlin, 17 décembre.

*Nouvelles militaires officielles.*

VERSAILLES, 15 décembre. — Des détachements de nos troupes, le 11, après un court combat, ont occupé Beaumont, à l'ouest d'Évreux.

L'ennemi, qui avait paru devant La Fère, a battu en retraite.

Dans la poursuite de l'ennemi jusqu'à Oucques et Maves, l'armée du grand-duc de Mecklembourg a ramassé, le 13, 2,000 maraudeurs ennemis.

De Podbielski.

---

LONGUYON, 15 décembre. — Hier, à une heure de l'après-midi, entrée des troupes allemandes à Montmédy; pris 65 canons; fait 3,000 prisonniers dans la place; 237 prisonniers allemands, dont 4 officiers, délivrés. La perte de notre côté, pendant le bombardement, minime.

De Kamecke.

---

FONTAINE, 16 décembre. — La place (Belfort) continue une résistance énergique et fait beaucoup de sorties. La forêt de Bosmont, le grand Bois et le village Andelnaus ont été pris par nous avec perte de deux officiers et 79 soldats; l'ennemi a perdu seulement un officier et 90 soldats.

De Tresckow.

---

VERSAILLES, 16 décembre. — L'ennemi, attaqué le 13 par nos avant-gardes renforcées, a évacué Vendôme le 16.

De Podbielski.

---

DIJON, 17 décembre. — Le général Goltz mande à l'instant de Longeau, devant Langres :

Le 16 décembre, à midi, l'ennemi a été attaqué dans sa forte position à Longeau, devant Langres, et, après un combat de trois heures, rejeté sur la place forte. Le régiment n° 34 et l'artillerie ont été principalement engagés. Notre perte est d'un officier et environ 30 soldats. L'ennemi était fort de 6,000 hommes; il a perdu près de 200 hommes, dont 64 prisonniers non blessés. Nous avons pris dans l'action 2 canons et 2 voitures de munitions.

DE WERDER.

VARIÉTÉS.

### Exode des Anglais.

Nous lisons dans l'*Observer* « que sur mille Anglais renfermés dans Paris depuis le commencement du siége, soixante-cinq ont réussi à sortir de la ville le 8 novembre, en compagnie du secrétaire de l'ambassade anglaise et du vice-consul; depuis cette époque, cent autres ont été assez heureux pour effectuer leur fuite, beaucoup d'autres eussent été contents de pouvoir en faire autant; mais l'ambassadeur anglais n'a pas pensé qu'il était de son devoir de faire savoir aux résidents anglais qu'ils avaient une occasion d'éviter les horreurs d'un siége ou d'une grande famine, et il s'est borné à placarder dans ses bureaux une notice dont très-peu d'Anglais ont eu connaissance, faisant savoir que l'ambassade ne pouvait se charger d'aider les sujets anglais à quitter Paris.

« Plusieurs de ceux qui désiraient s'en aller furent obligés de prendre leur mal en patience, tout en pensant à la quantité de millions que l'Angleterre avait dépensés pour délivrer seulement quelques Anglais prisonniers en Abyssinie; d'autres ayant déclaré qu'ils étaient sans ressources et demandé à être renvoyés en Angleterre, reçurent de la Société anglaise de secours cent francs chacun, trois livres de biscuits et quelques onces de chocolat pour se nourrir pendant le voyage. Tous ces fugitifs devaient partir le 2 novembre avec des Américains et des Russes : le rendez-vous avait été donné à la porte de Charenton, mais en y arrivant on trouva un messager qui donna l'ordre de s'en retourner.

« Il paraît d'abord que le gouvernement de la défense nationale avait refusé la permission demandée par le secrétaire de l'ambassade anglaise, et que ce ne fut que sur les instances réitérées de M. Wahsburne, le ministre américain, qu'elle fut accordée, le ministre des États-Unis ayant déclaré formellement qu'il se retirerait si l'on n'obtempérait pas immédiatement à sa demande. Mais comme M. de Bismarck n'avait pas encore accordé son consentement, on ne put partir le 2 novembre. Enfin le 7 novembre, à sept heures du matin, on se réunit de nouveau à la porte de Charenton.

« On se mit en marche, précédé de deux officiers d'état-major accompagnés d'un soldat portant l'indispensable drapeau blanc, d'un trompette de la garde nationale à cheval et d'une petite escorte de cavalerie.

« Les plus riches réfugiés étaient en voitures achetées pour faire le voyage ou à cheval, et les pauvres en voitures de louage ou en omnibus. Il y avait aussi des Suisses et des Autrichiens; après avoir passé le pont-levis et traversé l'espace dévasté compris dans la zone militaire, nous nous trouvâmes dans les rues étroites et tortueuses de Charenton désertées presque toutes par leurs habitants, mais pleines de soldats. Descendant vers la Marne, nous traversâmes le pont qui est encore intact, quoique miné; il est parfaitement fortifié à l'extrémité la plus éloignée par une redoute entourée d'une tranchée large et profonde; en tournant un peu vers la gauche, nous traversâmes le petit village d'Alfort avec ses jolis restaurants, tous convertis en postes militaires; nous vîmes aussi, en passant, la massive maison de fous de Charenton au-dessus de laquelle flotte le pavillon noir.

« Nous passâmes le domaine de Charentonneau, dont le parc a été entièrement détruit et les pins qui bordaient la route abattus, et à notre droite s'élevait le fort de Charenton, dont les gros canons de marine paraissent entre les hautes et étroites embrasures des bastions. Une vingtaines de sentinelles, avec des capotes à capuchon, se promenaient sur les remparts. Le chemin est barricadé de distance en distance et coupé par de profondes tranchées.

« Les murailles de chaque côté ont été démolies excepté dans le voisinage des carrières où on les a crénelées, et les arbres formant la magnifique avenue qui conduit à Créteil, ont été abattus. Au Petit-Créteil le marché aux légumes continue comme d'habitude, protégé par le fort de Charenton, quoiqu'il soit de temps en temps visité par les Allemands, qui échangent des coups de fusil avec les mobiles installés dans une auberge déserte qui est leur corps de garde. Une fois arrivé vis-à-vis de cette maison, on nous fit arrêter, et les voitures de louage retournèrent à Paris.

« Après une courte pause, nous nous mîmes encore en route et après avoir passé l'ouverture d'une barricade formidable, nous nous trouvâmes dans Créteil, entièrement déserté par ses habitants et dont toutes les maisons avaient été forcées et pillées, et toutes les portes et fenêtres brisées ; en tournant à droite, où le passage de la rue principale est barré par une immense barricade, on trouve la dernière maison occupée par une douzaine de mobiles qui ont fait une petite barricade pour les protéger contre une surprise des Allemands. C'est le poste le plus avancé des Français dans cette direction.

« Après avoir traversé des champs, nous reçûmes de nouveau l'ordre de faire halte, et le trompette et le soldat porteur du drapeau blanc s'avancèrent jusqu'au bout du village, et au son de la trompette l'avant-garde allemande s'avança et nous reprîmes notre mouvement en avant. Mais bientôt quelques officiers allemands s'avancèrent vers nous et, après avoir échangé quelques paroles avec les officiers français se disposèrent à visiter nos passe-ports et à nous délivrer des saufs-conduits, ce qui prit environ deux heures, après quoi les officiers français nous firent leurs adieux et reprirent la route de Paris; quelques soldats allemands, nous servant d'escorte, marchaient de chaque côté du chemin, et après avoir marché pendant une heure, on nous fit faire halte, et quelques officiers se dirigèrent vers Bonneuil pour aller prendre des ordres sur la route que nous devions prendre. Nous pûmes alors observer la tournure des hommes qui formaient notre escorte : tous étaient de beaux hommes et parfaitement équipés.

« Tout à coup notre escorte nous abandonna et s'éloigna au galop. Alors tous ceux d'entre nous qui avaient des voitures partirent au trot, en laissant derrière eux les piétons. La nuit s'avançait et personne ne savait à quelle distance nous étions de Versailles; cependant quelques paysans nous dirent que nous étions sur la route de Bâle et que la petite ville que nous apercevions devant nous était Brie-Comte-Robert, renommée comme on sait, pour ses fromages et ses roses.

« Comme la nuit était venue, nous résolûmes de nous y arrêter. Mais il nous fut bien difficile de nous procurer des lits; les Suisses et les Autrichiens s'étaient emparés des principaux hôtels; il ne restait plus pour les autres que les maisons particulières; mais ni les hôtels, ni les maisons particulières ne purent nous fournir des couvertures, car les Allemands s'en étaient emparés pour leurs ambulances.

« S'il nous fut difficile de nous procurer de bons lits, il ne nous fut pas facile non plus de nous procurer un bon dîner. Après avoir passé une nuit sans sommeil, nous dûmes nous contenter de café noir pour déjeuner. On nous apprit que le seul chemin, pour aller à Versailles, était celui de Corbeil, à cinq lieues de distance, et que de là nous aurions encore dix lieues à faire pour atteindre le quartier général du roi Guillaume; mais chacun ayant son opinion particulière, la moitié des Anglais quitta Brie-Comte-Robert, et prit le chemin direct pour se rendre en Angleterre et le reste se dirigea sur Versailles, par la voie de Corbeil.

« En passant dans le petit village de Lieusaint, sur la lisière du bois de Sénart, les habitants, qui depuis deux mois n'avaient vu que des Allemands, coururent aux portes de leurs maisons, étonnés de voir une longue file de voitures remplies de bourgeois et ne sachant pas ce que cela signifiait. En arrivant à Corbeil, nous nous dirigeâmes sur le principal hôtel; comme il nous était impossible d'atteindre Versailles dans la journée, nous convînmes de rester à Corbeil jusqu'au lendemain. Il nous fut pourtant difficile de nous procurer des lits, car la ville était pleine de troupes, parmi lesquelles on comptait deux mille blessés ou malades, dont vingt à vingt-cinq meurent chaque jour.

« Je pus me procurer un logement de l'autre côté de la rivière, dans un petit hôtel, dont la partie la plus élevée avait été détruite par un immense bloc de maçonnerie quand les Français firent sauter le pont. Le matin, nous fûmes forcés de boire le café sans sucre. Il nous fut impossible de nous en procurer. Cependant il pleuvait à torrents, mais nous résolûmes de partir; les chemins étaient très-mauvais et le pays très-accidenté, de sorte que nous avions fait à peine quelques lieues que les roues d'une de nos voitures se cassèrent, ce qui ne nous étonna pas du tout, vu le mauvais état des chemins. Après la pluie vint la neige, ce qui nous obligea à chercher un refuge à Champlan, où nous pûmes mettre nos voitures à l'abri.

« Le peu de paysans que nous vîmes nous dirent que nous ne pourrions nous procurer que du pain, qu'il n'y avait ni œufs, ni fromage, ni beurre dans le village et qu'il n'y avait même pas une goutte de vin; les Allemands ont tout pris, comme ils se sont installés partout, à la mairie, à l'auberge, dans les cafés, dans presque toutes les maisons; nous en avons au moins 800 ici, nous dit un individu qui nous parut avoir été le forgeron ou le charron du village. Après s'être bien assuré que nous n'étions pas Allemands, tirant un de nous à part, il lui dit que si nous voulions le suivre, il pourrait nous servir quelques rafraîchissements, ce à quoi nous consentîmes. Il nous conduisit alors chez lui, où dans une chambre, avec un bon feu, nous trouvâmes une femme à l'air bon et une gentille fille.

« On nous servit du pain, des poires cuites, et après avoir soigneusement regardé s'il n'y avait pas d'Allemands dans le voisinage, notre hôte retira, dans un coin de la chambre, caché sous des morceaux de bois et divers autres objets, un petit baril de vin.

« Enfin, nous nous remîmes en route; il était tard quand nous arrivâmes à Versailles par l'avenue de Choisy; nous passâmes devant l'hôtel de la préfecture, maintenant le grand quartier général du roi Guillaume. »

---

FAITS DIVERS.

Le prince Charles-Antoine de Hohenzollern-Sigmaringen, père de S. A. R. Madame la comtesse de Flandre, est arrivé avec sa famille, de Dusseldorf à Bruxelles, pour assister au prochain baptême des princesses Henriette-Charlotte-Antoinette et Joséphine-Marie-Stéphanie-Victoire.

S. A. R. le prince Charles-Antoine de Hohenzollern est à Bruxelles depuis dimanche dernier.

---

Il paraît que le ballon qui devait apporter à Tours les indications stratégiques envoyées de Paris est justement celui qui, avec tant de risques, est allé atterrir sur la côte de Norwége, à Christiania. Cela a produit un retard de trois à quatre jours ; mais, en même temps, des pigeons nombreux partaient sur Paris. De ce croisement il est résulté que c'est l'armée de Paris qui a dû adopter le plan du gouvernement de Tours, l'armée de la Loire n'ayant pu recevoir à temps celui de Trochu.

---

Annonces et Avis divers.

## CADEAUX DE NOEL

Le soussigné a l'honneur de prévenir le public que son Stock en
*Marchandises de Laine*
consiste encore en environ :
    1,000 *paires de Bas* ;
    400 — *de Caleçons* ;
    1,000 — *de Gants tricotés et Moufles*,
ainsi qu'en
    500 à 600 *Couvertures de laine*,
et il le recommande sérieusement à l'attention de MM. les Présidents de Sociétés qui désirent faire un cadeau de Noël utile.

Le soussigné se permet de rappeler à cette occasion
    *Son Dépôt de Tabacs et Cigares* ;
    *Son vrai Kummel de Gilka* ;
    *Diverses Liqueurs* ;
    *Chocolats* ;
en plus son assortiment complet en :
    *Gants de peau fourrés* ;
    *Gants de Buxking* ;
et finalement :
    Son assortiment en *Pipes allemandes*.

                                            GUSTAVE DE HULSEN.

**65, rue de la Paroisse, 65**
En face les Nos 80 et 82.        (1-4)

## ARTICLE DE COUTELLERIE EN GROS
### DE SOLINGEN (Prusse-Rhénane).

Un fabricant et marchand de **Couteaux** et de **Ciseaux en acier**, de toute qualité, est arrivé ici avec un grand assortiment des dites marchandises pour un laps de temps très-court.

*S'adresser :* Café de la Paix, **8, rue des Chantiers, 8.** (1-3)

---

N° 46. — VENDREDI 23 DÉCEMBRE 1870.

---

### PARTIE OFFICIELLE.

---

#### COMMUNICATION OFFICIELLE.

VERSAILLES, 22 décembre. — Après que, dans la nuit du 20 au 21 de ce mois, les forts autour de Paris avaient entretenu de nouveau un feu violent, environ trois divisions de la garnison de Paris avancèrent, dans la matinée du 21, pour attaquer les fronts du corps de la garde et du 12° corps d'armée. L'attaque, après un combat de plusieurs heures soutenu principalement par l'artillerie, a été repoussée de nos positions d'avant-postes. Nos pertes ne sont pas considérables.

---

Le 20 de ce mois, le général Voigts-Rhetz a rejeté en désordre, de Monnaie par Notre-Dame-d'Oé sur la ville de Tours, environ 6,000 gardes mobiles, avec de la cavalerie et de l'artillerie.

Le général de Goltz a surpris l'ennemi dans quatre cantonnements, près de Langres, et l'a dispersé dans la direction du Nord. L'ennemi nous a abandonné des centaines de fusils, des objets d'équipement militaire, des bagages et 50 prisonniers.

---

### AVIS.

Dans le but d'organiser le service postal dans le territoire français occupé, des recettes ont été établies dans les localités suivantes, savoir :

Chartres (Eure-et-Loir), Orléans (Loiret), Blesme (Marne), Compiègne (Oise), Nemours (Seine-et-Marne), Rambouillet, Pontoise (Seine-et-Oise), Montdidier, Amiens (Somme), Sens-sur-Yonne (Yonne).

Les recettes des postes à Neuilly-Saint-Front (Aisne), Vouziers Ardennes), ont été supprimées.

Ont été établies des routes de poste, savoir :

*a.* Par chemin de fer :

Entre Épernay et Dammartin (par Reims et Soissons), Reims et Laon, Reims et Boulzicourt, Nanteuil et Lagny.

*b.* Par les chaussées :

Entre Sainte-Menehould et Clermont-en-Argonne, Rethel et Attigny.

*L'administrateur des postes*
*dans le territoire français occupé.*
ROSSHIRT

Reims, le 19 décembre 1870.

## PARTIE NON OFFICIELLE.

Nous sommes en mesure de publier les renseignements suivants puisés à des sources dignes de confiance :

La délégation du Gouvernement de la défense nationale qui se trouve actuellement à Bordeaux s'est convaincue de la complète inutilité d'une résistance prolongée contre les armées allemandes, et serait de l'avis même de M. Gambetta, prête à conclure la paix avec l'Allemagne, sur les bases exigées par cette dernière. Le général Trochu, au contraire, serait décidé à prolonger la lutte. Or la délégation de Tours, actuellement à Bordeaux aurait de prime abord pris vis-à-vis du général Trochu l'engagement de ne pas traiter de la paix sans son consentement.

D'après d'autres renseignements, le général Trochu aurait fait transporter des vivres pour plusieurs mois au Mont-Valérien pour s'y retirer avec les troupes qui se rallieraient à lui dans le cas où la capitulation de Paris serait devenue nécessaire, et pour pouvoir de cette manière, exercer son influence sur les destinées de la France lors de la conclusion de la paix. On croit que cette combinaison a pour but de ménager les intérêts de la famille d'Orléans, dont le général Trochu serait un des partisans.

---

La passion des nationalités rend parfois aveugles des savants honorables et même des historiens. Nous en avons un exemple frappant dans la brochure « *La France et la Prusse devant l'Europe* (1) », sortie de la plume de M. d'Haussonville.

M. d'Haussonville a certainement rendu des services à l'histoire, notamment par son *Exposé* des rapports du premier Empire avec la cour de Rome. Cette fois cependant, il a fait peu d'honneur à son passé. La brochure est un pamphlet d'un bout à l'autre, basé sur de faux aperçus et sur une connaissance superficielle des choses. C'est une composition de cancans, d'exagérations, d'erreurs et de mensonges publiés à dessein. M. d'Haussonville fait dire au roi Guillaume, dans sa proclamation du mois de juillet : « Je ne fais la guerre qu'à l'Empereur et nullement à la France ». Ceci est une falsification qui fait mal juger de la conscience d'un savant. Que dire ensuite de la mémoire et des recherches de l'historien qui commet cette erreur grossière de présenter le roi Guillaume comme ayant déjà gouverné la Prusse pendant la guerre de Crimée?

---

### RAPPROCHEMENT.

Nous extrayons d'un livre historique très-remarquable sur l'histoire de Versailles l'épisode suivant dont les péripéties ne manquent pas d'à-propos.

« On ne peut citer le nom de M. de Jouvencel sans rappeler sa belle conduite dans deux circonstances terribles pour notre ville, en 1814 et en 1815, pendant les deux invasions.

« Dès les premiers jours de mars 1814, les bruits les plus sinistres se répandaient dans la ville de Versailles. Malgré les

(1) Brochure publiée à Paris, chez le libraire Sauton, 41, rue du Bac (in-8, puis in-32).

efforts inouïs de Napoléon, malgré les combinaisons les plus savantes qui firent de la campagne de France l'une des plus admirables de ce génie de la guerre, l'armée française, obligée de résister à toutes les forces combinées de l'Europe s'affaiblissait tous les jours, et les troupes étrangères s'approchaient de plus en plus de Paris.

« Il était impossible que dans un pareil moment il n'y eût pas dans les services publics beaucoup de désordre et de confusion. Versailles était alors encombré de malades et de blessés de toutes les nations. Outre l'Hôpital civil, des succursales avaient été établies dans l'aile gauche des Ministres au Château, dans la caserne des Gardes-Françaises, aujourd'hui abattue, dans les Écuries de la Reine et dans plusieurs autres casernes. Cet encombrement ne tarda pas à faire développer des maladies contagieuses, et bientôt le typhus, ce hideux compagnon des grandes invasions, fit son apparition à Versailles. Pour diminuer les tristes effets de la contagion, on fut obligé de transporter dans les villes voisines une partie des malades et des blessés. Cinquante ou soixante voitures de ces malheureux partaient chaque jour, soit pour Rambouillet, soit pour Saint-Germain, soit pour d'autres lieux, sous la conduite d'un des médecins de la ville, dont toute la distraction, dans ces mois de fatigue et de désolation, ne fut souvent que cette promenade de mourants.

« Le 28 mars, de grandes inquiétudes commencèrent à s'emparer des habitants de la ville. On savait depuis quelques jours que les étrangers s'étaient montrés dans les environs de Paris; mais on pensait que c'était un corps peu redoutable, et l'on était dans la persuasion que Napoléon manœuvrant sur les derrières de cette colonne afin de la couper du corps d'armée du prince de Schwartzemberg, elle ne tarderait pas à être anéantie. Aussi la surprise fut grande lorsque l'on vit dès le matin partir des bâtiments des Grandes et des Petites-Écuries les équipages de l'Empereur, chevaux et voitures, et que l'on apprit le départ prochain de l'École des pages, de l'École militaire de Saint-Cyr et d'autres établissements. On était d'autant plus surpris de cet abandon de Versailles, que le gouvernement avait accumulé dans cette ville une immense quantité d'effets de remonte pour les dépôts de cavalerie.

« Ce fut bien pis le lendemain (29 mars), lorsque l'on vit l'impératrice Marie-Louise et son fils, le roi de Rome, traverser Versailles pour se rendre à Rambouillet. Quoique l'on désespérât alors du succès de notre armée, on croyait cependant que Paris se défendrait assez longtemps pour permettre à Napoléon d'arriver à son secours et d'obtenir une capitulation honorable. Mais on perdit bientôt cette dernière espérance. Le passage des voitures et des personnes de toutes conditions qui fuyaient la capitale fut continuel pendant toute la nuit. Dès le matin du 30 mars, le canon se fit entendre plus fort que jamais du côté de Paris. On vit bientôt passer une grande quantité de chariots chargés et accompagnés par des vétérans de la garde, puis, sur les trois heures de l'après-midi, *Joseph Napoléon* et les Ministres, suivis d'une forte escorte, allant rejoindre l'impératrice Marie-Louise à Rambouillet; enfin, dans la soirée, le bruit se répandit de la capitulation de Paris. Dans des conjectures aussi graves, le Maire et le Préfet, alors M. Delaitre, durent s'entendre sur les moyens les plus propres à préserver la ville des malheurs qui la menaçaient. Le Préfet avait reçu l'ordre de quitter Versailles; mais il promit de s'en éloigner le moins possible; quant au Maire, il annonça au Préfet qu'il resterait afin de maintenir autant qu'il le pourrait l'ordre dans la ville, et surtout afin d'alléger la terrible charge qu'allaient avoir à supporter les habitants.

« La nuit fut très-agitée. Des chariots, des voitures de toutes sortes, des troupes en petits détachements ne cessèrent de passer en s'éloignant de Paris. Quatre à cinq mille hommes se trouvaient encore logés à Versailles, tant dans les casernes que chez les habitants. Vers trois heures du matin, le 31, la générale fut battue, et toutes les troupes, même les blessés qui purent marcher, se réunirent pour sortir de la ville.

« Dans une si grave position, M. de Jouvencel ne perdit pas un instant. Le conseil municipal fut immédiatement réuni; il fit connaître la lettre qu'il venait de recevoir du Préfet et lui annonça sa ferme résolution de rester à son poste dans ces circonstances difficiles; mais en même temps il fit un appel au dévouement et au patriotisme des membres du conseil et les pria de se réunir à lui, afin d'augmenter par leur présence la force de l'autorité municipale. Le conseil applaudit unanimement à la résolution du maire et il se déclara en permanence.

« Le soir même de ce jour, les troupes prussiennes, sous le commandement du comte de Briensen, entrèrent dans la ville. Depuis ce moment, ce ne fut plus dans Versailles qu'un passage continuel de troupes étrangères, accompagné de demandes de toute espèce et du pillage des magasins de l'État.

« Dans ces cruels moments, M. de Jouvencel, plus d'une fois menacé, sut opposer à ces menaces un calme et un courage qui ont, sans aucun doute, préservé la ville des plus grands malheurs.

« Mais, ce fut surtout dans la journée du 6 avril que Versailles lui dut véritablement son salut.

« Dès le 3 avril 1814, le maréchal duc de Raguse, commandant le sixième corps d'armée, avait fait sa soumission au gouvernement provisoire et reconnu le décret du Sénat qui déliait l'armée et le peuple du serment de fidélité envers l'empereur Napoléon. Par suite de sa soumission, son corps d'armée devait se retirer en Normandie avec armes, bagages et munitions.

« En conséquence, les troupes sous ses ordres, au nombre d'environ 12,000 hommes, quittèrent leur cantonnement le 5 avril et furent dirigées sur Versailles, où elles arrivèrent dans la soirée. La cavalerie, peu nombreuse, fut logée dans les casernes, l'artillerie bivouaqua autour de la pièce d'eau des Suisses, et l'infanterie logea chez les habitants.

« Presque tous les soldats de ce corps d'armée ignoraient ce qui s'était passé jusqu'alors, les résolutions du Sénat et du gouvernement provisoire, et la soumission de leur général; aussi les mots de trahison et de lâcheté furent-il prononcés par eux au milieu de la plus vive fermentation lorsqu'ils connurent tous les événements. La nuit cependant fut calme; mais le matin du 6, toutes les troupes s'étaient rassemblées sur l'avenue de Paris et sur la place d'Armes, la fermentation recommença. « On veut nous désarmer, disaient les uns; ne souffrons pas cette ignominie, marchons au combat. Des officiers couraient de rangs en rangs, disant : nous sommes trahis, il faut nous venger. Ils lançaient des imprécations contre leur général en chef et excitaient les soldats en brandissant leurs sabres et criant avec force : *Vive l'Empereur ! Vive Napoléon !* »

« Depuis l'arrivée du corps d'armée du duc de Raguse, le général russe de Stal, commandant les cuirassiers du régiment d'Astrakan, depuis la veille à Versailles, avait expédié, pendant la nuit, des avis à Paris et aux différents camps qui se trouvaient à six ou sept lieues aux alentours. Dès le matin du 6, on vit autour de la ville des partis nombreux de leurs troupes, et bientôt une forte batterie de canons soutenue de plus de 6,000 hommes d'infanterie et de cavalerie, vint s'établir sur la hauteur de la butte de Picardie.

« On voit de quel immense danger Versailles était menacé. Une lutte pouvait avoir lieu d'un instant à l'autre, lutte inutile dans laquelle devait périr, sans résultat, un grand nombre de braves, et qui aurait amené sans aucun doute la destruction de notre ville.

« Ce fut alors que M. de Jouvencel, par une de ces déterminations courageuses puisées dans le profond sentiment du devoir et de son cœur d'honnête homme, sauva la ville des conséquences terribles qui la menaçaient.

« Dans ce moment pressant, dit-il dans un ouvrage écrit avec une grande simplicité sous le souvenir récent des événements, je ne vis d'espoir que dans une démarche ferme et solennelle de ma part. Je me revêtis de mon écharpe, et prenant avec moi quelques gardes nationaux qui s'offrirent de m'accompagner, je me portai au milieu de la troupe. Les généraux n'y étant pas, j'interpellai successivement tous les chefs de corps ; je les suppliai au nom de l'humanité de sortir sur le champ de la ville, et de ne pas rendre les habitants de Versailles témoins des horreurs qui pourraient être la suite de la détermination qu'ils allaient prendre. Je me jetai au milieu des soldats les plus animés, je démentis le bruit de leur désarmement ; je leur parlai des événements de Paris et cherchai à leur prouver que leur général ne les avait point trahis, mais n'avait fait qu'obéir au gouvernement.

« Je fus très-mal reçu de ces soldats exaltés; l'un d'eux même, plus furieux, m'appelant parjure et traître, se jeta sur moi pour m'arracher ma décoration de l'ordre de la Réunion.

« Le sentiment de ma position critique redoubla dans ce moment mon courage et soutint mes forces. J'allais ainsi de bataillons en bataillons; mais le péril augmentait au lieu de s'apaiser, quand tout à coup je leur suggérai l'idée de se porter du côté de Rambouillet, où, se réunissant à d'autres troupes dévouées à l'Empereur, ils pourraient opérer un mouvement plus utile à leurs vues.

« Cette idée, accueillie avec transport, courut de rang en rang, et quelques officiers supérieurs saisissant avec adresse ce moment favorable, donnèrent l'ordre, ou suivirent l'impulsion qui porta les soldats à sortir de la ville par la grille de l'Orangerie.

« Telle fut la fin de ce drame si menaçant pour la ville de Versailles et qui, grâce au courage et à la présence d'esprit de son maire, se termina sans autre incident fâcheux.

« Bientôt le duc de Raguse reprit le commandement de son corps d'armée et le conduisit, suivant les traités, dans les départements de la Normandie.

« M. de Jouvencel quitta la mairie de Versailles peu de temps après l'entrée des Bourbons, et se retira à la campagne. Il y était encore lorsque les étrangers envahirent pour la deuxième fois notre patrie. La ville était alors sans maire. Le Conseil municipal, se rappelant la conduite pleine de courage de M. de Jouvencel pendant la première invasion, demanda avec instance qu'on mît à sa tête *celui qui, dans les moments les plus difficiles, avait mérité à juste titre l'estime et la reconnaissance de ses concitoyens.*

« M. de Jouvencel n'hésita point un instant à reprendre des fonctions si pénibles dans un pareil moment, et il arriva à Versailles le 30 juin, la veille du jour de l'entrée des Prussiens. »

On écrit de Cambrai le 11 décembre :

« Décidément les sympathies de la population ne sont pas,

dans notre arrondissement, acquises au gouvernement républicain. Notre sous-préfet, paraît-il, a fort à faire : il a beau fermer les cabarets, citer devant les tribunaux, révoquer les gardes champêtres, il ne peut venir à bout de cette incroyable « fièvre bonapartiste » comme il l'appelle.

« J'ai pu me procurer la copie textuelle d'une lettre qu'il vient d'adresser au maire de Crèvecœur. La voici :

« Cambrai, 5 décembre.

« Monsieur le maire,

« J'apprends avec peine que plusieurs habitants de votre communes sont animés de mauvais sentiments.

« Au lieu de songer au salut de la patrie, de chercher à maintenir la concorde entre tous les citoyens, certains individus appartenant, paraît-il, au parti *bonapartiste rouge*, tiennent des propos sanguinaires et contraires au principe de la propriété.

« L'un d'eux a même prononcé formellement une menace de mort contre un honorable habitant ; j'espère qu'il aura un compte sévère à rendre à la justice. »

Pour montrer à quel point la France est abusée par les fausses nouvelles et par l'ignorance des faits, nous donnons ici l'analyse du dernier bulletin officiel publié par le Gouvernement de Tours :

RÉPUBLIQUE FRANÇAISE.

Liberté, Égalité, Fraternité.

DOCUMENTS OFFICIELS

communiqués par la délégation du Gouvernement de la défense nationale siégeant à Tours.

« Paris débloqué (1).

« Dépêches télégraphiques.

---

(1) C'est là le titre de l'affiche préfectorale et non celui de la dépêche originale envoyée par le Gouvernement. Ce titre « fastueux » a été d'ailleurs donné ce jour-là par beaucoup d'affiches annonçant la même nouvelle dans divers départements.

« Tours, 1ᵉʳ décembre 1870, 4 heures du soir.

« Le ministre de l'intérieur au préfet de la Seine-inférieure.
« Grande victoire sous Paris !
« Sortie du général Ducrot, qui occupe la Marne. »

Cette fastueuse annonce omet prudemment de dire en quel endroit la Marne est occupée, c'est-à-dire à Joinville, dans le rayon et sous le feu des ouvrages fortifiés de Paris.

« Tours, 1ᵉʳ décembre, 4 heures du soir.

« Au général Briand.
« Grande victoire à Paris. Sortie de Ducrot avec 150,000 hommes. Il occupe la Marne.
« Ramassez tout ce que vous pourrez, et marchez vigoureusement sur Paris. »

Le général Briand s'est médiocrement empressé de répondre à cette invitation. Il avait fort à faire lui-même dans la Seine-Inférieure. — M. Gambetta continue :

« Des renseignements explicatifs de cette dépêche (de Paris) nous permettent d'ajouter que le général Trochu lui-même commandait à la tête de 150,000 hommes, ayant 400 canons. Il *a battu complétement* les Prussiens et s'est avancé jusqu'à Bry-sur-Marne, à 20 kilomètres de Paris. »

La vérité est que Bry se trouve simplement à 4,000 pas au delà du fort de Nogent.

« Amiens a été évacué par les forces allemandes qui, de tous les côtés, se replient sur Paris. »

On sait que les forces allemandes continuent cependant à occuper Amiens, et qu'au lieu de se replier sur Paris, elles ont poursuivi l'ennemi dans la double direction d'Arras et de Rouen.

« Sans autres détails, nous pouvons affirmer que les meilleurs renseignements sont parvenus au Gouvernement de Tours de toutes les directions. »

Notamment la défaite de l'aile droite de l'armée de la Loire, le 29 novembre.

« En occupant la Marne, le général Ducrot avait devant lui ou sur son flanc gauche l'armée du prince de Saxe, dont le quartier général est au Vert-Galant, dans la forêt de Bondy.

« La nouvelle de la sortie du général Ducrot étant arrivée à

Tours sans qu'on annonce le passage d'un ballon, il est clair que les communications entre Paris et le reste de la France sont rétablies, au moins momentanément. »

Il est certain, au contraire, que cette nouvelle a été apportée par un ballon lancé à Paris dans l'après-midi du 29 novembre, c'est-à-dire avant la fin du combat.

« Tours, 1ᵉʳ décembre. 8 heures du soir.

« La délégation du Gouvernement a reçu aujourd'hui jeudi 1ᵉʳ décembre, la nouvelle d'une victoire remportée sous les murs de Paris pendant les journées des 28, 29 et 30 novembre.

« Cette nouvelle avait été apportée à Tours par le ballon *le Jules-Favre*, descendu près de Belle-Isle-en-Mer. A quatre heures, M. Gambetta, membre du Gouvernement, s'adressant à la foule réunie dans la cour de la préfecture, a confirmé en ces termes la grande et heureuse nouvelle :

« Chers concitoyens,

« Après soixante-douze jours d'un siége sans exemple dans l'histoire tout entière, consacrés à préparer et à organiser les forces de la délivrance, Paris vient de jeter hors de ses murs, pour rompre le cercle de fer qui l'étreint, une nombreuse et vaillante armée préparée avec prudence par des chefs consommés, que rien n'a pu ébranler ni émouvoir dans cette laborieuse organisation de la victoire. Cette armée a su attendre l'heure propice, et l'heure est venue.

« Excités, encouragés par les fortifiantes nouvelles venues d'Orléans, les chefs du gouvernement avaient résolu d'agir, et, tous d'accord, nous attendions depuis quelques jours, avec une sainte anxiété, le résultat de nos efforts combinés.

« C'est le 29 novembre au matin que Paris s'est ébranlé.

« Une proclamation du général Trochu a appris à la capitale cette résolution suprême, et, avant de marcher au combat, il a rejeté la responsabilité du sang qui allait couler sur la tête du ministre et de ce roi dont la criminelle ambition foule aux pieds la justice et la civilisation moderne.

« L'armée de sortie est commandée par le général Ducrot, qui, avant de partir, a fait à la manière antique le serment solennel, devant la ville assiégée et devant la France anxieuse, de ne rentrer que *mort ou victorieux.* »

M. Ducrot n'est cependant ni mort, ni victorieux, ce qui ne l'empêchera pas sans doute de rentrer à Paris; on sait que ce général ne se pique pas à l'égard de sa *parole* d'une vaine superstition.

« Je vous donne dans leur laconisme les nouvelles apportées par le ballon *le Jules-Favre*, un nom de bon augure et cher à la France, tombé ce matin à Belle-Isle-en-Mer.

« Le 29, au matin, la sortie dirigée contre la ligne d'investissement a commencé sur la droite par Choisy, l'Hay, et Chevilly.

« Dans la nuit du 29 au 30, *la bataille a persisté* sur ces divers points. Le général Ducrot sur sa gauche passa la Marne le 30 au matin et occupa successivement Mesly et Montmesly. Il prononce son mouvement sur sa gauche, passe la Marne (encore !) et s'adosse sur la Marne sur huit points. »

Cette relation confuse mêle deux combats qui ont eu lieu à un mille de distance (environ deux lieues) l'un de l'autre. Une tentative de sortie faite de Créteil dans la direction du sud fut repoussée sans peine. De son côté, le général Ducrot, s'avançant vers l'est, passait la Marne sur cinq ponts à Joinville et à Nogent, sous la protection de l'artillerie de la place et d'une batterie de gros calibre placée sur le mont Avron. Il parvint avec des forces très-supérieures à déloger nos postes avancés des villages le Plan, Champigny et Bry, trois positions qui étant à la portée du feu des forts détachés ne sont considérées que comme des points d'observation. — D'ailleurs, elles ont été reprises depuis, et sont ajourd'hui encore occupées par nous.

Quant au combat *de nuit*, c'est une pure fiction. Les Français se sont bornés cette nuit-là, comme pendant toutes celles qui avaient précédé, à une canonnade continuelle dirigée de leurs forts — dans le vide.

« L'armée couche sur ses positions après avoir pris deux pièces de canons. L'affaire a été rapportée à Paris par le général Trochu. »

Nous doutons que le général Trochu ait pu rapporter à Paris de pareilles gasconnades.

« Ce rapport, où on fait l'éloge de tous, ne passe sous silence que la grande part du général Trochu à l'action. Ainsi faisait Turenne.

« Il est constant qu'il a rétabli le combat sur plusieurs points, en entraînant l'infanterie par sa présence.

« Durant cette bataille, le périmètre de Paris était couvert par un feu formidable de l'artillerie, fouillant toutes les positions de la ligne d'investissement. L'attaque de nos troupes a été soutenue pendant toute l'action par des canonnières lancées sur la Marne et sur la Seine.

« Le chemin de fer circulaire de M. Dorian, dont on ne saurait trop célébrer le génie militaire, a coopéré à l'action à l'aide de wagons blindés faisant feu sur l'ennemi.

« Cette même journée du 30 a donné lieu à une pointe vigoureuse de l'amiral de la Roncière-le-Noury, toujours *dans la direction* de l'Hay et Chevilly; il s'est avancé sur *Lonjumeau* et a enlevé les positions d'Épinay au delà de Lonjumeau, positions retranchées des Prussiens, qui nous ont laissé de nombreux prisonniers et encore deux canons. »

Ces données de M. le ministre de l'intérieur ne laissent rien à désirer comme clarté et précision. L'amiral de la Roncière a percé les lignes allemandes et se trouve en situation de donner la main sans difficulté à l'armée de la Loire qui s'avance victorieuse. Seulement une petite erreur géographique s'est glissée ici; le bourg d'Épinay, où les Français, en effet, étaient parvenus un instant, pour en être rejetés bientôt avec une forte perte, ne se trouve pas à trois milles au sud de Paris, mais au nord de cette ville et tout près de Saint-Denis. Les *deux canons* appartiennent à la même catégorie que ceux qui sont signalés plus haut. Ils n'ont été pris que dans l'imagination de M. Gambetta.

« Les pertes des Allemands sont très-considérables. »

Phrase clichée dans les bulletins français, qui a du vrai cette fois, vu que le champ de bataille, pendant ces trois jours, se trouvait à portée du feu de la place.

« Tous ces renseignements sont officiels, car ils sont adressés par le chef d'état-major général, général Schmitz. »

Nous espérons que cette assertion est inexacte; sinon, une

relation aussi confuse, aussi peu fidèle à la vérité, ne témoignerait pas en faveur du chef de l'état-major parisien.

Le résultat *vrai* de cette *grande victoire*, — abstraction faite des pertes considérables essuyées des deux côtés, — c'est que la position des Allemands sous Paris, est identiquement la même qu'auparavant, et que depuis le premier jour de l'investissement l'armée assiégeante n'a pas perdu un pouce de terrain.

Maintenant, on se demande s'il est possible qu'un membre du gouvernement de France use de pareils moyens pour exciter un grand peuple, après tant de vains efforts, à continuer une lutte désespérée, et l'abuse par de telles illusions pour qu'il se laisse mener à une boucherie inutile !

Nous compléterons la relation analysée ci-dessus en empruntant à *l'Indépendance belge* quelques hâbleries qui se rapportent à cette même « grande victoire » des Parisiens :

« Le chef d'état-major du général Trochu, M. Schmitz, qu'on n'accusera certes pas d'optimisme, car on se plaint toujours de la froideur de ses rapports, — a déclaré que *c'était une des plus belles journées de l'histoire militaire de France...*

« Des évaluations venant de l'Internationale (?) mettent une proportion de cinq Français tués ou blessés contre cinquante Allemands... On évalue les pertes de l'ennemi à vingt mille hommes hors de combat...

« Un corps de cavalerie prussienne fort de trois mille cinq cents à quatre mille hommes, venait d'être lancé contre les lignes de l'infanterie française. Tout à coup douze mitrailleuses sont démasquées et font pleuvoir une telle avalanche de balles sur cette masse de cavalerie qu'en moins de quelques minutes elle était, sauf deux ou trois cents hommes qui firent volte-face et parvinrent à échapper à la boucherie, couchée à terre, hommes et montures.

« Ce seul *abatage* a pourvu la ville de Paris de viande fraîche, d'excellente qualité, pour plus d'une semaine, etc. »

N° 47. — SAMEDI 24 DÉCEMBRE 1870.

## PARTIE OFFICIELLE.

#### COMMUNICATION OFFICIELLE.

**VERSAILLES,** 23 décembre. — Lors de la sortie du 21 de ce mois, nous avons fait devant Paris plus de 1,000 prisonniers non blessés. Comme d'habitude, des obus furent lancés sans interruption sur nos fronts non attaqués. Le 5ᵉ corps d'armée seul en a reçu 350. Sa perte cependant ne s'élève qu'à un seul homme blessé.

Le 22, deux brigades ennemies s'avancèrent, le long de la Marne, contre l'aile gauche de la position du corps d'armée saxon; mais le feu de deux batteries wurtembergeoises, qui les prit en flanc, les força à la retraite.

## PARTIE NON OFFICIELLE.

#### UNE NOUVELLE CIRCULAIRE DE M. DE CHAUDORDY (1).

Nous avions cru jusqu'à présent que les nouvelles à sensation étaient exclusivement du domaine d'une certaine presse, de cette catégorie de journaux qui sacrifient toutes les convictions au commérage et à la calomnie. Nous nous sommes trompés : la politique que les hommes du 4 septembre cherchent à faire prévaloir dans les conseils de l'Europe, ne dédaigne pas de composer des récits pour en dresser des actes d'accusation destinés à faire croire que les armées allemandes ont pour principe de donner à la guerre contre la France un caractère de barbarie abhorrée par les nations civilisées.

« Nous savons, dit M. de Chaudordy, délégué des affaires

---

(1) Circulaire datée de Tours le 29 novembre et publiée au *Journal officiel* à Paris, le 18 décembre.

étrangères, les conséquences de la victoire et les nécessités qu'entraînent d'aussi vastes opérations stratégiques. Nous n'insisterons point sur ces réquisitions démesurées en nature et en argent, non plus que cette espèce de marchandage militaire qui consiste à imposer les contribuables au delà de toutes leurs ressources. Nous laissons à l'Europe de juger à quel point ces excès furent coupables. Mais on ne s'est pas contenté d'écraser ainsi les villes et les villages; on a fait main-basse sur la propriété privée des citoyens. »

Si M. de Chaudordy connaît réellement les conséquences de la victoire et les nécessités qu'entraînent d'aussi vastes opérations, il ne devrait s'étonner que d'une chose : des sacrifices relativement faibles que ces vastes opérations du vainqueur ont jusqu'à présent fait supporter à la France. Eh quoi? les armées allemandes étant forcées d'opérer en plein hiver, payent comptant tous les objets nécessaires à leur entretien, et l'on ose prétendre qu'elles ont fait main-basse sur la propriété privée des citoyens? Est-ce donc faire main-basse sur les maisons, si le soldat exténué de fatigue, privé, après des marches forcées, et souvent après de rudes combats, de gîte et de chauffage, est forcé de s'installer dans les propriétés particulières? N'avons-nous pas vu nos soldats, élevés à l'école du devoir et de l'humanité, sauver, au péril de leur vie, des objets d'art menacés de devenir la proie du feu causé par l'artillerie de l'armée française?

« D'ailleurs, c'est ainsi que continue M. de Chaudordy, et, pour punir une ville de l'acte d'un citoyen coupable uniquement de s'être levé contre les envahisseurs, des officiers supérieurs ont ordonné le pillage et l'incendie, abusant pour cette exécution sauvage, de l'implacable discipline imposée à leurs troupes. Toute maison où un franc-tireur a été abrité ou nourri est incendiée. Voilà pour la propriété. »

M. de Chaudordy ne dit pas que des paysans habillés en francs-tireurs ont traîtreusement assassiné des pauvres soldats, dont l'unique crime consistait à suivre leur consigne et que les Turcos et autres soldats de l'armée française ont commis sur les corps vivants des soldats allemands et sur leurs cadavres des atrocités que la plume se refuse à décrire.

N'est-ce donc pas assez de déclamations? Les diplomates inexpérimentés spéculent-ils sur l'ignorance de l'honnête paysan de la même façon que les journaux révolutionnaires y ont spéculé en lui conseillant d'abandonner son foyer pour s'enfermer dans Paris.

M. de Chaudordy parle aussi d'un procédé unique dans l'histoire, du bombardement des villes ouvertes. Il est à la connaissance de tout le monde que l'armée française a ouvert la campagne en bombardant Saarbruck et que, des remparts de Strasbourg, Kehl a été réduit en cendres. Kehl n'a pourtant jamais pu menacer Strasbourg. Par contre, partout où les armées allemandes ont été obligées de tirer sur des villes ouvertes, la résistance venant de ces dernières les y avaient absolument obligées. Fallait-il, par exemple, ne pas tirer sur la ville d'Orléans lorsque l'armée de la Loire était parvenue à s'emparer de nouveau de la ville?

Il est arrivé, on le sait, que des villes se voyant menacées soit par la terreur révolutionnaire, soit par l'exécution militaire ennemie, ont sollicité l'occupation étrangère. M. de Chaudordy bâtit sur ces faits tout un échafaudage de reproches, en prétendant que l'armée allemande a voulu semer la terreur « pour que les populations viennent s'abaisser devant le vainqueur et solliciter les humiliations de l'occupation ennemie. » C'est ce qu'il appelle un raffinement de violence calculé qui touche à la torture.

Nous n'entreprendrons point de réfuter toutes les assertions contenues dans la circulaire de M. de Chaudordy. Les cabinets de l'Europe, qui connaissent les sentiments d'humanité dont l'Allemagne a le droit de se glorifier réduiront ces reproches à leur juste valeur. Nous ne relèverons que l'accusation relative aux otages que l'on a fait monter dans les trains de chemin de fer.

Il y a une différence entre le crime et l'héroïsme. Les chemins de fer, il est vrai, peuvent, jusqu'à un certain point, être considérés comme des appareils de guerre : les armées s'en servent soit pour le transport des troupes, soit pour celui des munitions et des vivres; mais, qu'on ne l'oublie pas, un convoi de chemin de fer renferme aussi pendant la guerre, des blessés, des médecins, des infirmiers, des sœurs de charité et une multitude de personnes sacrifiant leur repos au soulagement de leurs parents et de leurs amis. Serait-il donc permis au premier chef de bande venu de faire arracher des rails dans le but de causer la mort à des milliers de personnes innocentes, et n'appartenant même pas au nombre des combattants? De deux choses l'une : ou l'attentat contre la sûreté des chemins de fer n'a pas été médité dans la contrée, et dans ce cas les citoyens que l'on a, par mesure de précaution, fait monter dans le train ne courent aucun danger, ou le crime médité vient à être exécuté, et, dans ce dernier cas, le sort des victimes indigènes, qui, d'ailleurs, ne serait pas plus cruel que celui des voyageurs étrangers, devient la démonstration la plus sanglante et la plus douloureuse de l'énormité du forfait.

Il n'est pas superflu de faire suivre les considérations qui précèdent de la publication des faits suivants, qui prouvent d'une manière irrécusable que si le reproche d'user de procédés barbares doit être adressé à un des belligérants, ce n'est pas à l'Allemagne :

On écrit de Darmstadt à la *Gazette de Mayence*, du 14 décembre : « Le 30 du mois dernier, Coulours a été occupé par 500 hommes. Ils ont trouvé les cadavres des Allemands horriblement mutilés ; on leur avait coupé le nez, les oreilles, etc. »

On lit dans la *Décentralisation de Lyon* : « Ne serait-il pas urgent d'assujettir les francs-tireurs à une discipline quelconque? Des francs-tireurs, qui se sont rendus dernièrement de Fontaines à Lyon, ont avoué très-franchement que le but de leur voyage consistait à inspecter les maisons des environs dont le pillage vaudrait la peine, attendu qu'un pillage de deux jours leur avait été accordé pour le moment de l'approche de l'armée allemande. »

On écrit de Gand, le 12 décembre, à la *Gazette de l'Allemagne du Nord* :

« Une personne qui s'est trouvée hier à Lille a voulu assister à l'entrée d'un convoi de prisonniers allemands. Au lieu de 800 prisonniers annoncés, 200 seulement sont entrés à Lille. Il y avait dans le nombre des soldats allemands cruellement blessés. Au lieu de leur prêter secours on leur jeta des boules de neige et l'on cria : « Flanquez-leur la baïonnette dans le corps, à ces f......prussiens ! »

Enfin, pour en finir pour aujourd'hui de ces citations qui révoltent la conscience humaine, nous raconterons que le sergent-major allemand St.... a écrit, le 2 décembre, à son capitaine la lettre suivante :

« Je vous préviens que si, de la part des Prussiens, quelques représailles étaient faites à Vittel, à Contrexéville ou à quelque autre endroit de ces environs, nous aurons les oreilles coupées. C'est par ordre exprès de M. l'officier que je vous préviens de cela et vous prie de communiquer cette menace aux autres commandants prussiens. »

### JEAN BONHOMME.

*Aux boucheries de Paris je n'étais qu'acheteur*
*On m'y mène en victime, maintenant j'en ai peur.*

La guerre est à la politique ce qu'est à la médecine une opération chirurgicale : un mal ayant pour motif la suppression d'un mal plus grand. Autant on admire l'habile opérateur, pouvant en quelques secondes de moins qu'un autre obtenir un résultat qui sauve la vie ou prolonge l'existence, autant l'on doit toute son admiration à l'habile gouvernant qui, par une guerre promptement et habilement dirigée, amène des résultats heureux et décisifs dont le but sera de tirer une nation d'un marasme mortel ou de lui permettre de croître en pleine vigueur.

Mais que dira-t-on d'un médecin qui ferait une opération chirurgicale inutile, dans le cas où elle ne pourrait amener aucun résultat, ou non nécessaire, dans le cas où le patient pourrait être guéri par les remèdes ordinaires ? Il n'y a pas une voix qui ne s'élèverait contre cet inhabile docteur, et il n'y a pas une famille qui n'appellerait en garantie et n'obtiendrait des tribunaux une juste indemnité pour la cruelle indifférence ou pour l'ignorance coupable de cet homme.

Eh bien, mes chers compatriotes, c'est ce qui nous est arrivé. L'Empereur, mal conseillé, a commencé une guerre qui n'était pas nécessaire; il l'a mal conduite; il nous a laissés après Sedan affaiblis et sanglants; il fallait que la régente, son *alter ego*, qui s'était cru le talent nécessaire pour le remplacer, mît de suite fin à cette guerre, qui devait inutilement épuiser nos forces, Il était temps alors; il fallait avoir le courage de reconnaître sa faute et ne pas essayer de la cacher en l'augmentant davantage, dans l'espérance d'un succès trompeur. Oui, cela, honnêtement, il fallait le faire, fort de votre conscience et quelles qu'en pussent être pour vous les conséquences.

Non : vous n'avez pas eu la réelle bravoure; vous avez craint la calomnie que tout cœur bien placé doit dédaigner; vous avez, comme le médecin qui déserte son poste en faisant croire qu'il est absent, laissé tranquillement s'accroître notre mauvaise position, et cependant c'était sur vous seule que nous pouvions et que nous devions compter. En votre gouvernement à tous deux, à tort ou à raison, nous avions mis notre confiance, et vous n'avez pas su dignement y répondre. Vous n'avez pas été à la hauteur de votre tâche. Ah! pour vous les regrets et les remords; nous tâcherons de vous oublier.

Maintenant, que vous dire à vous, misérables empiriques, qui êtes venus vous ruer autour du lit du pauvre Jean Bonhomme, et qui, de malade qu'il était, l'avez en trois mois amené presque à l'agonie? Arrière! il faut qu'à coups de fouet l'on vous chasse de sa maison : l'absence des remèdes de jongleurs et de charlatans tels que vous suffira pour que lentement ses forces reviennent.

Quoi! mes chers compatriotes, il n'y a pas un seul de nous qui voudrait confier ses vieilles chaussures à réparer à un journaliste et sa vache malade à un avocat, et qui, dans le cas où soit le savetier, soit le vétérinaire de contrebande, voudrait à toute force faire son apprentissage sur notre propriété, ne le chasserait honteusement. Ne pensons-nous donc pas que la direction d'un grand pays comme le nôtre demande, pour être bien faite, un apprentissage aussi long que celui nécessaire pour devenir un bon cordonnier? Croyons-nous que la profession de directeur suprême d'un grand État puisse s'improviser? Devons-nous ainsi laisser l'absolue disposition de notre famille, de notre propriété, de tous nos biens, de nous mêmes, à ceux auxquels nous ne confierions pas le soin des objets, à nous appartenant, de la plus minime valeur? Ah! levons-nous et crions-leur : « Arrêtez! malheureux; qu'avez-vous fait? Par quel immense et fol amour-propre vous êtes-vous arrogé le droit d'agir pour nous? Pensez-vous, à une douzaine que vous êtes, avoir plus d'esprit, de talent, de jugement que quarante millions de vos concitoyens, que vous semblez juger ainsi incapables de se gouverner eux-mêmes? » On comprend que, dans certains cas, l'on dise : nous sommes responsables de nos actes; mais cela ne vous est pas possible, à vous. Est-ce que vos misérables fortunes et vos chétives existences peuvent entrer en balance avec nos provinces désolées, ravagées, ruinées? Est-ce que nos maisons incendiées, nos fils que vous avez fait tuer, nos femmes, nos sœurs, nos mères et nos pauvres petits enfants qui sont morts dans les bois, soit de faim, soit de maladies causées par le froid et les privations; dites-nous, pensez-vous que mille existences comme les vôtres peuvent nous les payer? Une fois que la terreur que vous avez su imposer à la France sera apaisée, cinquante ou cent de nous vous poursuivront justement, vous, les vôtres et ceux qui ont fait exécuter vos ordres; ils pourront peut-être se croire ainsi vengés; mais les milliers et les milliers de vos autres victimes n'auront même pas cette triste compensation.

---

Un journal de Bruxelles publie la lettre suivante :

« Monsieur,

« Lecteur assidu de votre journal, je vous communique la lettre suivante que j'adresse à M. Gambetta, à Tours, et que vous pourrez reproduire, si cela vous convient. Voici cette lettre :

« Monsieur, je ne puis résister au désir de vous dire l'effet déplorable que produisent les mesures arbitraires dont les chefs les plus estimés de notre armée sont sans cesse l'objet de votre part. D'après des dépêches qui sont, il est vrai, de source allemande, mais qui ne tarderont pas probablement à être confirmées, le général d'Aurelles, homme d'une grande sagesse et d'une grande valeur militaire, se sentant atteint dans sa dignité par des soupçons injustes, s'est cru obligé de se démettre de son commandement. Ainsi le seul général qui ait pu jusqu'ici, avec une armée improvisée, tenir tête à l'ennemi en rase campagne, lui infliger des pertes sérieuses, exciter l'enthousiasme de ses propres soldats, et qui ranimait en nous tous l'espoir d'une prochaine délivrance, se trouve par vous condamné à l'inaction pour n'avoir pas été de votre avis sur l'opportunité d'une grande bataille qui eût très-probablement été suivie d'une défaite désastreuse et de notre ruine définitive. Dans les circonstances présentes, où tout ce qui tend à ébranler l'autorité du commandement doit être considéré comme un crime, cette retraite est un malheur public aussi regrettable qu'une nouvelle victoire des Prussiens et dont vous devez seul supporter toute la responsabilité. Si vous pouviez être comme nous témoin de la joie que vous causez aux Allemands, la rougeur de la honte vous monterait certainement au visage. Je ne veux point discuter ici les raisons qui conseillaient de replier notre armée derrière la Loire, mais il est néanmoins permis d'avoir autant de confiance dans la science militaire du général d'Aurelles que dans la vôtre et dans celle de deux des commissaires chargés par vous de faire une enquête, et tous les hommes compétents sont unanimes pour louer le général de la résolution qu'il a prise. Je passe à un autre ordre d'idées. Quelle confiance voulez-vous que les troupes aient dans leurs chefs, quand vous, qui vous êtes fait ministre de la guerre, êtes le premier à donner le signal de la suspicion? Quelle confiance voulez-vous que les chefs aient en eux-mêmes quand ils savent qu'au moindre échec ou même au moindre mouvement stratégique qui n'aura pas eu la bonne fortune d'obtenir la haute approbation de Votre Excellence, ils recevront un blâme public suivi d'une disgrâce complète? Il faut assurément avoir une forte dose de patriotisme, — et du plus pur, — ou une bien coupable ambition pour accepter un commandement dans de pareilles conditions. Quelle suite peut-il y avoir dans les opérations quand les chefs chargés de les combiner et de les exécuter sont si souvent changés? Vous croyez peut-être, monsieur, qu'on peut improviser un bon plan de campagne aussi facilement qu'un mauvais discours. L'ambition, la passion, la défiance et la haine sont les seuls sentiments qui vous animent; le désordre et la confusion sont partout; les préoccupations politiques priment toutes les autres, et vous semblez vous dire : périsse la France, pourvu que la république surnage avec Gambetta à sa tête?

« Bourbaki, dit-on, prend la place de d'Aurelles de Paladines, mais cela ne saurait être pour longtemps : s'il a un échec, si léger qu'il soit, une commission composée des premiers venus, le déclarera traître à la république, après quoi vous le déposerez honteusement, et cette glorieuse carrière, tout entière consacrée à la patrie et illustrée par de nombreuses blessures, sera à jamais brisée et humiliée; s'il a des succès, il vous portera ombrage, et vous voudrez à tout prix vous défaire de lui. Quel triste spectacle ! Et combien nos douleurs sont cuisantes quand nous voyons les destinées de notre pauvre France expirante entre les mains de pareils hommes !

« Vous qui avez toujours tout critiqué, montrez donc au moins que vous savez mieux faire que les autres, et que vous êtes véritablement désireux et capable de sauver le pays, et alors, mais alors seulement tout le monde vous absoudra, et même chantera vos louanges. Mais, sachez-le bien, ce n'est pas par des discours qu'on chasse une armée ennemie. Le temps n'est plus des vaines paroles; moins de bavardage donc, mais plus d'action et de méthode, mais surtout plus d'honnêteté dans les décisions et les principes qui les inspirent : voilà ce qu'on vous demande, à vous et à vos deux vieux collègues, qui devraient avoir la pudeur de se taire aussi plutôt que de se donner le ridicule de haranguer des soldats qui rient de pitié en entendant leur réthorique surannée.

« Que chacun enfin reste dans son rôle, que des avocats fassent des plaidoieries pour le compte de clients en chicane, mais qu'ils ne mystifient pas toute une nation plongée dans le malheur, en se présentant devant elle comme des généraux dont ils ne seront jamais que la caricature. En résumé, au lieu d'organiser, vous désorganisez tout, vous répandez partout le découragement et le dégoût ; vous démoralisez notre jeune armée qui a une si noble et si grande tâche à remplir, et MM. de Bismarck et de Moltke doivent vous savoir bien gré du concours inespéré que vous leur prêtez. Les prisonniers qui gémissent en Allemagne ne voient en vous que le plus grand ennemi de notre malheureux pays, que vous conduisez à une perte certaine. Sans confiance des soldats dans leurs chefs et des chefs dans leurs soldats et en eux-mêmes, il n'y a pas de succès possible ; si donc vous continuez votre œuvre funeste et dissolvante, SOYEZ MAUDIT COMME VOUS MÉRITEZ DE L'ÊTRE : tel est le cri qui s'échappera de tous les cœurs qu'anime le véritable amour de la patrie.

« STOLL,
« prisonnier de guerre en Allemagne.

« Samedi, 10 décembre 1870. »

### CORRESPONDANCE ÉTRANGÈRE.

On écrit de Vienne à la *Situation* :

« Le siége du Gouvernement français ayant été transféré de Tours à Bordeaux, notre ambassadeur, le prince de Metternich, doit se rendre également dans cette ville. Il aimerait mieux, sans doute, revenir à Vienne, car, dans ce moment, il doit y avoir fort peu d'agréments à Bordeaux. Si cela continue, Gambetta finira par se retirer dans les Pyrénées.

« Le Gouvernement de la défense nationale a exprimé le désir de participer aux conférences de Londres. La Russie et l'Angleterre désirent également voir la France représentée à ces conférences. Les puissances ne peuvent s'empêcher de reconnaître que la France est toujours un grand pays dont le concours est indispensable, lorsqu'il s'agit d'une affaire aussi importante que celle de la révision du traité de Paris. Mais la

France n'a pas de gouvernement régulier. Voilà une grande difficulté pour la diplomatie.

« Les journaux parlent d'ouvertures faites aux puissances neutres par l'Angleterre pour négocier une paix entre la France et l'Allemagne. Nous ajoutons peu de foi à cette nouvelle, tout en en souhaitant la confirmation, car il faut que cette boucherie épouvantable finisse bientôt d'une manière ou d'une autre. D'ailleurs, il s'élève ici la même difficulté que pour les conférences; on ne sait avec qui traiter. Faut-il s'adresser à MM. Favre, Trochu et Gambetta, qui ne doivent leur élévation qu'aux malheurs de leur patrie? Il est fort à craindre que ces hommes veuillent continuer la guerre jusqu'à ce que le dernier village de France soit brûlé.

« Ainsi donc, l'empire d'Allemagne est ressuscité, et probablement le nouvel Empereur sera proclamé à Paris. Quant à nous autres Allemands en Autriche, nous restons fort indifférents en face de ce grand événement historique.

« Dans notre monde politique, la brochure du Marquis de Gricourt, sur les relations de l'Angleterre et de la France pendant le règne de Napoléon III, est lue avec grande avidité. Comme nos journaux ne cessent de reprocher à l'Empereur qu'il est uniquement responsable de cette guerre désastreuse, la brochure du marquis de Gricourt est d'un intérêt tout particulier en ce qu'elle prouve la fausseté de cette assertion. La brochure constate au contraire que Napoléon a été très-opposé à la guerre, et les mots remarquables de sa proclamation, que la guerre sera longue et pénible, démontrent évidemment que l'Empereur ne se fit pas d'illusions sur les chances du combat. Napoléon III était peut-être le seul homme en France dont le jugement sur la situation politique et militaire ne fut point influencé par l'emportement et le mépris de l'adversaire. »

FAITS DIVERS.
*Capitulation de Rouen.*

Voici les principales clauses de la capitulation, telles qu'elles ont été indiquées par l'état-major allemand, au correspondant d'un journal étranger :

1. Indemnité de 17 millions, dont 7 millions payables immédiatement, et 10 millions réglables par acomptes rapprochés;

2. Livraison de toutes les armes et munitions; désarmement de la garde nationale;

3. Tous les citoyens de vingt à quarante ans, étant mobilisés, sont prisonniers de guerre et peuvent être emmenés en Prusse au moment où le général allemand le croira nécessaire;

4. Respect des propriétés privées;

5. Les troupes allemandes seront logées dans les casernes, et au besoin, chez les habitants; les vivres réquisitionnés pour l'armée allemande devront être fournis à valoir sur les 10 millions d'indemnité restant à verser.

---

On écrit de Francfort à *la Gazette de Cologne* que M. Jules Ollivier, de Bruxelles, a comparu, le 13 décembre, devant le tribunal de Francfort, sous l'inculpation du crime de lèse-majesté commis en distribuant aux officiers français prisonniers à Francfort des exemplaires d'un nouveau journal se publiant à Bruxelles, intitulé *l'Écho français*, qui contenait des injures grossières contre le roi de Prusse, l'armée allemande, etc.

Le prévenu a allégué qu'il était tout simplement l'agent d'annonces de ce journal, qu'il en ignorait absolument le contenu et qu'il le distribuait sans le lire.

Le tribunal a admis ce système de défense et a acquitté le prévenu.

---

On lit dans le *Courrier de Lyon* :

« Si nous sommes bien informés, un nouveau conflit, d'une certaine gravité, vient d'éclater entre la délégation gouvernementale qui siége à Tours, au sujet de l'institution des commissaires de police. et la municipalité lyonnaise.

« M. Gambetta réclamerait, pour le ministère de l'intérieur dont il est titulaire, le droit de nommer ces fonctionnaires.

« Le conseil municipal résiste et maintient les titulaires en fonctions et désignés par lui-même. On se demande comment finira ce conflit. »

*Tribunal correctionnel de Paris.*

Sous ce titre malheureusement justifié, UN JEUNE VAMPIRE, le *Droit* rend ainsi compte d'une affaire qui vient d'être jugée par le tribunal de police correctionnelle de Paris :

Souvent, dans ses horreurs, la guerre est belle. Elle a ses côtés terribles, pittoresques et poétiques. Le canon qui tonne, la pluie de fer et de feu, le choc des bataillons, les ouragans de cavalerie qui ébranlent le sol et disparaissent dans un nuage de fumée et de sang, tout cela secoue les entrailles et fait passer dans le cœur des frissons d'enthousiasme.

Mais quand cette agitation fébrile a cessé, quand le bruit du combat s'est éteint, quand les combattants ont disparu, alors commencent les choses tristes et navrantes. La nuit descend sur un monceau de cadavres, au milieu des cris de douleur des blessés et des mourants. Des ombres suspectes se penchent sur les corps de ces soldats, de ces martyrs qui ont donné leur vie pour la patrie.

D'affreux bandits, d'horribles mégères s'accroupissent, et, à la lueur d'une lanterne sourde, dépouillent leurs victimes. Parfois, si obéissant à un suprême instinct, quelque mourant essaye de leur disputer un bijou, une relique de famille, ils l'achèvent, ils le *refroidissent*, selon leur cynique expression.

La répulsion augmente quand on voit parmi ces profanateurs un enfant de douze ans comme le jeune Thorel, qui paraît au banc des prévenus (à la huitième chambre de police correctionnelle). C'est un de ces pâles voyous qui aiment tant à entourer l'échafaud aux jours des sanglantes exécutions, parce que à force d'en être témoins, ils apprennent à ne pas plus craindre de recevoir la mort que de la donner.

Thorel a été arrêté la nuit, sur la route, revenant chargé d'objets volés, de la plaine d'Aubervilliers, où avait eu lieu un combat. De l'enquête, il résulte que c'était lui qui retournait les cadavres que l'on dépouillait. M. le substitut Lefebvre de Viefville fait passer dans l'auditoire un frisson d'horreur lorsqu'il représente ce gamin sinistre se glissant dans l'ombre, tout couvert du sang encore chaud de nos blessés.

Avec une précoce perversité, Thorel a cherché à égarer l'instruction en incriminant une foule de ses camarades, et même de grandes personnes, dont l'alibi a été démontré. Il a déjà été emprisonné. Son père, un brave ouvrier dont il fait le désespoir, refuse de se charger de lui.

Le tribunal, présidé par M. Reux, ordonne que Thorel sera enfermé jusqu'à sa dix-huitième année dans une maison de correction.

### N° 48. — DIMANCHE 25 DÉCEMBRE 1870.

#### PARTIE OFFICIELLE.

##### COMMUNICATION OFFICIELLE.

La 19ᵉ division s'est avancée, le 21 de ce mois, jusqu'au pont près de Tours. Elle a rencontré de la résistance de la part de la population et s'est vue obligée de lancer 30 obus dans la ville. Cette dernière a hissé le drapeau blanc et a demandé une garnison allemande. La division, conformément à l'instruction qu'elle avait reçue, s'est contentée de rendre le chemin de fer impraticable et de se loger dans les cantonnements qui lui ont été indiqués (1).

#### PARTIE NON OFFICIELLE.

*Nous avons cité avant-hier une grave altération du texte de la proclamation de S. M. le roi de Prusse du 11 août dernier, dont M. d'Haussonville s'est rendu coupable. Ce n'est pas la première*

---

(1) *Dépêche de M. Gambetta sur cette affaire.*
A MM. les Préfets et Sous-Préfets,
Tours, 21 décembre.
On annonce que l'ennemi est arrivé ce matin à Tours sur la colline dominant le pont. Une canonnade serrée a eu lieu et les obus, enfilant les rues, ont fait plusieurs victimes. M. Beurtheret et le rédacteur de l'*Union libérale* ont été tués. Le drapeau parlementaire a été hissé et le Maire est allé pour obtenir du chef Prussien la cessation de la canonnade.

fois que ce document important a subi des falsifications dont le but est de faire croire à une contradiction dans la politique de l'Allemagne. Afin de prévenir un tel abus, nous publions de nouveau le texte authentique de la proclamation du 11 août en allemand et en français (1).

« Nous, Guillaume, roi de Prusse, faisons savoir ce qui suit aux habitants des territoires français occupés par les armées allemandes. L'empereur Napoléon ayant attaqué par terre et par mer la nation allemande, qui désirait et désire encore vivre en paix avec le peuple français, j'ai pris le commandement des armées allemandes pour repousser l'agression et j'ai été amené par les événements militaires à passer les frontières de la France. *Je fais la guerre aux soldats et non aux citoyens français.* Ceux-ci continueront, par conséquent, à jouir d'une complète sécurité pour leurs personnes et leurs biens, *aussi longtemps qu'ils ne me priveront pas eux-mêmes par des entreprises hostiles contre les troupes allemandes du droit de leur accorder ma protection.* Les généraux commandants des différents corps détermineront, par des dispositions spéciales qui seront portées à la connaissance du public, les mesures à prendre envers les communes ou les personnes qui se mettraient en contradiction avec les usages de la guerre; ils régleront de la même manière tout ce qui se rapporte aux réquisitions qui seront jugées nécessaires aux besoins des troupes, et ils fixeront la différence des cours entre les valeurs allemandes et françaises, afin de faciliter les transactions individuelles entre les troupes et les habitants.

« GUILLAUME. »

---

Le journal *la Situation*, qui paraît à Londres et qui défend, on le sait, les intérêts du parti napoléonien, développe les raisons qui font désirer à ce parti une entente de l'impératrice Eugénie avec l'Allemagne. Dans son numéro du 17 décembre, *la Situation* dit :

« Oui, nous engageons l'Impératrice Régente à traiter avec la

(1) Nous supprimons le texte allemand.

Prusse et la Prusse à traiter avec l'Impératrice Régente, parce que, dès que la noble femme aura manifesté la volonté d'arrêter l'effusion du sang, le roi Guillaume sera tenu, par sa propre dignité, d'user envers elle de procédés que ne sauraient attendre de lui ni les auteurs de la guerre à outrance, ni les prétendants, disposés à profiter des malheurs de leur patrie pour ceindre leur front d'une couronne. . . . . . . . . . . . . .
. . . . . . . . . . . . . . . . . . . . . . . . . . . . .

« L'Impératrice n'a pas à se demander si la pensée à laquelle elle a obéi le 4 septembre a été bien comprise par la France. Qu'elle parle, et elle verra que la France ne se méprend jamais sur les héroïsmes. Quant au gouvernement prussien, nous n'avons pas besoin qu'il désire le retour de la dynastie napoléonienne ; nous avons besoin qu'il s'avoue que la plus grande des fautes qu'il pourrait commettre serait de ne pas reconquérir par elle une alliance qu'il n'aurait jamais dû songer à rompre, s'il avait eu le souci de ses véritables intérêts. Notre mutilation serait sa mort ; et il ne peut pas renoncer à nous mutiler, s'il ne laisse derrière lui un pouvoir assez fort pour ne pas faillir à la foi jurée. Seul, l'Empire peut dispenser la Prusse de la conquête et lui permettre de réduire ses prétentions à une rectification de frontières, parce que seul l'Empire peut aviser avec la Prusse aux grands remaniements de la carte d'Europe, que la conduite des neutres a rendus indispensables, aussi bien à la tranquillité de l'Allemagne qu'à la reconstitution de la France.

« Vous nous dites que, si les circulaires de M. de Bismarck semblent nous donner raison, il n'en est pas de même de la presse allemande. Laissez s'écouler quelques jours, et vous verrez si la presse anglaise ne s'est pas chargée, sur ce point, de convertir sa rivale germanique. Ce que le comte de Bismarck avait prévu arrive ; et il est impossible que, lorsque l'Angleterre menace, il ne comprenne pas que l'intérêt de l'Allemagne est de ne pas la laisser exploiter le désespoir de la France. »

. . . . . . . . . . . . . . . . . . . . . . . . . . . . .

Dieu merci, nous n'en sommes pas à désirer que le Prince Impérial ait franchi de si tôt les années qui le séparent de l'âge viril. Le prisonnier de Wilhelmshœhe vit encore ; c'est le comte de Bismarck qui l'a dit, et le chancelier de l'Allemagne du Nord ne dit rien d'inutile. L'Impératrice Régente, grandie par trois mois d'épreuves et de prières ferventes, n'a pas, que nous sachions, perdu le sang du Cid qui coule dans ses veines; et nous rendons cette justice aux hommes de l'Empire de croire que, s'ils ont su être assez courageux pour subir l'abstention tant que les Souverains leur ont dit : laissez faire ! ils seront assez dévoués pour encourir toutes les responsabilités quand ils leur diront : marchez !

On lit dans le *Moniteur prussien :*

« Sa Majesté le Roi, dans un ordre à l'armée du 6 décembre, a rendu le plus complet témoignage à l'héroïsme de notre armée, grâce auquel de grands succès ont été remportés encore depuis la chute de Metz, — et a exprimé, avec Son royal remerciment, la confiance que l'armée continuerait à déployer les mêmes efforts dans la lutte victorieuse contre l'ennemi jusqu'à ce que nous ayons obtenu une paix qui honore l'Allemagne, une paix digne des sanglants sacrifices qui ont été faits par nous.

« Cette proclamation royale à l'armée trouve dans notre patrie l'écho le plus unanime. Avec ses fils et ses frères qui sont sous les drapeaux, notre peuple tout entier est prêt à mettre toutes ses forces dans la lutte jusqu'à ce que le but honorable soit atteint, jusqu'à ce que les conditions d'une paix durable soient obtenues par la victoire.

« La dernière période de cette rude guerre a fait naître partout la conviction qu'aussi longtemps que le rempart de puissantes frontières ne sera pas opposé aux entreprises de l'humeur guerrière de la France, il ne faut pas espérer la paix pour la génération future.

« Nos armées font en ce moment une pénible campagne d'hiver au milieu d'une population dont les passions et les faiblesses nationales sont exploitées, — afin de pousser au combat le peuple tout entier, — par les hommes qui tiennent aujourd'hui les pouvoirs du gouvernement après les avoir usurpés. Ce que l'appel au sentiment national n'a pu faire, le terrorisme du gouvernement actuel forçant la population à prendre les armes l'a fait, et l'organisation de la guerre de partisans, au moyen de francs-tireurs, a couronné l'œuvre funeste de cette dictature.

« Ainsi la guerre, que nos armées ont toujours eu à cœur de faire selon les lois de la civilisation européenne, est dénaturée en France de la façon la plus triste. Il est pénible de le dire : la limite qui sépare, chez les francs-tireurs et dans ces légions que des aventuriers étrangers ont organisées, le soldat du bandit n'est pas facile à trouver. Avec leur façon de faire la guerre, on ne sait où cesse le combat honorable et où commence l'assassinat.

« La population fanatisée prend part à de terribles excès, et le commandement des armées allemandes, en présence de la trahison et de la félonie, se voit obligé, de son côté, de prendre des mesures rigoureuses.

« Dans ces tristes conditions, la tâche de nos armées est lourde et difficile. Elles la remplissent de manière à satisfaire le peuple allemand et à lui faire honneur.

« La guerre contre les places fortes, malgré l'extension qu'elle a prise, est conduite avec un succès surprenant ; en même temps on admire le siége d'une grande capitale, dont les fortifications gigantesques sont réputées inexpugnables, et d'où une force militaire colossale a inutilement essayé, par des sorties, de rompre les lignes d'investissement ; en même temps aussi, ont lieu de grands mouvements stratégiques de nos armées, qui couvrent plus d'un tiers de la France, des marches forcées exécutées dans la rigueur de l'hiver malgré des privations de toutes sortes, enfin de sanglantes batailles et de nombreux combats contre un ennemi qui se recrute sans cesse dans la population et fait tout ce qu'il est possible pour exciter celle-ci à la résistance.

« Telle est la tâche que nos armées remplissent dans la phase actuelle de la guerre, — et ce dont l'histoire n'offre pas d'exemple, c'est que nos troupes, à de si grandes distances, sont nourries, pourvues par leur pays, et que des réquisitions n'ont été faites en France qu'exceptionnellement, tandis que la richesse du pays ennemi est exploitée par ses gouvernants actuels sans aucune mesure pour organiser la guerre des masses, et ruinée de telle sorte que les suites s'en feront cruellement sentir pendant de longues années.

« La patrie allemande connait toute la grandeur, toutes les difficultés de la tâche que ses fils ont à remplir; elle les suit en s'associant de cœur et de pensée avec eux.

« Sans doute elle désire la paix et le retour de ses enfants, sans doute elle ressent avec un deuil profond la perte des héros dont les tombes s'élèvent dispersées au loin sur les champs de bataille,—mais chacun parmi nous repousse l'idée que nos armées puissent être ramenées par leur royal généralissime sans avoir atteint le but d'honneur indiqué par Sa Majesté dans Son Ordre à l'armée. Le peuple partage avec son Roi cette fière confiance que chacun de ses soldats porte sur le territoire ennemi, cette conviction qu'un triomphe durable ne peut manquer à l'énergie soutenue de ses efforts, et que les palmes de la paix conquises au prix de son sang fonderont la puissance, la sûreté de l'Allemagne et le bonheur paisible des générations à venir. »

---

### JEAN BONHOMME.
*(Suite.)*

A Sedan, nous avions été vaincus; il fallait, puisque vous vouliez nous sauver, savoir le faire hardiment. Vous eussiez dû consulter nos généraux et ceux de nous qui ont la confiance de leurs concitoyens; il fallait, de plus, prêter une attention sérieuse à ce que les hommes d'État et la presse désintéressée de tous les pays de l'Europe, mieux renseignée que la nôtre, vous conseillaient : tous vous disaient que nous étions, pour le moment, complétement incapables de nous relever de notre défaite. Le gouvernement précédent avait fait une guerre malheureuse : c'était à la nation à en subir les conséquences. C'est l'histoire de tous les temps; toujours le vainqueur impose au vaincu sa volonté, qu'il est obligé de subir jusqu'à ce que plus tard, ses forces revenues, une occasion se présentant, il croit devoir, s'il le juge avantageux, la fouler aux pieds. On comprend qu'un souverain puisse, dans l'intérêt de sa dynastie, craindre de signer une paix désastreuse; mais pour vous qui vouliez fonder la République (1), vous ne deviez pas avoir la même crainte; tout au plus, si vos concitoyens étaient injustes, vous qui aviez signé, la tête haute et la conscience satisfaite, vous disparaissiez, mais l'institution restait, et pour vous, hommes de conviction, vos rêves ne se trouvaient-ils pas réalisés? Car s'il y a quelque chose de beau en théorie, dans cette forme de gouvernement, c'est que les hommes qui dirigent ne sont rien, mais que l'idée suprême qui domine, trouve toujours d'autres hommes pour la mettre en pratique et la perfectionner.

Notre richesse industrielle se ressentait encore, il y a quelques années, des conséquences de l'édit de Nantes; il y a dans certaines villes d'Europe des industries entières qui, depuis cette époque désastreuse, y fleurissent et nous y font une rude concurrence. Eh bien! ces trois derniers mois seront, pour beaucoup de nos nouvelles branches de commerce, une répétition de cette calamiteuse époque : nos fabriques détruites, nos manufacturiers ruinés, notre crédit perdu, nos plus habiles artisans expulsés ou attirés par l'or des fabricants étrangers, ont déjà permis aux nations voisines d'exporter, en notre lieu et place, une foule de produits dont nous étions les producteurs exclusifs, et l'Allemagne fabrique maintenant l'article de Paris lui-même à un prix où il nous sera plus tard difficile de soutenir la concurrence. Une grande source de notre richesse nationale tarie sera certainement la conséquence, non de la défaite de nos armées, mais de ces trois mois de suspension de toutes les forces vitales de notre pays, et ce ne seront pas des années, mais des siècles qui pourront seuls les effacer.

Un homme se jette à la mer : ne dois-je pas, nous direz-vous, essayer de le sauver, même malgré lui? Ah! si vous nous aviez sauvés, oui, les hommes de tous les partis vous eussent bénis; vous eussiez été des personnages d'un génie supérieur, et vous passiez à la postérité; le succès vous donnait gain de cause. Je

---

(1) Jamais pareille occasion ne se présentera : tous les malheurs présents et leurs conséquences forcées eussent été par chacun attribuées au gouvernement précédent; la République arrivait nette de tout compte à son début; elle ne devait rien, même à ses partisans.

vous le dirai franchement, c'est cette crainte d'empêcher un succès possible qui a fait que moi et les hommes énergiques de tous les partis n'avons pas osé vous entraver et vous renverser, car toujours nous nous sommes dit : Mais, cependant, ils n'oseraient faire tout ce qu'ils font s'ils ne croyaient avoir une chance de réussir que nous ignorons ; car, pour chasser les Prussiens de notre pauvre pays, il n'y a pas un Français digne de ce nom, impérialiste, légitimiste, orléaniste ou républicain, qui, pour arriver promptement à ce résultat inespéré, n'eût vu avec bonheur prendre le pouvoir par un parti contraire au sien. Je parle des hommes de parti ; mais en France, sur cent personnes, il y a quatre-vingt-quinze de nous qui ne sont d'aucun parti et sont seulement des Français. Jugez ce que vous eussiez été pour cette immense majorité. Quand un homme se jette à la mer, si celui qui s'est improvisé lui-même capitaine s'y précipitait aussitôt, et qu'au péril de sa vie il parvînt à le sauver, ce serait grand et beau. Mais que diriez-vous de lui si, pour tirer ce malheureux du danger, il exposait à une mort certaine une chaloupe chargée d'une partie de l'équipage ; que, de plus, cette première chaloupe naufragée, il fît, avec aussi peu de chances de succès, descendre dans une seconde chaloupe le restant de ses matelots, et si, par un hasard inespéré, il parvenait à sauver cette existence qui lui coûte déjà vingt existences, pensez-vous qu'il aurait raison de se féliciter et que ses hommes lui devraient de la reconnaissance? Eh bien ! franchement, arriveriez-vous maintenant à sauver les provinces qu'un ennemi vainqueur exigeait de nous, vous seriez pour beaucoup dans la position de ce capitaine ; tous les intéressés, et ils se comptent par millions, diraient, à tort peut-être, que le jeu n'en valait pas la chandelle.

Vous ne vouliez pas de l'armistice ; vous ne vouliez pas des élections ; vous ne vouliez pas d'une Constituante ; vous ne vouliez pas consulter le peuple ; enfin, vous vouliez rester nos maîtres. Eh bien ! il faut que cela finisse : de grands événements vont se passer d'ici à quelques jours ; l'armée de la Loire va être malheureusement écrasée par des forces supérieures, mieux armées, mieux exercées et mieux commandées que les nôtres ; ceci est un résultat presque inévitable ; nous avons trois chances sur cent pour que le contraire arrive. Paris, qui compte sur cette armée de secours, peut essayer, par un amour-propre mal placé et que bien des familles désolées maudiront longtemps, de faire massacrer des milliers de ses enfants par les batteries ennemies qui les mitrailleront froidement et les refouleront dans ses murs. Ensuite, qu'arrivera-t-il? Un désastre triple de celui de Sedan et de Metz. Quatre cent cinquante mille hommes, les forces vives de la France, mettront bas les armes et se rendront à discrétion. Eh bien! alors il y aura dans Paris un abattement profond, une stupeur immense, une absence complète de tout gouvernement : tout le monde se rattachera à la moindre lueur de repos ; nous croirons choisir notre gouvernement, ce sera Bismarck et les Prussiens qui nous le choisiront (peut-être n'en serons-nous pas plus malheureux pour cela). Pour traiter avec l'ennemi, il faudra qu'il se forme à Paris une Commission municipale provisoire avec laquelle il consentira à entrer en rapport et d'une façon incidente et détournée. *(A suivre.)*

### AVIS.

A l'occasion de la fête de Noël, le Service divin aura lieu le dimanche 25, à dix heures du matin, à l'église du château. Le sermon sera fait par M. le prédicateur de division Abel.

Le 26, deuxième jour de Noël, le Service divin aura lieu à la même heure, et le sermon sera fait par M. le pasteur Werniké.

### BULLETIN TÉLÉGRAPHIQUE.
*(Extrait des journaux.)*

LILLE, 18 décembre. — Le bruit court que l'ennemi a repris Ham, que les Français n'avaient pas garni de troupes.

On signale à Chauny le passage de 20,000 Allemands.

700 Prussiens gardent la citadelle d'Amiens.

BERLIN, 18 décembre. — Suivant le *Staasanzeiger*, la nécessité se fait maintenant sentir de cerner la forteresse de Langres et de mettre fin aux menées des francs-tireurs qui s'y trouvent.

COPENHAGUE, 18 décembre. — La station des signaux de Skagen annonce que le 20 novembre une corvette française croisait dans le Skagerrak. Depuis lors on n'a plus vu d'ici de navires français. Il ne se confirme pas que le 10 décembre, cinq navires français se seraient dirigés vers le Sud.

BORDEAUX, 18 décembre. — Un décret du 16 décembre transfère le conseil de guerre et de révision de Bourges à Moulins.

Le *Moniteur* dit que le général Faidherbe tient dans le Nord les Prussiens en échec.

Nuits et Autun ont été réoccupés.

Beaune n'est plus menacé.

Divers journaux de Bordeaux parlent vaguement d'une tentative de mouvement révolutionnaire à Paris, dans lequel Flourens aurait été blessé et Blanqui tué.

Flourens aurait ensuite été mis en prison. Jusqu'ici ces nouvelles ne sont aucunement confirmées.

On annonce que dans les cercles officiels on n'a reçu aucune nouvelle de Paris.

Le sous-préfet et l'administration ont quitté Vendôme le 16 au matin.

On a fait sauter le pont du chemin de fer sur la Loire immédiatement après leur départ.

### GRANDE-BRETAGNE.

QUEENSTOWN, 18 décembre. — Les steamers *Dennemark* et *China* sont arrivés. Le dernier avait à bord 193,667 dollars en numéraire.

### ESPAGNE.

MADRID, 16 décembre. — L'*Imparcial* dit que le ministre des finances, conformément à l'autorisation accordée par le budget, est décidé à émettre des bons du trésor payables à 4, 6, 8, 12 et 18 mois.

Le bruit court que le ministre de la marine a donné sa démission.

BERLIN, 19 décembre. — La *Gazette de la Croix* annonce que tous les motifs colportés récemment au sujet du retard du bombardement de Paris sont complétement inexacts.

Les très-grandes difficultés que présentent les énormes transports seront bientôt vaincues, et ce ne seront alors que les hauts intérêts militaires qui décideront des mesures ultérieures à prendre.

———

LONDRES, 19 décembre. — Les prisonniers français à Brandebourg ont donné récemment des signes de révolte.

Le duc de Grammont est arrivé à Saint-Pétersbourg.

Le *Morning Post* dit : « Nous croyons savoir que des négociations sont ouvertes pour obtenir un armistice afin d'assembler un congrès et terminer la guerre. Les pourparlers sont appuyés par les puissances neutres. Tout dépend de la décision de Versailles. »

Le Parlement anglais se réunira le 1er février. Il sera présenté des bills pour augmenter les effectifs militaire et maritime du pays.

Le correspondant du *Daily News* annonce de Versailles que des masses de troupes françaises sont concentrées à Vincennes. Une sortie est attendue.

Le *Daily Telegraph* dit que la conférence pour la question d'Orient ne se réunira pas avant le mois prochain.

———

MADRID, 17 décembre. — *Cortès.* — M. Garcia Ruiz demande pourquoi M. Olozaga a quitté son ambassade. M. Sagasta répond qu'il a reconnu le gouvernement de la défense nationale, et que M. Jules Favre n'a jamais parlé de république. M. Olozaga n'a pas été remplacé parce que la France n'a pas d'ambassadeur à Madrid.

———

VARIÉTÉS.

Le rajah Murahaja de Kolapore, qui est mort dernièrement, avait 20 ans à peine, et il voyageait pour son instruction. Il avait été élevé à Bombay et sa souveraineté s'étendait sur une population de 600,000 habitants. Sa couleur presque noire ne l'empêchait pas d'être un beau jeune homme, de taille moyenne, à large poitrine, ayant de grands yeux singulièrement expressifs.

Dans le cours de son voyage, il a pris à Inspruck, en patinant, le germe du mal que les froids rigoureux du pays ont promptement augmenté. On a dû le transporter dans sa chambre dès son arrivée à Florence. Il recevait les soins habituels de deux médecins anglais, qui ont appelé en consultation deux de leurs collègues italiens.

Tout en exécutant les prescriptions des médecins, on ne négligeait pas les moyens employés dans l'Inde, comme de tenir près du malade des animaux domestiques, qu'on suppose attirer le mal et en préserver tout au moins ceux qui donnent des soins. Ces animaux auraient dû être lancés par les fenêtres dans la rue, mais comme on ne pouvait le faire ici, on s'est contenté de les jeter dans une cour.

Malgré les remèdes et les soins de tout genre, la maladie est toujours allée en empirant. Le prince, ne pouvant plus supporter le lit, a voulu qu'on l'étendît sur le tapis de la chambre, les jambes croisées ; c'est ainsi qu'il est mort et que l'a trouvé le docteur Passigli, chargé comme médecin du district, de constater le décès. Plus tard, le corps a été visité par le docteur Bergiotti.

L'aide de camp du prince, assisté du personnel de l'ambassade anglaise, a fait auprès de la municipalité les démarches nécessaires pour l'accomplissement des cérémonies du rite indien. M. Ciotti, employé municipal, a servi d'interprète à l'aide de camp, qui ne parle qu'anglais, et l'acte de décès a été rédigé en la présence de celui-ci dans les bureaux de l'état civil.

La municipalité a permis les cérémonies. Quelques autres autorités ont soulevé des difficultés, qui ont été bientôt aplanies. L'accomplissement de ces cérémonies a été fixé pour une heure après minuit, à la pointe des Cascines, sur la rive du fleuve, suivant les prescriptions de Vichnou. M. le pro-syndic a chargé les docteurs Borgiotti et Passigli, M. Giotti et le directeur de la police municipale, d'y assister. En outre, on avait pris des mesures, de concert avec la questure, pour que des gardes de ville avec leur commandant et des gardes de sûreté publique se trouvassent sur les lieux.

Le soir, on a préparé le corps, et on l'a revêtu d'habillements splendides. La tête a été couverte d'un turban avec les marques distinctives du rang du défunt, sur lequel on a étendu un grand manteau écarlate, rehaussé de très-riches broderies d'or. Les bras étaient ornés de bracelets et le cou d'un collier de perles.

A une heure, le corps a été placé dans un omnibus où les gens de la suite du prince ont pris place. Derrière l'omnibus venaient les voitures dans lesquelles se trouvaient les personnes que nous venons de citer et plusieurs autres voitures de curieux.

En arrivant au lieu indiqué, le cortége a rencontré une foule beaucoup plus considérable qu'on ne croyait, notamment des dames et M. le chevalier Amour, questeur de Florence.

Un bûcher était préparé. Il pouvait avoir un mètre de hauteur sur un mètre et demi de longueur et un mètre de largeur.

Le cadavre a été étendu à terre, on lui a mis du bétel dans la bouche, tandis qu'un brame, portant un grand manteau de lin blanc recouvrant la tête, faisait des prières en manipulant un gâteau de pâte. Les gens de la suite répandaient sur le bûcher du camphre et diverses espèces de parfums.

La mort ayant été de nouveau constatée, le corps a été placé sur le bûcher et la planche sur laquelle il était étendu, retirée aussitôt. Des parfums et des essences ont été encore une fois répandus sur le corps, et le gâteau, en morceaux, a été placé près de lui.

D'autres bois, placés autour du cadavre, l'ont enveloppé comme dans une boîte qu'on a close en ajoutant de nouveaux morceaux de bois. On continuait à jeter sur le bûcher du camphre et d'autres parfums.

A deux heures, des fascines ayant été placées sur le tout, le feu a été mis en divers endroits et une flamme d'une grande vivacité s'est dirigée du côté de l'Arno, où l'on jetait en même temps la planche sur laquelle le corps avait été posé.

---

FAITS DIVERS.

Au moment où le Code pénal de l'Allemagne du Nord va être étendu à la rive gauche du Mein, il n'est pas sans intérêt d'examiner, en vue de l'Alsace et de la Lorraine, les différences de ce Code avec les lois beaucoup plus rigoureuses de la France, — auxquelles ces provinces ont été soumises jusqu'ici.

Le code allemand ne connaît que deux crimes punissables de mort : l'assassinat et l'attentat à la personne d'un souverain, tandis que le législateur français a conservé la peine capitale dans 14 cas, sans compter les dispositions relatives à la complicité, aux forçats en rupture de ban, à la violation des quarantaines, à la destruction des voies ferrées, etc.

Les autres peines du code français, parmi lesquelles figurent les travaux forcés, la déportation à vie, sont bien plus sévères que les peines allemandes. Il en est de même des aggravations de peine, telles que perte des droits civiques, surveillance de la police, qui ôtent à celui qui en est atteint, tout espoir de rentrer dans la vie civile. La loi allemande cherche avant tout l'amélioration du criminel, et les pénitenciers de ce pays sont organisés en conséquence. Une bonne conduite en ouvre les portes avant le temps, et l'administration fait son possible pour faciliter aux prisonniers la rentrée dans la société. La mise sous surveillance, qui en France, entre les mains d'un pouvoir arbitraire, devient une arme dangereuse, est réduite chez nous à sa plus simple expression. Le criminel conserve la disposition de sa fortune, au contraire de ce qui a lieu en France; il cesse d'être un paria, car les droits civiques ne peuvent lui être enlevés que dans les cas les plus graves.

La récidive augmente toujours la peine d'après le droit français, tandis que notre loi ne la punit que dans les cas de vol, d'effraction et recel, qui deviennent facilement des habitudes. La tentative et la complicité sont punies en France comme le crime lui-même, bien qu'elles attestent une moindre volonté de mal faire ; en Allemagne elles ne sont punies que du quart de la peine prononcée contre l'auteur principal du crime.

Ces différences se montrent dans toutes les parties des deux codes ; partout en Allemagne les peines sont adoucies, les minimums retranchés, les catégories criminelles précisées. Ainsi l'arbitraire des interprétations a pu être évité, ce qui a son importance avant tout pour les délits politiques et contribue puissamment à la sûreté générale.

---

On écrit de Lille, 17 décembre, à l'*Étoile belge* :

« Tous les bruits de victoires, toute l'émotion qu'ils avaient jetée dans la région dont Lille est le centre, tout cela n'a été que fumée, qu'un simple coup de vent a balayée. Je ne m'en faisais hier qu'un écho incrédule; aujourd'hui, mon incrédulité a pleinement raison et tout se borne à des cancans semblables à ceux qui ont été colportés si complaisamment depuis le commencement de la guerre et qui sont dignes du fameux Tartare qui a le premier annoncé au monde entier la prise de Sébastopol.

« La vérité, mais la vraie vérité, c'est que nous ne savons rien de ce qui se passe à Paris ou sous Paris, quoique l'on ait pu communiquer de Clermont avec la capitale. »

---

### N° 49. — MARDI 27 DÉCEMBRE 1870.

#### PARTIE OFFICIELLE.

##### COMMUNICATION OFFICIELLE.

VERSAILLES, 26 décembre. — Le 23 de ce mois, la 1<sup>re</sup> armée, sous les ordres du général de Manteuffel, a attaqué l'ennemi dans sa position au nord-est d'Amiens. L'ennemi était double en nombre et il avait une nombreuse artillerie, mais néanmoins nous avons pris Beaucourt, Montigny, Frechencourt, Querrieux, Pont-Noyelle (1), Bussy, Vecquemont et Daours, et, malgré des chocs offensifs violents, nous avons gardé victorieusement ces

---

(1) *Extraits de dépêches de M. Gambetta sur cette affaire.*
Bordeaux, 24 décembre.
Aux Préfets et Sous-Préfets.
Hier, l'armée du Nord a livré bataille, de onze heures à six heures, à Pont-

positions. La nuit a enfin mis fin au combat. Jusqu'à présent nous avons fait 400 prisonniers non blessés.

Le 24, l'ennemi, pour couvrir sa retraite menacée par le général de Manteuffel, a essayé d'exécuter plusieurs mouvements offensifs, mais il a été repoussé et a laissé entre nos mains plus de 1,000 prisonniers non blessés.

Le général de Manteuffel mande du 25 au matin : « Je poursuis l'armée du Nord, battue dans la direction du nord-est. »

## PARTIE NON OFFICIELLE.

*La rédaction du Moniteur officiel du département de Seine-et-Oise reçoit un certain nombre de lettres et d'articles ayant pour but d'ouvrir, dans les colonnes du Moniteur une polémique relative aux derniers événements. D'accord avec le sentiment public, le principal but de la rédaction consiste à contribuer sérieusement et dans la limite de ses forces au rétablissement de la paix. Elle doit donc sérieusement éviter tout ce qui pourrait contribuer à maintenir les illusions au sujet desquelles elle cherche à dire la vérité et rien que la vérité. Afin d'éviter des dérangements d'un côté et des désappointements de l'autre, la rédaction croit de son devoir d'informer le public qu'à son regret aucune suite ne peut être donnée aux envois ayant un caractère politique.*

### NÉCROLOGIE.

On écrit d'Amsterdam, 14 décembre, au *Journal de Bruxelles* :

« Le coup qui a frappé la famille royale a eu dans tout le pays un douloureux retentissement. La princesse Frédéric, que la mort vient d'enlever à l'âge de 62 ans, était généralement aimée pour ses belles qualités, la douceur de son caractère, la

Noyelles. Elle est restée maîtresse du champ de bataille, après un long combat d'artillerie terminé par une charge d'infanterie sur toute la ligne.

Bordeaux, 28 décembre.

De nouveaux renseignements sur le combat de Pont-Noyelles permettent d'affirmer de nouveau que cette journée a été un succès marqué pour l'armée du Nord.

noblesse de ses sentiments et surtout pour l'ardente et infatigable charité qui la distinguait. Elle était sœur du roi régnant (Guillaume Ier) de Prusse, dont une autre sœur, la grande-duchesse douairière de Mecklembourg-Schwérin, se trouvait à La Haye au moment du décès de la princesse et s'y trouve encore en ce moment.

« Vous vous rappelez que, l'hiver dernier, l'état maladif de la princesse Frédéric avait nécessité pour elle un séjour prolongé dans le midi de la France, d'où elle était revenue, quelques mois après, dans un état de santé moins inquiétant, mais toujours précaire. Depuis lors, l'auguste princesse n'avait jamais recouvré entièrement la santé, et, dans ces derniers temps, son état avait empiré de jour en jour, ce qui avait engagé sa fille aînée, la reine de Suède, à venir la voir.

« Aussi a-t-elle eu le dimanche, 4 de ce mois, deux jours avant de mourir, la satisfaction de revoir et de serrer dans ses bras cette fille chérie, qu'elle n'avait plus vue depuis plus d'un an. Quant à la plus jeune de ses filles, la princesse Marie, elle n'a pour ainsi dire pas quitté le chevet de sa mère depuis bien des semaines. Il paraît même que c'est à cause de l'état alarmant où se trouvait sa mère que le mariage de cette jeune princesse avec le prince de Wied a été retardé.

« Aussitôt après la réception de la triste nouvelle du décès de la princesse Frédéric, la Reine s'est rendue au château de *Paauw*, la résidence ordinaire du prince Frédéric, pour exprimer à celui-ci et à ses augustes filles la part qu'elle prend à la perte douloureuse qu'ils venaient de faire. Un grand nombre de personnes ont également voulu donner des témoignages de participation à l'affliction dans laquelle se trouve plongée la famille royale, en allant se faire inscrire au château précité.

« Au moment de ce triste événement, le Roi se trouvant encore au Loo, un aide de camp du prince Frédéric, a été envoyé à Sa Majesté pour lui faire la notification officielle du décès et prendre les ordres de Sa Majesté concernant les cérémonies qui devront avoir lieu pour les funérailles de la princesse. Le Roi, qui est entièrement rétabli de sa récente indisposition, est revenu à La Haye dans la soirée d'avant-hier. Sa Majesté y avait été précédée la veille par le prince de Wied, le fiancé de la princesse Marie, qui s'était immédiatement rendu au château de *Paauw*. D'autres personnages de distinction sont également attendus dans la résidence royale, et à peu près toutes les Cours de l'Europe ont fait connaître la part qu'elles prennent à la douleur causée par la perte de la princesse Frédéric.

« Le premier maître des cérémonies, M. le baron Van Aylva Van Pallandt, a fait annoncer par le *Staats-Courant* que, conformément aux ordres du Roi, à l'occasion du décès de cette auguste princesse, la Cour a pris le deuil pour neuf semaines, à savoir : pendant les trois premières semaines le grand deuil ; pendant les semaines suivantes, le demi-deuil, et, pendant les trois dernières semaines, le petit deuil.

« Le deuil de cour est porté par le Roi et la Reine, par les princes et les princesses de la famille royale, ainsi que par les différentes personnes appartenant à la maison de Leurs Majestés ou à celles de Leurs Altesses Royales. Il sera également porté par les dignitaires de la Cour et tous les employés qui ne portent pas la livrée, y compris les femmes de chambre de la Reine et des princesses. Le deuil a pris cours à dater du 10 de ce mois. Quant au jour de l'enterrement, j'apprends qu'il a été fixé à mercredi prochain, 21 décembre.

« La mort de la princesse Frédéric paraît avoir fort ému le roi Guillaume, son frère. On s'attendait à la triste nouvelle au quartier général de Versailles, et le prince royal avait donné l'ordre de ne pas remettre directement à son auguste père, mais à lui, le télégramme qu'on attendait. Ce télégramme arriva dans la nuit du 6 au 7, et ce ne fut que le lendemain matin que le prince se rendit auprès du Roi pour le préparer à recevoir la douloureuse communication. Depuis lors, M. le comte Van Limburg-Stirum, chambellan en fonctions du prince Frédéric des Pays-Bas, s'est rendu à Versailles pour faire au roi de Prusse la communication officielle du décès de son auguste sœur. »

---

Le *Mercure de Souabe* a publié, il y a quelques jours, une correspondance de Belgique, dans laquelle on lisait ce qui suit :

« L'atmosphère que nous respirons ici (à Bruxelles) devient de jour en jour plus *anti-allemande*. Les Belges semblent s'appliquer à se rendre l'Allemagne foncièrement hostile et avoir oublié que leur indépendance n'a jamais été menacée que par la France. Le *Livre rouge* autrichien en contient une nouvelle preuve ; car on y voit que la France tarda à signer le traité provoqué par l'Angleterre et destiné à garantir la neutralité belge. Si la France avait été victorieuse, qui sait ce que seraient devenues maintenant cette neutralité et cette indépendance ! L'aigreur des Bruxellois provient sans nul doute en partie de leurs relations avec les nombreux Français qui séjournent ici et des tendances anti-allemandes de presque toutes les feuilles qui sont rédigées par des Français... »

Le *Journal de Bruxelles*, qui se pique d'être belge plutôt qu'international et de faire passer les intérêts de son pays avant ceux de l'étranger, reproduit ces lignes du *Mercure de Souabe*, et il ajoute :

« La presse allemande continue à s'occuper de l'attitude de la Belgique pendant la guerre actuelle et à la représenter comme foncièrement hostile à l'Allemagne..... Si nous signalons le fait, c'est dans l'unique but de rendre nos confrères attentifs à une situation qui commande de leur part une extrême réserve. Il existe contre nous de grandes préventions ; il faut éviter de les accroître et surtout de les justifier.

« On ne saurait trop le redire : les journaux allemands ne se rendent pas exactement compte de l'opinion publique chez nous ; ils s'obstinent à la juger d'après quatre ou cinq feuilles qui manifestent des sentiments français ou républicains, et ne considèrent pas une multitude d'autres qui se montrent ou simplement neutres ou même sympathiques à l'Allemagne. On croit l'opinion belge influencée dans un sens favorable à la France par les nombreux émigrés que la guerre a fait refluer sur notre territoire. C'est peut-être l'effet inverse qui s'est produit... »

## JEAN BONHOMME.
*(Suite et fin.)*

Avec quel parti sera-t-il plus avantageux de traiter pour le Gouvernement prussien ? Ils seront trois en présence :

1° Le *Gouvernement républicain*, vaincu, sera hors de question ;

2° Le *Gouvernement impérial*, cause de la guerre et de nos défaites, sera bien difficile, sinon impossible à rétablir en France, pour le Gouvernement prussien et pour beaucoup de gens sensés, qui supposent qu'en France il est impossible d'avoir la tranquillité avec un gouvernement parlementaire ayant des ministres tous à la merci des députés, qui sont par là maîtres des places et de l'administration. Le gouvernement impérial autoritaire, avec la Constitution de 1852, aurait sa raison d'être sous une minorité et une lieutenance générale ferme et résolue, dans le cas où l'Empereur croirait devoir abdiquer. Ce serait le gouvernement, pour eux, qui pourrait le plus facilement empêcher les passions anarchiques de se faire jour en France et, plus tard, de s'étendre sur les pays voisins. Si l'on consultait les gouvernements de l'Europe et qu'ils considérassent, non leur sympathie, mais leur intérêt bien entendu, ce serait cette forme de gouvernement qu'ils choisiraient probablement pour nous ;

3° Le *parti légitimiste*, fusionné avec le *parti orléaniste*, qui permettrait aux deux branches des Bourbons et des d'Orléans d'arriver successivement au trône. A ce gouvernement se rattacheraient beaucoup de personnes influentes par leur richesse, leur position de propriétaires du sol et l'estime dont elles sont justement entourées. Le seul reproche que pourraient lui faire les gouvernements étrangers, c'est que l'essence même de son existence passée serait d'être un gouvernement représentatif, avec des ministres toujours préoccupés de combattre les oppositions, de préparer des discours et de défendre leurs portefeuilles au lieu de s'occuper exclusivement de l'administration et des affaires du pays. Il aurait bien pour arme défensive une Constitution ou Charte, acceptée par les citoyens; mais elle serait, comme toujours, battue en brèche par les oppositions parlantes et envahissantes, jusqu'à ce qu'elle fût complétement effondrée, ce qui provoquerait un autre bouleversement social dont tous nos voisins ressentiraient le contre coup et auraient à se défendre. Évidemment, les princes qui reviendraient ainsi ont tous su, comme particuliers mériter l'estime générale, même celle de leurs opposants. Comme Français, ils ont, avec une noble abnégation, fait toujours bon marché de leurs intérêts particuliers; comme princes, ils sont aimés de tous les gouvernements. Il faudrait qu'ils fussent armés par nous, dès les commencements, d'une autorité suffisante pour dominer la position si difficile qui sera faite à tout gouvernement pendant les premières années. Il est vrai que, quelque draconiennes que seront, contre la presse et les oppositions, nos lois à l'avenir, le gouvernement de ces quelques mois nous a habitués à des arrêtés et des décrets si exorbitants, qu'elles nous sembleront douces, en comparaison, et que les partis ne pourront jamais se plaindre de leur rigueur sans qu'on puisse avec raison les leur opposer. Quant aux marquis ridicules de l'ancien régime, ils sont tous bien morts, et l'on ne doit rien à leurs fils; qu'ils nous laissent en paix. M. le duc est directeur d'une Compagnie, M. le comte gère ses terres lui-même; grand bien leur fasse! Mais les places ne doivent appartenir qu'à ceux qui peuvent et qui veulent les remplir dignement, quelle que soit leur origine. Les fonctionnaires devront être diminués d'un grand tiers et l'armée de moitié, au fur et à mesure des vacances par décès et retraite, car notre budget, même avec les nouvelles charges que cette malheureuse année 1870 nous imposera pour longtemps, devra être moindre parce que nos ressources le seront.

En présence de ces trois partis, que fera le gouvernement prussien? Sans paraître en rien s'immiscer dans nos arrangements intérieurs, il s'arrangera de manière que, sans nous en douter, nous trouverons toute nommée et toute installée au Luxembourg une commission formée de douze à vingt membres dont la majorité sera composée de personnages bien disposés pour le parti qui lui conviendra le mieux; immédiatement tous les ambitieux, tous les gens qui désirent des places, tous les partisans de ce parti, toutes les personnes désintéressées ou plutôt intéressées au rétablissement de l'ordre se mettront en campagne; ils feront assaut d'efforts : en moins de trois semaines d'armistice forcé, tous les gens fatigués et qui en France désirent la paix se mettront à la remorque de ce parti, qui sera élu par nous à une immense majorité, comme notre gouvernement, ayant mission de signer la paix, avec rectification des frontières, au nom du peuple français. Et n'oublions pas qu'il y a une armée de trois cent mille hommes qui reviendra et dont les deux tiers prêteront leur appui au gouvernement qui sera élu, quel qu'il puisse être.

Au lieu de cela, que serait-il peut-être encore temps de faire? Afficher de suite, sans se préoccuper du résultat, que le dimanche 18 décembre 1870, dans toutes les communes de France, tous les Français majeurs voteront dans la commune où ils se trouveront, qu'ils auront deux *oui* à mettre sur un bulletin qui devra, à moins d'être nul, porter les cinq questions suivantes :

1° Continuation de la guerre?
2° Paix avec rectification de nos frontières?
3° Gouvernement impérial?
4° Gouvernement légitimiste et orléaniste fusionné?
5° Gouvernement républicain?

(Plus de deux *oui* rendront le bulletin nul.)

Le gouvernement qui serait ainsi nommé mettrait à exécution les désirs de la nation quant à la paix ou à la guerre. Plus tard, une fois la paix signée, il réunirait une Constituante ou formerait une Commission chargée d'élaborer une Constitution et de la présenter à l'acceptation de la première réunion des Chambres qui aurait, en outre de son pouvoir législatif, le mandat spécial d'approbation. Dans un cas comme dans un autre, ce gouvernement aurait de suite une immense autorité, et tous les partis seraient forcés de s'incliner devant lui et de disparaître. Il suffirait de cinq jours d'armistice, du 17 au 22 décembre, jour de la proclamation des votes, et il est certain d'avance qu'il serait accordé sans même qu'il fût besoin de le demander. Il en serait de même de toute lettre ouverte qui aurait les élections pour objet et qu'il serait permis aux membres du gouvernement au dedans et au dehors de Paris d'échanger entre eux. Les provinces envahies voteraient aussi facilement et aussi librement que les autres. Jusque-là on devrait, autant que possible, ménager la vie de nos concitoyens et se contenter de les avoir mieux préparés en cas de continuation de la guerre — résultat du vote que je crois improbable. Je suis sûr que, sans être signé, un armistice de fait se trouverait presque imposé par les deux partis.

Si le Gouvernement de la défense nationale se refusait à mettre à exécution cette idée, que les journaux s'en emparent; que tous les citoyens individuellement s'entendent les uns les autres; le vote ainsi obtenu le 18 décembre dans chaque commune, il serait bien forcé ensuite d'en faire le recensement par arrondissement et département et de le rendre public. Ne sommes-nous pas depuis trop longtemps un troupeau que la volonté de maîtres trop nombreux dirige où il leur plait, même à la boucherie?

Quand Jean Bonhomme veut, il faut qu'on lui obéisse.

E. V. REGNIER,

Sidmouth Lodge,
Parc road,
Richmond Hill
(Surrey, Angleterre).

La *Correspondance provinciale* envisage favorablement les relations futures de l'Autriche avec le nouvel Empire d'Allemagne; — elle écrit sur ce sujet:

« Au moment où va s'achever la transformation politique de l'Allemagne sur la base des traités conclus entre la Confédération de l'Allemagne du Nord et les États allemands du Sud, le regard des hommes politiques allemands se tourne fréquemment vers les relations du nouvel Empire d'Allemagne avec la monarchie austro-hongroise, — soit en se plaçant au point de vue de la paix de Prague, où la Prusse et l'Autriche se sont mises d'accord sur la nouvelle forme politique que l'Allemagne attendait à ce moment, — soit, et avant tout, dans le désir que nous puissions entretenir avec le puissant Empire, notre voisin, des relations qui répondent au passé commun ainsi qu'aux sentiments réciproques des deux populations.

« Dans la paix de Prague on avait admis la prévision que les gouvernements de l'Allemagne du Sud formeraient entre eux une Union qui, tout en ayant une situation propre indépendante, se rattachât à la Confédération de l'Allemagne du Nord par *un lien national*. Cette prévision ne s'est pas réalisée pour ce qui concernait l'union des États du Sud entre eux; ces États se sont bornés à établir leurs relations nationales avec l'Allemagne du Nord, tout d'abord par le renouvellement du *Zollverein* et par les traités d'alliance offensive et défensive.

« Personne ne pouvait prévoir que grâce à l'élan national qu'a fait naître l'attaque imprévue des Français, le développement de l'unité allemande devait aboutir à l'institution d'un nouvel Empire d'Allemagne. Mais l'Allemagne du Nord ne pouvait que saluer avec joie une telle solution issue d'un libre mouvement de l'esprit allemand.

« Quant à l'Autriche, elle peut considérer cette transformation de l'Union allemande avec la légitime confiance que tous les membres de la Confédération nouvelle sont animés du même désir que notre Roi d'entretenir avec l'État voisin austro-hongrois des relations sincèrement amicales, fondées sur une communauté d'intérêts et sur les points de contact de leur existence intellectuelle et économique.

« Le peuple allemand peut se livrer à l'espérance que la consolidation et la sécurité obtenues pour son institution nationale seront saluées par les pays voisins, non-seulement sans inquiétude, mais avec satisfaction, et qu'en particulier l'Allemagne et l'Austro-Hongrie se donneront la main dans l'intérêt de la prospérité et du progrès des deux peuples.

« Notre gouvernement ne tardera pas, vis-à-vis du gouvernement austro-hongrois, à donner l'assurance publique et confiante de cette ferme espérance. »

---

Un correspondant du *Times* écrit de Bordeaux, à la date du 12 décembre :

« Autrefois on faisait un reproche au gouvernement de Louis

Philippe de vouloir la paix à tout prix. Je crois que *la guerre à tout prix* est bien pire. Il est temps de mettre fin à ce système désastreux, et les véritables soldats le savent, bien que Gambetta et les dilettantes militaires qui l'entourent soient furieux lorsqu'on le leur dit.

« Des officiers, qui ont souvent exposé leur vie déclarent qu'on ne peut avoir aucun doute sur l'issue de la lutte; que les troupes françaises sont incapables de soutenir le feu des Prussiens, et qu'on ne peut plus les faire avancer par aucune exhortation, par aucune menace, pas même avec la pointe de l'épée... »

FEUILLETON DU MARDI 27 DÉCEMBRE 1870.

## ALEXANDRE DUMAS.

Alexandre Dumas était de ceux que l'on aimait dès la première rencontre; outre ses remarquables qualités du talent et de l'esprit, il avait encore le don de séduire. Sa physionomie ouverte, son éternel et doux sourire, son entraînant tempérament d'artiste, son affectueuse amabilité et son excellent cœur captivaient dès la première heure tous ceux qui sont devenus ensuite ses amis. Heureux de vivre, il répandait la vie autour de lui; l'insolente bienveillance du protecteur lui était inconnue. On allait à lui le cœur rempli d'admiration pour un grand écrivain, et l'on s'en retournait tout heureux d'avoir trouvé un si bon camarade. Si prétentieux que paraisse ce mot sous la plume d'un humble journaliste qui parle de l'une des illustrations de ce siècle, je n'en trouve pas d'autre pour peindre l'entraînement que l'on subissait en présence du plus étonnant des charmeurs. Son exquise affabilité rapprochait les distances qui séparaient les esprits modestes de sa vaste intelligence. Dumas apportait dans sa causerie ce ton de charmante bonhomie qui lui fit un ami de tout lecteur : le courant sympathique qui se dégage dans ses écrits se développait encore bien mieux dans la causerie intime. Tout d'abord on l'aimait pour son talent et son esprit et ensuite on l'admirait en raison de l'exquise délicatesse qui l'empêchait de vous faire sentir sa supériorité. Dumas n'avait rien de cette froide et humiliante bienveillance du grand homme ; il avait, comme on dit, le cœur sur la main, et en serrant la main de l'illustre écrivain, on sentait pour ainsi dire battre le cœur de l'homme.

L'écrivain appartient désormais à la postérité. Les esprits subalternes qui n'ont voulu voir en lui qu'un amuseur prodigieusement doué, finiront, eux aussi, par se convaincre que son grand nom n'appartiendra pas seulement aux cabinets de lecture, mais qu'il tiendra encore une large place dans l'histoire des lettres françaises. Dumas a « fait craquer le théâtre et le roman sous la pression de ses épaules vigoureuses », comme l'a dit son fils dans la meilleure préface de son *Théâtre complet*. Il a fait craquer la littérature tout entière. Jamais, à aucune époque, on n'a vu un seul homme réunir en lui, à ce degré, toutes les facultés d'un écrivain ; le tour gracieux de la comédie lui était familier comme la poignante émotion du drame, le roman d'aventure et le roman intime.

Une œuvre de trente volumes ou une nouvelle de cinquante pages, peu lui importait, pourvu qu'il pût donner un libre cours à son ardente imagination qui le poussait en avant. Sa plume était encore à une œuvre que déjà sa pensée était occupée à une autre ; de la sorte, il a échafaudé pièce sur pièce, entassé volume sur volume, songeant toujours au lendemain, jamais à la veille, ne relisant jamais ce qu'il avait écrit, écrivant toujours et quand même et laissant à la postérité le soin de distinguer, dans le monument littéraire qu'il lui lègue, les pages trop légères de celles qui lui imposeront l'admiration la plus vraie et la plus méritée.

Autour d'Alexandre Dumas dont la décadence financière était connue de chacun excepté de lui-même, grouillait tout un monde qui vivait de lui. Comme au temps des splendeurs à Monte-Christo, le couvert était mis chaque jour pour ses amis. Nous étions presque toujours dix ou douze personnes dans la petite serre du deuxième étage. Au nombre des convives quotidiens se trouvait un camarade d'enfance, mort depuis, et que

Dumas avait retrouvé un soir sur le boulevard des Italiens, après une séparation de quarante ans :

— Tiens ! c'est toi ? Où dînes-tu ? fit Dumas.

— Aujourd'hui je ne dîne nulle part ! répondit l'autre.

— Tu dînes chez moi ! dit Dumas en passant son bras sous celui de son ami qu'il n'avait pas vu depuis quarante ans.

Et il emmena son camarade d'enfance rue d'Amsterdam.

Après le dîner Dumas dit à son ami :

— J'ai été si heureux de te revoir que je te retiens pour demain !

Et tous les jours, pendant cinq ans, il inventa quelque histoire nouvelle pour engager son ami d'enfance à revenir le lendemain sans froisser sa susceptibilité. Dumas, qui eut horreur du tabac, et qui souffrait tout au plus une légère cigarette après dîner força même son vieil ami de fumer la pipe, sachant combien cette abstinence devait être cruelle pour le vieux fumeur.

De l'excellent homme qui vient de s'éteindre on pourrait conter des traits de ce genre par centaines. Je ne veux pas savoir aujourd'hui si cette médaille n'avait pas un revers, et si cette prodigalité envers ses amis ne l'a pas conduit parfois à négliger de plus impérieux devoirs : il donnait à pleines mains tant et tant que la générosité dégénéra en désordre, et que le désordre finit par dominer dans l'existence de ce fantaisiste de génie. Il convient de glisser sur cette particularité de son caractère qui ne saurait en rien ébranler la haute admiration qu'impose le littérateur et la profonde et respectueuse sympathie de ceux qui ont pu juger à l'œuvre l'excellent cœur de cet excellent homme. L'argent n'avait pas de valeur pour le sublime étourdi ; son ardente imagination qui l'emportait sur les ailes dorées de la fantaisie ne lui permettait pas de voir les choses telles qu'elles étaient. Les côtés mesquins de la vie lui échappaient. S'occuper d'échéance, aligner des chiffres, établir le bilan entre doit et avoir, lui Dumas ! Allons donc. Que de sommes gagnées et dépensées depuis le fameux jour où Porcher lui avança cinquante francs sur son premier vaudeville qu'il composa, en 1825, avec de Leuwen. Dumas avait la générosité insouciante du gentilhomme d'un autre âge ; un Lafleur quelconque se chargeait de mettre de l'or dans son gousset et d'autres avaient pour mission de le voler. Plus tard, quand l'hiver fut venu, Dumas garda les allures du jeune âge; il eut le bonheur de conserver ses illusions de jeunesse jusqu'à la fin, ou à peu près; et alors que la foule se tournait déjà vers d'autres idoles qui ne le valaient pas, il se figurait encore qu'éditeurs et directeurs encombraient toujours son antichambre, comme au bon vieux temps, et il se souciait fort peu des menus intérêts de sa maison.

Tout ce qu'on a écrit sur l'activité du grand romancier, et si invraisemblables que paraissent souvent les détails qu'il donne dans ses *Mémoires* sur ses façons d'écrire jour et nuit, sur ce terrain la réalité dépassait de cent coudées tout ce que l'imagination la plus hardie pouvait rêver. Il est vrai que Dumas fut servi dans son labeur par une santé de fer qui lui permit de braver toutes les fatigues du corps; il travaillait à toute heure du jour ou de la nuit; il était comme les hauts fourneaux qui n'ont qu'un jour de repos par année; il allait toujours en avant, ne songeant plus à la veille, se souciant peu du lendemain. En toute saison il était dès le matin installé devant sa table, n'ayant pour tout vêtement qu'un pantalon a pieds. La chemise, constamment entr'ouverte, laissait voir son cou puissant et sa large poitrine narguait la mort! La nature, qui avait été si prodigue pour cet enfant gâté, lui avait tout donné, la finesse de l'esprit en même temps que la solidité des muscles, une mémoire prodigieuse et une facilité de l'assimilation dont j'eus une preuve étonnante : un matin, à déjeuner, je parlai au maître du *Kosmos* d'Humboldt que je venais de lire; il prit le livre et le parcourut pendant dix minutes : quelques jours après parut dans *Monte-Christo* une causerie scientifique où Dumas parlait *science* comme s'il ne se fût jamais occupé d'autre chose.

Alexandre Dumas n'était possédé d'aucune des manies apparentes à la profession d'homme de lettres; il travaillait n'importe où et à toute heure, pourvu qu'il eût son grand papier bleu, un encrier et une plume; cent fois dérangé par des visiteurs dans une matinée, il reprenait cent fois, sans hésitation aucune, son travail là où il l'avait laissé pour causer avec un collaborateur, un directeur ou bien avec un des nombreux fâcheux qui s'accrochent aux flancs d'un homme en évidence. Pour ne citer qu'une preuve à l'appui de cette facilité qui lui permit d'interrompre et de reprendre un roman à volonté, je reviens à l'idée qu'il caressa longtemps de remanier *les Brigands* de Schiller pour la scène française. A ce sujet il me dit un beau matin :

— Je voudrais bien voir la pièce à Berlin ; mais comme je n'ai pas de temps à perdre, informez-vous donc à quelle époque on la jouera.

Sur l'heure j'écrivis à l'intendant des théâtres royaux pour lui demander, au nom de Dumas, le renseignement désiré. La réponse fut celle-ci : « M. Dumas indiquera le jour qu'il lui conviendra pour la représentation des *Brigands*. »

— Très-bien ! dit le maître, écrivez que je serai à Berlin après-demain mardi.

Puis, après avoir frappé avec une bûche sur le parquet pour appeler Rusconi, il dit à son serviteur :

— Mon garçon, je pars demain matin à sept heures. Mon voyage me prendra quatre jours ; donc je vais laisser quatre feuilletons pour *le Siècle* ; d'ici à demain je ne recevrai personne ! Va, mon ami, et viens me prévenir une demi-heure avant le départ du train.

Le lendemain matin, un lundi, Dumas partit, laissant quatre feuilletons de son roman en cours de publication; le mardi il fut à Berlin, assista le soir à la représentation des *Brigands* et reprit le mercredi matin la route de Paris pour être rendu chez lui dans la matinée du jeudi. Un accident le retint; il n'arriva que vers onze heures du soir.

— J'ai cru que je n'arriverais jamais ! s'écria Dumas en rentrant chez lui, et j'ai un feuilleton à donner pour demain !

Et sans ôter son paletot, il se mit devant son bureau et reprit son roman là où il l'avait laissé avant son départ.

En présence de la tombe qui a englouti le corps de l'éminent romancier, du puissant dramaturge, du plus spirituel causeur de ce temps, il convient à ses humbles amis de dire que ce grand homme a connu toutes les joies de la vie; après une existence sans précédent dans les annales des lettres, après avoir bu à pleine gorge à la coupe de tous les enivrements de la gloire et du plaisir, Alexandre Dumas a eu le bonheur de s'éteindre dans les bras de ses enfants qui l'adoraient et qu'il aimait de toute la tendresse de son cœur exquis. Et comme aucune satisfaction de la vie ne devait manquer à l'éminent écrivain, il lui a été donné d'assister à la chute d'un régime qu'il haïssait et au désordre du seul homme qu'il ait exécré(1).

### N° 50. — MERCREDI 28 DÉCEMBRE 1870.

#### PARTIE OFFICIELLE.

##### COMMUNICATION OFFICIELLE.

VERSAILLES, 27 Décembre. — Le 25, le général de Manteuffel, en poursuivant l'armée du Nord, est arrivé à Albert. Des prisonniers ont été faits à cette occasion.

Devant Paris, l'ennemi a entretenu, pendant la journée du 26, une canonnade venant des forts, qui est restée sans résultats.

#### PARTIE NON OFFICIELLE.

Nous publions aujourd'hui le texte de la dépêche adressée par S. E. M. le comte de Bismarck au gouvernement du grand-duché de Luxembourg :

« Versailles, 5 décembre 1870.

« Le soussigné, chancelier de la Confédération de l'Allemagne du Nord, a l'honneur de faire au gouvernement du grand-duché de Luxembourg la communication suivante :

« Au début de la guerre, le gouvernement de S. M. le Roi

---

(1) Cet article, extrait par le journal prussien de l'*Indépendance belge*, est attribué à M. Albert Wolff.

a déclaré qu'il respecterait la neutralité du grand-duché de Luxembourg à condition qu'elle le serait également par la France, et que, comme il va de soi, le grand-duché lui-même l'observerait sérieusement et loyalement.

« Le gouvernement a fidèlement accompli cette promesse, et il est allé si loin à cet égard qu'il s'est soumis à toutes les incommodités — relativement au transport de ses blessés — qui résultaient de la protestation du gouvernement français contre la proposition faite dans l'intérêt de l'humanité, de transporter ces blessés à travers le territoire luxembourgeois.

« Mais, à son vif regret, ni la France ni le Luxembourg n'ont rempli les conditions auxquelles répondait notre attitude. Je ne mentionnerai pas les nombreux cas où les sentiments hostiles d'une partie de la population ont dégénéré en mauvais traitements matériels, que des fonctionnaires allemands ont eu à subir dans le Luxembourg; nous ne voulons pas rendre le gouvernement grand-ducal responsable de ces délits individuels, qui cependant auraient mérité une répression plus rigoureuse que celles dont ils paraissent avoir été l'objet.

« La neutralité a été violée d'une façon plus éclatante par le ravitaillement de la forteresse de Thionville, alors que celle-ci était encore entre les mains des Français, au moyen de convois de chemins de fer, partis nuitamment de Luxembourg.

« Le gouvernement grand-ducal a exprimé ses regrets sur ces faits, mais il n'a pas pu en nier la réalité, et il est constaté d'une façon indubitable que le départ des trains en question, pour Thionville, n'a pu s'opérer sans la connivence des fonctionnaires grands-ducaux des chemins de fer et de la police.

« Le gouvernement du Roi a adressé à cette occasion une plainte au gouvernement grand-ducal et l'a rendu attentif aux suites inévitables d'une pareille conduite. Cet avertissement, malheureusement, n'a pas été pris à cœur. Dans ces derniers temps, les violations de la neutralité ont pris une extension telle, qu'il est devenu impossible au gouvernement du Roi de fermer plus longtemps les yeux sur cette affaire. Après la capitulation de Metz, de grandes quantités d'officiers et de soldats français ont traversé le grand-duché pour rentrer en France, de façon à éviter les lignes de l'armée allemande. A Luxembourg même, le vice-consul de France a établi, à la gare, un véritable bureau où les soldats fugitifs sont munis de secours et de papiers pour pouvoir retourner en France et entrer dans l'armée française du Nord.

« Le nombre des combattants qui ont été rendus ainsi à l'armée française s'élève à plus de 2,000 hommes, d'après les documents que nous avons sous les yeux.

« Le gouvernement grand-ducal n'a pris aucune mesure pour mettre un terme à cet état de choses ; les militaires français n'ont été ni internés, ni empêchés de retourner en France avec l'intention notoire de prendre part à la guerre contre l'Allemagne. Le vice-consul de France n'a rencontré aucun obstacle dans l'accomplissement de ses opérations, faites au grand jour et attentatoire à la neutralité du grand-duché.

« Il ne peut pas être douteux qu'il n'y ait une violation flagrante de la neutralité du Luxembourg dans le fait du passage, par le grand-duché, d'individus se proposant notoirement de se joindre aux forces militaires de la France, dans la part officiellement prise à ses agissements par le représentant du gouvernement français et dans la tolérance du gouvernement grand-ducal relativement à ces divers faits. Ainsi se trouvent inaccomplies les conditions auxquelles le gouvernement du Roi avait été obligé de subordonner le respect de la neutralité du grand-duché.

« Le soussigné a, par conséquent, l'honneur de déclarer au gouvernement grand-ducal, au nom de S. M. le Roi, que le gouvernement du Roi ne se croit plus obligé de son côté de prendre en considération, dans les opérations des armées allemandes, la neutralité du grand-duché, et qu'il se réserve de faire valoir vis-à-vis du gouvernement grand-ducal les réclamations répondant aux dommages que lui ont fait subir les violations de la neutralité luxembourgeoise ; qu'il se réserve également de prendre les mesures nécessaires pour se garantir contre le renouvellement des mêmes faits. Le soussigné ajoute qu'il a porté la démarche présente à la connaissance des signataires du traité du 11 mai 1867. Il profite de l'occasion pour renouveler, etc.

« Signé BISMARCK. »

*Le* Staatsanzeiger *annonce qu'un ordre de cabinet, en date du 14, prescrit la formation de bataillons de garnison destinés à surveiller les prisonniers de guerre et à tenir garnison dans les contrées ennemies occupées par nos troupes, et qui prennent une grande extension par suite des marches victorieuses en avant de l'armée.*

*De cette manière les troupes de la landwher deviendront disponibles.*

Le journal *la Situation* a reçu de Genève une lettre très remarquable sur la situation actuelle de la France. Nous en publions l'extrait suivant :

« Ah! pourquoi les hommes qui ont pris sur eux l'œuvre de la défense nationale, et cela diplomatiquement et militairement tout à la fois, voyant l'inutilité de leurs efforts stériles, pourquoi ne sont-ils pas susceptibles d'un grand mouvement de l'âme, d'une générosité spontanée qui les relèverait, en partie, des terribles imputations qu'autrement l'histoire leur réserve! Ce mouvement, qui leur ferait honneur, serait d'abdiquer, en quelque sorte, leur rôle, basé sur un entêtement que l'amour-propre seule alimente. Ils ne veulent pas plier et voudraient persuader les Français que tout bon patriote ne doit pas plier non plus; mais n'est-ce point précisément dans la souplesse du roseau vis-à-vis de la roideur du chêne que gît l'adresse, le savoir-faire, le tact, en un mot toutes les qualités nécessaires en politique, tandis que la rigidité stupide d'une obstination inqualifiable n'est que l'aveu de l'incapacité? Pourquoi ces hommes ne se hâtent-ils pas de restituer à la nation la liberté de s'exprimer hautement sur ses véritables intentions ? Pourquoi ne se dégagent-ils pas ainsi de la terrible responsabilité assumée ? Ils agiraient alors avec adresse pour eux-mêmes et non sans de sérieux, d'immenses avantages pour la nation. C'est là ce qu'il devraient faire, si leurs larmes n'étaient réellement des larmes de crocodile, car ils ont pleuré, paraît-il, ces hommes, devant les malheurs accumulés, grâce à leurs anciennes manœuvres et à leur impéritie actuelle dans le maniement des choses de l'État. Mais leurs larmes rentrées n'étaient que des pleurs hypocrites, et ne venaient que de l'amour-propre froissé. Eh bien ! malgré leurs larmes, je pense, comme vous, *que l'impitoyabilité logique et réfléchie du comte de Bismarck est de beaucoup moins dangereuse pour la France que leur entêtement irréfléchi et brutal.*

« *Le Chancelier de l'Allemagne du Nord est, en un mot, un ennemi moins redoutable pour la France que ces quelques défenseurs maladroits.*

« Oui, le génie de cet homme est tel qu'il plane au-dessus des mesquines combinaisons de parti, au-dessus des petites roueries d'une politique avocassière ; et il ne peut raisonnablement que traiter d'enfants inexpérimentés ces hommes qui prétendent lui tenir tête plutôt que, sinon partager entièrement ses vues, du moins de les examiner sans parti pris d'opposition et de voir à en tirer pour l'avantage du pays une combinaison susceptible de tout concilier. Mais ici, on se buterait contre la susceptibilité de l'amour-propre immense de ces hommes, plus ou moins irréconciliables, et, nécessairement, que devant cette parole « périsse la France plutôt que la République ! » il ne reste qu'à se croiser les bras ; qu'à voir défiler l'horrible cortége des maux qui accablent déjà ce pauvre pays, et qui le mènerait à Dieu sait quelles épreuves, si les huit millions de Français ne se soulevaient enfin, indignés contre les hommes du néfaste 4 septembre, et ne rappelaient d'un seul cri le seul homme capable de tout concilier... l'Empereur ?

« Oui, il n'y a qu'une voie ouverte pour sortir du dédale que les événements ne rendent de jour en jour que plus inextricables ; une seule voie large et belle comme une grande idée. C'est qu'il faut savoir accepter les faits dans toute leur cruelle réalité, qu'il faut, non pas se roidir obstinément, ni s'humilier non plus devant le vainqueur, *mais lui tendre franchement et noblement la main, en réponse à celle qu'il a tendue déjà ;* c'est qu'il faut traiter, non sur des bases qui laisseraient encore le champ libre aux innombrables artifices de partis, aux complications enchevêtrées et inconsistantes, aux impossibilités prévues d'avance, aux échappatoires, mais partant d'un principe logique et de toute justice, ne se basant que sur un droit indiscutable, imprescriptible.

« Il faut, en un mot, une paix basée sur l'intérêt des deux parties contractantes, et non uniquement sur l'écrasement complet de l'une d'elles. ce qui ne constituerait pas de durée, mais un simple répit pour une reprise d'hostilités nouvelles.

« Puisqu'on convient de l'héroïsme déployé dans les derniers faits militaires devant Paris et sur les bords de la Loire, le point d'honneur français doit être satisfait. Qu'on ne gâte pas ce résultat et qu'on s'y tienne, il serait folie de ne continuer une lutte aussi épouvantable que pour le plaisir de *combattre*. Qu'on ne l'oublie pas, si l'héroïsme a son côté sublime, la témérité parfois n'est qu'une folie, surtout dans une question non pas uniquement militaire, mais dans laquelle la politique tient le haut du pavé.

« Comment ne pas déplorer les déclarations emphatiques, que les membres du gouvernement de la défense nationale ont cru devoir ajouter à la lettre du général Trochu, en réponse à celle du comte de Moltke, qui annonçait au gouvernement de Paris l'occupation d'Orléans. La teneur de cette déclaration est déjà connue, mais on ne saurait trop en rappeler les termes pour édifier chacun sur ce que l'on peut attendre d'un groupe de mécontents hargneux, entêtés et discourtois, manquant à la fois de hauteur et de dignité, ainsi que de l'exquise politesse dont on ne saurait se départir même en face de son plus implacable ennemi. Je ne puis donc m'empêcher de reproduire ici le passage en question, d'autant plus qu'il vient parfaitement à l'appui de ce que je disais plus haut; c'est-à-dire que la question de la défense nationale est, désormais rabaissée à une question de lutte sauvage.

« Qu'on en juge :

« Cette nouvelle qui nous vient par l'ennemi, en la suppo-
« sant exacte, ne nous ôte pas le droit de compter sur le grand
« concours de la France accourant à notre secours. Elle ne

« change rien, ni à nos résolutions ni à nos devoirs. Un seul
« mot les résume : combattre ! Vive, etc., etc. »

« Ainsi, tout se résume dans ce mot : *combattre !* qu'il est aisé à tracer ce mot, les pieds sur les chenets, mais quand on songe aux centaines de milliers d'hommes grelottant sous un froid de glace ; quand on songe aux maux sans nombre, aux enfants mourant de faim, on ne peut que se dresser et maudire ces hommes, véritables fléaux de notre époque. »

### CAPITULATION DE MONTMÉDY.

On écrit de la frontière française, le 15 décembre, à l'*Écho du Luxembourg* :

« Montmédy s'est rendu hier à huit heures du matin.

« On comptait généralement que l'ennemi avait l'intention de battre la forteresse en brèche, mais on s'était trompé : c'était bien d'un bombardement en règle qu'il s'agissait.

« Les effets ont été terribles. Presque toute la ville haute est anéantie. La ville basse a peu souffert.

« Dans la journée de mardi, il faisait un brouillard intense et la garnison reconnut l'impossibilité de répondre victorieusement à l'artillerie, qui se trouvait bien abritée et qui tira seule du matin au soir.

« Cette dernière avait environ 70 pièces en batterie, presque toutes de gros calibre ; elle lançait sur la ville des projectiles qui pesaient pour la plupart 75 kilog. et dont les ravages étaient horribles.

« Cependant le commandant de la place s'apercevait que d'énormes obus entamaient, à un point donné, les blindages des réserves de poudre et que les deux villes, les habitants et la garnison pouvaient sauter d'un moment à l'autre.

« On assembla le conseil de guerre qui fut de l'avis unanime qu'il était indispensable de capituler.

« Ce fut alors qu'on commença à parlementer.

« Je tiens ces détails de *deux officiers d'artillerie* — évadés, par parenthèse — et qui faisaient partie du conseil.

« Malgré cela, croit-on que le bruit est *généralement répandu* que le commandant de place a trahi pour 7 millions !

« La ville haute ne forme pas un amas de ruines à proprement parler ; mais on peut dire que tout y est à reconstruire. Pas une maison n'a échappé à l'action destructive du bombardement. *L'effet des projectiles prussiens est incroyable. J'ai vu des angles de murs construits en pierre de taille, des blindages énormes, recouvrant les casemates entièrement démolis et renversés par l'explosion dun seul de ces engins.*

« Les Allemands ont continué à Montmédy l'essai des nouveaux obus dont Thionville a eu la primeur. Ce sont les bombes ovoïdes, de 60 centimètres de longueur, pesant 78 kilog., à ce qu'on m'assure.

« Deux bastions du côté de Vigneul ont beaucoup souffert du bombardement.

« Il paraît que les premières batteries des Allemands ont été démontées, le 12 décembre, par le feu de la place ; ils les ont alors reculés de telle sorte que les boulets de la forteresse de Montmédy — qui n'avait du reste que quelques canons rayés — venaient pour ainsi dire expirer à quelques centaines de mètres de leurs positions pendant qu'elles conservaient toute leur force meurtrière.

« Le 13 décembre, le feu des Allemands a été tellement vif que l'on a craint pour les poudrières de la ville dont le blindage a été reconnu insuffisant par les officiers du génie.

« C'est cette circonstance, ajoutée à celle de la portée inutile des canons de la place, qui a amené la reddition de la place.

« Les Allemands sont entrés à une heure de l'après-midi,

« Les conditions de la capitulation sont celles de Thionville et non de Verdun.

« Il y a 30 à 40 Français tués et une soixantaine de blessés ; les Allemands — est-ce possible ? — n'accusent que quelques morts.

« On dit que leurs canons de siège sont déjà en route pour Mézières.

« La locomotive arrive jusque tout près de Montmédy, jusqu'au pont de la Chière, qui est démoli. »

On lit dans l'*Écho du Luxembourg :*

On nous assure que le Gouvernement belge vient de donner les ordres les plus précis et de prendre les mesures les plus sévères pour mettre fin aux incursions des francs-tireurs français sur notre territoire. Il a été décidé qu'on irait jusqu'aux coups de fusil inclus pour faire respecter notre frontière.

« Nous ne pouvons que donner toute notre approbation à cette détermination. Si nous ne voulons pas être envahis tantôt par les Français, tantôt par les Allemands, et peut-être par les deux se poursuivant les uns les autres, nous devons nécessairement repousser, par tous les moyens qui sont à notre disposition, le premier qui viole notre neutralité. »

---

### FAITS DIVERS.

Le train partant de Bruxelles pour Verviers, à 1 h. 52 m. de relevée, a éprouvé il y a quelques jours un accident très-malheureux pour le personnel du chemin de fer.

Arrivé près de Pepinsfer, ce train a rencontré une partie de wagons qui s'était détachée d'un train spécial de marchandises.

Il en est résulté un choc qui a causé la mort du machiniste et du serre-frein.

Deux gardes-convois ont en outre reçu des blessures sans gravité.

Quant aux voyageurs, ils ont heureusement échappé au danger ; deux ou trois seulement sont légèrement contusionnés.

Une enquête a été ouverte immédiatement.

---

Le lord maire n'a pas accordé, mais refusé l'usage de Guildhall pour un meeting en faveur de la France.

N° 51. — JEUDI 29 DÉCEMBRE 1870.

## PARTIE OFFICIELLE.

### COMMUNICATION OFFICIELLE.

VERSAILLES, 28 décembre. — Le 27, au matin, notre artillerie de siége devant Paris a ouvert le feu contre le mont Avron. Le bombardement sera continué aujourd'hui.
Pertes de notre côté sans importance.

### NOUVELLES MILITAIRES OFFICIELLES.

*A la* REINE AUGUSTA, *à Berlin.*

VERSAILLES, 22 décembre. — C'est probablement dans la fausse supposition qu'une armée du Nord était proche qu'hier une sortie assez vigoureuse a eu lieu contre Stains, place qui a été reprise par le second bataillon et le bataillon de fusiliers du premier régiment de la Garde. Une autre sortie a eu lieu contre le Bourget, place qui a été reprise par les deux bataillons Élisabeth et un bataillon Augusta. Un vif combat d'artillerie a eu lieu, nous avons fait plusieurs centaines de prisonniers; nos pertes ont été peu considérables.

Une attaque a eu lieu contre les Saxons de Bobigny-sur-Sevran et une autre de Rosny et Neuilly-sur-Marne contre Chelles.

Partout l'ennemi a été repoussé. Aujourd'hui nous attendons une nouvelle attaque vers ce côté.

Nous avons une belle journée de gelée. La nuit il y avait 5 degrés de froid.                    GUILLAUME.

Le Chancelier fédéral, comte de Bismarck, a adressé la circulaire qui suit aux représentants de la Confédération de l'Allemagne du Nord près les Cours étrangères :

« Les nombreuses évasions d'officiers français qui ont, en s'enfuyant, manqué à leur parole d'honneur, et les explications que plusieurs d'entre eux, compris dans la capitulation de Sedan, ont publiées sur leur fuite clandestine, prouvent que les idées d'honneur ne sont pas, du moins chez tous les officiers français, telles qu'on les avait supposées jusqu'ici, du côté allemand, en acceptant une parole d'honneur comme garantie.

« Le 2 septembre, il était en notre pouvoir de détruire entièrement ou partiellement, par les armes ou par la faim, l'armée enfermée dans Sedan, et de la mettre par conséquent dans l'impossibilité de nuire. Mais dans notre confiance en la fidélité aux traités, nous avons accordé la capitulation que l'on connaît. Le commandant en chef de l'armée enfermée, général de Wimpffen, en signant cette capitulation, nous garantit qu'elle serait exécutée par les officiers sous ses ordres, et ceux-ci, d'après les idées traditionnelles de l'honneur militaire et le droit universel en matière de traité, étaient tenus à observer la convention. Que par hasard quelques-uns des officiers n'aient pas consenti à la capitulation, nous n'en avons aucune connaissance et nous n'avions pas besoin de le savoir, autrement jamais armée ne pourrait être admise à capituler sans une déclaration de chaque officier ou soldat individuellement. Quoi qu'il en soit, tous les officiers de l'armée de Mac-Mahon-Wimpffen, qui se trouvaient à Sedan, profitèrent en fait des conditions accordées par la capitulation pour sauver leur existence et ce qu'ils possédaient.

« Mais quelques-uns de ces officiers abusèrent de la confiance que les chefs de l'armée allemande avaient mise en eux pour l'exécution de leurs engagements personnels. Parmi eux se trouvent les généraux Ducrot, Barral et Cambriels.

« Vous aurez lu dans les journaux l'explication du premier de ces généraux, où il raconte comment il s'est évadé de la gare de Pont-à-Mousson, et expose, à l'aide d'une casuistique que je m'abstiens de juger ici, de quelle façon il a, en trompant la confiance mise en lui, en abusant des égards qu'on lui accordait, non pas violé, pense-t-il, mais en tout cas éludé sa parole d'honneur, personnellement donnée après que la capitulation de Sedan fut conclue.

« Dans une lettre publiée par le journal *le Siècle*, le 15 novembre dernier, le général Cambriels, en se défendant avec la vivacité de l'honneur offensé contre certains reproches qui lui étaient adressés du côté français, mentionne incidemment, et comme une chose qui se comprend de soi, qu'il a profité de la capitulation dans laquelle il était compris et du traitement plein d'égards que les blessés obtenaient de notre part — pour s'échapper furtivement de Sedan.

« Quand au général Barral, il n'a point essayé, à ma connaissance, de justifier ou de pallier ce fait qu'il a donné sa parole d'honneur de ne plus porter les armes contre l'Allemagne dans la guerre actuelle et de se rendre au lieu qui lui était désigné comme résidence — et qu'immédiatement ensuite, violant cette parole, il soit rentré dans l'armée française.

« Après de pareils exemples, il est moins surprenant, mais non moins pénible cependant pour une armée jalouse de son honneur, de voir beaucoup d'officiers de grades moins élevés (les noms de quelques-uns d'entre eux se trouvent dans la liste ci-après) manquer à leur parole d'honneur en s'évadant des localités allemandes, à l'intérieur desquelles la liberté de mouvements, sans surveillance, leur était accordée, sur la parole donnée par eux de ne pas s'éloigner.

« Si élevé que soit le nombre de ces officiers qui ont manqué à leur parole, il ne forme néanmoins qu'une petite fraction dans le nombre total de leurs honorables camarades, lesquels n'ont pas été rendus responsables jusqu'ici, même par une surveillance plus rigoureuse, de l'indigne conduite des premiers. Mais ce qui donne à l'affaire de ces évasions un autre caractère, c'est que le manque de parole des officiers évadés obtienne l'approbation officielle du gouvernement de la défense nationale par ce fait même que ces officiers sont replacés dans les armées qui combattent contre nous, et que jusqu'à ce jour il n'y ait pas d'exemple de la part de l'armée française active qu'elle ait refusé de recevoir dans ses rangs les fugitifs en rupture de parole d'honneur. Il est clair que le gouvernement de Paris lui-même et tous les officiers qui servent sous ses ordres assument ainsi en commun la responsabilité de la violation de la parole, commise par ces individus contrairement à tous les usages de la guerre.

« Dans ces circonstances les gouvernements allemands alliés ont le devoir d'examiner s'il est compatible avec les intérêts militaires d'accorder désormais aux officiers français faits prisonniers les adoucissements habituels de la captivité, — et ils devront se poser une question encore plus grave, en se demandant quelle confiance ils peuvent avoir, sans garanties matérielles, dans l'exécution des conventions quelles qu'elles soient, conclues ou à conclure avec les chefs militaires ou le gouvernement français.

« En réservant aux gouvernements allemands leurs décisions à cet égard, j'éprouve le besoin d'appeler l'attention du gouvernement près duquel vous êtes accrédité sur l'expérience que nous avons faite et sur l'importance à y attacher relativement aux relations internationales avec la France actuelle afin que les réclamations éventuelles des membres du gouvernement français contre telles mesures de précaution devant être prises par nous, soient appréciées à leur juste valeur.

« Je vous prie de vouloir bien lire cette note à M. le ministre des affaires étrangères et de lui en laisser copie. »

DE BISMARCK.

---

Les officiers français prisonniers de guerre dont les noms suivent, — manquant à leur parole d'honneur qu'ils avaient donnée de ne faire aucune tentative de fuite, — se sont évadés:

1. Sous-lieutenant *Huot*, du 4ᵉ bataillon de chasseurs à pied, — évadé de Breslau.
2. Lieutenant *Soulice*, et
3. Sous-lieutenant *Parsy*, tous les deux du 1ᵉʳ régiment des grenadiers de la garde, — de Munster.
4. Lieutenant *Frey*, et
5. Lieutenant *Luquin*, du 66ᵉ régiment d'infanterie, — de Minden.
6. Lieutenant *Rousseau*, du 1ᵉʳ régiment des tirailleurs algériens, — de Düsseldorf.

7. Capitaine *Donnier*, du 2ᵉ régiment des tirailleurs algériens, de Magdebourg.
8. Lieutenant *Sée*, du 10ᵉ régiment d'artillerie, — de Breslau.
9. Capitaine *Marbres*, du 8ᵉ régiment de chasseurs à cheval, — de Cologne.
10. Sous-lieutenant *Alepée*, du 48ᵉ régiment de ligne, — de Cologne.
11. Lieutenant *Dressque*, du 25ᵉ régiment de ligne, — de Hirschberg.
12. Capitaine *Strasser*, idem.
13. Sous-lieutenant *Giordani*, idem.
14. Sous-lieutenant *Begnicourt*, du 10ᵉ régiment de cuirassiers, — de Hirschberg.
15. Capitaine *Faucon*, du 45ᵉ régiment de ligne, — de Hirschberg.
16. Sous-lieutenant *Ricard*, idem.
17. Capitaine *Bellin*, du 76ᵉ régiment de ligne, — de Hirschberg.
18. Capitaine *Godefroy*, et
19. Lieutenant *Malik*, idem.
20. Adjudant d'administration *Rossi*, des subsistances militaires, — de Hirschberg.
21. Capitaine *Chamès*, du 69ᵉ régiment de ligne, — de Neuwied.
22. Chef de bataillon *Arnous de Rivier*, état-major du maréchal Bazaine, — de Wiesbaden (1).

Une autre liste d'officiers français fugitifs qui se sont évadés en manquant à leur parole d'honneur, est publiée par le ministère de la guerre; nous l'ajoutons à la précédente:

23. Lieutenant comte *de Méré* (2), et
24. Lieutenant *Davoust*, des guides de la garde, — évadés de Düsseldorf.
25. Sous-lieutenant *Schwœbel* (3), du 3ᵉ régiment de zouaves, de Düsseldorf.

---

(1) Cette liste figure déjà dans des numéros antérieurs avec des notes rectificatives.
(2) De Brossin de Méré (Aymard), lieutenant en second.
(3) Schwœbel (Ernest).

26. Capitaine *Mathieu*, de l'infanterie de marine, — de Cologne.
27. Lieutenant *Eugène*, du 18ᵉ régiment de ligne, — de Cologne.
28. Sous-lieutenant *Bourget*, idem.
29. Lieutenant *Denis*, du 2ᵉ régiment de zouaves,—de Cologne.
30. Vétérinaire *Juge* (1), du 2ᵉ régiment d'artillerie, — de Cologne.
31. Lieutenant *Didier*, du 15ᵉ régiment de ligne,—de Cologne.
32. Capitaine *Lacombe*, et
33. Lieutenant *Laurent*, du 63ᵉ régiment de ligne,—de Trèves.
34. Sous-lieutenant *Grivel*, du 7ᵉ régiment de dragons, — de Trèves.
35. Lieutenant *Coyette*, du 2ᵉ bataillon de la garde mobile de la Moselle, — de Trèves.
36. Capitaine *Archidet*, du 40ᵉ régiment de ligne, — d'Aix-la-Chapelle.
37. Capitaine *Dugenne* (2), du 87ᵉ régiment de ligne, — d'Aix-la-Chapelle.
38. Capitaine *Pochat* (3), du 70ᵉ régiment de ligne, — d'Aix-la-Chapelle.
39. Capitaine *Sireau*, du 1ᵉʳ régiment d'artillerie, — d'Aix-la-Chapelle.
40. Capitaine *Bouchard*, de l'état-major d'artillerie, — de Breslau.
41. Sous-lieutenant *Deroulède*, du 16ᵉ bataillon de la garde mobile, — de Breslau.
42. Lieutenant *Pauline*, et
43. Sous-lieutenant *Dehaut*, du 64ᵉ régiment de ligne, — de Schleswig.
44. Lieutenant *Blanc*, du 91ᵉ régiment de ligne, — de Gœrlitz.
45. Colonel *Thibaudin*, commandant le 67ᵉ régiment de ligne, — de Mayence.

(1) Vétérinaire en second.
(2) L'*Annuaire militaire* de 1870 ne porte qu'un seul officier du nom de Dugenne (Alphonse), lieutenant au 87ᵉ de ligne.
(3) Pochat (Eugène) figure à l'*Annuaire militaire* de 1870 comme lieutenant au 5ᵉ de ligne.

46. Sous-lieutenant *Wilz*, du 67ᵉ régiment de ligne, — de Mayence.
47. Capitaine *Conty* (1), du 28ᵉ régiment de ligne, — de Oppeln.
48. Sous-lieutenant *Chauvet*,
49. Sous-lieutenant *Paincourt*, et
50. Sous lieutenant *Jeannin*, tous trois du 93ᵉ régiment de ligne, de Oppeln.
51. Capitaine *Lesserteur* (2), du 4ᵉ régiment de ligne, — de Oppeln.
52. Lieutenant *Lagorse* (3), du 9ᵉ régiment de ligne, — de Oppeln.

(Ces deux derniers officiers ont été arrêtés.)

## PARTIE NON OFFICIELLE.

On lit dans la *Correspondance de Berlin* :

« Nous avons essayé, il y a quelque temps, de sonder l'abîme où s'engloutit la fortune de la France. Mais il parait que cette ruine présente et future des finances nationales est le moindre souci de la République. Un journal démocratique de Bretagne, le *Phare de la Loire*, relevant avec pitié les chiffres donnés par nous, s'écrie : « Il est bien question vraiment de notre dette ! La « feuille berlinoise vient aujourd'hui nous parler de nos finan- « ces !... *C'est presque bête !* »

« *C'est presque bête*, en effet, de parler de l'avenir de la France à ces patriotes qui ont fait « un pacte avec la mort. »

« Tandis qu'ils survivent encore, cependant, nous appellerons leur attention sur un autre déficit, dont il serait peut-être moins *bête* de se préoccuper dès aujourd'hui.

« On sait que la dernière récolte, en France, par suite de la sécheresse, n'a guère donné que les deux tiers d'une année moyenne. Le gouvernement impérial, au moment où il déclara

---

(1) Conty (Eugène-Joseph).
(2) Lesserteur (Joseph-Gustave).
(3) Lagorse (Jean).

la guerre, savait déjà qu'il aurait des achats considérables à faire pour combler ce déficit de la récolte, évalué à 250 ou 300 millions de francs. Mais il lui fallait organiser d'abord la victoire, et il ajournait, à son retour de Berlin, les mesures à prendre pour assurer l'alimentation du peuple français.

« Depuis lors, les réserves publiques et celles de l'industrie spéciale ont été largement mises à contribution, sinon encore épuisées, pour les besoins de l'armée, pour la subsistance des bandes irrégulières qui couvrent le pays, pour l'approvisionnement énorme de Paris, etc. A l'approche de l'ennemi, une quantité de récoltes qui restaient sur champ, a dû être brûlée par ordre du gouvernement de la défense nationale; chaque jour encore les réquisitions des francs-tireurs et des gardes mobiles vident les greniers de la campagne. Qu'arrivera-t-il, si la guerre se prolonge? « Tant que nous aurons du pain, » dit un des généraux républicains, « nous soutiendrons la lutte. »
— Mais combien de temps encore aurez-vous du pain?

« M. Jules Favre et ses amis, en prenant possession des pouvoirs et des coffres de l'État, ont commencé par acheter « les « fusils du monde entier. » Ces achats d'armes à l'étranger, nécessairement faits au comptant, doivent avoir absorbé la meilleure partie des ressources métalliques que le gouvernement républicain, en prenant dans toutes les caisses, a su se procurer. Si cette dictature se maintient jusqu'au jour assez prochain où il faudra bien s'apercevoir que les greniers se sont vidés plus vite encore que les arsenaux se remplissaient, comment pourra-t-elle acheter au dehors les masses considérables de grains qui vont devenir impérieusement nécessaires? Un gouvernement qui essaye d'emprunter à 9 ou 10 p. 100 ne peut compter sur le crédit, et ce n'est pas contre son papier de banque que les marchands d'Odessa ou de New-York lui livreront leur blé.

« La situation est bonne! » répètent les dictateurs français. Cette *situation* est déjà cotée sur le marché financier; elle le sera plus exactement encore, avant peu, et plus tristement — à la Halle aux grains. »

Un des secrétaire du gouvernement français, — présentement à Bordeaux, — M. Laurier, adresse de cette ville une circulaire aux préfets, qui contient dans le préambule cette phrase :

« Le gouvernement de la République *met son honneur à ne rien dissimuler de la vérité.* »

Après quoi, M. Laurier ajoute :

« *Dans Paris et sur la Loire la situation est bonne.* »

---

M. le docteur Kerkhoven, délégué du comité central néerlandais, a visité les prisonniers français en Allemagne. Il écrit au *Journal d'Arnheim*, pour démentir les calomnies des feuilles françaises :

« C'est avec stupéfaction que je lis un article du *Siècle* qui donne des détails sur la façon indigne dont seraient traités les prisonniers français. Voici ma réponse. Depuis 23 jours que je suis à Dusseldorf, j'ai eu l'occasion de m'entretenir avec des centaines de prisonniers au sujet du traitement qu'ils reçoivent ici. Je n'ai pas encore entendu *une seule plainte;* au contraire, ils louent la bienveillance dont ils sont l'objet. On a prétendu que le pain est trop lourd pour des estomacs français; quant à moi, je le trouve bon même pour des malades. Ceux-ci sont particulièrement bien traités. A Wesel la plupart des prisonniers sont de fort bonne humeur. Il va sans dire que le gouvernement prussien ne peut fournir à tous des pelisses, mais ils peuvent facilement se garantir du froid. Dans chaque baraque il y a 500 hommes, qui se plaignent plutôt de trop de chaleur. Quant à la nourriture, soupe et bœuf, j'en souhaite une pareille aux pauvres d'Arnheim. On a dirigé tout à coup 1,000 malades sur Wesel, et les premiers jours il manquait bien des choses, mais tout est en ordre maintenant. Les médecins, dont trois hollandais, font l'impossible aussi bien que le commissariat. La mortalité, évaluée à 80 p. 100 par *le Siècle*, n'atteint même pas 5 p. 100 depuis trois mois.

« Il y a à Dusseldorf 400 officiers français, qu'on rencontre dans la meilleure société, au théâtre, au concert.

« Les rapports du *Siècle* sont donc faux pour ce qui concerne Coblence, Neuwied, Cologne, Dusseldorf et Wesel.

« Dans cette dernière place il y a 800 turcos qu'on garde avec soin, car ces barbares n'ont aucune notion d'ordre et de discipline; mais leur nourriture est bonne. Naturellement ils souffrent un peu du froid, d'autant plus qu'ils refusent de mettre des bas. »

On se rappelle qu'au moment de l'entrée en campagne les journaux parisiens ont prétendu que la Prusse, pour maintenir dans les rangs les hommes de sa landwehr, était obligée d'avoir derrière eux des compagnies de gendarmes. Cette fable s'est pour ainsi dire retournée contre ses auteurs; nous la voyons devenir aujourd'hui une réalité dans l'armée française.

Un décret du gouvernement de Bordeaux mobilise la gendarmerie des départements et en forme des compagnies à la suite des armées de la république, pour arrêter les déserteurs, faire rejoindre les traînards et barrer le chemin de la fuite aux troupes en déroute.

Quant à la landwehr prussienne, les Parisiens l'ont vue d'assez près, — à la Malmaison notamment, — pour s'assurer par leurs yeux qu'il n'y avait pas derrière elle le moindre gendarme, et que, s'il faut l'arrêter, ce n'est pas en arrière.

Nous empruntons au *Journal de Genève* les deux lettres qu'on va lire :

« Bordeaux, 14 décembre.

« La translation du gouvernement de Tours à Bordeaux a été pénible. Son installation est laborieuse. Au bout de quatre ou cinq jours, c'est à peine si les services publics sont organisés. La télégraphie ne fonctionne pas, ou elle fonctionne si peu que nous avons eu à peine une ou deux dépêches du ministre de la guerre depuis les combats livrés sur la Loire par le général Chanzy. Quant au service des postes, il présente une désorganisation qui est presque comparable à celle qui a suivi l'investissement de Paris. La vie politique est pour ainsi dire suspendue. Les esprits désorientés flottent au hasard des impressions qu'ils recueillent sur la voie publique. Bordeaux est une ruche immense, où tout le monde bourdonne sans pouvoir saisir une situation ni préciser un fait.

« La population bordelaise est divisée en deux catégories bien tranchées : les classes conservatrices, qui voient l'arrivée du gouvernement et de son personnel comme le signe funeste d'un danger futur; les classes républicaines, qui ont une confiance illimitée dans la résistance. Tous les jours des bataillons de garde mobilisée partent par le chemin de fer, et sont dirigés vers le théâtre de la guerre. La garde nationale sédentaire les accompagne drapeau et musique en tête, branches d'arbres et fleurs au bout du fusil. On s'embrasse cordialement à la gare, on se souhaite un prompt retour, mais personne ne doute de la victoire finale. Seules, les femmes qui suivent leurs fils, leurs frères ou leurs parents, témoignent un désespoir qui s'accroit encore quand elles rentrent au foyer vide.

« C'est à peine si j'ose vous parler des événements de la guerre. Je les connais si mal, et cette lettre vous arrivera si tard, que je craindrais en vous les esquissant, de faire fausse route, ou d'écrire un chapitre de l'histoire ancienne.

« Ce qu'on sait bien ici, c'est qu'à la suite du départ du gouvernement de Tours, une panique effroyable s'est emparée de la population. Dimanche, lundi, mardi, une foule considérable d'habitants de la Touraine est venue grossir l'émigration de Bordeaux. Blois est pris par l'ennemi, disaient ils. Tout le département de Loir-et-Cher est occupé. L'Indre-et-Loire est déjà envahi.

« La vérité est qu'à la date du 9, le château de Chambord a été enlevé par les Allemands qui y ont surpris un corps de gardes mobiles. La vérité est qu'à la date du 10, un détachement prussien est arrivé devant Blois par la rive gauche, et que, trouvant le pont rompu et la Loire très-grosse, il a envoyé quelques volées sur la ville. La consternation a été grande. L'évêque, les autorités civiles parlaient de capituler. quand M. Gambetta, qui revenait de l'armée de la Loire, est arrivé dans la ville, et leur a dit : « Auriez-vous la faiblesse de vous rendre à douze hommes armés d'un canon ? » — Un officier prussien est venu en bateau demander la reddition de la ville.

Le ministre de la guerre lui a fait répondre par un refus. Que s'est-il passé depuis ce moment ? Nous l'ignorons. Mais il est certain que pendant trois jours, les Allemands n'ont pas renouvelé leur tentative sur Blois.

« En revanche, leur marche offensive par la rive gauche de la Loire a fait de grands progrès. Leurs corps occupent la rive du Cher entre Vierzon et Montrichard. Les récits des voyageurs qui fuient Tours signalent l'ennemi aux stations voisines de cette ville. Ces récits sont peut-être exagérés. En tout cas, toutes les ambulances de Tours ont été évacuées sur Bordeaux. C'est un tableau navrant que l'arrivée des convois encombrés de ces victimes de la guerre. Les malheureux débarquent au nombre de six à huit cents, les uns pâles de fièvre, les autres le bras en écharpe, le pied enveloppé de linge, ou la tête couverte de charpie. Ils montent par escouades dans les omnibus qui les transportent à leurs ambulances, à travers la ville désolée de ce douloureux spectacle.

« M. Glais-Bizoin, qui était aussi au camp de Conlie, est arrivé à Bordeaux.

« M. Gambetta est attendu le 17 ou le 18.

« Un grand nombre d'anciens députés ont suivi le gouvernement pour y renouveler leurs tentatives en vue de l'élection d'une assemblée nationale. »

« 15 décembre.

« La translation du Gouvernement de Tours à Bordeaux a produit une sensation profonde. Cette retraite a fait partout l'effet d'un désastre. Mais c'est surtout dans le centre de la France que ce désastre a été ressenti. La panique qui s'est emparée des populations riveraines de la Loire est indescriptible. A Tours, et au delà de Tours, on avait à diverses reprises conçu des craintes très-vives sur l'invasion, mais au fond les habitants se flattaient de l'espoir que la ligne de la Loire ne serait jamais franchie, et que leur pays serait préservé.

« Le départ du Gouvernement a été un premier coup de foudre. Les nouvelles qui sont bientôt arrivées du Loir-et-Cher ont porté au comble l'effroi général. Tous ceux qui étaient libres de partir ont abandonné leurs foyers. Chaque convoi qui arrive ici amène des familles entières qui fuient l'approche de l'ennemi.

« Bordeaux est devenu le refuge de la France de l'Ouest. Cette grande ville est trop petite pour contenir ce flot toujours croissant des émigrés qui viennent lui demander un abri. Tout ce monde errant cherche un logement qu'il est donné à très-peu de gens de trouver. Tous ceux qu'on interroge sur leur sort répondent invariablement : — Je suis campé dans un trou, en attendant mieux.

« Au milieu d'événements si graves, dans lesquels le sort de la France est engagé, la question de l'installation est devenue pour ainsi dire la première des questions politiques.

« De la guerre nous ne savons rien, ou si peu de chose depuis le départ de Tours qu'on peut à peine deviner la marche de l'ennemi. En revanche, nous savons que les administrations du gouvernement sont encore dans un tel désarroi que les communications télégraphiques sont une rareté, que les communications postales sont à peu près impossibles; journaux étrangers, dépêches, correspondances politiques, correspondances privées, tout nous manque.

« Les administrations publiques ont eu de gros conflits pour leurs logements. Le ministère de la justice a réquisitionné un hôtel particulier qui était vacant, mais dont le propriétaire réclame un prix beaucoup plus élevé que celui qu'on lui offre.

« La direction générale des postes a réquisitionné les galeries du Cercle de lecture qui occupent le rez-de-chaussée du Grand-Théâtre. La préfecture abrite tant bien que mal le ministère de l'intérieur dont les bureaux se trouvent divisés sans communication entre eux à tous les étages de l'hôtel.

« La délégation des affaires étrangères, dont le personnel est très-restreint, a pu se loger dans une maison de la rue Esprit-des-Lois. Quant aux membres du corps diplomatique, ils sont à peu près dans la même situation que les plus malheureux des émigrés. Seul, M. Nigra a trouvé pour la légation d'Italie un hôtel confortable, rue Duplessis. Quant aux autres Excellences, elles cherchent encore un domicile qu'elles ne trouvent pas, même en offrant les prix les plus élevés. Lord Lyons, le prince de Metternich, M. Okouneff, Djemil pacha sont à l'hôtel, et leurs chancelleries sont éparses dans des chambres numérotées.

« Avant-hier, une scène de violence a eu lieu au Grand Café du théâtre. Un Anglais a cherché querelle à M. Lecesne, président de la commission d'armement, qu'il a frappé et renversé sur le trottoir. On dit que la cause de cette scène est venue du refus que M. Lecesne a opposé aux propositions que lui avait faites son agresseur, pour des marchés d'armes et de munitions.

« Les nombreux membres du Corps législatif qui se trouvent à Bordeaux, et qui cherchent un mouvement électoral, vont rencontrer dans le gouvernement, dans l'administration préfectorale de Bordeaux, et peut-être dans la population radicale de la ville une opposition dont le préfet a donné hier le premier signal par une proclamation placardée sur les murs de la ville et qui est ainsi conçue :

« Citoyens,

« Au moment où l'armée de Paris commence, contre ses
« assiégeants, une campagne de sorties meurtrières et victo-
« rieuses ; pendant qu'une de nos armées lutte héroïquement
« contre les troupes aguerries du prince Frédéric-Charles ;
« pendant que d'autres armées attendent l'heure de frapper
« des coups décisifs ; pendant que les gardes nationales mobi-
« lisées de l'Ouest et du Nord, du Centre et du Midi, s'assem-
« blent pour marcher au secours de nos gardes mobiles, *quel-*
« *ques habiles*, profitant du trouble de cœur qu'ils ont cru
« sentir, à l'instant des adieux, chez nos populations patrioti-
« ques, cherchent *à vous pousser à de lâches défaillances.*

« Qu'ils le sachent bien : leur heure est mal choisie, et mal
« choisie surtout serait la noble Gironde, pour une entreprise
« contre l'honneur de la patrie, contre l'intégrité du territoire
« de la France, contre la République.

« Qu'ils se calment aussi les citoyens qui s'alarment ; le
« gouvernement de la République a fait pour la défense natio-

« nale, depuis trois mois, des miracles que la République
« seule pouvait produire. Qu'ils aient confiance et patience.

« Signé ALLAIN TARGÉ. »

« Cette proclamation est évidemment un avertissement donné aux *politiques* qui se préparaient à plaider dans les réunions publiques du Grand-Théâtre la thèse d'une Assemblée nationale, et celle d'un traité de paix avec l'ennemi. »

---

La *Gazette de Cologne* a reçu de San Remo (Italie), 16 décembre, la lettre suivante qui dénonce une nouvelle violation du droit des gens :

« Nous avons eu hier l'occasion de nous convaincre que la Convention de Genève ne préserve pas de la captivité les médecins allemands en campagne. Le 1ᵉʳ décembre, à Patay près d'Artenay, on a fait prisonniers trois médecins bavarois, un médecin-chef et un aide prussiens, qui, étant restés dans une maison protégée par la Croix-Rouge, pour panser des blessés français et allemands, se sont trouvés séparés de leurs régiments et ont été emmenés par des cavaliers français. Après leur avoir enlevé leurs chevaux et leurs armes, on les a conduits à pied à Orléans. C'est en vain que ces médecins ont invoqué la Convention de Genève et demandé à être rapatriés par la Suisse ; à Orléans, comme à Tours on a fait la sourde oreille. Ils ont été transportés sous escorte de gendarmerie à Bordeaux, puis à Marseille et à Nice. Ils espéraient au moins être mieux traités dans cette ville où doit exister un comité international. On commença par les jeter en prison, en ne leur donnant que du pain et de l'eau ; puis un gendarme les conduisit à la frontière italienne.

« Les autorités d'Italie, ne sachant que faire des médecins allemands, s'apprêtaient à les conduire à la citadelle de San Remo, lorsqu'on parvint à faire comprendre au sous-préfet que ses prisonniers n'étaient pas des officiers, mais des soldats de la Croix-Rouge éloignés depuis 15 jours de leur centre d'activité par les mesures sauvages d'un gouvernement qui se prétend à la tête de la civilisation. Là-dessus le fonctionnaire italien les a relâchés. L'envoyé fédéral de Florence a été prié de faire parvenir à ces victimes de l'indignité française les ressources nécessaires pour qu'ils pussent rejoindre leurs régiments. »

N° 52. — VENDREDI 30 DÉCEMBRE 1870.

PARTIE OFFICIELLE.

COMMUNICATION OFFICIELLE.

VERSAILLES, 29 décembre. — 28 décembre. — Aujourd'hui, le mont Avron n'a pas répondu au feu de notre artillerie de siège ; les forts seuls ont tiré.

Le 26, la première armée, poursuivant l'ennemi, est arrivée dans les environs de Bapaume ; le nombre des prisonniers a encore augmenté.

PARTIE NON OFFICIELLE.

Versailles, 29 décembre.

Son Excellence Monsieur Delbruck, ministre d'État et président de la Chancellerie fédérale est arrivé à Versailles.

DÉFENSE NATIONALE ET RÉPUBLIQUE.

Une tactique aussi ingénieuse qu'elle est peu équitable, consiste à mettre à l'actif de la République tout ce qu'il y a de généreux efforts et de nobles sacrifices dans la défense nationale. Un succès est-il obtenu, les républicains l'attribuent immédiatement à leur parti ? Y a-t-il un revers, aussitôt ils le font retomber sur l'Empire ? Cette manière de juger est d'autant plus injuste que tout ce qui se fait d'utile et de sérieux n'est que l'application des idées du gouvernement impérial. Il ne s'est pas produit un seul chef militaire qui ne doive son élévation à l'Empereur ? Il n'y a pas eu un seul succès qui n'ait été l'œuvre des hommes de l'Empire. Par contre, il n'y a pas eu une seule mesure révolutionnaire qui ait eu de bons résultats, et tout ce qui appartenait en propre au système républicain a échoué. Qu'il nous soit donc permis de rappeler des faits incontestables, en rendant à César ce qui est à César et à la République ce qui est à la République.

Nous avons déjà eu l'occasion de prouver que si, avant la guerre, le Gouvernement impérial s'était montré imprévoyant, l'opposition républicaine avait été bien moins sage encore, et que, tout en nous représentant sans cesse comme humiliés, elle avait systématiquement entravé tous les moyens de réparer cette humiliation prétendue.

Nous pouvons ajouter que, par la révolution du 4 septembre, elle a créé au profit de la Prusse une diversion qui a mieux servi les intérêts du roi Guillaume que n'auraient pu le faire les plus grandes victoires de ses armes. En effet, cette révolution a détruit en un jour l'organisation administrative de la France, sa représentation nationale, son crédit financier et son action diplomatique.

Depuis lors, la plus grande chose qui ait été accomplie, c'est la défense de la capitale. Mais qui avait préparé cette défense? Qui avait procédé à l'armement des forts, à la concentration des troupes, des munitions, des approvisionnements? Qui avait appelé à Paris l'infanterie de marine? Qui avait trouvé les moyens de pourvoir pour plusieurs mois à l'alimentation d'un peuple de deux millions d'âmes? La révolution a éclaté le 4 septembre. L'investissement de Paris a eu lieu le 18. A qui fera-t-on croire que quatorze jours auraient suffi à la République pour mettre la capitale en état de défense, si l'organisation n'avait été préparée par l'Empire?

Tous les chefs qui sont à la tête de l'armée de Paris se rattachent par leur passé au régime impérial. On a représenté le général Trochu comme ayant été en disgrâce sous l'Empire. Rien n'est plus inexact, et la preuve c'est l'avancement exceptionnellement rapide de ce brillant officier (colonel en 1855, général de division en 1859) qui a été et qui est encore l'un des plus jeunes généraux de division de l'armée. L'Empereur l'avait appelé aux fonctions les plus honorables. En dernier lieu, il lui avait confié le commandement en chef d'un corps d'armée, puis le poste si important de gouverneur de Paris. Et assurément ce choix n'était imposé à Sa Majesté par personne. Si respectables que fussent ses antécédents, le général Trochu n'avait point encore une illustration populaire. Bien des gens dans la population parisienne ne le connaissaient même pas de nom. Ajoutons que le nouveau gouverneur, en remerciant l'Empereur à Châlons, lui avait donné comme Breton, comme chrétien, comme soldat, les assurances de dévouement les plus énergiques.

Si donc le général Trochu se distingue aujourd'hui dans la défense de la Capitale, on ne refusera point à l'Empereur le mérite d'avoir mis cet officier général en lumière; car si l'Empereur ne l'avait point nommé gouverneur de Paris, à coup sûr il ne jouerait pas le rôle qu'il remplit en ce moment.

Le général Ducrot a été également honoré par l'Empereur des marques d'une bienveillance spéciale. Comme colonel, il forma le premier régiment des grenadiers de la garde. A la bataille de Sedan, il avait un des principaux commandements de l'armée. C'est un des officiers les plus connus de l'Empereur, un de ceux qu'il a le plus appréciés.

Quant au général Vinoy, c'est un des meilleurs généraux de l'Empire. Depuis plusieurs années, il siégeait au Sénat, dont les membres ne sont pas aussi inutiles que le prétendait l'opposition, et, malgré son âge avancé, il venait d'être rappelé à l'activité par l'Empereur.

Le général Renault, qui a été amputé à la suite de la dernière sortie, est également sénateur, et il a, lui aussi, toujours passé pour un homme profondément dévoué à l'Empire.

Nous en dirons autant du vice-amiral de La Roncière, qui commande les forts. Il a été aide de camp du prince Napoléon, et la comtesse de La Roncière, sa femme, était dame d'honneur de S. A. I. la princesse Clotilde.

Ajoutons que le général Schmitz, actuellement chef d'état-major du général Trochu, a été officier d'ordonnance de l'Empereur, et qu'il fut chargé par lui de porter à l'Impératrice les drapeaux autrichiens pris à Solférino.

Les officiers qui en ce moment participent à la défense nationale servent la France, mais non la République. Comme le disent les signataires des protestations insérées dans l'*Indépendance belge*, « ils ne se laissent pas travailler par ces influences « de partis; ils n'appartiennent qu'à la France, et la France « seule pourra en disposer; ils n'auront jamais l'idée d'établir « un gouvernement qui n'aurait pas l'assentiment du pays. »

Nous ne cesserons de le répéter : la défense nationale et la République sont deux choses essentiellement distinctes, et la solidarité que les républicains voudraient établir entre leurs doctrines et les sentiments du patriotisme français n'est qu'une manœuvre de parti contre laquelle protestent la justice et le bon sens.

Nous en appelons à la loyauté de nos contradicteurs. Sont-ce des républicains, ces généraux qui, comme les Bourbaki, comme les d'Aurelles de Paladines, ne prononcent même pas dans leurs proclamations le nom de la République?

Sont-ce des républicains, ces zouaves pontificaux qui se distinguent sur les rives de la Loire?

Est-ce pour la République ou pour la France que se font tuer ces impérialistes, ces légitimistes, ces orléanistes dont le courage fait l'admiration de l'armée prussienne elle-même? Il serait profondément inique d'accorder le monopole de tant d'héroïsme à un parti, à une minorité, à une faction.

En résumé, ce qu'il y a de régulier, de pratique, d'efficace dans la défense nationale n'est que la continuation de ce qui avait été commencé par l'Empire. C'est l'Empire qui avait mis sur pied les mobiles, c'est l'Empire qui avait créé les régiments de marche, c'est l'Empire qui avait appelé l'infanterie de marine à la défense du territoire, c'est l'Empire qui avait assuré les ressources pécuniaires par le succès de l'emprunt, c'est l'Empire qui avait préparé la défense de Paris. Tout le monde se souvient de ce qu'avait fait le général de Palikao pour l'organisation de nos armées pendant sa trop courte administration.

Constatons, toutefois, pour être justes, que certaines choses doivent être mises à l'actif de la République. Innovations révolutionnaires, journalistes élevés d'emblée au grade de général de division, installation d'un avocat au poste de ministre de la guerre, état-major de la République universelle sous les ordres de Garibaldi, arrestations de généraux, envoi de commissaires civils aux armées, ligues particulières du Midi, mouvements anarchiques de Lyon, de Marseille, de Toulouse ; phraséologie démagogique, accusations de trahison, défiances et suspicions contre les hommes les plus honorables ; tout cela, nous le reconnaissons, est l'œuvre des républicains et porte, pour ainsi dire, leur marque et leur cachet. Le pays, qui est impartial, fera sa part des responsabilités et des mérites de chacun, et si, comme nous en avons l'espérance, des succès doivent être obtenus, on reconnaîtra qu'ils l'ont été, non point par la République, mais malgré la République. (*Le Drapeau.*)

M. DUPORTAL.

On lit dans le *Messager du Midi* :

« Il se produit en ce moment dans notre ville un mouvement énergique pour faire rentrer Toulouse dans la légalité. Nous apprenons qu'il se forme un comité privé, composé de citoyens très-honorables et très-honorés, qui se proposent d'adresser à M. le préfet de la Haute-Garonne une protestation sérieuse contre l'état de choses actuel. Le but de la protestation est double : 1° demander sans plus de retard les élections municipales ; 2° procéder à la réorganisation de la garde nationale sur des bases larges, vraies et réellement démocratiques.

Nous souhaitons que cette tentative aboutisse, et nous appuyons de toutes nos forces la protestation, tout en réservant notre complète liberté d'action pour le choix des candidats municipaux à élire, si, comme nous le croyons, elle trouve devant qui de droit un favorable accueil.

A notre avis, la République ne doit être ni une coterie, ni le partage de quelques-uns, ni le règne d'une minorité intolérante ou exclusive. La République doit être le gouvernement de tous pour tous. Elle doit accueillir maternellement ceux qui viennent loyalement à elle et s'efforcer de fonder l'harmonie des intelligences et des patriotismes sur l'oubli des divisions et des dissentiments du passé. Telle est notre opinion, à nous, qui mettons la volonté nationale au-dessus de toute opinion individuelle.

### ENTERREMENT CIVIL D'UN LIBRE PENSEUR
*et profession de foi athée d'un haut fonctionnaire.*

M. Ch. Le Balleur-Villiers, homme de lettres, ancien transporté de décembre, vient de mourir à Toulouse, après six mois d'une longue et douloureuse maladie.

M. Le Balleur professait hardiment les principes du plus désespérant athéisme. Il avait successivement collaboré à la *Pensée Nouvelle*, de Paris; au *Rationaliste*, de Genève; au *Peuple*, de Marseille; aux *Droits de l'Homme*, de Montpellier; à l'*Émancipation*, de Toulouse. Il appartenait à cette école, heureusement peu nombreuse, de républicains matérialistes qui procèdent de Babœuf et de Buonarotti, et reconnaissent aujourd'hui Auguste Blanqui pour chef doctrinal.

Selon sa volonté, le corps du défunt a été directement porté au cimetière.

Pour qu'on ne nous accuse pas de partialité, reproduisons le compte rendu de cette cérémonie funèbre, emprunté à l'*Émancipation*. On lit dans ce journal :

« La cérémonie a eu lieu sans le secours d'aucun culte, selon la volonté du défunt.

« Les représentants des clubs du *Cirque* et de la *Solidarité républicaine*, drapeaux en tête, voilés de noir, y assistaient.

« On y remarquait aussi de nombreuses délégations venues de Marseille, de Cette, de Montpellier et de Carcassonne.

« Le deuil était conduit par les citoyens Armand Duportal, Royaumez et Fesneau.

« Les officiers de la garde nationale et des compagnies de francs-tireurs et des mobiles faisaient cortége.

« Un détachement des pupilles de la République sous les

ordres des capitaines Miquel et Pradet et un piquet de gardes nationaux en armes avec un crêpe au fusil, escortaient le cercueil.

« Au cimetière, devant la fosse, le citoyen Duportal a prononcé le discours suivant :

« Frères et amis,

« Nous rendons à la terre, mère incréée de l'éternelle humanité, le corps inanimé d'un intrépide champion de la pensée libre et du drapeau républicain.

« Tous les combats que l'iniquité monarchique et la fatalité sociale livrèrent à notre faible nature, Charles Le Balleur-Villiers les a soutenus avec courage et persévérance ; luttes pour sa foi politique, luttes contre l'intolérance religieuse, luttes du cœur et du foyer domestique, luttes contre les défaillances de l'ingrate matière qu'il relevait sans cesse des richesses de son esprit.

« Il m'appartient de le proclamer à moi qui l'ai connu dans les rudes épreuves des mauvais jours. . . . . . . . . . .
. . . . . . . . . . . . . . . . . . . . . . . . . . . . . . .
. . . . . . . . . . . . . . . . . . . . . . . . . . . . . . .

« Et maintenant, ce valeureux lutteur est vaincu !... Voilà nos capitulations à nous, les assiégés de la forteresse imprenable de la foi républicaine. Six pieds de terre sur notre face contractée par les ravages de la mort sont le dernier argument qui nous trouve sans réplique.

« Mais il ne nous trouve pas sans résignation ! Nous savons en effet que rentrer au sein de la terre, c'est payer le tribut que nous devons tous à la « palingénésie naturelle de la création des êtres. »

« Charles Le Balleur l'a compris et prouvé d'une manière héroïque. Qui de vous, frères et amis, malgré les orages de sa destinée, ne serait heureux du lot qui lui est dévolu : une existence pleine de dévouement et de sacrifices, la mort sereine d'un sage, dégagée des terreurs sinistres d'une autre vie, fort de sa conscience et de l'estime de ses concitoyens?

« Repose en paix, Le Balleur, dans le froid suaire, qui recouvre à jamais ton mâle visage. Nous ne nous verrons plus ! Mais, la dernière fois que ma main virile et frémissante rencontra la tienne déjà glacée par l'agonie, nous savions tous les deux que nos enfants se rencontreraient un jour dans le paradis de la République universelle.

« Pour la dernière fois, Le Balleur, adieu ! »

De cet enterrement civil en lui-même, nous n'avons rien à dire. Considérés au point de vue de nos convictions religieuses, ces départs de la vie terrestre, sans bénédiction dernière, sans consolation suprême, sans un cri d'espérance, nous affligent et nous attristent. D'un autre côté, partisans que nous sommes de la liberté de conscience, nous estimons qu'un libre-penseur, qui ne croit ni à Dieu, ni à l'âme humaine, ni à la vie future, qui prétend que l'homme, à la mort, rentre dans le néant, qui a vécu en dehors de tout culte, est parfaitement logique en éloignant de sa tombe toute parole et tout emblème d'immortalité.

Mais alors, il faut que cet enterrement civil reste dans les domaines restreints de la vie privée, et ne devienne pas une sorte de manifestation publique, jetée comme un défi aux croyances de l'immense majorité des habitants d'une ville qui s'honore de croire encore à quelque chose, et pense que la foi religieuse peut fort bien s'allier avec la foi républicaine.

Or, c'est précisément ce qui a eu lieu — si nous sommes bien renseignés — pour les obsèques de M. Le Balleur-Villiers. Des gardes nationaux et un certain nombre de jeunes pupiles de la République, en armes, faisaient cortège. Étaient-ils là tous de leur plein gré? Nullement. Les pupiles de la République avaient été convoqués par l'autorité compétente. On nous dira que le rendez-vous était facultatif. Sophisme! Personne n'ignore que, dans le cérémonial militaire, convocation équivaut à ordre. Plusieurs de ces jeunes gens ne savaient même pas quelle était la personne dont ils devaient accompagner les obsèques, et quelques-uns, appartenant à des familles catholiques, ont été — nous le savons de source certaine — sévèrement blâmés par leurs parents de s'être prêtés de si bonne grâce à pareille convocation.

Mais voici un fait plus grave signalé par le *Progrès libéral*.

Un ordre de service, signé du major de la place, revêtu du sceau officiel, a également convoqué les officiers de la première compagnie de la garde nationale mobilisée du canton pour assister aux obsèques d'une personne non désignée. Quelle n'a pas été leur surprise d'être associés involontairement et par ordre de leur supérieur à une manifestation dont la conscience de plusieurs d'entre eux répudiait le caractère? Nous voulons parler de l'enterrement solidaire de M. Le Balleur.

## HAM.

*Le Glaneur*, de Saint-Quentin, rapporte ainsi la réoccupation de Ham :

« Les Prussiens sont de nouveau rentrés dans Ham, et sans difficulté. Il n'y avait plus de troupes dans cette ville depuis quelques jours. Samedi, vers midi, 150 lanciers bleus du 18ᵉ régiment arrivèrent dans la ville, venant de Noyon. Quelques-uns de ces cavaliers étaient munis de haches, pioches, pelles, etc.

« C'était jour de marché. Vous jugerez de la panique de toutes ces bonnes marchandes, qui, abandonnant salades et carottes, oignons et navets, s'enfuient à toutes jambes.

« De temps en temps des patrouilles parcouraient la ville pendant que le reste de la troupe buvait et mangeait.

« L'objet de la visite des Prussiens à Ham avait pour but, nous dit-on, de protéger les réquisitions qui se faisaient en leur nom dans les communes environnantes. »

On écrit de Cologne au *Journal de Liége* :

« Je viens de recevoir une lettre anglaise de Paris, du 11, arrivée par le ballon qui s'est perdu à Sinn, près de Herborn (Nassau). Il y est dit que les membres du gouvernemet provisoire se font payer chacun un traitement de 4.000 fr. en or par mois. En même temps, ils ont à leur disposition un équipage à deux chevaux aux frais du gouvernement. Le gouvernement fait cesser la formation des comités de délégués, qui s'étaient arrogé le pouvoir de surveiller l'administration militaire et civile.

« Ces comités, qui avaient pris le nom de conseils de famille des compagnies de la garde nationale, ont été remplacés par des comités de secours mutuels. Les boulangers de Belleville avaient demandé à être payés des pains qu'ils avaient fournis à l'armée, et comme le gouvernement, faute d'argent, leur offrit de la farine en payement, les boulangers se sont refusés à faire cuire du pain. Le lendemain, il n'y avait pas de pain à Belleville et une panique passagère s'empara des esprits.

« Je lis dans une autre lettre que le commandant du Mont-Valérien, le général Noël, s'est plaint des pillages et dévastations que les gardes mobiles de Rueil et Nanterre ont commis. L'ordre vient d'être donné de faire feu sur toutes les personnes qui dépasseraient la ligne des avant-postes. Le général a reçu l'autorisation du gouverneur de faire juger les criminels par un conseil de guerre siégeant sur le Mont-Valérien.

« L'attitude énergique du général Trochu a imposé silence à ses adversaires les plus opiniâtres de la presse parisienne. Les restaurants se ferment l'un après l'autre, faute de viande. Il n'y a plus de pommes de terre ; elles sont, en effet, introuvables aujourd'hui. Il y a abondance de café, de vin et de pain, dont le prix n'a pas augmenté. Les prix des autres comestibles sont énormes et ainsi cotés : un chou, 5 fr.; une carotte, 5 fr.; un lapin engraissé, 25 fr.; un coq d'Inde ordinaire, 60 à 70 fr., et un poulet, 157 fr. »

### DESTITUTION.

Les dépêches de Bordeaux annoncent deux destitutions nouvelles : le général Morandy est accusé d'incapacité ; la délégation reproche au général Sol d'avoir abandonné Tours, qu'elle a quitté elle-même il y a près d'une semaine.

La délégation a une excuse : elle craignait de gêner. Elle voulait de plus se transporter aux bords de la Garonne, espérant trouver aux rives gasconnes de nouvelles inspirations pour ses véridiques dépêches.

Quant à M. Gambetta, qui ne craint point de gêner, il reste à l'armée de la Loire, trop loin pour avoir aucun danger à redouter ; assez près pour pouvoir, à l'occasion, tirer parti à son profit d'un contraste factice entre son attitude et celle de ses codictateurs.

La victoire seule peut dorer d'un semblant de légitimité l'usurpation de septembre ; ce coup d'État sera maudit à jamais par les ennemis mêmes de Napoléon III. Ils comprennent que reconnaître un gouvernement issu de la violence, c'est exposer à de semblables tentatives les différents pouvoirs dont ils espèrent l'avénement ; c'est nier le seul principe sur lequel pourront reposer les gouvernements futurs : la volonté nationale.

Or M. Gambetta semble vouloir à tout prix éloigner la victoire : Décrets puérils, mesures contradictoires, destitutions non motivées, désordre général, nominations grotesques, mensonges dangereux : il accumule à plaisir tous les éléments de revers. Nous ne parlerons point de ces décrets dictatoriaux, incriminant l'honneur et la capacité de généraux, les uns honorables, les autres glorieux : M. Gambetta croit sans doute que la République a assez de partisans en France pour ne pas craindre d'en détacher les honnêtes gens.

Les autres lui restent, c'est assez.

Laissons de côté aussi ces nominations d'avocats, de députés, de journalistes, aux plus hauts grades militaires : contentons-nous d'espérer voir bientôt M. Gambetta à la tête de l'armée de la Loire, payant de sa personne et entraînant ses troupes. Il ne peut être que bon général ; l'assurance avec laquelle il juge et destitue sans hésitation la plupart des généraux nous en donne la preuve, et c'est sans doute pour se préparer les voies qu'il a nommé tant de généraux civils.

Mais nous nous permettrons, dans l'intérêt de la France, de lui adresser ces quelques observations :

« Avant de gouverner les Français, connaissez-les. — Ils ont à combattre deux ennemis, c'est trop d'un. — On ne quitte pas volontiers la chaumière pour aller au loin combattre les Prussiens, quand on laisse tout ce qui nous est cher exposé aux attaques de l'anarchie, du socialisme et des *rouges*. Le seul mot de République effraye plus d'un Français ; vous l'avez compris le 3 septembre, sinon vous, au moins ceux de vos collègues qui, méditant leur coup d'État, voulaient gouverner, mais sans que le mot de République fût prononcé.

« Ordinaire, Esquiros et les autres suffisent à justifier toutes les craintes. Vous pouviez être utile à la France, et peut-être l'on vous eût pardonné. Laissant aux généraux, à un comité *militaire*, le soin de combattre les Allemands et d'organiser la défense, vous pouviez, vous deviez vous consacrer tout entier à la défense des foyers contre l'ennemi intérieur ; en un mot, au maintien de l'ordre.

« Aujourd'hui, laissant la France en proie à un double fléau, reconnaissant en secret votre incapacité et votre insuffisance, comprenant que vous n'êtes plus maintenant que toléré et subi par la France dont vous avez trahi la confiance, vous ne songez qu'à conserver le pouvoir en prolongeant la guerre ; à vous seul les Allemands sont utiles. Songez aux malédictions, aux mépris qui attendent les gouvernements tombés, alors que ceux qui les louaient n'ont plus rien à en attendre ; et prenez garde qu'un jour la postérité, jugeant d'après le sang versé, ne confonde dans la même réprobation les septembriseurs de 1792 et les septembristes de 1870. »

---

BULLETIN DE L'ÉTRANGER.

MUNICH, 19 décembre. — Hier, la célébration de l'anniversaire de Beethoven s'est dignement terminée par une représentation de la tragédie de Goethe, *Egmont*, avec la musique de Beethoven.

La soirée a eu lieu au Grand-Théâtre national, à des prix réduits ; la salle était comble.

La veille, jour de fête principal, un grand concert a été donné également au Grand-Théâtre. On a offert au public deux des plus vastes œuvres du maître : la symphonie en *ut mineur* et la grande messe en *ré*.

Cette dernière n'a été exécutée qu'une seule fois à Munich, il y a plus de vingt ans, sans obtenir précisément une admiration universelle.

L'accueil enthousiaste que la *Missa solemnis* a trouvé à la soirée d'avant-hier a été une preuve que le goût du public musical a fait de grands progrès depuis.

L'exécution était de tout point irréprochable, les chœurs et l'orchestre étaient considérablement augmentés, de sorte que l'impression ne pouvait être que grandiose.

Les solis étaient chantés par MM. Bausewein (basse) et Vogel (ténor, et M<sup>lles</sup> Ritter (alto) et Léonoff (soprano).

### FAITS DIVERS.

#### Obsèques d'Alexandre Dumas.

Jeudi, ont eu lieu à Neuville les obsèques d'Alexandre Dumas.

Malgré les émotions du jour, une foule nombreuse s'était donné rendez-vous sur la tombe de l'auteur de *Monte-Christo* et de *Mademoiselle de Belle-Isle*.

Le conseil municipal de Dieppe avait tenu à honneur d'être représenté à ces obsèques.

Il avait envoyé une députation dont M. A. Le Bourgeois s'était fait l'interprète avec autant de cœur que de talent.

Voici le touchant discours prononcé par M. Le Bourgeois sur la tombe d'Alexandre Dumas :

« Dans les temps malheureux où nous vivons, le salut du pays absorbe toutes nos pensées. Cependant nous devons un adieu à celui qui nous quitte, désormais à l'abri des misères de cette vie, et nous le devons surtout quand ce mort a été un illustre vivant.

« Alexandre Dumas père, après une longue et brillante carrièrre, est mort chez son fils, aux portes de notre ville.

« Le conseil municipal de Dieppe a pensé qu'il devait assister à ses obsèques, et nous a commis pour le représenter.

« Il n'appartient guère aux représentants d'une ville de pêcheurs et de bourgeois d'entreprendre l'éloge funéraire d'un littérateur tel qu'Alexandre Dumas ; cependant, la bénédiction du plus humble, quand elle est cordiale et sincère, doit, à cause de sa simplicité même, toucher les cœurs généreux tout autant qu'un éloge académique.

« Nous ne sommes pas tous initiés aux jouissances de la littérature, cependant il en est bien peu parmi nous qui ne doivent à Alexandre Dumas beaucoup de ces heureuses veilles, où la dernière page du livre arrive toujours trop tôt. Il a su, dans ses nombreuses chroniques, aplanir les difficultés de l'histoire, et forcer le lecteur à s'instruire en s'amusant. Presque toutes les créations de sa verve littéraire sont devenues populaires, mais ce n'est pas le lieu ; d'autres plus compétents le feront ; disons seulement que tous ceux qui l'ont lu doivent l'aimer, car à chaque trait de son humeur primesautière, de son esprit si français, on reconnait l'élan d'un cœur généreux.

« Voyez, Messieurs, quelle misère est la nôtre, en ces affreux temps d'invasion? En temps ordinaire, la mort d'Alexandre Dumas eût occupé Paris et la France, toutes les notabilités de la littérature auraient tenu à honneur de l'accompagner à sa dernière demeure. Que d'adieux éloquents ! Que d'éloges noblement exprimés ! et, aujourd'hui, quelques mots seulement tombent sur sa fosse, d'une voix inconnue. »

MM. Montigny et B. Masson, au nom de l'art, ont prononcé des discours.

M. Alexandre Dumas fils a paru fort ému de la démarche du conseil municipal de Dieppe.

---

On écrit d'Adenau, dans l'Eifel (province Rhénane) que le 15 de ce mois, vers midi, un garde forestier, qui travaillait avec des ouvriers dans la forêt de Kimpenich, a pu saisir un ballon monté par trois personnes, qui flottait à la hauteur des arbres, et s'emparer d'un des passagers. Les autres s'échappèrent en coupant les cordes qui pendaient de la nacelle. Le prisonnier déposa que le ballon était parti le matin même de Paris, à huit heures du matin. On croit que le ballon, momentanément arrêté à Adenau, est le même que celui qui est définitivement tombé à Herbon, près de Dillembourg, le même jour, à une heure de relevée. Les deux voyageurs que transportait ce dernier ballon, et qui étaient en uniforme d'officier, ont été enfermés à Ehrenbreitstein.

28, AVENUE DE SAINT-CLOUD, 28.
on change
*La petite monnaie*
CONTRE DES PIÈCES DE THALERS EN ARGENT.

## N° 53. — SAMEDI 31 DÉCEMBRE 1870.

### PARTIE OFFICIELLE.

###### COMMUNICATION OFFICIELLE.

VERSAILLES, 30 décembre. — Le 27, le lieutenant-colonel de Boltenstern, avec six compagnies, un escadron et deux canons, avait à soutenir, entre Montoire et La Châtre, un combat très-vif. Finalement, le détachement a été cerné par l'ennemi. Le lieutenant-colonel de Boltenstern néanmoins parvint à se frayer un chemin, et, après avoir perdu environ 100 hommes, il ramena comme prisonniers 10 officiers et 230 hommes (1).

Le 28, notre artillerie de siége à l'est de Paris, après avoir, la veille, réduit au silence le feu du mont Avron, est parvenue à bombarder efficacement la gare de Noisy-le-Sec et à chasser l'artillerie ennemie cantonnée à Bondy. Nos pertes sont de 3 hommes.

Le 29, le mont Avron a été occupé par des détachements du 12ᵉ corps d'armée (saxon); on y a trouvé beaucoup d'affûts, de fusils, de munitions et de morts que l'ennemi avait abandonnés.

Les détachements ennemis qui se trouvaient encore en dehors des forts se sont retirés vers Paris. Aucune perte de notre côté.

(1) *Extrait de la dépêche de M. Gambetta sur cette affaire :*
« Bordeaux, 29 décembre.
« Aux Préfets et aux Sous-Préfets.
« Le 27, une colonne mobile détachée de l'armée du général Chanzy a eu un engagement assez vif avec l'ennemi, vers Montoire. L'ennemi, poursuivi 5 kilom. au-delà de cette ville, s'est retiré sur Châteaurenault, laissant une centaine de prisonniers, des caissons, des équipages, deux officiers tués, plusieurs blessés. »

On mande de la première armée que le 27, après plusieurs escarmouches, la forteresse de Péronne a été cernée. La poursuite de l'armée du Nord continue.

Versailles, 28 décembre 1870.

Nous, préfet de Seine-et-Oise, avons arrêté ce qui suit :

Vu l'arrêté en date du 5 décembre inséré au *Moniteur officiel* n° 6, et au *Recueil administratif* n° 3, pages 40 et 31, concernant le rétablissement du service postal dans les territoires occupés ;

Considérant qu'un très-grand nombre de plaintes me parviennent sur la manière défectueuse, dont ce service s'opère, entre les chefs-lieux de canton et les communes composant ledit canton ;

Considérant que le rapport demandé aux maires des chefs-lieux de canton, sur l'organisation et sur les moyens employés pour assurer la bonne exécution de ce service, ne m'est pas encore parvenu;

Arrête :

Article 1$^{er}$. MM. les maires des chefs-lieux de canton *sont requis*, pour éviter des plaintes aussi souvent réitérées et les retards si regrettables apportés dans les distributions, d'avoir à s'entendre d'une manière positive sur le mode le plus simple de distribution à employer d'accord avec MM. les maires des communes composant ledit canton.

Art. 2. MM. les maires des chefs-lieux de canton voudront bien, dans les huit jours qui suivront la publication de cet arrêté, m'adresser un rapport détaillé sur les moyens qu'ils auront pris à cet égard.

Art. 3. MM. les maires sont rendus *personnellement* responsables des retards énoncés dans cet arrêté, et si de nouvelles plaintes m'arrivaient à ce sujet, je serais forcé de les frapper d'une sérieuse amende.

*Le préfet de Seine-et-Oise,*<br>DE BRAUCHISTCH.

## PARTIE NON OFFICIELLE.

*Une dépêche télégraphique de source française raconte ce qui suit :*
Lille, 25 décembre.

« Le quartier général français est à Vitry ; le chemin de fer s'arrête à Reux ; Arras est abandonné à ses propres forces.

« Le 22ᵉ corps se replie en s'appuyant sur les places du Nord.

« Le prince de Saxe serait accouru à Amiens au secours du général de Manteuffel.

« Les éclaireurs ennemis sont à Masnières près de Cambrai.

« Un petit combat a eu lieu près d'Abbende ; l'ennemi a battu en retraite. Les villes du Nord se préparent avec grand enthousiasme à la défense. »

Nous publions cette dépêche telle qu'elle nous est parvenue en faisant remarquer cependant que nous avons de la peine à comprendre ce « grand enthousiasme » puisque la dépêche constate elle-même des revers constants et des retraites successives.

---

La *Gazette de l'Allemagne du Nord* publie l'article suivant en réponse aux reproches faits par les journaux français aux armées allemandes de ne pas tenir les promesses contenues dans les proclamations du roi de Prusse :

« On sait que les membres du gouvernement français actuel ont répandu dans le monde et soutenu avec une rare persévérance ce mensonge que la guerre, telle que la font les armées allemandes, est en contradiction avec le bon traitement que le roi Guillaume, au moment de l'entrée en France, promit aux habitants de ce pays, — tandis que cette parole royale, ainsi donnée, avait été acceptée avec confiance par tous les Français à l'intérieur et au dehors de la France.

« L'agitation socialiste en Allemagne et au Reichstag, représentée par MM. Bebel et Liebknecht, s'est approprié ce mensonge, et, il y a quinze jours environ, le 5 de ce mois, une assemblée de l'Union ouvrière à Vienne a adopté, sur la foi de ce mensonge, une *résolution* qui accuse le roi Guillaume d'avoir manqué à sa parole envers la nation française.

« Pour montrer quelle est la mauvaise foi haineuse avec laquelle procèdent les chefs du parti et l'aveugle crédulité de ceux qui les suivent, il suffit d'en appeler au texte même de l'ordre à l'armée de Sa Majesté le roi, du 8 août, et de sa proclamation, en date du 11.

« Nous reproduisons ici encore une fois ces deux pièces, afin que les ignorants, qui sont abusés par les mensonges de leurs chefs, reconnaissent la vérité, et afin aussi que les malveillants soient obligés de chercher un nouveau sujet sur lequel ils puissent exercer leurs talents, celui qu'ils exploitaient jusqu'ici ne pouvant plus leur servir après la démonstration qui suit :

*Ordre à l'armée.*

« Soldats ! La poursuite de l'ennemi, forcé à la retraite après de sanglants combats, a déjà fait franchir la frontière à une grande partie de notre armée. Plusieurs corps entreront aujourd'hui et demain sur le territoire français. J'attends que la discipline qui vous a distingués jusqu'ici se maintienne particulièrement sur le territoire ennemi. — *Nous ne faisons point la guerre contre les habitants paisibles du pays ;* c'est le devoir au contraire de tout soldat jaloux de son honneur de protéger la propriété privée et de ne pas souffrir que la bonne renommée de notre armée reçoive aucune atteinte, ne fût-ce que par des exemples isolés d'indiscipline. Je compte sur le bon esprit qui anime l'armée, mais en même temps aussi sur la sévère attention de ses chefs.

« Quartier général, Hombourg, le 8 août 1870.

« GUILLAUME. »

(La proclamation du 11 août a déjà été publiée par le *Moniteur*.)

*La Gazette de l'Allemagne du Nord* ajoute :

« Ainsi le Roi déclare, le 8 août, que l'Allemagne ne fait pas la guerre contre *les habitants paisibles* du pays, et Sa Majesté répète dans la proclamation du 11 que les citoyens paisibles n'ont rien à craindre de nos armes ; c'est *contre les communes et les personnes qui se mettent en contradiction avec les usages de la guerre* que des mesures doivent être prises par les généraux.

« Ces mesures sont *publiées d'avance* par l'autorité militaire, de sorte que chacun en France puisse les connaître et s'y conformer; s'il veut les ignorer, c'est à ses risques et périls.

« Que ces mesures soient nécessairement rigoureuses, la responsabilité en revient à ceux qui conduisent la guerre en France, et la font rivaliser avec le banditisme, car le métier des francs-tireurs n'est pas autre chose que l'assassinat patenté.

« Et ce sont ces hommes, dont les chefs cherchent à soutenir leur pouvoir par le terrorisme le plus excessif et par les plus détestables moyens; c'est cette France qui a ouvert la campagne par l'expulsion des Allemands paisibles et par une flagrante violation de la convention de Genève; qui a fait prisonniers de guerre des capitaines de la marine marchande; qui a détruit la propriété privée, en brûlant les navires pris par sa flotte, au lieu de les soumettre au tribunal des prises; qui a sanctionné, par son gouvernement, l'infraction aux lois de l'honneur en recevant à bras ouverts dans les rangs de l'armée les officiers qui ont manqué à leur parole; — c'est ce pays, enfin, qui se plaint de ce que des mesures, publiées d'avance, sont prises contre ceux qui se mettent hors du droit des gens en le violant » !

### NOUVELLES MILITAIRES.

La *Gazette de France* expose en ces termes la situation militaire sur la Loire :

« Après les quatre journées de combat qui ont amené la retraite de l'armée de la Loire, les forces françaises s'étant partagées en deux armées, dont l'une a passé la Loire et l'autre s'est mise en retraite par la rive droite de la Loire, sur Mer et Beaugency, l'armée allemande a imité ce mouvement. Le prince Frédéric-Charles, avec les troupes qu'il avait amenées de Metz, c'est-à-dire avec le 3e et le 10e corps, a traversé le fleuve. Un des corps de son armée a pris la route de Vierzon, qu'il n'a pas tardé à occuper, tandis qu'un autre corps opérait sur la gauche entre la Loire et la ligne de Vierzon.

« Pendant ce temps, le grand-duc de Mecklembourg prenait

la direction de l'Ouest et poursuivait l'armée de Chanzy. Nos troupes ayant pris position entre Meung et Beaugency y furent attaquées dans les journées des 7, 8, 9 et 10 décembre par l'ennemi. Les télégrammes officiels se sont bornés à dire que nous avions tenu, que nous avions gardé nos positions. Ces appréciations étaient vraies d'une manière générale; les positions de l'armée n'ont été sérieusement compromises dans aucun combat; à ce point de vue, nos troupes ont très-bien résisté.

« Il n'en semble pas moins vrai néanmoins que quelques-unes de nos positions avancées au moins ont été enlevées par l'ennemi.

« De jour en jour, d'ailleurs, la position devenait plus difficile à garder. Le grand-duc de Mecklembourg avait, en effet, détaché sur la rive gauche une portion du $9^e$ corps, avec la division hessoise, sous le commandement du prince Louis de Hesse, gendre de la reine Victoria, dans le but de refouler les corps français qui pouvaient se trouver de ce côté, et de passer la Loire soit à Blois, soit à Tours, pour couper définitivement les communications de Chanzy, lui fermer la retraite vers le Sud, et empêcher sa jonction avec Bourbaki, si ce mouvement rentrait dans ses plans. Ce sont les troupes du prince de Hesse qui ont surpris les nôtres à Chambord et attaqué Blois.

« On voit, par ces détails, que Chanzy n'a pas eu à lutter contre Frédéric-Charles, comme l'ont affirmé certains télégrammes, mais bien contre l'aile droite de l'armée allemande, commandée par Mecklembourg et composée des troupes du grand-duc, des Bavarois, du général de Tann et de la division hessoise.

« Pressé de tous côtés et dans un danger de plus en plus pressant d'être complétement enveloppé, Chanzy a choisi le seul parti qui lui restât à prendre et s'est mis en retraite sur Vendôme, Saint-Calais et le Mans. Nous avons dit qu'il a eu à livrer une véritable bataille à Vendôme. Toutefois, il a réussi à effectuer sa retraite et a dû arriver au Mans dans la journée d'hier. »

On lit encore dans le même journal :

« Il devient très-difficile de tracer un tableau à peu près

exact des opérations militaires; le Gouvernement ne sait rien ou ne publie rien; les nouvelles données par l'*Agence Havas* et *le Moniteur* sont insuffisantes et inexactes; par suite de la désorganisation du service des postes, les correspondances particulières venant du théâtre de la guerre font le plus souvent défaut, les journaux étrangers n'arrivent plus ou n'arrivent qu'avec des retards considérables. On se trouve en quelque sorte réduit à de simples conjectures.

« Il semble résulter de l'ensemble des renseignements que nous possédons que l'armée de Chanzy a été pressée très-vivement par l'ennemi; les Allemands ont célébré comme des victoires les combats livrés la semaine dernière; il est certain toutefois que, s'ils ont réussi, dans ces affaires, à s'emparer de quelques villages, ils ne sont pas parvenus à défaire les Français, dans le véritable sens du mot.

« Pour y arriver, ils ont cherché à couper les communications de Chanzy avec Tours; c'est dans ce but qu'ils ont attaqué Blois et tenté le passage de la Loire sur un autre point. Il y a lieu de croire qu'ils sont arrivés à leurs fins en s'établissant sur le chemin de fer entre Blois et Amboise. Il ne restait plus dès lors à Chanzy qu'à se mettre en retraite par Vendôme sur le Mans. C'est ce qu'il semble avoir fait. L'ennemi, de son côté, a manœuvré pour lui barrer la route et l'attaquer dans sa marche.

« Mercredi, un combat a eu lieu à Fréteval, qui a été occupé de vive force par les troupes de Mecklembourg. Le lendemain 15, une véritable bataille paraît s'être livrée de Fréteval à Vendôme; un télégramme officiel affirme que nous aurions repris Fréteval; sur le reste de l'affaire, la dépêche adressée aux préfets se borne à dire que « nos troupes ont bien résisté et « qu'on s'est battu jusqu'à la nuit. » C'est la première fois qu'on n'ajoute pas : « Nous avons conservé nos positions du matin. »

« Ce laconisme n'a rien de rassurant, il est plus que certain que Mecklembourg et Frédéric-Charles donneront le résultat de la journée comme une victoire.

« Sur d'autres points ont eu lieu des combats de peu d'importance.

« Les forces ennemies de la Normandie ne sont point en retraite, comme on le supposait ; elles exécutent des mouvements dont il n'est pas possible de comprendre aujourd'hui le but, faute de renseignements suffisants. »

On lit dans le *Salut public :*

« Les pertes de la 1re légion sont graves. Autant qu'on en peut juger aujourd'hui, elles sont de 250 tués, à peu près autant de blessés et 200 prisonniers. Ces derniers ont été pris dans les maisons de Nuits, au moment où les Allemands se sont emparés de la ville.

« La 2e légion a beaucoup moins souffert

« Il y a eu dans les premiers moments quantité d'hommes disparus ; mais ils étaient, comme leurs camarades de la 1re légion, enfermés dans Nuits. Les habitants en ont déguisé e caché un bon nombre, et, depuis le combat, ils rejoignent peu à peu leur corps, qui se reforme à Châlons, Macon et Villefranche.

« Une particularité relative an colonel Celler. Au moment où il a été blessé, ses hommes l'ont transporté dans une maison, et le chirurgien-major de la légion, qui le soignait, a fait prier le commandant du corps prussien, après la prise de Nuits, de respecter l'asile du colonel Celler. Le commandant a accueilli le message avec une grande courtoisie, et il a fait le plus bel éloge de la bravoure des hommes habillés de noir (les légions du Rhône).

« Nous citons ce fait pour montrer à Lyon que ses enfants ont mérité le respect et fait l'admiration des ennemis eux-mêmes. »

*La France* a reçu la lettre suivante qu'elle insère sous toutes réserves :

« Monsieur,

« J'arrive de Lyon. J'ai voyagé pendant quelques heures avec un détachement de francs-tireurs marseillais sous les ordres de Garibaldi. J'ai rencontré des garibaldiens à Lyon et des mobiles à Saint-Germain-des-Fossés, tous destinés à opérer sous le commandement de l'illustre général.

« Eh bien ! je suis au désespoir d'être obligé de l'avouer : mais tous les renseignements qu'il m'a été donné de recueillir sur la malheureuse affaire de Dijon, de la bouche même des garibaldiens, des francs-tireurs et des mobiles, ne font que confirmer les assertions contenues dans le rapport de M. Ordinaire.

« Oui, c'est triste à dire, mais il convient de le proclamer hautement à la honte des fuyards français, et je le tiens de la bouche même de quelques-uns des officiers de la mobile : ils ont abandonné Garibaldi, et il *en sera toujours ainsi*, m'assuraient-ils, *parce qu'ils ne veulent pas servir sous les ordres d'un général étranger*.

« L'aveu d'une pareille lâcheté se passe de tout commentaire; mais il en demeure acquis à la vérité que, si Dijon est encore au pouvoir de l'ennemi, que si la Bourgogne est encore livrée à toutes les horreurs de l'invasion, c'est qu'il se trouve encore dans nos rangs des officiers et des soldats assez oublieux de ce qu'ils doivent à la patrie pour préférer l'infamie du joug étranger à la gloire de repousser l'envahisseur avec le concours d'un honnête et loyal soldat.

« Dans l'espoir que vous voudrez bien insérer dans les colonnes de votre estimable journal une protestation à laquelle ne peuvent se rallier que tous les bons citoyens contre de semblables faits, j'ai l'honneur d'être, etc.

« Léon Mirès,
« Volontaire aux lanciers de l'ex-garde.

« Tours, 8 décembre 1870. »

---

LYON.

La commune de Lyon vient d'adresser l'adresse suivante aux membres du gouvernement :

« Citoyens ministres,

« Justement étonnée de l'impuissance des départements du midi et du centre de la France à organiser la défense nationale, la commune de Lyon vient vous demander, au nom de ses mandataires, d'en rechercher la cause.

« Quand le département du Rhône, outre son contingent à l'armée régulière et à la garde mobile, a fourni près de dix mille volontaires, mobilisé deux légions de marche et organisé la mobilisation de quatre autres ;

« Quand Lyon a dépensé douze millions en armements, fortifications et approvisionnements, n'a-t-il pas le droit de demander pour quelle part le reste de la France contribuera à la défense nationale ?

« Ces lourds contingents, ces sommes énormes, nous les avons votés avec résolution et nous sommes prêts à nous imposer encore de plus lourds sacrifices. Mais au moment d'exécuter la levée en masse, qui appelle sous les drapeaux les hommes mariés sans enfants et demain peut-être les pères de famille nous devons indiquer à la population lyonnaise les raisons qui motivent ces mesures extrêmes.

« Le salut de la France exige le concours de tous ses enfants, et nous constatons avec un profond regret l'indifférence coupable qui étouffe les sentiments patriotiques dans un grand nombre de départements.

« Dans le midi de la France, rien n'a été fait ; les hommes de 25 à 35 d'abord, puis de 20 à 40, ont bien été appelés; mais combien se promènent encore la tête haute, insultant par leur présence au sentiment des vrais patriotes.

« Ailleurs, les maires consacrent à cacher leurs réfractaires l'activité qu'ils devraient déployer au service de la République.

« De tous ces maux, la cause vraie est le choix inintelligent des fonctionnaires de la République et l'absence complète de responsabilité de ces agents.

« Nous assistons au spectacle d'une curée de places, rappelant les souvenirs de l'Empire, et de fonctionnaires oubliant leur premier devoir pour se prélasser dans une oisiveté qui serait en tout temps une honte, mais qui, devant les malheurs de la patrie, est un crime de haute trahison.

« Lorsque certains préfets, après deux mois de pouvoir absolu, ont fait preuve d'une semblable incurie, le devoir de tout citoyen est de demander leur destitution, et le vôtre est de les révoquer impitoyablement.

« Inertie, incapacité, trahison sont aujourd'hui synonymes.

« Nous vous demandons donc, citoyens ministres :

« D'appliquer des peines sévères aux fonctionnaires supérieurs, préfets et intendants, qui ne rempliront pas complètement leur mandat dans le délai fixé ;

« De rendre les maires et les conseillers municipaux responsables, en réprimant énergiquement toute faiblesse et toute inertie.

« On ne verra plus alors une moitié de la France assister apathique et indifférente à la ruine de la patrie commune.

« Les circonstances ne sont-elles pas assez graves et le danger assez menaçant, que vous hésitiez encore devant ces mesures ?

« Moins de décrets, moins de proclamations ; de l'audace et de l'action.

« Exigez de vos fonctionnaires et des communes les sacrifices nécessaires, et cela sans délai ; montrez-leur l'admirable exemple de Paris, étonnant ses ennemis par son indomptable énergie, improvisant des moyens de défense, créant des soldats, forgeant des armes et tout un matériel de guerre !

« N'oubliez pas que la France a le droit de connaître sa situation vraie, qu'elle se lasse de ces réticences qui déguisent les vérités, de ces vaines espérances toujours déçues le lendemain !

« Malgré les trahisons qui l'ont, dès sa naissance, enlacée de toutes parts la République est assez forte pour terrasser ses ennemis du dehors et du dedans, et lorsqu'un pays a fait le serment de vaincre ou de mourir, il ne compte pas plus ses défaites que le nombre de ses ennemis.

« La Commune de Lyon. »

---

Berlin, 25 décembre.

On a reçu ici la nouvelle que la France renonce à saisir de son conflit avec l'Allemagne la conférence qui va se réunir à Londres pour délibérer sur la question de la mer Noire, et qu'elle s'est déclarée prête à envoyer un représentant à la conférence. Un membre du gouvernement provisoire partira probablement pour Londres, afin d'y représenter la France. Le cabinet anglais a déjà invité les gouvernements participants à munir leurs plénipotentiaires des instructions nécessaires. La plupart des représentants sont sans doute en possession de ces instructions, quoique les invitations officielles n'aient pas encore été lancées. On annonce que les représentants des puissances à Londres ont déjà tenu une réunion préparatoire.

R.

### ÉVASION D'UN OFFICIER FRANÇAIS.

« Grandeuz, 24 décembre.

« Le colonel SAUSSIER, commandant le 41ᵉ régiment de ligne, qui a été interné ici, s'est furtivement évadé hier.

« Les mesures sont prises pour s'emparer de cet officier, qui a manqué à sa parole. »

---

### N° 54. — DIMANCHE 1ᵉʳ JANVIER 1871.

### PARTIE OFFICIELLE.

#### COMMUNICATION OFFICIELLE.

VERSAILLES, 31 décembre. — Après avoir occupé le mont Avron, nous y avons trouvé, le 30, de grandes quantités de munitions d'artillerie et encloué deux pièces de 24 (1).

Deux compagnies ont pénétré jusqu'au village de Rosny. De notre côté, un homme blessé.

Le lieutenant-colonel Pestel, à la tête d'une colonne mobile

---

(1) Sur l'affaire qui se termina par l'abandon du plateau d'Avron, M. Gambetta fit publier les dépêches suivantes :

Bordeaux, 31 décembre 1870.

Aux Préfets et Sous-Préfets,

Un officier adresse à la Guerre le télégramme suivant :

J'ai voyagé avec M. Ducoux, ancien Préfet de police, ancien représentant du de la 1ʳᵉ armée, a cerné, le 28, à Longpré, des gardes mobiles et des francs-tireurs, et fait prisonniers 10 officiers et 267 hommes.

Nous avons 6 hommes blessés.

---

## PARTIE NON OFFICIELLE.

A différentes reprises, nous avons eu occasion de parler de la corruption profonde qui s'est produite dans les notions que certains hommes politiques de la France et certains officiers de l'armée ont de l'honneur militaire.

Une communication qui nous arrive de bonne source nous fournit la preuve que jusqu'à présent nous n'avons pas connu toute la profondeur du mal.

Nous avons sous les yeux un décret officiel émanant du ministère de la guerre français (6ᵉ section, 5ᵉ bureau) avec cette entête :

« Solde et revues » et daté de Tours, le 13 novembre.

Cette pièce est signée du lieutenant-colonel Alfred Jerald et du colonel Tissier, chef de l'état-major général du 17ᵉ corps.

Ce décret, se référant à un autre, rendu à la date du 10 novembre, assure à tous les officiers, sans exception, qui se trouvent prisonniers en Allemagne, et qui parviendraient à s'échapper une prime en argent. Nous disons à tous les officiers sans exception, c'est-à-dire à ceux aussi qui ont donné leur parole d'honneur de ne pas s'enfuir.

La prime offerte à la félonie est de *sept cent cinquante francs.*

Cette mesure se passe de tout commentaire et provoquera probablement l'indignation de la France entière. L'honneur,

peuple, sorti de Paris en ballon. Les attaques des Prussiens à Avron ont été glorieusement repoussées. Carnage de Prussiens, 7 à 8,000 tués.

Paris est énergique, régénéré, antique. Si quelqu'un osait parler de capitulation, il serait fusillé sur place. Paris peut tenir largement jusqu'à la fin de février.

Bordeaux, 1ᵉʳ janvier 1871.

Le plateau d'Avron n'ayant pas de casemates pour garnison, a été évacué la nuit sous la direction du général Trochu, pour ménager nos troupes Paris, inébranlable, accepte avec joie la lutte à outrance.

le bien le plus précieux de l'officier allemand — et c'est un devoir de le dire — de tout officier français des temps passés, est considéré par les hommes du 4 septembre comme un objet vénal, et même comme un objet à bon marché !

A ce compte, les officiers de l'armée française finiront par croire que la France n'est plus gouvernée par un gouvernement, mais par une maison de commerce ayant des principes équivoques sous la raison sociale « Gambetta et compagnie. »

---

Le chancelier fédéral, comte de Bismarck, a adressé la dépêche qui suit à M. de Schweinitz, ambassadeur de la Confédération de l'Allemagne du Nord à Vienne :

« Vous avez eu connaissance des traités entre la Confédération de l'Allemagne du Nord et les États allemands du Sud, qui ont été signés, à Versailles, avec la Bavière et les grands-duchés de Bade et de Hesse, à Berlin avec le Wurtemberg. Par les dernières négociations, à Berlin, où ces États ont tous exprimé leur mutuel assentiment, les traités sont arrivés à leur conclusion, sauf à être sanctionnés par les Chambres des États allemands du Sud.

« Non-seulement en considération de la paix de Prague, qui a établi l'accord de la Prusse et de l'Autriche-Hongrie au sujet de la transformation que devait subir alors la situation politique de l'Allemagne, — mais aussi dans le désir d'entretenir avec le puissant Empire ami, notre voisin, des relations qui répondent aussi bien à notre passé commun qu'aux sentiments et aux besoins de l'un et de l'autre peuple, — je crois devoir exposer au gouvernement impérial et royal austro-hongrois le point de vue auquel se place le gouvernement de Sa Majesté le Roi dans cette nouvelle phase de la reconstitution de l'Allemagne.

« Le traité de paix du 23 août 1866 envisage l'éventualité de la formation, de la part des gouvernements allemands au Sud du Mein, d'une Confédération qui, tout en ayant une situation propre indépendante, se rattacherait à la Confédération des États de l'Allemagne du Nord par un lien national plus étroit.

« La réalisation de cette éventualité était laissée à ces gouvernements, car aucune des deux parties contractantes ne pouvait être autorisée ou obligée par la conclusion de la paix à rien prescrire aux souverains des États allemands du Sud sur la forme de leurs relations entre eux. Les États allemands du Sud, de leur côté, se sont abstenus de réaliser cette pensée de la paix de Prague. Quant à leurs relations nationales avec l'Allemagne du Nord, prévues par le traité, ils ont visé à les établir d'abord — sous la forme de l'Union douanière et des traités mutuels de garantie.

« Il était au-dessus des calculs humains de prévoir que ces premiers accords dussent — sous la pression du puissant développement que l'attaque imprévue venant de la France a donné au sentiment national allemand — trouver leur achèvement dans les traités d'union constitutionnelle conclus aujourdhui et dans la création d'une nouvelle Confédération allemande.

« Le devoir de l'Allemagne du Nord ne pouvait être ni d'entraver ni de repousser ce développement qu'elle n'avait point provoqué, mais que l'histoire et le génie du peuple allemand ont fait naître.

« Le gouvernement impérial et royal austro-hongrois — nous en sommes assurés par les rapports de Votre Excellence — n'attend pas lui-même et ne désire pas que les dispositions de la paix de Prague soient un obstacle au fécond développement des États allemands, ses voisins. Le gouvernement impérial envisage la forme nouvelle que va prendre la constitution politique de l'Allemagne avec la juste confiance que tous les membres de la nouvelle Confédération allemande et en particulier le Roi, notre auguste maître sont animés du désir de maintenir et de resserrer avec l'Empire austro-hongrois, notre voisin, les relations amicales qui sont commandées aux deux pays par des intérêts communs et par les liens de leur existence intellectuelle et économique. Les gouvernements confédérés ont la confiance, de leur côté, que ce même désir est partagé aussi par la monarchie austro-hongroise.

« La réalisation prochaine des tendances et des besoins du peuple allemand au point de vue national assurera au développement ultérieur de l'Allemagne une stabilité et une sécurité que l'Europe entière, et particulièrement les États nos voisins, peuvent voir non-seulement sans inquiétude, mais avec satisfaction. Le libre essor des intérêts matériels qui unissent les pays et les peuples par des liens si multiples, aura sur nos relations politiques une influence bienfaisante. L'Allemagne et l'Autriche-Hongrie, nous pouvons l'espérer avec confiance, se regarderont l'une et l'autre avec le sentiment d'une bienveillance mutuelle et se tendront la main dans l'intérêt du bien-être et de la prospérité des deux pays.

« Aussitôt que les traités qui forment la base de la nouvelle Confédération auront reçu une ratification complète, je vous mettrai en état d'en donner communication officielle à M. le Chancelier impérial.

« Je prie Votre Excellence de vouloir bien lire la présente dépêche à M. le Chancelier impérial et lui en remettre une copie.

« De Bismarck. »

### L'ASSASSINAT DU COMMANDANT ARNAUD.

LYON. — *Le Salut public* raconte en ces termes l'assassinat du malheureux commandant Arnaud :

« Dans la soirée de lundi, une vive agitation régnait à Lyon, par suite de quelques détails connus du combat de Nuits. A la Croix-Rousse, des misérables, toujours prêts à exploiter nos malheurs, voulaient profiter de l'occasion pour pousser au désordre. Une réunion tenue à la salle Valentino décida que le lendemain une manifestation aurait lieu avec des femmes en deuil et le drapeau rouge, et que l'on balayerait l'hôtel de ville de manière à pouvoir créer un comité révolutionnaire qui ferait partir pour l'armée les prêtres et les aristocrates.

« Le lendemain matin, — c'était mardi, — les membres du club de Valentino, qui s'étaient tenus en permanence toute la nuit, eurent quelque peine à organiser et à lancer la manifestation projetée. Il venait bien quelques femmes, mais les fusils n'étaient pas nombreux, et pourtant le *balayage* de l'hôtel de ville ne pouvait s'opérer sans fusils.

« La matinée se passa en conciliabules et en vociférations. A onze heures et demie on se décida à aller chercher un des chefs de bataillon de la garde nationale de la Croix-Rousse pour lui demander de faire battre la générale. Celui à qui la députation du club s'adressa tout d'abord refusa son concours et même eut à subir des voies de fait. Mais il tint bon, grâce à l'assistance matérielle de quelques gardes nationaux qui le dégagèrent des mains des forcenés.

« Repoussés de ce côté, les meneurs songèrent à aller requérir M. Arnaud, chef d'atelier, demeurant rue Dumont-Durville, commandant le 12ᵉ bataillon. On alla à son domicile le prier de se rendre à Valentino, où il était attendu pour affaire de service.

« M. Arnaud revêtit son uniforme et glissa un revolver dans sa poche, puis il se mit en marche avec la députation.

« A la salle Valentino, il fut sommé de descendre à Lyon avec son bataillon, convoqué par le rappel que l'on battait de tous côtés pour aller opérer à l'hôtel de ville la grande évolution annoncée.

« En homme de bon sens et d'honneur, M. Arnaud refusa énergiquement et chercha à faire entendre à la foule égarée des paroles d'apaisement et de conciliation.

« Ce n'était pas ce qu'on lui demandait. Aussi les femmes, exaspérées, l'entraînèrent jusqu'au dehors de la salle. Dans la rue, M. Arnaud se vit en butte à de mauvais traitements de la part de quelques individus armés de fusils. Se sentant menacé et en danger, il tira son revolver. Il fut frappé alors d'un coup de baïonnette au front... Il riposta par deux coups de feu, mais les deux coups partirent en l'air et n'atteignirent par conséquent personne.

« Aussitôt les gens qui l'entouraient le désarment et le ramènent dans l'intérieur de Valentino, au milieu des cris de mort et des huées de la foule. « Il a tiré sur le peuple, s'écrie-t-on : il faut le fusiller ! »

« Séance tenante, une douzaine de clubistes les plus exaltés se constituent en cour martiale et condamnent en un tour de main le malheureux Arnaud à être passé par les armes.

« Quelques instants après, l'exécution avait lieu sur la place d'Armes de la Croix-Rousse, à trente pas d'une caserne contenant de la troupe de ligne et un poste de garde nationale. Et personne n'est intervenu, et personne n'a protesté, et une dizaine de coups de fusil ont couché par terre un honnête père de famille dont l'agonie a été affreuse, au dire des témoins oculaires, et qui a reçu le coup de grâce de la main d'un gamin de seize ans.

« Cet assassinat s'est accompli en plein jour, à une heure de l'après-midi, par quinze individus escortés d'une vingtaine de mégères à drapeau rouge. Pour se rendre de la salle Valentino à la place d'Armes, il a fallu passer devant le poste de garde nationale de la mairie du 4ᵉ arrondissement. Ce poste n'a pas fait un mouvement pour dégager le prisonnier.

« On ne s'expliquerait pas sa fatale inertie, si l'on ne supposait que les gardes nationaux spectateurs de cette violence n'en ont ni compris la portée ni deviné l'issue.

« Le chef de bataillon Arnaud est mort vaillamment et sans trembler. Il s'est dépouillé de sa tunique, a découvert sa poitrine et jeté au loin son képi en criant : *Vive la République !*

« Après la fusillade, son cadavre a été transporté à la mairie, où ont eu lieu les constatations officielles.

« Pendant que se passait cet événement effroyable à la Croix-Rousse, la ville de Lyon s'inquiétait de l'effervescence entretenue depuis la veille par les meneurs du club, et l'on s'attendait à quelque chose, et néanmoins ce fut avec une stupeur mêlée d'incrédulité que l'on apprit le meurtre commis. Jamais on n'aurait cru à une aberration aussi coupable, à une explosion de fureur aussi sauvage.

« Six bataillons de garde nationale, convoqués à deux heures de l'après-midi, ont stationné sur la place des Terreaux et dans les rues adjacentes jusqu'à huit heures du soir, puis ils ont passé la nuit soit à l'hôtel de ville, soit au Grand-Théâtre, soit même dans la cour du palais Saint-Pierre. »

Le *Salut public* ajoute dans un autre article :

« Au moment de mourir, M. Arnaud a vainement demandé

d'embrasser sa femme et ses enfants; cette suprême consolation lui a été refusée.

« Les scélérats qui le tenaient entre leurs mains se sont espacés en tirailleurs, devant lui, pendant qu'il quittait ses vêtements, et ont fait feu à volonté au commandement du sieur Lapierre.

« Les odieuses mégères qui avaient été les instigatrices de l'affaire, s'étaient rangées de chaque côté pour jouir du coup d'œil.

« Le commandant Arnaud n'est tombé qu'au cinquième coup; la blessure n'était pas grave. Un horrible voyou de quinze ans s'est approché et lui a déchargé sa carabine dans la poitrine, au-dessus du sein gauche... Quelques instants après, il se vantait de son coup, qui avait été décisif.

« Cependant la victime n'était pas morte. Alors les bourreaux ont rechargé leurs armes, et comme Arnaud cherchait dans sa suprême agonie à se relever sur les genoux, on l'a fusillé à bout portant. Un coup tiré dans la région occipitale a terminé ses souffrances.

« Les femmes, dignes descendantes des tricoteuses de 93, sont restées préposées à la garde du cadavre pendant que les hommes allaient tranquillement chercher une civière sur laquelle le corps a été transporté à la mairie du quatrième arrondissement, où M$^{me}$ Arnaud, prévenue du malheur qui la frappait, est accourue.

« Là, une scène de désespoir déchirante a eu lieu. M$^{me}$ Arnaud est tombée évanouie devant le corps mutilé de son mari, et il a fallu l'emporter à son domicile. »

---

Nous ne pouvons qu'applaudir au sentiment qui a dicté la publication de l'avis suivant, faite par l'*Indépendance belge* :

« La fête de Noël est en Allemagne le grand et heureux jour des réunions de famille; l'arbre de Noël dresse son feuillage dans l'humble chambre du pauvre aussi bien que dans le brillant salon du riche, et groupe, autour de petits cadeaux qui y sont attachés, les parents et les amis auxquels on les destine.

Jeunes et vieux participent du même cœur à cette fête intime. Une des plus tristes déceptions des soldats des armées allemandes en France est de ne pouvoir, comme ils l'avaient espéré, fêter ce jour dans leurs foyers. Il y a encore dans l'ambulance de la rue du Progrès une quinzaine de blessés allemands qui voient arriver ce jour avec chagrin, car il leur rappelle qu'ils sont loin de leurs familles, qui fêteront la Noël sans eux.

« Quelques personnes bienveillantes, habitant Bruxelles, ont compris leurs peines qu'ils ont voulu alléger et se sont réunies pour fêter avec eux cette solennité dans l'ambulance elle-même. Un arbre de Noël, chargé de petits cadeaux utiles et coquettement arrangés, a été préparé et sera installé dans l'une des salles où les blessés convalescents retrouveront une image de la patrie et de la famille absente. Le sentiment qui a inspiré cette idée ne saurait être trop loué.

« En France, le jour des réunions intimes de la famille est le premier de l'année. Les blessés français qu'une même infortune a conduits à l'ambulance de la rue du Progrès, verront-ils leurs camarades allemands, avec lesquels ils vivent aujourd'hui en bonne intelligence, être seuls les objets de ces charitables et sympathiques attentions? N'auront-ils pas aussi leur jour qui leur rappelle les joies et les douceurs de la vie de famille, les épanchements de l'amitié?

« Rien ne serait plus facile que de réaliser cette bonne pensée qui a déjà un commencement d'exécution. Des dons modestes ont été réunis; d'autres sont désirés encore, pour que personne ne soit oublié, et l'on a le juste espoir que l'année commencera aussi bien pour les blessés français de l'ambulance de la rue du Progrès qu'elle aura bien fini pour les blessés allemands. »

*La France*, dans son numéro du 16, publie la déclaration suivante :

« A Bordeaux, comme à Tours, nous pensons que la défense nationale n'est possible et ne peut être efficace que par l'union de toutes les forces et par le concours de tous les dévouements. Elle ne doit pas être un parti elle est la nation armée, se supstituant à un pouvoir dont l'imprévoyance a exposé le pays à de douloureux revers, et prenant la place du régime qui a perdu la direction du gouvernement, avec l'autorité du commandement, pour se gouverner et se sauver elle-même.

« C'est ainsi que nous avons compris et servi la défense nationale. C'est dans cet esprit que nous avons, dès le lendemain du 4 septembre, demandé la convocation d'une Assemblée, qui aurait puisé dans la volonté souveraine du pays une force incontestée, pour la conduite de la guerre comme pour les négociations de la paix.

« Notre voix n'a pas été entendue, et ceux qui y sont restés sourds peuvent mesurer dès aujourd'hui l'étendue de leur faute. L'expérience doit leur démontrer ce que l'histoire aurait dû leur apprendre : c'est que les dictatures personnelles sont éphémères, comme le caprice qui les décerne ou comme le hasard qui les impose. Il n'y a jamais eu de dictatures utiles que celles que la nation elle-même crée ou sanctionne pour une grande œuvre de salut public, et qui se légitiment ensuite par leurs actes.

« Au moment de la proclamation de la République, il n'y avait que sept départements envahis ; l'immense majorité des citoyens était en mesure de voter librement. Aujourd'hui, la lèpre de l'invasion couvre près de la moitié de la France, et plus de cinquante départements ne peuvent concourir à un vote national qu'avec l'assentiment de l'ennemi.

« Les difficultés de l'élection, dont on s'est fait depuis trois mois un prétexte, sont donc plus grandes que jamais.

« Plus que jamais, cependant, il est difficile de concevoir que la guerre puisse être continuée ou la paix conclue en dehors d'un pouvoir régulier, investi du mandat de la France, pour imposer une lutte à outrance ou pour engager des négociations aussi difficiles que douloureuses.

« Telle est l'impasse dans laquelle s'est enfermé le gouvernement du 4 septembre.

« Après avoir vainement cherché à l'en faire sortir, nous nous croyons encore tenus de ne point aggraver sa situation. Tant que la continuation de la lutte nous paraîtra l'exiger, nous sacrifierons toutes les autres considérations aux devoirs qu'elle impose.

« La France nous donne l'exemple ; nous n'avons qu'à le suivre. Elle n'a rien refusé au gouvernement qui lui a tout demandé : son argent, son bien-être, sa sécurité, son sang. Elle a accepté, avec une admirable abnégation, toutes les charges, tous les sacrifices, sans une protestation contre l'illégalité des mesures qui les lui imposaient. Elle s'est livrée sans réserve et sans défense aux hommes qui ont pris la responsabilité de son salut.

« Cette responsabilité, sans contrôle comme sans limites, sera jugée par ses œuvres et par ses résultats. Elle a pour ceux qui l'exercent, comme pour ceux qui la subissent, de rigoureux devoirs. Nous continuerons, jusqu'à la dernière heure, à remplir les nôtres, en élevant le patriotisme au-dessus de tout, mais en réservant à la conscience publique le droit de juger une dictature que la France s'étonnerait un jour d'avoir subie, si elle aggravait ses malheurs, au lieu de les réparer.

AVIS.

*Le dimanche 1ᵉʳ janvier, le service divin aura lieu, à dix heures du matin, à l'église du château. Le sermon sera fait par M. le pasteur Richter.*

## GRANDE BRETAGNE.
### LA RÉORGANISATION MILITAIRE.

Londres, 22 décembre.

La Grande-Bretagne n'a pas échappé au contre-coup des événements qui ont déjà si profondément modifié les relations internationales sur le continent. Pour comprendre le changement qui s'est opéré dans les tendances de la nation la plus systématiquement pacifique de l'Europe, il suffit de remarquer le rôle que la question des armements paraît destinée à jouer dans la prochaine session parlementaire.

Les journaux sont remplis de lettres et de dissertations sur la force défensive de l'Angleterre et sur les dangers qui la menacent. L'ensemble de cette agitation relève l'existence d'un sentiment d'inquiétude depuis longtemps inconnu en Angleterre. Il ne s'agit plus maintenant d'un accès de terreur panique et irréfléchi comme en 1860, mais d'une conviction lentement mûrie et à laquelle la nation ne cède que sous la pression irrésistible de l'évidence.

L'Angleterre, se dit-on, se trouve dans des conditions qui sous bien des rapports invitent à l'attaque; l'immense étendue de ses possessions, sa richesse et les nombreuses causes de rivalité qui résultent de son contact immédiat avec tant de nations différentes, constituent autant d'éléments d'insécurité, tandis que l'insuffisance de son organisation militaire lui fait perdre de jour en jour une partie de son prestige qu'elle doit à l'énergie ou à la prévoyance de ses hommes d'État durant la première partie de notre siècle.

Aussi les politiques de toutes les nuances s'appliquent-ils avec une rare unanimité à chercher des combinaisons propres à garantir la sécurité du pays sans ébranler trop profondément le système social actuel. Les Anglais savent bien que le militarisme n'est guère compatible avec la prospérité commerciale, et ils tâcheront d'éviter aussi longtemps que possible la nécessité d'implanter chez eux les institutions militaires de la Prusse; mais, d'un autre côté, ils sont trop pratiques pour ne pas reconnaître que la sécurité contre toute attaque extérieure est la première condition du développement matériel d'une nation. C'est ici qu'on rencontre la grande difficulté : celle de créer un système de défense efficace tout en respectant les traditions de liberté personnelle, si chères aux Anglais, et sans imposer aux citoyens individuellement ou collectivement de trop grands sacrifices pécuniaires. En un mot, les Anglais veulent avoir une armée capable de repousser toute invasion sans avoir recours à la conscription et sans augmenter trop sensiblement le budget de la guerre.

Parmi les hommes d'État qui ont discuté cette question, les uns, comme lord Russell, admettent que l'Angleterre se trouve moralement isolée et même que la plupart des nations la regardent avec une certaine méfiance et envie. Malgré cette façon peu rassurante d'envisager les relations extérieures de la Grande-Bretagne, et tout en admettant la possibilité d'une guerre maritime qui forcerait l'Angleterre à employer la plus grande partie de sa flotte dans les mers lointaines, lord Russell fait preuve d'un optimisme remarquable en recommandant au Gouvernement d'embrigader 100,000 hommes de la milice pour rendre l'Angleterre inattaquable chez elle. Dans six mois, dit-il, cette milice sera une armée admirable. L'expérience de la France, depuis qu'elle a été obligée de confier sa défense à des armées improvisées, n'est certainement pas de nature à justifier la confiance du noble lord.

Quant aux prémisses, la plupart des organes de la presse de Londres tombent d'accord avec lord Russell, mais leurs conclusions diffèrent sensiblement. Le *Times* reconnaît que la stabilité du système politique de l'Europe est gravement compromise et que les invasions regardées par M. Cobden comme un anachronisme ridicule, sont actuellement à l'ordre du jour, mais il paraît douter de l'efficacité du moyen proposé par lord Russell. Le journal de la Cité rappelle qu'il ne s'agirait plus de repousser une invasion de 40,000 hommes, nombre auquel le duc de Wellington évaluait l'armée ennemie qu'on pourrait débarquer en Angleterre, mais peut-être de 100,000 hommes. En outre, ajoute le *Times*, la force numérique de l'armée anglaise n'est pas le seul point important du problème qu'il faut envisager. L'efficacité d'une armée ne dépend pas exclusivement du nombre des soldats; elle demande une artillerie bien organisée, des moyens de transports, un service médical complet et tout un système capable de répondre aux exigences de la guerre moderne. Sous ce rapport quelle est la situation de l'armée anglaise? Pour ne signaler qu'un défaut essentiel, son artillerie de campagne est très-insuffisante. L'armée régulière, avec les 100,000 hommes de milice que lord Russell voudrait lui incorporer, exigerait 400 canons, et pour le moment dit le *Times*, nous n'en avons pas la moitié. Les autres branches de service se trouvent dans le même état, ce qui rend l'augmentation proposée par lord Russell passablement illusoire.

Néanmoins, ce qui inquiète le *Times*, ce n'est pas autant le nombre relativement restreint de soldats réguliers que l'Angleterre pourrait opposer à une invasion, que l'absence presque complète d'une armée de réserve. Le journal de la Cité regarde les forces actuellement disponibles comme suffisantes dans les circonstances ordinaires, si les 250,000 volontaires et soldats de la milice étaient organisés à la façon de la landwehr prussienne ; mais rien n'autorise à supposer que ces forces accepteraient facilement le rôle que le *Times* voudrait leur donner. Les volontaires en particulier ne sont qu'une réunion d'amateurs militaires auxquels il serait impossible d'imposer les devoirs et la stricte discipline des citoyens-soldats de la Prusse.

Il est toutefois digne de remarque qu'en Angleterre le mouvement en faveur de la réorganisation militaire commence à gagner même les radicaux, qui jusqu'à présent s'étaient fait remarquer par leur haine du militarisme sous toutes ses formes. Ainsi, le *Spectator* a récemment protesté contre les doctrines de M. F. Harrison, l'un des rédacteurs du *Fortnightly Review*, qui regarde les mesures prises pour la défense nationale comme une aberration dangereuse et comme une tentative de propager en Angleterre les idées administratives de M. de Bismarck. De même, à propos d'un discours de lord Derby qui réduit la défense nationale à une question économique, en affirmant qu'avec une solde plus élevée l'Angleterre obtiendrait, sans changer de système, autant de soldats qu'il lui en faudrait pour maintenir son rang dans le monde, le *Spectator* s'exprime dans les termes suivants :

« Nous croyons que l'unanimité du public sur la nécessité de mettre le pays en état de défense est telle qu'on n'hésiterait pas à sacrifier M. Gladstone et son ministère, malgré tout ce qu'on espère d'eux, plutôt que de ne pas obtenir cette mesure de sécurité. Nous désespérons presque de convaincre un cabinet qui paraît possédé de l'idée fixe qu'aucun danger ne peut menacer l'Angleterre, excepté du côté de la France ; mais, nous le répétons, les vrais radicaux aimeraient mieux voir la direction des affaires du pays passer entre les mains des tories, et la carrière de M. Gladstone définitivement brisée, plutôt que de ne pas obtenir ce résultat. Il faut que l'Angleterre redevienne une puissance européenne, c'est-à-dire une puissance dont la voix soit écoutée dans les conflits du continent, et pour cela il faut armer. Le peuple anglais n'est pas satisfait de payer des millions pour ne pas avoir à sa disposition un seul corps d'armée et de devenir la risée de l'Europe, d'être engagé par une centaine de traités et par une douzaine de garanties, sans exercer aucune influence réelle sur les événements. Une politique américaine, une politique d'isolement et d'abstention complète, serait du moins intelligible et conséquente, mais le système actuel nous expose à tous les dangers qui menacent les forts et à toutes les humiliations qui sont le partage des faibles. »

Les délibérations des chambres dans la prochaine session nous montreront jusqu'à quel point ces idées sont partagées par la classe moyenne, qui actuellement domine la situation intérieure. Dans tous les cas, le *Spectator* n'a pas tort d'affirmer que sans la réorganisation militaire, il est parfaitement oiseux de discuter l'attitude que l'Angleterre devrait prendre en vue des futures complications continentales. Son système militaire actuel ne lui permet qu'une seule attitude : celle de l'effacement.

## BULLETIN DE L'ÉTRANGER.

PRUNTRUT, 21 décembre. — Le corps d'investissement de Belfort a été renforcé par la grosse artillerie bavaroise.

HAMBOURG, 23 déc. — Par suite de la forte gelée, l'Elbe, dans notre port, est prise de sorte que le passage à pied a été autorisé.

STUTTGARD, 23 décembre. — Dans la séance de la chambre d'aujourd'hui, qui a duré de 9 heures à 3 heures, les propositions de la commission ont été acceptées.

Le traité avec la Confédération du Nord a été voté par 74 voix contre 14 ; celui avec la Bavière par 76 voix contre 12 ; enfin l'adhésion aux désignations « Empereur Allemand, Empire Allemand, » a été donné par 81 voix contre 7.

Voici les noms des membres ayant voté contre : Mohl, Egelhaf Hopf, Plesser, Probst, Kübler et Gutheim.

FAITS DIVERS.

VIENNE, 21 décembre. — La célébration du centenaire de Beethoven s'est terminée hier par un banquet dans la salle de la société musicale, présidé par M. Dingelstedt, à présent directeur artistique du théâtre de la « Hofburg », nommé conseiller de l'empereur.

Le ministre de l'instruction, M. de Stremayr, était présent et portait un toast au progrès et au développement de l'art.

Le conseil municipal de Vienne a offert 5,000 florins à la fondation « Beethoven » ayant pour but de soutenir des musiciens de talents mais pauvres.

---

On annonce que M. Gambetta aurait l'intention d'abolir le concordat et de proclamer la séparation de l'Église et de l'État.

---

On annonce, dit le *Français*, que M. de Kératry compte partir pour Paris, et qu'il se fait fort d'y arriver, en passant malgré tout à travers les lignes prussiennes.

---

La cour de cassation quitte, dit-on, Poitiers pour se rendre à Pau.

---

Le préfet de Perpignan vient de déférer aux tribunaux militaires, comme coupables du crime de rébellion et de lâcheté devant l'ennemi, 51 francs-tireurs des Pyrénées-Orientales des 3ᵉ et 4ᵉ compagnies, qui ont quitté leur poste de combat et sont rentrés à Perpignan, malgré les ordres de leurs chefs. Tous les déserteurs, sauf deux ou trois, appartiennent à la classe ouvrière. Ils ont été arrêtés par la gendarmerie. Cet acte de légitime sévérité portera ses fruits. Il paraît, du reste, qu'il est le résultat d'ordres envoyés par le gouvernement et que partout les autorités en ont reçu de semblables.

Un des amusement des Parisiens — il ne leur en reste pas beaucoup — c'est de donner des noms à leurs pièces de marine à longue portée. L'une s'appelle *Joséphine*, l'autre *Marie-Jeanne*; la dernière installée a été baptisée *Valérie :* est-ce du Mont-Valérien? De là mille plaisanteries : « *Joséphine* tousse; *Clémentine* a un fort rhume; bon ! voilà *Marie-Jeanne* qui se fâche ! quel mauvais caractère elle a ! toujours à crier ! »

Un autre genre de distraction est de voir la garde nationale faire ses rondes le soir à l'instar des sergents de ville. Ah ! les gaillards, ils n'y vont pas de main-morte : il n'y a pas de plus zélés que les nouveau convertis. Quelques-uns même ont poussé le zèle si loin que les tribunaux s'en sont mêlés et qu'on les a condamnés à un peu de prison. Ils s'étaient introduits chez deux dames un soir fort tard et cherchaient des espions prussiens... sous le lit ? En somme, la grande masse fait preuve de beaucoup d'ordre et de fermeté.

### N° 53. — MARDI 3 JANVIER 1871.

## PARTIE OFFICIELLE.

#### COMMUNICATION OFFICIELLE.

VERSAILLES, 2 janvier. — 1ᵉʳ *janvier*. — Le général de Manteuffel mande du 31 décembre :

5 bataillons de la 1ʳᵉ division ont fait aujourd'hui de Rouen une reconnaissance sur la rive gauche de la Seine, contre des forces ennemies supérieures qui étaient venues des environs de Briare et s'étaient avancées jusqu'à Moulineaux, à l'ouest de Grand-Couronne. Celles-ci furent en partie dispersées, en partie jetées dans le château-fort de Robert-le-Diable, qui a été pris d'assaut par nos troupes.

L'ennemi a eu beaucoup de morts et nous lui avons fait

environ 100 prisonniers, parmi lesquels se trouverait le chef des francs-tireurs de ces pays. (1).

Un rapport officiel de Paris constate que par notre bombardement du mont Avron, du 27 décembre, les troupes françaises ont subi des pertes graves.

On cite notamment 17 officiers tués ou blessés à cette occasion.

*2 janvier*. — Le bombardement des positions ennemies au nord-est de Paris, a été continué avec succès le 31 décembre et le 1er janvier. L'ennemi a évacué précipitamment ses positions avancées de ce côté; le feu des forts de Nogent, Rosny et Noisy a cessé le 1er janvier.

Le 31 décembre, la 20e division, attaquée par des forces supérieures près de Vendôme, a néanmoins repoussé l'ennemi.

Dans ce combat, le général de Lüderitz a pris 4 canons.

Le 30 décembre, le colonel Wittich, à la tête d'une colonne mobile, a fait prisonniers, près de Souchez, entre Arras et Béthune, 5 officiers et 170 hommes.

Le bombardement de Mézières a commencé le 31 décembre.

Aujourd'hui on annonce la capitulation de cette forteresse (2).

Le 1er janvier, Sa Majesté le roi de Prusse a reçu, entre neuf et dix heures du matin, S. Exc. M. le comte de Pückler, grand maréchal de la Cour, M. le comte Perponcher, maréchal, ainsi que les autres membres de Sa maison militaire et civile

(1) *Extrait de dépêches de M. Gambetta.*
Bordeaux, 1er janvier 1871.
En Normandie, nos troupes ont repris les hauteurs de la Bouille, Orival et du château de Robert-le-Diable. Cette dernière position, reprise un instant par l'ennemi, lui a été de nouveau enlevée.
Bordeaux, 2 janvier.
La journée du 31, dans la Seine-Inférieure, a coûté à l'ennemi plus de 500 tués ou blessés criblés du château de Robert-le-Diable par des francs-tireurs et des mobiles de l'Ardèche. De notre côté, 25 tués et 60 à 80 blessés.

(2) M. Gambetta se borne à dire dans sa dépêche du 5 Janvier :
« On signale de Lille le bruit de la capitulation de Mézières après bombardement.

qui ont présenté à Sa Majesté leurs félicitations de jour de l'an. Le Roi est ensuite entré dans la grande salle de la Préfecture, où les Princes de la maison royale, les Princes souverains et non-souverains de l'Allemagne, accompagnés de leurs aides de camp, se sont trouvés réunis. Sa Majesté, après avoir reçu les félicitations de cette illustre assemblée, s'est rendue, suivie du cortége princier, à l'église du château, où a eu lieu le service divin. Après la cérémonie religieuse, le Roi et tous les Princes sont montés par l'escalier de marbre dans les grands appartements de Louis XIV, remplis déjà par les officiers de tout grade, ainsi que par les hauts fonctionnaires présents à Versailles.

Cette nombreuse assemblée a presque entièrement rempli la galerie des glaces, qui présentait alors un aspect extraordinaire et grandiose. Sa Majesté le Roi est entrée et s'est avancée jusque vers le milieu de la galerie. Leurs Altesses royales le Prince royal, le Prince Charles, frère du Roi, et le Prince Adalbert, grand amiral, se sont tenus à quelque distance. Le Roi a prononcé, au milieu d'un silence religieux, l'allocution suivante :

« De grands événements ont dû s'accomplir pour nous réunir à cette place et à pareil jour. C'est à votre héroïsme, à votre persévérance et à la vaillance des troupes que vous avez conduites que Je dois ces succès.

« Cependant nous ne sommes pas encore arrivés au but, nous avons encore de grandes tâches devant nous avant que nous puissions arriver à une paix honorable et qui présente des chances de durée. Une telle paix nous est assurée si vous continuez à accomplir des actions comme celles qui nous ont conduits jusqu'ici. C'est ainsi que nous pouvons envisager l'avenir avec confiance et attendre ce que Dieu dans sa clémente volonté, a décidé de nous. »

Cette allocution a produit sur les assistants la plus profonde impression. Tout le monde sembla méditer sur les enseignements de l'histoire et sur ce fait unique que ce Palais justement consacré à *toutes les Gloires de la France !* était devenu, pour un moment du moins, et au commencement de l'année 1871, le rendez-vous de toutes les gloires militaires de l'Allemagne.

A cinq heures du soir, un dîner de 90 couverts a eu lieu à la résidence du Roi. Tous les princes et les sommités militaires et civiles y étaient invités.

## PARTIE NON OFFICIELLE.

Au dire des aéronautes qui sortent de Paris et des correspondances dont ils sont porteurs, les Parisiens ne seraient pas près de se trouver au dépourvu et la place jouirait encore, — pour deux mois, d'autres disent jusqu'à Pâques, — d'une abondance relative.

S'il en est ainsi, on se demande pourquoi les membres du gouvernement provisoire, lorsqu'il s'est agi de conclure un armistice de 25 *jours*, ont fait une condition absolue de l'approvisionnement de Paris. — Ne l'auraient-ils donc posée que pour rendre impossible d'abord l'armistice, ensuite et surtout la convocation d'une assemblée nationale ?

Le *Moniteur Prussien* publie sur les opérations de la deuxième armée (Prince Frédéric-Charles) l'intéressante relation qui suit :

« Immédiatement après l'occupation d'Orléans, la 2ᵉ armée se mit à la poursuite de l'ennemi. Celui-ci, d'après les avis reçus, avait de forts détachements à Jargeau, à Sully et à Gien, de l'autre côté de la Loire. Le 3ᵉ corps se porta dans cette direction. D'après d'autres nouvelles, qu'on avait de l'ennemi, il s'était reformé en grandes masses autour de Beaugency. Le 9ᵉ corps fut dirigé d'Orléans sur Beaugency, en suivant la rive gauche de la Loire, afin de soutenir le mouvement en avant qui avait lieu sur la rive droite, — en menaçant de l'autre côté du fleuve la ligne de retraite des Français. La 6ᵉ division de cavalerie fut envoyée, au sud, sur Vierzon, avec l'ordre de suivre les mouvements de retraite de l'ennemi et de ne pas le perdre de vue. On avait des motifs de supposer que les forces françaises se retireraient dans la direction de Tours, afin de couvrir le gouvernement qui siégeait en cette ville. Le 10ᵉ corps demeura près d'Orléans, pour être employé suivant le besoin. La

17ᵉ et la 22ᵉ division, avec le corps bavarois, sous les ordres du grand-duc de Mecklembourg-Schewerin, continuèrent à former l'aile droite sur la rive nord de la Loire.

« Dans sa marche vers le sud-est, le 3ᵉ corps ne rencontra nulle part des forces ennemies importantes; de même, la 6ᵉ division de cavalerie, envoyée du côté de Vierzon, eut de nombreuses escarmouches avec la population du pays, mais ne se trouva pas une seule fois en face de détachements de l'armée ennemie. Pendant ce temps, l'attaque faite, le 7 décembre, par les Français contre les troupes du grand-duc de Mecklembourg-Schwerin, avait démontré que l'ennemi se tenait avec ses principales forces aux environs de Beaugency, et que son intention était de s'opposer à la marche en avant des troupes allemandes du côté du sud-ouest. Le grand-duc eut à combattre, le 7, des troupes commandées par le général Camon, et, le 8, les 16ᵉ, 17ᵉ et 21ᵉ corps français (ce dernier de formation toute nouvelle) sous les ordres du général Chanzy. L'attaque, répétée, le 8 décembre, par l'ennemi, fut des plus vives, et repoussée avec non moins de vigueur. Le 9, le prince Frédéric-Charles fit avancer le 10ᵉ corps (resté près d'Orléans) pour appuyer le grand-duc, mais l'artillerie de ce corps donna seule; l'ennemi avait été refoulé d'une manière décisive.

« Comme les 2 divisions du grand-duc et les troupes bavaroises avaient beaucoup souffert dans ces rudes combats de deux jours, — et en prévision que l'ennemi renouvelât son attaque avec des forces supérieures, le commandant en chef (prince Frédéric-Charles) porta en avant le 10ᵉ corps, avec ordre de se lier au 9ᵉ, pour l'appuyer en cas de combat. Le 10 décembre, en effet, les deux corps eurent à opérer de concert, l'ennemi fut repoussé, souffrit des pertes considérables, et battit en retraite sur Blois dans la direction du sud-ouest.

« Afin de pouvoir le poursuivre avec toutes les forces disponibles, le 3ᵉ corps fut rappelé de Gien, et concentré autour de Beaugency, au sud d'Orléans, le 10ᵉ corps reçut l'ordre de marcher sur Blois, et le 9ᵉ continua à se tenir sur la rive gauche de la Loire. Le lundi, 12 décembre, le prince Frédéric-Charles avait, pour quelques jours, transporté son quartier général d'Orléans vers le sud, mais, par ordre, la préfecture d'Orléans resta réservée pour Son Altesse Royale et ne fut pas occupée. Le 12, le quartier général était transféré à Beaugency, le 13 à Suèvres; là, le commandant en chef reçut la nouvelle que la ville de Blois avait été occupée sans résistance par le 10ᵉ corps et que le général de Voigts-Rhetz venait d'y entrer en personne. Une quantité considérable de provisions était tombée entre nos mains. — Le quartier général resta jusqu'au 16 décembre à Suèvres. On avait appris qu'une partie de l'armée française, après le combat du 12, s'était retirée vers l'Ouest dans le pays de Vendôme; le 15, un peu au nord de cette ville, à Morée, le grand-duc de Mecklembourg-Schwerin rencontra de forts détachements de l'armée ennemie et leur livra un combat heureux sous tous les rapports. D'un autre côté, le général de Voigts-Rhetz, sorti de Blois avec le 10ᵉ corps, à la poursuite de l'ennemi, atteignit l'arrière-garde française; le combat, soutenu principalement par l'artillerie, eut pour nous le résultat le plus favorable.

« Jusque-là il y avait toujours apparence que l'intention de l'ennemi était de pousser dans la direction du Nord-Ouest afin de secourir Paris, et la tâche de la 2ᵉ armée consistait à employer toutes ses forces pour faire échouer ce plan. En conséquence, le prince Frédéric-Charles dirigea, le 17 décembre, sur Vendôme, outre le 10ᵉ corps, le 9ᵉ, jusque-là sur la rive gauche de la Loire, et le 3ᵉ qui avait été porté de Gien à Beaugency. Mais l'ennemi évita le combat. Comme on sait, un conseil de guerre, sous la présidence de Gambetta, fut tenu, dans la nuit du 16 au 17, à Vendôme; on y prit la résolution d'évacuer cette ville et de se retirer dans l'Ouest sur le Mans. Ce mouvement en arrière s'exécuta dans la journée du 17; l'ennemi battit en retraite, après avoir essayé de faire sauter les ponts sur la Loire; ce qui n'empêcha pas le 10ᵉ corps de passer, deux heures plus tard, sur ces ponts. L'occupation de Vendôme eut lieu presque sans combat; quelques grenades seulement furent jetées sur les masses ennemies qui se retiraient; l'infanterie brunswickoise et le 10ᵉ bataillon de chasseurs prirent 8 canons avec les attelages et les artilleurs qui servaient ces pièces. Le 16ᵉ corps et les troupes du grand-duc de Mecklembourg-Schwerin furent chargés de suivre l'ennemi dans sa marche vers l'Ouest, et au besoin de le maintenir dans ses positions.

« Au moment où la deuxième armée avait ainsi rempli sa tâche, en fermant à l'ennemi la route de Paris, et en le rejetant vers l'Ouest, un avis reçu du général von der Tann (qui occupait Orléans avec le corps bavarois, depuis le 12 décembre), informa le commandant en chef que devant Gien, où l'on avait laissé, pour garder la place, un bataillon bavarois, de grandes masses de troupes ennemies étaient en vue; aussitôt des détachements de la deuxième armée furent dirigés le 17 et le 18 décembre, en amont de la Loire, pour recommencer de ce côté (sud-est), ce qui avait été accompli déjà en aval d'Orléans (sud-ouest), c'est-à-dire pour couvrir de nouveau les lignes d'investissement de Paris du côté sud. Il importait maintenant d'observer les mouvements de l'ennemi, dans la direction de Gien.

« Le 18, le prince Frédéric-Charles transporta son quartier général à Meung, et, le 19, il rentrait à Orléans.

« Lorsque nos troupes occupèrent Vendôme, on y trouva encore affichée une publication de Gambetta, datée du 15 décembre. C'était un ordre aux préfets et aux maires de punir rigoureusement tous les soldats qui, sous un prétexte quelconque, traînaient sur les derrières de l'armée, et de les ramener à leurs corps. Quelle situation, quelle discipline, quelle décomposition trahit ce document ! De tous les renseignements recueillis dans les localités où nos troupes ont pris leurs quartiers, on peut conclure que ce n'est pas l'enthousiasme national qui conduit les jeunes gens au combat, mais le terrorisme républicain dont le joug pèse en ce moment sur la France. On menace de mort ceux qui refusent de se battre pour la France, — pour la France gouvernée par M. Gambetta et consorts. »

---

La *Gazette du peuple souabe* (Stuttgardt) salue en ces termes la restauration de l'Empire d'Allemagne :

« Quelle différence entre les temps passés et nos jours, entre le 3 avril 1849 et le 18 décembre 1870 ! — Il y a vingt ans, au plus fort de nos épreuves intérieures, la députation du parlement de Francfort offrait la couronne impériale au roi Frédéric-Guillaume ; l'autorité de cette assemblée était déjà nulle auprès des classes influentes, et la couronne apportée par elle n'était qu'un vain honneur. Les droits qu'elle représentait, il aurait fallu de longues luttes pour les conquérir. Cette couronne était offerte à un prince dont la générosité formait le caractère distinctif, mais qui n'avait pas d'armée pour faire prévaloir ses droits. Peu de mois après arrivait la défaite causée par l'Autriche et ses alliés, les petits États.

« Aujourd'hui, c'est au roi Guillaume qu'on adresse la même requête, et le président Simson a, comme en 1849, la tâche difficile de traduire par ses paroles les sentiments qui nous animent à cette heure solennelle.

« Le langage du président a été bien différent de celui qu'il tenait il y a vingt ans. Il a parlé comme représentant de 30 millions d'Allemands, il a pu se prévaloir de l'initiative des princes, de l'assentiment de l'Allemagne du Sud. L'Autriche dont le principe politique était d'abaisser, sinon de démembrer la Prusse, est maintenant en dehors de l'Allemagne ; notre nouvelle génération tout entière met son espérance dans le nouvel Empire. Les coteries ultramontaines, les hommes des États-Unis d'Europe, dont la devise est aussi : *Prussiam esse delendam*, sont réduits à l'impuissance et obligés de contenir leur colère en voyant s'élever l'empire national des Hohenzollern.

« Le titre d'empereur et les prérogatives qui en dépendent sont déjà acquis par le succès de la plus terrible guerre qu'un peuple ait jamais faite pour son existence.

« Aujourd'hui même, la Chambre wurtembergeoise va donner son vote en faveur du nouvel Empire. Ce que nous avons acquis, nous voulons le conserver et le développer, car l'Empire allemand est la preuve que nous sommes redevenus une nation.

« Dieu soit avec l'Allemagne et son Empereur ! »

## LA CAPITULATION DE PHALSBOURG.

*Phalsbourg, 15 décembre.* — Le commandant de Phalsbourg avait ouvert des négociations pour la reddition de la forteresse, par suite de la nouvelle des défaites des armées de la Loire et du Nord; mais ces propositions avaient été considérées comme inacceptables. Quelques jours plus tard, le 12 de ce mois, il a rendu sans conditions la forteresse au commandant du corps d'investissement, M. le major von Giese.

Le motif de la reddition était le manque de vivres dans la ville, qui a résisté jusqu'au dernier moment, au milieu des plus grandes privations; la conduite de la garnison mérite les plus grands éloges.

Les autorités allemandes avaient pris d'avance des mesures pour le ravitaillement de la place. Les moyens de transport pour les prisonniers faisant défaut le premier jour, on résolut de retarder leur départ et l'entrée de nos troupes jusqu'au 14. Le nombre des pièces que nous avons prises est de 65 et celui des fusils de 10,000.

Les prisonniers, composés de troupes de ligne, de turcos, d'artillerie et de gardes mobiles, en tout 1,838 hommes avec 53 officiers, s'étaient rangés sur la route de Lutzelbourg et faisaient une bonne impression par leur attitude digne et calme. Ils prirent congé de leurs officiers en leur serrant les mains, et ils marchèrent ensuite escortés par les soldats de la landwehr jusqu'à Lutzelbourg, d'où ils ont été dirigés à Rastadt par le chemin de fer. Le roi de Prusse, voulant donner un témoignage de considération aux officiers pour leur belle conduite pendant le siége, les a autorisés à garder leur épée et les objets leur appartenant.

Le siége avait duré 17 semaines. L'entrée des troupes de siége s'est effectuée par un temps affreux. Arrivées à la Grande-Place, nos troupes ont formé le carré et un *Vive le Roi!* retentissant s'est fait entendre.

L'intérieur de la ville offrait un triste spectacle; des quartiers entiers étaient détruits et brûlés jusqu'au sol. Une inspection des fortifications nous a montré la force énorme des travaux de défense, qui, bâtis en partie dans le rocher, auraient rendu fort difficiles un siége en règle et un assaut.

### LES AVOCATS HOMMES D'ÉTAT.

On écrit au *Salut public de Lyon*, de Bourg, le 18 décembre :

« *Note à mettre dans les annonces.* — A tous journalistes ou avocats qui voudront désormais quitter une profession ingrate et de peu d'éclat pour se faire une pelote et prendre une position brillante, faisons savoir qu'il suffit : 1° d'écrire une fois par jour, dans les feuilles dites radicales, des choses qui n'aient pas le sens commun ; 2° de soutenir *mordicus*, et dans un style fermenté, que tous les généraux, amiraux, vice-amiraux sont des traîtres ; 3° se proposer avec aplomb au Gouvernement pour les remplacer.

« Le bouillant Lissagaray a réussi par ce moyen. Il a quitté son journal, — métier indigne, — pour prendre le commandement d'un corps d'armée qui doit prochainement opérer en peinture dans la région la plus méridionale du Midi, à distance respectueuse des Prussiens. On fortifie activement la Cannebière, et il ne fera pas bon se frotter à la ligne de défense de la Garonne.

« — Mais les Prussiens n'iront pas ! dit quelqu'un.

« — *Zuse un peu, mon bon*, s'ils y allaient.

« Dans le Midi, plus d'avocats, ni de journalistes, tous généraux. L'Est, qui est plus près de l'ennemi, a conservé quelques chefs militaires, mais chacun sait que l'Est n'a jamais rien compris à la « grande tradition de 92. » Le Midi est le potager politique et littéraire de la France : on y récolte les hommes d'État et les généraux comme des petits pois. Chez nous, disette entière, routine désespérante, nullité complète. Lissagaray nous regarde du haut de son panache, et il y a longtemps que Cluseret, désespérant de rien faire de nous, a secoué sur nos têtes la poussière de ses bottes.

« On vient de mettre à la tête de la subdivision de l'Ain et de Saône-et-Loire un marin, vrai Breton bretonnant. Sa proclamation est aujourd'hui dans tous nos journaux. Ce document n'est certes pas la fine fleur du style ; mais on y sent, à travers un souffle énergique, l'accent d'un homme qui n'est évidemment pas arrivé par les mêmes voies que le citoyen Lissagaray.

« Le général Pradier sort tout frais émoulu de son vaisseau et ne pose pas pour la *tartine*. Militairement parlant, il sait de quoi il retourne et ne paraît pas disposé à prendre des vessies pour des lanternes. Sa proclamation porte pour devise : *Dieu, Patrie et Liberté;* en vrai Breton, il met son épée sous la protection de la Providence. Par exemple, il ne crie point, à la fin : *Vive la République universelle!* lacune regrettable qui prouve que le général ne connaît pas encore toutes les beautés de notre nouvelle langue.

« Les civils qui s'engagent aujourd'hui dans le régiment des généraux crient volontiers : *Vive la République universelle!* Cela a remplacé, dans le style du jour, la *République une et indivisible*, qui signifiait quelque chose, tandis que l'*universelle*, au milieu de nos égorgements internationaux, n'a positivement pas le sens commun.

« La première mesure militaire prise par le général Pradier dans le département de l'Ain promet une bonne direction. « En vertu des pouvoirs qui lui sont conférés », M. Pradier vient de déléguer au chef d'escadron de gendarmerie commandant d'armes à Bourg, l'*autorité la plus absolue* pour tout ce qui est relatif au commandement et au service militaire dans le département de l'Ain. » Ceci rentre dans mon système, qui est celui des compétences bien entendues et bien ordonnées.

« Laissons les roses aux rosiers et donnons la suprématie dans les choses de la guerre, non pas aux hommes qui se sentent de la vocation pour remplir au pied levé trente-six fonctions à la fois, mais à ceux qui ont étudié toute leur vie pour être de leur état et savoir ce qu'ils font.

« N'est-il pas encore installé? ou bien est-ce par modestie? Pour une raison ou pour une autre, on remarque que le gouvernement de Bordeaux ne fait pas autant de proclamations que le gouvernement de Tours. D'aucuns pensent que cette absence prolongée de chefs-d'œuvres oratoires est le fait des pérégrinations sans nombre que M. Gambetta, ministre de l'intérieur, de la guerre et de la parole accomplit depuis une douzaine de jours d'une aile à l'autre de l'armée de la Loire. Pour moi, je ne suis pas de cet avis : M. Gambetta est un homme intelligent : après deux ou trois essais d'éloquence malheureux, il se sera dit que, dans certaines situations, le plus beau des discours, c'est de savoir se taire. Ainsi a-t-il fait, je suis très-éloigné de m'en plaindre.

« Seulement, ce qui me chiffonne, c'est l'aplomb imperturbable avec lequel les derniers goussepains des bureaux de la guerre rédigent les bulletins militaires, pour la transmission desquels le gouvernement a cru monopoliser entièrement le service du télégraphe. On dirait vraiment que ces gaillards-là écrivent pour les Variétés ou le Palais-Royal, et non pour le peuple français.

« L'autre jour, l'un d'eux ne s'est-il pas amusé de rédiger ainsi une dépêche : « M. Gambetta va à Bourges pour voir *ce qu'on peut faire de bon* de l'armée de Bourbaki ? » Est-ce assez de bouffonnerie, ce petit membre de phrase ?... *Ce qu'on peut faire de bon*... Cette drôle de rédaction a dû être la cause l'autre jour que plus d'un citoyen lecteur s'est fait une pinte de bon sang. Mais c'est égal, M. Gambetta n'a pas dû être content ! Et, au fait il y avait de quoi.

« Ministre ou non, sous un régime ou sous un autre, on a des serviteurs pour se faire servir et non pour se faire moquer de soi. L'écrivailleur ministériel qui a joué à M. Gambetta le vilain tour de faire passer ce ministre pour un jocrisse présomptueux et ridicule, mérite une destitution exemplaire. Il est regrettable que le Sénat n'existe plus : il mériterait qu'on l'y envoie. »

---

AVIS.

Le Préfet du département de Seine-et-Oise porte à la connaissance du public que la troisième liste officielle des blessés français recueillis par les troupes allemandes, publiée par les soins du Comité international de Genève, a été déposée à la

Mairie de Versailles et que les intéressés peuvent en prendre connaissance dans les bureaux de la Mairie.

### LE DÉMÉNAGEMENT DE TOURS.

*Bordeaux, 16 décembre.*

Quelle débâcle que le déménagement d'un gouvernement ! Quelle émigration que celle du personnel administratif, politique, militaire qui suit les étapes d'un pouvoir errant ! Quelle panique que celle de la population de réfugiés qui était venue de tous les coins de la France chercher un abri à Tours et qui se trouve forcée un beau matin de plier sa tente et de courir plus loin !

Le jour où la capitulation d'Orléans fut connue par le gouvernement de Tours, c'est-à-dire, le lundi 4 décembre, la majorité des membres du gouvernement se prépara à partir.

Les administrations commencèrent leurs bagages, les fonctionnaires publics requirent les trains du chemin de fer. Trois cent personnes, plus ou moins officielles, seraient parties le soir même, si M. Gambetta, ordonnant aux administrations de rester, n'avait enjoint au chemin de fer de refuser les billets de réquisition. Cette décision suspendit la panique.

L'administration centrale du chemin de fer de Paris partit seule. Un certain nombre de particuliers l'ont suivie ; mais la masse qui se disposait à partir se résigna à rester, en voyant l'immobilité du gouvernement. Ce *statu quo* dura deux jours.

Les journées de mardi et de mercredi furent assez calmes, on attendait. Le premier combat du général Chanzy à Josne avait paru de bon augure. Mais des bruits confus et alarmants couraient à travers la ville. Le général Chanzy, dans sa première dépêche, annonçait qu'il serait attaqué le lendemain dans ses positions par des forces supérieures. S'il était écrasé, Blois pouvait tomber en un jour aux mains de l'ennemi. Tours se trouvait découvert et sans défense. La majorité du gouvernement voulut partir. M. Gambetta, qui était d'un avis contraire, ne résista pas : — Évacuons toutes les vieilles femmes, dit-il à ses amis. Leur présence à Tours ne gênera plus notre armée. Quant à moi, je vais auprès de ce brave Chanzy.

Une délibération connue dans la journée causa un ébranlement général ; quand on sut que le gouvernement allait quitter Tours, tout le monde voulut partir à la fois. La température était cruelle. La terre était couverte de neige. Il gelait. Des masses de voyageurs se dirigèrent vers la gare, pour le train express de 3 heures. Les hommes emmitouflés de manteaux et de couvertures, les femmes entortillées dans des tartans, chacun traînant son sac de nuit, car les voitures et les commissionnaires étaient rares sur la place. Heureux furent ceux qui purent pénétrer dans le premier convoi, car ils eurent des wagons de 1re classe.

Le soir, second départ à 7 heures et demie. Hélas ! quel convoi ! sept ou huit cent blessés dans des wagons de 3e classe, les uns le bras en écharpe, les autres le pied enveloppé dans du linge, ceux-ci la figure couverte de bandelettes et de charpie qui laissaient deviner d'horribles blessures.

Quand le convoi des blessés fut plein, on ouvrit les portes au public qui avait payé ses billets et qui attendait depuis deux heures. La foule s'élança sur les wagons de seconde classe, qui étaient en nombre si restreint que deux cents personnes se trouvèrent sans place sur la voie. Tout le monde courait affolé. Les femmes les plus élégantes, qui ont suivi leurs maris à l'armée de la Loire ou qui accompagnent le gouvernement pour avoir tous les jours des nouvelles de leurs fils, de leurs frères, imploraient le chef de gare pour obtenir des wagons supplémentaires. — Si vous tenez à partir ce soir, répondait celui-ci, montez dans les wagons de troisième classe. — Mais il gèle à pierre fendre. — Alors attendez le train de minuit. — Aurons-nous des places ? — Je ne réponds de rien. Ce train peut être rempli par les réquisitions du gouvernement.

Heureusement, les wagons de 3e classe manquaient. On se décida à faire ajouter quelques wagons de 2e classe qui étaient un peu moins chers, mais pas plus chauds que ceux que les voyageurs redoutaient tant. Cet immense convoi s'ébranla vers 9 heures du soir. A mesure qu'il s'avançait vers le midi, le froid et la gelée devenaient un peu plus intenses. Une neige épaisse couvrait la terre. Toutes les rivières étaient gelées. A chaque grande station, à Poitiers, à Angoulême, à Libourne, un chef de train appelait les blessés qui devaient descendre aux ambulances de la ville.

Ces malheureux se dirigeaient par files vers des salles d'attente, où les attendait une distribution de bouillon. On les voyait passer hâves, transis, se traînant à peine, s'appuyant sur les bras de leurs camarades moins malades, et, à ce spectacle lamentable, les voyageurs fondaient silencieusement en larmes. Ce convoi arriva à Bordeaux après quatorze heures de souffrances.

Bordeaux est une des plus belles villes du monde. Le port est encombré de bricks comme aux plus heureux temps de paix.

Tout y respire la richesse, la prospérité, l'industrie et la grandeur. Les maisons y ont toutes un aspect monumental. Ce spectacle grandiose, qui étonne et qui charme toujours ceux qui arrivent à Bordeaux, paraît navrant, quand on songe aux désastres qui s'avancent non loin de cette grande cité et qui viennent d'envahir Rouen, ce Bordeaux de l'Ouest.

La population bordelaise paraît plus frappée, plus consternée que flattée de l'arrivée du Gouvernement et de l'émigration gouvernementale. Pour elle, c'est un mauvais augure, qui lui fait entrevoir les premières perspectives de l'invasion.

Les hôtels débordent. Les chambres les plus infimes s'y disputent à des prix exorbitants. Toutes ces maisons colossales sont glacées. Les nouveaux arrivants souffrent et se plaignent. Chaque convoi qui arrive amène successivement l'administration de la guerre, l'administration de la justice, le ministère de l'intérieur, la télégraphie électrique, la direction générale des postes, le comité de défense, etc.

La préfecture est encombrée de colis, les ministères sont en quête de leurs logements. Aucun service n'est organisé. La télégraphie est interrompue. La poste elle-même n'arrive plus à Bordeaux, nous ne savons pas ce qui se passe aux bords de la Loire. La vie publique est suspendue, mais non la douleur.

X.

On lit dans le *Constitutionnel* : (1)

« Dans les salles du grand théâtre, on a remplacé par des meetings les représentations lyriques. Ce n'est point un spectacle sans intérêt que de voir les tribunes dorées livrées à la foule et le lustre répandre ses clartés élégantes sur les masses noires du populaire. La soirée d'hier a présenté ce charme varié qui est le propre des réunions publiques.

« Sur la motion de l'orateur qui a ouvert la séance, on a décidé que le gouvernement sommerait la Russie de déclarer si elle est pour quelque chose dans l'invasion prussienne. Les proportions extraordinaires que prend cette invasion font supposer que l'Allemagne ne suffit pas à l'alimenter et que, sous le nom de Prussiens, de Bavarois, de Saxons, de Wurtembergeois, il nous arrive *beaucoup de Russes*. Un franc-tireur américain, originaire de Dijon, fait un grand éloge de Garibaldi. Après avoir accablé Rouen sous le poids de son mépris, il propose de se venger des Prussiens en les mettant en république.

« L'assemblée adopte, avec enthousiasme, cette forme nouvelle de représailles. Nous avons entendu aussi un « aérostier » récriminer contre les Bordelais qui ne se pressaient pas assez pour se rendre devant l'ennemi ; un sergent-major de la garde nationale mobilisée a voulu savoir quels étaient les exploits de ce héros inconnu qui venait donner à ses concitoyens des leçons de vaillance. Le sergent fait partie du bataillon qui se met en route dans deux jours ; il a promis que les gardes nationaux de la Gironde feraient leur devoir ; nous sommes certains qu'ils n'y manqueront pas.

« Mais l'intérêt dominant de la soirée n'était point dans ces menus propos ; il s'est résumé tout entier dans un discours de M. Pascal Duprat. Cet orateur, avec beaucoup de finesse et d'infinies précautions, est arrivé à pouvoir démontrer que si le gouvernement n'a pas réussi à bien conduire la guerre, s'il a manqué d'autorité à l'intérieur, s'il n'a pu donner satisfaction à l'esprit républicain en ne révoquant point des magistrats ina-

1 Édition publiée à Bordeaux.

movibles, s'il est allé emprunter de l'argent en Angleterre alors qu'il en pouvait si facilement trouver en France, c'est uniquement parce qu'il n'a point puisé sa force dans un appel au pays.

« Ce n'est pas que le citoyen Duprat soit éloigné de certaines mesures radicales et décisives qui sont du domaine de la dictature; il aurait fait un conventionnel des mieux réussis, mais il condamne les pouvoirs exercés sans origine légale; il ne reconnaît que ceux qui émanent directement du peuple. »

### BULLETIN TÉLÉGRAPHIQUE.

MADRID, mercredi, 29 décembre, matin. — Ce soir, vers sept heures et demie, comme le ministre de la guerre sortait des Cortès, plusieurs hommes apostés dans la rue d'Alcala, ont fait feu sur sa voiture.

Le maréchal et un de ses aides de camp ont été atteints.

Jusqu'à présent la blessure du premier ne présente pas de gravité.

L'ordre n'a pas été troublé autrement.

Le gouvernement a pris toutes les précautions pour maintenir la tranquillité et s'emparer des assassins.

Cet attentat a causé une profonde et universelle indignation.

MADRID, 29 décembre soir. — Prim va bien. Sa blessure ne donne pas d'inquiétude.

On a extrait heureusement tous les projectiles dont il a été atteint.

Un chirurgien allemand écrit à la *Gazette de Cologne* que la santé des troupes devant Paris, surtout celle du 11ᵉ corps d'armée, est satisfaisante. Il l'attribue à une bonne nourriture, aux abris que fournit la multitude de villages, de hameaux, de châteaux à tous les soldats excepté à ceux qui font le service des avant-postes, et aux vêtements chauds envoyés en grande quantité par une foule de donateurs.

Les maladies pulmonaires sont réduites au minimum, le climat d'ailleurs est moins rigoureux que celui des contrées voisines du Rhin. Le vin rouge, qui est en abondance, a eu également un effet très-salutaire.

Le correspondant berlinois du *Times* annonce que six des officiers français prisonniers sur parole en Allemagne et qui avaient réussi à s'enfuir, ont été repris ; ils sont condamnés à 20 ans de prison dans une forteresse.

## Annonces et Avis divers.

### OBJET PERDU.

Hier un carnet contenant des lettres et autres objets a été perdu. Récompense à celui qui le rapportera à *l'hôtel Schoubert*, 22, *rue des Réservoirs*.

### AVIS.

#### FROMAGE DE LIMBOURG

(Espèce de fromage de Munster), qualité supérieure. Se vend en caisses de 50 kil. :

*Rue des Chantiers*, 24.

Le magasin est ouvert de 10 heures du matin à 4 heures du soir.

---

**N° 36. — MERCREDI 4 JANVIER 1871.**

VERSAILLES, 3 janvier. — Au dîner qui a eu lieu hier à la résidence du roi, Sa Majesté a porté le toast suivant :

« J'élève mon verre pour saluer la nouvelle année. Nous jetons nos regards avec gratitude sur l'an passé, avec des espérances sur celui qui débute. Des remercîments sont dus à l'armée qui a marché de victoire en victoire. MES remercîments aux princes allemands présents ici, qui, en partie, ont conduit cette armée, en partie y ont servi. Les espérances se tournent vers le couronnement de l'édifice, vers une paix honorable. »

Son Altesse Royale le grand-duc de Bade a répondu :

« Qu'il plaise à Votre Majesté Royale de permettre qu'au nom des princes allemands ici présents je La remercie sincèrement des sentiments bienveillants manifestés par Elle. Qu'il me soit permis d'exprimer en même temps la joie que nous éprouvons de nous trouver, au commencement de cette année si riche d'espérances, autour du chef royal et victorieux des Allemands. L'armée allemande a, sous le commandement glorieux de Votre Majesté Royale, conquis l'unité de la nation allemande contre l'ennemi extérieur.

« D'accord avec les princes allemands et les villes libres, Votre Majesté Royale a bien compris la valeur inestimable de cette lutte héroïque, et dans cette lutte Votre Majesté s'est efforcée d'élever à une grandeur durable l'unité intérieure de la nation, comme la plus belle récompense de nos immenses sacrifices. Ce jour est destiné à voir ressusciter, avec une vigueur nouvelle, le vénérable Empire d'Allemagne. Votre Majesté Royale cependant ne veut accepter la couronne offerte de l'Empire que si elle peut en embrasser *tous* les membres dans une proportion commune. Néanmoins nous voyons aujourd'hui déjà dans Votre Majesté le chef suprême de l'Empire allemand, et dans sa couronne la garantie d'une unité irrévocable.

« Le Roi Frédéric Guillaume IV a dit, il y a vingt et un ans : « Une couronne impériale ne saurait être conquise que sur le champ de bataille. » Aujourd'hui que cette parole royale a trouvé un accomplissement si brillant, il nous est permis à tous d'exprimer ce vœu que par la grâce divine il soit donné à Votre Majesté Royale de porter en paix, pendant longtemps et pendant des années bénies, le symbole sacré de la concorde et de la puissance allemandes.

« Pour manifester énergiquement ce vœu sincère, je prononce les paroles auxquelles le Roi de Bavière, le haut allié de Votre Majesté, a donné une sanction historique :

« Vive Sa Majesté le Roi Guillaume, le Victorieux ! »

---

L'ATTAQUE DU MONT AVRON D'APRÈS LA VERSION FRANÇAISE.

Le *Petit Moniteur universel* de Paris publie dans son numéro du 30 décembre une relation très-instructive du bombardement du mont Avron. Nous croyons devoir reproduire ici cette relation émanant évidemment d'une source autorisée, car elle permet d'apprécier l'effet que le tir de l'artillerie allemande a produit sur les troupes françaises logées en partie dans les fortifications du mont Avron, en partie dans les villages voisins. Nous ferons remarquer aussi que le rapport dont nous parlons est d'autant plus important qu'il facilite la comparaison entre les idées exagérées que les généraux français paraissent s'être faites de l'irrésistibilité des fortifications de Paris et de la véritable valeur de ces dernières.

Voici l'article du *Moniteur* :

### L'ATTAQUE D'AVRON ET DES FORTS DE L'EST.

« L'attaque sérieuse du plateau d'Avron et le bombardement des forts de Rosny et de Noisy étaient prévus, sinon à jour fixe, du moins dans un certain délai.

« Les Prussiens, ou plutôt les Saxons, construisaient depuis longtemps leurs batteries sur les crêtes du Raincy, et malgré la prudence avec laquelle ils dissimulaient leurs travaux, on pouvait se rendre compte de leur importance. Les chefs qui commandent à Rosny et sur le plateau n'ont donc pas été pris au dépourvu.

« Le 26, infanterie, garde mobile, chasseurs à pied, infanterie de marine, soldats de la ligne et marins campaient sous la tente et dans des abris répartis sur toute la surface du plateau d'Avron, déjà même on s'occupait avec activité de la construction des baraquements destinés à rendre la garde du campement plus facile aux hommes par une température aussi cruelle, quand, après être venu chaque jour sur les lieux pendant les diverses opérations militaires, le général Vinoy prit l'énergique décision de rejeter sur la partie garantie toutes les troupes et de ne conserver que les bataillons de tranchées dûment abrités derrière les épaulements et dans les chemins couverts. Ce n'était pas là le résultat d'une soudaine inspiration : les observations constantes faites par les officiers de marine qui commandent les batteries, les conseils du commandant de l'artillerie, du colonel du génie et la vigilance du général d'Hugues, ont eu naturellement une grande influence sur la décision du général en chef qui la veille même du jour où l'ennemi a ouvert ce feu formidable, fit une longue station sur le plateau pour s'assurer des nouvelles dispositions prises pour le campement et pour décider aussi, d'accord avec le génie, certains travaux.

« Une circonstance qui nous revient en mémoire a pu déterminer la crise, et l'a peut-être avancée de quelques heures. Dans l'après-midi du jour où les bataillons de la mobile ont reçu l'ordre d'abattre le mur de la Maison-Blanche, le général a voulu tâter les batteries de Chelles et le village lui-même en faisant ouvrir un feu d'essai sur la hauteur pelée qui domine ce point important. Là s'élèvent deux formidables tranchées dont, par un temps clair, on compte à l'œil nu les embrasures malgré la distance. Deux guérites blanches, placées en avant, espacées l'une et l'autre de 150 mètres, sont un point de repère pour l'observation; on sent une position fortement défendue, que l'ennemi regarde comme d'une importance capitale et qui en effet est la clef de ses communications.

« Ces feux d'essai des batteries à longue portée, venant lancer leurs projectiles jusque dans le village, ont pu vivement inquiéter l'ennemi pour lequel, avant l'occupation du plateau, Chelles était un point absolument sûr, très en dehors de notre ceinture de défense, à l'abri de toute atteinte et déjà très en arrière dans ses propres lignes. Le plateau occupé, armé de pièces à longue portée, devenait un danger permanent, les combats d'artillerie du 21, pendant lesquels nous avions si facilement démonté les trois batteries des coteaux de Noisy, avaient prouvé ce que pouvait notre artillerie de position. Il fallait à tout prix s'efforcer de la détruire, rendre le plateau intenable, en chasser nos troupes par une grêle de projectiles, et, si on le pouvait, tenter de bouleverser nos épaulements, d'éteindre nos feux et de jeter le désordre dans cette position avancée.

« Pour arriver à un tel résultat, il fallait à la fois frapper Avron et frapper Rosny et Noisy. En effet, si l'action des batteries ennemies s'était limitée à cribler le plateau, nos bastions, nos pièces de marine frappaient en plein les pièces du Raincy et les auraient facilement démontées.

« Les Saxons ont donc fait deux attaques simultanées, ils ont tenté de jeter le désordre dans les forts par un bombardement en règle opéré par leurs batteries de droite, et fait pleuvoir d'innombrables projectiles sur le plateau en ouvrant le feu de leurs batteries de gauche.

« Chelles, Noisy, la Pelouse et la batterie Verte ont croisé leurs feux sur Avron et, vers midi, c'était quelque peu émouvant de se promener sur le plateau. Les soldats aux tranchées étaient bien abrités, la journée a été rude; et cependant elle a coûté beaucoup moins cher que l'attaque de la moindre bicoque où nous attendent des fantassins qui tiraillent derrière des créneaux.

« Rosny a reçu, dans un espace assez restreint, plus de 60 obus de 24. Sur le plateau, les marins, naturellement beaucoup plus rapprochés du foyer ennemi, ont eu beaucoup à souffrir, et quelques officiers ont été atteints.

« Nous avons eu occasion de remarquer, campés sous les pentes du plateau et à portée des obus, quelques bataillons de garde mobilisée; leur attitude était parfaite, et nous avons entendu des commandants de la ligne, aux ordres du général d'Exéa, venus à la rescousse en cas d'attaque, rendre justice à la belle tenue de cette garde civique impassible sous le feu des batteries du Raincy.

« Rude journée sans doute, mais bonne journée pour la défense; il y a bien eu quelques défaillances sur un point où des soldats novices ont été émus de cette grêle de projectiles; mais une heure après nous avons parcouru toutes les tranchées de la partie nord, et certainement l'attitude de tous était excellente.

« Il faut se faire à l'obus qui fait plus de bruit que de besogne. Il est vrai de dire que certain coup malheureux, comme celui qui a effondré la maison où s'abritait le commandant des mobiles de la Seine, est bien fait pour terrifier; mais ce gros projectile de 24 s'annonce par un fort sifflement, et peu à peu le soldat arrive à savoir s'abriter avec efficacité. »

*Un autre rapport publié à la suite de celui-ci donne de l'attaque du mont Avron un tableau plus fidèle :*

« Entre huit heures et huit heures et demie, l'artillerie prussienne ouvrit le feu; les projectiles d'une part s'abattaient sur le plateau lui-même, et d'autre part, atteignaient la seconde ligne des forts.

« A cette attaque subite et d'ensemble, nos canonniers de la marine et de l'artillerie de terre sautèrent sur leurs pièces pour riposter vigoureusement, et on sait que le plateau d'Avron a été garni d'ouvrages formidables, surtout sur la pointe de l'est; là les batteries s'étagent sur trois rangs; batteries de 7, de 12, et enfin un canon d'énorme calibre qui doit, pour le moins, être le parent de la grosse pièce de 24 du mont Valérien.

« Au bout de quelques instants, notre feu répondit à celui des Prussiens : toutefois, les obus nettoyaient si vigoureusement tout l'Avron, qu'un certain désordre se mit dans nos troupes, surprises et décontenancées; les avant-postes se replièrent précipitamment; les obus paraissaient les suivre pas à pas; le mouvement de retraite fut suivi par presque toutes les troupes, mobiles et infanterie de marine. On redescendit sans ordre, en même temps que les compagnies de travailleurs du génie, le versant de Neuilly et de Rosny. En arrière, les bataillons de garde nationale sont campés à Rosny, Fontenay et Montreuil; les projectiles de l'ennemi pleuvaient jusque dans ces villages; le cimetière de Fontenay a reçu une grêle d'obus; dans le fort de Rosny, un grand nombre de boulets pleins tombèrent en touchant seulement trois ou quatre personnes. Malgré la surprise, nos gardes nationaux ont tenu bon sans s'exagérer le danger; on peut dire, cependant, qu'il était assez nouveau pour leur donner quelque émotion. Mais ils se préoccupaient surtout de recueillir les débris des obus en guise sans doute de souvenirs de Noël.

« Besogne plus utile, les gardes nationaux firent cordon au-devant de ceux de nos soldats qui poussaient en arrière le mouvement de leur retraite. Par des apostrophes à la fois énergiques et patriotiques, ils vinrent efficacement en aide aux officiers qui reformèrent leurs troupes.

« Au premier coup de canon, les troupes cantonnées en arrière de nos forts du nord-est furent dirigées sur Avron. Le projet des Prussiens était encore mal défini; on pouvait douter s'ils se contenteraient d'une vive canonnade ou s'ils donneraient simultanément l'assaut à notre position.

« Sur les dix heures et demie, le feu de l'ennemi se ralentit. Notre artillerie avait souffert; mais quoique plusieurs canons eussent été démontés et quelques artilleurs mis hors de combat, nos batteries gardaient fermement leurs positions.

« La journée était très-brumeuse; un brouillard terne et froid obscurcissait les positions des deux adversaires, laissant à peine apercevoir les crêtes et les grandes lignes.

« Nos troupes stationnaient dans leurs positions abritées. On causait, on se promenait pour tromper l'attente et le froid. Les obus passaient en sifflant, tantôt éclatant sur le plateau, heureusement assez désert, tantôt portant sur Neuilly ou Rosny. Il est à remarquer que ces obus étaient d'un calibre extraordinaire. Les éclats mesuraient 20 à 25 millimètres, leurs courbures indiquent un diamètre d'environ 15 centimètres. Je n'ai pas encore vu les Prussiens employer autour de Paris d'aussi puissants projectiles.

« Peu à peu les Prussiens restreignirent l'étendue de leurs feux et ce fut par la droite qu'ils commencèrent par s'éteindre, mais une dernière batterie plus obstinée s'installa presqu'au pied du plateau; cette disposition la protégeait contre nos forts; elle tirait sans relâche, du reste sans grand profit, comme si elle eût voulu nous tenir sur le qui-vive. Grâce au brouillard, nos pertes, en somme, n'ont pas été considérables.

« Vers quatre heures, des corps nouveaux sont venus relever ceux qui, depuis le matin, étaient en observation en arrière d'Avron. Les troupes relevées rentrèrent, non sans plaisir, dans leurs cantonnements; car ils étaient à jeun et on s'était bien gardé, pendant l'action, d'allumer des feux de cuisine qui eussent dirigé le pointage de l'ennemi.

« En résumé, si les Prussiens ont tenté une attaque réelle contre notre position d'Avron, cette attaque a échoué, car nous tenons toujours le plateau; mais si la canonnade d'aujourd'hui n'est que le préliminaire d'une attaque ultérieure, le résultat de cette canonnade est de nous avertir des desseins ennemis.

Avis à nous de garnir fortement nos tranchées. C'est une chance heureuse et dont il faut que nous sachions profiter. Si les Prussiens se décident enfin à prendre l'offensive contre une de nos positions retranchées, évidemment la difficulté est la même pour eux, lorsqu'ils viennent sur nos lignes garnies d'ouvrages que pour nous, lorsque nous allons les attaquer dans une pareille situation; ce ne serait pas un médiocre avantage de la tactique adoptée par nos généraux que de les contraindre, par le motif d'une diversion ou par la nécessité d'une action offensive énergique, à s'aventurer sur un champ de bataille préparé et fortifié par nous-mêmes. »

Il importe de faire remarquer que les espérances exprimées dans ce rapport ne se sont pas réalisées, car le lendemain, nos ennemis n'ont pas répondu au bombardement du mont Avron. Les forts avoisinants n'ont répondu que faiblement, et le soir même le mont Avron s'est trouvé en possession de l'armée assiégeante.

Les Français, il est vrai, ont pu sauver leurs canons, à l'exception de deux; mais la quantité de munitions, d'affûts en partie démolis, et les morts abandonnés prouvent que le mont Avron a été évacué avec précipitation. Les pertes françaises, que les rapports ont présentées comme faibles, doivent avoir été, au contraire, très-considérables. Le même numéro du *Petit Moniteur universel* cite quatre officiers comme morts et treize comme blessés. Parmi ces dix-sept victimes, il paraît y avoir considérablement d'officiers supérieurs.

---

Londres, 22 décembre 1870.

LA VÉRITÉ SUR CE QUI SE PASSE EN FRANCE.

Monsieur le Rédacteur,

J'arrive de France, et ma surprise est grande de voir combien ici le public est abusé sur la situation véritable où se trouve notre malheureux pays. J'ai suivi de très-près, depuis le 4 septembre jusqu'à ce jour, les événements militaires et politiques qui se sont produits à Paris et en province, et je crois être à même de livrer, à leur égard, à la publicité un certain nombre de détails qui me paraissent avoir été considérablement dénaturés, au détriment de la vérité, en passant le détroit.

Cette correspondance, je le sais, va soulever d'acrimonieuses protestations, car il est certains esprits qui se figurent volontiers qu'on est l'ennemi systématique de la France, du moment où l'on cesse de transformer en triomphes les défaites qu'elle subit. Selon ceux-ci, il faudrait atténuer ses désastres, sinon les changer en victoires, tromper l'opinion publique à l'étranger et l'encourager à continuer une lutte désormais inutile et vaine. C'est aux hommes sensés que je m'adresse, à ceux qui savent juger froidement les choses, et je ne serai démenti par personne, en affirmant que les appréciations, qui forment le fond de cette correspondance, sont dans la conscience et dans le cœur de l'immense majorité des Français.

Il y aurait de l'enfantillage à croire que les 7,500,000 citoyens du plébiscite du 8 mai ont tout à coup changé d'opinion au lendemain de Sedan, et que, d'adversaires opiniâtres déclarés de la République, ils fussent devenus subitement républicains. La chose seule qui puisse faire illusion à cet égard est fort compréhensible en ce sens, qu'en France les républicains, du moins les soi-disant républicains, font beaucoup de bruit et crient très-fort, tandis que les autres se taisent et répugnent aux clameurs et aux vociférations de la rue. D'ailleurs ce qu'on appelle, ou ce qui s'intitule le parti républicain serait très-facile à dénombrer. Il se compose d'ouvriers fainéants et envieux, jaloux du bien-être d'autrui, d'employés subalternes dans les administrations, éternels gémisseurs qui se figurent être exploités, soit par le gouvernement qu'ils servent très-mal, soit par leurs patrons dont ils jalousent la situation, enfin d'un millier d'intrigants, avocats ou journalistes, qui fabriquent des constitutions dans les brasseries, et qui, entre la poire et le fromage d'un déjeuner à quarante sous, se distribuent des préfectures et des ambassades.

Qu'on se figure un gouvernement recruté subitement dans un public-house de Londres, et remplaçant le gouvernement de la Reine, et l'on aura une idée des hommes qui président actuellement aux destinées de la grande nation française. Il n'est pas jusqu'au personnage grotesque, connu sous le nom de *Pipe en bois*, et dont la célébrité s'est faite dans les amphithéâtres de nos salles de spectacles, où il était chef de siffleurs, qui n'ait eu sa part de gâteau. Il est chef du cabinet du secrétariat général de la délégation du gouvernement séant à Tours. D'ailleurs, tous ces messieurs forment ce qu'on pourrait appeler le « gouvernement du café de Madrid », établissement hanté jadis par la bohème littéraire de Paris, dont la moitié aime, chaque jour, à ce qu'ils appellent « l'heure de l'absinthe » — qui est pour eux l'heure du berger — à rencontrer l'autre moitié pour lui emprunter de quoi dîner. Un ancien rédacteur du *Nain Jaune* est chef de la police générale; un autre, son collaborateur, est chef du cabinet du ministre. C'est ce dernier qui nomme ou destitue les préfets. A vrai dire, il les nomme, mais il ne les destitue pas, car il est arrivé plusieurs fois que les préfets républicains, devenus insupportables aux populations, mis en demeure de se démettre de leurs fonctions, ont refusé leur démission et se sont maintenus quand même à leur poste. Exemple : Duportal, préfet de Toulouse, lequel s'est intitulé lui-même *capitaine de la guerre civile*, qui, en réponse à sa démission qu'il apprenait par le *Journal officiel*, se contenta d'adresser au Gouvernement le télégramme suivant dont il se glorifiait lui-même le lendemain dans son propre journal. «Que celui d'entre vous qui n'a pas fait de prison sous l'Empire vienne me destituer.» Ainsi, aux yeux de ce fonctionnaire — du reste, actuellement encore en place — pour occuper des fonctions publiques, le principal titre consiste à avoir mérité beaucoup de mois de prison pour transgression des lois de son pays. Je ne vous parlerai pas du citoyen X..., pauvre diable qui considérait hier un déjeuner comme un événement, nommé tout d'un coup commissaire général des armées avec un crédit de quatre millions, dont il ne doit compte qu'au seul ministre Gambetta. Ce personnage habite à Toulouse le palais du gouvernement militaire et couche dans le lit du maréchal Niel.

Au sein de cette tourbe d'anciens besogneux et de piliers d'estaminet, s'agite l'infortuné Gambetta, mais c'est elle qui le mène. Quant à MM. Crémieux et Glais-Bizoin, octogénaires sans énergie et sans idées, on peut dire qu'ils ne comptent pour rien dans les affaires de la défense nationale. Ils servent à signer les décrets et la plupart du temps on signe pour eux.

Avant de continuer, Monsieur, j'éprouve le besoin d'affirmer sur l'honneur que je considérerais comme un acte d'insigne trahison d'écrire une contre-vérité et de faire dominer par un sot et déloyal esprit de parti les détails que vous avez bien voulu me permettre de livrer à l'opinion publique. Il me sera bien permis, je pense, d'aimer ma patrie et de m'apitoyer sur les calamités auxquelles l'exposent les hommes du Quatre septembre. Je ne sais si l'on comprendra bien le sentiment qui m'anime, mais je ne puis m'empêcher, avec la plus grande partie des Français, *de considérer la France comme beaucoup plus humiliée et beaucoup plus à plaindre par le fait des tyrans qu'elle s'est laissé imposer que par les défaites qu'elle a subies;* car les hommes qui se sont violemment emparés du pouvoir ne se contentent pas de faire tuer en détail nos troupes inexpérimentées par l'artillerie prussienne ; ils couvrent la France de ridicule, la seule arme qui soit vraiment mortelle pour cette nation chevaleresque, généreuse et héroïque. Non, il n'y avait pas de honte pour elle à être vaincue par les armes, du moins elle pouvait se relever dans un temps donné de ses défaites; mais, qui la sauvera du ridicule d'avoir supporté la dictature des parodistes révolutionnaires, des Danton, des Vergniaud, des Robespierre, et même des Collot d'Herbois qui la tyrannisent actuellement, en faisant tout converger, non pas vers la défense nationale, mais à la forme républicaine qu'ils prétendent imposer quand même à la France.

Quel crédit, d'ailleurs, oserait-on accorder à des hommes qui depuis qu'ils sont au pouvoir ont constamment défiguré la vérité et trompé l'étranger sur ce qui se passe en France; à des hommes dont le début était déjà signalé par une mauvaise action et un mensonge, quand ils télégraphiaient à la province : « LA RÉPUBLIQUE A ÉTÉ PROCLAMÉE AU CORPS LÉGISLATIF », laissant supposer que la République avait été proclamée *par* le Corps législatif, tandis qu'elle avait été proclamée uniquement *par* une bande d'ouvriers *déguisés* en gardes nationaux dans le parlement vide de députés ? (*A continuer.*)

---

### L'ASSASSINAT DU COMMANDANT ARNAUD.

Voici, d'après un télégramme du *Times,* le récit de l'assassinat commis à Lyon sur la personne de M. Arnaud, commandant le 12ᵉ bataillon de la garde nationale de la Croix-Rousse :

Lyon, 22 décembre.

« La population était très-excitée par la nouvelle de l'occupation de Nuits par les Allemands ; les femmes étaient particulièrement agitées à cause du rapport mentionnant la destruction presque complète de deux bataillons de la garde nationale de Lyon.

« Une réunion publique a été tenue le même soir dans la salle Valentino, où plusieurs orateurs appartenant aux ultra-rouges ont prononcé des discours incendiaires.

« L'assemblée a résolu de désigner quinze délégués dans chaque arrondissement pour convoquer la garde nationale de leurs quartiers respectifs et pour se rendre armés sur la place des Terreaux.

« Une des délégations devait alors inviter les gardes mobiles des baraques de la Chartreuse ; une autre sonner le tocsin et battre la générale, une troisième devait demander au commandant s'il voulait, oui ou non, soutenir les fauteurs de trouble et finalement, quand tout le corps de la garde nationale serait réuni, « nettoyer » l'hôtel de ville.

« Les délégués se réunirent dans la salle Valentino le matin du 20, et beaucoup de femmes en proie à une vive agitation, quelques-unes habillées en noir, d'autres portant des drapeaux rouges, s'y trouvèrent. Les hommes portaient la cocarde rouge.

« Le commandant Arnaud arriva à la salle Valentino à peu près à midi, et demanda la permission d'entrer ; on la lui refusa. Il fut ensuite poussé et frappé, on brisa son épée. Le commandant Arnaud tirant alors son revolver fit feu deux fois, mais on le désarma immédiatement.

« La populace assemblée dans la salle le jugea sans autre forme de procès et le condamna à mort. Cette sentence fut exécutée par une partie de la garde nationale à quelque distance de là. Le temps entre le jugement et l'exécution était de dix minutes. Aucune tentative n'a été faite pour délivrer M. Arnaud. »

*L'Espérance du peuple*, journal paraissant à Nantes, publie l'article suivant :

### QUELQUES CLICHÉS.

Le gouvernement et l'administration possèdent certaines formules assez brèves, qu'ils emploient de temps en temps, suivant les occurrences.

Ces formules ont l'avantage d'épargner des frais de rédaction et même d'impression. La République est si économe de son temps et de son argent ! Elle réserve nos écus pour payer des trains spéciaux à Garibaldi, à son lieutenant Bordone et à *tutti quanti*.

Voici quelques-uns de ces clichés :

1° « La situation est bonne. »

Cela veut dire ordinairement que la situation qui ne valait rien d'avance a encore empiré.

2° « Paris continue d'être calme. »

Ce cliché se tire toutes les fois que les citoyens savent ou soupçonnent qu'il y a eu trouble à Paris.

3° « Rien de nouveau de l'armée de la Loire. »

Cela signifie que l'armée de la Loire continue à battre en retraite et d'être plus ou moins entamée par les Prussiens. L'affirmation est exacte, il n'y a *rien de nouveau*.

4° « Le moral des troupes est excellent. »

Ce cliché, légué par l'Empire à la République, s'imprime quand, par malheur, nos troupes sont démoralisées ; on est sûr de le lire après chaque désastre, après Reischoffen et Patay. Il n'y a pas d'exemple qu'au lendemain d'une victoire, le gouvernement daigne dire que le moral des troupes est excellent.

5° « Les Prussiens ont *évacué* tel endroit. »

Quelques citoyens candides s'imaginent que cette phrase

annonce un succès. Ils sont heureux d'apprendre, par exemple, que les Prussiens ont *évacué* Dieppe, Rouen, Évreux... Quelle bonhomie! Si les Prussiens *évacuent* Rouen ou Dieppe, c'est tout simplement qu'ils ont rançonné ces villes autant qu'ils l'ont voulu, et qu'ils vont ailleurs pour recommencer le même exercice.

6° « Nos pertes sont peu importantes, celles de l'ennemi sont considérables. »

Les esprits perspicaces lisent d'habitude ce cliché à rebours, de cette manière : « Les pertes de l'ennemi sont peu importantes et les nôtres..... » Ainsi dans la bataille de Nuits, livrée le 18 décembre, les Prussiens, disait la dépêche, « ont éprouvé de grandes pertes; les nôtres, bien que sensibles, sont beaucoup moindres. » M. Crémieux, ministre de la justice, a bien voulu nous donner le vrai sens de cette dépêche rassurante; il a dit tout carrément : « La *catastrophe* arrivée à Nuits. »

Ceci nous amène à un dernier cliché ainsi conçu :

7° « Le gouvernement dit la vérité. — Le gouvernement de la République tient à honneur de ne rien cacher de la vérité. »

La dépêche que nous venons de citer montre comment il faut entendre le septième cliché. Le gouvernement déclarait qu'à Nuits les Prussiens avaient 24,000 hommes; quant à nos forces, il les cachait prudemment, ce qui montre bien qu'il tient à honneur de dire *toute* la vérité. Il en résultait que nous pouvions croire n'avoir éprouvé à Nuits qu'un échec, et sans la candeur de M. Crémieux nous ignorerions avoir subi une catastrophe.

Pour les entêtés qui réclameraient une preuve de plus, nous rappelons la fameuse circulaire du 9 décembre, annonçant le départ de la Délégation pour Bordeaux :

« La situation militaire, malgré l'évacuation d'Orléans, est bonne... (1ᵉʳ cliché.) Nos ennemis jugent *eux-mêmes* leur situation critique. »

Ne voyez-vous pas comme le gouvernement dit la vérité?

BLANCHARD.

Nous extrayons d'une correspondance du *Times*, datée de Bordeaux, le passage suivant :

« Si la guerre continue du même train pendant quelque temps encore, il ne va y avoir bientôt aucune ville en France sans dépôt de blessés.

« Probablement peu de gens se font une idée bien juste du nombre des morts et des blessés du côté des Français pendant les premiers dix jours de décembre. Ce n'est assurément pas dans les bulletins du gouvernement français ni dans les journaux qu'on peut recueillir des données exactes.

« Secret et mensonge sont la règle, et les exceptions sont si rares qu'elles ne font que la confirmer. La seule dépêche claire et honnête que nous ayons eue des batailles sur la Loire était celle du général Aurelles de Paladine après Coulmiers (aussi a-t-il été destitué).

« Ordinairement tout ce qu'on nous dit se borne à quelques phrases stéréotypiques tendant à prouver que les Prussiens, de telle ou telle manière, ont eu le dessous quand même les Français ont évidemment dû abandonner le champ de bataille et se retirer !

« Quant aux pertes subies, elles sont « considérables, ou sensibles, ou relativement petites », mais jamais le nombre n'est avoué, dans tous les cas pas le nombre exact.

« Il semble incroyable qu'on ait fait connaître à la France si peu de chose sur les événements si importants de ce mois.

« En ce qui concerne le total des pertes des Français pendant la première dizaine de décembre, je suis convaincu, par tout ce qui est venu à ma connaissance, qu'elles ne peuvent pas avoir été moindres de 50,000 hommes hors de combat, et je crois qu'il est bien possible qu'elles aient été plus considérables. »

---

FAITS DIVERS.
*Les derniers ballons.*

La *Gazette de Cologne* fait le récit de la descente d'un ballon parti de Paris et qui a touché terre à Sinn, dans la province de

Nassau, en Prusse. Ce ballon est, sans doute, le même dont on a signalé le passage au-dessus de Mézières, se dirigeant vers la Belgique. Le ballon, qui avait une hauteur de 80 pieds et un diamètre de 40 pieds, s'est abattu dans une clairière. Une trentaine d'ouvriers de la fabrique de machines Doring étaient accourus, mais déjà les deux Français qui montaient le ballon avaient coupé la corde qui retenait la nacelle ; le ballon reprit son essor et disparut. Les voyageurs et les objets que contenait la nacelle tombèrent aux mains des ouvriers. La valise qui contenait les lettres avait déjà été jetée par-dessus bord et s'était ouverte, mais on recueillit les milliers de lettres pour les remettre entre les mains des autorités. Deux autres valises avaient été jetées pendant le voyage.

Les voyageurs avaient quitté Paris à 4 heures du matin ; mais à cause du brouillard, ils ne reconnaissaient plus la direction du ballon ni le lieu où ils se trouvaient ; ils furent très-surpris en apprenant qu'ils étaient en Prusse.

LYON. — Le conseil municipal de Lyon a pris l'importante décision ci-après :

Considérant que la révolution du 4 septembre, en renversant les vestiges impériaux, a entendu détruire tous les abus qui lui servaient d'aliments ;

Qu'il est conforme aux principes républicains, parce qu'il est juste de rendre, au citoyen et à son initiative privée le soin d'assurer par son travail et à son gré l'existence de sa vieillesse ;

Considérant, en outre, que la commune de Lyon ne saurait retarder plus longtemps cette réforme, en ce qui la concerne, sans fausser ces mêmes principes d'équité, en se faisant tutrice et garante du travail de ses employés ;

Le conseil municipal délibère :

Tous les employés au service de la ville de Lyon, et appointés par elle, sont affranchis de la retenue faite sur leur traitement, au profit des pensions civiles payées par l'État sauf restitution des sommes déjà retenues.

M. Perrin, ancien rédacteur d'un journal, est nommé inspecteur des camps du Midi.

M. Spuller, ex-notaire et frère du secrétaire de M. Gambetta, est nommé inspecteur des camps de Nevers, de Clermont-Ferrand, Lyon et du Pas-des-Lanciers.

Un ancien notaire pour inspecter quatre armées ! Encore si l'on avait pris un huissier, on eût au moins pu dire qu'il avait l'habitude des exploits !

---

### N° 57. — JEUDI 5 JANVIER 1871.

## PARTIE OFFICIELLE.

#### COMMUNICATION OFFICIELLE.

VERSAILLES, 4 janvier. — Nos batteries de siége ont entretenu, le 3, un feu très-vif contre le front Est de Paris. Le fort de Nogent seul a répondu très-faiblement.

---

## PARTIE NON OFFICIELLE.

Nous publions aujourd'hui la réponse de S. M. le Roi de Prusse à l'adresse de la Chambre des seigneurs :

« Le contenu de l'adresse de la Chambre des seigneurs que vous venez de lire ne peut que Me remplir de joie, et c'est avec raison que vous attribuez au lieu et au jour auquel Je la reçois une signification qui rehausse sa valeur. Ce que la Chambre des seigneurs dit des événements graves qui nous ont conduits ici, Me fait penser à l'armée à laquelle nous devons ces succès, et M'invite à exprimer aussi Mes remercîments à la Chambre des seigneurs pour l'appui patriotique qu'elle a prêté à mon organisation de l'armée, laquelle a trouvé une si longue opposition que notre avenir a failli en être menacé. Je n'oublierai jamais cet appui patriotique de la Chambre des seigneurs.

« Votre adresse fait encore mention d'un autre événement d'une grande importance, d'un événement propre à réaliser l'unité de l'Allemagne si longtemps désirée. Je dis avec vous : Puisse cette unité se consolider à la gloire de Dieu et à la joie des hommes ! Puisse-t-on aussi ne jamais oublier que c'est tout le développement historique de la Prusse qui a conduit au but actuellement atteint ! »

---

« Munich, 27 décembre 1870. »

Sa Majesté le Roi de Prusse a adressé, le 22 décembre, l'ordre du jour suivant au général von der Tann :

« Le premier corps d'armée bavarois que vous avez sous vos ordres a combattu l'ennemi pendant presque trois mois consécutifs ; il a eu de nombreux engagements et supporté des fatigues qu'il a été rarement donné à une armée d'endurer. Comme pendant ce temps, vous avez souvent acquis des droits à la reconnaissance de vos mérites, Je tiens à vous en donner une preuve en vous décorant de l'ordre *pour le mérite*.

« Cette décoration sera accompagnée de 80 croix de fer de 2ᵉ classe, que je vous prie de distribuer parmi ceux des officiers et soldats du premier corps d'armée bavarois qui, au milieu des circonstances difficiles où ils se sont trouvés, se sont particulièrement distingués. »

---

Nous avons dit dernièrement que la France entière manifestera probablement son indignation en apprenant que le ministre de la guerre français a offert une prime en argent à ceux des officiers qui, prisonniers de guerre en Allemagne, s'évadaient quoique ayant donné leur parole d'honneur de ne pas s'enfuir.

Quant à nous qui connaissons les éléments parfaitement honorables dont l'armée française s'est composée de tous les temps, nous n'avions pas besoin de preuves historiques pour savoir que les traditions de l'honneur existent dans l'armée française aussi bien que dans les autres armées du monde civilisé. Pour faire ressortir néanmoins à quel point la corruption des idées saines a fait des ravages depuis le renversement de la monarchie, nous citerons l'extrait suivant des *Mémoires de Pontis* reproduits dans les *Mémoires pour servir à l'Histoire de France* de Michaud et Poujoulat :

(*Extrait des* MÉMOIRES DE PONTIS — année 1644. — *Capitulation* d'un régiment français à Méringben, en Bavière.)

« Après avoir longtemps refusé de donner ma parole, je m'y résolus enfin avec mes camarades ; mais je leur représentai fortement, avant que de la donner, qu'il fallait plutôt périr que de ne la pas garder, et qu'il était indigne de gens d'honneur comme nous de s'engager à une chose, à moins qu'on ne fût très-résolu à la tenir.

« Aussi l'un d'eux ayant voulu s'enfuir dans la suite, et le pouvant faire moi-même comme lui, je m'y opposai tout à fait, et empêchai qu'il ne commît une si grande lâcheté, lui ayant même dit sur ce sujet que je me souviendrais toujours que le feu roi (Louis XIII) avait renvoyé un officier qui s'était sauvé après avoir donné sa parole, et avait jugé qu'un homme qui avait manqué à son honneur était indigne de servir. »

(Michaud et Poujoulat, *Mémoires pour servir à l'Histoire de France*, 2ᵉ série, t. VI, p. 618.)

Le ministre de la guerre de Prusse publie une nouvelle liste d'officiers français, prisonniers de guerre, qui ont manqué à leur parole d'honneur en s'évadant :

53. Capitaine *Sartre*, du 19ᵉ régiment de ligne, — évadé de Münster.
54. Lieutenant *Leinhardt*, du 20ᵉ régiment d'artillerie, — de Cologne.
55. Sous-lieutenant *Marion*, du 48ᵉ régiment de ligne, — de Cologne.
56. Sous-lieutenant *Gaillard*, du 1ᵉʳ régiment de zouaves, — de Cologne.
57. Capitaine *Regnier*, du 1ᵉʳ régiment de voltigeurs de la garde, — de Cologne.
58. Capitaine *Regett*, du 48ᵉ régiment de ligne, et
59. Lieutenant *Bompart*, id., — de Cologne.

60. Lieutenant *Rees*, du 3ᵉ régiment de chasseurs d'Afrique, — de Bonn.
61. Chef de bataillon *Cord*, du génie, — d'Aix-la-Chapelle.
62. Capitaine *Cord*, du 1ᵉʳ régiment des grenadiers de la garde, — d'Aix-la-Chapelle.
63. Sous-lieutenant *Faultrier*, du 80ᵉ régiment de ligne, — d'Aix-la-Chapelle.
64. Sous-lieutenant *Falcou* (Jacques-Pierre-Achille), de l'école d'état-major, — d'Aix-la-Chapelle.
65. Capitaine *Guigues*, et
66. Capitaine *Policard*, tous deux de l'administration militaire, — de Coblence.
67. Lieutenant *Conte*, du 2ᵉ régiment de dragons, — de Coblence.
68. Lieutenant *Beaucemont*, du 1ᵉʳ régiment d'artillerie, — de Düsseldorf.
69. Lieutenant *Arnold*, du 16ᵉ régiment d'artillerie, — de Düsseldorf.
70. Lieutenant *Chamerois*, de la 3ᵉ compagnie d'artificiers, — de Düsseldorf,
71. Lieutenant *de Singeot* (Eugène-Arthur), du 14ᵉ régiment de ligne, — de Breslau.
72. Lieutenant *Teuillon* (Sébastien), du 52ᵉ régiment de ligne, de Breslau.
73. Sous-lieutenant *Ponsolle-Laballe* (Pierre), du 18ᵉ régiment de ligne, — de Breslau.
74. Sous-lieutenant *Schneider*, du 2ᵉ régiment d'infanterie de marine, — de Breslau.
75. Sous-lieutenant *Fonsard*, du 31ᵉ régiment de ligne, — de Breslau.
76. Sous-lieutenant *Leclerc*, du 64ᵉ régiment de ligne, — de Münster.
77. Lieutenant *Baiguaux* (François-Benjamin), du 10ᵉ régiment de ligne, — de Gœrlitz.

(Cinq de ces officiers, sous les numéros 72 à 76, ont été repris.)

Dans la séance de la première Chambre badoise, le 21 décembre, M. le docteur Joly, ministre d'État de Bade, a prononcé un remarquable discours, qui se termine ainsi :

« . . . . Nous avons déjà gagné dans la lutte actuelle le droit de constituer notre patrie allemande comme nous l'entendrons ; nous voulons remporter et nous remporterons encore cet autre fruit de nos victoires : — une paix durable, une frontière mieux assurée que celle d'aujourd'hui.

« Illustres et honorés Messieurs! lorsqu'il y a quelques semaines je considérais, non sans trouble intérieur, les somptueux bâtiments élevés à Versailles, il y a deux siècles, sous Louis XIV, dans un temps où notre pauvre patrie saignait de cent blessures que nos voisins de France ne se lassaient pas de rouvrir, — alors une pensée me frappait, c'est combien les voies du peuple allemand, aujourd'hui s'élevant au premier rang dans le monde, sont différentes de celles que la nation française, dans la plénitude de ses forces intellectuelles et matérielles, a suivies précédemment, et combien notre élévation à nous sera plus salutaire, j'en ai la ferme confiance, et pour nous-mêmes et pour le monde entier.

« Quelle différence entre cette barbarie froidement calculée : *Brûlez le Palatinat* (ordre du ministre Louvois aux généraux français) et ces paroles du roi Guillaume : — « Nos troupes ont pris Orléans. *Dieu soit loué, sans assaut,* » — c'est-à-dire sans nouveaux sacrifices d'hommes. Des milliers de mères n'oublieront jamais ces mots du vieux Roi-héros.

« Et le témoignage le plus frappant de cet esprit de modération et de justice dont les chefs de l'Allemagne, au milieu de succès sans exemple, ne cessent pas d'être animés, ce sont les traités soumis aujourd'hui à votre approbation, ces traités qui fixent la forme politique à venir de notre patrie, et qui reposent sur le libre consentement des confédérés, sans autre pression que celle de la conscience nationale. . . . . »

---

L'APPEL AUX AFRICAINS.

On annonce l'arrivée en France de renforts africains. Ce que sont ces nouvelles troupes, et par quels exploits elles serviront et honoreront la défense nationale de la France, le journal *l'Indépendance algérienne* en a donné une première idée dans l'article qui suit (plusieurs feuilles françaises ont accordé à cet article les honneurs de la reproduction) :

« Le moment est venu !... Que chacune de nos provinces lève 10 *goums* de 200 hommes chacune Ils seront commandés par leurs caïds *et par quelques officiers des bureaux arabes*. Ces *goums* se dirigeront sur Lyon aussitôt qu'ils seront prêts; là, ils feront le service de tirailleurs volants et d'éclaireurs, auquel notre cavalerie légère n'entend rien. Leur première tâche sera de détruire les uhlans, ou du moins de les terrifier *en coupant quelques têtes*.

« Divisés en deux ou trois groupes, à chacun desquels on attachera un certain nombre d'officiers et de sous-officiers parlant l'allemand, ces braves enfants du désert se jetteront dans le duché de Bade, où *ils brûleront tous les villages et incendieront tous les bois*, — ce qui est facile à faire en ce moment où les feuilles sèches couvrent le sol. La forêt Noire éclairera de ses flammes la vallée du Rhin. — Les *goums* ensuite entreront dans le Würtemberg, où ils dévasteront tout. La ruine des pays alliés de la Prusse amènera sans doute sa défaite et la chute de celle-ci.

« Les *goums* ne portent rien avec eux que des cartouches; partout ils trouvent le moyen de vivre; dès qu'ils ont le nécessaire pour quelques jours, ils brûlent villes et villages. Nous dirons à ces braves fils du Prophète :

« Nous vous connaissons; nous apprécions votre courage,
« nous savons que vous êtes énergiques, entreprenants, impé-
« tueux; *allez, et coupez les têtes; plus vous en couperez, plus notre*
« *estime pour vous augmentera.* »

« A la nouvelle de l'entrée de ces Africains sur la terre ennemie, l'épouvante se répandra en Allemagne, et les armées prussiennes commenceront à se repentir d'avoir quitté leur pays, où les femmes et les enfants payeront pour leurs pères et leurs maris. Arrière la pitié ! arrière les sentiments d'humanité ! Ni grâce ni merci pour les modernes Huns !..... L'invasion de l'Allemagne peut seule amener rapidement la levée du siège de

Paris. Les *goums* seront à la hauteur de leur tâche; il suffit que nous leur lâchions la bride, en leur disant : *Mort, pillage et incendie!* »

Ce qui n'est pas le moins honorable dans ce qu'on vient de lire, c'est que le journaliste algérien met à la tête de ces goums *quelques* officiers et sous-officiers français.

———

Dans la masse de papiers que les Français ont laissés à Vendôme, en évacuant cette ville, se trouvait la lettre qui suit d'un garde mobile à son père :

« Dans ta lettre tu m'écris qu'il ne te semble pas que je sois découragé. Non, je ne l'étais pas, j'avais toujours espéré jusqu'à présent, j'avais toujours cru que nous devions à la fin triompher, car nous combattions pour la meilleure cause et les plus nobles principes. Eh bien! je te l'avoue, maintenant je ne l'espère plus.

« Ce n'est pas la peur, ce n'est pas la misère dont nous souffrons, qui m'arrache cet aveu, non, c'est la simple et saine raison qui me fait parler ainsi. Il y a six semaines, j'ai eu l'occasion de voir les troupes de l'armée de la Loire, j'étais plein de confiance. Je me disais : C'est là une magnifique armée comme nombre, comme armement, supérieure comme intelligence, car l'infanterie se composait de mobiles en grande partie. J'espérais qu'une armée qui savait pourquoi elle se battait et dont les soldats rivalisaient d'ardeur pour le salut de la patrie, — que de telles troupes remporteraient les plus grands succès.

« Je vois maintenant que ni la force de caractère ni l'ardeur ne peuvent rien contre les canons de l'ennemi L'armée de la Loire tout entière est à la débandade, dispersée de côté et d'autre. Quel triste spectacle nous avons eu pendant trois jours à Vendôme! D'abord les pauvres blessés du 15$^e$ et du 16$^e$ corps qui s'étaient battus pendant plusieurs jours à Marchenoir. Plus de mille sont arrivés ici, couverts de sang et de saleté, les vêtements en loques. La plus grande partie se tenait tranquille et supportait son sort avec résignation; quelques-uns seulement, dont les douleurs étaient intolérables, criaient et se lamentaient.

« Oh! quel spectacle navrant que celui de toutes ces tortures!... Il y a eu beaucoup de sang versé, et nous avons été battus. On veut le cacher, mais malheureusement nous en avons la preuve sous les yeux. Et c'est là ce qui m'a arraché toutes mes illusions. Nous voyions dans Vendôme des soldats de tous les corps d'armée qui ne savaient pas où était leur régiment; l'artillerie était sans canons, les chevaux de la cavalerie ne pouvaient plus se tenir sur leurs jambes; bref, il ne peut y avoir rien de plus triste que de voir ces soldats, qui manquaient de tout.

« Ceux que nous interrogions s'accordaient à dire qu'il est tout à fait inutile de se battre et que, pour leur compte, ils n'espèrent pas le moindre succès. Ils sont complétement démoralisés. L'artillerie prussienne fait avec ses canons ce que nous faisons avec nos fusils, c'est-à-dire des feux de peloton. Ils ont, disent nos soldats, autant de canons qu'ils peuvent en apporter. Et ainsi l'armée de la Loire se trouve dissoute; il faudra l'organiser complétement à nouveau, seulement je crois que cela ne servira à rien; il lui manque avant tout un général et, j'en ai peur, on n'en trouvera pas. Maintenant que va-t-il arriver, qu'est-ce que Gambetta essayera encore? Je ne veux rien dire, mais le ministre joue une terrible partie. A mon avis, il devrait consulter le pays et ne pas assumer sur lui cette immense responsabilité, car en fin de compte, l'un ou l'autre des combattants doit être vaincu, et, si l'on pèse les chances des deux parties belligérantes, je crains bien que ce ne soit la France. Comme j'ai déjà dit, ce n'est pas la peur, mais la simple raison qui me fait parler ainsi... »

---

Voici une lettre écrite par un officier d'état-major à la *Gazette du Midi* :

« Armée de la Loire, 9 décembre.

« Les événements ont prouvé que je ne m'étais pas trompé dans mon appréciation. Si notre retraite a été un peu plus précipitée que je ne le présumais, cela tient à une infinité de causes, mais surtout aux ordres venant de Tours qui contrariaient d'Aurelles au point de le décourager; nous avons vu le moment où, jetant le manche après la cognée, il envoyait le gouvernement à tous les diables et son commandement aussi.

« Alors qu'il n'était que député, Gambetta et tous ses collègues de l'opposition critiquaient, blâmaient Napoléon et Palikao de ce qu'ils gênaient et paralysaient même les mouvements des corps d'armée ; en cela ils avaient raison. Mais, à ce qu'il paraît, *notre brillant orateur se croit aussi un habile général* et plus capable que l'empereur et son ministre, puisqu'il a la prétention d'imposer des plans de campagne et de vouloir diriger les opérations.

« La France ne saura jamais profiter des enseignements de l'histoire, ou des leçons qu'elle reçoit tous les jours ; nos hommes d'État tombent tous et toujours dans les fautes qu'ils reprochaient à leurs prédécesseurs ; c'est triste à dire, mais c'est comme ça.

« Dans notre retraite, d'Aurelles a eu vingt-quatre heures d'hésitation ; nous, qui ne savions rien, nous ne nous expliquions pas pourquoi ; nous ne l'avons su qu'après l'évacuation d'Orléans. C'est à cette hésitation qu'il faut attribuer la perte des canons que nous avons encloués et des approvisionnements que nous avons dû détruire, pour ne pas les laisser entre les mains des Prussiens. Sans ces vingt-quatre heures de retard, nous n'aurions pas perdu une pièce, pas une livre de poudre, tandis que...

« Nous avons eu depuis quatre journées terribles ; les Prussiens ont perdu beaucoup de monde, c'est vrai, mais de notre côté, nous avons bien souffert aussi. Il y a des régiments de marche qui ont été tellement décimés, qu'il est question de renvoyer ce qu'il en reste sur les derrières, pour les reformer.

« Il y a des troupes dont l'élan à l'attaque et la résistance à la retraite ont été admirables ; on aurait dit de vieux soldats ; ils me rappelaient le beau temps de mes débuts en Crimée et nos belles journées d'Italie ; mais à côté de ces braves, dont beaucoup malheureusement sont tombés pour ne plus se relever, il y a eu bien des défaillances, bien des lâchetés, disons le mot. Nos jeunes recrues qui voyaient le feu pour la première fois, sans doute, ont levé le pied au premier coup de canon. Ces malheureux n'entendaient plus la voix de leurs officiers, et, aveuglés par la frayeur, beaucoup se jetaient dans les rangs des Prussiens, tout en croyant fuir.

« En ce moment, Chanzy seul tient encore un peu ; mais nous, nous avons besoin de quelques jours d'abord pour respirer et puis pour nous reformer. *Dans l'état où nous sommes, nous ne pouvons songer à reprendre l'offensive pour appuyer le corps de Chanzy;* mais c'est l'affaire de quelques jours seulement. On nous annonce l'arrivée de prochains renforts, et quand ma lettre te parviendra nous serons probablement déjà en mesure de recommencer.

« Je me suis arrêté quelques heures à....., où j'ai rencontré plusieurs de mes collègues qui m'ont parlé de nos différents corps d'armée. J'ai vu des officiers venant des Vosges, d'autres échappés de Metz ou d'Amiens, et tous sont d'avis que la défense s'est privée maladroitement d'une bien grande force en mettant en ligne nos braves marins et les francs-tireurs. Nous avions là une nuée de tirailleurs qui, de tous les côtés, auraient pu faire pleuvoir des balles sur les Prussiens, sans courir eux-mêmes de très-grands risques. Combattant en partisans, en guérillas sur les derrières de l'ennemi, non-seulement ils auraient inquiété ses mouvements et contrarié ses plans, mais ils auraient pu couper les voies, intercepter les convois, gêner et empêcher même les ravitaillements, etc., etc.

« On m'assure que nous avions de 60 à 80,000 *francs-tireurs;* à eux seuls, ils auraient pu retenir facilement 300,000 hommes dans l'Est. C'eût été autant de moins sous Paris et sur la Loire, et, dans ces conditions, la victoire de Trochu était certaine, celle de d'Aurelles n'eût pas été moins douteuse.

« *Ces hommes ont pris les armes pour se battre en tirailleurs, ils n'ont du soldat ni l'obéissance passive, ni la connaissance des manœuvres;* ils auraient fait d'habiles et utiles *chasseurs*, tandis qu'ils ne font que de très-mauvais fantassins ; c'est de la véritable chair à canon. Ils se font massacrer inutilement, comme nos braves marins à Amiens, ou fuient lâchement à la première décharge de mitraille, comme nous avons été malheureusement à même d'en juger en maintes circonstances. »

Nous lisons dans l'*Est :*

« Le fils du général Bixio, duquel on avait dit que les Prussiens, l'ayant trouvé à Metz, l'avaient fusillé, était prisonnier à Stettin. Il est parvenu à s'évader, à gagner Copenhague et à s'y embarquer. Il est parti pour Tours.

« L'aviso l'*Hirondelle*, venant de Calais, est entré le 6 décembre dans le port du Havre. Il amenait une soixantaine de soldats échappés de Sedan et de Metz. »

### TRIBUNAUX MILITAIRES.

Le conseil de guerre du 5e secteur avait à statuer lundi dernier sur les poursuites dirigées contre le sieur Mégy, ex-porte-drapeau de la garde nationale.

Mégy était accusé de voies de fait envers le commandant Marie.

Mégy ne s'est pas présenté à l'audience. Il a été condamné par défaut à deux années d'emprisonnement.

Dans sa séance du 11 décembre 1870, la cour martiale de la 3e division du 16e corps d'armée, siégeant à Amboise, a prononcé la peine capitale contre les nommés Bessonna, Louis et Martin, Jean Michel, soldats au 36e régiment de marche, déclarés coupables de voies de fait envers leur supérieur.

Ce jugement a reçu son exécution le lendemain matin.

La cour martiale séant au Mans a condamné à mort, le 17 décembre 1870, le nommé Lenain (Thomas), soldat au 90e régiment d'infanterie, déclaré coupable de désertion devant l'ennemi. Ce jugement a reçu son exécution.

### BEETHOVEN.

Une couronne de lauriers dont le ruban portait les noms des artistes suivants résidant à Berlin : Clara Schumann, Joseph et Amélie Joachim, Julie et Anna von Asten, Bernard Scholz, de Ahna, Robert Radecke, Max Bruch, Friedrich Kiel et Ernst Rudorff, a été déposée, le 17 décembre, centenaire de Beethoven, sur le tombeau de ce maître immortel.

N° 58. — VENDREDI 6 JANVIER 1871.

## PARTIE OFFICIELLE.

### COMMUNICATION OFFICIELLE.

VERSAILLES, 4 janvier. — Le général de Manteuffel mande :
L'ennemi, avec de grandes masses, a pris l'offensive le 2 de ce mois, à midi. Pendant toute la journée, la brigade Strubberg a repoussé, tout près de Sépignies, en subissant elle-même des pertes minimes et en en faisant subir de bien plus considérables à l'ennemi, toutes les attaques de ce dernier. Elle a fait 250 prisonniers.

Le 3, le général de Goeben, avec la 15ᵉ division et le détachement du prince Albert fils, a maintenu glorieusement sa position près de Bapaume contre toute l'armée ennemie du Nord et fait 260 prisonniers. L'ennemi a eu des pertes extrêmement grandes, il a commencé sa retraite dans la même nuit et a été poursuivi par notre cavalerie (1).

Par la capitulation de Mézières, nous avons fait plus de 2,000 prisonniers et conquis 106 canons.

Le 4, nos batteries ont continué devant Paris le bombardement contre le front Est, malgré un brouillard épais.

## PARTIE NON OFFICIELLE.

Son Excellence M. le lieutenant général de Fabrice, ministre de la guerre de Sa Majesté le roi de Saxe, nommé gouverneur général des départements de Seine-et-Oise, de l'Oise, de la Somme, de la Seine-Inférieure, du Loiret et d'Eure-et-Loir, est arrivé à Versailles pour prendre possession de son poste.

---

(1) Dépêche du général Faidherbe à M. Gambetta : « Aujourd'hui, 3 janvier, bataille sous Bapaume de 8 h. du matin à 6 h. du soir. Nous avons chassé les Prussiens de toutes les positions et de tous les villages. Ils ont fait des pertes énormes et nous des pertes sérieuses. »

Dans une lettre que les feuilles belges ont publiée, un lieutenant français, prisonnier de guerre, nommé *Dressayre* (1), raconte son évasion de Hirschberg en Silésie, sa fuite en Bohême et son retour en France par l'Italie. Arrivé à Lyon, cet officier s'est mis à la disposition du général Bressoles, et, peu de jours après, il était nommé capitaine dans un régiment de ligne. Ainsi, — comme le comte de Bismarck le constate dans sa circulaire du 14 de ce mois, — les officiers en rupture de parole d'honneur reçoivent le meilleur accueil de la part du Gouvernement français, sont également les bienvenus dans les rangs de l'armée française, et obtiennent de l'avancement.

Une autre circonstance qui mérite l'attention, c'est que les nombreux officiers français internés actuellement en Allemagne, — dont les protestations écrites contre la capitulation de Sedan, contre la reddition de Metz, contre la restauration de l'Empire, etc., remplissent chaque jour les colonnes des journaux belges, — n'ont encore protesté ni par une Adresse collective, ni par une lettre isolée (à notre connaissance du moins) contre ces violations des lois de l'honneur qu'un trop grand nombre de leurs camarades ont déjà commises.

---

Un correspondant du *Daily Telegraph* écrit de la ville du Mans à ce journal :

« La ville est dans une confusion extrême et littéralement inondée du flot des défenseurs de la France. Un sujet d'étonnement, c'est de voir à quel point les autorités françaises sont incapables d'amélioration ; elles ne peuvent découvrir un vice d'organisation, ou, si elles l'aperçoivent, elles ne savent comment y remédier. Nous voyons se reproduire ici cette sorte de désarroi d'esprit qui, dans le courant de la guerre actuelle, a causé déjà tant de désastres à la France. Les régiments arrivent l'un après l'autre, sans qu'on ait rien préparé pour les recevoir. Ils ne trouvent ni nourriture pour apaiser leur faim, ni lits pour reposer leurs membres épuisés. J'ai souvent rencontré, la nuit, des soldats qui, par suite de la négligence des autorités,

---

(1) Dressayre (César), sous-lieutenant au 25e de ligne.

n'avaient pas de logement. On peut penser quel effet produit la vue de ces troupes obligées d'errer ainsi pendant la nuit après de longues marches forcées, sous la pluie ou la neige, et souvent l'estomac vide. A vrai dire, dans les circonstances actuelles, il est difficile de pourvoir à tous les besoins des troupes, car les blessés naturellement réclament les premiers soins, et il ne se passe presque pas d'heure sans que de nouvelles victimes de la guerre soient transportées ici. Par le chemin de fer seul sont arrivés, dans les dernières 24 heures environ 3,000 blessés, et à chaque moment les charrettes de paysans en amènent d'autres par douzaines. Les détachements de l'armée de la Loire, traversant la ville depuis le matin jusqu'à une heure avancée de la nuit, produisent l'impression la plus pénible et rappellent presque la triste retraite de Moscou. L'aspect des troupes que j'ai rencontrées aujourd'hui était déplorable; leurs armes rouillées paraissaient hors d'état de servir. Plusieurs marchaient sans chaussures ; un grand nombre paraissaient exténués, et leur cavalerie était encore dans un pire état que l'infanterie, s'il est possible. Bien souvent, c'est le cavalier qui aidait le cheval à avancer, car ces pauvres bêtes pouvaient à peine se tenir. Quant à l'artillerie, il n'en est pas question; j'ai bien aperçu çà et là quelques pièces de campagne, mais il n'y avait plus d'artilleurs pour les servir. La seule troupe qui parût conserver une organisation passable, c'était un régiment de gendarmes; hommes et chevaux faisaient encore assez bonne figure. — Aucun des officiers ne savait dans quelle direction cette masse de soldats était conduite, mais je crois qu'on l'achemine sur Alençon, et encore à ce moment, pendant que j'écris, le défilé continue. Toute communication avec le Nord est coupée à présent. Les trains militaires vont jusqu'à Caen, mais il est présumable qu'il ne tarderont pas à s'arrêter, et l'on a déjà commencé à faire partir les voitures et le matériel du chemin de fer de jonction, dans la crainte où l'on est de voir arriver les Prussiens. »

## LA RETRAITE D'ORLÉANS.
(Extrait d'une lettre particulière.)

« X..., qui a subi l'amputation, il y a quelques jours, m'annonce son départ pour vos régions bienheureuses; je ne saurais le laisser partir sans lui donner une lettre pour toi. Je profite donc d'une nuit calme où la lumière est permise sous nos tentes pour t'écrire longuement; je veux causer avec toi toute la nuit... si nous ne sommes pas dérangés.

. . . . . . . . . . . . . . . . . . . . . . . . .

« Mais parlons un peu de la guerre. Tu me fais toujours le reproche de ne te rien dire; je veux cette fois te contenter, et même te donner une indigestion de détails, si c'est possible.

« Ma dernière lettre très-courte, très-brève, se ressentait encore de l'ivresse de notre premier succès, et je la terminais, je me souviens, en exprimant l'espoir que ma prochaine correspondance serait datée de Paris. Nous étions tous animés d'une telle ardeur, d'une telle confiance, que nous nous voyions déjà défilant sur les boulevards aux acclamations de la population parisienne. Si quelqu'un parmi nous avait osé émettre, à ce sujet, le moindre doute, on l'aurait écharpé, ou tout au moins nous l'aurions soupçonné de prussophilisme.

« Quoique nous soyons loin, bien loin de désespérer d'un retour certain de fortune, nos illusions se dissipent, nous ne sommes pas encore au bout de nos efforts. Nous réussirons, toujours, et plus que jamais nous en avons la conviction, car nos conditions sont changées, mais il nous faudra un peu plus de temps que nous le pensions tout d'abord.

« Pour le moment nous n'avançons pas sur Paris. Au contraire, un mouvement de retraite nous en éloigne. Nous nous replions petit à petit sur Orléans; on craint même, dit-on, dans nos hautes régions que la prudence ne nous oblige à renoncer, de nous-mêmes, aux avantages de notre première victoire, afin d'éviter un désastre, en cherchant à les conserver. Ce n'est encore là qu'une supposition; si le fait a lieu, n'en sois donc pas surpris, il est prévu.

« Les forces allemandes que nous avons devant nous sont

considérables. Nous supposions tout d'abord que c'étaient des troupes qui se détachaient du siége de Paris pour venir au secours de Tann et arrêter notre marche; c'était une erreur. Trochu a toujours la même ceinture, et les colonnes prussiennes, qui nous tombent dessus, pleuvent de je ne sais où.

« Avant cette guerre, je ne connaissais pas les Allemands; on me les disait lourds, flegmatiques. Eh bien ! je t'assure que dans les exercices militaires on ne s'en aperçoit guère.

« Dans cette armée, tout est systématique, méthodique, mathématique; je suis même tenté de croire qu'ils boivent et mangent en mesure, au commandement de une deux; mais cette précision, cette régularité, passe-moi l'expression, n'entrave pas la rapidité de leurs mouvements, — elle les accélère au contraire.

« Ainsi, pour l'embarquement et le débarquement des troupes sur les voies ferrées, on dirait, par ma foi, que le train ne s'arrête pas pour prendre ou laisser les hommes. L'artillerie, la cavalerie voyagent avec la même rapidité. Canons, fourgons, chevaux montent en wagon et en descendent aussi lestement que le plus agile commis voyageur et tout le matériel étant disposé *ad hoc*, les trains se succèdent dans les gares à trois ou quatre minutes d'intervalle au plus.

« Nous sommes à même d'apprécier cette célérité prodigieuse. Il y a quinze jours nous n'avions que Tann devant nous; pendant une grande journée nous l'avons poursuivi avec toute l'ardeur de la *furia francese*; nous brûlions le terrain, quand tout à coup il fallut nous arrêter. Quelques heures avaient suffi aux Prussiens pour dépêcher au secours de Tann des forces considérables et de beaucoup supérieures aux nôtres, en nombre bien entendu, car je refuse individuellement la supériorité au soldat prussien.

« Ces masses venaient du Nord, de l'Est, de l'Ouest, il en arrivait de tous les côtés; elles surgissaient comme de dessous terre et tombaient sur notre tête, sur nos flancs. Nous avons fait et nous continuons à faire bonne contenance, les dernières positions que nous leur avions enlevées étaient bonnes, nous les avons conservées tant que la prudence ne nous a pas commandé de les abandonner, — abandonner — ne laisse pas échapper la différence; nous n'en avons pas été délogés.

« Nous nous sommes battus, bien battus, mais nous n'avons pas été battus. C'est un mouvement de recul que nous opérons encore à l'heure qu'il est, mais nous soutenons toujours le choc, il n'y a pas de défaite. Il rira bien celui qui rira le dernier.

« Sans la prévoyance du général d'Aurelles, nous ne serions certainement pas dans des conditions aussi bonnes. Si malheureusement nous n'avions pas été prévenus à temps, notre première journée, au lieu d'être une première victoire, aurait été pour la France un désastre plus considérable encore que tous les précédents, nous aurions été *surpris* par des forces considérables, le nombre nous eût encore écrasés, c'en était fait alors de nos deux cent mille hommes de l'armée de la Loire. »

Nous lisons dans *la Presse* de Vienne, 24 décembre :

« ..... Par la résistance que la France a organisée sur la Loire, dans le Nord et devant Paris, après la chute de l'Empire, l'honneur des Français, — s'il avait besoin de cette preuve, — est donc sauf, et une résistance plus longue ne peut avoir d'autre but que de faire verser le sang inutilement et d'aggraver tous les maux du pays...

« Les Allemands, après les immenses sacrifices qu'ils ont faits, peuvent-ils renoncer aux fruits de leur victoire par respect pour un principe d'humanité que l'ennemi n'a jamais mis en pratique vis-à-vis d'eux? Les chefs de l'armée et de la nation allemandes ne pourraient pas eux-mêmes, le voulussent-ils, montrer cet excès de générosité envers le vaincu. Les conditions de la paix n'ont pas été posées arbitrairement ; elles sont écrites et scellées dans le cœur du peuple allemand.

« Combien de temps les Français veulent-ils combattre encore? C'est un héroïsme douteux, c'est tout au moins un héroïsme de fantaisie que celui qui combat sans but. Quand on a fait son devoir, quand on voit que ses forces sont impuissantes contre la supériorité de l'ennemi, et qu'en prolongeant la lutte, on ne fera qu'achever la ruine de son pays et lui enlever la possibilité de jouer encore un grand rôle sur la scène politique, — alors, il y a un autre héroïsme, vraiment viril, c'est de reconnaître les faits, de se rendre à l'évidence, si pénible qu'elle soit. La France a besoin d'un homme qui soit plus héroïque que les héros qui se font tuer, d'un homme qui ait assez de courage pour lui dire la vérité en face... L'homme éminent, parmi les Français, qui dira le premier, qui dira avec autorité le mot vrai et brûlant de la situation, sera le sauveur de son pays et se couvrira d'une double gloire, s'il était auparavant dans les rangs de ceux qui ont soutenu, les armes à la main, la cause nationale. »

### LE SIÉGE DE BELFORT.

Après plusieurs combats victorieux, la forteresse de Belfort a été cernée le 3 novembre par les troupes de la 1<sup>re</sup> division de landwehr, sous le commandement du général von Treskow; le 9 du même mois nous avons occupé le château fort de Montbéliard. Le grand quartier prussien a été établi jusqu'au 23 novembre à la Chapelle : la Chapelle-sous-Chaux est un village de 500 habitants, situé à 2 milles (allemands) au nord-est de Belfort ; le 23 le grand quartier a été transporté à Fontaine.

Après l'occupation de Montbéliard, les postes avancés des Prussiens se trouvaient à Bourogne, à moitié chemin entre Delle et Belfort. Le 23 novembre, les Allemands attaquèrent le mont Salbert ; le 24, la garnison de Belfort fit une sortie vers Valdoie, Chèvremont et dans la direction de Montbéliard. L'investissement, commencé le 3 novembre, rencontra de grands obstacles par suite du terrain accidenté et ne put pas s'opérer complétement. Les Allemands se virent forcés de protéger d'abord leurs positions contre les sorties de la garnison et d'assurer la sécurité du terrain environnant par de fortes patrouilles. Ces préparatifs durèrent trois semaines, et ce ne fut que le 23 novembre que les Allemands purent procéder à un investissement rigoureux.

Les difficultés du terrain avaient causé les plus grands retards dans le transport du matériel de siége ; mais les assiégeants ayant reçu, au commencement de décembre, le matériel le plus indispensable, ils commencèrent les travaux de siége. L'ennemi s'efforça de les empêcher et fit feu sur nous avec environ 70 pièces; mais il ne réussit pas à démonter notre matériel; il nous causa cependant des pertes sensibles en hommes.

Le 3 décembre, à huit heures, 20 pièces ouvrirent le feu sur Belfort; les boulets de nos grosses pièces tombaient jusque dans les faubourgs et près du château. Presque toutes les pièces de la forteresse répondirent au feu des assiégeants, et ces derniers se virent forcés de reculer quelques-uns de leurs gros canons.

Les renseignements sur l'effet produit par notre feu dans la ville sont très-contradictoires : d'après le journal *le Siége de Belfort*, Bellevue, les Barres et l'Arsenal avaient le plus souffert des obus ennemis; suivant d'autres rapports, la moitié de la ville aurait été incendiée ou au moins des quartiers entiers. Le bombardement a été le plus terrible au 8 et au 9 décembre, et a eu des résultats importants ces deux jours : l'hôtel de l'ancienne poste, la maison Lapostolet et une partie du faubourg de France ont été brûlés; un grand nombre de personnes dans la ville ont été tuées et blessées.

Les canons de la forteresse ont, de leur côté, fait de grands ravages dans les villages de Bauvilliers, d'Esfert et de Cravanche.

Le 11 décembre la garnison a entrepris une nouvelle sortie contre les batteries allemandes à l'est et au nord de Belfort; mais elle a été repoussée par les troupes allemandes, qui se sont emparées à cette occasion de 40 prisonniers. Nos batteries étaient établies au commencement sur une colline, à 3,000 pas de la ville. De ce point on domine le fort des Barres, à peine terminé, l'ouvrage à cornes l'*Espérance* et les fortifications de la ville. Plus tard, après la construction de la 2$^e$ et de la 3$^e$ parallèle, on pourra approcher les pièces de la ville. De son côté, celle-ci est bien décidée à résister; le préfet de Belfort, M. Grosjean, a publié une proclamation dans laquelle il est dit que la bourgeoisie et la garnison réuniront tous leurs efforts dans les heures du danger et ne reculeront devant aucun sacrifice.

On écrit de Versailles à la *Gazette d'Augsbourg :*

« Pour celui qui a passé quelque temps sur le théâtre de la guerre et vu de ses propres yeux les brillants exploits de nos armées, il est pénible de rencontrer dans la presse étrangère et même dans quelques feuilles allemandes les appréciations les plus erronées sur la guerre actuelle. A entendre ces détracteurs, nos soldats deviendraient chaque jour plus cruels dans cette lutte de races que nous n'avons certes pas provoquée. On revient avec insistance sur l'incendie de Châteaudun, plus inhumain encore que celui de Bazeilles.

« Les détails du sac de cette dernière localité ont été donnés dans le temps par toute la presse allemande de telle façon qu'il faut un singulier *manque de mémoire* pour faire aux troupes bavaroises un reproche de ce qu'elles se soient bravement défendues contre les soldats de marine secondés par les habitants.

« On paraît oublier que depuis la chute de l'Empire les Français font la guerre d'une façon beaucoup plus inhumaine et toute nouvelle. MM. Gambetta et consorts n'ont que trop bien réussi à exciter contre nous la partie de la population qui n'appartient pas à l'armée. Les assassinats tels que ceux d'Ablis et Châtillon-sur-Seine, se sont multipliés depuis quelque temps, le fléau des francs-tireurs se répand de plus en plus; dans ses proclamations furibondes, M. Gambetta prêche la guerre à outrance et sans merci, ordonne aux populations de détruire tout ce qui n'est pas transportable et de faire autour de l'ennemi « le désert ».

« En dépit de la Convention de Genève, on tire dans chaque bataille sur nos médecins et nos infirmiers. Dernièrement encore, à Brie et Champigny, les blessés français ont dû passer trois jours sur le champ de bataille, parce que toute tentative de leur porter secours coûtait la vie à plusieurs de nos soldats portant le brassard.

« Pour ce qui concerne Châteaudun, je vous ai dépeint le caractère acharné de la lutte dont cette ville a été le théâtre. Lorsque chaque rue est obstruée par une barricade, précédée de fossés garnis de verre cassé et de clous, que chaque maison est convertie en forteresse et doit être prise d'assaut, je ne vois pas comment nos soldats pourraient vaincre une telle résistance autrement qu'en détruisant les habitations. En outre, le chef de l'ennemi, un Polonais, connaissant à fond l'allemand, s'est servi d'une ruse de guerre qui a réussi plusieurs fois. A l'approche d'un détachement de nos troupes, il leur criait de sa cachette : Le lieutenant Müller ou Becker est-il avec vous, camarades? — Non. — Cela ne fait rien, venez, je suis dans une position excellente. — Il va sans dire que ceux des nôtres qui s'approchaient, étaient massacrés sans pitié. Et l'on s'étonne de la rage qui s'est emparée des troupes allemandes! »

### Chambord.

Chambord avait été occupé, le 8 décembre, par le 36ᵉ de marche, le 8ᵉ régiment de mobiles (Charente-Inférieure) et les francs-tireurs de Paris.

Dans la journée du 9, ces troupes reçurent l'ordre de se replier sur Blois. En route, un contre-ordre les fit revenir réoccuper Chambord.

Le 40ᵉ de marche et le 71ᵉ de mobiles (Haute-Vienne) recevaient l'ordre en même temps de quitter Blois.

Un bataillon du 40ᵉ régiment devait accompagner une batterie destinée à opérer sur la rive gauche de la Loire. Un demi-bataillon de droite du 1ᵉʳ bataillon, plus une section, avaient été détachés pour la garde d'un convoi à destination de Tours.

Le 3ᵉ bataillon, fort de deux compagnies seulement, était détaché à Sommery.

Il ne restait donc du 40ᵉ régiment que deux compagnies et demie devant se rendre à Chambord.

Toutes les précautions usitées à la guerre ont été prises par le commandant de cette petite troupe jusqu'à l'arrivée à destination.

Le 40ᵉ, ou plutôt cette portion du 40ᵉ est arrivée à cinq heures et demie sous les murs du château. Elle y a trouvé établis une partie du 8ᵉ régiment de mobiles, un bataillon du 86ᵉ de marche, les francs-tireurs de Paris et une batterie d'artillerie.

Le détachement du 40e a pris place en arrière de toutes ces troupes, se trouvant ainsi en quatrième ligne.

Un adjudant-major envoyé d'avance pour prendre les ordres n'a pas trouvé le général, ni personne de son état-major.

Le commandant du 40e lui a donné aussitôt l'ordre de faire une reconnaissance.

Cet officier était à peine rentré que le chef de corps était prévenu de la présence des ennemis, qui s'avançaient, disait-on, de l'autre côté du cours d'eau qui passe auprès du château.

En l'absence du général, et bien couvert par plusieurs corps placés en avant, le commandant du 40e fit partir immédiatement une section sous les ordres du capitaine pour savoir ce qui se passait.

Le capitaine, s'étant avancé jusqu'à un pont situé tout près du château, a reconnu les Prussiens, qui, usant d'une ruse de guerre, ont dit vouloir se rendre et ont envoyé en avant d'eux un garde mobile qu'ils avaient fait prisonnier.

Deux Prussiens seuls devaient accompagner ce prisonnier français, mais bientôt le pont s'étant couvert de Prussiens, le capitaine a crié de toutes ses forces : « Ce sont les Prussiens ! Feu partout ! » Et lui-même faisait faire feu à sa troupe.

On était à dix mètres. Les Prussiens, répondant à une si courte distance, ont couché par terre, d'un seul coup, la section du 40e.

Quelques compagnies de mobiles avaient formé les faisceaux. Sans armes, sous un feu terrible de balles et de mitraille, elles ont plié désarmées.

L'ennemi, très-nombreux, après avoir franchi le pont, s'est emparé du château, où il a trouvé une batterie d'artillerie. Des compagnies, débandées, ont fui dans le parc; mais un grand nombre de soldats, ayant réussi à escalader les murs, ont aujourd'hui rejoint leurs corps.

Ces renseignements sont authentiques et nous sont adressés par des témoins oculaires.

(*Union libérale* de Tours.)

SUÈDE ET NORWÉGE.

Un article de la *Gazette de Gothembourg*, du 1ᵉʳ décembre, annonce qu'un ballon autre que celui dont l'atterrissement près de Christiana a été signalé, mais dépourvu de ses conducteurs, est encore allé atterrir sur le sol hospitalier de la Norwége. Voici cet article :

« Dimanche dernier, le bruit se répandait à Gothembourg qu'un ballon portant plusieurs pigeons, des sacs de lettres, etc., mais point d'aéronaute, était tombé près de Krodshered, suivant une dépêche envoyée à Christiania. On se demanda alors ce qu'étaient devenus les hommes qui montaient ce ballon. En attendant que nous puissions être éclairés sur ce point, nous recevons quelques détails nouveaux sur ce ballon, qu'il ne faut pas confondre avec celui dont nous avons parlé précédemment.

« Vers les deux heures de l'après-midi, les habitants de Krodshered aperçurent dans les airs un objet bizarre venant du Sud ; comme le temps était chargé de brume, on n'eut aucune certitude de ce que ce pouvait être avant que le ballon fût tombé dans la cour d'un paysan de Krodshered. Grandes furent, au premier abord, la stupéfaction et les appréhensions des bons habitants, qui ne furent rassurés que lorsqu'ils virent qu'il ne s'agissait point de sorcellerie, mais d'un ballon français envoyé par les assiégés de Paris. Il est évident que le ballon a fait fausse route. En attendant, ce pauvre aérostat est là couché sur le sol, à demi rempli de gaz, et s'agitant au moindre souffle d'air avec un bruit strident comme s'il haletait épuisé de son fatigant voyage.

« Ce ballon ne diffère en rien de ce que nous connaissons déjà par les dessins et les descriptions ; quant à la nacelle, voici ce qu'elle contenait :

« Trois grands sacs de lettres attachés avec des chaînes, dont deux étaient en bon état, mais le troisième, tout déchiré, permettait à la curiosité de se satisfaire ; quant au contenu du sac, c'était peu de chose en vérité : nombre de journaux d'ancienne date, à destination de l'Afrique.

« D'êtres vivants, il s'en rencontra six, six pigeons bien portants. Un sac de toile contenant divers articles de toilette et des vêtements marqués E. C. M. et R. M.

« Un plaid écossais, une casquette d'officier de marine, un appareil électrique et deux longues-vues. Le frêle esquif n'était point menacé de disette, car on y a trouvé trois pains, une oie, plusieurs bouteilles de bordeaux. Ce dernier détail nous permit de juger que le ballon n'avait pas été longtemps en route; et ce qui prouve qu'il avait dû être abandonné tout récemment, c'est que la nourriture et l'eau des pigeons avaient été renouvelées tout récemment.

« Que sont devenus les *gentlemen* qui ont dirigé ce ballon? C'est là une question dont nous attendons la solution avec anxiété. »

---

#### NOUVELLES DIVERSES.

COLOGNE. — La charité des dames de Cologne a établi plusieurs ambulances où les malades jouissent de soins incessants et d'une véritable abondance.

Quant aux hôpitaux militaires, ils sont dirigés et entretenus avec un soin dont je n'avais pas vu encore d'exemple. C'est surtout à l'hôpital de Kalk, qui reçoit les malades du camp, que j'ai pu constater des arrangements et des soins remarquables.

Au milieu de toutes les misères dont j'ai eu le douloureux spectacle, j'ai trouvé une grande consolation dans les preuves incessantes de bienveillance et de charité de toutes les classes de la population allemande à l'égard de nos prisonniers, et en voyant ces sentiments partagés par le plus grand nombre des soldats chargés de les garder.

WORMS,<br>Médecin principal de 1<sup>re</sup> classe en retraite<br>et ex-médecin en chef de l'hôpital militaire du Gros-Caillou, à Paris.

---

CASSEL. — Le président du gouvernement de Schaumburg-

Lippe, M. de Lauer-Münchhofen, a été nommé préfet du département de la Haute-Saône.

KOENIGSBERG. — Ces jours-ci, trois prisonniers de guerre français, un caporal et deux sergents se sont enfuis du camp de baraques du Kônigsthor.

### N° 59. — SAMEDI 7 JANVIER 1871.

## PARTIE OFFICIELLE.

#### COMMUNICATION OFFICIELLE.

VERSAILLES, 6 janvier. — Nos batteries, construites contre le front Sud de Paris, dont l'armement n'avait pas été empêché par l'ennemi, ont bombardé, dans le courant de la journée du 5|, les forts d'Issy, de Vanves, de Montrouge, les ouvrages de Villejuif et du Point-du-Jour, ainsi que les canonnières.

En même temps, le bombardement du front Nord et Est a été continué en partie par des batteries nouvellement construites.

Malgré le fort brouillard qui a régné, le succès est très-satisfaisant. Nos pertes consistent en 4 hommes morts, 4 officiers et 11 hommes blessés.

Le 4 au matin, le général de Bentheim, venant de Rouen, a surpris sur la rive gauche de la Seine les troupes ennemies, commandées par le général Roy, les a dispersées et leur a pris, tant le 4 que pendant la poursuite continuée le 5, 4 pièces de canon, 3 drapeaux et 600 hommes faits prisonniers.

L'armée du Nord, sous les ordres du général Faidherbe repoussé près de Bapaume, est en retraite sur Arras et Douai (1).

---

(1) M. Gambetta télégraphie aux Préfets le 5 janvier : « Le Gouvernement a reçu du général Faidherbe des détails qui donnent aux pertes de Bapaume une sérieuse importance. »

DÉCRET ROYAL.

*Au chancelier fédéral et au ministre de la guerre.*

Vu votre rapport du 15 courant, Je veux autoriser la formation d'un nouveau Gouvernement général, en réunissant les pays occupés *situés au nord de la France.*

Le département de Seine-et-Oise, faisant jusqu'alors partie de la division territoriale de Reims, sera réuni au gouvernement général nouvellement formé, dont Je délègue l'administration au Ministre de la guerre de Saxe royale, le Lieutenant Général de Fabrice, en lui assignant Versailles comme résidence provisoire.

Versailles, le 16 décembre 1870.

*Contre-signé :*                              GUILLAUME.
  BISMARCK.
  ROON.

## PARTIE NON OFFICIELLE.

Ainsi qu'on le voit, nous venons de publier une nouvelle dépêche officielle constatant la défaite de l'armée du Nord sous les ordres du général Faidherbe. Nous nous réservons de publier les rapports authentiques renfermant les détails de cette nouvelle victoire de l'armée allemande. En attendant, nous ferons observer qu'il s'agit ici de la même bataille que le général Faidherbe a prétendu avoir gagnée et à la suite de laquelle il a annoncé avoir repoussé l'armée allemande de toutes ses positions. Le fait de la retraite de son armée et de sa poursuite par notre cavalerie ne reste pas moins acquis à l'histoire.

On lit dans le *Conservateur*, journal d'Auch (Gers) :

« En voici bien d'une autre : on nous assure (grand Dieu ! quelle abomination dans la désolation !) que le général Demay et les commissaires civils Lissagaray et Perrin seraient relevés de leurs fonctions.

« Non ! cela n'est pas possible ! Il faudrait avoir perdu la tête pour oser porter une main téméraire sur les futurs sauveurs de la France, hier encore si dignement et *si confortablement* réunis au palais du Maréchal, à Toulouse.

« Ah ! monsieur Gambetta, si vous aviez ainsi la bonne grâce de revenir sur des erreurs auxquelles la camaraderie a pu vous entraîner, vous auriez bien mérité du pays et des honnêtes gens, mais prenez garde... à la *Ligue du Sud-Ouest !* »

Ce qui cause cette émotion à M. Thibault, rédacteur en chef du *Conservateur*, c'est qu'il n'y a pas de ville où M. Lissagaray soit mieux connu et plus impartialement apprécié qu'à Auch, où il a rédigé un journal rouge de la localité.

C'est du bureau de ce journal que M. Lissagaray s'est élancé au généralat.

---

Le *Journal de Bruxelles* apprécie ainsi qu'il suit la conduite et le langage du gouvernement établi à Bordeaux.

« Bordeaux ne les a point guéris des illusions dont ils persistent à entretenir la France. Si M. Gambetta, qui s'attache pour le moment aux pas des armées, comme s'il était de force à conjurer leurs désastres, n'est pas à Bordeaux de sa personne, on y sent du moins son influence : elle se révèle par la continuation des forfanteries et des parades républicaines dont la ville de Tours a eu précédemment le triste spectacle. Un jour, c'est un décret de la délégation qui vient braver le sentiment national en nommant Ricciotti Garibaldi chevalier de la Légion d'honneur; le lendemain, c'est une manifestation concertée entre M. Crémieux et les autorités municipales dans laquelle M. Gambetta lui-même est proclamé le sauveur de la France. »

---

Les tirailleurs girondins ne paraissent pas avoir été plus heureux que les volontaires du Gers. Voici la lettre écrite par l'un d'eux au journal la *Gironde :*

Chevreuse, 2 décembre 1870.

« Mon cher monsieur.

« C'en est fait !!! La fière compagnie des tirailleurs girondins a succombé sous le nombre; mais les mères, les sœurs des soldats de Bavière qui nous ont écrasés pleureront longtemps.

« Il est de ces choses qu'on ne peut expliquer entièrement, mais qu'on devine.

« Ou bien nous avons eu un poste d'honneur; il nous a fallu tenir pour sauver une colonne française.

« Ou bien nous avons été victimes d'ordres mal donnés ou mal interprétés.

« Ce qui nous console un peu, dans notre triste position, *car nous sommes prisonniers*, c'est que, dans la plus large acception du mot, nous avons fait notre devoir.

« Mais je dois être historien, historien impartial; récriminer est inutile, je raconte.

« A la suite de divers mouvements de l'armée ennemie, notre colonel reçut l'ordre d'occuper une position très-avancée, entre Châteaudun et Bonneval, points extrêmes occupés par les Prussiens.

« Nous prîmes position à Varize, un village que nos ennemis ont brûlé et détruit entièrement le 10 octobre, pour se venger de la résistance opiniâtre opposée à eux par ses habitants.

« La nuit du 28 au 29 se passa sans encombre; les feux de bivouac furent allumés. Notre corps était fort de 1,200 hommes environ, infanterie, cavalerie et demi-batterie de 4, et nous préparions notre repas du matin, quand nos éclaireurs accoururent au galop. L'ennemi s'avançait, se déployant sur une vaste ligne. Il avait quitté Châteaudun, prévenu de notre présence, et arrivait sur nous à l'improviste, à la suite d'une marche de nuit.

« Nous courons aussitôt aux armes. Un parc entouré de murs défend le flanc du village menacé; il faut s'y établir. En attirant les efforts des Prussiens sur ce point, et en soutenant leurs attaques, nous pouvons soutenir la retraite de notre petit corps; c'est à la compagnie girondine qu'est réservé ce grand honneur; nous nous déployons en tirailleurs, et l'affaire s'engage. Débordés deux fois par le nombre, nous écartons l'ennemi à la baïonnette, et, cachés derrière des arbres, chaque fois qu'il essaye de s'emparer de notre position, nous faisons dans ses rangs d'énormes trouées; nous tirons à coup sûr; mais bientôt tout devient inutile : écrasés par le canon, tournés de toutes parts, après avoir tenu 2 heures trois quarts, il faut se rendre. Tout est fini.

« Je ne vous narrerai pas tous les hauts faits de nos tirailleurs; mais quelques-uns méritent d'être rapportés.

« Un des nôtres tombe, la cuisse fracassée par une balle; malgré sa douloureuse blessure, il continue le feu et abat des masses d'ennemis.

« Un autre est fait prisonnier; il se défend encore avec ses poings, car on lui a ravi ses armes; il meurt en criant : Vive la République!

« Notre sous-lieutenant Blanchard reçoit une balle dans la tête; il tombe, on l'emporte; il prie qu'on s'occupe de ceux qui sont plus blessés que lui.

« Notre lieutenant, l'héroïque Saint-Pé, est tout le temps au milieu des balles. C'est lui qui nous anime et nous commande; son paletot est criblé de balles, dont une l'atteint en pleine poitrine; il tombe, il se relève : par le plus grand des miracles, sa montre, que le projectile a broyée, vient de le préserver d'une mort certaine.

« A part quelques privilégiés qui ont eu le bonheur de suivre la retraite du bataillon, laquelle a pu s'effectuer en paix, grâce à notre défense, nous sommes tous prisonniers de guerre.

« Capitaine, lieutenant, sous-lieutenant, sergents, caporaux, tout est pris.

« Mais, hélas! nos pertes sont cruelles, pas autant cependant que nous devions le craindre; car débordés comme nous l'étions et avec un feu d'enfer comme celui que nous avons eu à supporter, aucun de nous ne devait échapper. Le comité des familles doit, au juste, connaître nos pertes et doit avoir fait connaître aux nôtres ceux qui ont été frappés en combattant pour la patrie.

« Ils ont été frappés en face, ceux-là, et sont tombés en héros, car, à cent vingt, ils ont tenu en échec une armée de six mille hommes et de 24 pièces de canon.

« Cela peut paraître impossible et invraisemblable, et cependant cela est vrai.

« De l'aveu des ennemis eux-mêmes, nous leur avons mis 250 à 300 hommes hors de combat. Un officier évaluait leurs pertes de 450 à 500 tués ou blessés. Ce chiffre est certainement celui qu'on doit prendre en considération.

« Nous sommes à peine à huit lieues de Paris, et nous partons pour la terre d'exil. Les avant-postes français nous touchent presque. S'ils allaient nous délivrer !

« J'écris en cachette, et déjà des heures se sont écoulées: on nous appelle, c'est le moment du départ.

« La tristesse nous envahit, le cœur nous manque; partir, c'est quitter la France, c'est laisser la patrie, qu'accable l'étranger.

« Puisque nous ne pouvons plus lui vouer nos bras, toutes nos pensées vont désormais lui être consacrées, tous nos vœux tendront à la voir libre.

« Et vous qui connaîtrez nos succès et nos revers, si, comme nous le souhaitons de toute notre âme, vous avez à nous donner de bonnes nouvelles, faites-nous-en part, ne négligez aucun moyen, elles nous mettront du baume dans le cœur, et nous permettront de supporter les fatigues et les soucis de la captivité.

« A vous de cœur, « J. Lespès. »

A propos du meurtre d'un officier de la garde nationale de Monplaisir, le *Salut* publie la lettre que voici :

« Monsieur le rédacteur,

« Un fait des plus déplorables a eu lieu hier à Monplaisir vers les neuf heures du soir. Au moment où le tambour appelait les gardes nationaux à se réunir pour se diriger sur Lyon, le sieur Marteau, poêlier, arriva sur la place avec son fusil, et s'écria : « Je fusille le premier qui recule. » Se trouvait là M. Bernabé, lieutenant, qui lui dit d'aller de suite au lieu de la réunion, boulevard des Hirondelles, et il avait à peine achevé ces paroles qu'il tomba frappé mortellement : Marteau avait lâché son coup.

« J'arrive immédiatement et constate la mort instantanée de

M. Bernabé jeune, père de famille, industriel distingué et estimé de tous; la balle lui avait traversé le sommet de la poitrine.

« Je ne sais comment Marteau, sexagénaire asthmatique, adonné à la boisson, naturellement brutal et qu'on n'aurait pas dû admettre dans les rangs de la garde nationale, s'est laissé aller à un pareil attentat, n'ayant aucune haine contre son lieutenant.

« C'est la barbare guerre que nous subissons qui produit cette sauvagerie.

« Agréez, etc.

« CHARDON, *docteur-médecin.* »

N° 60. Prix : 10 centimes. Dimanche 8 Janvier 1871.

# MONITEUR OFFICIEL
### Du Gouvernement général du Nord de la France
### et
### De la Préfecture de Seine-et-Oise
### Journal Quotidien, Politique
PARAISSANT TOUS LES JOURS (EXCEPTÉ LE LUNDI)

| Les abonnements sont reçus aux **bureaux de Poste**, **19, avenue de Paris**. Pour Versailles et le département de Seine-et-Oise, par mois, le *port à domicile compris*, **3 fr. 50** payables d'avance. | **PRIX DES ANNONCES :** 35 centimes la ligne. *S'adresser, jusqu'à dix heures du matin*, à M. DE HULSEN, 65, *rue de la Paroisse*. | DÉPÔT GÉNÉRAL DE VENTE CHEZ M<sup>me</sup> A. LE DUR, libraire (mise en réquisition), **Rue de la Paroisse, n° 32.** |
|---|---|---|

N° 60. — DIMANCHE 8 JANVIER 1871.

## PARTIE OFFICIELLE

#### COMMUNICATION OFFICIELLE

VERSAILLES, 7 janvier. — La 14ᵉ division avait préparé, dans la nuit dernière, un coup de main sur Rocroy. Ce coup de main a pleinement réussi, et la forteresse est entre nos mains.

Notre artillerie de siège a continué avec succès un feu vif contre les fronts Sud, Est et Nord de Paris.

Sous les ordres du général de Werder, il y a eu, au sud de Vesoul, plusieurs combats d'avant-garde, dans lesquels nous avons fait 200 prisonniers.

#### PROCLAMATION

Sa Majesté le roi de Prusse, Général en chef des armées allemandes, du consentement de Sa Majesté le Roi de Saxe, mon auguste maître, a daigné me nommer Gouverneur Général du département de Seine-et-Oise, ainsi que des départements du nord de la France, occupés récemment par les troupes alliées et ne faisant pas partie du Gouvernement Général de Reims, savoir : les départements de la Somme, de l'Oise, de la Seine-Inférieure, d'Eure-et-Loir et du Loiret.

En portant cette nomination Royale à la connaissance des départements sus-nommés, je suis en droit d'attendre de la part de leurs populations, ce qui est d'ailleurs dans leur propre intérêt, une conduite calme et prévenante. J'ai aussi le ferme espoir que chacun s'abstiendra, soit directement, soit indirectement, de tout acte hostile ou contraire aux intérêts des armées allemandes.

J'ordonne principalement aux autorités gouvernementales et municipales de suivre strictement les ordres que le Gouvernement Général leur fera parvenir par ses organes, et les invite à me prêter leur concours pour subvenir, sans trop de difficultés, aux exigences de la situation actuelle.

Résolu de maintenir et de protéger, autant que possible, chacun dans sa propriété, de répartir équitablement les charges, et de veiller à la sécurité publique, j'espère que je ne serai pas contraint d'user des sévérités résultant des droits de la guerre.

Versailles, ce 6 janvier 1871.

*Le Gouverneur Général en résidence à Versailles,*
Lieutenant Général DE FABRICE,
*Ministre d'État.*

## PARTIE NON OFFICIELLE

A partir d'aujourd'hui, le *Moniteur* prend le titre de *Moniteur officiel du Gouvernement général du Nord de la France et de la Préfecture de Seine-et-Oise.*

Dans sa partie officielle, le *Moniteur* publiera les Communications du théâtre de la guerre, ainsi que les Actes et Décrets du Gouvernement général et des Préfectures appartenant au ressort de ce dernier. Dans sa partie non officielle, il continuera à consacrer ses colonnes aux nouvelles politiques et aux appréciations qui peuvent contribuer à éclairer le public sur le véritable état de la situation.

### LETTRE DU COMTE DE BISMARCK A LA MUNICIPALITÉ DE LA VILLE DE WORMS.

L'antique et intéressante ville de Worms ayant conféré à Son Excellence M. le comte de Bismarck-Schônhausen, chancelier de la Confédération de l'Allemagne du Nord, les droits honoraires de cité, Son Excellence a adressé à la ville de Worms la lettre suivante :

« Dans le grand honneur que la ville veut bien me faire en me conférant les droits de cité, je trouve une preuve de l'appréciation de mes efforts pour la grande cause de notre patrie, qui me touche vivement. Le nom de l'ancienne cité impériale de Worms est indissolublement lié aux grands souvenirs de la nation allemande, aux fastes antiques de l'empire. Les épreuves qu'elle a subies plus tard et l'époque de ses souffrances désignent les jours de la décadence et de l'humiliation de l'Allemagne. Votre antique cathédrale et le nouveau monument (celui de Luther) rappellent des monuments historiques de la plus haute et de la plus instructive influence pour la vie morale de la nation. C'est un signe de la régénération qui vivifie le peuple allemand, que la ville de Worms participe, pleine de joie et d'intelligence, à la résurrection de la nation allemande. Je serai fier d'appartenir à cette ville en qualité de citoyen honoraire. »

### LES TROPHÉES DES ARMÉES ALLEMANDES.

Sous ce titre, le *Moniteur prussien* publie les chiffres qui suivent :

« A la fin du mois de septembre, les armées allemandes avaient fait prisonniers 3,577 officiers et 123,700 soldats français, tous non blessés. Elles avaient pris, à la même époque, 2,100 canons et 56 aigles.

« Dans le courant des deux mois d'octobre et de novembre, les chiffres ci-dessus se sont élevés à -- 10,067 officiers, 303,842 soldats prisonniers de guerre, non blessés, 4,130 canons, dont 170 mitrailleuses, et 112 aigles.

« Le nombre total des prisonniers se divise ainsi : — capitulation de Sedan, 3,289 officiers et 104,750 soldats; — redditions de Laon, Toul et Strasbourg, 288 officiers et 18,950 soldats; — capitulation de Metz, 6,000 officiers et 150,000 soldats (non compris 23,000 malades et blessés); — reddition de Schlettstadt, 2,400 hommes; de Neuf-Brisach, 5,000; de Soissons, 4,000; de Verdun, 4,000; — prisonniers faits devant Paris, 3,500; par le corps d'armée de Werder, 1,500; — enfin 500 officiers environ et 7,700 soldats qui sont sortis guéris des divers lazarets et transportés dans les dépôts de prisonniers, ou — pour ce qui concerne les 500 officiers, — qui ont été pris dans les places nommées plus haut.

« Les prisonniers de guerre français ont été répartis comme suit dans le royaume de Prusse :

| | | |
|---|---|---|
| Province rhénane | 2,700 officiers, | 61,260 soldats. |
| Province de Saxe | 1,800 — | 47,150 — |
| Westphalie (et Wesel) | 740 — | 29,500 — |
| Posen (avec Glogau) | 550 — | 24,400 — |
| Poméranie | 170 — | 21,100 — |
| Silésie | 610 — | 20,500 — |
| Province de Prusse | 200 — | 16,360 — |
| Brandebourg | 250 — | 7,200 — |
| Les autres provinces (qui n'ont pas de forteresses) | 1,450 — | 4,000 — |

« Dans la Confédération du Nord, chacun des États a reçu, proportionnellement à sa grandeur, un certain nombre de prisonniers de guerre. Les trois villes anséatiques font seules exception; elles n'ont aucun soldat prisonnier, mais en revanche elles sont pourvues d'une plus grande quantité d'officiers. — Dans le midi de l'Allemagne ont été transportés 334 officiers et 40,886 soldats, dont la moitié pour la Bavière, un quart pour le Wurtemberg, le reste partagé entre Bade et la Sud-Hesse.

« Il serait difficile de donner un compte détaillé de tout le butin de guerre tombé entre les mains des armées allemandes depuis le commencement de la campagne, soit sur les champs de bataille, soit dans l'intérieur des places. Voici seulement quelques chiffres :

« Dans Sedan ont été pris 815 voitures de munitions, 54 affûts, plus de 100 caissons, 355 voitures du train, 61 forges de campagne, 57,000 fusils, 2,800 sabres de cavalerie, 900,000 cartouches d'infanterie, 60,000 boulets pleins, 50,000 boulets creux, grenades et cartouches à mitraille; — dans Metz, 1,400 affûts, 1,000 caissons, 2,000 voitures, 100,000 fusils, 280,000 kilogrammes de poudre. — Plusieurs petites places ont aussi livré un matériel de guerre relativement considérable; dans Schlettstadt, par exemple, on a trouvé 120 affûts, 6,000 fusils, 660 tonnes de poudre, etc.

« Il faut remarquer que tout ce matériel de guerre tombé entre nos mains, s'il constitue une grande perte pour les Français, n'est qu'un médiocre gain pour nos armées; notamment la masse de voitures, de canons et de munitions qui a été prise, n'a pas d'autre valeur pour notre artillerie que celle du bois et du fer. »

### MANIFESTATION DE LYON.

Lorsque les hommes sincèrement patriotes signalent et déplorent la déperdition énorme des forces réelles de la France, provenant de la promotion aux fonctions publiques d'une nuée d'incapables et d'affamés, inconnus ou hostiles aux populations, certaines gens sont portés à voir dans ces plaintes un acte d'hostilité intéressée, dirigé contre la République.

Assurément, cette hostilité serait fort légitime, ayant pour objet un régime subi, non accepté par le pays; mais voici un argument sans réplique, prouvant qu'on peut être sincèrement républicain, et trouver détestable le gouvernement actuel de la France.

On ne contestera pas à la commune de Lyon les convictions républicaines; on ne contestera pas davantage à M. Gambetta une certaine adhésion à l'attitude de cette commune, puisqu'il la tolère depuis bientôt quatre mois; eh bien! voici comment elle juge le gouvernement actuel :

« De tous ces maux, la cause vraie est *le choix inintelligent des fonctionnaires de la République et l'absence complète de responsabilité de ces agents.*

« Nous assistons au spectacle D'UNE CURÉE DE PLACES, rappelant les souvenirs de l'Empire, et de fonctionnaires oubliant *leur premier devoir pour se prélasser dans une oisiveté qui serait en tout temps une honte*, mais qui, devant les malheurs de la patrie, EST UN CRIME DE HAUTE TRAHISON.

« Lorsque certains préfets, après deux mois de pouvoir absolu, ont fait preuve D'UNE SEMBLABLE INCURIE, le devoir de tout citoyen est de demander leur destitution, et le nôtre est de les révoquer impitoyablement.

« Inertie, incapacité, trahison, sont aujourd'hui synonymes.

« N'oubliez pas que *la France a le droit de connaître sa situation vraie*, qu'elle se lasse de ces réticences qui déguisent les vérités, DE CES VAINES ESPÉRANCES TOUJOURS DÉÇUES LE LENDEMAIN ! »

Ainsi, *curée de places*, fonctionnaires *oisifs*, *indifférents* au bien public ; déluge de *proclamations; vaines espérances*, *déçues le lendemain ;* tel est le bilan dressé par les républicains les plus sincères du gouvernement actuel de la France.

### DE QUEL CÔTÉ EST LA BARBARIE ?

Il est pénible d'avoir trop souvent à constater que, du côté de l'armée française, on ne respecte ni les conventions internationales, ni les usages consacrés par le droit des gens et la loi d'humanité. Au commencement d'octobre dernier, on avait trouvé déjà sur des soldats français faits prisonniers des cartouches où la balle était remplacée par des morceaux de plomb haché. Depuis lors, ce cas s'est représenté plus d'une fois, et un certain nombre de cartouches semblables a été envoyé au ministère de la guerre, à Berlin. — Nous avons pu compter nous-mêmes seize morceaux de plomb, taillés en losange, qui se trouvaient dans une de ces cartouches françaises.

Un médecin militaire suisse, dans une lettre qu'il adresse au journal le *Bund*, de Berne, signale un fait encore plus grave ;

il affirme avoir soigné à Orléans des soldats allemands blessés par des *balles explosibles;* — nous citons ce passage de sa lettre :

« Il y a des blessures provenant de balles explosibles : j'en ai ramassé moi-même une que j'ai remise au médecin en chef. Les blessés sentent d'abord un coup, puis un instant après un plus fort. Il n'y a qu'un canal, mais à l'intérieur des lésions épouvantables. Voici un de ces cas : Entrée du projectile au milieu du mollet, le canal se prolonge jusqu'au milieu de la cuisse. »

L'auteur de cette lettre atteste encore ce qui suit :

« Le 30 novembre, j'ai vu un médecin français, qui avouait lui-même avoir tué beaucoup de blessés prussiens avec son revolver, et des prisonniers français ont confirmé ce fait. Il a passé en conseil de guerre et a été fusillé. Dans les retraites, les francs-tireurs tirent souvent des brassards à croix rouge de leurs poches, pour sauver leur vie. On tire fréquemment sur les blessés, et il y en a qui ont reçu de trois à cinq balles ; à les entendre, les patrouilles françaises ont une véritable joie à faire feu sur eux. Des Français civils ou militaires se mettent au bras la croix rouge pour pénétrer dans les villages occupés par les Allemands et s'y livrer à l'espionnage. »

---

MADRID. 1er janvier. — Le maréchal Prim a succombé à ses blessures.

---

FAITS DIVERS.

On écrit d'Autun à la *Gironde* :

« Le colonel Thenet, de la guerilla d'Orient, reconnu coupable d'avoir abandonné son poste, a été condamné à la peine de mort. Sur les prières et les instances de ses camarades, compromis par lui, il a été sursis à l'exécution.

« La dégradation a eu lieu sur la place d'Autun. Ç'a été une triste cérémonie.

« Les arbres étaient garnis de gamins, un cordon de troupes

entourait la place; au centre, la guérilla formait un carré; les officiers de toutes armes s'y trouvaient.

« Tout à coup le colonel paraît, conduit par des gendarmes. Un silence glacial règne sur la place.

« Un greffier lit la condamnation à mort et le décret de suspension. Un autre déclare, au nom de la République, que le colonel est indigne de commander.

« Alors un homme s'approche, lui arrache les boutons de sa tunique, les galons de ses manches et de son képi, tous ses ornements. Il tend son épée, on la brise sur le genou et on jette les morceaux à terre. Il ramasse ces débris, et va recommencer son ignominieuse tournée.

« Bien des gens pleurent de pitié, d'autres étouffent leurs sanglots.

« Le colonel, les habits en désordre, portant les traces de ses décorations enlevées, passe devant tous les soldats conduit par quatre hommes.

« C'était navrant.

« Le malheureux reprend ensuite le chemin de sa prison, où il va attendre ou la grâce ou la mort. »

---

Le recrutement de la classe de 1869 et 1870, en Prusse, a donné les résultats qui suivent, au point de vue de l'instruction des recrues :

|  | Recrues. | Ne sachant pas lire. | 0,0 |
|---|---|---|---|
| Prusse (province de) | 10,809 | 1,185 | 11,99 |
| Brandebourg | 7,856 | 47 | 0,59 |
| Poméranie | 4,955 | 47 | 1,08 |
| Posen | 5,577 | 802 | 14,38 |
| Silésie | 12,605 | 361 | 2,86 |
| Saxe (province de) | 7,516 | 28 | 0,87 |
| Schleswig-Holstein | 2,748 | 19 | 0,69 |
| Hanovre | 6,188 | 54 | 0,87 |
| Westphalie | 5,806 | 60 | 1,03 |
| Hesse-Nassau | 4,559 | 10 | 0,22 |
| Province du Rhin | 11,188 | 84 | 0,75 |
| Hohenzollern | 227 | 0 | 0,00 |
| Lauenbourg | 174 | 1 | 0,57 |
|  | 80,028 | 2,696 | 3,37 |

Les recrues sans aucune instruction se trouvent, on le voit, en grande majorité dans les parties de la Prusse où l'élément polonais a une certaine importance; si nous faisons abstraction des provinces de Silésie, de Prusse et de Posen, la moyenne des hommes ne sachant pas lire est insignifiante. Les armées des petits États de l'Allemagne donnent des chiffres analogues.

Les nombreux Français des hôpitaux militaires de la ville de Hanovre ont eu leur fête de Noël comme leurs camarades allemands. Ils en ont remercié la direction dans une Adresse conçue en des termes très-reconnaissants. — Ce fait peut répondre aux feuilles franco-belges qui ont parlé des mauvais traitements que les prisonniers français auraient à subir.

A Stade on a les plus grands égards même envers les officiers condamnés à l'internement pour avoir manqué à leur parole d'honneur en essayant de s'évader. Il leur est permis de passer en ville la plus grande partie de la journée; leur seule punition est de demeurer à la caserne et de ne pouvoir sortir de la ville.

Les Allemands établis en Australie ont fêté solennellement les victoires de la mère patrie; mais leur patriotisme ne s'est pas borné à ces démonstrations; ils ont réuni entre eux, pour les soldats allemands blessés et pour les familles des braves qui ont succombé, la somme de 75,000 livres sterling déjà envoyée en Europe. — Les colons français australiens n'ont réuni en tout pour les soldats de leur pays natal que 230 liv. 10 sch. — Enfin la colonie *anglaise* de Melbourne a fait aussi une collecte, qui sera partagée également entre les blessés des deux nations belligérantes.

De nouveau, un officier français, le cinquième, s'est évadé de Gœrlitz, laissant derrière lui son ordonnance et ses effets et n'emportant que des habits bourgeois sous lesquels il avait caché son uniforme d'officier. Il n'est pas douteux que les fuyards ne passent la frontière de la Bohême à pied.

La fuite d'un sixième officier du 10ᵉ régiment de ligne, opérée dans la nuit d'hier, et la tentative d'évasion faite par son camarade de chambre ont eu pour conséquence un ordre du jour d'après lequel tous les officiers internés ici auront à quitter Gœrlitz. Comme séjour intérieur, Stargard, Stolpe et d'autres petites villes de la Poméranie leur ont été désignés.

Le conseil d'enquête relatif aux capitulations de Strasbourg et de Metz est définitivement constitué.

Il se compose de MM. le maréchal Baraguey d'Hilliers, président, et les généraux de division Foltz, Grosbon, de Martimprey et Pourcet, membres.

On fait en ce moment à Paris de singuliers festins.

On a mangé des cuissots d'antilope flanqués de rognons de kanguroo.

Ces mets imprévus proviennent de la vente des animaux du jardin d'acclimatation et du jardin des plantes.

### N° 61. — MARDI 10 JANVIER 1871.

### PARTIE OFFICIELLE.

#### COMMUNICATION OFFICIELLE.

VERSAILLES, 9 janvier. — Le 6, les divisions qui avaient pris leurs positions contre le général Chanzy se sont avancées par Vendôme et ont rencontré deux corps d'armée ennemis. Après un vif combat, ces derniers ont été repoussés au delà de la ligne d'Azay, puis cette dernière position, ainsi que Montoire, ont été pris. Nos pertes ne sont pas sans importance.

Dans la journée du 7, le feu de notre artillerie de siège a été continué avec vivacité et avec un bon succès contre les forts Sud, Est et Nord de Paris. Le fort d'Issy et les batteries avoisinantes, ainsi que le fort de Vanves, n'ont pas répondu par instants. Nos pertes d'aujourd'hui étaient à peu près, comme hier, de 20 hommes.

Nos colonnes, en marche contre le général Chanzy, sont arrivées en soutenant des combats en partie très-vifs, à Nogent-le-Rotrou, Sarge, Savigny et la Châtre.

Le 8, le feu devant Paris a été continué vivement et avec succès; les casernes du fort de Montrouge ont été incendiées Il est parfaitement constaté que le 5 déjà nos obus sont tombés en plein jardin du Luxembourg.

Le général de Treskow mande que, dans la nuit du 7 au 8, il a pris d'assaut Danjontin, au sud de Belfort, et que l'ennemi a subi à cette occasion des pertes très-considérables. Nous avons fait 18 officiers et 700 hommes prisonniers non blessés. De notre côté, la perte est de 1 officier et de 13 hommes morts, ainsi que de 60 hommes blessés.

D'après les rapports français, les pertes de l'armée du Nord, dans les combats du 2 et du 3 de ce mois contre le général de Gœben, se montent à environ 4,000 hommes, les nôtres sont évaluées à 9,000 hommes. Nos rapports de la première armée, arrivés aujourd'hui ici, constatent au contraire que nos pertes, dans ces différents combats, se montent à 11 officiers et 117 hommes morts, à 35 officiers et 667 hommes blessés, enfin à 236 hommes manquant à l'appel.

## PARTIE NON OFFICIELLE.

Son Excellence Monsieur le Général de Roon, Ministre de la Guerre de Sa Majesté le Roi de Prusse, célèbre aujourd'hui même à Versailles le 50<sup>e</sup> anniversaire de son entrée au service de l'État. Le général de Roon est une des plus grandes gloires militaires de l'Allemagne, et son nom s'étend beaucoup au delà des frontières de l'Europe. Collaborateur savant et persévérant de la transformation de l'armée prussienne, devenue le modèle de l'armée allemande tout entière, il a eu le bonheur de diriger en personne ce merveilleux mécanisme de l'organisation militaire de la Prusse pendant trois guerres glorieuses.

Dès le matin, la musique de quatre régiments présents à

Versailles est allée porter une sérénade à l'illustre général dont la résidence avait été décorée, par des mains pieuses et dévouées, de nombreuses guirlandes de chêne et de laurier.

A neuf heures du matin, Sa Majesté le Roi de Prusse est venu en personne féliciter avec effusion le Ministre qui a si fidèlement et si glorieusement servi le Roi et la patrie. Son Altesse Royale le Prince Royal est venu presque immédiatement après dans le même but, et pendant toute la journée les princes et les officiers et fonctionnaires de tout grade sont allés rendre hommage à cette gloire militaire si pure et si justement admirée.

---

Depuis quelque temps déjà on a signalé aux autorités allemandes la présence à Versailles d'un individu accusé de complot contre la sûreté des armées allemandes. Dans la soirée du 7 courant, une personne dont l'identité avec l'inculpé paraissait établie, a été arrêtée. Cette personne, après avoir livré ses papiers sans résistance, a trouvé moyen de s'évader pendant l'examen de ses papiers.

Le général commandant la ville de Versailles invite, par conséquent, les habitants qui auraient donné asile à cet inculpé, ou qui connaîtraient sa cachette, à l'indiquer à l'autorité allemande. En se prêtant à des manœuvres contraires à la sûreté de l'armée, les coupables attireraient sur eux toute la sévérité des lois de la guerre.

---

LES COMMENTAIRES DE LA GUERRE.

Les autorités françaises ont publié les télégrammes suivants :

« Havre, 8 janvier.

« Hier, 10.000 Prussiens venant en majorité de Rouen, traversèrent la Seine sur un pont de bateaux, près de Jumiéges, battirent le corps du général Roy, occupèrent les bourgs d'Achard et de Théroulde et menacent Pont-Audemer. »

Dans le télégramme par lequel le général Faidherbe s'attribue la victoire de Bapaume, on remarque de nouveau la particularité de ce général de se retirer après chaque victoire et de se taire sur les causes de cette retraite. Le même général énumère ensuite une série de villages comme ayant été conquis par lui, tandis que leur conquête était tout simplement impossible, attendu qu'ils n'étaient jamais occupés par les Allemands, et que ces villages se sont trouvés tellement éloignés de leurs avant-postes, que les colonnes d'approvisionnements françaises ont pu y être établies au commencement de l'action.

Pour plaider les circonstances atténuantes en faveur des officiers français qui ont manqué à leur parole d'honneur, on a essayé de répandre cette opinion que les déclarations écrites soumises à ces officiers sont sujettes à des définitions divergentes. Rien ne saurait être moins fondé que ce faux-fuyant d'un nouveau genre. Voici les formules à peu près uniformes dont la signature a été généralement exigée :

« Nous soussignés, prisonniers de guerre, déclarons, sur notre parole d'honneur, de ne faire aucun essai de fuite de la forteresse de Cologne-Deutz. Il nous sera permis de prendre à nos frais notre logement en ville et de nous promener dans l'intérieur de la forteresse de Cologne-Deutz, excepté dans les fortifications, depuis le matin jusqu'à une heure de la retraite, et de nous servir d'habits bourgeois. Nous répétons, sur notre parole d'honneur, la promesse de ne pas abuser de ces avantages et de ne pas nous en servir pour nous évader. »

Ou encore : « Je m'oblige sur ma parole d'honneur à n'entreprendre aucun essai de fuite et à ne pas quitter le rayon de la ville. Je m'oblige sur ma parole d'honneur à ne pas abuser de la concession qui m'a été faite de porter des habits bourgeois ni de la permission de me mouvoir librement dans l'intérieur de la ville de Breslau et sur les promenades, à partir de 6 heures du matin, heure du réveil, jusqu'à 9 heures du soir, heure de la retraite. »

Les imperfections de style qu'il pouvait y avoir dans ces formules ne peuvent certes en aucune façon constituer un prétexte pour manquer à un engagement qui a été accepté de la part du vainqueur dans la conviction que la parole d'honneur a été donnée de bon aloi et sans aucune espèce d'arrière-pensée.

Un garçon maçon de Thorn, employé dans les ambulances, a été fait prisonnier par les Français, et se trouve, à l'heure qu'il est, malade au lit. Voici ce qu'il écrit dans une lettre adressée à sa femme : « Les jours de la captivité, du 15 au 28 décembre, nous enlèvent à chacun dix années de notre vie. Je ne suis pas en état de t'écrire combien nous avons été maltraités. Nous couchons d'abord, par le froid qu'il fait, par terre, sans le moindre brin de paille, couverts seulement de notre manteau. Comme nourriture nous ne recevons que du pain et de l'eau. Nous sommes dévorés par la vermine et on nous a exposés à la risée des hommes. Les hommes du civil nous ont craché au visage et en nous poussant et nous maudissant ils nous ont menacé de nous assassiner. On nous a mis le revolver sur la poitrine, — (à un homme portant le brassard,) — et on nous a crié « *caput* Prussiens. » Dieu soit loué, que nous ayons échappé à ces moments terribles. »

---

### DANS PARIS.

Nous publions ci-après des nouvelles de Paris extraites de la *Correspondance Havas :*

« Paris, 19 décembre.

« Paris a repris, depuis ce matin, l'aspect animé et guerrier des jours qui ont précédé les grands combats du 30 novembre et du 2 décembre. Dès hier soir, on avait affiché l'avis officiel que toutes les portes de Paris seraient hermétiquement fermées aujourd'hui, à partir de midi, et la population en a conclu aussitôt que de nouvelles opérations militaires étaient imminentes.

« Des mouvements considérables de troupes sur lesquels il nous est défendu, cela se comprend, de donner des indications, sont en train de fortifier le public dans la pensée qu'il va se passer de nouveaux drames, pour ainsi dire, sous ses yeux.

« Hier dimanche, dans l'après-midi, a été tenu un grand conseil de guerre auquel assistaient tous les généraux de corps d'armée et les amiraux chefs de secteur. »

« 20 décembre.

« Le bruit a couru dans la soirée d'hier de l'arrivée d'un nouveau pigeon ; certains journaux ont même annoncé le soir qu'une dépêche était parvenue au ministre des affaires étrangères. Ces journaux sont dans l'erreur. Il n'y est arrivé hier aucun pigeon, ni, par conséquent, aucune dépêche.

« Deux faits qu'il faut absolument enregistrer.

« On fait circuler dans les rangs de la mobile de la Bretagne une lettre du comte de Chambord, datée de Berne, 7 décembre 1870. Cette lettre a été remise à un sergent des mobiles du Finistère par un paysan aux avant-postes. Cette proclamation apocryphe a la même origine que les nouvelles apportées par les faux pigeons, il y a quelques jours, et obtient le même succès négatif.

« L'aspect intérieur des salles du Louvre est des plus singuliers. Il ne reste plus que le cadre des immenses toiles; accrochés au mur, ils découpent des rectangles de murailles ternes. Les gemmes, les bijoux, les émaux ont été envoyés au loin. Les galeries sont vides. Le parquet même ne se cire plus.

« Les collections d'objets anciens, mis en caisse, ont disparu.

« Le dernier ou plutôt l'avant-dernier ministère de l'Empire est assez rudement éprouvé pour cette guerre qu'il a déclarée, on le sait, « d'un cœur léger. »

« M. Maurice Richard vient de perdre son frère, dont je vous annonçais la mort hier. Un frère du duc de Gramont est amputé, un autre est prisonnier. Enfin, le plus jeune frère de M. Émile Ollivier est fou.

« On annonce la mort du pianiste-compositeur Eugène Ketterer, à la suite d'une attaque de variole. Ses obsèques ont eu lieu, aujourd'hui mardi, à Notre-Dame-de-Lorette.

« Encore une victime de la bataille du 30 novembre. M. l'abbé Blanc, vicaire d'Issoudun, qui accompagnait les mobiles de l'Indre, vient de succomber. Frappé d'une balle au pied à l'attaque de Choisy-le-Roi, il fut envoyé à l'ambulance de la rue de Maubeuge, 34, établie par les locataires de la maison. Malgré des soins assidus, l'abbé Blanc a succombé.

« On m'annonce que l'ordre a été donné à tous les théâtres de cesser, à partir de demain soir, toute représentation, et de se tenir prêts à recevoir des blessés dans les foyers et autres locaux pouvant à la rigueur servir d'ambulance. — Dans les hospices militaires, tous les blessés peu grièvement atteints ou en voie de convalescence ont été évacués sur les ambulances particulières, afin de tenir un aussi grand nombre de lits que possible à la disposition des nouveaux blessés. Encore une triste et lugubre semaine, pendant laquelle la mort n'a pas perdu son temps. Du chiffre énorme de 2,433, les décès ont monté, du 11 au 17, à celui de 2,721.

« La variole reste stationnaire. L'augmentation du chiffre des décès porte sur la fièvre typhoïde, la bronchite et la pneumonie. Le ballon *Général Chanzy* est parti cette nuit, à deux heures, de la gare du Nord, emportant un aéronaute et plusieurs voyageurs, mais pas de lettres, à ce qu'on m'assure. Rien de nouveau aujourd'hui. Le temps est toujours doux et couvert. »

### NOUVELLES DIVERSES.

HAMBOURG, 25 décembre. — Le Sénat a reçu la communication que le Chancelier de la Confédération de l'Allemagne du Nord a adressé le télégramme suivant au ministre des affaires étrangères, à Berlin :

« Veuillez dire au représentant des villes hanséatiques, que dans toute l'armée il n'y a qu'une voix sur la bravoure avec laquelle les deux régiments des villes libres se sont battus sur la Loire.

« De Bismarck. »

Un correspondant du *Times* écrit à ce journal, de Wilhemshœhe :

« L'empereur prépare une étude comparée des armées française et allemande qui, publiée, ne manquera pas de faire sensation dans les cercles militaires, et pourra servir de source d'informations. »

## HOTEL DE FRANCE
### PLACE D'ARMES.

**MARDI 10 JANVIER 1871**
A 8 heures précises,
**SOIRÉE MUSICALE ET DRAMATIQUE**
DONNÉE PAR M<sup>me</sup> GRETTY.

### LES JURONS DE CADILLAC
Comédie en un acte, par M. Pierre Berton.
Jouée par M<sup>lle</sup> HERMANCE et M. BRUS.

*Intermède musical.*

MANDOLINETTA, berceuse, chantée par M<sup>me</sup> PAZZINI.
L'ÉTRANGER, romance, chantée par M<sup>me</sup> GRETTY.
Grand air de LA TRAVIATA, chantée par M<sup>me</sup> PAZZINI.

### LES NOCES DE JEANNETTE
Opéra-comique en un acte, de MM. Barbier et Carré.
*Musique de M. Victor Massé.*
Chantée par M<sup>me</sup> GRETTY et M. BRUS.

Prix des places : 2 thalers.

---

N° 62. — MERCREDI 11 JANVIER 1871.

## PARTIE OFFICIELLE.

#### COMMUNICATION OFFICIELLE.

VERSAILLES, 10 JANVIER. — Dans le courant de la nuit du 8 au 9, la ville de Paris a été plus vigoureusement bombardée par nos batteries ; l'incendie de la caserne du fort de Montrouge a duré jusqu'au matin.

Le 9, le bombardement a dû être ralenti à cause du brouillard épais. Aussi l'ennemi n'a-t-il répondu que par instants. Le 8, nos pertes ont été de 25 hommes ; le 9, elles étaient tout-à-fait insignifiantes.

Nos colonnes, parties de Vendôme, ont continué, le 8, leur marche au delà de Saint-Calais, sans livrer des combats sérieux.

PARTIE NON OFFICIELLE.

### NOTE DE LA RÉDACTION.

*Les rigueurs de la saison occasionnant des retards considérables dans l'arrivée de la correspondance étrangère et des journaux, la distribution du* Moniteur officiel *subit momentanément quelques irrégularités auxquelles nous chercherons à parer de notre mieux.*

---

On écrit de Cologne, en date du 3, à la *Gazette de l'Allemagne du Nord :*

« L'officier d'administration français Lemesle, à l'instar de ses camarades fugitifs, s'est évadé d'ici en dépit de sa parole d'honneur.

« Peu avant de partir, le gouvernement, voyant l'état de dénûment où se trouvait le prisonnier, l'avait, sur sa demande, logé en ville et lui avait donné une somme d'argent qui, d'après sa déclaration même, suffisait à ses besoins. — Lemesle a profité de ce secours en argent pour s'éloigner malgré son engagement par écrit de ne pas chercher à s'échapper.

« Depuis quelques jours, les plaintes des habitants de notre ville sur la conduite inconvenante de plusieurs officiers français internés ici augmentent. *Ces officiers ne craignent pas d'accoster des dames comme il faut en plein jour !* »

---

On mande de l'arrondissement de Kempen :

« Un officier français qui s'est enfui malgré sa parole d'honneur donnée, et qui avait pris le train partant pour la Hollande, a été arrêté à Breyell, par l'inspecteur du chemin de fer faisant la révision du train ; il a été livré aux autorités. »

---

### LA SITUATION DE PARIS.

Nous soumettons aujourd'hui à nos lecteurs une série de nouvelles et d'appréciations relatives à la situation de la grande cité assiégée par l'armée allemande. Ces nouvelles et ces appréciations sont extraites des journaux de Paris même ou données par des correspondants qui écrivent sur les lieux. Nous nous sommes fait un devoir de les reproduire telles quelles.

On lit dans la *France*, de Paris :

« LA SANTÉ PUBLIQUE A PARIS. — Encore une triste et lugubre semaine, pendant laquelle la mort n'a pas perdu son temps. Du chiffre énorme de 2,455, les décès ont monté, du 11 au 17, à celui de 2,728.

« La variole, continuant ses ravages, reste cependant stationnaire avec 391 cas de mort.

« Encore une fois, nous ne saurions trop le répéter, il n'existe qu'un seul préservatif contre la variole, c'est la vaccine pratiquée dans de bonnes conditions.

« La fièvre typhoïde poursuit impitoyablement sa marche ascendante. Le nombre des malades frappés de cette affection est considérable, et les cas de mort qui avaient atteint, la semaine dernière, le chiffre de 137, donnent aujourd'hui celui de 173. Les causes de ce développement de la maladie sont toujours les mêmes : l'encombrement, le manque de soins hygiéniques, l'alimentation mauvaise et insuffisante, la misère, les causes morales, la saison, etc.

« La bronchite et la pneumonie accusent une augmentation assez sensible.

« La première de ces maladies, en effet, donne seulement aujourd'hui 107 décès. La seconde arrive de 108 à 131.

« La diarrhée, 103 cas de mort au lieu de 83.

« La dyssenterie, 38 décès au lieu de 33.

« Nous faisions pressentir dernièrement l'invasion prochaine de la pourriture d'hôpital et de l'infection purulente dans nos établissements hospitaliers : l'événement nous a donné malheureusement bien vite raison. Malgré les soins si intelligents et si dévoués de nos médecins et toutes les ressources que l'hygiène moderne met à leur disposition, ces deux fléaux, qui font le désespoir des chirurgiens, attaquent en ce moment et sur une large échelle les salles de nos malheureux blessés, où la mort a fait cette semaine des vides considérables.

« Ces terribles accidents ont ordinairement pour cause l'encombrement et l'état de débilité des malades ; il faut y joindre, dans les circonstances actuelles, la température humide et chaude qui a succédé, la semaine dernière, à un froid rigoureux. La pourriture d'hôpital et l'infection purulente sont éminemment épidémiques. Les moyens qu'on leur oppose sont : la dissémination des malades, la désinfection des salles, une alimentation tonique, l'observation rigoureuse des règles de l'hygiène, le sulfate de quinine, la cautérisation, etc. Nous pouvons dire que tous les chefs de service, avec un zèle et une promptitude qu'on ne saurait trop louer, ont pris, à la première manifestation du mal, toutes les mesures qui peuvent le conjurer.

« Nous avons déjà parlé de l'influence fâcheuse de l'alcoolisme sur les suites des opérations, et depuis le commencement du siège, nous avons eu bien des fois l'occasion de la constater. Le professeur Verneuil vient de communiquer à l'Académie de médecine un travail remarquable sur ce sujet, et de montrer, par les observations qu'il a recueillies dernièrement, que des plaies légères se compliquent et deviennent graves chez les sujets adonnés aux boissons alcooliques.

« L'insuccès de ces grandes opérations, dit-il, reconnaît souvent pour cause l'alcoolisme, et, dans les statistiques chirurgicales, il convient désormais de tenir un grand compte de cette condition chez les opérés, car cette cause, présente ou absente, peut singulièrement faire varier les résultats de toute opération.

« A ce propos, et encore une fois et toujours, nous signalerons dans Paris les progrès de l'ivrognerie crapuleuse, et tous les médecins avec nous n'ont pas besoin, hélas ! d'ordres du jour signés et contre-signés Trochu et Clément Thomas pour les constater et en gémir. Oui, disons-le hautement, la rougeur nous monte au front *en voyant chaque jour des hommes à qui le pays confie sa défense se dégrader et se déshonorer dans d'horribles libations.*

« *Étonnez-vous donc, après cela, de tous ces accidents par armes à feu, de tous ces désordres, de cette indiscipline, de ces actes de vio-*

lences, de ces déprédations nombreuses que signalent chaque jour les feuilles publiques, et cela à l'heure même où la patrie est en deuil, où la fortune contraire accumule sur notre malheureux pays désastres sur désastres, et nous frappe de coups redoublés, sans trêve ni merci. Ah ! ceux-là, en vérité, ont l'humeur facile et sont de bonne composition qui ont la naïveté de croire que cette guerre effroyable doit infailliblement transformer nos mœurs et nous régénérer.

« D<sup>r</sup> E. DECAISNE. »

Nous détachons quelques passages intéressants d'une correspondance adressée de Paris à la *Pall-Mall-Gazette*, par ballon monté :

« ... Les offices des changeurs au Palais-Royal et autour de la Bourse sont fermés, et la Banque de France même refuse de changer ses forts billets de banque contre des billets de moindre importance. — Quant à les échanger contre de la monnaie, il y a longtemps qu'il a fallu y renoncer, et cependant l'argent ne paraît pas fort rare.

« Quant aux pièces d'or, on croit qu'il ne reste plus à Paris que les spécimens conservés à l'hôtel des monnaies. A la Bourse, pendant les heures où se faisaient autrefois les affaires, on voit quelques agents de change en uniforme de garde nationale, entourés d'une vingtaine de clients qui font de leur mieux pour imiter le tumulte d'autrefois en criant à tue-tête le taux des fonds, des obligations, pour lesquels il y a peu d'acheteurs.

« Le divertissement à la mode maintenant est de se faire peser une fois par semaine, pour voir combien de livres on a perdues, en se contentant d'une nourriture aussi restreinte que celle qu'on nous distribue. L'individu qui, le premier, a installé une machine à peser sur le boulevard Montmartre, a déjà amassé un joli pécule.

« Dans la vitrine de Goupil est exposé un nouveau dessin de Gustave Doré : « Sauvons Paris ! » lequel attire une foule sympathique ; mais la plupart des marchands d'estampes ne vendent plus que des cartes des fortifications de Paris...

« L'exposition la plus attrayante pour la population a été sans contredit celle qui se fait dans un magasin de comestibles, près la place de la Bourse, où l'on a exposé des jambons d'York !

« Paris n'avait pas vu pareille chose depuis six semaines, et les passants se réunissent devant le magasin, ainsi qu'ils le faisaient jadis la veille du jour de l'an devant l'établissement de confiserie de Siraudin. Ces jambons restent toujours intacts ; on les regarde avec une convoitise mêlée de respect, et personne n'ose en demander le prix.

« Chez les pâtissiers où, vu le manque de beurre, les gâteaux sont rares, on vend de mystérieux pâtés dont seules les personnes douées d'un estomac d'autruche osent demander quel en est le contenu.

« Devant l'Arc-de-Triomphe stationnent des groupes nombreux, composés surtout de dames regardant à travers des télescopes de poche avec l'espoir d'apercevoir le casque d'au moins un Prussien. Dans l'avenue de la Grande-Armée, on a érigé un fort qui est protégé par un fossé profond. Il est armé de plusieurs pièces d'artillerie, pointées de manière à pouvoir balayer toute l'avenue.

« S'il nous est défendu de sortir de notre cage, au moins nous pouvons regarder à travers les barreaux. Une excursion aux forts avancés exige une permission spéciale du général Trochu, mais nous pouvons faire le tour des fortifications par le chemin de fer de ceinture, et par une belle après-midi les Parisiens arrivent en foule aux stations. Le dimanche, des familles entières — le père en uniforme de la garde nationale, le fils en mobile — occupent des places sur l'impériale des voitures, armés de leurs télescopes pour faire l'inspection des bastions, des redoutes, des forts extérieurs.

« Nous partons de la porte Maillot jusqu'à Passy, où des palissades entourent la station, et où toutes les charmantes villas sont converties en postes pour les troupes de ligne ou les mobiles ; on n'aperçoit pas les remparts eux-mêmes ; on voit seulement leurs parapets, leurs embrasures garnies de fascines, les pièces de 32 sur les plates-formes des bastions.

« A Auteuil, il y a une batterie d'énormes canons de marine, et du haut des arches du viaduc, sous lequel campent de nombreux bataillons de mobiles, on distingue Saint-Cloud, Sèvres, Meudon et Bellevue. »

### BULLETIN DE L'ÉTRANGER.

MADRID, 2 janvier. — Les funérailles du maréchal Prim ont eu lieu hier. Une foule immense suivait le cercueil.

Le roi Amédée est entré aujourd'hui dans Madrid, qui lui a fait une réception enthousiaste.

## Annonces et Avis divers.

AU MAGASIN MILITAIRE DE GUYANCOURT, chez M. Rabourdin.
IL Y A A VENDRE :
**Une quantité de Sacs déchirés,**
— **de Tonneaux vides,**
— **de Biscuits gâtés.**

Ces articles seront vendus à l'enchère, LE JEUDI 12 JANVIER, à midi.
Guyancourt, 8 janvier 1871.

*L'Administration du magasin de l'artillerie du XIe corps d'armée,*
(1-2)    STECHERT.            VOLLBRECHT.

---

### N° 63. — JEUDI 12 JANVIER 1871.

## PARTIE OFFICIELLE.

### COMMUNICATION OFFICIELLE.

VERSAILLES, 11 janvier. — Le 8, le colonel de Dannenberg a repoussé, près de Montbard, une attaque de volontaires garibaldiens.

Le 9, les troupes du général Chanzy se sont retirées de tous les points sur le Mans devant nos troupes en marche, et la ligne d'Ardenay a été dépassée par les têtes de nos colonnes. Jusqu'à présent, nous avons constaté que 1,000 hommes de l'armée ennemie ont été faits prisonniers.

Le 9, le général de Werder a rencontré, pendant sa marche en avant sur Villersexel, le flanc du 20ᵉ corps français. Il a pris Villersexel en faisant prisonniers 2 officiers d'état-major, 14 officiers et plus de 500 hommes ; nous avons aussi conquis 2 aigles. Dans la ligne de Villersexel, Moinay et Marat, toutes les attaques de l'ennemi, se déployant alors avec des forces considérables et soutenu par le 18ᵉ corps, ont été repoussées avec des pertes minimes de notre côté (1).

Dans le courant de la journée d'hier, le bombardement contre les différents fronts de Paris a été continué. L'ennemi a répondu modérément à notre feu. Nos pertes sont de 17 hommes.

Péronne a capitulé. La garnison, forte de plus de 3,000 hommes, est prisonnière de guerre.

Versailles, 10 janvier 1871.

Noou, Préfet de Seine-et-Oise,

ARRÊTONS :

1° Tous les actes officiels des maires du département devront être soumis, avant leur publication, à l'approbation du Préfet et de MM. les Sous-Préfets.

2° MM. les maires des communes des arrondissements de Versailles, de Rambouillet et de Mantes, devront faire approuver leurs actes officiels à la Préfecture de Versailles ;

3° MM. les maires des communes des arrondissements de Corbeil et d'Étampes soumettront leurs actes à l'approbation de M. le Sous-Préfet, baron de Feilitzsch, à Corbeil, tandis que ceux de l'arrondissement de Pontoise s'adresseront à M. l'assesseur de régence Schmidt, Sous-Préfet à Pontoise.

4° Après l'approbation de chaque acte officiel, publié dans

---

(1) Extrait de la dépêche de M. Gambetta sur cette affaire :

Bordeaux, 11 janvier 1871, à 5 h. 50, soir.

A MM. les Préfets et Sous-Préfets,

Le général Bourbaki a télégraphié cette nuit : La nuit dernière a été passée à expulser l'ennemi des maisons de Villersexel, celles dont il nous disputait encore la possession. Ce matin les derniers ennemis évacuaient cette ville ou se constituaient prisonniers.

les communes du département, MM. les maires des communes respectives voudront en envoyer deux exemplaires à la Préfecture.

5° Chaque publication, faite sans l'approbation prescrite ci-dessus, sera punie d'une amende de 200 fr.

*Le Préfet de Seine-et-Oise,*
DE BRAUCHITSCH.

### PARTIE NON OFFICIELLE.

Dans les premiers jours de décembre, le Gouvernement de Gambetta et C<sup>ie</sup> fit publier par ses journaux que « toutes les mesures étaient prises pour assurer le payement du coupon de la rente en janvier. » — De cette annonce on pouvait présumer sans trop de témérité que rien ne serait payé du tout. C'est ce qui arrive. A l'étranger, du moins, les porteurs de titres de rente française, comme les créanciers obligatoires des chemins de fer français, en sont à attendre le payement de leurs coupons de janvier 1871.

Cependant la troisième République française semble juger opportun, au moment où elle ne paye pas les dettes publiques, d'en contracter de nouvelles. S'il faut en croire l'*Economist* de Londres, le Gouvernement parisien songe à contracter aujourd'hui un emprunt de 1 milliard 500 millions seulement. C'est sans doute en vue de cette opération que la poste aérostatique de Paris, qui depuis assez longtemps ne nous apportait plus que la cote de viandes fantastiques, apprend tout à coup aux financiers européens que le 3 p. 100 est *demandé*, à la Bourse de Paris, au cours de 51,30. En même temps, les compères de Londres et de Bruxelles, prenant comme victoires au comptant les singuliers succès des généraux Chanzy et Faidherbe, poussent bravement le cours jusqu'à 53, toujours *demandé*.

On demande quels peuvent être les demandeurs. — Il y a deux mois la délégation de Tours empruntait, ou essayait d'emprunter sur le marché anglais à un taux qui faisait ressortir le

3 p. 300 à 40 francs. Depuis lors, ce ne sont pas des éléments de hausse que la situation a fournis.

Mais peu importe le cours. — « Empruntons à tout prix, » — dit la presse parisienne, — « profitons de ce que l'argent abonde sur le marché anglais ; c'est le meilleur moyen, aussi, de nous gagner les sympathies de l'Angleterre.

Il est présumable, cependant, que l'Anglais ne *placera* pas son cœur de l'autre côté du détroit aussi aisément qu'on le suppose. Plusieurs journaux de Paris semblent même ne compter qu'à demi sur ces sympathies sonnantes de l'Angleterre, et déjà ils conseillent au ministre des finances, — il paraît qu'il y en a encore un à Paris, — de faire flèche de tout bois : vendre les joyaux de la couronne, attendu que la République ne se couronne que de feuilles de chêne, vendre les palais, les châteaux, les bois de l'État, vendre la mi-largeur des grand'routes ci-devant royales ou impériales, vendre les biens communaux, vendre des prolongations de privilége aux compagnies de chemins de fer, tout vendre enfin, le vert et le sec, le présent et l'avenir, — si toutefois l'on trouve des acheteurs.

*Il y a un mot, un simple mot qui vaudrait infiniment mieux que tout cela : — la paix, — mais ce mot-là paraît ne pas avoir cours.*

En attendant mieux, le gouvernement de Bordeaux adjure les bons citoyens d'acquitter par avance leurs contributions pour remplir les coffres de la République. Le patriotisme est prié de passer à la caisse ; mais à en croire les nouvelles, il se presse médiocrement de prendre ce chemin. Les paysans refusent de payer leurs impôts, résistent même aux réquisitions en nature que les francs-tireurs viennent lever sur eux ; quant aux propriétaires, qui ne reçoivent plus ni loyers ni fermages, aux fabricants dont les usines sont fermées, aux commerçants dont la clientèle est *mobilisée*, ils ne peuvent guère être en état, ni les uns ni les autres, de faire des avances au trésor républicain.

Les dictateurs du 4 septembre avaient trouvé un moyen, — renouvelé de l'ancienne Commune de Paris, qui donnait 2 fr. par jour aux sectionnaires, — un moyen d'intéresser à leur cause la multitude sans travail et sans pain, c'était d'assurer une paye quotidienne à quiconque prenait un fusil. Mais le jour approche où les pièces de 40 sous viendront à manquer.

La France sera secourue, espérons-le, par sa propre détresse. « Où il n'y a rien — disait l'ancien proverbe — le Roi perd ses droits ; » la République y perdra les siens. M. Gambetta et ses amis ne veulent pas s'avouer vaincus ; ils seront bien forcés de se reconnaître insolvables, et ce que la raison, le vrai patriotisme, l'évidente nécessité n'ont pu obtenir d'eux, le dernier écu l'obtiendra.

Les signes précurseurs de l'échéance apparaissent déjà. Un des premiers chefs du mouvement républicain, aujourd'hui dissident, M. de Kératry, a pu dire tout haut, dans une assemblée populaire, qu'il sacrifierait volontiers la République pour sauver la France, et il a lancé au démocrate émérite, qui représentait là le gouvernement des faiseurs de phrases, — ce mot de la fin : « *Et vous, farceur ?* »

---

Nous lisons dans une correspondance adressée à la *Nouvelle Presse libre* de Vienne — du camp allemand devant Paris (31 décembre) :

« Le succès du bombardement de Paris, commencé le 27 décembre contre les positions fortifiées du sud-est, dépasse tout ce qu'on avait attendu. Dès la première nuit, le mont Avron a été évacué par les troupes parisiennes. Les artilleurs saxons envoyés hier matin sur cette hauteur y ont trouvé des affûts brisés, beaucoup de fusils, des masses de munitions, surtout des obus, et aussi quelques morts... Un déserteur, qui a dû servir de guide à nos soldats, leur a découvert un canon démonté. Il raconte que le 26, encore, une revue avait eu lieu sur le mont Avron, et que des cris nombreux de : *la paix !* s'étaient fait entendre dans les rangs des soldats.

« Aux premiers obus que notre artillerie a lancés sur les baraques du camp français, une panique indescriptible s'est emparée des défenseurs du mont Avron. Beaucoup d'entre eux se sont enfuis jusque dans Paris, et sans doute on s'attendait à ce que nous donnassions immédiatement l'assaut à la position bombardée. L'attitude générale de l'ennemi, de ce côté de Paris, fait l'impression d'un découragement complet; car, hier et aujourd'hui, aucun des forts bombardés par nous n'a plus répondu; les canons, qui se trouvaient dans les ouvrages extérieurs, ont été retirés; les embrasures de tir sont fermées. Quelques travaux semblent être commencés au pied des forts, comme si l'on prenait déjà des précautions contre l'attaque de notre infanterie. Autant qu'on en peut juger, du haut de nos redoutes, les casernes, notamment du fort de Nogent, ont beaucoup souffert. »

### LE TRAITEMENT DES PRISONNIERS DE GUERRE FRANÇAIS.

Une lettre adressée de Wiesbaden par M. W. de Voigts Rhetz à l'*Écho du Parlement*, de Bruxelles, répond par des faits aux calomnies que certaines feuilles étrangères ont répandues ou accueillies sur la manière dont les prisonniers de guerre français sont traités en Allemagne.

Nous empruntons à cette lettre les détails et les témoignages qui suivent :

« ... Je commence par dire que les prisonniers sont mieux nourris en général que nos propres troupes — ils ne reçoivent pas seulement les mêmes rations de pain, de viande, de légumes, mais on leur distribue deux fois par jour du café qu'on ne donne qu'une fois à nos soldats; on fait de plus tout exprès pour les prisonniers un pain beaucoup plus fin et blanc que le pain de munition fourni à notre troupe, et on leur donne le soir un supplément de saucisson que ne reçoivent pas non plus nos hommes. La quantité de combustible fourni aux prisonniers est la même que celle qu'on donne à nos soldats et qui est plus que suffisante.

« Quoique les prisonniers ne reçoivent pas de paye proprement dite, on a su créer, au moyen d'achats en grand de leurs denrées, et grâce à une sage économie, un fonds qui permet à l'administration de donner aux prisonniers une petite gratification en argent pour qu'ils puissent se procurer du tabac, du papier, du savon, etc.

« Des milliers de chemises, de souliers, de semelles, de bas ont été distribués aux prisonniers depuis qu'ils sont internés en Allemagne. Leurs vêtements usés sont remplacés par d'autres, confectionnés avec les draps qu'on a trouvés dans les dépôts des forteresses françaises prises par nos troupes, ou qu'on prélève sur les réserves de nos dépôts militaires, et on peut affirmer que jusqu'à présent le manque d'objets d'habillement ne s'est pas encore fait sentir parmi les prisonniers.

« On ne demande que 5 heures de travail par jour au prisonnier comme compensation des frais que cause son entretien à l'État. Mais le grand nombre de prisonniers ne permet souvent pas de les occuper pendant ce peu de temps réglementaire. Aussi les voit-on toujours en grand nombre se promener dans les rues de nos villes ou se mêlant aux bourgeois et soldats dans les estaminets et cafés de nos garnisons.

« Ceux qui veulent travailler chez des maîtres ouvriers ou chez d'autres particuliers en obtiennent toujours sans difficulté la permission et améliorent ainsi notablement leur position matérielle. On compte dans ce moment à Mayence 1,831 travailleurs qui ont trouvé un travail plus ou moins lucratif soit dans la ville, soit dans ses environs. Deux tiers du produit de ce travail entrent immédiatement dans les mains de l'ouvrier, le reste est déposé dans une caisse de l'administration militaire et sert à former en faveur de l'homme une petite réserve pour le jour de son départ.

« Quand le prisonnier tombe malade, il trouve dans nos hôpitaux les soins les plus empressés et les plus affectueux. M$^{me}$ la maréchale Mac-Mahon, qui est est venue à Mayence voir ses compatriotes malades et a passé, il y a quelques jours, quatre heures de suite au milieu d'eux, a paru très-surprise de les voir si bien soignés ; probablement M$^{me}$ la maréchale était-elle entrée dans les salles sous l'impression que les calomnies répandues en France avait laissée dans son esprit.

« Qu'on regarde au reste les prisonniers qu'on rencontre dans les rues de nos villes, et qu'on juge par leur air de santé et de bonne humeur s'ils sont bien à plaindre. Pour preuve qu'ils sont aussi contents de leur sort que leur position de prisonniers le permet, on n'a qu'à voir les lettres qu'ils adressent à leurs familles.

« Voilà, entre tant d'autres témoignages de ce genre, le passage d'une de ces lettres qui montre que des hommes d'honneur et de cœur reconnaissent pleinement le respect et les sympathies dont on sait entourer en Allemagne la bravoure malheureuse. *Je l'avoue à la honte de notre titre de Français*, écrit un prisonnier interné en Prusse à sa famille, *ils sont plus humains que nous ; ils savent respecter le malheur tout en restant fidèles et fermes dans leurs devoirs patriotiques.*

« Lorsqu'il y a quelques jours on a renvoyé de Mayence 200 prisonniers pour être échangés contre un nombre égal des nôtres, il y avait peu d'hommes qui n'eussent préféré rester à Mayence. — Dans tous les cas, on chercherait en vain par toute l'Allemagne une seule ville où l'on ait enfermé les prisonniers de guerre, comme on l'avait fait à Paris, selon le correspondant du *Standard*, dans une prison aussi triste, aussi sale, aussi sinistre que la Roquette, lieu de détention des condamnés à mort. Loin de moi cependant la pensée de ne pas m'associer de tout cœur aux nobles sentiments exprimés par M<sup>me</sup> la comtesse Gasparin, dans un appel adressé en faveur des prisonniers à ses compatriotes, et au but poursuivi par le comité international pour secourir les prisonniers. MM. Schlumberger, de Mulhouse, et Heylandt, de Colmar, membres de ce comité, disent dans leur rapport, après avoir vu les prisonniers français à Mayence, à Francfort, à Coblentz et à Cologne : *Le gouvernement prussien fait consciencieusement tout ce qui est en son pouvoir — mais l'étendue de l'infortune est trop grande pour que ce gouvernement puisse répondre à tous les besoins.* Voilà un témoignage qui, parmi tant d'autres, ne peut pas paraître suspect... »

---

DÉPÊCHES PUBLIÉES PAR LES JOURNAUX ALLEMANDS.

AMIENS, 4 janvier. — Le 2 et le 3 janvier, sanglants mais victorieux combats livrés à Bapaume par des détachements avancés de la 1<sup>re</sup> armée. Le 2, notamment, la 30<sup>e</sup> brigade, depuis midi jusqu'au soir, a repoussé toutes les attaques de masses ennemies supérieures en nombre, et leur a fait 260 prisonniers. Le 3, la 15ᵉ division qui s'était concentrée en un détachement sous les ordres du Prince Albert fils, se sont maintenues, pendant neuf heures de combat, contre deux corps d'armée ennemis ; dans la soirée, nos troupes ont pris à la baïonnette deux villages et fait de nouveau plusieurs centaines de prisonniers. L'ennemi, après avoir essuyé des pertes extraordinaires, a battu en retraite, dans la nuit du 4, sur Arras et Douai ; notre cavalerie, en le poursuivant, a attaqué avec succès des bataillons ennemis et fait encore des prisonniers.

Comte WARTENSLEBEN.

AMIENS, 4 janvier. — Le général de Bentheim, de la 1ʳᵉ armée, a surpris, le 4 janvier au matin, sur la rive gauche de la Seine, des troupes ennemies commandées par le général Roye, les a dispersées en leur prenant 3 drapeaux, 2 canons, et a fait de 400 à 500 prisonniers.

DE SBERLING.

AMIENS, 5 janvier. — La poursuite des troupes du général Roye battues sur la rive gauche de la Seine a été continuée hier par un petit détachement de différentes armes sous les ordres du major Breinitzer, dans la direction de Bourgachard ; ce détachement a surpris l'ennemi de nouveau, lui a pris encore 2 canons, 1 voiture de munitions, lui a fait des prisonniers et l'a mis en déroute.

Comte WARTENSLEBEN.

MÉZIÈRES, 6 janvier. — Rocroy a été occupé aujourd'hui. On y a fait 300 prisonniers, pris 72 canons, 1 drapeau, beaucoup d'armes et de grandes quantités de munitions et de provisions de bouche. Dans Rocroy, 8 prisonniers allemands ont été délivrés. Le coup de main sur cette place a été fait par 5 bataillons d'infanterie, 2 escadrons de hussards, 6 batteries de campagne et 1 compagnie de pionniers.

DE SEUDEN.

Copenhague, 29 décembre 1870.

« Les détails qui nous parviennent sur l'horrible crime commis à Lyon, nous donnent une nouvelle preuve des passions terribles auxquelles la société française se trouve exposée à présent, et ne peut que confirmer notre doute sur la possibilité de voir durer en France un gouvernement républicain. Les autorités républicaines elles-mêmes ont tout à fait rompu avec les idées utopiques et anarchiques qu'elles défendaient si vivement quand il s'agissait de faire opposition à l'Empire. M. Gambetta est constamment accusé d'être plus César que Napoléon III, et cette accusation est d'autant plus juste, que M. Gambetta et les autres autorités républicaines, par leur conduite présente, montrent combien leur opposition à l'Empire était égoïste et malhonnête. Aidés par la peur inspirée par les Prussiens, ils ont cependant réussi à faire cesser les bacchanales anarchistes qui régnaient après Sedan, et avec une sévérité draconienne, ils ont essayé de réintroduire cette discipline qu'ils avaient euxmêmes, malheureusement avec tant de réussite, su diminuer sous l'Empire ; mais pour combattre l'anarchie, ils se servent des mêmes moyens qu'ils blâmaient tant quand l'Empereur s'en servait. Leur violence, cependant, semble dépasser toute limite. M. Gambetta, qui, hors de Paris, est le seul dictateur, n'hésite sur rien. Des personnes et des propriétés sont, sans pitié, sacrifiées, toute opposition est supprimée, sans égard aux droits des citoyens et de liberté personnelle que, sous l'Empire, ils ont déclarés sacrés, coûte que coûte. *Au Havre, ils ont fait fusiller six soldats qui n'avaient pas de suite obéi aux ordres.* Quelle différence entre le présent et le passé, où ils faisaient les éloges des misérables qui avaient manqué à leur serment de fidélité à leur souverain, et les représentaient comme les martyrs de la liberté. Dans ces derniers jours, M. Gambetta a défendu la distribution en France de deux journaux *le Drapeau* et *le Gaulois*, parce que ces journaux combattent la République et défendent l'Empire. M. Gambetta, sans doute, a la mémoire courte et ne se souvient plus de ses discours, alors que de la tribune il défendait la liberté de la presse, même jusqu'à la licence, comme le seul moyen pour un pays de se former une opinion exacte sur sa position réelle. Il voit que ces journaux représentent le parti qui désire la paix, et comme ce parti est bien plus fort qu'il ne le croyait, il les supprime tout bonnement. *Sic volo, sic jubeo.* » (Extrait du *Dagbladet*.)

### LA FLOTTE FRANÇAISE DANS LA GUERRE DE 1870.

Sous ce titre, la *Gazette de Spencer* publie l'article suivant :

« L'action de la flotte française contre les côtes allemandes a été nulle, soit à cause de la nature de notre littoral, soit parce que la France n'avait pas de troupes de débarquement. Les escadres françaises par conséquent ont dû se contenter d'un blocus partiel et de la capture de quelques bâtiments de commerce.

« Ce fiasco maritime constitue un des principaux griefs de la République contre l'Empire. Le *Moniteur* du gouvernement de Bordeaux en rejette la faute sur les préparatifs défectueux et les instructions contradictoires de M. Rigault de Genouilly.

« L'expédition elle-même était conçue sur un plan grandiose, mais l'exécution n'y a guère répondu. Bouet-Villaumez devait appareiller avec 14 navires blindés, de nombreux avisos et autres bâtiments. Cette première flotte aurait été suivie d'une escadre composée de batteries flottantes et de vapeurs de transport portant 30,000 hommes sous les ordres du général Bourbaki. En réalité, à son départ de Cherbourg, le 24 juillet, Bouet-Villaumez n'avait que sept frégates cuirassées et un aviso. Ses instructions lui prescrivaient de se rendre au Sund et, après avoir détaché une frégate vers Copenhague, d'aller bloquer l'escadre allemande de la Jahde. Une seconde division de la flotte devait l'y rejoindre et lui permettre de se rendre dans la Baltique.

« Un capitaine de vaisseau, M. de Champeau, avait été envoyé en Danemark. Les pilotes et gardes-côtes étaient prêts à seconder les Français.

« Après avoir été retenue plusieurs jours par les instructions ministérielles et par la nécessité d'attendre les résultats de la mission de M. de Cadore à Copenhague, la flotte franchit le grand Belt le 2 août. L'amiral passa successivement devant Neustadt, près de Lubeck, Wismar, Rostock, Swinemunde et Colberg, espérant toujours découvrir une plage favorable au débarquement. Le temps était beau, mais l'absence de phares forçait l'escadre à regagner la pleine mer tous les soirs. Ce qu'on désirait avant tout, c'était d'opérer contre le Schleswig en faisant une descente dans l'île d'Alsen.

« Le 7 août, l'amiral reçut la nouvelle des premiers désastres et du départ de Fourichon pour la Jahde. De troupes de terre pas un mot. On continua donc les reconnaissances. Kiel, imprenable sans batteries flottantes et sans infanterie, Fehmarn, Neustadt, Rügen, virent paraître l'ennemi. Près de cette dernière île, Bouet-Villaumez reçut coup sur coup deux dépêches de Paris, la première rappelait la flotte, la seconde lui ordonnait de rester ! L'amiral retourna dans la baie de Kioje et chargea une commission d'officiers de chercher, sans aide étrangère, les points les plus vulnérables des côtes.

« Finalement, on décida une démonstration sérieuse contre Colberg ; mais à ce moment l'amiral apprit que la flotte allemande avait quitté la Jahde et se rapprochait de la Baltique. Les Français perdirent plusieurs jours à cingler à la rencontre d'un ennemi qui n'avait pas quitté ses positions. A son retour dans la mer Baltique, l'amiral se borna à un blocus médiocrement efficace, de l'aveu des Français eux-mêmes : — « Les prises, dit le *Moniteur*, étaient presque nulles, la plupart des grands navires de commerce ayant au bon moment adopté les nationalités russe ou suédoise, et les petits pouvant, en longeant les côtes, gagner facilement des eaux neutres. » — Le 30 août on fit une reconnaissance dans la rade de Dantzig, mais une petite chaloupe canonnière prussienne s'y joua de la flotte française qui n'avait pas d'aviso à lui opposer, — et l'escadre prit enfin le parti de regagner les eaux françaises. Un découragement complet s'était emparé des équipages. »

###### NOUVELLES DIVERSES.

Le correspondant du *Times* à Berlin télégraphie à cette feuille :

« Il est officiellement constaté que les paysans français, entre Artenay et Orléans, ainsi que sur les grandes routes au nord de la Loire, souffrent de la faim et sont nourris par les autorités allemandes. »

BERNE, 4 janvier. — Le jour de l'an, un engagement eut lieu entre Abbevilliers et Croix. Les Français battirent en retraite et 200 hommes et 14 officiers du corps des « *Vengeurs* » ont été faits prisonniers par les Suisses. Ils ont passé la nuit à Pruntrut.

On envoie de Munich, 26 décembre, à la *Gazette d'Augsbourg*, les détails suivants sur la descente d'un ballon parisien en Bavière :

« La nuit dernière, à une heure, trois gendarmes ont amené ici quatre voyageurs du ballon *Lavoisier*, capturé à Rothenbourg, savoir :

« 1° Adolphe Leprinay, ingénieur, de Paris ; 2° Joseph Verrecke, aéronaute, ci-devant écuyer ; 3° François Jouffryon, mécanicien ; 4° Juillod, commissionnaire, de Paris. Tous les quatre ont été conduits à la prison militaire. Le contenu du ballon, en lettres et journaux, a été également transporté ici et est en ce moment soumis à un examen officiel. Les lettres portent en partie le timbre de l'Hôtel de Ville de Paris, en partie celui des divers arrondissements de Paris, et sont marquées d'un affranchissement de vingt centimes ; elles contiennent sur l'adresse les mots : *par ballon monté.* »

Nous extrayons d'une correspondance adressée au *Times*, datée de Paris, 16 décembre, les passages suivants :

« L'opinion qu'il est impossible de rompre les lignes prussiennes cernant Paris est exprimée ici dans tous les cercles militaires et partagée par des juges très-compétents en cette matière. Cette idée a fait son chemin, et, comme elle forme le sujet des conversations des gens du peuple et des soldats, elle ne contribue pas précisément à encourager ces derniers. Ils ne tiennent naturellement pas à être menés inutilement à la boucherie comme le voudraient les partisans d'une nouvelle sortie uniquement pour sauver l'honneur. Tout en tenant compte de la conviction de l'inutilité d'une nouvelle tentative de se frayer un chemin à travers l'armée assiégeante, cette conviction ne peut excuser l'esprit d'indiscipline, pour ne pas dire plus, montré par certaines compagnies de la garde nationale mobilisée. »

### N° 64. — VENDREDI 13 JANVIER 1871.

## PARTIE OFFICIELLE

#### COMMUNICATION OFFICIELLE.

VERSAILLES, 12 janvier. — Le bombardement des ouvrages ennemis et de ses batteries a été vigoureusement poursuivi et, de notre côté, des batteries plus avancées ont été mises en activité. Les casernes du fort d'Issy ont été incendiées. Pertes de notre côté, tant morts que blessés, 2 officiers et 7 hommes.

Le 10, les têtes des colonnes opérant contre le général Chanzy pénétrèrent, en soutenant sans cesse des combats victorieux, jusqu'à une lieue du Mans. Une pièce de canon, 3 mitrailleuses et plus de 2,000 prisonniers non blessés sont tombés entre nos mains. Nos pertes ne sont pas très-sensibles.

Les pertes du général de Werder, dans l'affaire de Villersexel, se montent à 13 officiers et 200 hommes.

#### COMMUNIQUÉ.

Nous apprenons que quelques habitants de Versailles refusent aux militaires et aux négociants allemands, qui ont ouvert des magasins à Versailles, d'accepter au taux officiellement publié l'argent allemand, tant en papier-monnaie qu'en argent monnayé. Ces sortes de refus doivent absolument cesser; les autorités allemandes sont décidées à les punir, chaque fois qu'elles en recevront avis.

## PARTIE NON OFFICIELLE

### NOUVELLES DE SOURCE FRANÇAISE.

L'*Indépendance belge* a reçu une dépêche télégraphique de Bordeaux, en date du 5, d'après laquelle des dissentiments d'opinion auraient surgi entre MM. Gambetta et Thiers. L'éloignement de ce dernier en aurait été la conséquence.

La même feuille a reçu des nouvelles de Paris du 4, disant qu'une répétition des troubles du 31 octobre, ayant pour but secret d'obtenir la démission de MM. Favre, Trochu et Picard, aurait été sur le point de s'accomplir. La séance des maires du 29 décembre, dont nous avons parlé dans notre numéro du 10, paraît avoir été le prélude de cette tentative de désordre, dirigée contre les membres du gouvernement représentant des opinions modérées.

### NOUVELLES ÉVASIONS D'OFFICIERS FRANÇAIS.

L'officier d'administration français Colignon, interné à Coblence, et en vertu d'une faveur spéciale, en congé à Metz, s'est évadé de cette dernière forteresse.

Le lieutenant Duclou de Thelliot, du 2ᵉ régiment de zouaves, s'est enfui de Cologne (1).

---

CHRONIQUE DE LA GUERRE FRANCO-ALLEMANDE 1870.

4 *juillet.* Le chargé d'affaires de France à Berlin se présente à l'Office des affaires étrangères pour faire connaître l'impression pénible que la candidature au trône d'Espagne acceptée par le prince Léopold de Hohenzollern a causée à Paris. Le sous-secrétaire d'État répond au représentant français que cette affaire n'existe pas pour le gouvernement prussien et que celui-ci n'est pas en position de donner des éclaircissements sur les négociations à ce sujet.

— Entretien sur la même affaire, à Paris, entre l'ambassadeur de la Confédération, baron de Werther, et le duc de Gramont, le ministre Ollivier y assistant. L'ambassadeur est prié, se rendant à Ems, de rapporter à Sa Majesté le Roi quelles sont les impressions qui dominent à Paris.

5 *juillet.* Départ du baron de Werther pour Ems.

(1) Duclou du Thelliot.

— Le député Cochery fait une interpellation, au Corps législatif de Paris, sur la question espagnole.

6 *juillet*. Le duc de Gramont répond à l'interpellation d'une manière offensante pour la Prusse.

9 *juillet*. L'ambassadeur de France près la Confédération, comte Benedetti, s'étant rendu de Wildbad à Ems, est reçu par le Roi et prie Sa Majesté d'interdire au prince de Hohenzollern d'accepter la couronne d'Espagne. Le Roi s'y refuse.

11 *juillet*. Le comte Benedetti insiste auprès du Roi pour que Sa Majesté engage le prince de Hohenzollern à se désister de la candidature au trône. Le Roi repousse cette demande.

12 *juillet*. Le prince de Hohenzollern renonce, de son propre mouvement, à la candidature. — Le duc de Gramont, dans un entretien qu'il a, le même jour, avec l'ambassadeur de la Confédération revenu d'Ems à Paris, demande que le Roi s'excuse par lettre auprès de l'Empereur et ratifie la renonciation du prince de Hohenzollern.

13 *juillet*. Le comte Benedetti aborde le Roi sur la promenade d'Ems, en lui demandant d'approuver la renonciation du prince de Hohenzollern et de donner l'assurance qu'à l'avenir cette candidature ne se reproduirait plus. Le Roi rejette péremptoirement cette demande et refuse, ensuite, de donner audience au comte Benedetti.

15 *juillet*. Le ministre Ollivier lit au Corps législatif un *Exposé*, contenant des inexactitudes de fait, sur les démarches diplomatiques qui ont eu lieu, et déclare que la France est résolue à faire la guerre.

— Le même jour, Sa Majesté le Roi revient d'Ems à Berlin. Accueil enthousiaste sur tout le parcours et à Berlin. De toutes les parties de l'Allemagne des Adresses exprimant l'assentiment public sont envoyées au Roi ce jour-là et les jours suivants.

— Ordonnance convoquant pour le 19 juillet le *Reichstag* de la Confédération de l'Allemagne du Nord.

16 *juillet*. Le Conseil fédéral de la Confédération de l'Allemagne du Nord approuve à l'unanimité toutes les mesures prises jusqu'à cette heure par la Présidence fédérale, et déclare accepter la guerre provoquée par la France.

— Ordonnance ayant pour objet d'interdire l'exportation et le transit d'armes et de matériel de guerre ; — et publications officielles, relatives à la mobilisation de l'armée de la Confédération de l'Allemagne du Nord.

— L'armée bavaroise et la division badoise sont mobilisées.

17 *juillet*. La Grande-Bretagne offre sa médiation pour apaiser le conflit.

— Mobilisation de l'armée wurtembergeoise.

18 *juillet*. Le Chancelier fédéral, par ordre du Roi, refuse d'accepter l'entremise de la Grande-Bretagne.

— Le Magistrat et la Députation de la ville de Berlin obtiennent une audience du Roi pour remettre à Sa Majesté une Adresse, dont le premier bourgmestre Seydel donne lecture. Le Roi, profondément touché, exprime ses remerciments.

— Sa Majesté la Reine Augusta adresse un appel à toutes les femmes allemandes, pour qu'elles fassent leur devoir dans la lutte présente.

19 *juillet*. Ouverture solennelle du *Reichstag* de la Confédération de l'Allemagne du Nord par S. M. le Roi dans la Salle Blanche du château royal à Berlin.

— Des chasseurs d'Afrique français passent la frontière à Saarbrück et sont repoussés par des uhlans prussiens.

— La déclaration de guerre de la France à la Prusse est remise à 1 heure 1/2 de l'après-midi, au ministre des affaires étrangères, comte de Bismarck.

— Ordonnance royale, adressée au ministre d'État, et faisant revivre, pour cette guerre, l'Ordre de la Croix-de-fer.

— La Reine Augusta, à son départ pour Berlin, adresse ses adieux aux habitants de Coblence.

— La Princesse Royale de Prusse Victoria adresse au comité de la fondation nationale Victoria pour les invalides, à Berlin, une lettre motivée par l'appel de la patrie à ses enfants.

20 *juillet*. Ordre du cabinet du Roi, contenant les dispositions relatives à l'assistance privée qui offre ses soins et ses secours pour les malades et les blessés de l'armée de la Confédération de l'Allemagne du Nord.

— Nomination du prince Henri XI de Pless comme commissaire et inspecteur militaire de ladite assistance privée près de l'armée de la Confédération de l'Allemagne du Nord.

— La *Gazette de Londres* publie la déclaration de neutralité de l'Angleterre.

— Dépêche-circulaire du duc de Gramont aux représentants de la France à l'étranger, dans laquelle ce ministre reproche au gouvernement prussien de la manière la plus violente une prétendue intrigue en faveur du prince de Hohenzollern.

— Le général d'infanterie Vogel de Falkenstein, nommé gouverneur général dans les districts des $1^{er}$, $2^e$, $9^e$ et $10^e$ corps d'armée, entre en fonctions (le siège de son commandement est placé à Hanovre).

— Le *Reichstag* de la Confédération de l'Allemagne du Nord vote une Adresse au Roi, qui doit être remise le même jour, à midi, à Sa Majesté. Le comte de Bismarck donne communication au *Reichstag* des documents relatifs au conflit. — Dans sa séance de l'après-midi, le *Reich-tag* accorde unanimement (en première et seconde délibération, en troisième, le lendemain 21 juillet) le crédit de 120 millions de thalers demandés pour la mobilisation et pour les opérations de la guerre.

— Le gouvernement bavarois notifie au Chancelier fédéral que, par suite de la déclaration de guerre de la France à la Prusse et de l'attaque qui a eu lieu de la part des Français sur le territoire allemand, le gouvernement bavarois, aux termes des traités d'alliance, prend part à la guerre contre la France comme allié de la Prusse, ainsi que tous les gouvernements allemands.

— Le Roi informe le Roi de Bavière qu'il a pris aussitôt le commandement de l'armée bavaroise et a fait entrer celle-ci dans la composition de la $III^e$ armée qui est placée sous les ordres du Prince Royal de Prusse. En même temps, Sa Majesté remercie le Roi de Bavière pour le loyal maintien des traités existants, sur lesquels repose le salut de l'Allemagne.

— Réponses télégraphiées du Roi de Bavière et du Grand-Duc de Bade à la communication qui leur a été faite, ce jour, de la nomination du Prince Royal de Prusse comme général en chef des armées allemandes du Sud.  (*A suivre.*)

## UN SOUFFLET BIEN MÉRITÉ.

« Un vrai républicain, M. Peignet-Crémieux, préfet de la Drôme, a reçu la lettre suivante :

« Aix (Provence), 8 décembre 1870.

« Monsieur le préfet,

« Je charge mon fermier au domaine de Flancey-Bussac, de vous remettre la petite cloche de la campagne, pour l'utiliser à la fonte d'un canon ; je regrette qu'elle soit bien petite ; mais, réunie à d'autres cloches, elle pourra être utilisée.

« Veuillez agréer, monsieur le préfet, l'expression de ma respectueuse considération.

« De Payan-Dumoulin,

« Conseiller à la Cour d'Aix, président des Assises des Bouches-du-Rhône. »

« Le citoyen préfet a répondu :

« Monsieur,

« J'ai trouvé à la préfecture de la Drôme un livre inqualifiable signé Payan-Dumoulin. Au-dessus de la signature de ce magistrat qui a condamné, sans respect de la loi et sans entendre publiquement l'accusé, il y a une liste de proscription de deux mille cinq cents républicains.

« Le bronze de la petite cloche de votre campagne n'est pas assez pur pour servir à la fonte d'un canon. Si vos complices de 1851 veulent faire construire une chapelle expiatoire, votre clochette pourra servir.

« Je regrette de trouver dans votre lettre, au-dessous de votre signature, des titres, conséquences de vos actes de 1851, que vous auriez dû résigner avant de faire une offrande à la République.

« Salut et fraternité.

« *Le préfet de la Drôme,*

« Peignet-Crémieux. »

« La joue de M. Payan-Dumoulin, magistrat proscripteur, payé de ses complaisances par l'Empire, restera longtemps rouge du soufflet qu'elle vient de recevoir. »

(*Éclaireur* de Saint-Étienne.)

NOUVELLES DIVERSES.

Le *Français* écrit :

« Lorsque récemment M. Glais-Bizoin rendait visite au camp de Conlie, il rencontra « un mobilisé. » M. Glais-Bizoin lui demanda : Depuis quand êtes-vous ici, mon ami ? — Depuis un mois, monsieur, — répondit l'autre en frottant le canon de son fusil anglais. — Et qu'avez-vous fait pendant ce temps ? — Mon Dieu, nous avons changé quatre fois de chemise et trois fois — de général, fit l'homme du camp de Conlie. »

---

BERLIN, 4 janvier. — Le *Staa'sanzeiger* publie un article dans lequel il dit :

« Tandis que le gouvernement belge évite tout ce qui pourrait être interprété comme la non-observation de la neutralité et qu'il montre en beaucoup d'occasions les sentiments les plus bienveillants envers l'Allemagne, une partie des journaux belges observe une attitude décidément hostile à l'égard de l'Allemagne, et cela est ressenti chez nous par l'opinion publique d'autant plus fortement que ces journaux nous attaquent en langue française et sont écrits et rédigés par des Français.

« Nous ne mentionnons ici cet état des choses que pour déclarer formellement que nul reproche ne peut être adressé au gouvernement belge, et qu'il ne saurait être rendu responsable pas plus que d'autres gouvernements dans les pays où existe la liberté de la presse. »

---

N° 63. — SAMEDI 14 JANVIER 1871.

PARTIE OFFICIELLE.

COMMUNICATION OFFICIELLE.

VERSAILLES, 13 janvier. — Le 11, les corps dirigés sur le Mans avaient à soutenir de vifs combats jusqu'à la nuit tombante. Le débouché de Champagné fut enlevé, Arches-Château pris et, à cette occasion, 7 pièces d'artillerie (canons et mitrailleuses) furent conquis.

Le nombre des prisonniers tombés entre nos mains le 10 n'est pas, comme il a été annoncé, de 2,000, car la colonne avançant du centre a, à elle seule, fait 5,000 prisonniers et 4 mitrailleuses.

---

Le général de Werder, après s'être dirigé à gauche de Vesoul et avoir repoussé, le 9, dans le combat de Villersexel, l'ennemi qui aurait pu entraver sa marche, a continué ses mouvements sans de nouveaux engagements.

---

## PARTIE NON OFFICIELLE.

### NOUVELLES DE PARIS.

On nous communique une lettre de Paris, du 13 décembre, qui contient les passages suivants :

« La guerre ne fait pas un pas.

« La ville est très-tranquille ; c'est facile à expliquer : *toute la populace est gorgée de vivres et d'argent, elle est dispensée de payer son loyer.* C'est tout ce qu'elle demande. Les honnêtes gens pâtissent, mais ceux-là ne font jamais d'émeutes. Ils attendent un sauveur : c'est toujours la même chose. »

---

Le correspondant du *Times*, à Paris, écrit à ce journal une lettre très-intéressante sur le bombardement et la prise du mont Avron. Voici quelques remarques contenues dans cette lettre :

« Il n'y avait pas lieu de s'étonner d'apprendre, après une expérience d'une demi-heure d'un semblable bombardement, que le plateau d'Avron avait été abandonné dans la nuit et que les canons en avaient été enlevés non sans difficulté. J'ignore quelle valeur stratégique peut avoir ce mouvement, mais la retraite des troupes françaises peut produire des effets politiques malencontreux dans Paris. Après tout ce qu'on a dit de la sortie qui devait tailler en pièces les Prussiens, les Parisiens ne se feront guère à l'idée d'abandonner forcément leur terrain et d'être repoussés eux-mêmes au lieu de repousser leur ennemi.

« Une partie des troupes en retraite a passé près de nous allant à Vincennes. Elles n'avaient pas du tout l'air agréable. J'ai entendu des réflexions sur les généraux Trochu et Ducrot que ces chefs ne me sauraient nul gré de reproduire. J'ai voulu savoir l'effet des canons français contre les batteries prussiennes placées sur les hauteurs qui nous faisaient face; mais le vent était si fort et si piquant sur la colline où je m'étais établi pour observer, que je pouvais à peine tenir en main une longue-vue de campagne ou m'en servir. En tenant compte de ces difficultés, je pourrais dire que le feu des Français était correct, mais non pas de pair avec celui des Prussiens. J'ai déjà dit qu'il n'était pas à beaucoup près aussi puissant et aussi continu. »

CORRESPONDANCE DES JOURNAUX ANGLAIS.

On écrit de Versailles au *Times*, le 30 décembre :

« L'abandon du mont Avron par les Parisiens est un signe de faiblesse. Sans doute on l'attribuera à d'autres motifs. Mais, si les canons ont été réduits au silence, c'est une victoire pour l'artillerie prussienne. Et si les travaux de fortification ont été abandonnés, c'est un aveu que la politique de défensive ne peut être maintenue. Il peut donc y avoir quelque raison de changer de conduite devant la force majeure. Certains calculateurs affirment qu'une sortie sur une grande échelle est imminente.

« En réalité, cela doit se faire maintenant ou jamais. Toutes les conditions sont favorables, et le général Trochu ne peut espérer une meilleure occasion, à moins, il est vrai, que les baïonnettes d'une armée de secours pussent être aperçues du mont Valérien ou de Vincennes. La glace est épaisse sur la Seine et sur la Marne ; elle peut supporter le poids des troupes, même celui des canons en position. Mais avant qu'on n'en ait fait l'épreuve, nul ne peut dire si la surface de la rivière pourrait admettre des manœuvres de bataillons et des batteries de campagne. D'ailleurs les Français ne sont pas sans savoir que la glace peut être aisément rompue par une canonnade en plongeon. Ils pourraient aussi ne pas trop se soucier de risquer un revers de fortune avec des moyens de passage si fragiles derrière eux.

« Enfin le froid est très-vif, et ceux qui se rappellent l'affaire de Crimée, conviendront avec moi que les Français ne sont pas trop amateurs de campagnes d'hiver. C'est une triste chose que de sortir d'une ville où l'on est couvert et bien abrité, pour traverser un désert de neige et des rivières gelées, puis d'arriver sur des positions fortifiées, sous le feu de la redoutable artillerie prussienne. Car c'est dans une pareille saison que ses effets sont le plus à craindre, chaque obus étant sûr d'éclater en touchant la terre, qui est dure comme de l'acier, et de lancer ses éclats à des distances étonnantes.

« Les Parisiens aussi doivent voir que les Prussiens peuvent traverser la Seine et la Marne partout où ils passent eux-mêmes. Si nous pouvons en juger par les lettres de Bordeaux et les journaux allemands, il y a, des deux côtés, un certain désir accumulé d'en finir avec la guerre, de chercher un *mezzo termine*; mais l'expression de ce désir est pleine de colère et de désespoir du côté des Français, tandis que chez les Allemands, il n'y a que la lassitude de la guerre et le regret de voir un massacre sans résultat. Bien des foyers ne se sont pas allumés, bien des maisons restent ensevelies dans l'obscurité en ce jour de Noël, et ne verront pas un rayon de joie accueillir l'arrivée du jour de l'an.

« Les batteries allemandes ouvriront leur feu dans peu de jours, afin de faire taire quelques forts. Ces forts devront alors être pris d'assaut, si les Français ne s'en retirent pas. On nous dit que si Paris se rend, la guerre n'en continuera pas moins. Je voudrais bien savoir comment ceux qui parlent ainsi croient pouvoir connaître d'avance l'effet que produira sur la France la capitulation de Paris. »

### CHRONIQUE DE LA GUERRE FRANCO-ALLEMANDE 1870.

**21 juillet.** Ordonnance royale prescrivant un jour de prières générales extraordinaire, le 27 de ce mois.

— Arrêté de la Présidence fédérale, portant déclaration de l'état de guerre, dans les districts des 8e, 11e, 10e, 9e, 2e et 1er corps d'armée.

— Lois pour la Confédération de l'Allemagne du Nord, relatives : — aux dépenses extraordinaires de l'administration de l'armée et de celle de la marine; — à la suspension de la procédure en matière civile pour les personnes appelées au service militaire; — à l'acquisition et à la perte de l'indigénat dans la Confédération de l'Allemagne du Nord, à partir du 1er juin 1870; — à une disposition supplémentaire dans le 1er paragraphe de l'art. 24 de la Constitution fédérale (Prolongation de la période de la législature du *Reichstag* pour la durée de la guerre avec la France, mais au plus tard jusqu'au 31 décembre 1870); — à la création d'une caisse publique de prêts.

— Le *Reichstag* de la Confédération de l'Allemagne du Nord approuve, entre autres projets de loi, celui qui concerne la création d'une caisse de prêts, et celui qui prolonge la période de législature fédérale. A la suite de ces votes, la clôture du *Reichstag* est prononcée, sur ordre du Roi, par le Chancelier fédéral.

— L'assemblée des États de Wurtemberg accorde le crédit de 5,900,000 florins demandé par le gouvernement.

— Combat d'avant-postes près Saarbrück.

**22 juillet.** Ordonnance Royale concernant l'institution des gouverneurs généraux et les instructions de ceux-ci. D'après cette ordonnance, 5 gouverneurs généraux sont institués pour tout le territoire de la Confédération, savoir : 1° pour les districts des 1er, 2e, 9e et 10e corps d'armée (Hanovre); 2° pour ceux des 7e, 8e et 11e corps d'armée (Coblence); 3° pour ceux des 3e et 4e corps d'armée (Berlin); 4° pour ceux des 5e et 6e corps d'armée (Breslau); et 5° pour ceux du 12e corps d'armée (Dresde).

— Bade se déclare en état de guerre avec la France; l'envoyé français quitte Carlsruhe.

— Le Pape offre sa médiation au roi de Prusse pour le rétablissement de la paix.

— Les Allemands font sauter le pont de Kehl.

**23 juillet.** Proclamation de l'empereur Napoléon au peuple français sur la guerre avec la Prusse.

— L'empereur Napoléon confère la régence à l'Impératrice.

— Clôture du Corps législatif et du Sénat français.

**24 juillet.** Ordonnance royale concernant l'emprunt qui doit être fait, conformément à la loi du 21 juillet 1870, pour couvrir les dépenses extraordinaires de l'administration de l'armée et de la marine.

— Combat d'avant-postes à Saarbrück. L'ennemi, fort à peu près d'un bataillon, essaye de s'emparer du pont de Wehrden, mais il en est empêché par un bataillon d'infanterie envoyé de Saarlouis et par un détachement de uhlans, — et se retire.

— Escarmouche près du bourg de Gersweiler (au sud de la Saar et tout près de Saarbrück du côté de l'ouest). Les Français perdent 10 hommes et se replient.

— Une compagnie du 8e régiment d'infanterie rhénane, n° 70, prend le bâtiment et la caisse de la douane à Schrecklingen.

— Environ 50 uhlans, du régiment de uhlans du Rhin, n° 7, font sauter un viaduc et occupent ainsi le chemin de communication entre Sarreguemines et Haguenau.

25 *juillet*. Remercîments du Roi officiellement exprimés pour les témoignages de dévouement à la patrie commune que Sa Majesté a reçus de toutes les parties de l'Allemagne et même d'au delà des mers.

— Ordre Royal relatif à la création d'un corps de volontaires pour la défense maritime.

— Circulaire du Conseil supérieur de l'Église évangélique, concernant une collecte à faire dans les églises évangéliques, le 27 de ce mois, jour de prières prescrit, pour les familles nécessiteuses des soldats sous les drapeaux.

— Le gouvernement français publie dans le *Journal officiel* sa résolution de s'en tenir aux règles de la déclaration de 1856 relativement au droit maritime.

26 *juillet*. Le Roi de Wurtemberg place les troupes wurtembergeoises sous le commandement du Roi de Prusse.

— Le Roi de Prusse, dans une réponse télégraphiée, informe le Roi de Wurtemberg qu'il a mis les troupes wurtembergeoises sous les ordres du Prince Royal de Prusse.

— Le Prince Royal de Prusse se rend à Munich pour prendre le commandement général des armées allemandes du Sud.

— Le Prince Frédéric-Charles de Prusse quitte Berlin pour aller se mettre à la tête de la 11ᵉ armée, à Mayence.

— Petit combat au pont de Rheinheim (sur la Blies, au nord-ouest de Sarreguemines). Des uhlans et des pionniers prussiens, avec des chasseurs bavarois, repoussent un détachement d'infanterie française.

— Reconnaissance du pays autour de Haguenau, par le comte Zeppelin, officier de l'état-major général wurtembergeois, et trois officiers badois.

— Publication de l'état de guerre dans la partie du Grand-Duché de Hesse située au sud de Mayence.

— Déclaration de neutralité du régent d'Espagne.

27 *juillet*. Jour de prières général en Prusse.

— Le Prince Royal de Prusse revient de Munich à Berlin.

— 3 compagnies d'infanterie française, soutenues par 80 cavaliers, attaquent à Wœlklingen (à l'ouest de Saarbrück) une colonne du 7ᵉ régiment d'infanterie du Rhin, n° 69 ; elles sont repoussées avec perte de 1 officier et 8 hommes.

— Le *Moniteur prussien* publie le projet de traité présenté, en 1867, au Chancelier fédéral par le comte Benedetti, et ayant pour objet l'entrée des États allemands du Sud dans la Confédération de l'Allemagne du Nord et la conquête de la Belgique par la France.

— Déclaration de neutralité du gouvernement portugais. (*A suivre.*)


L'OPINION EN FRANCE.

« Valence, mercredi, 28 décembre 1870.

« Bordeaux, quand il a appris le déménagement de la délégation provinciale, n'a pas été content, oh, non ! Les Bordelais se seraient passés de la surprise qui leur a été faite ; elle les honore peut-être, mais elle les tracasse bien certainement.

J'en excepte ces éternels braillards, dont nous parlions dernièrement et qui n'ont vu dans l'événement officiel que de nouvelles occasions de *manifester* dans les rues et de *vociférer* au club du Grand-Théâtre, ce qu'ils ont fait et font d'ailleurs tous les jours à gueule que veux-tu, je vous assure. Mais, sur la place de la Comédie et le cours de l'Intendance, on disait dans tous les groupes : « Voilà Tours qui nous passe le paquet : pas « de chance ! Ils nous amènent bien quelques étrangers, qui « raviveront un peu le commerce ; mais ils attireront aussi les « Prussiens, et merci ! » Que voulez-vous, une ville ne vit pas plus de patriotisme que Fidelio d'amour et d'eau claire.

« M. Crémieux, président de la délégation, est arrivé le premier. Sachez qu'à Valence, dans la Drôme, on l'appelle Crémieux-Ébouriffé, pour le distinguer du préfet, son parent, qui se nomme Crémieux-Peigné, et que cette *distinction* est en faveur aussi sur les bords de la Garonne. Donc, lorsque M. Crémieux-Ébouriffé fit son entrée par *train spécial*, on trouva cette manière de voyager aussi peu économique que républicaine, et on murmure encore aujourd'hui qu'au moment où nous nous serrons tous le ventre plus ou moins pour grossir les souscriptions publiques ou acheter des mitrailleuses, c'est un peu bien se moquer du peuple. L'entrée a d'ailleurs été complétement ratée ; des sacs et couvertures de voyage, des pantoufles fourrées et des parapluies, n'ont rien d'imposant et ça a manqué de grandeur.

« Ce qui a achevé de dépopulariser le président de la délégation, c'est une revue qu'il a passée récemment sur les Quinconces. Il s'est fait attendre une heure, et les mobilisés désignés pour la guerre étaient là, le sac au dos, par une pluie torrentielle et dans un pied de boue. Il a enfin paru et c'est, enveloppé dans une vaste pelisse et abrité sous un énorme parapluie, qu'il a commencé la revue. On ricanait partout. « Oui, oui, mes amis, disait-il aux mobilisés, vous allez bientôt « voir la bataille. Vous la verrez plutôt que vous ne le croyez. » Et les mobilisés, mal équipés et grelotants, répondaient : « Des capotes ! des capotes ! »

« Nous dépouillons difficilement le vieil homme, vous voyez, et, même en république, nous entendons que les représentants du pouvoir payent au moins de mine. Car, si vous connaissez MM. Crémieux et Glais-Bizoin, vous conviendrez que l'un, avec sa figure de singe en goguette, l'autre avec sa rudesse d'ours mal léché, ne sont pas bâtis de façon à produire bon effet sur les masses, et qu'ils ne peuvent guère être applaudis que par la claque officielle. Ils sont logés hôtel Sarget, et les gamins des environs viennent positivement les voir comme ils vont à la ménagerie des Quinconces.

« Il y a cependant une différence entre le singe-homme et notre homme-singe. Ce dernier ne paraît jamais à son balcon sans prononcer un discours. C'est dans sa nature. Ce n'est pas du talent, c'est de l'instinct. Il voudrait ne pas discourir qu'il ne le pourrait pas. Une fois là, en vue du peuple, il faut que sa langue se mette en mouvement. En 1848 déjà, le *Charivari* l'avait surnommé *monsieur s'exprime ainsi*, et il faisait alors les *doublures* de M. de Lamartine. Mais aujourd'hui, il remplit les premiers rôles et il est doublé à son tour par son compère Glais-Bizoin, que, sa harangue terminée, il présente invariablement au public, en ayant l'air de lui dire : « Demandez plutôt à Lazarille. » Et, en effet, Glais-Bizoin-Lazarille s'avance aussitôt et, d'une voix chevrotante, s'empresse de confirmer en tous points les éloges que Crémieux-Ébouriffé a faits de tous les deux. — C'est à pouffer de rire !

« Non, Monsieur, me fit sévèrement observer un respectable
« ancien militaire, bien connu à Bordeaux, à qui je faisais part
« de mes réflexions ; non, Monsieur, ce n'est pas risible, car
« c'est on ne peut plus triste, au contraire. Comment ! on ren-
« voie l'Empereur sous prétexte qu'il gouvernait d'une main
« sénile et on nous colloque, pour le remplacer, ces deux ca-
« cochymes, qui ont l'un et l'autre plus de 75 ans ! On nous en-
« traîne dans une guerre à outrance, sans trêve ni merci, —
« sans savoir ce que c'est peut-être, — et ce sont des avocats,
« des marchands de phrases, des hâbleurs, qui organisent la
« défense nationale ! Sacrebleu ! S'il y a comédie là-dedans, le
« tragique s'y trouve tellement mêlé au comique, que moi,

« Monsieur, qui étais à la retraite de Moscou, j'ai envie, non pas
« de rire de cette mascarade, mais d'en pleurer ! »

« Le vieux militaire avait d'autant plus raison qu'on prétend
que la délégation n'est même pas d'accord entre elle et qu'on
la croit divisée en deux *partis*. J'écris ainsi à dessein. D'un
côté, MM. Crémieux et Glais-Bizoin, qui toussent et bougonnent ; de l'autre, M. Gambetta, qui prend des poses à la Mélingue. Au milieu, l'honorable amiral Fourichon tâche d'empêcher un éclat et semble tout ennuyé de s'être fourré dans cette
galère ; il voudrait bien, dit-on, s'en aller, mais le devoir le retient. — « Perruques par-ci, écervelé par-là ; vieil henriquin-
« quiste, orléaniste déguisé. » Telles seraient les aménités dont
on se larderait en arrière, tout en se traitant de cher collègue
ostensiblement.

« Ce qu'il y a de certain, c'est que les Tourangeaux ont glissé
dans l'oreille de quelques Bordelais que M. Gambetta, qui a
tant proclamé et déclamé contre la lâcheté des généraux qui se
replient sans combattre, et la couardise des préfets qui ne se
laissent pas hacher même à leur poste, serait plus vexé de *la
fuite en Gironde* de ses codélégués et que ses voyages sur la
Loire et le Rhône ne seraient qu'une protestation contre leur
faiblesse.

« Et voilà les masques qui sont maîtres de nos destinées !
Quand on y pense sérieusement, il vous prend, comme à mon
vieux militaire, des envies de pleurer. Les journaux parisiens,
la *France*, le *Constitutionnel*, la *Patrie*, l'*Union*, la *Gazette de
France*, qui s'impriment maintenant à Bordeaux, font mieux :
il demandent à cor et à cris *l'appel au peuple et la fin de cette
dictature :* et les clubistes du Grand-Théâtre demandent de leur
côté *la suppression de cette presse réactionnaire ;* et M. Émile de
Girardin écrit de La Rochelle à M. Thiers, qui a suivi la délégation, pour lui demander s'il est vrai que, de guerre lasse, *il
se propose de convoquer le Corps législatif ;* et le préfet, M. Allain-Targé, clôt le débat en lançant une proclamation *contre les
habiles...* Qui vivra verra !

« Je crois avoir aperçu, du côté du café de Bordeaux,
rendez-vous des notabilités, MM. le maréchal Baraguey d'Hil-

liers, l'ex-ambassadeur à Constantinople, le comte de la Guéronnière, le sénateur baron Paul de Richemont, l'écuyer de l'Empereur, de Bourgoing, qui organise un régiment, dit de l'*Étoile*. Quant à M. Guyot-Montpayroux, député de la Haute-Loire, il aurait reçu, comme mobilisable, de M. Crémieux lui-même, l'ordre de rejoindre son régiment. Ce ne serait que justice.

« Veritas.

« *P. S.* Le bruit court que la délégation s'occupe des Conseils généraux qui seraient dissous par mesure générale, par décret, et remplacés partout par des commissions départementales à la nomination des préfets. On en aurait cependant référé à Paris *par pigeons*, avant de prendre une pareille mesure, qui serait le coup de grâce, croyez-moi, si elle était prise. »

(*Drapeau*.)

---

On lit dans l'*Echo du Nord :*

« Les lettres de Nantes, arrivées avec un retard considérable, nous rendent compte de la réunion publique qui a eu lieu le 20 décembre à Nantes et dans laquelle M. de Kératry a posé sa candidature. Voici le discours que cette candidature a suggéré à Cantagrel, ancien représentant du peuple :

« Les hommes ne manquent pas, les armes ne manquent pas, ou plutôt elles manquent aussi, mais ce qui manque surtout, ce sont les chefs ; nous n'avons que les vils serviteurs de l'Empire, les Bazaine qui ont préféré tout perdre alors qu'ils pouvaient tout sauver. Il ne faut pas que pareil désastre se renouvelle : il faut choisir des chefs républicains.

« Le comte de Kératry... (Pas de comte ! Kératry tout court.) M. de Kératry est proposé par le comité républicain, qui n'a pas consulté le département et la démocratie nantaise ; nous, nous voulons consulter l'un et l'autre ; voilà pourquoi nous vous avons réunis ce soir.

« Le général Trochu a dit : « La République et la France ne font qu'une », et à côté de ces paroles catégoriques, nettes et précises, M. de Kératry vient dire ici froidement, sèchement, durement : « Je ne viens pas faire de politique ! » Évidemment, c'est qu'il veut faire de la politique hostile. Assez d'équivoques et de phrases, et voyons ce que c'est que M. de Kératry.

« Au Mexique, il y avait une république. L'homme qui est tombé dans la fange de Sedan lui a déclaré la guerre. M. de Kératry, alors en Afrique (et je respecte trop la vie privée pour entrer ici dans des détails qui ne lui seraient peut-être pas favorables, mais...), partit, non pas forcé par sa position de soldat, mais comme volontaire, et il fit, en qualité de sous-lieutenant, à la contre-guerilla, la campagne odieuse contre ce Juarez, tant calomnié, qui n'était, après tout, qu'un honnête homme et un loyal citoyen. Là il fut l'ami de Bazaine, et que peut-on attendre de bon d'un ami de Bazaine ? »

« Après un discours de M. de Juire, qui a reproché à M. de Kératry de s'appuyer plutôt sur des influences officielles et aristocratiques que sur des influences populaires, M. de Kératry est entré dans la salle et a demandé la parole.

« L'orateur, se tournant vers le président, lui dit : « Vous, vous avez méconnu tous les principes républicains. »

« Ces seuls mots soulevèrent un orage. Des cris : Assez ! assez ! se font entendre. Le président a peine à rétablir l'ordre et déclare que malgré l'inconvenance de M. de Kératry à son égard, il prie l'Assemblée de passer outre, se réservant le droit de lui répondre.

« M. de Kératry, reprenant son idée, reproche au président d'avoir manqué aux règles les plus élémentaires de la justice en se proposant de l'accuser sans l'avoir averti de se défendre et invité à la séance.

« ..... L'on a attaqué ma vie passée, soit militaire, soit littéraire, soit politique.

« J'ai été au Mexique, car partout où il y avait de l'honneur, je me suis trouvé le premier, et jamais je n'ai voulu rester en arrière.

« Les articles que j'ai publiés au sujet de cette campagne ont été les premières attaques sérieuses dirigées contre l'Empire.

« — Et Rochefort ?...

« — Rochefort est mon ami de classe, et, seul, de la gauche, je l'ai défendu à Paris, au Corps législatif.

« Trois semaines avant la chute de l'Empire, je partais de Brest, déclarant que j'allais à Paris pour aider à proclamer la République.

« Dans la nuit du 3 au 4 septembre, je hâtai, j'achevai la déchéance impériale et l'avénement du nouveau régime.

« Je poussai Gambetta à la tribune ; je m'emparai d'abord de l'hôtel de Ville avec lui, puis de la Préfecture de police.

« Voilà ce que j'ai fait.

« Mais pour faire ici protestation de foi politique, pour expliquer mes sentiments devant vous, je vous déclare que je préfère le pays à la République... » (Tonnerre de murmures. — Cris : Vive la République ! Pas de Kératry ! Nous n'en voulons pas ! Il n'est pas républicain !)

« A la fin, le silence se rétablit. M. de Kératry, resté impassible, termine en disant : « Quant au dossier que j'ai là, contre les administrations, je m'en servirai peut-être à un moment donné ou je ne m'en servirai pas. »

« Sur ces mots il se retire.

« Le bruit recommence. Nous voulons les papiers ! il ne les montre pas ! c'est qu'il n'y en a pas ! Vive la République !

« Enfin le calme renaît.

« M. Cantagrel prend la parole :

« M. de Kératry ne s'est pas défendu parce qu'il ne le pouvait pas ; mais il s'est porté comme mon curateur, ce qui ne prouvait rien ; il s'est retiré devant l'ennemi, est-ce là le fait d'un brave ? »

« Un citoyen venu de Paris en ballon avec M. de Kératry et qui assistait aux réunions électorales où M. Cantagrel attaquait M. J. Favre en 1869, s'écrie en riant : — et vous, vieux farceur ?

« M. Cantagrel quitte le fauteuil, se promène avec indignation sur la scène, en appelle aux citoyens :

« Le citoyen Kératry m'appelle *vieux farceur !* »

« Un immense hourrah retentit.

« *L'assemblée consultée se prononce à l'unanimité contre la candidature de M. Kératry au commandement en chef de l'armée de Bretagne.* »

### NOUVELLES ÉTRANGÈRES.

MUNICH, 5 janvier. — La Chambre des députés a adopté le projet de loi relatif au crédit militaire extraordinaire par 146 voix contre 4.

BRUXELLES, 6 janvier. — Le *Moniteur officiel* de Paris du 31 décembre contient un décret du ministre de l'intérieur aux préfets, qui ordonne des perquisitions d'armes et de munitions abandonnées par les fuyards dans les maisons où ils ont logé.

On écrit de Bâle, 4 janvier :

« Le Conseil fédéral, dans sa séance du 4, a pris la résolution suivante :

« Cent quatre-vingts militaires français, parmi lesquels 14 officiers, ayant, après un combat entre Croix et Abbevilliers, franchi, le 2 de ce mois, la frontière du territoire suisse, le conseil fédéral, conformément au règlement de neutralité, a pris, pour l'internement de ces troupes, les dispositions suivantes :

« 1° Les soldats devront être internés dans la caserne de Thoun ; ils seront surveillés militairement et on devra leur donner une occupation convenable.

« 2° Les officiers ont à se rendre à Lucerne, où il leur sera assigné, sur leur demande, un logement. Ils auront à s'engager sur leur parole d'honneur à ne pas quitter le rayon de la ville. La paye et l'entretien sont réglés de la manière suivante :

« Les officiers, s'ils le désirent, pourront habiter la caserne ; la table des officiers est la même que celle des officiers suisses ; la paye est par jour de 2 fr. Les sous-officiers sont logés dans la caserne, entretien obligatoire d'après règlement ; solde journalière, 25 rappen avec supplément proportionné à l'ouvrage de ceux qu'on fait travailler. »

N° 66. — DIMANCHE 15 JANVIER 1871

## PARTIE OFFICIELLE.

##### COMMUNICATION OFFICIELLE.

VERSAILLES, 14 janvier. — Nos batteries devant Paris ont, par un temps de brouillard intense, entretenu un feu calme contre les ouvrages ennemis et la ville. L'ennemi n'a répondu que faiblement. Nous avons perdu 2 officiers et 9 hommes, tant morts que blessés.

Le Feld-maréchal prince Frédéric-Charles annonce du Mans : L'ennemi, poursuivi par nos colonnes, se retire en partie sur Alençon, en partie sur Laval. Dans les combats non interrompus du 6 jusqu'au 12, plus de 16,000 prisonniers non blessés de l'armée du général Chanzy sont tombés entre les mains de la 2ᵉ armée seulement. Nous avons en outre conquis 12 pièces de canon et de mitrailleuses, 6 locomotives et 200 wagons.

## PARTIE NON OFFICIELLE.

L'administration municipale de Tours a fait afficher la proclamation suivante :

« *Aux habitants de Tours.*

« Chers concitoyens,

« Les efforts tentés par l'armée pour préserver la ville de l'invasion ont été impuissants.

« Pour nous défendre utilement, nous n'avons plus ni chefs militaires, ni soldats.

« L'ennemi est à nos portes et dispose d'une artillerie qui peut réduire la ville en cendres.

« Un commencement de bombardement, dont nous venons

d'obtenir la suspension, a déjà fait de trop nombreuses victimes, parmi lesquelles nous comptons avec douleur M. Beurtheret, rédacteur en chef de l'*Union libérale*.

« Toute résistance serait insensée, et ne pourrait qu'amener de nouveaux malheurs.

« Nous invitons avec instance la population à s'abstenir de toute démonstration hostile, et à garder l'attitude calme et digne qui convient à la situation.

« *Les maire et adjoints,*
« E. GOUIN, A. MAGAUD-VIOT, J. J. NOIRMANT. »

### LES BLESSÉS FRANÇAIS.

Nous empruntons ce qui suit à une correspondance militaire anglaise :

« C'est appuyé sur les autorités les plus compétentes que je constate le dévouement avec lequel ont été soignés les blessés français restés entre les mains des Allemands après les combats de Beaugency. Tous ceux qui sont en état de puiser des renseignements aux sources, confirment ce fait. Si l'on considère que la plupart des blessés français sont à la charge des Allemands, on concevra combien les départements, théâtres de la lutte, ont été accablés. Il est naturel que les Allemands aient songé d'abord à leurs nationaux, mais nulle part les Français n'ont été systématiquement négligés.

« Il y a peu de farine à Beaugency. Les Français ayant déclaré ne pas aimer le pain noir, le général de Stulpnagel leur a fait réserver deux boulangeries. L'ambulance volontaire française, faite prisonnière près d'Orléans, a eu pleine liberté de soigner ses compatriotes, mais son hôpital est vide et les médecins refusent de se charger de malades ou de donner des soins à Beaugency. Ils demandent à être reconduits à leur armée, en sorte que les blessés français pâtissent de cette grève de leurs propres médecins. »

Sous ce titre : *La Crise :*

Une brochure française, récemment parue à Tours, plaide

énergiquement la cause de la paix. L'auteur ne voit pas d'autre salut pour la France, puisque les alliances étrangères lui font défaut. Il traite le gouvernement actuel comme un pouvoir usurpateur qui ne sert qu'à empirer la situation. — Sa conclusion est celle-ci :

« La France, si elle n'a pas l'énergie de secouer le joug de l'anarchie et de la dictature, souffrira tous les maux qui découlent nécessairement d'une telle situation. Nous verrons à la fois l'ennemi sur notre territoire et la guerre civile ; en outre, la Prusse, après une victoire définitive, profitant de nos troubles intérieurs, nous causera le mal le plus grave de tous en traitant avec un gouvernement de son choix, institué par elle dans cette partie du pays que ses armées occupent. Alors nous aurons *l'Empire au Nord, l'anarchie républicaine au Sud*, et peut-être même *la monarchie légitimiste en Bretagne.* »

L'OPINION EN FRANCE.

« Versailles, 7 janvier 1871.

« La France, après Sedan, a été atterrée, et le guet-apens du 4 septembre l'a surprise dans la stupeur.

« Plus éloignées que les autres du théâtre de la guerre, les régions méridionales s'occupèrent trop de politique tout d'abord et, de leur côté, les membres du gouvernement de Paris, et surtout de la délégation de Tours, perdirent près de six semaines au moins à exploiter, au profit de *leur* république, certaines accusations surexcitantes de trahison ou de lâcheté, à faire des proclamations et des décrets exclusivement politiques et à procéder à la curée des places entre leurs frères et amis.

« Nous comprenons qu'un gouvernement s'entoure de ses partisans, et que les républicains aient à cœur de faire profiter leur cause de l'expérience qu'ils ont cru acquérir en luttant pour elle; mais nous ne pouvons avoir oublié que ces *purs* faisaient blanc de leur désintéressement, quand ils n'étaient pas au pouvoir, et qu'ils n'ont cessé de clabauder contre les prétendues dépenses ruineuses du fonctionnarisme. Or, aujourd'hui, certains services publics sont bouleversés pour eux. Ils remplissent les tribunaux et les administrations de leurs créatures. On a bien diminué les traitements des préfectures et des sous-préfectures, mais dans la plupart d'entre elles on a comme entassé les uns sur les autres, préfets administrateurs supérieurs, commissaires ordinaires et extraordinaires, soit de la défense nationale, soit de la République, ce qui a multiplié les conflits autant que les dépenses. J'ajouterai que ce personnel a les agissements des proconsuls les plus tristement célèbres; que la magistrature, le clergé, l'armée, la propriété, la presse, sont atteints dans leurs intérêts les plus chers, et qu'à l'heure où j'écris, l'indignation publique serait à son comble, sans les préoccupations et les fatigues de la guerre. On n'a même plus la force de s'indigner, on méprise!...

« La défense nationale ayant été au moins le prétexte du 4 septembre, on avait cru naturellement, j'allais dire espéré, que l'armée serait prépondérante et que le gouvernement de la défense nationale serait surtout militaire. Loin de là, jamais les militaires n'ont été plus maltraités que par les deux avocats, ministres de la guerre, MM. Crémieux et Gambetta. Les préfets, qui se gobergent dans leurs hôtels, ont pris le pas sur les généraux, qui versent leur sang sur les champs de bataille, et de simples journalistes, comme MM. George Perrin et Lissagaray, par exemple, des députés comme MM. Marion, Estancelin et de Kératry, ont reçu les épaulettes à graines d'épinard avec des crédits de plusieurs millions pour organiser la défense. Des généraux ont été arrêtés et emprisonnés, Mazure à Lyon, Barral à Grenoble, Gourtois d'Hurbal à Toulouse. Dans l'est, Cambriels, puis Michel, puis de Serre ont été sacrifiés au *condottiere* Garibaldi; à l'armée de la Loire, de Polhès, de Lamotte-Rouge, ont subi le traitement injurieux auquel a succombé à son tour Aurelles de Paladine. A Douai, Bourbaki a été insulté par la population, accusant son épée de n'être pas républicaine. Le défenseur de Strasbourg, — que nos *organisateurs de la victoire* n'ont pas su secourir plus que Metz, — l'héroïque défenseur de Strasbourg, le général Uhrich, a été, lui aussi, accusé de trahison, sur la plainte de quelques sous-officiers. En même temps, M. Gambetta adressait *aux soldats* une proclamation, que flétrira l'histoire, où il exaltait les subordonnés au détriment des supérieurs et qui porta une si rude atteinte à la discipline que les cours martiales ont dû depuis faire de très-nombreux et sévères exemples.

« La magistrature n'est pas mieux traitée que l'armée. Le garde des sceaux, ministre de la justice, portant audacieusement la main sur son inamovibilité, a suspendu le premier président de la cour d'Aix. Il a laissé sous les verrous, pendant près de trois semaines, le procureur général de Lyon et d'autres magistrats, que les *voraces* avaient arrêtés en proclamant une autre République que celle de Paris. Un des préfets de Marseille, M. Labadié, a, par une lettre très-violente, rendue publique, invité le président du tribunal de cette ville à donner sa démission et, quelque temps après, le tribunal de police correctionnelle tout entier était arrêté, en robe, par des gardes civiques, au milieu d'une audience où il venait de rendre un jugement déplaisant!

« Après toutes ces iniquités, que fit M. Crémieux? Il intervint de nouveau personnellement, non pour défendre la justice et son personnel, mais pour demander à tous les préfets, *par circulaire confidentielle*, la liste des magistrats ayant siégé dans les commissions mixtes de 51 et 52, et l'excitation causée par cette monstrueuse demande fut telle que le citoyen Cotte, préfet du Var, se hâta de faire mettre en arrestation le président du tribunal de Toulon, au moment où il se rendait à son siége, et il le fit promener de maison d'arrêt en maison d'arrêt, pendant que son collègue de Toulouse, le citoyen Duportal, suspendait le président Degrand, avec cette aggravation que cette mesure était prise par arrêté dont les considérants, injurieux pour toute la magistrature, seront une des hontes de notre époque, Je dois ajouter que M. Gambetta, comme ministre de l'intérieur, donna des successeurs aux citoyens Cotte et Duportal, mais que ces proconsuls refusèrent d'obéir, ce dernier s'en étant d'ailleurs vanté dans un discours public aux frères et amis et — le croira-t-on? — ils sont restés tous les deux à leur poste!

« *Le clergé est peut-être plus malmené encore. Les maisons ecclé-*

siastiques ont été envahies et pillées par la canaille; les religieux et religieuses insultés, frappés, expulsés ou séquestrés. Le saint tabernacle a été violé dans plusieurs chapelles, et des orgies ont eu lieu au milieu des statues de nos saints indignement brisées. Les bandes garibaldiennes, qui jusqu'à ce jour ont chassé plus de jésuites que de Prussiens, se sont livrées, à Lyon, à Dôle et à Autun, à des violences athéistes. Sollicite-t-on, auprès de tel ou tel préfet, la nomination d'un aumônier pour quelque légion de marche : « Pas de prêtraille, » est-il répondu. A Caluire, on laisse mourir nos blessés sans les secours de la religion.

« Nos évêques ont porté plainte à Tours, mais en vain. Tous ces crimes sont restés impunis, et le *Siècle* a publié une lettre du citoyen Malardier, représentant du peuple en 1848, blâmant nos généraux d'invoquer la Providence dans leurs ordres du jour à leurs soldats, « *l'idée de Dieu étant désormais surannée!* » Et un sieur Frappet, rédacteur en chef du *Républicain des Alpes*, journal fondé à Grenoble par l'ex-préfet Drillier, autre ex-représentant du peuple, a dit en plein club, aux applaudissements des libres-penseurs enthousiasmés, que « *le catéchisme est le livre le plus ignoble qu'on puisse laisser entre les mains de nos enfants!* » Et le catéchisme en effet est exclu des écoles, où l'on interdit aux instituteurs et aux institutrices de parler du bon Dieu à leurs élèves attristés! Et, dans les écoles de filles, on fait chanter, deux fois par jour, la *Marseillaise*, au lieu de ces doux cantiques qui glorifient le Christ et la vierge Marie

« Vous croyez peut-être que j'exagère? Je vous GARANTIS qu'il n'y a pas un seul de ces faits au-dessous desquels je ne puisse mettre et une date et un nom et que j'en passe et des plus tristes. »                                  (*Drapeau*.)

---

CHRONIQUE DE LA GUERRE FRANCO-ALLEMANDE.

28 *juillet*. Arrivée du Prince Royal de Prusse à Stuttgart, et, le soir du même jour, à Carlsruhe.

— L'empereur des Français quitte Paris pour rejoindre son armée à Metz.

— Le parlement anglais reçoit communication des documents relatifs aux négociations diplomatiques qui ont précédé la déclaration de guerre.

— Reconnaissance prussienne près de Saarbrück.

— Le ministre comte Andrassy, dans la Chambre basse hongroise, répond à une interpellation touchant la neutralité de l'Autriche-Hongrie.

Le *Moniteur prussien* publie une dépêche du Chancélier fédéral à l'ambassadeur de la Confédération à Londres, comte Bernstoff.

29 *juillet*. Ordre du Cabinet du Roi qui transporte au ministère de la marine les affaires ressortissant au commandement général du Roi sur la marine.

— Dépêche-circulaire du Chancelier fédéral, comte de Bismarck, aux représentants de la Confédération de l'Allemagne du Nord à l'étranger, relative aux projets d'alliance présentés par la France (projet Benedetti, etc.).

— L'Empereur Napoléon prend le commandement en chef de l'armée française.

— Escarmouche entre chasseurs bavarois et cavaliers français à Schweyen près Neuhornbach (dans le Palatinat, touchant à la frontière française, au sud de la ville de Deux-Ponts).

— Une flotte cuirassée française passe devant Helsingör et jette l'ancre, en partie, à Copenhague.

30 *juillet*. Lettre du Roi en réponse à celle que le Pape lui avait adressée le 22 juillet.

— Le Prince Royal de Prusse quitte Carlsruhe et se rend à Spire, où se trouve provisoirement le quartier général de la III<sup>e</sup> armée.

— Le Prince Frédéric-Charles de Prusse établit son quartier général à l'ouest de Mayence.

— Une colonne d'infanterie française, avec de l'artillerie, attaque Saarbrück et est repoussée.

31 *juillet*. Proclamation du roi de Prusse «A mon peuple.» Amnistie accordée pour tous les crimes et délits politiques.

— Dans l'après-midi le Roi et le Prince Charles de Prusse quittent Berlin pour se rendre à l'armée. Le Chancelier fédéral, comte de Bismarck, et les généraux de Roon et baron de Moltke accompagnent le Roi.

— Ordre à l'armée — du Prince Royal de Prusse.

1<sup>er</sup> *août*. Reconnaissance faite par des chevau-légers bavarois et des hussards prussiens du côté de Sturzelbrünn, bourg français à l'ouest de Bitsch.

— Publication du ministère de la guerre, concernant la désignation des gouvernements généraux.

2 *août*. Arrivée du Roi de Prusse, pendant la nuit, à Coblence, et le matin à Mayence (quartier général).

— Proclamation du Roi à l'armée. Le Roi prend le commandement général de toutes les armées.

— Le Prince Albert de Prusse arrive au quartier général de la III<sup>e</sup> armée à Spire.

— 3 divisions françaises avec 25 canons attaquent Saarbrück ; les avant-postes prussiens (3 compagnies du régiment de fusiliers Hohenzollern, n° 40), conformément à l'ordre qui leur avait été donné d'avance, évacuent la ville et prennent au nord, près de Saarbrück, une nouvelle position.

— Une forte colonne de troupes françaises passe la frontière à Reinheim, à l'ouest de Sarreguemines, et se retire après avoir fait un feu très-vif sur une petite patrouille prussienne.

— Une flotte française, entrant dans la mer Baltique, passe devant Frederikshaven.

3 *août*. — Ordonnance royale d'amnistie.

Le quartier général de la III<sup>e</sup> armée quitte Spire.

(*A suivre.*)

Annonces et Avis divers.

# CAVIAR D'ASTRAKAN
### Oie grasse et fumée
## ANCHOIS DE CHRISTIANIA
### CERVELAS
## *BŒUF FUMÉ DE HAMBOURG*
#### LANGUE DE BŒUF FUMÉE.
# 17, RUE HOCHE, 17

N° 67. — MARDI 17 JANVIER 1871.

### PARTIE OFFICIELLE.

COMMUNICATION OFFICIELLE.

VERSAILLES, 16 janvier. — On a reçu des colonnes qui poursuivent l'armée battue du général Chanzy, les nouvelles suivantes du 14 :

Le général de Schmidt a rencontré à Barry, près de Chassillé — à 2 milles et demi à l'ouest du Mans — une division ennemie. Énergiquement attaquée, cette division s'est retirée sur Laval en complète déroute ; elle a laissé plus de 400 prisonniers entre nos mains. Nous avons perdu, tant en morts qu'en blessés, 1 officier et 19 hommes.

Le camp de Conlie a été occupé par nous, presque sans résistance. Nous y avons trouvé de grandes quantités d'armes, de munitions et de provisions de bouche.

Beaumont a été pris après un léger combat de rues. Nous avons conquis 40 voitures de munitions et fait environ 1,000 prisonniers.

On mande aussi que, le 14, un détachement sous les ordres du général de Rantzau, a été attaqué à Briare par des divisions ennemies considérables. Le détachement s'est néanmoins dégagé avec des pertes insignifiantes.

Par ordre de S. M. le Roi de Prusse, M. le conseiller privé de Nostiz Wallwitz est nommé commissaire de l'administration civile du gouvernement général, et M. le conseiller Winter préfet du gouvernement d'Eure-et-Loir.

*Le Gouverneur général,*<br>DE FABRICE,

Versailles, 28 décembre 1870.

Sa Majesté le Roi de Prusse a adressé à Son Excellence M. le général de Roon, ministre de la guerre, à l'occasion du 50ᵉ anniversaire de son entrée au service de l'État, dont nous avons déjà rendu compte, la lettre suivante :

*Lettre de Sa Majesté le Roi au Ministre de la guerre et de la marine, général de l'infanterie, de Roon.*

« Vous finissez aujourd'hui une période de 50 années de service sur laquelle il vous est permis de jeter un regard fier et joyeux. Les efforts sincères de votre jeunesse, l'accomplissement le plus sévère de votre devoir pendant tout le temps de votre service et vos intentions loyales et honorables vous ont fait atteindre un but auquel il est donné à peu d'hommes d'arriver : les plus hautes dignités de l'armée et la conscience d'avoir rendu les services les plus signalés à votre Roi et à votre patrie. Animé de pareils sentiments, vous célébrez aujourd'hui un bel anniversaire. Je vous en exprime mes félicitations cordiales et vous remercie chaudement et sincèrement de ce que vous soyez resté à mes côtés toujours fidèle et ferme pendant des années et souvent dans des temps orageux. Je désire que mon portrait, que Je vous ai destiné à l'occasion de cette journée, vous rappelle toujours que votre Roi gardera dans tous les temps un souvenir reconnaissant de vos services !

« Puisse celui qui dirige toutes nos destinées donner sa bénédiction à mes souhaits cordiaux et faire que Moi et Mon armée, nous puissions jouir longtemps encore de vos services !

« Quartier général de Versailles, le 9 janvier 1871.

« Votre reconnaissant Roi,<br>« *Signé* GUILLAUME. »

TÉLÉGRAMME DE S. M. LA REINE AUGUSTA.

« Versailles, de Berlin, palais, 9. 1. 71.

« *Au ministre de la guerre, de Roon, Versailles.*

« Parmi les nombreuses félicitations que ce jour d'honneur vous amène, la Mienne ne doit pas manquer ! Comme épouse, Je vous remercie du dévouement fidèle que vous avez prodigué à Mon royal époux. Par Mon vaillant régiment, membre de l'armée, Je vous remercie comme tel de la constitution qui, pendant cette guerre mémorable, donne des preuves brillantes de la force militaire de l'Allemagne. Je vous souhaite à vous et aux vôtres la bénédiction de Dieu pour maintenant et pour toujours.

« *Signé* AUGUSTA. »

Son Altesse Royale, Madame la Princesse Charles de Prusse, a également adressé au ministre un télégramme le félicitant de la manière la plus gracieuse et la plus affectueuse à l'occasion de son anniversaire.

---

## PARTIE NON OFFICIELLE.

*Un des généraux les plus hauts placés de l'armée allemande a reçu de Bordeaux une lettre signée de deux officiers français appartenant au nombre de ceux qui ont donné le triste exemple de l'évasion en manquant à la parole d'honneur. Cette lettre est une preuve très-intéressante de l'épouvantable confusion qui existe dans le cerveau de certains officiers ayant, d'une part, assez d'intelligence pour comprendre ce qu'il y a de méprisable dans leur action et cherchant, d'autre part, à l'excuser par des subtilités sophistiques.* Voici cette lettre :

« Bordeaux, le 31 décembre 1870.

« Nous avons eu le tort de quitter Düsseldorf où nous étions prisonniers sur parole. Nous espérions ainsi aller au-devant d'un échange, l'obtenir aussitôt notre arrivée en France et reprendre les armes sans capitulation de conscience.

« Après des démarches opiniâtres, nous nous sommes heurtés aux difficultés dont la diplomatie a entouré les échanges en les subordonnant à l'ancienneté du captif.

« Nous ne voudrions point que Votre... crût des officiers français capables de manquer à leur serment. Nous prenons donc la liberté de Vous écrire que nous ne voulons accepter aucun service en France jusqu'à ce que nous ayons atteint le but que nous poursuivons toujours. Si nous avions su de quelle façon nous serions *reçus* à notre retour, nous serions sans hésitatation allés reprendre nos fers. Si nous pouvions le savoir, nous le ferions encore. Nos noms se trouveront peut-être sur une des premières listes quand on reprendra les échanges ; si Votre... ne méprise point la reconnaissance de ses ennemis, nous osons lui recommander la nôtre et la prier de ratifier un marché dont nous avons trop témérairement accompli la moitié.

« *Signé* DE MÉRÉ, lieutenant aux guides ;

Émile DAVOUST, sous-lieutenant aux guides. »

---

La *Feuille hebdomadaire militaire* de Berlin publie une nouvelle liste de 28 officiers français, prisonniers de guerre, qui ont manqué à leur parole d'honneur en s'évadant :

1. Capitaine *Martin*, du 91ᵉ régiment de ligne, évadé de Gœrlitz.
2. Lieutenant *Chériau* (1), du 10ᵉ, — de Gœrlitz.
3. Lieutenant *Cazes*, du 12ᵉ, — de Gœrlitz.
4. Lieutenant *Ledoux*, et
5. Lieutenant *Douradou*, du 4ᵉ régiment d'artillerie, — de Gœrlitz.
6. Lieutenant *Lemesle* (2), du service de camp, — de Cologne.
7. Lieutenant *Soulice*, et
8. Sous-lieutenant *Pavot*, du 3ᵉ régiment de tirailleurs algériens, — de Cologne.
9. Sous-lieutenant *Tasson*, du 13ᵉ régiment de ligne, — de Cologne.
10. Lieutenant *Cannes* (3), et
11. Sous-lieutenant *Brillet* (4), du service de subsistances, — de Cologne.
12. Chef de bataillon *Loizollon* (5) de l'état-major, — de Trèves.
13. Lieutenant-colonel *Fourchault* (6), et
14. Capitaine *Schwab* (7) du 1ᵉʳ régiment du génie, — de Mayence.
15. Capitaine *Perre* (8), du 5ᵉ régiment de zouaves, — de Mayenne (cet officier

---

(1) Aucun officier du nom de Chériau ne figure à l'*Annuaire militaire* de 1870.
(2) Lemesle (Arthur), adjudant d'administration (campement).
(3) Cade (Ernest), adjudant d'administration (subsistances militaires).
(4) Brillet (Camille), adjudant d'administration (subsistances militaires).
(5) Loizillon (Pierre-Henri), chef d'escadron au corps d'état-major.
(6) Fourchault (Alexandre), lieutenant-colonel au corps d'état-major.
(7) Schwaab, capitaine en premier.
(8) Perret (Eugène).

avait obtenu une permission de 24 heures, et c'est pendant ce temps que manquant à sa parole, il a déserté).
16. Lieutenant *Costa*, du 21ᵉ régiment de ligne, — de Wiesbaden.
17. Capitaine *Rovel*, du 5ᵉ régiment d'artillerie, — de Burg.
18. Sous-lieutenant *Bizot*, du 5ᵉ régiment de dragons, — d'Aix-la-Chapelle.
19. Capitaine *Haillot* (9), et
20. Lieutenant *Chiny*, du génie, — d'Aix-la-Chapelle.
21. Lieutenant *Jumières* (10), et
22. Lieutenant *Pistolet* (11), du train d'artillerie de la Garde, — d'Aix-la-Chapelle.
23. Lieutenant *Pinet*, et
24. Lieutenant *Morvan*, du 1ᵉʳ régiment de voltigeurs de la Garde, — d'Aix-la-Chapelle.
25. Sous-lieutenant *Monnot*, du 5ᵉ régiment de tirailleurs, — d'Aix-la-Chapelle.
26. Lieutenant *Marchesau* (12), du 91ᵉ régiment de ligne,—d'Altona (cet officier a essayé de s'enfuir sous des vêtements de femme ; il a été repris à la gare du chemin de fer).
27. Capitaine *Seupel*, du 1ᵉʳ régiment de zouaves, — d'Erfurt.
28. Capitaine *Duchêne*, du 1ᵉʳ régiment de tirailleurs algériens, — d'Erfurt. (Ces deux derniers officiers ont été repris à Aix-la-Chapelle.)

Cette liste, ajoutée aux deux précédentes déjà publiées, porte à 105 le nombre des officiers français prisonniers de guerre, — dans les villes de l'Allemagne du Nord seulement, qui se sont évadés en manquant à leur parole d'honneur.

Le colonel français *Saussier* (13), qui s'était évadé de la forteresse de Graudenz et avait passé la frontière à Gollub, a été livré par les autorités russes et ramené à Thorn.

## LES SOLUTIONS.

Puisque les Français, ou du moins ceux qui les gouvernent, ne veulent pas entendre prononcer le mot de *la paix*, on se demande, en Allemagne, *comment*, après la prise, plus ou moins prochaine de Paris, les armées allemandes victorieuses devront continuer la guerre. La *Gazette de Spener*, dans l'article suivant, propose une solution qui a eu d'assez nombreux partisans, croyons-nous, dès le lendemain de la chute de Strasbourg et de Metz :

« ... Devons-nous supposer que la chute de Paris ouvrira enfin les yeux au plus grand nombre des Français, et leur dé-

---

(9) Haillot (Alfred), capitaine au corps d'état-major.
(10) Junière (Jean).
(11) Pitoizet (François).
(12) Marchezan (Ollivier).
(13) Saussier (Félix-Gustave), colonel du 11ᵉ de ligne.

montrera l'inutilité d'une plus longue résistance, la folie de s'acharner à une lutte qui, en se prolongeant, rend plus difficiles à guérir les blessures de la France ? Se laisseront-ils plus longtemps opprimer par la dictature de quelques individus qui se préoccupent beaucoup plus de leur rôle dans l'avenir que du sort de leur pays ?

« ... Il est possible que la perte de volonté, produite en France par des désastres que la nation elle-même s'est attirés, et qui se manifeste moins, il est vrai, par le défaut d'action que par le manque de propre réflexion et de propre décision, — il est possible, disons-nous, que cette sorte d'atonie morale ne soit pas secouée par la chute de Paris et qu'alors même le peuple français ne recommence pas à penser et à vouloir par lui-même. Sans doute, la majorité des Français a impérieusement besoin de la paix, et tous ses instincts, on ne peut le méconnaître, la poussent dans ce sens. Mais pour arriver à la paix, il faut aujourd'hui quelque chose comme une révolution, comme l'institution d'un nouveau gouvernement. Si familiers que soient les Français avec les changements de ce genre, et quelque peu d'apparence qu'il y ait que ce peuple se défasse dans l'avenir de ses habitudes révolutionnaires si peu favorables cependant à sa santé politique, — dans le moment présent la France ne semble pas capable de recourir à ce moyen qu'elle emploie d'habitude comme un remède universel à toutes ses souffrances et même à tous ses malaises.

« Dans cette situation, les chefs de l'armée allemande ont à déterminer eux-mêmes comment la guerre se dénouera. On pourrait imaginer qu'après avoir détruit les derniers éléments de résistance, nous étendissions à toute la France l'occupation militaire. Une tâche si colossale, dépassant tout ce qui s'est fait dans l'histoire de la guerre, ne serait pourtant pas au-dessus de nos forces, grâce aux puissantes ressources que l'Allemagne peut tirer d'elle-même s'il le faut, et à notre parfaite organisation militaire. Mais toutes les forces dont nous pouvons militairement disposer ne résoudraient pas d'autres difficultés de l'entreprise. Il faudrait placer la France entière sous une administration civile allemande, — d'abord pour prévenir la complète dissolution sociale du pays, que l'Allemagne ne peut souhaiter, — ensuite pour assurer l'entretien de nos troupes sur le sol étranger et pour commencer à faire payer l'indemnité de guerre.

« ... La considération des difficultés à cet égard doit tourner vers une autre solution la pensée des chefs de l'Allemagne. Après la prise de Paris, l'armée allemande peut choisir les plus riches provinces de la France pour les occuper en masse, sûrement et d'une manière inattaquable. De même, elle peut assurer contre toute attaque ses communications avec l'Allemagne et avec les provinces dont nous pensons conserver la possession. Alors les chefs français qui ne veulent pas entendre parler de paix, devront réunir de nouvelles masses armées pour les conduire contre les positions allemandes, où elles se briseront sans gloire et sans fruit.

« ... Nous avons conquis par nos armes la maison de l'ennemi ; c'est dans sa maison, non pas dans la nôtre, que nous nous défendrons, en renonçant à le poursuivre dans tous les coins de son jardin et de son champ. A lui de voir combien de temps il peut se passer de cette maison, et jusques à quand sa fortune, ses affaires, les conditions de son existence lui permettent d'endurer un tel état de choses. Nous pouvons, quant à nous, le soutenir tant qu'il plaira aux Français. Rien ne nous empêche, d'ailleurs, dans cette position défensive, de reprendre à tout moment l'offensive, soit pour briser de nouvelles forces levées par les Français, soit pour reprendre, après l'épuisement complet de l'ennemi, possession, s'il nous plaît, du reste de son territoire... »

Le journal de Berlin, que nous venons de citer, a omis un des principaux avantages de cette solution *défensive*, — ce serait de laisser les Français à eux-mêmes, de les livrer à leurs dissensions intérieures, entre les trois partis monarchiques, la république actuelle et la démocratie rouge.

LE JUGEMENT D'UN ANGLAIS.

Un Anglais résidant à Paris adresse au *Times* une lettre où il caractérise en ces termes la manière dont les Français font la guerre :

« ..... Des francs-tireurs se sont enorgueillis devant moi de l'adresse avec laquelle ils savent se déguiser, se métamorphoser de soldats en paysans et réciproquement. Comment s'étonner après cela si les Allemands prennent les mesures les plus rigoureuses contre la traîtrise de pareilles gens? *Le sentiment de l'honneur, parmi le peuple français, est tombé au plus bas.* De toutes les trahisons imaginables commises envers les Allemands on se vante comme d'actions méritoires, et personne ne se croit plus lié par sa parole d'honneur. Les autorités rivalisent les unes avec les autres en fait de mensonges éhontés, dont elles se servent pour attiser la guerre et pousser le peuple au combat.

« C'est l'honneur de l'Angleterre de n'avoir pas détourné ses sympathies de la bonne cause. »

---

CHRONIQUE DE LA GUERRE FRANCO-ALLEMANDE 1870.

4 *août*. Brillante victoire de la III<sup>e</sup> armée, sous les yeux du Prince Royal de Prusse; Wissembourg et le Geisberg, situé en arrière de cette ville, sont pris d'assaut par les régiments prussiens 5 et 11 et par le 2<sup>e</sup> corps d'armée bavarois. La division française Douay, du corps de Mac-Mahon, est rejetée en désordre, abandonnant ses tentes de campement. Le général Douay est tué.

— La souscription publique ouverte pour l'emprunt fédéral donne déjà, aux 3 et 4 août, un total de 68,500,000 thalers.

— Les Français, près Burbach, font un feu de grenades sur le train de chemin de fer allant de Burbach à Trèves.

— La division badoise, sur la rive gauche du Rhin, s'avance du Palatinat vers le Sud et franchit la frontière française. Son quartier général est à Lauterbourg. Reconnaissance faite par les troupes badoises à Selz sur la rive gauche du Rhin, à 1 mille 1/2 au sud de Lauterbourg, 5 milles 1/2 au nord-est de Strasbourg.

5 *août*. L'armée (III<sup>e</sup>) du Prince Royal de Prusse, victorieuse à Wissembourg, continue sa marche en avant sur le territoire français, sans rencontrer de résistance sérieuse.

— Combat des troupes badoises sur la rive gauche du Rhin à Munchausen (vis-à-vis de Steinmauern).

— Les Français détruisent avec des grenades les bâtiments de la station à Saint-Jean, près Saarbruck.

— Une escadre de la flotte cuirassée française passe devant Korsoer (dans l'île de Seeland, sur le grand Belt), naviguant au Sud.

— Dans Paris grande agitation produite par la nouvelle de la victoire des Prussiens à Wissembourg.

6 *août*. Grande victoire de la III<sup>e</sup> armée, sous les ordres du Prince Royal de

Prusse, remportée à Wœrth (2 milles 1/2 au sud-ouest de Wissembourg) sur le corps (I.) du maréchal Mac-Mahon, qui était renforcé par des divisions du corps de Failly (V.) et du corps Canrobert (VI.). Du côté des Français le général Colson, chef de l'état-major de Mac-Mahon est tué; le général Raoul, disparu. Six mille Français prisonniers.

— Les têtes de colonnes prussiennes de la I<sup>re</sup> armée s'étant, le 5 août, approchées de la Saar, le général de Kameke attaque (le 6) avec la 14<sup>e</sup> division le corps Frossard et 2 divisions d'autres corps français, à l'ouest de Saarbrück, dans des positions retranchées sur les hauteurs de Spicheren. Avec l'appui de détachements de la 16<sup>e</sup> division et des 5<sup>e</sup> et 6<sup>e</sup> divisions de la II<sup>e</sup> armée, les positions ennemies sont enlevées par les troupes prussiennes sous le commandement du général Gœben, et les Français sont forcés de battre en retraite. Le commandant de la 27<sup>e</sup> brigade d'infanterie (prussienne), général-major de François, est tué. Le général de Steinmetz prend, vers le soir, le commandement général.

— Par suite de la double victoire des troupes allemandes à Wœrth et à Spicheren sur les deux ailes de l'armée française, celle-ci fait un mouvement rétrograde sur toute la ligne et se replie à l'intérieur du territoire français. — En évacuant Saarbruck, les Français lancent des bombes sur cette ville.

— Ordre à l'armée, adressé par le Prince Frédéric-Charles de Prusse (Hombourg, en Bavière rhénane) aux soldats de la II<sup>e</sup> armée, à l'occasion de l'entrée de cette armée sur le sol français.

— Sa Majesté la Reine Augusta adresse une lettre de remerciment et de sympathie à M. Moynier, président de la société internationale de secours, à Genève.

— La flotte française est en vue devant Bulk (baie de Kiel).

— Le premier convoi de prisonniers français traverse Berlin.

— A Paris, agitation fiévreuse causée par des bruits de Bourse, dont la fausseté est bientôt reconnue, annonçant une victoire remportée par les Français. Proclaclamation du conseil des ministres recommandant le calme et l'ordre.

— Les troupes françaises, qui occupaient les États de l'Église, s'embarquent à Civita-Vecchia.

7 *août*. Le quartier général du Roi est établi à Hombourg (Bavière rhénane).

— Combats des troupes bavaroises à Niederbronn (5 milles 1/2 au sud de Bitsch), et de la cavalerie wurtembergeoise à Reichshofen (entre Bitsch et Haguenau) contre des détachements du corps en retraite de Mac-Mahon.

— La I<sup>re</sup> armée occupe Sarreguemines et Forbach, la III<sup>e</sup> Haguenau.

— Le Prince Frédéric-Charles de Prusse (II<sup>e</sup> armée), établit son quartier-général à Blieskastel.

— Service d'actions de grâces dans l'église métropolitaine de Berlin. On tire ensuite le canon pour la victoire de Wœrth.

— Jour de pénitence et de prière dans le grand-duché de Mecklembourg-Schwerin et dans le royaume de Bavière.

— Une partie de la flotte française, devant Bulk, navigue au sud de Fehmarn.

— A Paris est publié un télégramme de l'Empereur qui avoue la perte des deux batailles. L'impératrice rentre à Paris et publie une proclamation, par laquelle tous les bons citoyens sont invités à maintenir l'ordre. Le département de la Seine est déclaré en état de siége; le Corps législatif et le Sénat sont convoqués pour le 11 août.

8 *août*. Ordonnance de la Présidence fédérale, concernant la défense d'exportation et de transit des armes, munitions de guerre, plomb, soufre et salpêtre.

— Proclamation du Roi aux troupes franchissant la frontière de France.

— Ordre à l'armée — du commandant en chef de la 1re armée, — général de Steinmetz (daté de Vœlklingen).

— La cavalerie de la division badoise s'avance jusqu'aux portes de Strasbourg et coupe le chemin de fer et les télégraphes sur la ligne de Strasbourg à Lyon.

— La Chambre hessoise exprime à l'unanimité sa reconnaissance aux chefs des armées allemandes pour la puissante défense opposée par eux à l'attaque criminelle tentée contre les frontières de l'Allemagne.

— Proclamation des ministres à Paris, provoquant le peuple à se lever en masse. La convocation du Corps législatif est avancée au 9 août.

— Sa Majesté la Reine Augusta joint ses remercîments à ceux que le comité central de l'association allemande de secours aux blessés et malades militaires adresse à la ville de Brême pour ses envois considérables.

— Sa Majesté la Reine Augusta envoie au gouverneur général à Coblence deux médailles d'or pour le poëte et pour le compositeur de la chanson : « La garde sur « le Rhin (1). »

9 août. On mande du quartier général établi à Hombourg (Bavière rhénane) que le Roi a conféré au Prince Royal pour la victoire de Wissembourg la Croix de fer de seconde classe.

— Saint-Avold (sur le chemin de fer de Saarbruck à Metz) est occupé par nos troupes. Les patrouilles prussiennes poussent jusqu'à deux milles devant Metz.

— La forteresse Lutzelstein (La petite pierre) est occupée par la IIIe armée et le fort Lichtenberg (au nord-ouest de Haguenau) est bombardé par l'artillerie allemande.

— Le commandant de la place de Strasbourg, que les troupes allemandes ont complétement investie, est sommé de se rendre par le général de Beyer; il répond par un refus.

— Avis est publié par le ministre des finances Camphausen, que la France a cessé de traiter les provenances du *Zollverein* sur le pied des nations les plus favorisées, et que, par suite, les vins français, qui, à partir du 10 de ce mois, seront importés sur le territoire de l'Union douanière, payeront un droit d'entrée de 4 thalers le quintal.

— Le maréchal Bazaine prend le commandement en chef de l'armée française.

— Une seconde escadre cuirassée française passe devant Douvres, naviguant vers l'Est. *(A suivre.)*

---

## L'OPINION EN FRANCE.

« Les propriétaires ne sont pas non plus épargnés. Tout récemment, le *Grafron* publiait, à la veille de la dernière échauffourée, la liste des principaux capitalistes de Lyon. Les riches sont attaqués tous les jours par les clubistes et les feuilles ra

---

(1) Le poëte auteur de cette chanson, est Max Schneckenburger, de Wurtemberg, mort en Suisse, en 1851, — et le compositeur, Charles Wilhelm, de Schmalkalden. La médaille envoyée par la Reine pour le poëte a été remise à la famille Schneckenburger.

dicales. En présence de ces attaques et de la gabegie de nos finances, du mauvais usage qu'on fait, dans certaines villes, de l'argent des souscriptions, le capital a pris peur et, à Lyon, à Grenoble, à Valence, à Roanne, à Saint-Chamond, à Béziers, par exemple, les emprunts de guerre n'ont pas été couverts ; la ladrerie des riches a alors été signalée aux socialistes de l'*Internationale*. Dans le courant de novembre, le *Courrier de Roanne*, journal des deux sous-préfets Brisseu et Audiffret, — car à Roanne il y a deux sous-préfets, — a publié, sous ce titre la *Réaction*, un article « AUX OUVRIERS, » où il est dit :
« *Si vous continuez à vouloir manger tous les jours, vous êtes invi-*
« *tés à aller vous expliquer avec les notabilités financières, que*
« *vous connaissez comme nous et que nous n'avons pas besoin de*
« *vous désigner !* »

« L'un de ces sous-préfets, le sieur Audiffret, a menacé des gendarmes M. Genton, un maire d'une des communes de son arrondissement ; mais ce courageux député du Gard lui a répondu de telle sorte que la ridicule menace en est restée là jusqu'à présent.

« Au reste, la réaction empêche, paraît-il, nos révolutionnaires de dormir. Le préfet de l'Ain, le citoyen Puthod, l'a, dans une affreuse proclamation, menacée de la hache, — oui, *de la hache !* — et dans un discours prononcé à Montauban, le citoyen Duportal, déjà nommé, a dit : « *Armez-vous de dé-*
« *fiance, de haine, de colère et de rage contre les royalistes, les*
« *Prussiens de l'intérieur, et, la guerre une fois terminée, je me*
« *mettrai à votre tête pour les exterminer !* » Plus récemment, il y a quelques jours à peine, la commission municipale de Bordeaux a, sur la proposition du docteur Paulet, voté à l'unanimité, contre cette même réaction, une adresse qui demande impérativement que « tout ce qui fait obstacle à la République soit mis à l'écart, » ce que le *Courrier de la Gironde* qualifie de « politique de valets de bourreau ! » L'*Indépendant* de Constantine a bien mis à prix impunément les têtes de Napoléon III, de Bazaine, de Lebœuf et de Canrobert ! Est-ce assez sauvage ?...

« Il y a bien une presse honnête qui fulmine contre ces

ignominies, mais ou elle est *avertie*, comme le *Conservateur*, d'Auch, ou l'objet de manifestations hostiles, comme la *Liberté* à Bordeaux, le *Salut public* à Lyon et le *Journal de Mâcon*, ou bien encore elle est suspendue comme la *Gazette du Midi* à Marseille et l'*Éclaireur*, de Saint-Étienne. Voilà en effet comme la République de 1870 comprend la liberté de la presse ! Aux déclarations hypocrites de M. Crémieux, du haut des balcons d'où il discourt sans cesse, à ses phrases creuses sur « le règne de la loi, » je préfère ces aveux brutalement francs de l'*Éclaireur*, organe du citoyen César Bertholea, préfet de la Loire : « Nous ne pouvons rester dans la légalité ; elle tuerait la République... *Périsse plutôt la France tout entière que de voir compromettre la République !* »

« Telle n'est pas, Dieu merci, l'opinion du Midi, et vous n'en douterez pas, je pense, après cette revue suffisamment circonstanciée, ce me semble, des errements républicains. On a pu tout d'abord consentir à laisser la République essayer de sauver la France, selon le programme de la défense nationale ; mais, comme on commence à s'apercevoir qu'il pourrait bien s'agir pour la France de sauver à tout prix la République, cette République de socialistes, on commence aussi à se plaindre et à réagir. Il est vrai que les plaintes sont de temps en temps couvertes par le bruit du canon ou, à la nouvelle d'un parent, d'un ami tué ou blessé, elles vont se perdre dans quelques sanglots ; mais la réaction n'en existe pas moins, si elle n'est pas encore éclatante. ON EST LAS DE CETTE DICTATURE, ON NE VEUT PLUS DE CE DESPOTISME, et, en signant le décret du 25 courant, qui remplace les Conseils généraux par des commissions départementales au choix des préfets, la délégation de Bordeaux pourrait bien, ainsi que je vous le faisais pressentir dans le post-scriptum de ma lettre du 28, avoir signé sa propre condamnation devant le suffrage universel et le commencement de la fin. »

(*Drapeau.*) VERITAS.

N° 68. — MERCREDI 18 JANVIER 1871.

## PARTIE OFFICIELLE.

#### COMMUNICATION OFFICIELLE.

VERSAILLES, 17 janvier. — Le 15, le général de Werder a été attaqué par plusieurs corps au sud de Belfort. Dans un combat qui a duré neuf heures, il a repoussé victorieusement toutes les attaques de l'ennemi. Nos pertes sont de 300 hommes.

Devant Paris, l'ennemi est entré en lice avec de nouvelles batteries construites au front sud. Nous avons répondu avec succès au feu de ces batteries en perdant 2 officiers et 7 hommes.

---

Le 15, le major de Koppen, du 77ᵉ régiment, a livré un combat d'une heure et demie contre 1.000 gardes mobiles, près de Marac, au nord-ouest de Langres. Ces gardes mobiles ont été rejetés, en pleine déroute, sur Langres, en perdant un drapeau.

D'après les rapports de la seconde armée arrivés jusqu'à ce jour, nos pertes totales en morts et blessés dans les combats victorieux livrés du 6 jusqu'au 12, se montent à 177 officiers et 3.203 hommes. — Quant à l'ennemi, il a perdu jusqu'à présent 22,000 prisonniers non blessés, 2 drapeaux, 19 pièces d'artillerie, plus de 1,000 voitures chargées et quantité d'armes, de munitions et de matériel de guerre.

Devant Paris, le feu de nos batteries continue avec succès et avec des pertes minimes de notre côté.

---

Le Gouverneur général porte à la connaissance des autorités et des habitants des six départements composant le Gouvernement général du Nord de la France, les décrets et ordonnances qui suivent :

DÉCRET ROYAL ORDONNANT L'ABOLITION DE LA CONSCRIPTION.

Nous, Guillaume, Roi de Prusse, nous avons arrêté et arrêtons ce qui suit :

Art. 1ᵉʳ. — La conscription est abolie dans toute l'étendue du territoire français occupé par les troupes allemandes.

Art. 2. — Les agents des autorités civiles qui contreviendraient à la disposition contenue dans l'article précédent, soit en opérant ou en facilitant le tirage des conscrits, soit en les engageant à s'y soumettre ou en leur délivrant des ordres de départ, ou par tout autre moyen, quel qu'il soit, seront destitués de leurs fonctions et détenus en Allemagne jusqu'à ce qu'il soit statué ultérieurement sur leur mise en liberté.

Art. 3. — Les généraux commandant les différents corps des armées allemandes sont chargés de veiller à l'exécution du présent décret, qui acquerra force de loi pour chaque département occupé par les troupes allemandes, aussitôt qu'il sera affiché dans une des localités qui en font partie.

Donné à notre quartier général de Saint-Avold, le 13 août 1870.

GUILLAUME.

---

ORDONNANCE CONCERNANT LA CONSCRIPTION.

Nous, Gouverneur général des départements du Nord de la France, avons ordonné et ordonnons ce qui suit :

1° Les Maires dresseront immédiatement la liste des personnes appartenant à leurs communes, et qui, y étant présentes, sont, d'après les lois françaises, sujettes à la conscription, tant pour l'armée que pour la garde nationale mobile.

2° Les Maires dresseront en même temps une liste des hommes de la commune qui n'ont pas dépassé leur quarante-sixième année, qu'ils aient été ou non sujets à la conscription.

3° Les maires présenteront une copie de ces listes d'aujourd'hui en huit jours à MM. les Préfets, Sous-Préfets ou aux fonctionnaires suppléants (militaires ou civils).

4° En cas de départ clandestin ou d'absence non motivée d'un individu porté sur les listes ci-dessus mentionnées, les parents et tuteurs ou les familles seront frappés d'une amende de 30 fr. pour chaque individu absent et pour chaque jour d'absence.

5° Nos autorités civiles et militaires seront chargées de faire des perquisitions domiciliaires chez les individus inscrits sur les listes, afin de s'assurer de la stricte exécution des ordres ci-dessus publiés.

*Le Gouverneur général,*
DE FABRICE.

Versailles, le 16 janvier 1871.

---

ORDONNANCE CONCERNANT LA RESPONSABILITÉ DES COMMUNES EN CAS D'ATTAQUE DES SOLDATS ALLEMANDS OU DES TRANSPORTS.

Toutes les fois que des individus, ne faisant pas partie de l'armée française, causeront des dégâts sur les routes, les chemins de fer, aux télégraphes et dans les rues ou bien attaqueront des troupes, des détachements ou des convois, ces malfaiteurs passeront par un conseil de guerre, et les communes dans le district desquelles les dégâts auront été commis en seront responsables.

Si une commune est condamnée à des dommages et intérêts, l'amende sera proportionnée au nombre des habitants, à leurs moyens et à la gravité du crime.

Chaque dégât commis sur un chemin de fer entraînera une amende de 2,000 francs et chaque dégât commis sur un télégraphe une amende de 300 francs au moins.

D'ordinaire, c'est le commandant général qui fixe la peine portée par la loi; mais en cas d'urgence, chaque commandant a le droit d'en connaître et de mettre la sentence à exécution.

*Le Gouverneur général,*
DE FABRICE.

Versailles, le 16 janvier 1871.

---

AVIS.

Le chef de l'état-major général au quartier général de Sa Majesté le Roi a fait publier l'avis suivant :

« Dans le cas où des dégradations préméditées auraient

endommagé des lignes de chemins de fer et occasionné quelques accidents aux voyageurs, MM. les gouverneurs généraux et les inspecteurs généraux d'étape chargeront les autorités subalternes de dresser procès-verbal et de faire un rapport de concert avec les employés de chemins de fer. Elles feront obtenir une indemnité conforme à celles qui sont payées en temps de paix et dans des circonstances analogues, soit aux individus blessés, soit à leurs familles. Cette indemnité sera levée dans les districts où l'accident s'est produit, et en dehors de l'amende ultérieure. »

Versailles, le 16 janvier 1871.

*Le Gouverneur général,*
DE FABRICE.

---

### ORDONNANCE CONCERNANT LES PRISONNIERS DE GUERRE ET LA DÉFENSE DE PORTER DES ARMES.

Par ordre du Roi, commandant en chef les armées allemandes, tout prisonnier de guerre, pour être traité comme tel, doit justifier de sa qualité de soldat français, en établissant que, par un ordre émanant de l'autorité légale et adressé à sa personne, il a été appelé sous les drapeaux et porté sur les rôles d'un corps militairement organisé par le gouvernement français; en même temps sa qualité de soldat faisant partie de l'armée active doit être indiquée par des insignes militaires et uniformes inséparables de sa tenue, et reconnaissables à l'œil nu et à portée de fusil.

Les individus qui auront pris les armes en dehors d'une des conditions ci-dessus indiquées, ne seront pas considérés comme prisonniers de guerre. Ceux-ci, ainsi que tout individu portant une arme, seront jugés par un conseil de guerre, et, s'ils ne se sont pas rendus coupables d'une action qui entraîne une punition plus sévère, condamnés à dix années de travaux forcés en Allemagne.

Versailles, le 16 janvier 1871.

*Le Gouverneur général,*
DE FABRICE.

AVIS CONCERNANT LE TARIF DES MONNAIES ALLEMANDES.

| | |
|---|---|
| 1 thaler prussien vaut | 3 fr. 75 c. |
| 1 florin bavarois | 2    15 |
| 1 florin autrichien | 2    50 |
| 8 gros (groschen allemand) valent | 1    » |

Les billets de banque ont la même valeur.

Tous les Français recevront ces valeurs dans les transactions individuelles avec les troupes et les citoyens allemands au taux ci-dessus indiqué, sous peine d'une amende de 100 fr. ou d'un emprisonnement en cas de refus.

Versailles, le 16 janvier 1871.

*Le Gouverneur général,*
DE FABRICE.

---

CIRCULAIRE.

Sa Majesté le Roi de Prusse, commandant en chef des armées allemandes, ayant daigné me nommer commissaire civil auprès du gouvernement général du nord de la France, je viens de prendre possession de mon poste.

Appelé à diriger l'administration civile des départements de Seine-et-Oise, de l'Oise, de la Somme, de la Seine-Inférieure, d'Eure-et-Loir et du Loiret, en tant qu'ils sont et seront occupés par les troupes allemandes, je prendrai à tâche de rétablir l'ordre troublé par les événements des derniers mois, et de répartir d'une manière équitable les charges imposées aux habitant pour l'entretien des troupes et le rétablissement du matériel de guerre.

J'espère que les autorités communales, dans l'intérêt de leurs communes, me seconderont dans mes efforts en se soumettant de bonne volonté aux mesures que prendra le gouvernement général pour arriver au but proposé.

J'ai le ferme espoir que mes ordres seront respectés et dûment exécutés, autant de la part des autorités que des habitants des contrées dont l'administration m'est confiée, et que, pour sauvegarder mon autorité, je ne me verrai point forcé de recourir à des moyens que je n'emploierais qu'à regret.

Versailles, le 16 janvier 1871.

Le Commissaire civil,<br>
DE NOSTILZ WALLITZ,<br>
*Conseiller intime des finances de*<br>
*Sa Majesté le roi de Saxe.*

---

## PARTIE NON OFFICIELLE.

### LE BOMBARDEMENT DE PARIS.

Une correspondance allemande de l'*Echo du Parlement* (Bruxelles) dit au sujet du bombardement de Paris :

« ... Demain nous viendra peut-être la nouvelle que l'action se trouve complétée par le bombardement du mont Valérien. Alors, sur un pourtour d'une trentaine de lieues, avec 500 pièces au moins du plus grand calibre s'exécutera la plus formidable opération militaire dont le monde ait été témoin.

« L'artillerie Krupp est irrésistible, dit-on. Et puis le bombardement se fait dans des conditions telles que l'on est en droit, comparaison faite avec ses succès précédents, d'en attendre des résultats presque immédiats.

« Si le temps de l'action a été retardé, il n'a pas été perdu. Ces quatre mois ont permis le transport de munitions suffisantes pour détruire Paris de fond en comble deux fois. Aux 500 pièces déjà manœuvrant, on peut, si le besoin s'en fait sentir, recourir à une réserve de 400 à 500 autres pièces. Le général von Hindersin, inspecteur de l'artillerie, a pris des mesures pour que chacune de ces pièces puisse, sans interruption, lancer 500 projectiles.

« Il neigeait le 27 décembre, quand on a bombardé Avron, cela aura sans doute occasionné plus d'un tir inutile; si le beau temps se maintient, tous les coups porteront, car les artilleurs prussiens se font fort d'atteindre à 8,000 pas leur but au troisième pointage. Si cette énorme distance leur donne déjà cette précision, ils auront plus de certitude encore à tirer des positions qu'ils occupent, celles-ci n'étant pour la plupart éloignées des forts que de 4 à 5,000 pas.

» L'artillerie de marine des Français a, de notoriété, une plus grande portée que celle de Krupp, comme les chassepots ont, sous ce rapport, l'avantage sur les fusils à aiguille. Mais les pointeurs français sont reconnus beaucoup moins adroits que les pointeurs prussiens. Les premiers atteignent jusqu'à 11,000 pas, seulement presque toujours à côté du point de mire ; puis on a observé que la moitié de leurs obus n'éclatent pas... »

---

### CHRONIQUE DE LA GUERRE FRANCO-ALLEMANDE 1870.

10 *août*. L'état de siège est proclamé, en France, pour les départements des I<sup>re</sup>, III<sup>e</sup>, VII<sup>e</sup> divisions militaires et d'une partie de la VIII<sup>e</sup>.

— A Londres est signé entre le comte Bernstorff (ambassadeur de la Confédération du Nord) et lord Granville un nouveau traité concernant la neutralité de la Belgique.

— Le quartier général du Roi est transféré à Saarbrück.

— L'armée française continue, sur tous les points, sa retraite dans la direction de la Moselle ; elle est suivie par la cavalerie allemande. Celle-ci a déjà franchi les lignes de Saarunion, Gros-Tenquin, Faulquemont, Fouligny, les Étangs.

— Le *Moniteur prussien* publie une lettre du comte Benedetti au président du Conseil des ministres comte de Bismarck, datée du 5 août 1866, avec le projet y joint d'une convention secrète proposée par le gouvernement français et ayant pour objet la cession de la rive gauche du Rhin à la France.

— Dépêche du chancelier fédéral (en son lieu et place, de Thile), par laquelle le susdit projet de convention du 5 août 1866 est communiqué aux agents diplomatiques de la Confédération de l'Allemagne du Nord.

— Le comte Palikao fait connaître au Corps législatif les noms des nouveaux ministres.

11 *août*. Le quartier général du Roi est à Saint-Avold.

— Proclamation du Roi de Prusse au peuple français.

— Le Prince Royal de Prusse, au nom du Roi de Prusse et des souverains alliés, remercie, dans un ordre du jour, la III<sup>e</sup> armée de la bravoure qu'elle a montrée à Wissembourg et à Wœrth.

— Avis est donné par le ministre des finances Camphausen, que toutes les marchandises qui se trouvent dans la libre circulation du *Zollverein*, pourront passer en franchise la frontière des parties de la France occupées par les armées allemandes.

— En France est publiée la loi (votée le 10 par le Corps législatif) concernant l'augmentation des forces militaires.

— Lord Granville adresse une dépêche circulaire aux représentants de l'Angleterre à l'étranger pour répondre aux plaintes élevées du côté de l'Allemagne sur une prétendue partialité dans l'observation de la neutralité anglaise.

— Le Corps législatif de France adopte la motion de réorganiser la garde nationale d'après la loi de 1851; il approuve aussi le projet de loi qui élève le crédit de guerre à un milliard de francs et qui introduit le cours forcé du billet de banque. (Ces lois sont publiées dès le lendemain, 12 août.)

12 *août*. La cavalerie des armées allemandes s'est avancée jusque devant Metz, Pont-à-Mousson et Nancy. Le 1ᵉʳ corps bavarois bivouaque à Dimeringen (près Saarunion). La forteresse de Lichtemberg capitule.

— Circulaire du sous-secrétaire d'État de Thile aux envoyés de la Confédération près les Cours allemandes du Sud, — qui rectifie une assertion non conforme à la vérité contenue dans la dépêche du duc de Gramont, en date du 5 août, d'après laquelle le comte de Bismarck aurait manifesté la crainte d'une alliance éventuelle des États allemands du Sud avec l'Autriche.

— Le maréchal Bazaine est nommé généralissime de l'armée du Rhin, le général Trochu commandant en chef d'un 12ᵉ corps d'armée français qui doit être formé à Châlons, et le général Vinoy commandant en chef d'un 13ᵉ corps qui sera formé à Paris. Le général Lebœuf cesse d'être chef de l'état-major général.

— Une flotte cuirassée française paraît dans les eaux d'Héligoland.

— Le Sénat français approuve les lois adoptées, le 11 août, par le Corps législatif.

— Le ministre Chevreau informe le Corps législatif français que le gouvernement prend des mesures pour expulser du territoire de France tous les sujets allemands.

13 *août*. Le quartier général du Roi est à Faulquemont (5 milles de Metz). Sa Majesté, avec sa suite militaire personnelle, occupe le château de Herny (4 milles de Metz).

— Proclamation du Roi, qui supprime la conscription dans toutes les parties du territoire français occupées par les armées allemandes.

— Le lieutenant général de Werder est nommé commandant en chef d'un corps d'armée qui doit être concentré à Haguenau.

— La cavalerie allemande coupe le chemin de fer à Frouard, au nord de Nancy, sur la rive gauche de la Moselle.

— Trois petits combats victorieux sont livrés par la division badoise devant Strasbourg.

— Le commandant de l'escadre française croisant devant Héligoland, vice-amiral Fourichon, informe le gouverneur de l'île, ainsi que le consul anglais à Cuxhaven, que les côtes allemandes de la mer du Nord, au sud de l'île Baltrum, sont déclarées, à partir du 15 août, en état de blocus.

14 *août*. Combat victorieux des troupes du 7ᵉ et du 1ᵉʳ corps d'armée près de Metz (Courcelles) contre les corps français : Decaen (3ᵉ), Frossard (2ᵉ) et Ladmirault (4ᵉ). Les Français évacuent la rive droite de la Moselle et sont rejetés derrière les ouvrages fortifiés de Metz.

— Reconnaissance prussienne dirigée contre la ville de Toul. Cette place est sommée de se rendre.

— Rencontre des avant-postes badois et de la garnison de Strasbourg, près de cette ville.

---

LES BIBLIOTHÈQUES DE STRASBOURG.

D'après des renseignements exacts, la destruction des bibliothèques de Strasbourg ne serait malheureusement que trop réelle. On se demande comment il ne soit venu à l'esprit de personne de mettre en sûreté dans les caves les trésors que renferme le *Temple-Neuf*. Les dix jours qui ont suivi l'avertissement du bombardement de la place eussent amplement suffi à la besogne. La bibliothèque de la ville et celle du séminaire protestant renfermaient un grand nombre d'incunables, de manuscrits ou d'ouvrages rares.

La plus ancienne de ces deux bibliothèques était celle dite du séminaire protestant. Elle provenait de l'université protestante fondée pour la ville de Strasbourg en 1531, et s'était considérablement accrue jusque vers l'année 1803.

On y avait affecté une partie principale du *Temple-Neuf* (ancienne église des Dominicains, bâtie en 1254, et prise durant la Réforme par les protestants). Quand la cathédrale de Strasbourg fut rendue au culte catholique par Louis XIV, la vieille église dominicaine fut cédée par les protestants et reçut le nom de *Temple-Neuf*.

D'après le catalogue d'Oberlin, le nombre des incunables et des livres s'élevait, vers l'an 1520, au chiffre de 4,300, dont 100 incunables et 1,134 ouvrages sans indication du lieu d'origine. On comptait, en outre, 600 ouvrages qui avaient paru dans la seule Alsace, et étaient devenus très rares. On ne s'étonnera pas du fait quand on se rappelle les fameux imprimeurs du quinzième siècle, entre autres, Jean Mentel, les deux Reinhard, Hutner, Backenbud et Flach Knoblochzer.

La section du *Temple-Neuf*, qui s'appelait la bibliothèque de la ville, devait son existence à Oberlin qui l'avait formée des épaves des couvents et des monastères détruits pendant la tourmente révolutionnaire.

Cette collection, après maint déplacement fut enfin installée dans le *Temple-Neuf*, en vertu d'une convention conclue entre le préfet du Bas-Rhin et le président du consistoire protestant, en date du 6 vendémiaire en XII. Une portion notable de cette collection comprenait des manuscrits et des livres provenant des chevaliers de Saint-Jean de Jérusalem. Mais ceux-ci avaient déjà perdu antérieurement 900 de leurs manuscrits, dont 80 étaient sur peau de vélin, 20 in-folio, 32 in-quarto et 17 de moindre format.

La plupart traitaient de la théologie.

Deux cent mille volumes sont devenus la proie des flammes; un seul manuscrit, paraît-il, a été sauvé par l'effet du hasard : c'est le *Mere von der Minne*, par Gotfried de Strasbourg.

Une troisième section du *Temple-Neuf* comprenait la précieuse collection que le grand historiographe Schoflin avait réunie par quarante ans de patientes et laborieuses recherches. Elle se composait principalement d'antiquités égyptiennes, grecques, romaines et gauloises. En la cédant à la ville, le modeste savant n'a demandé pour toute compensation qu'une modique pension de 2,400 fr. pour lui et sa sœur.

Bien que ces trois bibliothèques dussent être primitivement administrées séparément, elles ne le furent, en effet, qu'à partir de l'année 1863. Une salle de lecture, toutefois, resta commune. N'est-il pas triste que, faute de prévoyance vulgaire, tous ces trésors, aussi nombreux qu'inappréciables, soient à jamais perdus pour les lettres, les sciences et les arts ?

---

N° 69. — JEUDI 19 JANVIER 1871.

PARTIE OFFICIELLE.

COMMUNICATION OFFICIELLE.

VERSAILLES, 18 janvier. — Le général de Werder s'est maintenu, le 16, dans sa position au sud de Belfort, malgré de nouvelles attaques de l'ennemi.

Le général de Schmidt, poursuivant l'ennemi qui se retire sur Laval, s'est avancé jusqu'au delà de Vaiges et a fait de nouveau plus de 2,000 prisonniers.

Alençon a été occupé après une escarmouche dans la nuit du 16 au 17.

---

Le 17, nouvel essai du général Bourbaki contre le général de

Werder. Celui-ci s'est victorieusement maintenu dans sa position retranchée et fortifiée par de la grosse artillerie et a repoussé toutes les attaques. Nos pertes, pendant les trois jours de combat, sont évaluées à 1,200 hommes.

Devant Paris, continuation du bombardement dont l'effet est satisfaisant. Nous avons 2 officiers et 1 homme morts, 1 officier et 6 hommes blessés.

---

Versailles a été aujourd'hui le théâtre historique d'un des événements les plus considérables des temps modernes. Dans une cérémonie qui a eu lieu dans la galerie des Glaces du château, S. M. le Roi de Prusse a solennellement accepté la couronne de l'empire d'Allemagne.

Le 18 janvier est l'anniversaire du couronnement du premier Roi de Prusse, et pour perpétuer le souvenir du jour mémorable où, il y a 170 ans, Frédéric 1ᵉʳ a ceint la couronne royale, *la fête des ordres* est célébrée chaque année au château royal de Berlin.

Dès dix heures du matin, les députations des différents corps de troupe, ainsi que les illustrations militaires et civiles à Versailles et des environs, se sont assemblées dans les grands appartements de Louis XIV. Au centre de la galerie et adossé aux fenêtres qui donnent sur le parc, un autel avait été dressé. Le fond de la galerie des Glaces, du côté du salon de la Guerre, était orné d'une estrade sur laquelle se trouvèrent les porte-drapeaux avec les drapeaux et les étendards de tous les régiments de la 3ᵉ armée.

S. M. le Roi, précédé de S. Exc. M. le comte de Pückler, Grand-Maréchal de la maison et de la cour et de M. le comte de Perponcher, maréchal de la cour, et suivi des princes de la Maison royale, des princes souverains et non souverains de l'Allemagne, ainsi que des princes héréditaires, est entré à midi et a pris place en face de l'autel. Aussitôt le service divin a commencé, et M. le prédicateur de division Rogge a fait une allocution dans laquelle il a, avec une éloquence remarquable, relevé le caractère à la fois religieux et historique de la cérémonie. Après le service divin, S. M. le Roi s'est avancé jusqu'au fond de la galerie et a pris place sur l'estrade.

On remarqua alors à côté du Roi S. A. R. le Prince Royal, S. A. R. le Prince Royal de Prusse, frère du Roi, Grand-Maître de l'ordre de Saint-Jean-de-Jérusalem, Feldzeugmester général et chef de l'artillerie, S. A. R. le Prince Adalbert, amiral, S. A. R. le grand-duc de Saxe-Weimar, S. A. R. le grand-duc d'Oldenburg, S. A. R. le grand-duc de Bade, S. A. le duc de Koburg, S. A. le duc de Saxe-Meiningen, S. A. le duc de Saxe-Altenburg, LL. AA. RR. les Princes Luitpold et Othon de Bavière, LL. AA. RR. le Prince Guillaume de Wurtemberg et le duc Eugène de Wurtemberg, LL. AA. RR. les grands-ducs héréditaires, S. A. le prince héréditaire Léopold de Hohenzollern, S. A. le duc de Holstein, etc., etc., etc.

Les Princes de la Maison royale, les grands-ducs et les autres Princes se sont tenus à droite et à gauche de Sa Majesté.

M. le comte de Bismarck, chancelier, a pris place à droite de l'estrade, le chef d'état-major général, comte de Moltke, le chef de l'état-major de la 3ᵉ armée, général de Blumenthal ainsi que les généraux commandants, les membres de l'état-major, les officiers de tous grades, les conseillers du ministère des affaires étrangères et une foule de personnages illustres se sont trouvés du même côté de l'estrade, sur toute la longueur de la galerie. S. Exc. M. le baron de Schleinitz, ministre de la Maison du Roi. S. Exc. M. Delbrück, président de la chancellerie fédérale. S. Exc. M. de Fabrice, gouverneur général des départements du nord de la France, M. le général de Voigts-Rhetz, commandant de Versailles, M. Nostiz-Wallwitz, commissaire civil, M. de Brauchitch, préfet de Seine-et-Oise, étaient également au nombre des assistants.

S. M. le Roi entouré, par ses ordres, des drapeaux du 1ᵉʳ régiment de la garde, s'est adressé aux Princes en prononçant l'allocution suivante :

Illustres Princes et Alliés!

D'accord avec tous les Princes allemands et les Villes libres, vous vous êtes associés à la demande qui M'a été adressée par

S. M. le roi de Bavière de rattacher à la couronne de Prusse, en rétablissant l'empire d'Allemagne, la dignité impériale allemande pour Moi et Mes successeurs. Je vous ai déjà, illustres Princes, ainsi qu'à Mes hauts Alliés, exprimé, par écrit, Mes remerciments pour la confiance que vous M'avez manifestée et Je vous ai fait part de Ma résolution de donner suite à votre demande. J'ai pris cette résolution dans l'espoir qu'avec l'aide de Dieu Je réussirai à remplir, pour le bonheur de l'Allemagne, les devoirs attachés à la dignité impériale. Je fais part de Ma résolution au peuple allemand, par une proclamation, en date d'aujourd'hui, que J'ordonne à Mon Chancelier de lire.

S. Exc. M. le comte de Bismarck, chancelier, a ensuite lu la proclamation adressée par Sa Majesté au peuple allemand :

Au Peuple allemand.

Nous, Guillaume, par la grâce de Dieu, Roi de Prusse, savoir faisons :

Après que les Princes Allemands et les villes libres Nous ont adressé l'appel unanime de renouveler, en rétablissant l'Empire d'Allemagne, la dignité impériale allemande qui n'a pas été exercée depuis 60 ans, et après que dans la constitution de la Confédération allemande des dispositions y relatives y ont été prévues, Nous avons considéré comme un devoir envers la patrie de donner suite à cet appel des Princes et des villes alliées, et d'accepter la dignité impériale allemande.

Conformément à ces dispositions, Nous, et Nos successeurs, porterons désormais, rattaché à la couronne de Prusse, le titre impérial dans toutes nos relations et affaires de l'Empire allemand et Nous espérons en Dieu qu'il sera donné à la nation allemande de mener la patrie, sous l'enseigne de son antique puissance, vers un avenir heureux.

Nous acceptons la dignité impériale dans la conscience de Notre devoir de protéger, avec la fidélité allemande, les droits de l'Empire et de ses membres, de sauvegarder la paix, de défendre l'indépendance de l'Allemagne appuyée sur la force réunie de son peuple. Nous l'acceptons dans l'espoir qu'il sera permis au peuple allemand de jouir de la récompense de ses luttes ardentes et héroïques dans une paix durable et protégée par des frontières capables d'assurer à la patrie des garanties contre de nouvelles attaques de la France, et dont elle a été privée depuis des siècles.

Quant à Nous et à Nos successeurs de la couronne impériale, puisse la divine Providence Nous accorder d'être le « toujours Auguste » de l'Empire, non pas en conquérant, mais en prodiguant les dons et les richesses de la paix sur le terrain du bien-être, de la liberté et de la morale!

GUILLAUME.

S. A. R. le grand-duc de Bade, après avoir salué le Roi, a alors acclamé Sa Majesté comme Empereur d'Allemagne. L'assemblée entière a répété trois fois l'acclamation. A ce moment l'émotion était à son comble. Tout près du Roi se trouvait le drapeau du bataillon des fusiliers du régiment des grenadiers du Roi, traversé par les balles à la bataille de Wissembourg. L'Empereur d'Allemagne a embrassé le Prince royal et les autres membres de la famille Royale et a donné cordialement la main aux princes. Sa Majesté Impériale, du haut de l'estrade, a ensuite reçu les hommages de toute l'assemblée. Précédé des grandes charges de sa cour et suivi de tous les Princes, elle a passé devant le front des différentes députations en adressant les paroles les plus gracieuses et les plus encourageantes aux personnes de mérite et jusqu'au simple soldat. La musique militaire a exécuté l'hymne national et des marches triomphales. pendant que l'assemblée s'est séparée sous l'impression d'avoir assisté au plus grand événement du siècle.

---

## PARTIE NON OFFICIELLE

Un fonctionnaire allemand, à Soissons, a découvert par hasard une poste secrète, par laquelle les dépêches, les lettres. les journaux ont été transmis régulièrement de Tours et de Bordeaux au nord de la France. En entrant dans la cuisine d'un loueur de voitures, nommé Ballet, dont la maison avait été engagée par les autorités postales allemandes, le fonctionnaire remarqua cinq paquets, et, en les ouvrant, il y trouva un grand nombre de dépêches, de journaux et de lettres venus par ballon. Ballet allégua qu'il avait reçu les paquets d'un voyageur inconnu.

A Strasbourg, sept personnes jadis employées dans les bureaux de la poste française, dont l'une est la maîtresse de poste de Molsheim, ont dû passer devant le conseil de guerre, accusées d'avoir continué à exercer leurs fonctions après que les autorités allemandes avaient pris la direction des postes. La maîtresse des postes a été condamnée à une année de prison, à une amende de 200 thalers ; un autre accusé à un mois de prison et à une amende de 50 thalers, et deux facteurs à six mois de prison et à une amende de 50 thalers ; les trois autres accusés ont été acquittés.

---

### UNE CONSPIRATION.

La *Gazette de Breslau* rend compte, dans les termes suivants, d'une conspiration qui aurait été sur le point de renverser M. Gambetta, la veille de son départ pour Bordeaux :

« Lorsque Gambetta se vit dans l'impossibilité de parvenir à Orléans et qu'il eut échappé en route à l'ennemi, grâce au hasard, il entra dans la salle du Gouvernement à Tours en s'écriant : « Tous les généraux méritent d'être fusillés, car ce sont tous des traîtres ! » Après un court échange de paroles il se retira pour signer un ordre d'arrestation contre le général d'Aurelles, ordre qui fut remplacé par une ordonnance d'enquête.

« Ces nouvelles se répandirent en ville, parmi les ex-membres du Corps législatif qui font de l'agitation contre Gambetta et parmi les nombreux légitimistes qui affluent à Tours. Grand émoi dans le public. Dans les lieux publics, des exaltés parlaient déjà de faire subir à Gambetta la mort de César ; mais M. Gambetta possède en M. Ranc un directeur de la sûreté générale qui, sans avoir encore employé la violence, inspire un salutaire effroi aux agitateurs et aux intrigants de toute nuance.

« Le 5 décembre, un groupe de ces ex-députés se présenta devant les membres du Gouvernement, demandant qu'un plénipotentiaire fût envoyé à Versailles, pour obtenir un armistice, en vue de la convocation d'une Assemblée nationale. Le Gouvernement écouta leurs raisons avec la plus grande attention; mais Gambetta leur opposa un *non possumus*. Il leur assura que la nation était plus que jamais résolue à soutenir la lutte jusqu'au bout, et qu'avec de la persévérance, il n'y avait pas à douter du salut de la France, et que, pendant la lutte, des élections générales étaient impossibles. Il ajouta que la légitimité de sa dictature était fondée sur l'obéissance absolue, complète, que le pays lui accordait, et sur les sacrifices que le pays faisait au premier appel.

« Les interlocuteurs, qui n'avaient rien à objecter, se retirèrent à l'hôtel d'une dame, où eut lieu une réunion de leurs amis politiques. Les plus hardis proposèrent un coup d'État; l'envahissement de la préfecture, l'arrestation des membres du Gouvernement et l'installation d'un comité exécutif, qui appellerait sur-le-champ une Assemblée nationale. Mais comment? La seule force dont ces messieurs disposent, ce sont trois feuilles ligitimico-catholiques, et un groupe de journalistes de l'Empire. Ils sont tout à fait impuissants sur l'opinion publique, antipathiques à la bourgeoisie libérale, impopulaires auprès des masses. Ils en étaient là de leur conspiration, quand M. Isambert, ex-rédacteur du *Temps*, actuellement directeur du bureau de la presse, parut sur le seuil, leur enjoignant, non de se séparer, mais de cesser leurs intrigues insensées, sans quoi on les traduirait devant un conseil de guerre, comme coupables de trahison devant l'ennemi. Ils se retirèrent sans mot dire.

« Tours a toujours été une des villes les plus réactionnaires; elle est devenue sur le champ le lieu de réunion de tous les personnages politiques qui veulent faire une concurrence dangereuse à la République, et qui ont été soutenus dans cette voie par la société locale. Cependant, cette situation était jusqu'alors ignorée de Gambetta.

« A Bordeaux, le Gouvernement trouve une atmosphère plus favorable. Après le 2 décembre Bordeaux a, la première, donné le signal de l'opposition libérale, et, depuis ce temps, a toujours été le boulevard de la démocratie, moins les éléments rouges et anarchiques. Depuis le 4 septembre, l'ordre n'y a pas été troublé un seul instant. La ville a une population très-riche, et le département renferme les contrées de France les plus abondantes en ressources. »

---

Le correspondant du *Times*, à Madrid, envoie une relation fort intéressante des funérailles du maréchal Prim, qui ont été extrêmement imposantes. De nombreux détachements de la garde civique à pied et à cheval ouvraient la marche. Trois cents piétons venaient ensuite, chacun portait un cierge allumé ; puis le clergé en grand nombre, tous les prêtres vêtus de blanc, ensuite le char funèbre, qui appartient à la maison royale et qui déjà a transporté les corps de Ferdinand VII, de Narvaez, d'O'Donnel, etc. Traîné par six magnifiques chevaux noirs, le char, ouvert, laissait voir le cercueil, dont la partie supérieure recouverte de verre permettait d'apercevoir la tête et une partie du corps du maréchal revêtu de son uniforme de capitaine général. Des généraux, des ministres, des députés tenaient les cordons du poêle. Alors venaient les deux chevaux de bataille du maréchal, puis 4,000 habitants de Madrid sans position officielle.

Ensuite des officiers de l'armée, les juges, les conseillers, les députés, etc. ; tout le corps diplomatique, des détachements de hussards et de lanciers ; une file interminable de voitures, d'abord celle du maréchal, puis la voiture ministérielle dans laquelle il fut assassiné, portant encore toutes les traces du crime : les portières brisées, les coussins inondés de sang.

Des milliers de fantassins et de volontaires fermaient la marche.

---

NOUVELLES DIVERSES.

L'émigration forcée et subite qui a chassé de Paris tant de

familles devient de plus en plus dure pour certaines d'entre elles. Que de personnes ont quitté Paris avec la ferme conviction que l'exil serait de courte durée, qui se trouvent aujourd'hui à l'étranger dans la gêne, quelques-unes même dans le dénûment ! Les boutiques de nos revendeurs à la toilette, les magasins des brocanteurs et les bijoutiers de Bruxelles reçoivent journellement des visites d'étrangers, surtout de Parisiens, qui viennent offrir en vente des bijoux d'art, jusqu'à des souvenir de famille.

Avant-hier encore, un vieillard plus que modestement vêtu, le visage amaigri et les traits soucieux, entrait dans le magasin d'un joaillier et offrait timidement en vente une bague garnie sur le chaton d'une miniature adorable représentant le portrait d'une petite fille.

Cette peinture, une merveille artistique, formait avec le joyau où elle était enchâssée une œuvre de réelle valeur. C'était un bijou de famille, et le malheureux, en l'offrant à l'orfévre, avait des larmes dans les yeux. « C'est ma dernière ressource, fit-il, et j'espérais ne m'en devoir séparer jamais. » Avant de quitter le comptoir, il jeta un long regard sur cette bague qui lui rappelait sans doute de bien intimes et bien doux souvenirs.

Nous l'avons dit, les scènes de ce genre se renouvellent journellement, et les plus heureux sont encore ceux qui peuvent faire argent de leurs souvenirs mêmes.

N° 70. — VENDREDI 20 JANVIER 1871.

PARTIE OFFICIELLE.

### COMMUNICATION OFFICIELLE.

VERSAILLES, 19 janvier. — L'armée du général Bourbaki, après avoir, grâce aux combats victorieux livrés pendant trois jours par le général de Werder, vainement essayé de délivrer Belfort, est en pleine retraite.

DÉCRET.

Défense est faite à tout habitant des départements dont est formé le Gouvernement général du nord de la France de payer ou de déléguer d'une manière directe ou indirecte au Gouvernement français, à l'armée, à des détachements de troupes ou à des administrations autres que les nôtres, des sommes quelconques provenant des recettes publiques, sous quelque prétexte que ce soit.

Les receveurs et percepteurs des contributions, les administrateurs de caisses publiques, toutes personnes autorisées à recevoir des sommes revenant à l'État ou à des caisses publiques quelconques, toute autre personne enfin contrevenant à la présente défense seront mis à l'amende, laquelle pourra monter au double des sommes soustraites, et devront en outre s'attendre à être poursuivis, le cas échéant, selon les lois de la guerre.

La perception des contributions et autres droits d'après les lois françaises étant suspendue par la guerre, le Gouvernement général en réglera le mode de perception d'après les circonstances actuelles, et se réserve de porter à la connaissance du public les mesures prises à ce sujet.

Quant au département de Seine-et-Oise, il n'y aura rien de changé aux dispositions actuellement en vigueur.

Versailles, le 17 janvier 1871.

*Le Gouverneur général,*
DE FABRICE.

---

DÉCRET.

Le Gouverneur général du nord de la France arrête au sujet de la presse périodique ce qui suit :

1° Les rédactions des journaux qui paraissent dans les départements faisant partie du Gouvernement général du nord de la France, sont tenues d'insérer textuellement et gratis les ordonnances et communiqués des autorités allemandes dans la prochaine édition du journal.

2° L'insertion de nouvelles relatives aux mouvements des troupes allemandes, à l'exception des nouvelles contenues dans le *Moniteur officiel du Gouvernement général du nord de la France* ou communiquées directement par les autorités allemandes, est interdite.

3° Il est défendu de publier des écrits d'une tendance hostile à l'armée allemande ou des critiques contre les mesures des autorités allemandes.

En cas de contravention, la continuation du journal sera prohibée, et le rédacteur, aussi bien que l'éditeur, sera mis à l'amende ou puni d'emprisonnement.

Versailles, le 18 janvier 1871.

*Le Gouverneur général*;
DE FABRICE.

## PARTIE NON OFFICIELLE.

Les journaux étrangers ont publié des versions inexactes sur l'incident relatif à la mesure exécutoire qui a dû être décrétée contre la ville de Versailles, à l'occasion de la question de l'approvisionnement. Voici les faits dans toute leur simplicité.

Le Préfet du département de Seine-et-Oise a dû, depuis le commencement de son administration, s'occuper de la question de subsistance pour le département et particulièrement pour Versailles. La municipalité elle-même avait, du reste, de sa propre initiative, vivement insisté sur cette question. Après l'avoir mûrement étudiée, le Préfet a décidé, dans l'intérêt de la population, qu'un magasin de réserve, pouvant pourvoir, pour au moins un mois à six semaines, à des besoins impérieux, serait créé à Versailles.

L'utilité de cette mesure est tellement évidente qu'elle peut se passer de preuve. Dans un département où la population a été augmentée par une partie de l'armée allemande et où les moyens de communication ordinaires se trouvent interrompus par la guerre, la formation d'une réserve était certes un acte de prévoyance auquel les citoyens français auraient dû être les premiers à concourir. Sous les auspices de la municipalité de Versailles, un syndicat a été formé et, d'après les ordres du

Préfet, le magasin de réserve devait être rempli à partir du 1ᵉʳ jusqu'au 5 décembre.

Le délai de rigueur pour le commencement de l'opération étant expiré le 1ᵉʳ décembre, le Préfet était en droit de décréter l'amende dont la municipalité avait été menacée en temps opportun. Il n'en fit rien cependant ; mais il se prêta au contraire à de nouvelles négociations, et ce ne fut qu'après avoir constaté que le traité passé avec une maison allemande était loin de comprendre la totalité des matières nécessaires au ravitaillement, et que le système de faux-fuyants n'était point abandonné, que le Préfet décréta les mesures coercitives. Nous ferons particulièrement remarquer que la date de la conclusion du traité est postérieure à la date du 1ᵉʳ décembre, jour où l'emmagasinement devait commencer.

C'est donc avec regret que le Préfet s'est vu obligé d'avoir recours à des moyens coercitifs que la municipalité de Versailles aurait parfaitement pu éviter si elle s'était, de prime abord, prêtée à l'exécution d'une mesure qui n'avait été ordonnée que dans l'intérêt de ses propres administrés.

---

### LA CAMPAGNE SUR LA LOIRE.

Le *Moniteur prussien* publie la correspondance suivante, qui récapitule les opérations de l'armée du prince Frédéric-Charles pendant la seconde moitié du mois de décembre :

« Les jours qui se sont écoulés depuis le retour du quartier-général de la 2ᵉ armée à Orléans, jusqu'à la fin de décembre, ont été relativement calmes, les mouvements de l'ennemi ne donnant nulle part lieu au déploiement de grandes forces. Le caractère des opérations de la 2ᵉ armée est devenu défensif, sa mission se bornant à tenir en échec l'ennemi et à le battre énergiquement partout où il tenterait à se frayer un passage.

« Le 10ᵉ corps (général von Voigts-Rhetz) était le plus proche de l'ennemi. Après que ce corps eut pris, le 16 décembre, un certain nombre de canons et de prisonniers à l'ennemi qui se retirait vers le Mans, le feld-maréchal prince Frédéric-Charles dirigea, de Vendôme, le premier des détachements de son armée pour poursuivre l'ennemi dans la direction d'Épinay. Dans un combat d'avant-postes, les soldats allemands s'emparèrent des lettres de service du général Chanzy. Ces lettres, d'une grande importance, contenaient des détails très-circonstanciés sur les forces et les mouvements des troupes françaises. Le jour précédent on avait également intercepté des lettres de Vendôme, dont la majeure partie, il est vrai, était de nature privée, mais dont d'autres offraient une occasion d'apprécier l'organisation de l'armée de la Loire.

« Tandis que des divisions du 10ᵉ corps se mettaient en marche pour poursuivre l'ennemi vers l'Ouest, d'autres détachements opérèrent des reconnaissances au sud de Châteaurenault vers Tours; les premières atteignirent, le 19 décembre, Saint-Calais, sur la route d'Orléans au Mans; le détachement dirigé sur Tours, sous le commandement du général von Kraatz-Koschlau, y rencontra l'ennemi et le refoula à Notre-Dame-d'Oé. Le 2ᵉ régiment d'uhlans poméraniens fit deux charges brillantes à cette occasion, mais subit de graves pertes.

« A Tours, le général Kraatz trouva de la résistance. Les citoyens firent feu sur les troupes allemandes, mais après que le commandant eut fait lancer une douzaine d'obus dans la ville, le maire fit hisser le drapeau blanc. Le général Kraatz n'occupa point Tours, mais les villages d'alentour. Il n'avait pas la mission de garder cette ville, mais seulement de faire une forte reconnaissance et de détruire l'importante ligne ferrée de Tours au Mans. Le 25 décembre, le 10ᵉ corps, dont le point de concentration était Blois, s'avança de nouveau en tiraillant et rencontra l'ennemi, qui se retira cependant à son approche sur le Mans. Le 26, le général Voigts-Rhetz, dirigeant un détachement de Blois à l'Ouest vers Amboise, se heurta à Rilly contre l'ennemi; mais cette fois encore les Français ne résistèrent pas, et battirent en retraite vers Montrichard.

« Une rencontre sérieuse eut lieu entre une colonne composée de six compagnies, d'un escadron de cavalerie et de deux pièces d'artillerie, et qui était partie de Vendôme pour se diriger par Montoire, le long du Loir, vers l'Ouest; elle eut à subir près de la Chartre une attaque furieuse d'une division française. L'ennemi, qui était en nombre, manifestait l'intention de couper la retraite à la colonne, dont le commandant, le lieutenant-colonel von Boltenstern, opposa une résistance énergique, et parvint à se frayer un passage au milieu de l'ennemi, exploit qui lui coûta cent hommes, mais lui rapporta dix officiers et deux cent trente soldats français prisonniers.

« Lorsque la prise de Vendôme, le 16 décembre, fut connue, le général feld-maréchal fit avancer les 9ᵉ et 3ᵉ corps le long de la Loire. Le premier de ces corps était arrivé, le 15 décembre, près d'Amboise et à Montrichard, sans avoir rencontré l'ennemi. Les têtes du 3ᵉ corps, qui avaient vigoureusement participé au combat de Vendôme, se sont avancées jusqu'à Selommes et au Loir. Le 9ᵉ corps arriva encore la même nuit à Beaugency, et le jour suivant à Orléans, marche dont l'habileté ne peut être appréciée dans tous ses détails que par ceux qui connaissent *de visu* les difficultés avec lesquelles les troupes ont eu à lutter sur un chemin où tout s'enfonçait dans la boue; les chaussées étaient devenues des marais.

« De la cavalerie avait été envoyée par Orléans du côté sud de la Loire, pour nettoyer la Sologne. Cette contrée est marécageuse et peu cultivée, mais elle offre, grâce à un terrain coupé et boisé, des chemins sûrs à de petits détachements de troupes.

« La cavalerie poussa jusqu'à Vierzon. Une division du 9ᵉ corps, composée de 2 bataillons, plusieurs escadrons de cavalerie et une batterie, avait été détachée, sous le commandement du général von Rantzeau, sur Montargis, pour faire des reconnaissances vers Briare et détruire la ligne Gien-Nevers. Quelques jours plus tard, le chef de ce détachement rencontra entre Miennes et Cosne de l'infanterie et de la cavalerie française.

« Une autre troupe de reconnaissance, composée de cavalerie avec un peu d'infanterie, avait poussé jusqu'à d'Aubigny sans rencontrer l'ennemi. En continuant sa marche, la cavalerie eut de temps en temps à subir les attaques des francs-tireurs et de la cavalerie ennemie. Aux dernières nouvelles, de grandes forces étaient encore réunies près de Bourges.

« Il est à noter que, le 24 décembre, le corps bavarois a quitté ses cantonnements autour et dans Orléans et a été chargé d'une nouvelle mission vers le Nord.

« Tels sont les mouvements et les opérations de la 2ᵉ armée dans la dernière moitié de décembre; elle étendait ses reconnaissances vers l'Est, l'Ouest et le Sud, pour surveiller avec la plus grande attention le terrain d'opérations des armées françaises de Chanzy et de Bourbaki. »

---

Une correspondance adressée de Versailles à la *Gazette de la Bourse* de Berlin, donne quelques détails sur les loisirs et les récréations des soldats allemands au bivouac, devant Paris :

« ..... Le soir, au retour des avant-postes, après avoir pris leur frugal repas et réparé leurs vêtements, ces *hordes barbares* se mettent à danser quelque valse que joue un de leurs camarades à l'aide d'un violon ou d'un harmonica oubliés par leurs propriétaires. Quand la fatigue s'empare des danseurs, les *lieds* nationaux ont leur tour. Souvent aussi les chanteurs de la compagnie vont donner une sérénade aux officiers.

« Le monde des animaux a sa part des attentions de nos guerriers. Pas de compagnie qui n'ait un ou plusieurs chiens. Ceux-ci sont fort bien nourris, font des tours de force de tout genre, et témoignent beaucoup d'amitié aux envahisseurs de leur patrie.

« Nos soldats ont grand soin aussi des chats affamés qui hantent les villages abandonnés par leurs habitants; mais ils réservent leurs plus grandes tendresses aux oiseaux en cage qu'on rencontre dans beaucoup de quartiers. Ils les recommandent à leurs successeurs par des écriteaux placés sur les cages, tels que le suivant : Nous prions de nous donner deux fois par jour de l'eau fraîche.

« Les soldats se divertissent de préférence dans l'orangerie de Saint-Cloud, bien qu'elle soit à la portée des obus du Mont-Valérien. Ils y ont trouvé les joujoux du prince impérial. L'un s'exerce au vélocipède, l'autre fait marcher la locomotive, qui se remonte à l'aide d'un puissant ressort : un groupe s'extasie devant la lanterne magique et oublie ainsi les dangers qui l'entourent. »

On écrit de Versailles, 6 janvier, au *Mercure de Souabe*, sur le bombardement de Paris :

« Notre artillerie s'était établie près de Meudon et de Saint-Cloud ; de ce point elle devait commencer à bombarder les forts du Sud, d'Issy, de Vanves et de Montrouge. Les affûts des pièces sont construits de manière à pouvoir tirer à une distance de 9,000 mètres, de sorte que nous réussirons à lancer nos projectiles jusque dans les rues de Paris. Lorsque notre artillerie eut entretenu son feu pendant deux heures, une scène singulière allait se produire.

« A dix heures et demie, nous vîmes tout à coup paraître le drapeau blanc Le feu cessa immédiatement de part et d'autre. Informations prises, il se trouva que le drapeau blanc avait été exhibé en l'honneur d'un colonel américain, résidant à Paris, et qui était arrivé sans être remarqué jusqu'aux avant-postes. L'incident vidé, nous reprîmes le bombardement. Notre artillerie, qui tirait avec beaucoup de précision, réussit à démolir des retranchements très-solidement établis près des forts d'Issy et de Montrouge. Les gabions sautaient comme de la paille sous le fléau du batteur.

« Déjà on annonçait pour le 4 le bombardement des forts du Sud, mais il fallut y renoncer à cause du brouillard qui devenait de plus en plus sensible.

« Les forts n'inquiètent plus nos avant-postes depuis que toute leur attention est absorbée par nos batteries. Le mont Valérien seul se fait encore entendre. Hier il a mis le feu à une villa à Ville-d'Avray. Nos soldats ont dû sauver le bâtiment d'une destruction complète. Nous n'avons guère perdu qu'une vingtaine d'hommes. Parmi eux, malheureusement, trois officiers.

« Hier on affirmait de la manière la plus positive que l'artillerie bavaroise avait lancé des fusées incendiaires jusque dans Paris. Quelques maisons du quartier de Vaugirard auraient pris feu.

« *7 janvier*. Hier on a continué le bombardement du front sud, ainsi que des forts du Nord et de l'Est, où le feu des forts de Rosny, de Romainville et de Noisy a été éteint, tandis que celui de Nogent donne encore par intermittence signe de vie.

« Les résultats du 5 ont de l'importance, car nous avons réussi dans la soirée de ce jour à faire taire le fort d'Issy, qui a des défenses formidables. La journée d'hier nous a fait voir que ces résultats avaient été plus considérables encore qu'on ne l'avait cru, car le fort de Montrouge ne répondit plus, et celui de Vanves ne le fit que par intervalles. Près de Villejuif, entre autres, plusieurs régiments ennemis essayèrent de rompre notre ligne d'avant-postes; mais une batterie qui avait pris position près de Villejuif ouvrit un feu d'obusiers tellement violent que l'ennemi prit la fuite en toute hâte. »

On lira avec un vif intérêt la lettre suivante adressée au *Times* sur la situation de Paris.

« Paris, 30 décembre 1870.

« J'ignore, et mon ignorance s'explique par l'état de nos relations avec le monde extérieur, si vous êtes bien au courant de notre situation matérielle, politique et morale. Je tâcherai de vous en donner une idée aussi fidèle que possible. Il est de votre intérêt que la vérité soit par vous répandue.

« Nous venons d'entrer dans ce qu'on appelle *la période aigre du blocus*. Les provisions deviennent rares. La viande de cheval, la seule que nous puissions encore obtenir, se distribue au taux de 40 grammes par jour et par tête. Le gouvernement espère, grâce à ces minimes rations, faire durer la viande *fraîche* 18 à 20 jours de plus.

« De plus fortes rations sont réservées pour les soldats, mais elles sont insuffisantes pour maintenir des hommes jeunes dans leur force complète. On calcule qu'il reste encore, sans entraver le service militaire, de 12 à 15,000 chevaux à immoler sur l'autel de la patrie. Chaque jour nous en voyons tomber 7 ou 800 sous le couteau du sacrificateur. Après cela, pendant quatre ou cinq jours, nous mangerons de la viande salée, du poisson, de la viande à demi gâtée, des os rances et du lard fumé.

« La plus grande partie des vivres *réquisitionnés* par les autorités a été détériorée sous leurs yeux vigilants; quelques-uns, tels que les pommes de terre et le fromage, ont totalement disparu. Quant aux légumes frais, le peu qu'on en voit n'est à la portée que des gens très-riches, et si quelque maigre poulet est encore à trouver, c'est à la condition de mettre son poids en argent dans l'autre plateau de la balance. Et tandis que les provisions *publiques* s'épuisent, les approvisionnements particuliers tirent aussi à leur fin, et après trois mois et demi de blocus, les caves et les buffets sont vides, de telle sorte que les gens prudents sont obligés de s'adresser aux magasins publics. Il est évident que vers le 19 janvier il ne nous restera que du vin, du bon vin assurément; quant au vin commun, celui des pauvres, on en a fait de telles libations en l'honneur de la République, que sous peu il devra être rationné. Déjà l'on a réduit la quantité donnée aux soldats.

« Les pauvres ne payent ni leur loyer, ni leurs créanciers; ils sont nourris et pourvus de toutes les nécessités de la vie, car c'est à leur profit que toutes les réquisitions ont été faites; ils n'ont rien à faire qu'à aller en partie de plaisir, faire l'exercice sur les remparts, ou aux grand'gardes extérieures, où ils recueillent les épaves des ruines des maisons abandonnées des faubourgs. Ils reçoivent pour ces grandes actions une solde qui peut s'élever jusqu'à 2 fr. 25 c. par jour, et dont les lieux publics reçoivent la plus grande part. Ajoutez que pendant ce temps, les femmes et les enfants peuvent glaner çà et là quelques petits profits. »

### CHRONIQUE DE LA GUERRE FRANCO-ALLEMANDE 1870.

14 *août*. Nominations du général d'infanterie et général adjudant de Bonin comme gouverneur général de la Lorraine, — et du lieutenant général comte de Bismarck-Bohlen comme gouverneur général de l'Alsace.

— L'empereur et le prince impérial quittent Metz pour se rendre à Verdun.

15 *août*. La forteresse française de Marsal (sur la Seille, dans le département de la Meurthe) capitule.

— La cavalerie prussienne entre à Commercy (département de la Meuse, à l'est de Bar-le-Duc).

— Dans Paris, une émeute (à la Villette) est réprimée.

16 *août*. Le quartier général du Roi est établi à Pont-à-Mousson.

— Le lieutenant général d'Alvensleben s'étant avancé avec le 3e corps d'armée à l'ouest de Metz de manière à couper la ligne de retraite de l'ennemi sur Verdun, une sanglante bataille a lieu dans les environs de Metz (Vionville) contre des divisions des corps français Decaen (3e), Ladmirault (4e), Frossard (2e), Canrobert (6e), et la Garde impériale. Les 3e et 10e corps prussiens, successivement soutenus par des détachements du 8ᵉ et du 9ᵉ, sous les ordres du commandant en chef, Prince Frédéric-Charles, parviennent, après une lutte acharnée de 12 heures, et malgré leur notable infériorité numérique, à rejeter l'ennemi sur Metz.

— Combat devant Toul (4ᵉ corps d'armée).

— La garnison de Strasbourg tente une sortie du côté d'Ostwald, mais elle est repoussée avec une perte d'hommes et de 3 canons.

— Le Corps législatif français décide par un vote que les classes de 1865 et 1866 seront comprises dans la formation de la garde mobile.

17 *août*. Le Roi de Prusse salue les troupes sur le champ de bataille qu'elles ont victorieusement conservé devant Metz.

— Combat du *Grillon* et des canonnières *le Dragon*, *l'Éclair* et *la Salamandre* contre une escadre française dans les eaux de l'île Hiddensee (près Rügen).

— L'Empereur des Français arrive à Châlons.

— Le général Trochu est nommé gouverneur de Paris et commandant en chef de toutes les forces militaires dans cette ville.

18 *août*. Grande victoire remportée sous le commandement du Roi de Prusse près Metz (Gravelotte). L'armée française est complétement battue, coupée de ses communications avec Paris et rejetée sur Metz.

— La déclaration de blocus pour les ports de la Baltique (à partir du 19 août), faite par le commandant en chef de l'escadre cuirassée française dans le Nord, le vice-amiral comte Bouet-Willaumez, est transmise à Swinemünde et à Lubeck par des navires français.

— Loi française qui appelle sous les drapeaux les jeunes gens, non mariés ou veufs sans enfants, des classes de 1865 et 1866, ainsi que les anciens soldats.

19 *août*. Lettre du Roi à la Reine, datée du champ de bataille, à Rezonville.

— Le Prince Royal de Saxe est chargé du commandement en chef d'une 4ᵉ armée nouvellement formée, qui se compose du corps de la Garde prussienne, du 4ᵉ corps d'armée, du 12ᵉ Saxe royale), et des 5ᵉ et 6ᵉ divisions de cavalerie.

— Commencement du bombardement de Strasbourg par la division badoise. La garnison de Strasbourg tire sur la ville ouverte de Kehl et y met le feu.

— Des navires de guerre français transmettent à Kiel la déclaration de blocus pour les ports de la Baltique.

— Sa Majesté la Reine Augusta remercie la ville de Baden-Baden de ses félicitations pour les victoires remportées devant Metz.

— Le major général de Schlotheim est nommé chef de l'état-major de la IVᵉ armée (Prince Royal de Saxe).

— Amnistie accordée par le Roi de Bavière pour tous délits de presse et toutes infractions à la loi sur les réunions publiques.

20 *août*. En remplacement du lieutenant général de Beyer, malade, le lieutenant général baron de La Roche prend le commandement de la division badoise.

— La Reine Augusta, au nom de Sa Majesté le Roi, remercie la corporation des marchands de Berlin de ses collectes pour l'armée, qui ont produit une somme importante.

— La Diète du grand-duché de Saxe félicite le Grand-Duc pour les victoires de Metz.

— Le prince Louis de Hesse reçoit, pour les combats devant Metz, la Croix de fer de 2ᵉ classe.

— Le maréchal de Mac-Mahon prend le commandement du camp de Châlons.

21 *août*. Ordonnance Royale prescrivant que les arrondissements de Sarrebourg,

Château-Salins, Sarreguemines et Thionville ressortiront du gouvernement général de l'Alsace, comme faisant partie du nouveau département de la Moselle.

*(A suivre.)*

OBJET TROUVÉ.

Une croix prussienne, 1866, trouvée sur la voie publique, a été déposée au bureau des objets trouvés, à la mairie.

*Versailles, le 14 janvier 1871.*

N° 71. — SAMEDI 21 JANVIER 1871.

PARTIE OFFICIELLE.

COMMUNICATION OFFICIELLE.

VERSAILLES, 20 janvier. — Le 19, une sortie de forces considérables ennemies, venant du mont Valérien et dirigée contre la position du 5e corps d'armée, a été repoussée. Le combat a duré à partir de 11 heures du matin jusqu'après la tombée de la nuit. Autant qu'il est possible d'en juger jusqu'à présent, nos pertes ne sont pas considérables.

L'artillerie de siége a continué le feu sans interruption et avec succès.

Le général de Werder a commencé la poursuite du général Bourbaki en livrant des combats heureux.

La première armée a rejeté, le 18, des détachements de l'armée du Nord de Beauvais à Saint-Quentin. Dans cette affaire on a fait à l'ennemi 500 prisonniers non blessés et on lui a pris un canon.

Le 19, le général de Goeben a attaqué l'armée française du Nord dans sa position devant Saint-Quentin, l'a, dans une bataille qui a duré 7 heures, rejetée de toutes ses positions, et, après un combat acharné, forcée d'entrer à Saint-Quentin. Jusqu'à présent il est constaté que 2 pièces d'artillerie ont été prises en plein combat et que nous avons fait plus de 4,000 prisonniers non blessés.

Tours a été occupé, le 19, sans résistance par des détachements de la 2ᵉ armée.

Le bombardement de Longwy a commencé aujourd'hui.

---

### AVIS.

Vu l'ordonnance de M. le Gouverneur général du nord de la France, en date du 16 janvier 1871, qui déclare les communes responsables des dégâts causés aux chemins de fer et aux télégraphes dans les limites de leur territoire, il est dans l'intérêt des communes d'organiser elles-mêmes un service de surveillance qui s'occuperait, nuit et jour, à protéger lesdites voies de communication contre toute attaque et, le cas échéant, à arrêter les coupables. Il sera utile de surveiller surtout les fonctionnaires et autres personnes qui sont ou ont été attachés au service des compagnies de chemins de fer. Les Préfets étant autorisés d'augmenter les amendes selon la gravité des cas, ou en cas de réitération, les communes feront bien de prévenir par les mesures indiquées les conséquences fâcheuses que pourrait entraîner pour elles le crime de quelques malfaiteurs.

Versailles, le 18 janvier 1871.

*Le Commissaire civil,*
DE NOSTITZ WALLWITZ.

---

### PUBLICATION.

Reims, le 15 janvier 1871.

Le port à payer pour une simple lettre affranchie, ainsi que pour les cartes de correspondances originaires des territoires français occupés, a été fixé à 15 *centimes* pour les correspondances à destination : De l'Allemagne du Nord ; de l'Allemagne du Sud (la Bavière, le Wurtemberg, Bade) ; de la monarchie Austro-Hongroise ; du Grand-Duché de Luxembourg. Pour les lettres affranchies dont le poids dépasse 15 grammes jusqu'au poids de 250 grammes (poids maximum des lettres), le port à payer reste fixé à 25 centimes par lettre.

Le port à payer pour les lettres non affranchies originaires de l'Allemagne du Nord, de l'Allemagne du Sud, de la monarchie Austro-Hongroise et du Luxembourg, a été fixé à 25 centimes par lettre ne pesant pas plus de 15 grammes, à 40 centimes par lettre dont le poids dépasse 15 grammes.

En ce qui concerne les correspondances circulant dans l'intérieur des territoires français occupés (y compris l'Alsace et la Lorraine allemande), le port de 10 centimes par lettre affranchie, etc., ne pesant pas plus de 15 grammes, reste en vigueur.

*L'administrateur des Postes dans les territoires français occupés,*<br>ROSSHIRT.

## PARTIE NON OFFICIELLE.

S. M. le Roi de Prusse a adressé à S. A. R. le prince Albert de Prusse, frère de S. M., la lettre suivante :

« *A mon frère le général de cavalerie, prince Albert de Prusse, Altesse Royale, commandant la 4ᵉ division de cavalerie.*

« Je Me souviens en ce jour avec plaisir du dévouement que Votre Altesse Royale a montré en acceptant la position qu'elle occupe actuellement, et de la distinction avec laquelle elle a conduit la 4ᵉ division de cavalerie pendant toute la durée de la guerre. Je désire témoigner Ma reconnaissance affectueuse et Mes remerciments à Votre Altesse Royale en lui conférant l'ordre pour le mérite avec feuilles de chêne.

« Quartier général de Versailles, ce 31 décembre 1870.

« *Signé* GUILLAUME. »

---

Quiconque a lu le rapport du *Journal des Débats* sur les effets produits par le bonbardement de Paris doit supposer que nos obus, au lieu d'être chargés de poudre, sont chargés de matière intelligente et particulièrement cruelle. Qu'est-ce à dire ? Dans la rue Gay-Lussac c'est une ambulance qui a été atteinte ; dans la rue d'Enfer c'est un pauvre jardinier qui laisse une veuve de 19 ans avec deux enfants ; dans la même rue une pauvre dame malade ; sur l'avenue de l'Observatoire deux femmes, la mère et la fille ; sur le boulevard de Port-Royal, deux nourrissons ont failli être atteints, attendu que le coup a passé entre leurs berceaux ; dans la rue de Vanves encore une femme avec deux jeunes filles — telles sont les victimes choisies par ces boulets mal intentionnés, sans égards et néanmoins peu dangereux.

La composition de ce tableau ne manque pas de couleurs, mais de vérité : deux berceaux, des vieilles dames malades, des mères et des filles innocentes, des ambulances que l'imagination doit peupler de blessés et de malades : évidemment le peintre a voulu toucher le spectateur, mais l'artifice est trop évident pour qu'il ait pu remplir son but.

### LES FRANÇAIS.

Sous ce titre, la *Gazette du Weser* publie un article très-remarquable que nous recommandons particulièrement à nos lecteurs :

« Beaucoup de choses qui, en France, paraissent s'entendre de soi-même, nous paraissent presque inintelligibles et, par contre, il y a des choses que les Français ne comprennent pas et qui nous paraissent, à nous autres, tout à fait naturelles. Les deux nations ne se comprennent pas ; ceci est un fait que la guerre actuelle confirme plus que jamais.

« Les Français sont apparemment incapables de se rendre compte de l'indignation que leur tentative d'invasion de l'été dernier a soulevée dans toutes les classes de notre population. Il est inconcevable pour eux comment nous ne nous contentons point d'avoir vaincu leurs armées, et pourquoi nous demandons des garanties pour l'avenir. Puisque nous avons vaincu, que nous faut-il davantage ? Ils considèrent comme un forfait barbare commis sur le droit le plus sacré de leur pays, ce fait que nous abhorrons la nécessité de vaincre ; que nos hommes les plus héroïques sont épouvantés du devoir de répandre du sang et de porter les horreurs de la guerre dans des champs paisibles ; que nous jugeons l'attentat qui nous a donné l'occasion aux faits d'armes les plus glorieux comme une injustice criminelle et irréparable ; que nous faisons tout au monde pour rendre impossible, autant qu'il est en nous, le retour d'une nécessité aussi détestée. Ils appellent un forfait barbare commis sur le droit le plus sacré de leur pays ce que nous considérons comme le droit le plus clair, savoir : demander à l'agresseur vaincu une garantie contre la répétition d'un attentat sans nom. Tous, et même l'élite de leurs esprits indépendants sont d'accord sur ce point qu'on peut arranger, moyennant finances, des petits malentendus comme ceux qui viennent d'éclater entre l'Allemagne et la France.

« On force un million de braves Allemands de quitter leurs maisons et leurs foyers, de se faire tuer ou estropier par dizaines de mille, de succomber par dizaines de mille aux maladies contagieuses des lazarets et aux fatigues de la guerre ; on force notre meilleur monde à un travail sanguinaire, à une sévérité cruelle contre de malheureux paysans, contre des femmes et des enfants ; on menace les centres honorables de notre civilisation des passions animales des hordes africaines ; on détruit le bonheur des familles de cent mille foyers allemands ; on fait tout cela sans l'ombre d'un motif justifié, de gaieté de cœur et par une maudite arrogance, et après que cet abominable attentat a misérablement échoué devant l'héroïsme du provoqué, on se déclare prêt à payer les frais et à donner un sauf-conduit au vainqueur. Le refus de ce dernier de ne pas se contenter d'argent excite l'étonnement et l'indignation.

« Rien n'est plus incompréhensible et plus surprenant pour nous que la légèreté avec laquelle une douzaine de députés de la minorité se sont emparés de la dictature sur un pays de 40 millions d'âmes ; rien ne nous est plus incompréhensible que l'obéissance passive que ces dilettantes trouvent même quand il s'agit de mesures les plus incroyables, et la confiance inébranlable avec laquelle on reçoit leurs assertions, quoique cent fois déjà on a pu se convaincre qu'ils mentent de la façon la plus éhontée. En Allemagne, les petits enfants ne croiraient plus à M. Gambetta et au général Faidherbe ; les adultes confieraient encore bien moins à un tel Gouvernement la disposition sans contrôle de la fortune de l'État, le crédit public et toute la population capable de porter les armes. Mais en France, celui qui s'entend à flatter la vanité nationale est maître de la situation, — pour un certain temps, au moins. M. Gambetta possède ce talisman. Il s'entend à inoculer à la nation ce sentiment qu'elle a un air sublime, et, pour jouir le plus longtemps possible de ce sentiment orgueilleux, la nation le suit à travers champs, se laisse tromper les yeux ouverts, a confiance dans ses rodomontades et *se ruine par ordre*. Il est vrai que l'âpre réalité ébranle constamment cette confiance, mais, telle est la force de la vanité, que ces faits les plus durs ne sont parvenus jusqu'à présent qu'à l'ébranler, mais non pas à lui faire abandonner cette funeste voie. Il serait difficile de prétendre qu'en moyenne le Français soit plus bête que l'Allemand, mais l'intelligence du Français a ce défaut particulier qu'il se refuse à tirer des conclusions capables de toucher désagréablement son amour-propre. C'est la vanité qui lui fait encore espérer la victoire là où l'Allemand, d'une intelligence pareille, aurait reconnu depuis longtemps l'état désespéré de la situation. »

### LES PROCÉDÉS DE LA FRANCE SUR MER.

La *Gazette de Cologne* dit à ce sujet :

« Sur mer les procédés de la France sont tout à fait analogues à ceux qu'a préconisés le gouvernement de la défense nationale pour la guerre continentale. Partout le mépris des usages sanctionnés par le droit des gens. Un des principes reconnus, c'est que des navires de commerce capturés ne soient déclarés propriété de l'ennemi qu'après un arrêt prononcé par le tribunal des prises. Les vaisseaux de guerre français n'ont aucunement respecté cet usage, bien que le blocus des ports allemands n'ait jamais été effectif dans le sens de la déclaration de 1856. Nombre de bâtiments entraient en toute liberté dans nos ports, ce qui n a pas empêché les croiseurs de procéder comme s'il ne s'était pas agi d'un blocus sur le papier. Détruire les prises est un acte de force brutale ; on ne saurait l'excuser par cette échappatoire qu'il n'y avait pas à proximité de port où l'on pût les faire entrer. La guerre de sécession de 1861 à

1865 a provoqué au sujet de l'illégalité de ce système des discussions approfondies qui sont consignées dans Clark (*Papers read before the juridicial society*, Londres, 1864).

« Il est avéré en outre que souvent les équipages ont éprouvé le traitement réservé aux criminels, qu'ils ont été mis en prison, quoique les soldats de marine soient seuls soumis aux lois de la guerre et que les matelots ne passent nulle part pour combattants. M. Gambetta est prêt à échanger les capitaines de commerce contre des officiers, mais on a cru devoir repousser cette offre pour ne pas encourager les brutalités françaises. En guise de représailles, nous avons pris comme otages un nombre égal de notables français.

« Le comte Chaudordy a voulu justifier l'incarcération de capitaines de commerce en avançant que la Prusse aurait pu se servir d'eux pour la guerre. D'après cette théorie, tous les citoyens en état de porter les armes, bien que n'appartenant pas à l'armée, seraient soumis à la captivité sous prétexte qu'ils pourraient servir un jour, et nous aurions le droit de nous emparer de toutes les populations françaises, puisque MM. Gambetta et C$^{ie}$ ont décrété la levée en masse. Le comte Chaudordy avance ensuite que les équipages de commerce sont soumis aux lois de la guerre, la Prusse ayant promis une prime à qui s'emparerait de bâtiments ennemis. Cet argument ne saurait soutenir une critique sérieuse, attendu que nous n'avons alloué de récompense que pour la prise de vaisseaux de guerre et qu'il n'a jamais été question de navires de commerce français. En outre, il est aussi odieux que ridicule de vouloir punir quelqu'un d'actions qu'il pourrait commettre un jour. — Nous conseillons au comte Chaudordy de lire les articles de guerre américains de 1863. Il y verra comment on doit traiter d'une façon humaine des prisonniers de guerre. »

---

LES PRISONNIERS FRANÇAIS EN ALLEMAGNE.

Le *Times* publie dans son numéro du 11 de ce mois la lettre suivante, que lui adresse un aumônier des prisonniers français, M. l'abbé *Deblaye* :

« Kalk, près Deutz-Cologne, le 7 janvier.

« Monsieur le rédacteur, — Je viens de lire dans le journal le *Standard* une lettre que lui envoie son correspondant de Mayence en date du 3 décembre, et un article publié dans votre estimé journal du 3 janvier 1871, et intitulé : « The French Prisoners at Cologne. »

« Ces deux honorables correspondants font une peinture de la situation de nos malheureux prisonniers en Allemagne, dans laquelle ils semblent plutôt donner un libre cours à leur imagination que s'inspirer de la réalité même des choses. Si ces articles leur ont été dictés par le désir de faire un appel plus chaleureux à la charité en faveur de ces pauvres victimes de la guerre, je ne puis que louer ce sentiment généreux, mais encore la vérité suffit-elle à une belle et noble cause pour lui gagner les hommes et les intéresser à son succès.

« Sans doute les besoins de nos pauvres soldats prisonniers sont encore grands et nombreux, mais disons tout d'abord que le gouvernement allemand a mis tout en œuvre, autant que lui permettait le grand nombre des prisonniers et la rapidité des événements, pour leur rendre la position supportable. Les baraques dans lesquelles ils se trouvent, au Grünberg en particulier, sont suffisamment chauffées. Chaque soldat a pour se coucher une paillasse et deux couvertures ; la nourriture est, au dire de tous, sinon délicate, du moins suffisante. Dans les lazarets, les malades reçoivent les soins de médecins habiles et de religieuses dont le dévouement est à toute épreuve, et ces soins comme aussi la nourriture se proportionnent suivant la gravité de la maladie.

« On n'a pas oublié de leur procurer les consolations morales et religieuses, et à chaque lazaret est attaché un prêtre qui parle leur langue.

« Ce qui leur fait le plus défaut, ce sont des vêtements suffisants pour les garantir contre le froid de l'hiver, mais ici la charité allemande et française s'est largement montrée ; il m'est agréable de le dire ici, la charité anglaise n'est pas restée en arrière, et dernièrement encore j'accompagnais les membres du comité anglais qui allaient faire à mes compatriotes de larges et riches distributions. Tout n'est pas fait sans doute, mais la charité elle-même n'a pas de bornes; c'est en elle que nous avons espoir, et je ne doute pas que l'appel qui lui a été fait dans la Grande-Bretagne ne trouve un écho favorable.

« Daignez agréer, Monsieur le rédacteur, l'hommage de mes salutations distinguées.

« A. DEBLAYE,

« Prêtre français, aumônier des prisonniers, à Kalk, près Deutz-Cologne, chez M. le curé de Kalk. »

### CHRONIQUE DE LA GUERRE FRANCO-ALLEMANDE 1870.

21 *août*. Le grand-duc d'Oldenbourg se rend, par Birkenfeld, sur le théâtre de la guerre.

— Télégramme de félicitations du Roi de Prusse au Roi de Saxe, à l'occasion de Gravelotte, le 18 août.

— Service divin d'actions de grâces dans l'église métropolitaine de Berlin pour les victoires remportées devant Metz; on tire ensuite le canon en l'honneur de ces victoires.

— Le lieutenant général de Colomier quitte le commandement du corps de troupes à Haguenau pour reprendre sa situation dans l'état-major du commandant en chef de la II<sup>e</sup> armée; le lieutenant général de Decker est nommé commandant de l'artillerie de siège devant Strasbourg, et le major général de Mertens ingénieur en chef pour le siège de cette place.

— Combat de la corvette *la Nymphe* contre des navires de guerre français dans la baie de Putzig (mer Baltique).

— Les troupes françaises évacuent Châlons.

— Le maréchal Mac-Mahon et l'Empereur Napoléon se portent sur Reims, dans la direction de Montmédy, pour prendre l'Aisne comme base d'opérations.

— L'Empereur Napoléon s'établit à Courcelles, près Reims.

— Les dernières troupes françaises (du corps d'occupation des États romains) s'embarquent à Civita-Vecchia.

— Le grand-duc de Hesse, dans un ordre du jour, félicite et remercie les troupes hessoises de leur conduite dans les combats livrés devant Metz.

22 *août*. Le Roi de Prusse remercie la ville de Hambourg des félicitations qu'elle lui a adressées pour ses victoires.

— Le Roi de Bavière félicite le Roi et la Reine de Prusse à l'occasion des victoires remportées le 14, le 16 et le 18 août devant Metz. — S. M. la Reine Augusta répond par un télégramme, où Elle donne une mention toute particulière à la bravoure des troupes bavaroises.

— Déclaration de neutralité du président des États-Unis de l'Amérique du Nord.

23 *août*. Le quartier général du Roi se transporte à Commercy.

— Ordre du jour du Roi Jean de Saxe à ses braves troupes.

— Bombardement de la forteresse de Bitche par l'artillerie bavaroise.

— L'Empereur des Français quitte Courcelles et suit l'armée de Mac-Mahon.

24 *août*. Le quartier général du Roi est à Bar-le-Duc.

Le maréchal Mac-Mahon s'arrête à Rethel.

— Les têtes de colonnes prussiennes se montrent déjà de ce côté-ci de Châlons.

— Dans la nuit du 24 août l'infanterie badoise s'empare de la station de chemin de fer aux portes de Strasbourg.

— Le maréchal Mac-Mahon est investi du commandement en chef des 4 corps français : 1er (Mac-Mahon), 5e (Failly), 7e (Douay) et 12e (Lebrun).

25 *août*. L'exportation et le transit des chevaux est interdit sur toutes les frontières extérieures du *Zollverein*.

— La place forte de Vitry-le-Français (sur Marne) se rend aux troupes allemandes; 850 hommes, formant la garnison, sont faits prisonniers.

26 *août*. Le quartier général du Roi est transféré à Clermont (en Argonne).

— Le Prince Royal de Saxe, les généraux de Moltke, de Roon et de Podbielski reçoivent la Croix de fer.

— Nomination du président de régence de Kühlwetter en qualité de commissaire civil dans l'Alsace.

— Les troupes allemandes occupent Markolsheim, près Colmar (département du Haut-Rhin).

— La Reine Augusta adresse au baron Oscar de Redwitz une lettre de réception et de remerciments pour sa poésie : *A l'armée allemande*.

— Protestation du secrétaire d'État de la Confédération de l'Allemagne du Nord, de Thile, auprès des puissances neutres, contre les violations flagrantes du drapeau parlementaire et du droit des gens commises par les Français.

27 *août*. Combat victorieux de la cavalerie saxonne et prussienne à Buzancy (2 milles 1/2 au sud-ouest de Stenay) contre un détachement de cavalerie du corps de Mac-Mahon.

— La place forte de Longwy (sur la frontière luxembourgeoise-belge) est sommée de se rendre par les troupes prussiennes.

— Le Roi de Bavière remercie la Société de secours municipale de Berlin des félicitations qu'elle lui a adressées.

— Le Roi de Bavière remercie par une lettre autographe le poëte Oscar de Redwitz, pour l'envoi de son poëme : « A l'armée allemande. »

— Le Roi de Bavière, félicité par les soldats blessés qui sont soignés au lazaret de Nuremberg, leur répond en exprimant combien il est fier de leurs faits d'armes.

### NOUVELLES DIVERSES.

Nous sommes heureux d'apprendre que l'état de la blessure que S. A. R. le Prince Guillaume de Bade a reçue dans la bataille de Nuits, n'offre plus de gravité et qu'on espère que son rétablissement se fera promptement.

La conduite courageuse du Prince lui a valu la croix de fer de 1re classe.

Le général de Kératry a demandé sa démission et a l'intention de se retirer dans la vie privée.

---

Deux officiers français, en train de s'évader, ont été surpris dans un hôtel à Francfort et arrêtés. Ils s'étaient logés dans cet hôtel depuis huit jours, et guettaient une occasion favorable pour s'enfuir.

---

N° 72. — DIMANCHE 22 JANVIER 1871.

## PARTIE OFFICIELLE

#### COMMUNICATION OFFICIELLE

VERSAILLES, 21 janvier. — Le général de Goeben mande : Dans la soirée du 19 déjà, la gare de Saint-Quentin fut prise d'assaut par nos troupes et la ville occupée ensuite. Nous y avons trouvé 2,000 blessés ennemis. Jusqu'à la matinée du 20, le nombre des prisonniers non blessés tombés entre nos mains a atteint 7,000 et la prise de 6 canons a été constatée.

Nos pertes devant Paris, dans la journée du 19, sont évaluées à 400 hommes. La perte de l'ennemi était tellement considérable qu'il a demandé une suspension d'armes de 48 heures pour recueillir ses morts. Nous avons fait à l'ennemi 500 prisonniers.

---

Le *Moniteur officiel* du Gouvernement général de Lorraine publie l'article suivant :

« Nancy, le 17 janvier 1871.

« Si, dès les premiers jours, M. Gambetta et ses collègues se sont conduits de manière à abuser l'opinion publique, plus les événements ont marché, plus ces messieurs ont continué à suivre cette voie, qui, certes, est une des plus fâcheuses, et pour ceux qui s'en servent, et pour ceux qu'elle égare.

« En effet, depuis que le gouvernement de la défense nationale s'est saisi des rênes du pouvoir, toutes ses proclamations reposent sur des erreurs, pour ne pas dire autre chose ; toutes ses dépêches officielles de la guerre sont en contradiction avec l'exactitude des faits; toutes les victoires qu'il a annoncées se sont trouvées être des défaites, et si, à l'heure qu'il est, une grande partie des Français croit encore à la possibilité de refouler les armées allemandes au delà des frontières, ils n'ont cette croyance que grâce aux élucubrations sorties de l'imagination par trop féconde de MM. Gambetta et consorts.

« Or, ainsi que nous l'avons expliqué dans nos articles précédents, en matière de commerce, le débiteur qui voit approcher le moment de sa ruine, et qui, pour obtenir encore du crédit, annonce des résultats ou des ressources qui n'existent pas lors de la liquidation des affaires, est réputé, de par la loi, avoir agi frauduleusement, et sa faillite, par ce fait, se transforme en banqueroute. Telle est la sentence que l'histoire ne manquera pas de prononcer contre les mandataires qui se sont imposés à la France, et lors même que l'accusation ne porterait que sur ce chef. Mais ce n'est pas le seul. Qu'est-ce, en effet, que l'emprunt Laurier? De quel droit a-t-il été contracté? Quelle sanction a-t-il reçue? Quelles garanties couvrent réellement ceux qui l'ont souscrit?

« Et puis encore, qu'est-ce que cette nouvelle émission de billets de la Banque de France? A-t-elle été faite dans les conditions légales?

« Existe-t-il, ainsi que cela doit être, dans les caveaux de cet établissement public, une valeur métallique représentant la somme énorme en papier mise en circulation? A toutes ces questions, la réalité répond de la même manière, et il n'est pas nécessaire d'être commerçant pour se convaincre que toutes ces manœuvres du Gouvernement de la défense nationale rentrent dans la catégorie des actes qui constituent le crime de fraude en matière commerciale, et font d'un failli un banqueroutier.

« Lors de la liquidation, qu'arrivera-t-il? C'est que les intéressés, après s'être adressés aux mandataires, s'adresseront à leur tour aux mandants, et ils leur diront: — Ceux qui s'étaient chargés de vos intérêts ont pris telles et telles décisions; vous ne vous y êtes pas opposés; par conséquent, implicitement vous avez reconnu qu'ils avaient le droit d'agir en votre nom, et c'est ce qu'ils ont fait. Vous êtes donc responsables de tout ce qui est arrivé, et vous devez prendre votre part des pertes et, éventuellement, du déshonneur qui peuvent s'ensuivre.

« Certes, les résultats qui sont les conséquences des manœuvres financières que nous venons de signaler méritent une attention particulière à cause de leur gravité. Ce n'est pas seulement présentement que les effets qu'elles produiront se feront sentir ; si l'emprunt Laurier ne se liquide pas dans de bonnes conditions, les emprunts ultérieurs que la France pourra se voir dans la nécessité de faire ne manqueront pas d'être accueillis avec la plus grande défaveur sur tous les marchés de l'Europe. Si la Banque de France, cette institution qui, jusqu'à présent, a joui de la considération la mieux justifiée, voit son crédit compromis, — et, certes, il l'est, — par l'émission des billets dont nous venons de parler, l'effet en sera désastreux pour tout le commerce et toute l'industrie française.

« Nous pourrions citer une foule d'autres actes faits par le Gouvernement de Bordeaux, et qui mènent la France, non pas seulement à une faillite, mais à une banqueroute ; nous ne croyons pas que cela soit nécessaire : il suffira, pour s'en convaincre encore davantage, d'examiner simplement les faits qui se sont passés depuis le 4 septembre dernier.

« Que doit faire la France dans cette fâcheuse situation ? Que ce soit un peu tard ou non, nous n'hésitons pas à croire qu'un seul moyen lui reste pour sauvegarder et ses intérêts matériels et son honneur, tous deux si gravement compromis déjà.

« Le gouvernement qui règne actuellement n'a point été choisi par elle : il s'est imposé lui-même ; depuis qu'il est au pouvoir, il n'a fait que compromettre les intérêts dont il s'est chargé. Sous prétexte de défense nationale, il conduit la nation vers un abîme ; il ne reste donc aux Français qu'à déclarer que ceux qu'ils avaient soufferts jusqu'à présent comme mandataires, et qui ont prouvé qu'ils n'étaient ni à la hauteur de leur mission, ni dignes de la remplir, doivent faire place à un gouvernement reconnu par le pays, capable de traiter en son nom et d'épargner à la nation des malheurs plus considérables.

« Si le peuple français n'agit pas de la sorte, il se rend tout entier responsable de ce qui a été fait et se fera encore. Et, lors des règlements de compte, si la liquidation se termine par la *banqueroute*, tous ceux qui auront été assez aveugles ou assez faibles pour ne pas remplir leur devoir en protestant contre la dictature actuelle, attireront sur eux une partie du déshonneur qui rejaillira sur la pauvre France. »

### NOUVELLES DIVERSES.

BERLIN, 14 janvier. — On lit dans la *Gazette de la Croix :*

« On dit que plusieurs gouvernements ont l'intention d'introduire dans la conférence la question de médiation entre l'Allemagne et la France.

« Comme ces gouvernements ne peuvent douter que l'Allemagne ne se désistera, dans aucune circonstance, des conditions de paix posées par elle, on ne peut comprendre l'intention de ces gouvernements que dans le sens d'une pression sur le gouvernement français pour le déterminer à la cession des districts qui appartenaient jadis à l'empire allemand.

« Aussi, la nouvelle rapportée par plusieurs journaux de ces projets de médiation doit-elle être considérée comme prématurée. »

LONGWY. — Jeudi, l'état-major prussien a fait savoir au commandant de Longwy que si pour le lendemain, à 8 heures du matin, la ville ne s'était pas rendue, le bombardement commencerait immédiatement. Aussi le commandant a-t-il fait inviter les femmes, les enfants et toutes les bouches inutiles à se retirer.

On écrit de Paris, en date du 10 :

Le général Ducrot est gravement malade d'une amygdalite. Il est obligé de garder le lit ; trois de ses meilleures divisions sont passées dans l'armée du général Vinoy.

N° 73 — MARDI 24 JANVIER 1871.

## PARTIE OFFICIELLE.

#### COMMUNICATION OFFICIELLE.

**VERSAILLES**, 23 janvier. — Le bombardement de Paris a été continué pendant les derniers jours. Le 21, l'artillerie de siége a ouvert le feu sur Saint-Denis.

Le nombre des prisonniers non blessés tombés entre nos mains à la suite de la victoire de Saint-Quentin est monté à 9,000.

Une tentative de coup de main venant de Langres et dirigée, dans la nuit du 21, contre des compagnies de la landwehr postées dans les environs de Chaumont, a complétement échoué.

Dans la même nuit, devant Belfort, les bois de Taillis et de Bailly, fortement occupés et fortifiés par l'ennemi, et le village de Pérouse, ont été pris et 5 officiers ainsi que 80 hommes non blessés faits prisonniers.

---

Devant Paris, le bombardement de Saint-Denis a produit de bons résultats. Le 22, le feu ennemi s'est tu presque complétement. On a remarqué plusieurs incendies à Saint-Denis et à Paris.

Une colonne mobile, sous les ordres du lieutenant-colonel Dobschütz, a mis en déroute des gardes mobiles dans les environs de Bourmont, sur la Meuse supérieure. L'ennemi a perdu 180 hommes. De notre côté 4 blessés.

Le baron de Koenneritz, chambellan de S. M. le Roi de Saxe, a été nommé Préfet du département du Loiret.

---

Le Préfet de Seine-et Oise a l'honneur de porter à la connaissance du public que la quatrième liste des blessés français, dressée par les soins du Comité de Genève, vient de lui être communiquée, et qu'il l'a fait déposer dans les bureaux de la mairie, où les intéressés peuvent en prendre connaissance.

ARRÊTÉ.

Versailles, le 20 janvier 1871.

Nous, Préfet de Seine-et-Oise ;

Considérant qu'il est urgent d'établir des budgets communaux pour l'exercice courant ;

Considérant que la formation d'un nouveau budget présenterait actuellement pendant la guerre de grandes difficultés ;

Considérant que l'administration financière ne peut s'arrêter ni fonctionner sans taxe ;

Arrêtons :

Art. 1$^{er}$. — Les budgets des communes du département de 1870 seront appliqués à l'exercice 1871.

Art. 2. — Tous les revenus directs des communes, tels que locations de terrains, taxe des chiens, vente de fumiers, concessions d'eau, etc., etc., et les revenus indirects, tels que droits de régie sur les débits de boissons, de pesage, mesurage et jaugeage, fermage de pêche, d'octroi, etc., restent avec les centimes additionnels qui sont fixés par le budget de 1870, à la disposition des administrations municipales pour pourvoir à tous les besoins communaux.

Art. 3. — En cas d'insuffisance des recettes précitées, les communes sont autorisées à s'imposer extraordinairement par addition aux contributions directes, les centimes nécessaires, qui seront votés par le conseil municipal pour subvenir à leurs dépenses.

*Le Préfet de Seine-et-Oise,*
De Brauchitsch.

---

## PARTIE NON OFFICIELLE.

De Cambrai on a télégraphié de source française, à la date du 20 janvier, ce qui suit :

« Les Allemands ont attaqué hier l'armée du Nord. Le général Faidherbe, battant en retraite, est arrivé à Cambrai à 2 heures de la nuit, avec l'état-major de son armée en déroute.

Les Allemands ont lancé des bombes dans Saint-Quentin, la ville brûle sur divers points ; la consternation est générale. On assure que les pertes sont considérables (1). »

Dans une autre dépêche télégraphique de Cambrai, il est dit :

« Armée du Nord a éprouvé échec terrible dont elle se relèvera difficilement. Faidherbe évalue à 100,000 hommes les forces allemandes. Retraite a commencé midi. Partie de l'armée allemande poursuit Faidherbe. Triste tableau du désordre de l'entrée des Français à Cambrai. Beaucoup marchent pieds nus ; c'était une armée en haillons. De l'armée du Nord il ne reste plus que des débris. »

Dans un télégramme de Bordeaux portant la date du 20 janvier, nous lisons cette singulière nouvelle qu'une quantité de bœufs ont passé par Rennes sur la route qui conduit à Brest, afin d'être prête pour la marche en avant du général Chanzy. L'auteur de ce télégramme doit avoir de singulières notions géographiques pour supposer que l'on pût croire un seul instant à une telle impossibilité.

On nous écrit du département des Ardennes que les corps de francs-tireurs de cette contrée prennent de plus en plus le caractère de bandes de brigands. Après la prise de Mézières et de Rocroy, ces bandes, il est vrai, ne seront plus en état de

---

(1) Extrait de la dépêche de M. Gambetta sur cette affaire :

Bordeaux, 20 janvier 1871.
*Aux Préfets et Sous-Préfets.*

Hier, la I<sup>re</sup> armée prussienne a livré, autour de Saint-Quentin, une bataille acharnée à l'armée du Nord.

Nos troupes ont admirablement tenu et ont maintenu leurs lignes jusqu'à la nuit ; mais le général en chef, à cause de la fatigue des hommes, et pour éviter à la ville un bombardement inutile, a dirigé dans la nuit ses troupes sur des positions en arrière de Saint-Quentin.

Nous avons fait des pertes sérieuses, mais celles de l'ennemi paraissent plus considérables.

faire des expéditions militaires de quelque importance ; par contre, ils exercent maintenant le brigandage non-seulement contre les Allemands, mais contre leurs propres compatriotes. C'est ainsi qu'à Vouziers le domestique du comte de Chabrian, qui était chargé de transporter les chevaux et le bagage de son maître qui se trouve actuellement prisonnier à Metz, a été pillé et assassiné par les francs-tireurs.

Le *Courrier de la Champagne* paraissant à Stains et qui n'est rien moins que favorable à la cause allemande parle de cet attentat avec la plus grande indignation. Des fabricants de sucre à Stains qui envoient plus de cent voitures par semaine en Belgique pour faire chercher du charbon ont dû payer aux francs-tireurs une rançon pour obtenir un sauf-conduit.

Il résulte des faits qui précèdent que la guerre prend un caractère de plus en plus démoralisant et d'autant plus épouvantable qu'il corrompt un peuple auquel la nature a donné de nobles sentiments, qu'il altère toutes les notions d'honneur et de justice et ruine matériellement le pays. Tous ceux qui contribuent par la propagande, par la presse ou par des mesures violentes à la prolongation de cette guerre méritent d'être rendus responsables, par leur fortune privée, de pareils désastres.

### NOUVELLES DIVERSES.

LONDRES, 18 janvier. — La conférence a été ouverte hier à une heure. Étaient présents : lord Granville, comte Apponyi, Cadorna, comte de Bernstorff, de Brunnow et Musurus.

BERNE, 17 janvier. — Le *Bund* publie le télégramme suivant :

Porrentruy, 16. — Aujourd'hui toute la journée on a entendu une canonnade au nord-ouest de Montbéliard.

Les Allemands ont réoccupé Croix dans l'après-midi.

Vers 6 heures du soir, la canonnade avait cessé.

CARLSRUHE, 17 janvier. — Le télégramme suivant est arrivé au ministre de la guerre, M. Beyer :

Brevillers, 16 janvier, 9 heures du soir. — Hier et aujourd'hui, nous avons maintenu victorieusement nos positions devant Belfort contre des attaques violentes de l'ennemi.

Nos pertes sont relativement modérées.

---

LONGWY. — Hier a eu lieu un échange entre des prisonniers français et prussiens détenus en cette ville. Après cette formalité, le bombardement a été annoncé pour aujourd'hui mardi et a commencé ce matin à huit heures.

---

On écrit de Würzbourg, 11 janvier, à la *Gazette générale d'Augsbourg :*

« Avant-hier, à onze heures du soir, 92 officiers français, avec 60 domestiques et une quantité de bagages, sont arrivés de Mézières en notre gare. Après avoir signé une déclaration conçue en langue française d'après laquelle ils s'engageaient à ne pas quitter « le rayon de la ville, » à ne pas formuler ou soutenir de mutinerie parmi les prisonniers et à n'entretenir aucune correspondance qui ne passât pas « ouverte » par les mains du commandant de la forteresse, ils ont été conduits dans les hôtels de la ville à leurs propres frais.

« La signature de la déclaration se fit par grades : quand les colonels, par suite d'une méprise, ne voulurent pas signer, une singulière agitation se manifesta parmi les prisonniers. Elle s'apaisa cependant bientôt quand le choix entre une réclusion rigoureuse dans la forteresse et le logement chez les habitants leur fut proposé.

« Parmi les prisonniers se trouvait aussi un avocat de Nancy, qui exprima sa satisfaction d'être interné dans un lieu où il pourrait faire ses études, et un préfet des Ardennes que M. Gambetta avait expressément envoyé à Mézières pour y organiser des corps de francs-tireurs. En outre, il y avait encore le chef des mobiles du département des Ardennes, qui a vécu de longues années en Algérie. »

AVIS.

POUR M. PAUL LEFÈVRE :

Père, femme, enfants, belle-mère, très-bien portants, à Fougères, 1, rue de l'Horloge (Ille-et-Vilaine).

---

FRANK ET MAYER,
*Changeurs,*
3, RUE BÉTIGNY, A CÔTÉ DE L'HÔTEL DU GRAND ET PETIT VATEL.

---

N° 74. — MERCREDI 25 JANVIER 1871.

## PARTIE OFFICIELLE.

### COMMUNICATION OFFICIELLE.

VERSAILLES, 24 janvier. — Le 21, des détachements de l'armée allemande du Sud ont occupé Dôle après une escarmouche et ont capturé 230 wagons chargés de vivres, de fourrage et d'effets d'habillement.

Le 22, une bande de francs-tireurs a fait sauter le pont du chemin de fer sur la Moselle, entre Nancy et Toul.

Au nord, la première armée a balayé le terrain jusqu'aux forteresses.

---

## PARTIE NON OFFICIELLE.

Des nouvelles d'Arras, arrivées à Versailles, confirment que l'armée du général Faidherbe est arrivée dans cette ville ainsi qu'à Douai et à Lille en pleine dissolution et dans un état de découragement complet. Le général Faidherbe, si fortement battu à Saint-Quentin, est à Lille ainsi que *Monsieur Gambetta lui-même.* Contre ce dernier, il existe parmi les soldats et parmi les populations une excitation considérable. Les gardes mobiles jettent leurs armes et refusent le service. Sur la frontière de la Belgique, on prévoit l'entrée sur le territoire belge de nombreux soldats débandés.

Nous publions les rapports suivants pour servir de preuves que la guerre populaire provoquée par M. Gambetta fait commettre aux Français des actes de barbarie sans nom :

« Sur l'ordre du bataillon royal, le soussigné mande que, sur sa marche à Vendôme, il a reçu, le 1$^{er}$ janvier, le rapport annonçant qu'à Villaria, il se trouve un cuirassier mort et ayant *les yeux crevés*. Le soussigné a vu ce cuirassier couché sur une voiture escortée par des camarades. Il avait plusieurs coups de couteau et de baïonnette dans le ventre, un coup de feu dans l'épaule et *les yeux lui avaient été coupés des orbites*. Le cadavre paraissait s'être trouvé dans cet état depuis un ou deux jours.

« *Signé* DE LUEDERITZ,
« Lieutenant en 1$^{er}$ au 4$^e$ régiment westphalien d'infanterie, n° 17. »

« J'atteste avoir vu, le 1$^{er}$ janvier, à Villaria, le cadavre d'un cuirassier *auquel les deux yeux avaient été crevés*. Je n'ai pas fait une autopsie plus détaillée du cadavre, mais je crois que des renseignements plus circonstanciés peuvent être obtenus. Le cadavre a été escorté par des dragons du 16$^e$ régiment.

« Les Tuileries, le 9 janvier 1871.

« D$^r$ HALLE,
« Médecin au 2$^e$ bataillon du régiment n° 17. »

A ces pièces était joint le document suivant :

« La division (la 20$^e$ d'infanterie) soumet au commandant général, dans la pièce ci-annexée, le rapport du lieutenant en 1$^{er}$ de Luederitz, du 4$^e$ régiment d'infanterie westphalien, n° 17, relative à la mutilation d'un cuirassier du régiment des cuirassiers de la Prusse orientale, n° 3, pouvant servir de matériaux pour la liste à dresser des actions contraires au droit des gens, commises par les Français. La division fait observer en même temps que, dans le combat du 11 de ce mois, l'ennemi s'est servi, dans ses fusils, de *balles explosibles*, ainsi que cela a été remarqué par les hommes et par les officiers, au point de pouvoir être *affirmé sous serment* par le major Blume.

« Chapelle, le 16 janvier 1871.

« *Signé* MANTZ. »

En comparant les forces actuelles des deux pays belligérants, la *Gazette nationale de Berlin*, dans l'article qui suit, ne doute pas de l'immense supériorité que l'Allemagne doit conserver jusqu'à la fin sur son adversaire, — et maintient la nécessité de soutenir la guerre présente, au prix de nouveaux sacrifices, pour obtenir une paix qui donne au peuple allemand des garanties sérieuses pour l'avenir :

« ..... Nous voyons en France, dans ce pays si riche en population, des centaines de milliers de combattants que Gambetta (ce qui est à son égard un éloge fort douteux) a « fait sortir de terre »; nous voyons aussi, dans Paris, un dernier reste de troupes régulières, grossi sans doute de beaucoup de soldats qui, après avoir été faits prisonniers par les Allemands, sont parvenus à s'enfuir; mais en somme il est évident que la France, par cette prise d'armes nationale depuis le 4 août jusqu'au 27 octobre, n'est parvenue à réunir sous ses drapeaux, à côté des débris de ses anciennes troupes, peu nombreux et profondément découragés, que des *bandes* armées; la situation militaire du pays ne s'est nullement relevée, au contraire, et ce n'est certes pas un prodige (comme le disent les journaux qui exaltent la dictature républicaine) que, dans un grand pays envahi par l'ennemi, il se soit trouvé une multitude de gens pour prendre le fusil.

« Si nous reportons nos yeux du côté de l'Allemagne, le spectacle est tout autre ; grâce à notre organisation militaire, nous avons de véritables et d'excellentes armées, dont la force numérique n'a jamais été égalée dans aucun temps ni par aucun peuple. Même pour former les nouveaux bataillons de garnison, qui n'ont qu'à garder les prisonniers de guerre, on appelle chez nous des hommes ayant déjà servi longtemps, et ainsi l'on n'a pas été obligé de prendre ces mesures si pénibles, en vertu desquelles tout jeune homme doit faire son instruction de soldat aussi rapidement que possible, pour que tous les hommes plus âgés puissent entrer en campagne...

« ...La lutte est longue et difficile. Quel est le but que nous voulons atteindre? Une paix solide et durable. A la réalisation de ce désir, il est vrai, semble s'opposer ce qu'on peut appeler l'incorrigibilité des Français. Vaincu, ce peuple aura une soif de vengeance qui menacera toujours la paix, de même que s'il avait été vainqueur, son arrogance doublée par le triomphe n'aurait pas laissé de repos à l'Europe. Déjà, en septembre dernier, il a été dit dans des documents officiels allemands — et c'était malheureusement trop vrai — que les Français ne nous pardonneront jamais nos victoires ; on peut être sûr que l'envie de faire la guerre ne tardera pas à les reprendre ; — malgré cela, nous nous promettons de la conclusion prochaine de la paix un grand avantage. D'abord l'immense désastre, la défaite complète que les Français ont essuyés dans cette lutte contre l'Allemagne ne seront pas sans laisser chez nos voisins une impression profonde. Les futurs gouvernements de la France, si la passion des partis veut les entraîner sur le champ de bataille, réfléchiront avant de risquer l'entreprise ; ayant sous les yeux l'exemple de Napoléon III, ils se diront qu'une guerre avec l'Allemagne est encore plus dangereuse pour le trône parisien que toutes les agitations et les hostilités des partis à l'intérieur. Et quand nous posséderons Metz, Strasbourg et Belfort pour couvrir notre frontière, tout chef des armées françaises y regardera à deux fois avant de céder à la pression des hâbleurs et des énergumènes qui voudraient encore conquérir la frontière du Rhin.

« L'Allemagne, aujourd'hui, doit donc s'armer de fermeté et de constance jusqu'à ce qu'elle ait obtenu par les armes l'amélioration de ses frontières ; alors elle pourra envisager l'avenir avec beaucoup plus de sécurité, quand même les Français resteraient ce qu'ils sont et voudraient conserver leurs sentiments hostiles à notre égard. »

On lit dans la *Gazette générale de l'Allemagne du Nord :*

« Parmi les phrases que répètent les Français et leurs amis pour protester contre la cession de l'Alsace et de la Lorraine, le premier rôle appartient à celle qui prétend que cette cession réduirait la France à l'état de puissance de second ordre. Dans la bouche de nos adversaires cet argument prouve une fois de plus que l'orgueil des Français ne leur a pas encore permis de s'avouer vaincus ; personne, parmi eux, ne semble vouloir supporter les conséquences de cette guerre odieusement provoquée par la France.

« On a souvent démontré aux amis de la France que la cession de l'Alsace est une affaire trop peu importante, comme territoire et population, pour descendre au second rang une puissance de premier ordre. Voici en ce sens un autre argument assez positif : les armées françaises actuelles égalent sans doute les forces allemandes pour le nombre. Or, le nombre formant la base des comparaisons entre les forces militaires de deux pays, ce fait seul prouve qu'il ne peut être question d'amoindrissement. La puissance militaire de la France sera encore très-grande, même après la cession de l'Alsace et de la Lorraine. Jamais État de second ordre n'a eu à sa disposition de pareilles forces qui dépassent celles de plusieurs d'entre les grandes puissances.

« Après la paix, l'Europe accordera toujours à la France sa part d'influence légitime comme avant la guerre. Seulement les immixtions françaises dans nos affaires intérieures et dans celles d'autres pays, — signes d'une prépondérance illégitime, — appartiennent maintenant à l'histoire du passé. »

---

CHRONIQUE DE LA GUERRE FRANCO-ALLEMANDE 1870.

29 *août*. Le quartier général du Roi généralissime des armées allemandes se transporte à Grandpré (département des Ardennes).

— Combat victorieux des avant-gardes du 12ᵉ corps d'armée (Saxe Royale) à Nouart (département des Ardennes).

— Deux escadrons de hussards prussiens prennent d'assaut Voncq (sur l'Aisne).

— Une sortie de la garnison de Strasbourg est repoussée.

— Proclamation du gouverneur général de Lorraine, général d'infanterie et aide de camp général de Bonin, aux habitants de la Lorraine.

30 *août*. Le quartier général du Roi est placé à Varennes (département de la Meuse).

— Mac-Mahon est à Sedan, l'Empereur Napoléon à la ferme la Bibelle, près de cette ville.

— Combat livré à Beaumont par le corps de la Garde prussienne, le 4ᵉ corps d'armée, le 12ᵉ (Saxe Royale) et le 1ᵉʳ corps bavarois contre l'armée de Mac-Mahon en marche sur la route de Metz. Les troupes françaises sont rejetées, partie sur Sedan, partie sur la rive droite de la Meuse, à Mouzon, avec une perte de 25 canons, de 2,856 prisonniers et d'un camp.

— Dans la nuit du 30 août, la première parallèle devant Strasbourg est ouverte à Schiltigheim.

— Proclamation du gouverneur général de l'Alsace, lieutenant général comte de Bismarck-Bohlen, relativement à la formation du nouveau département de la Moselle, composé des départements du Haut et du Bas-Rhin, et aussi des arrondissements de Metz, Thionville, Sarreguemines et Sarrebourg.
— Proclamation du gouverneur civil de l'Alsace, président de régence de Kühlwetter, aux habitants de l'Alsace.
— Des réunions publiques tenues à Berlin, et composées d'hommes de toutes les opinions, protestent, dans des Adresses au Roi de Prusse, contre toute immixtion étrangère en ce qui concerne les conditions de la paix avec la France.
— Le Roi de Bavière confère au Prince Royal de Prusse, à l'occasion de la victoire remportée sous ses ordres à Wœrth, la Grand-Croix de l'ordre Maximilien Joseph, qui est portée immédiatement à son Altesse Royale par le comte Rechberg.
— Circulaire du ministre français prince La Tour d'Auvergne aux ambassadeurs des puissances neutres, où les troupes allemandes sont faussement accusées d'avoir violé la Convention de Genève.
— La 18e division (sous le commandement en chef du Grand-Duc de Mecklembourg-Schwerin), qui avait été employée jusque-là à garder les côtes de la mer du Nord et de la Baltique, est appelée en France sur le théâtre de la guerre.
— Le quartier général de S. M. le Roi est à Sainte-Ménehould.
— Le comte Bernstorff, ambassadeur de la Confédération de l'Allemagne du Nord à Londres, communique au comte Granville un mémoire où sont exprimées les plaintes de l'Allemagne au sujet de la politique bienveillante pour la France que suit le gouvernement anglais.

31 *août*. Après plusieurs petits combats d'avant-garde, les troupes allemandes victorieuses à Beaumont, grossies du 5e et du 11e corps prussiens, franchissent la Meuse et enveloppent l'armée française, qui s'est repliée sur Sedan.
— La Reine Augusta exprime au baron de Stauffenberg, président de régence du Palatinat, délégué bavarois au comité central de la société de secours allemande, — en lui envoyant son offrande de 1,000 thalers, — combien elle est touchée des souffrances du Palatinat.
— Le quartier général du Roi est à Vendresse.
— Le gouvernement français apporte une telle rigueur dans l'expulsion de France des sujets allemands, décrétée par lui, que même des enfants de 11 à 15 ans sont chassés des pensionnats de jeunes filles à Toul.
— Le Roi de Wurtemberg relève le baron de Varnbühler de ses fonctions comme ministre de la maison royale et des affaires étrangères et comme président du Conseil privé, et transfère cette position, intérimairement, au conseiller d'État comte Taube.
— 31 *août* et 1er *septembre*. Dans la bataille de Noisseville (Metz), l'armée française de Metz, essayant de s'ouvrir un passage, est repoussée par le général de Manteuffel avec les 1er et 9e corps d'armée (dont la division grand-ducale hessoise), la division de Kummer et la 28e brigade d'infanterie, sous le commandement en chef du prince Frédéric-Charles de Prusse.
— Le quartier général du Prince est à Malancourt.
— Dans la direction de Montmédy on entend le bruit de la canonnade.

## NOUVELLES DIVERSES.

BERLIN, 18 janvier. — La *Nordeutsche Allgemeine Zeitung*

publie une correspondance télégraphique entre le comte de Bismarck et l'envoyé de la Confédération de l'Allemagne du Nord, relative au départ éventuel du pape de Rome.

Le pape a fait demander à la date du 8 octobre, par l'intermédiaire de M. d'Arnim, s'il pouvait compter sur le secours du Roi et si on le laisserait partir avec les honneurs qui lui sont dûs. Le comte de Bismarck a répondu affirmativement le jour même. Le chancelier a écrit à la même date, à Florence, en faisant ressortir que c'est du devoir du roi envers les catholiques de l'Allemagne du Nord de participer aux soins à prendre pour la dignité et l'indépendance du Pape.

Le gouvernement italien a répondu que, en ce qui concerne ses intentions de sauvegarder la dignité et l'indépendance du Pape, il ne pouvait exister aucun doute.

BERLIN, 18 janvier. — La *Norddeutsche Allgemeine Zeitung* confirme qu'à cause du procédé contraire au droit des gens qu'emploient les Français à l'égard des navires marchands allemands, il a été décidé de rapporter la déclaration faite au commencement de la guerre, suivant laquelle l'Allemagne renonçait à la capture et la prise des navires marchands français.

Pourtant, comme il se peut que par suite de la déclaration susmentionnée, il y ait des marchandises neutres à bord de navires français, ladite mesure ne sera mise à exécution que dans quatre semaines, à partir du 12 janvier. On dit que les décrets nécessaires à l'exécution de cette résolution sont déjà préparés.

GENÈVE, 16 janvier. — Le maréchal Randon est mort.

Carlsruhe, 19 janvier.

*Télégramme du général Glumer au ministre de la guerre.*

Crevilliers, 18 janvier. — Le 17, les attaques de l'ennemi ont été victorieusement repoussées sur toute la ligne.

Notre aile droite, sous le général Keller, a été la plus engagée.

Aujourd'hui, l'ennemi est en retraite.

Les pertes sont assez considérables.

Les détails manquent encore.

## SIÉGE DE LONGWY.

Frontière française, 17 janvier. — Les Prussiens ont établi autour de Longwy des batteries sur trois points différents. Ce matin mardi, vers huit heures, deux des batteries — dont l'une placée dans le bois du Chat — ont ouvert le feu.

---

Les officiers et soldats français faits prisonniers à Rocroi sont, en ce moment, dirigés sur Stralsund, en Poméranie.

---

Prix de vente au détail des denrées alimentaires et autres articles de consommation, dans la ville de Versailles, du 21 au 28 janvier 1871.

| DÉSIGNATION. | PRIX. | OBSERVATIONS. |
| --- | --- | --- |
| Beurre | 1 50 à 2 » | le 1/2 kilog. |
| Pommes de terre | » 75 | le décalitre. |
| Volailles (Poulets) | 45 » | la douzaine. |
| Café | 2 40 | le 1/2 kilog. |
| Sucre en pain | 1 80 | — |
| Sucre en poudre | » 80 | — |
| Eau-de-vie | 1 60 | le litre. |
| Vin au litre | 0 70 à 0 80 | — |
| Pain | » 25 | le 1/2 kilog. |
| Sel | » 40 | — |
| Viande | 1 20 | — |
| Huile à brûler | 1 20 | — |
| Huile à manger | 1 75 | — |
| Chandelles | » 90 | — |
| Bougies | 2 25 | — |

*Certifié véritable par le Conseiller municipal soussigné,*
BARRUÉ-PERRAULT.

---

N° 75. — JEUDI 26 JANVIER 1871.

## PARTIE OFFICIELLE.

### COMMUNICATION OFFICIELLE.

VERSAILLES, 25 janvier. — Dans le combat occasionné par la sortie du 19, devant Paris, nos pertes en morts, blessés et hommes disparus se montent à 39 officiers et 616 hommes.

Les pertes de l'ennemi sont estimées à 6,000 hommes; nous avons constaté qu'il a laissé plus de 1,000 morts abandonnés devant le front de nos positions.

Au nord de Paris, de nouvelles batteries plus rapprochées sont entrées en activité.

Des détachements de l'armée du Sud ont traversé le Doubs au sud de Besançon et en tournant l'armée de Bourbaki. Dans la gare de Saint-Vit, 33 wagons en partie chargés de vivres sont tombés entre nos mains.

La forteresse de Longwy a capitulé.

AVIS

Versailles, 24 janvier 1871.

Le public est prévenu que les bureaux de la Préfecture sont transférés *boulevard de la Reine*, n° 67.

Le bureau des laisser-passer est ouvert de neuf heures à midi, dimanches et fêtes exceptés.

*Le Préfet de Seine-et-Oise,*
DE BRAUCHITSCH.

## PARTIE NON OFFICIELLE.

L'*Indépendance belge* du 24 publie les nouvelles suivantes, datées de Paris, 21 :

« A la suite de la sortie du 19, on est devenu tellement mécontent du général Trochu qu'il a donné sa démission. Cette démission a été acceptée par la majorité des membres du gouvernement. Par suite de cette démission, le remplacement du ministre de la guerre est devenu nécessaire. M. Dorian refuse d'accepter le portefeuille de la guerre, et, jusqu'à présent, aucun général ne s'est montré prêt à assumer la responsabilité de ce poste, vu la difficulté de la situation. »

Le 18 de ce mois S. M. l'Empereur a envoyé à Berlin le télégramme suivant :

A l'impératrice Augusta, à Berlin.

Versailles, le 18 janvier. — Bourbaki, après un combat de trois jours, a battu en retraite devant la résistance héroïque de Werder. La plus haute reconnaissance est due à Werder et à ses braves troupes.

GUILLAUME.

---

« En lisant les lettres écrites par les Parisiens, on se croit transporté dans le bureau de correspondances d'une maison de fous ; chacun écrit — non pas ce qu'il a devant les yeux, mais ce qu'il souhaite et ce qu'il imagine, et il serait fort en colère de savoir que ses hâbleries et ses illusions puériles n'ont pas d'autre effet, dans le monde entier, que de faire hausser les épaules. »

(Gazette de Cologne.)

---

Nous trouvons dans l'*Écho du Parlement* la lettre suivante qui a été adressée de Wiesbaden à M. Gambetta :

« Monsieur,

« Le décret que vous avez adressé aux chefs de l'armée française, et que le *Journal de Lille* a publié en date du 27 décembre, confirme, en partie du moins, les assertions d'une circulaire de votre collègue, M. de Chaudordy, destinée aux agents diplomatiques de la France à l'étranger.

« M. de Chaudordy déclare qu'on a trouvé sur nos soldats prisonniers de guerre jusqu'à des *pendules et des objets d'habillements de toutes sortes dérobés chez les particuliers*. Vous avez hésité, il est vrai, monsieur, à vous faire le complice de ce qu'il y a de décidément absurde dans une pareille exagération. En votre qualité de ministre de la guerre, vous deviez savoir, en effet, que le soldat en campagne est trop chargé de cartouches et d'objets indispensables pour pouvoir y joindre un dépôt d'horlogerie et un magasin de draperie.

« Vous vous êtes donc contenté de répéter en partie seulement les accusations de M. de Chaudordy ; mais, par contre, vous les avez aggravées en prétendant qu'on a trouvé non-seulement sur nos sous-officiers et soldats, mais même sur *nos officiers faits prisonniers près d'Orléans et en d'autres endroits, des bijoux, des sommes d'argent et d'autres objets provenant évidemment de pillage ;* et vous avez donné l'ordre de dresser des listes de ces objets et de vous les faire parvenir afin de pouvoir en faire l'objet d'une enquête. Voilà en résumé le contenu de votre décret.

« Permettez-moi d'abord, monsieur, de vous faire observer que, si on a trouvé des bijoux dans les poches de nos *officiers*, c'est que ceux-ci ont les moyens de les acheter, et que si on y a trouvé de l'argent, cet argent constitue précisément les moyens dont la plupart de nos officiers disposent en dehors de leurs appointements.

« Dans le cas, monsieur, où vous auriez pensé, en inscrivant cette injure à l'adresse de nos officiers dans votre décret, au bon et ancien précepte: « Calomniez, il en restera toujours quelque chose, » vous pourriez bien avoir manqué votre but, au moins auprès de tous ceux qui connaissent nos corps d'officiers et le culte qu'on y professe pour toutes les nuances du point d'honneur.

« Mais quand même vous n'auriez dirigé vos accusations que contre nos sous-officiers et nos soldats, vous auriez encore dans notre armée insulté la nation tout entière dont elle est l'expression la plus directe, la plus intime et la plus complète. Cette armée est, en un mot, la nation en armes, et cette nation est la plus honnête, la plus probe, la plus civilisée et la plus esclave de la vérité du monde entier. Ce n'est pas moi qui le dis, mais plus d'un célèbre auteur étranger. Le fait seul que nos soldats se recrutent dans toutes les couches de la société expliquerait, pour un grand nombre d'entre eux, la possession très-légitime d'objets de prix.

« Mais supposons, ce qui est possible dans une armée de 700,000 hommes, que quelques soldats de cette armée n'aient pas résisté à la tentation de s'approprier le bien d'autrui et que cette tentation leur ait fait braver le danger d'encourir la sévérité inexorable avec laquelle notre loi militaire punit la moindre transgression de cette nature, ces oublis de l'honneur militaire, s'ils ont réellement pu être constatés, auront été certainement des cas tellement rares, qu'ils ne méritaient pas les honneurs de votre décret.

« Ces soldats que des calomnies, inspirées par la haine et répétées trop souvent depuis quelque temps, tendent à faire prendre pour des voleurs de grand chemin, détroussant les passants et pillant les magasins, sont les mêmes qui, après avoir en vain lutté contre l'incendie du château de Saint Cloud, allumé par le canon du mont Valérien, sauvaient, au péril de leur vie, sous une pluie d'obus, les objets d'art du château, non pas pour les voler, mais pour les conserver à la France ; ce sont les mêmes qui dans des circonstances toutes semblables, et cette fois sur la demande du directeur de la fabrique de Sèvres, en sauvaient les collections inestimables du pillage des maraudeurs et des projectiles des forts de Paris et les transportaient à Versailles, où elles resteront sous la protection du prince royal, pour être restituées à qui de droit.

« Un correspondant du *Daily-News* dit dans un rapport daté de Sedan : « J'ai vu conduire hors de la porte, pour être fu-
« sillés, trois soldats convaincus d'avoir volé du pain. Les Alle-
« mands ne plaisantent pas quand il s'agit de discipline. Tout
« le monde sait combien est grande la bonhomie des soldats
« prussiens ; leur bienveillance sympathique pour les prison-
« niers et blessés français m'a souvent profondément touché. »
Et le correspondant du *Daily Telegraph* écrit de Rouen : « J'ai
« pris les renseignements les plus minutieux dans tous les
« quartiers de la ville sur la conduite des troupes prussiennes,
« et je dois affirmer de la manière la plus positive que la popu-
« lation n'était pas seulement agréablement surprise, mais
« même presque contente de son sort. »

« Ce sont encore des soldats allemands qui, le jour de la reddition de Metz, demandent à renoncer à leur mince ration de pain pour soulager leurs camarades français épuisés par les privations du siége, et qui, de garde autour des corps de prisonniers français, près de Laquenexy, traitent ceux-ci, non pas en ennemis, mais en bons et anciens amis, partagent avec eux tout ce qu'ils ont, leur portent le bois, allument leur feu et établissent leur bivouac aussi bien qu'ils le peuvent.

« Un capitaine français, auquel le correspondant fit remarquer cette scène touchante, répondit par ces paroles : « Ne sommes-nous pas tous hommes et frères ? Vos prisonniers ne sont-ils pas bien traités aussi par nous ? C'est plutôt droit de soldats que droit de gens, l'effet de l'amour général du prochain qui est la base de toute liberté sur la terre. » — Et lorsque les prisonniers quittèrent leurs campements, nos soldats leur donnaient ce qu'ils avaient de pain, de cigares, d'eau-de-vie, et certes il n'y eut pas besoin du discours qu'un colonel prussien tenait aux hommes de l'escorte, en leur recommandant de ne pas oublier le respect dû à l'infortune des prisonniers.

« Tous les correspondants étrangers, au reste, rendent hommage aux sentiments qu'ils ont eu l'occasion d'apprécier dans les soldats de notre armée. M. Russell, correspondant du *Times*, dit entre autres en parlant de la discipline de nos troupes : « Quand je dis que Versailles avec une garnison de 6,000 Prussiens est plus tranquille à 9 heures du soir que Portsmouth à 10, je ne donne qu'une faible idée de l'ordre et de la conduite parfaite de ces troupes ; je puis donner ma parole d'honneur que depuis mon séjour à Versailles je n'y ai pas rencontré un seul soldat en état d'ivresse ; il est dur d'être obligé de reconnaître les vertus du vainqueur ; mais si on le demandait aux habitants de Versailles, ils seraient forcés de convenir que les Allemands se conduisent mieux que leurs propres troupes. »

« Un autre correspondant, cette fois-ci un Américain et républicain bien sincère, M. O'Sullivan, après avoir passé huit jours au milieu des troupes prussiennes, ne tarit pas d'éloges à leur égard dans un article inséré dans l'*Électeur libre*.

« Mais assez de ces citations dont on pourrait remplir un volume et qui sont autant de témoignages éclatants en faveur de la moralité et de la conduite irréprochable de nos troupes. Les réquisitions militaires et d'autres nécessités qui sont la triste loi et un des fléaux les plus regrettables de la guerre n'excluent pas le respect du soldat pour la propriété privée.

Quand on entend que des maisons rappelant des noms illustres, comme celles de Gounod et de Meissonnier, sont religieusement respectées par nos soldats, on ne peut pas ne pas être frappé par le contraste que forment avec ce fait la dévastation et le pillage de la maison de campagne du maréchal Vaillant, si riche en trésors de l'art et du luxe, par des bandes de maraudeurs de Paris, le pillage et la destruction de propriétés privées qui auraient été commis, selon le *Français*, par des bataillons de la garde nationale mobile, des collections de gravures rares qui auraient servi en cette occasion à entretenir le feu, et la vente des objets provenant du pillage qui aurait été faite, selon la même feuille, près la place Maubert, les clôtures de propriétés privées, les bancs des Champs-Elysées brisés par des bandes du peuple souverain, etc.

« Au reste, monsieur, si tous ces témoignages d'ordre, de discipline et de morale qui plaident la cause de nos troupes n'étaient pas suffisants pour réduire l'effet de votre décret à sa véritable valeur, vos bulletins de victoires qui, mis à côté des événements de la guerre actuelle, ne forment pas la collection la moins curieuse de ce temps-ci, sont là pour prouver que vos déclarations ne peuvent être admises que sous toute réserve.

« Veuillez agréer, monsieur, tous les sentiments que je viens de vous exprimer.

« W. DE VOIGTS RHETZ. »

CHRONIQUE DE LA GUERRE FRANCO-ALLEMANDE 1870.

1<sup>er</sup> *septembre*. Bataille de Sedan. Les armées des Princes Royaux de Prusse et de Saxe, sous le commandement en chef du Roi de Prusse, battent complètement l'armée de Mac-Mahon. 25,000 Français sont pris, ainsi que plusieurs aigles et un grand nombre de canons. Le maréchal Mac-Mahon est grièvement blessé. Une partie de l'armée française est refoulée sur le territoire belge et y est désarmée. Le reste : 14 divisions d'infanterie, 5 1/2 de cavalerie, ainsi que l'artillerie et le train de chacune d'elles, avec plus de 50 généraux, sous le commandement en chef du général Wimpffen, — le bombardement de Sedan ayant commencé l'après-midi, demande à capituler. L'Empereur des Français, qui se trouve aussi à Sedan, envoie au Roi de Prusse une lettre dans laquelle il offre de rendre son épée au Roi. — Napoléon III est prisonnier du Roi. — Les négociations pour la capitulation sont ouvertes et conduites, du côté de l'armée allemande, par le général de Moltke avec l'assistance du Chancelier fédéral comte de Bismarck.

— Adresses de la ville de Leipzig au Roi Guillaume de Prusse et au Roi Jean de Saxe, protestant contre l'immixtion étrangère dans les affaires allemandes.

— Les Maires de Paris écrivent au ministre de l'Intérieur français : « Les habitants de Paris prouveront au monde que la France est toujours *la grande nation*. »

*2 septembre.* La capitulation de Sedan est conclue, à midi, avec le général de Wimpffen, qui a pris le commandement en chef de l'armée française à la place du maréchal Mac-Mahon blessé. Toute l'armée française dans Sedan : 84,433 hommes, y compris 1 maréchal, 40 généraux, 230 officiers d'état-major, 2,595 officiers, 14,000 blessés, avec 550 pièces de campagne, 70 mitrailleuses, 150 canons de siège, 10,000 chevaux et un immense matériel d'armée, — est constituée prisonnière de guerre; 6,000 morts couvrent le champ de bataille ; 14,500 hommes de l'armée française passent en Belgique et y sont désarmés.

— Entrevue du Roi de Prusse et de l'Empereur Napoléon au château de Bellevue près Frenois. Wilhelmshœhe, auprès de Cassel, est donné pour résidence à l'Empereur. Dans l'après-midi le Roi visite autour de Sedan l'armée allemande, qui l'accueille avec un enthousiasme et une joie indescriptibles.

— Rapport du Chancelier fédéral, comte de Bismarck, sur son entrevue avec l'Empereur Napoléon.

— Le Prince Georges de Saxe, commandant en chef du 12ᵉ corps d'armée (Saxe Royale), publie un ordre du jour où il félicite ses troupes de leur glorieuse conduite dans la bataille de Sedan.

— Une sortie de la garnison de Strasbourg est repoussée.

— La Reine Augusta, dans une lettre au consul de la Confédération de l'Allemagne du Nord, le conseiller de légation Dʳ Bojanowski, remercie les sujets allemands résidant à Saint-Pétersbourg de leur collecte pour l'œuvre de l'hôpital-Augusta.

— Le conseil municipal de Munich adhère à l'adresse des Berlinois, félicite au nom de la population de Munich les Rois de Prusse et de Bavière, et se prononce aussi pour que l'Allemagne rentre en possession de l'Alsace et de la Lorraine. — Le Roi de Bavière répond en exprimant sa ferme confiance dans l'heureux avenir de l'Allemagne.

*3 septembre.* Lettre du Roi de Prusse, adressée de Vendresse, à la Reine sur la bataille et la capitulation de Sedan.

— Les troupes allemandes qui ont combattu à Sedan, se mettent en marche sur Paris.

— Ordonnance royale modifiant le § 15 des instructions pour l'application de la loi fédérale du 25 juin 1868 qui règle le logement des troupes pendant l'état de paix.

— Adresse de la ville de Dresde aux souverains allemands, leur demandant de ne pas permettre que les influences étrangères s'exercent sur la conclusion de la paix.

— Ajournement des élections pour le *Landtag* dans le grand-duché de Saxe.

— Le Roi Louis de Bavière adresse du château de Berg à la société du Casino à Altena en Westphalie, une gracieuse salutation et ses meilleurs remercîments pour le salut qu'elle lui a envoyé en le félicitant de son loyal attachement à l'alliance allemande.

*4 septembre.* Dans les églises de Berlin un *Te Deum* est chanté pour célébrer la victoire de Sedan, tandis que devant l'église métropolitaine on salue cette victoire par 101 coups de canon. La Reine Augusta reçoit, avec beaucoup d'autres félicitations, celles de l'armée, représentée par le corps des généraux sous la conduite du feld-maréchal général comte de Wrangel.

— Proclamation du commissaire civil de Lorraine, marquis de Villers, aux habitants de la Lorraine.

— L'Empereur Napoléon, accompagné d'officiers belges et prussiens et de sa suite, arrive à Verviers.

— Dans la nuit du 4 septembre, le maréchal Palikao (1) informe le Corps législatif, à Paris, que l'armée a capitulé dans Sedan et que l'Empereur est prisonnier. Il prie d'ajourner la discussion jusqu'au 5 septembre. Jules Favre propose à la Chambre de déclarer l'Empereur et sa dynastie déchus de leurs droits constitutionnels, et de nommer une commission qui fasse fonctions de gouvernement et qui ait pour mission de chasser l'ennemi du sol français. Il demande aussi que l'Assemblée confirme le général Trochu dans sa qualité de gouverneur général de Paris. Le Corps législatif décide de se réunir de nouveau à midi.

— Une proclamation des ministres français, dans le *Journal officiel* porte à la connaissance du public la capitulation de Sedan et la prise de l'Empereur, — et fait appel à l'énergie du peuple français. Les ministres promettent de prendre toutes les mesures que comporte la gravité des événements.

— Dans la séance du Corps législatif, à midi, le maréchal Palikao présente un projet de loi concernant la formation d'un *conseil* de gouvernement et de la défense nationale; M. Thiers propose de créer une *commission* dans le même but. Tandis que les députés délibèrent dans les bureaux, la salle des séances est envahie par une masse de peuple, qui demande la déchéance de la dynastie et la proclamation de la République. Il est impossible de rétablir le calme. La majeure partie des députés quittent la salle. La Gauche, alors, déclare l'Empereur déchu. Gambetta et d'autres membres de la Gauche se rendent à l'Hôtel de Ville et y proclament la République. Environ 200 députés se réunissent le soir dans les appartements de la présidence, ils délibèrent sur une protestation contre l'acte de violence qui a été commis, mais ils ne prennent aucune résolution. Une tentative de tenir séance, la nuit, dans la salle du Corps législatif, est empêchée par le gouvernement provisoire.

— L'impératrice Eugénie quitte Paris.

— La municipalité de Nordlingen, dans une Adresse au Roi de Bavière, exprimant le vœu que l'Alsace et la Lorraine redeviennent allemandes, se prononce contre l'immixtion étrangère et pour un parlement allemand.

— Le grand-duc de Hesse félicite la Princesse Royale de Prusse à l'occasion de la victoire de Sedan et de la prise de Napoléon.

— Télégramme du grand-duc de Saxe à la grande-duchesse, sur la part que les troupes du grand-duché et leurs officiers ont prise aux dernières opérations militaires.

5 *septembre*. Entrée du Roi de Prusse à Reims.

— Le Roi Charles de Wurtemberg charge le premier bourgmestre Sick de Stuttgard, d'exprimer à la population de cette ville sa joyeuse reconnaissance pour l'enthousiasme qu'elle a témoigné à l'occasion des succès éclatants de la vaillante armée allemande.

(1) M. Cousin de Montauban, créé comte de Palikao par l'Empereur, après l'expédition de Chine, n'est que général de division.

— Proclamation du gouverneur général de Lorraine, suspendant la levée des impôts établis par les lois françaises, et créant un impôt direct.

— Montmédy est bombardé par les troupes allemandes.

— Le *Journal officiel de la République française* publie une Adresse au peuple où il annonce la proclamation de la République. Le ministère du nouveau gouvernement, qui s'intitule « Gouvernement de la défense nationale », et dont tous les députés de Paris, à l'exception de Thiers, font partie, — est composé comme il suit : Trochu, président, investi en même temps de tous les pouvoirs militaires pour la défense nationale; Jules Favre, les affaires étrangères; Gambetta, l'intérieur; Leflô, la guerre; Fourichon, la marine; Crémieux, la justice; Jules Simon, l'instruction publique et les cultes; Dorian, les travaux publics; Magnin, l'agriculture; Picard, les finances. Le nouveau gouvernement dissout le Corps législatif et abolit le Sénat.

## N° 76. — VENDREDI 27 JANVIER 1871.

### PARTIE OFFICIELLE.

#### COMMUNICATION OFFICIELLE.

VERSAILLES, 26 janvier. — La reddition de la forteresse de Longwy a eu lieu dans la nuit du 24 au 25, à la suite d'un bombardement qui a duré six jours.

D'après des rapports officiels de Paris, le nombre des troupes composant les corps qui ont fait, le 19, une sortie contre le 5ᵉ corps, a dépassé 100,000 hommes.

Les pertes de la 1ʳᵉ armée dans la bataille de Saint-Quentin, le 19, se montent en morts et blessés à 94 officiers et environ 3,000 hommes.

### PARTIE NON OFFICIELLE

Hier, à l'occasion de l'anniversaire du mariage de S. A. I. le Prince Impérial avec S. A. I. la princesse Victoria, princesse royale de Grande-Bretagne et d'Irlande, duchesse de Saxe, S. A. le duc de Saxe-Cobourg et Gotha a donné dans sa résidence actuelle, à l'hôtel des Réservoirs, un dîner de famille auquel ont assisté S. M. l'Empereur, les membres de la famille royale, ainsi que les princes souverains présents à Versailles.

S. M. l'Empereur a conféré à Son Exc. M. Delbrück, ministre d'État et président de la chancellerie, l'ordre de l'Aigle rouge 1ʳᵉ classe avec feuille de chêne.

---

S. M. le roi de Wurtemberg a conféré l'ordre pour le service militaire à S. M. l'Empereur, à S. A. le Prince Impérial, à S. A. R. le Prince Charles, à S. A. R. le Prince Frédéric-Charles, à S. A. R. le Grand-Duc de Mecklembourg, à S. A. R. le Prince Auguste de Wurtemberg et à Son Exc. le Comte de Moltke.

---

Parmi les victimes françaises de la sortie du 19 de ce mois on a trouvé des gardes nationaux revêtus de cottes de mailles destinées à protéger leurs corps sur toutes les faces. Cette introduction d'armes défensives du moyen âge dans les rangs d'une armée de notre époque prouve d'une part la pusillanimité de certains bourgeois de Paris, et d'autre part un défaut grave dans l'organisation de l'inspection militaire. Malheureusement les cottes de mailles n'ont pas résisté aux balles allemandes dont la force était telle que le corps des victimes, malgré la protection dont ils avaient cru devoir se munir, ont été traversés de part en part. Nous ne parlerons pas de ceux des gardes nationaux qui avaient protégé leur poitrine et leur dos de lambeaux de couvertures de laine. Le comique d'un tel équipement a un côté trop triste, car nous voyons les pauvres ménagères bourrant leurs maris au moment de l'adieu suprême, de ce talisman qui ne les a pas empêchés de devenir la proie d'une guerre scandaleusement prolongée par les fautes d'un gouvernement entêté.

---

CHRONIQUE DE LA GUERRE FRANCO-ALLEMANDE 1870.

5 *septembre*. A Lyon, Bordeaux, Grenoble et dans d'autres grandes villes de France, la République est également proclamée.

— L'Empereur Napoléon traverse Cologne dans l'après-midi et arrive le soir à Wilhelmshœhe.

— Un arrêté du préfet de police de Paris ordonne, conformément à une décision du gouverneur général de cette ville, que tout individu, sujet d'un des États en guerre avec la France et non pourvu d'une autorisation spéciale, sera tenu de quitter, dans les 24 heures, les départements de la Seine et de Seine-et-Oise, sous peine d'être traduit devant la justice militaire.

6 *septembre*. Dépêche-circulaire du ministre des affaires étrangères du gouvernement provisoire, Jules Favre, d'après laquelle le nouveau gouvernement français se dit résolu à ne céder ni un pouce du territoire, ni une pierre des forteresses de la France.

— Le Prince Impérial s'embarque à Ostende pour l'Angleterre.

— Appel fait par le Prince Royal de Prusse, pour une fondation nationale-allemande des invalides.

— La ville de Leipzig félicite le Prince Royal de Saxe à l'occasion de la victoire des troupes placées sous son commandement.

7 *septembre*. L'artillerie allemande ouvre le feu contre la place de Schlestadt.

— Le Prince Impérial arrive en Angleterre (Hastings.)

— Escarmouches entre les troupes allemandes et des francs-tireurs français, dans le pays de Sainte-Marie-aux-Mines.

— Les restes du corps d'armée français Vinoy arrivent à Paris.

— Le Roi Louis de Bavière adresse au colonel prussien de Bothmer une dépêche de remerciments affectueux (avec un don de 1,500 florins pour les blessés) pour les félicitations qui Lui ont été adressées au nom de tous les officiers blessés, transportés à la villa Ludwigshœde, près Edenkoben. — La Reine mère, Maria, envoie aussi à la même adresse une lettre très-patriotique.

— Le Roi de Bavière ayant reçu un télégramme de félicitations de Bialosliwe, y fait répondre par ses plus vifs remerciments et par un joyeux hurrah pour la brillante bravoure dont les enfants héroïques de l'Allemagne ont fait preuve.

— Le Roi de Wurtemberg répond à l'Adresse de l'assemblée populaire de Stuttgard en exprimant l'espérance qu'une paix prochaine donnera à l'Allemagne, au dehors des garanties durables, et à l'intérieur une organisation politique qui assure, en les conciliant, l'union nationale de tous les États allemands et l'autonomie légitime de chacun d'eux ; — œuvre à laquelle le Roi Charles déclare qu'il veut concourir pour sa part.

## LA TÊTE DE M. GLAIS-BIZOIN.

Si les dettes de jeu étaient encore sacrées, le chef branlant et dénudé de M. Glais-Bizoin courrait un grand danger, car il l'a donné comme enjeu dans une partie qui est manifestement perdue.

Voici comment M. de Girardin raconte l'histoire, dans la préface d'une nouvelle brochure qu'il vient de publier, sous le titre de : *les Cent Jours*.

« Le mercredi, 5 octobre, je rencontrais à Tours, dans la rue de la Préfecture, mon ancien collègue M. Glais-Bizoin, député de Paris, membre du Gouvernement de la défense nationale, membre de la Délégation de Tours.

« Aux vertes critiques que je ne pus m'empêcher de lui adresser en termes très-vifs, voici quelle fut sa réponse textuelle : « Calmez-vous et ne vous inquiétez pas ! Je m'engage ma tête à couper qu'avant la fin du mois, qu'avant le 31 décembre, Paris sera débloqué par l'armée de la Loire, qui est déjà forte de 300,000 hommes. Je vous l'affirme et vous pouvez vous en rapporter à mon affirmation. »

« Comment ce solennel engagement, pris en présence de plusieurs témoins, a-t-il été tenu ? »

Il est évident que la partie est perdue, et que la tête de M. Glais-Bizoin appartient à M. de Girardin. L'auteur de la comédie *le Vrai courage* ne peut manquer d'aller l'offrir au gagnant, afin de dégager sa parole. Néanmoins, il peut s'attirer la réponse du personnage de Regnard, auquel on faisait la menace de lui couper le nez :

« Que feriez-vous, monsieur, du nez d'un marguillier ?

(*Le Drapeau*.)

---

On écrit de Versailles au *Moniteur prussien* à la date du 8 janvier :

« Versailles, 8 janvier,

« Le bombardement du front sud a été continué le 7 et le 8 (troisième et quatrième jour).

« Le 7, le ciel était voilé par des brouillards si épais qu'il était impossible de rien distinguer à 1,000 pas sur le terrain ; aujourd'hui le temps s'était un peu éclairci ; cependant des rafales de neige, qui ont duré souvent une demi-heure, nous ont encore masqué la vue ; la plupart des forts étaient visibles, mais l'enceinte de Paris a été continuellement plongée dans l'obscurité ; néanmoins l'artillerie, qui avait employé les deux jours précédents à s'assurer les points de mire qui lui avaient été fixés, peut être contente des résultats obtenus. Un journal de Paris du 7 apporte la nouvelle que des obus sont tombés presque dans le jardin du Luxembourg après y avoir brisé les arbres et fait encore d'autres dégâts ; cela prouve que nos projectiles atteignaient déjà les points extrêmes de la rive gauche de la Seine et obtenaient une portée de 9,000 à 9,500 pas.

« Les résultats les plus importants du 3ᵉ et du 4ᵉ jour se résument comme suit : Les murs extérieurs du fort d'Issy ont déjà grandement souffert, quoiqu'ils n'aient été battus par nos pièces qu'à courts intervalles. Le but spécial que notre artillerie s'était posé avait été l'intérieur des forts, dans lesquels on a déjà constaté hier de graves détériorations ; il est même indubitable que les obus allemands ont défoncé les murs des casemates et y ont causé de sérieux dommages. Au milieu des forts se trouvent deux grands massifs de bâtiments, tous deux éloignés l'un de l'autre d'environ 200 pas ; ce sont les locaux de casernement des troupes de garnison. Leurs toits sont en ruines ; les détruire entièrement ne serait pas bien difficile, mais ce serait inutile, aucun mouvement n'y ayant été remarqué, leurs habitants ayant par conséquent pris la fuite. Le fort d'Issy n'a répondu ni hier ni aujourd'hui à nos batteries.

« Dans la nouvelle batterie construite entre Issy et Vanves règne une grande activité. Les coups tirés même du fort de Vanves sont rares. Montrouge a toujours affaire aux batteries bavaroises ; à midi, on vit du milieu de ce fort s'élever une immense colonne de fumée qui pendant une demi-heure ne fit que grandir, et à en juger par l'étendue de l'incendie, la flamme devait être alimentée par des objets facilement inflammables. On apprit que c'était la caserne, qui renfermait probablement encore plus de matières combustibles, qui brûlait. Le feu ayant été éteint seulement vers quatre heures, il est à croire que le dommage a été grand.

« Les points de mire de notre artillerie sont, outre les forts, l'enceinte et les batteries du Point-du-Jour et du viaduc du chemin de fer. On a constaté de nouveau que des batteries de l'enceinte peuvent être réduites au silence ; mais on ne doit pas oublier que par son énorme développement l'enceinte procure aux Français de grands avantages. Ils y ont pratiqué tout le long, comme on peut déjà le remarquer, un grand nombre d'embrasures pour leurs batteries et ne sont pas forcés, quand ils en sont chassés, de mettre leurs pièces en position ailleurs, de manière que la batterie retirée se reconstruit une demi-heure après à d'autres embrasures. Mais notre artillerie sait aussi dans ces circonstances, qui rendent en grande partie le siége de Paris si difficile, se servir de ses avantages, car il a pu être vérifié qu'un grand nombre d'embrasures de l'enceinte sont déjà détruites.

« Les batteries prussiennes et bavaroises continuent aussi leur feu la nuit, et cela à des intervalles assez rapprochés pour ne point permettre à l'ennemi de rétablir les ouvrages rasés ; les détériorations de l'enceinte constituent donc un succès permanent et important de notre artillerie, et qu'on doit mettre sur le compte des deux dernières journées. En outre, les choses paraissent déjà aussi avancées à Vanves qu'à Issy, car cette après-midi on pouvait distinguer le roulement causé par le déplacement et le départ des pièces. Les batteries du Point-du-Jour et du viaduc donnent encore en ce moment avec une extrême vivacité.

« Hier, sur la ligne de Versailles à Chartres, chemin de fer de l'Ouest, qui n'était desservie jusqu'à présent que par des chevaux, a passé le premier convoi. Les deux locomotives qui faisaient le service ont été capturées près d'Évreux, et comme plusieurs pièces de mécanique en avaient été endommagées, elles ont été réparées par les ouvriers de la division des chemins de fer de campagne. »

---

Le *Times* apprécie la situation actuelle de Paris de la manière suivante :

« Peut-on faire quelque chose pour Paris? Paris peut-il faire quelque chose pour lui-même? Il semble évident que le général Trochu pense que s'il ne vient pas de secours du dehors, il n'y a rien à faire et il serait injuste de penser qu'à l'intérieur de la place existe, soit un juge plus compétent en matières militaires, soit un homme plus brave, plus dévoué ou plus désintéressé dans son patriotisme. Il est douteux que le général Trochu ait jamais eu confiance dans le succès d'une sortie, à moins qu'elle ne coïncidât avec une attaque de l'ennemi par une armée de secours; et si telle était son opinion, elle a dû être corroborée par la connaissance qu'il a pu acquérir de deux faits : le premier que les armées de secours sont en ce moment à une distance de la capitale plus grande que jamais; le deuxième, c'est que les assiégeants ont augmenté considérablement la force de leurs positions depuis le commencement du bombardement.

« En thèse générale, il est certain, selon nous, qu'une armée assiégeante bien conduite doit toujours être capable de repousser une sortie des assiégés, quel que soit le nombre des combattants qu'ils puissent mettre en ligne en avant de leurs murailles.

« Entre les ouvrages extérieurs de la forteresse et les assiégeants s'étend toujours une zone de terrain à disputer entre les deux adversaires, qui dans certaines circonstances peut permettre à l'une des deux armées ou même aux deux de se déployer.

« Mais tout accès de cette zone ouverte devant la forteresse est fermé par les remparts et les bastions de la place, qui laissent à peine l'espace nécessaire au passage de colonnes sur les ponts ou à travers des passages étroits commandés par le feu des forts.

« Une attaque de vive force sur Paris n'aurait pas plus de chances de succès, exécutée par un demi-million d'hommes, que par un simple bataillon. Il en est de même de l'autre côté. Le général Trochu peut sortir avec son armée de cinq cent mille hommes tout entière; il peut développer son armée dans l'espace ouvert qui s'étend dans l'intervalle et en avant des forts. Il peut masser ses troupes en colonnes épaisses sur un point ou sur divers points. Mais à mesure qu'il s'éloigne de la protection de ses batteries et traverse le terrain disputable, il trouve devant lui des défilés aussi étroits que ceux à travers lesquels il a fait passer ses soldats et battus par des batteries aussi formidables que les siennes.

« On ne peut pas avoir une armée, ni même un bataillon d'enfants perdus; en vain emploierait-on les stimulants physiques ou moraux les plus puissants; il faut, pour entraîner les masses, leur offrir au moins la perspective d'une victoire possible. On ne peut obtenir un élan violent, impétueux, irrésistible que pendant un temps limité. Après deux ou trois échecs, l'ardeur des premiers rangs s'éteint et les derniers rangs hésitent à affronter une épreuve devant laquelle ils voient les plus vaillants reculer dispersés et sanglants.

« Tel a toujours été et sera toujours le résultat d'une sortie tentée contre une armée assiégeante qui connaît la force de sa position et a le temps de conduire le siége suivant toutes les règles de la science moderne. Tel a été le résultat de toutes les tentatives faites à Strasbourg, à Metz et pendant les diverses étapes du siége de Paris. Mais depuis quelque temps les conditions de la capitale de la France sont devenues beaucoup plus défavorables. L'espace libre entre la garnison et les assiégeants a considérablement diminué. Le mont Avron, Clamart et d'autres positions avancées ont passé des mains des Français dans celles des Allemands. Ce sont autant d'armes retournées contre les mains qui les tenaient.

« On ne peut plus compter sur l'aide que les batteries du mont Avron ont fournie à Ducrot dans ses attaques sur Brie et Champigny. Ce qui jusqu'à la fin de l'année 1870 était une cause de force pour les Français, est devenu une cause d'affaiblissement. Ce n'est plus seulement un feu de mousqueterie et d'artillerie de campagne que les colonnes sortant de Paris auront à affronter ; les Allemands ont démasqué leurs batteries de siége et accueilleraient toute sortie par un feu que la garnison peut à peine soutenir dans ses casemates. Il est possible que les Allemands qui entourent Paris soient moins nombreux qu'ils ne l'avaient été jusqu'ici, par suite des renforts que l'on suppose avoir été envoyés à von der Tann et von Werder. Mais s'il y a moins d'hommes, il y a beaucoup plus de canons, et l'on doit présumer que Moltke a maintenu la proportion convenable entre les hommes et le matériel de son armée et qu'il a conservé les moyens de parer à tout événement.

« Il est impossible qu'un sentiment d'anxiété ne vienne pas peser sur les esprits les plus braves, surtout depuis que le bombardement a démontré que le siége avait pris un caractère sérieux. Rien n'est en effet si confiant et si bouillant que le caractère français, et les hommes à la tête du Gouvernement, tant à Paris qu'à Bordeaux, ont recours à tous les stratagèmes pour cacher à un peuple crédule l'abîme de misères qui va chaque jour s'élargissant et se creusant davantage.

« Il n'en est pas moins vrai qu'à la fin sonnera l'heure du

désenchantement, de la réaction, de l'épouvante et du désespoir, l'heure où toute attente de secours extérieur sera déçue, où toute confiance en ses propres forces sera ébranlée et où non-seulement l'idée d'une capitulation se présentera comme une mesure indispensable, mais où l'on se demandera avec anxiété ce qui adviendra, une fois la reddition effectuée.

« Il est sans intérêt d'anoncer que Paris a encore des provisions pour un mois ou six semaines; Paris doit aussi se demander comment il vivra, une fois ses magasins vides. L'impatience qu'excite l'inaction de Trochu, les pressantes sollicitations de tenter un grand effort, impossible selon nous à cette période du siége, révèlent l'état des esprits, l'existence d'un état de choses si intolérable, qu'on aspire à un changement, quand même ce serait pour arriver à une situation pire encore; à un soulagement, peu importe au prix de quels sacrifices on devrait l'acheter.

« Le jour viendra où la conviction pénétrera dans les esprits que les armées de la province sont impuissantes à délivrer Paris, au moins en temps utile, et que Paris lui-même ne peut se sauver tout seul. Les récits qui nous parviennent des résultats du bombardement ne laissent aucun doute sur l'issue finale de ce grand duel d'artillerie. Aucun des forts n'a encore été pris; les Français n'ont encore été délogés d'aucun de leurs ouvrages extérieurs, et cependant une portion considérable de la cité est à la discrétion des assiégeants. Les Allemands épargneraient la ville, s'ils pouvaient s'en emparer sans la détruire; mais ils sont décidés à y entrer à tout prix. »

---

ÉTRANGER.

CARLSRUHE, 19 janvier. — Un télégramme du général Glumer au ministre de la guerre annonce :

*Frahier, 19 janvier.*

Aujourd'hui, l'avant-garde a poursuivi l'ennemi sur toute la ligne. La 2ᵉ brigade d'infanterie badoise, 2 batteries et 2 escadrons, sous le commandement du major général de Degenfeld, marchent sur Beverne.

On télégraphie de Berlin, 16 janvier, à *la Gazette de Cologne*.

« Lord Loftus et plusieurs autres diplomates ont pris personnellement connaissance de balles françaises formées de plomb haché, qui leur ont été montrées au ministère des affaires étrangères. »

---

Un télégramme de Plymouth annonce la prise du brick français « Saint-Marc », jaugeant 185 tonneaux, capitaine Lotelier, venant de Dunkerque avec des haricots et de la farine et faisant route sur Bordeaux, par la frégate allemande « Augusta ». Ce fait a eu lieu à six lieues de Bordeaux.

---

Le correspondant parisien du *Standard* envoie par ballon à son journal une assez curieuse statistique.

Ce sont les prix de certains aliments cette année, à Paris, comparés à ce qu'ils valaient l'an dernier à pareille époque.

|  | 1869 | 1870 |
|---|---|---|
|  | fr. cent. | fr. cent. |
| Pommes de terre | 1 » | 20 » |
| Céleri (le pied) | 25 | 1 75 |
| Betteraves (le k.) | 20 | 1 20 |
| Huile d'olive (id.) | 4 20 | 10 » |
| Lait (le litre) | 30 | 2 » |
| Beurre frais (le k.) | 6 » | 70 » |
| Œufs frais (la pièce) | 15 | 2 » |
| Graisse de bœuf (le k.) | 2 20 | 4 » |
| Graisse de cheval (id.) | 1 » | 4 » |
| Lapins | 3 » | 30 » |
| Pigeons | 1 50 | 35 » |
| Poulets | 6 » | 60 » |
| Oies | 7 » | 80 » |
| Dindes | 10 » | 90 » |

N° 77. — SAMEDI 28 JANVIER 1871.

## PARTIE OFFICIELLE.

#### COMMUNICATION OFFICIELLE.

L'armée du général Bourbaki se retire vers Besançon, sur la rive gauche du Doubs, poursuivie par des corps détachés de l'armée du Sud. On estime la perte de l'ennemi, lors de son mouvement offensif manqué contre le général de Werder, à 10,000 hommes au moins. La misère parmi les blessés et malades français que l'on a laissés sans soins et sans secours, est extrêmement grande. Les autres corps de l'armée du Sud, commandés par le général de Manteuffel, ont intercepté les communications sur les derrières de l'armée de Bourbaki par l'occupation de Saint-Vit, Quingey et Mouchard, point de jonction du chemin de fer.

Rien de nouveau devant Paris.

## PARTIE NON OFFICIELLE.

S. M. l'Empereur a répondu à l'Adresse de félicitations de la municipalité de Berlin, à l'occasion du nouvel an, par la lettre suivante :

« C'est bien loin de la patrie allemande, sous les murs de la capitale ennemie d'où un aveugle orgueil a lancé sous un futile prétexte le brandon de la guerre sur nos paisibles foyers, que j'ai reçu les vœux que les représentants de ma capitale m'ont présentés à l'occasion du renouvellement de l'année.

« Je remercie chaleureusement le Magistrat et le Conseil municipal de Berlin pour ce nouveau témoignage de leur fidélité et de leur affection éprouvées, et qui, dans ces circonstances graves, m'ont fait une impression particulièrement satisfaisante. Pour la seconde fois depuis un demi-siècle, les peuples allemands se sont rangés autour de la bannière de l'Allemagne, résolus à repousser l'agression étrangère et à couronner leur défense par la victoire. Les yeux levés avec reconnaissance vers celui qui décide du sort des batailles, je puis repasser avec bonheur, à la fin de l'année qui expire, la campagne triomphante de l'armée allemande et constater avec une vive satisfaction le dévouement si large qui s'est manifesté, à l'exemple de ma capitale, bien au-delà des frontières de la patrie ; mais mon cœur paternel n'en déplore pas moins profondément les pertes douloureuses que cette terrible guerre n'a épargnées à aucune classe de la nation. Cependant il ne nous est pas encore permis de récolter le fruit de ces travaux sanglants. L'année nouvelle exige de nouvelles fatigues ; mais les succès de l'année passée autorisent l'espoir certain qu'avec l'aide de Dieu, que nous implorons avec ferveur, il sortira de cette lutte colossale une paix honorable dont l'Allemagne unie pourra goûter longtemps les bienfaits avec le sentiment de sa force et de sa sécurité. »

---

On écrit de la frontière belge à la *Presse de l'Allemagne du Sud* (Munich) :

« La guerre a produit dans bien des parties de la France une démoralisation indescriptible, et les rapports qui nous parviennent des contrées frontières ne sont rien moins que de nature à nous contredire. Dans le peuple comme dans l'armée, l'arbitraire et la désorganisation prennent de plus en plus le dessus. C'est à peine si l'on peut parler d'un accord entre ces éléments. Chaque jour les soldats comme les francs-tireurs se vengent sur des citoyens ou sur des localités entières de trahisons vraies ou imaginaires. Le paysan surtout, fatigué d'une résistance inutile, refuse des secours aux défenseurs du pays, et va même jusqu'à trahir leur marche aux uhlans prussiens. Pendant la bataille de Bapaume les Français ont incendié plusieurs localités dont les habitants avaient attiré, dit-on, les troupes sous le feu des Prussiens. On a châtié de même des villages et des auberges isolées pour avoir fourni de préférence des vivres aux Allemands. En conséquence de ces faits, les habitants se réfugient en masse sur le territoire belge. Ils disent avoir été contraints de fournir des vivres et du fourrage aux troupes allemandes, et avoir toujours reçu le montant de ces réquisitions, tandis que les soldats français, réguliers ou autres, ne payent que rarement et sont en général dépourvus de numéraire. A les entendre, le pays situé entre Lille, Amiens et Busigny est dévasté; les villages détruits se comptent par douzaines, et cette destruction est en général sans motifs plausibles. Quand à la discipline et au moral des troupes de Faidherbe, ils en parlent dans les termes les plus méprisants. Ils appellent le général un charlatan... »

### LES PRISONNIERS FRANÇAIS.

Les délégués du comité de Colmar, chargés de transmettre des secours aux prisonniers français, ont publié leur rapport. Ils ont visité plusieurs villes rhénanes et sont en général satisfaits de ce qu'ils ont vu. C'est à Darmstadt que les prisonniers sont le mieux traités, ainsi qu'à Coblence où le général de Wedell les soigne en camarade et leur sacrifie une portion notable de ses propres revenus. Ceux de Mayence sont le plus à plaindre; ce qui provient de leur accumulation. A Darmstadt, la majorité des prisonniers travaille en ville ou à la campagne. A Cologne, les Alsaciens ont trouvé de l'occupation dans les usines; parmi les autres, un certain nombre fabrique des jouets d'enfants. Les prisonniers protestants ont des livres, mais les catholiques en manquent, car, par respect pour leur croyance, on ne leur donne pas d'ouvrages à tendance protestante. Le baron Schicker, le digne agent de la Reine Augusta, a promis aux délégués de distribuer suivant les confessions les livres qu'on lui enverrait.

### L'ÉPUISEMENT DES CONTINGENTS FRANÇAIS.

Nous lisons dans le *Moniteur prussien:*

« On s'occupe beaucoup, en ce moment, au quartier général, d'une mesure du gouvernement français, communiquée par une dépêche de Bordeaux, et d'après laquelle les hommes de la levée de 1871 sont appelés sous les armes huit mois avant le terme de conscription légal, qui est le 1" octobre.

« Si le gouvernement provisoire veut démontrer par là qu'il est résolu à continuer la guerre à outrance, il prouve, d'un autre côté, qu'il est arrivé à un point où il ne lui reste plus d'autre alternative que de demander au pays — comme l'a fait peu de moments avant sa chute le premier Empire — un dernier et suprême effort qui a déjà été condamné de la manière la plus formelle par la nation française elle-même et le monde entier. Pour ce qui est de l'augmentation des forces dont le nouveau décret a en vue de gratifier la République, il est certain que les relevés statistiques de l'Empire portent le nombre des citoyens obligés de porter les armes et parmi lesquels on lève les contingents annuels, à 143,000 hommes. Il y a seulement à défalquer de ce total les invalides et les contingents des provinces occupées par les armées allemandes et dans lesquelles la levée ne peut avoir lieu.

« Ensuite, il y a à considérer que dans les départements méridionaux, un nombre assez respectable de miliciens de la levée de 1871 se sont déjà engagés volontairement dans l'armée française, de manière que le décret de Gambetta, même dans le cas le plus favorable, ne renforcera les cadres de l'armée actuelle que de 80,000 hommes tout au plus. Il va de soi qu'il ne s'agit ici que de troupes qui ne pourront être mises en état d'entrer en campagne que dans deux ou trois mois. »

---

LA VICTOIRE DU GÉNÉRAL DE WERDER.

La *Gazette de l'Allemagne du Nord*, de Berlin, dit à ce sujet :

« C'est une heureuse nouvelle, une victoire importante que nous annonce le premier télégramme envoyé du théâtre de la guerre par l'Empereur-Roi à son auguste épouse. Le courage héroïque allemand et la persévérance allemande ont remporté dans les passes méridionales des Vosges, après de pénibles combats, un succès qui doit être rangé parmi les plus beaux et les plus glorieux faits d'armes de cette campagne, et par lequel le général de Werder, ainsi que son armée, se sont acquis, d'après l'expression de l'Empereur-Roi lui-même, des droits à la plus entière reconnaissance. Après avoir tenté en vain, pendant trois jours, avec des forces quadruples des nôtres, de rompre les positions de Werder, l'ennemi a commencé sa retraite; le vaste plan de campagne de l'armée française de l'Est a radicalement avorté; tout danger est écarté pour les lignes de communication de nos armées, et la prise de Belfort est assurée.

« Tels sont les résultats immédiats de la fermeté inébranlable du 14ᵉ corps d'armée. Mais les conséquences ultérieures de cette bataille de trois jours devant Belfort ne seront pas moins importantes. Nous ne parlerons pas aujourd'hui de l'impression morale profonde qui sera nécessairement produite sur l'armée de Bourbaki et sur toute la nation par le fait que cette armée, dont on attendait avec la plus grande assurance le salut de la France, qui devait la venger des Allemands en ravageant leur propre territoire, qui devait faire triompher la direction militaire du gouvernement républicain, — que cette armée n'a même pas pu l'emporter sur un adversaire beaucoup moins nombreux. Ce qui nous paraît infiniment plus important, au point de vue des résultats extérieurs des combats de Belfort, c'est le fait même que l'armée de Bourbaki a été arrêtée durant neuf jours entiers par le 14ᵉ corps. Il en résulte que le commandant de l'armée française de l'Est se trouve dans l'impossibilité de faire par Vesoul, et en descendant la vallée de la Moselle, une pointe sur Nancy, et que les troupes appelées à renforcer Werder ont gagné un temps précieux, ce que Bourbaki ne tardera pas sans doute à ressentir à son détriment; du reste, il est probable que le mouvement de ces troupes n'a pas été étranger à la détermination du général français de ne pas attendre plus longtemps pour se retirer des Vosges.

« Nous ne voulons pas nous livrer dès maintenant à des combinaisons sur la question de savoir jusqu'à quel point les corps allemands arrivés de l'Ouest et du Nord-Ouest se sont déjà rapprochés de l'armée de Werder; mais la nouvelle, arrivée de Nevers, d'une attaque sur Avallon, ville située dans le département de l'Yonne, sur la route d'Auxerre à Dijon, tendrait à prouver que des troupes allemandes sont déjà arrivées à la hauteur de la dernière de ces villes. »

La *Gazette de la Croix* dit sur le même sujet :

« De même que jadis Napoléon I" trouva « les hauteurs de Laon trop solides » et se retira devant Blucher, de même Bourbaki a trouvé la résistance héroïque du corps de Werder trop ferme, et s'est mis en retraite pour échapper au danger dont le menaçait l'approche du général de Manteuffel. Nous sommes certains que cette nouvelle sera accueillie dans toute la patrie avec d'autant plus de joie et de reconnaissance qu'on attendait avec anxiété des renseignements de cette contrée montagneuse, où l'on se battait depuis huit jours vigoureusement pour Belfort, la clef de la haute Alsace. Le général Werder et sa brave armée qui a opposé à l'ennemi une muraille vivante peuvent être fiers de ce que notre Roi, le jour même où sa proclamation au peuple allemand annonçait le rétablissement de la dignité impériale, a décerné à leur courageuse fermeté un si honorable témoignage.

« Lorsque, l'été dernier, les troupes badoises formaient l'aile gauche de l'armée allemande, qui est entrée la première en Alsace, elles éprouvèrent une certaine douleur de ne pas avoir pu prendre une part plus active aux premiers combats victorieux de Wissembourg et de Wœrth sur un ennemi dont leur pays avait été menacé plus immédiatement que les autres parties de l'Allemagne ; pendant que les Bavarois et les Wurtembergeois poursuivaient leur marche triomphale dans l'intérieur de la France, les Badois furent occupés au siége de Strasbourg. Plus tard, lorsque la grande forteresse alsacienne eut succombé devant leurs efforts, ils ont eu, sous le commandement du général Werder, plus d'une fois l'occasion de se mesurer aussi avec l'ennemi en rase campagne, et il n'y a pas longtemps, au combat de Nuits, ils ont prouvé qu'ils pouvaient marcher de pair avec les meilleures troupes. Pour la persévérance, la vigueur et la bravoure dans les marches comme dans les combats, dans les plaines comme dans les montagnes, ils ont rivalisé avec leurs frères d'armes prussiens, et maintenant ils viennent, réunis à ces derniers, d'opposer une barrière de fer à l'ennemi, qui caressait déjà l'espoir d'une guerre de guérillas dans la forêt Noire. »

Voici le résultat de 131 listes rectifiées des pertes des troupes de l'Allemagne du Nord, sauf la Saxe et le Grand-Duché de Bade :

|  | Morts. | Blessés. | Disparus. |
|---|---|---|---|
| Généraux | 2 | 23 | » |
| Officiers d'état-major | 67 | 177 | » |
| Autres officiers | 724 | 2,375 | 36 |
| Aspirants et sous-officiers | 1,394 | 5,916 | 274 |
| Simples soldats | 10,622 | 51,153 | 6,875 |
| Médecins | 4 | 87 | 34 |
| Aumôniers | 1 | 1 | » |
| Infirmiers | » | 16 | 31 |
| Total | 12,814 | 59,738 | 7,250 |

Ainsi, la perte totale est de 79,802 officiers et soldats. La garde, avec la landwehr correspondante, a perdu 412 officiers 9,536 soldats, plus 335 soldats disparus.

### NOUVELLES DIVERSES.

Les journaux anglais publient les dépêches suivantes :

BERLIN, 18 janvier. — La proclamation du Roi annonçant qu'il accepte la couronne impériale d'Allemagne a été lue à haute voix dans les rues. Elle a été accueillie avec de grands applaudissements. Le passage qui se rapporte aux frontières de la patrie commune et à leur sécurité contre les attaques de la France a été particulièrement acclamé.

« Ce soir, la ville est illuminée. Les habitants en masse stationnent devant le palais de la Reine, acclamant « l'Impératrice », et faisant entendre des chants patriotiques. La foule couvre l'allée des Tilleuls. » (*Daily Telegraph.*)

MAYENCE, 14 janvier. — L'autorité militaire de la forteresse a invité le public par un avis officiel à occuper les prisonniers de guerre, soit dans les baraques, soit dans leurs établissements, et à leur assurer un salaire convenable, tout en laissant un bénéfice modéré aux patrons.

On a arrêté six individus prévenus d'avoir enlevé des chassepots des wagons où ils étaient déposés.

BERNE, jeudi 19 janvier. — Un télégramme de Prunthut, daté d'aujourd'hui, annonce que hier les Allemands ont chassé les Français de toutes les localités françaises de la frontière.

La population s'enfuit près de Dampvent sur le territoire suisse.

Une correspondance expose ainsi la consommation d'un corps prussien. En 24 heures, un corps d'armée consomme 18,000 pains de trois livres, 120 quintaux de riz et d'orge, 70 bœufs ou 120 quintaux de lard, 18 quintaux de sel, 30 id. de café, 12 id. d'avoine, 3 id. de foin, 3,500 quarts d'esprit-de-vin et 3,500 onces d'essences d'oranges amères. Il faut ajouter à ces chiffres 60 quintaux de tabac, 1,100,000 cigares ordinaires et 50,000 cigares fins pour les officiers. Comme il y a vingt-cinq corps d'armée, on jugera de ce qu'il faut pour l'entretien de l'armée allemande en un seul jour.

Il y a quelques semaines, on a distribué à chaque corps d'armée 34,000 chemises de flanelle, 25,000 paires de bas de laine, 25,000 ceintures de flanelle, 25,000 couvertures.

Du 16 juillet au 31 décembre, la *feld post* a transporté 67,700,000 lettres et 1,536,000 journaux, soit 400,000 lettres et 10,000 journaux par jour. En outre, 41 millions de thalers et 58,000 paquets expédiés par le département de la guerre aux troupes en campagne.

Les soldats ont reçu de leurs parents ou envoyé chez eux 13 millions de thalers et 1,210,533 paquets, soit 22,173 par jour.

Depuis deux mois, 180,000 hommes de troupes fraîches ont été transportés d'Allemagne en France, sans compter les munitions.

On estime à 200 millions de francs les sommes dépensées par les soldats allemands en France.

## N° 78. — DIMANCHE 29 JANVIER 1871.

### PARTIE OFFICIELLE.

#### COMMUNICATION OFFICIELLE.

VERSAILLES, 28 janvier. — Le général de Kettler mande qu'il a effectué, le 23, un mouvement en avant dans la direction de Dijon, et qu'il a fait prisonniers 5 officiers et 150 hommes. Le porte-drapeau du 2e régiment n° 61 a été tué dans un combat de nuit qui a eu lieu dans la forêt. Le drapeau n'a pas été retrouvé.

Des détachements ennemis se sont montrés aux environs de Châtillon et de Montereau.

D'un accord commun, le feu d'artillerie a cessé provisoirement devant Paris depuis la nuit du 26 au 27 à minuit.

### PARTIE NON OFFICIELLE.

Le gouvernement saxon a reçu la notification de l'acceptation de la dignité d'Empereur par le roi de Prusse; le roi de Saxe y a répondu par une lettre de remerciment et de félicitation à l'Empereur allemand à Versailles.

Le *Moniteur du Wurtemberg* publie un décret royal, qui accorde au chancelier de la Confédération la grand'croix de la couronne wurtembergeoise en brillants; le baron Friesen et M. Delbrück ont reçu la grand'croix du même Ordre, et le ministre de Prusse à Stuttgard, M. le baron de Rosenberg, la grand'croix de l'Ordre de Frédéric. Les ministres wurtembergeois Mittnacht et de Sukow ont reçu l'Ordre de la couronne de Prusse de 1re classe.

Voici les documents diplomatiques que la *Gazette de l'Alle-*

*magne du Nord* vient de publier, relativement au départ éventuel du Pape de Rome :

Rome, 7 octobre 1870,
*Le ministre de Prusse au chancelier fédéral à Versailles.*

Le cardinal secrétaire d'État s'informe si, dans le cas où le Pape voudrait quitter Rome, celui-ci pourrait compter sur l'assistance de S. M. le Roi pour l'aider à effectuer son départ d'une manière convenable et sans empêchement.

Il semble que l'idée du départ s'accentue de plus en plus, parce que l'autorité militaire italienne demande l'évacuation du Quirinal, que l'appartement du Pape et les archives sont mis sous scellé et que deux cardinaux demeurant dans le palais ont reçu ordre de le quitter dans 24 heures pour faire place au général La Marmora. En outre, une perquisition militaire a eu lieu dans un couvent de religieuses, sous le prétexte d'y rechercher des zouaves.

Signé d'Arnim.

---

Versailles, le 8 octobre 1870.
*Le chancelier fédéral au ministre d'Arnim à Rome.*

D'après l'ordre donné par S. M. le Roi, je réponds affirmativement à la première partie de votre télégramme d'hier. Une dépêche dans ce sens est expédiée en même temps à Florence.

Signé de Bismarck.

---

Versailles, le 8 octobre 1870.
*Le chancelier fédéral au ministre comte Brassier, à Florence.*

Le cardinal Antonelli a demandé à l'ambassadeur royal si, dans le cas où le Pape voudrait quitter Rome, celui-ci pourrait compter sur l'assistance de S. M. le Roi pour l'aider à effectuer son départ d'une manière convenable et sans empêchement.

S. M. le Roi m'a ordonné de répondre affirmativement à cette demande. Sa Majesté est convaincue que la liberté et la dignité du Pape seront respectées par le gouvernement italien sous tous les rapports, et même quand le Pape, contre toute attente, aurait en vue de changer de résidence. Le Roi charge Votre Excellence d'exprimer cette espérance. S. M. le Roi ne pense pas que la Confédération germanique soit appelée a s'immiscer, sans y être provoquée, dans les affaires politiques d'autres pays, mais elle croit être obligée, vis-à-vis de ses sujets catholiques du nord de l'Allemagne, d'aider à sauvegarder la dignité et l'indépendance du chef suprême de l'Église catholique.

Signé DE BISMARCK.

On lit dans le *Moniteur Prussien :*

« Le bombardement de Cambrai a commencé le 22, à 1 heure de l'après-midi. »

D'après des avis de Marseille du 21, 1,200 Allemands ont été expulsés de cette ville.

La *Gazette générale de l'Allemagne du Nord* motive en ces termes la résolution du gouvernement impérial allemand de ne plus observer, par rapport aux navires français, l'ordonnance qui garantissait la propriété privée sur mer :

« Au début de la guerre, — pour développer dans le sens des idées modernes les principes du droit maritime international, les gouvernements confédérés décidèrent de respecter les navires marchands de l'ennemi sans avoir égard à la non-réciprocité. Les procédés de la France nous empêchent d'observer à l'avenir ce nouveau principe. Il est constaté que le vaisseau de guerre français, le *Desaix,* a brûlé ou coulé à fond en pleine mer avec leur cargaison trois bâtiments allemands, *Ludwig. Vorwaerts* et *Charlotte*, au lieu de les conduire dans un des ports français accessibles et de les soumettre au jugement du tribunal des prises, comme l'exige le droit des gens. Suivant un avis parvenu à la Chancellerie, un quatrième navire allemand, le *Herzog von Cambridge*, a eu le même sort.

« Cette destruction de prises, qui, de plus, a eu lieu en partie dans des eaux neutres et en violant leur neutralité, est un fait inouï dans les annales du droit des gens. On a donc résolu de retirer l'ordonnance mentionnée. Mais les marchandises neutres ayant peut-être été, sous la foi de cette ordonnance, chargées sous pavillon français, la mesure en question ne sera mise en vigueur que dans quatre semaines, c'est-à-dire à partir du 12 février. Toutes les dispositions sont prises pour exécuter la décision de la Chancellerie. »

---

CHRONIQUE DE LA GUERRE FRANCO-ALLEMANDE 1870.

7 *septembre*. Le grand-duc Charles-Alexandre de Saxe remercie les villes de son grand-duché pour les félicitations qu'elles lui ont adressées à l'occasion du glorieux succès remporté par les troupes allemandes.

8 *septembre*. Proclamation du gouverneur-général de Lorraine concernant la publication d'une feuille officielle pour le ressort de ce gouvernement général.

— Combat de patrouilles à Oberschæffelsheim sur le Rhin.

— Un décret du gouvernement français convoque, au 16 octobre, les collèges électoraux pour élire une représentation nationale constituante.

— Strasbourg est bombardé plus puissamment au moyen de mortiers-monstres.

9 *septembre*. La place forte de Laon se rend à la 6ᵉ division de cavalerie prussienne. Après que la capitulation a été conclue, l'ennemi, par trahison, fait sauter le magasin à poudre ; 95 chasseurs du 4ᵉ bataillon de chasseurs prussiens et un grand nombre de gardes mobiles sont tués ou blessés par cette explosion ; le duc Guillaume de Mecklembourg est contusionné. — 2,080 Français sont faits prisonniers et 33 canons conquis dans la place.

— Toul est bombardé par l'artillerie allemande.

Le bombardement de Metz (fort Saint-Quentin) commence.

10 *septembre*. Une sortie de la garnison de Strasbourg est repoussée.

— L'impératrice Eugénie arrive à Ostende et se rend en Angleterre (Hastings).

11 *septembre*. Les derniers navires de l'escadre française de blocus dans la mer du Nord retournent dans les eaux de la France.

— Lettre de remerciments du Roi de Prusse au comité directeur de la société des chanteurs allemands à Dresde, qui, le 26 août, a envoyé 2,000 thalers pour les familles nécessiteuses des soldats appelés sous les drapeaux, blessés ou tués sur le champ de bataille.

— La forteresse de Bitche est bombardée.

— Soissons refuse de se rendre.

12 *septembre*. Le général d'infanterie de Steinmetz, nommé gouverneur général à Posen (circonscription des 5ᵉ et 6ᵉ corps d'armée), est déchargé du commandement en chef de la 1ʳᵉ armée (devant Metz) qui passe provisoirement sous les ordres du Prince Frédéric-Charles de Prusse.

— Ordonnance de la présidence fédérale, arrêtant l'organisation définitive immédiate du service des postes dans le ressort administratif du gouvernement général de l'Alsace et de la Lorraine allemande, — instituant pour ce même ressort deux directions supérieures des postes, — et réglant l'administration provisoire du service des postes dans les autres parties du territoire français occupées par les troupes allemandes.

— Ordonnances du gouverneur général de l'Alsace concernant la compétence des tribunaux militaires et la mise en vigueur des lois martiales.

— Arrêté du commissaire civil en Alsace, président de régence de Kühlwetter, relatif aux églises et aux écoles d'Alsace.

— Arrêté du même au sujet des « Nouvelles officielles pour le gouvernement général de l'Alsace. »

— Rapport général du prince de Pless, commissaire et inspecteur militaire royal pour l'assistance volontaire qui donne ses soins aux soldats blessés ou malades, — rendant compte de la manière dont cette assistance, sous son contrôle, s'est exercée jusqu'au 1er septembre.

— Le lieutenant général de Lœwenberg est nommé inspecteur des deux corps de réserve à Berlin et à Glogau.

13 *septembre*. Dépêche-circulaire du comte de Bismarck (datée de Reims) aux représentants de l'Allemagne du Nord près plusieurs gouvernements étrangers, — concernant les conditions de paix, telles qu'elles doivent être posées du côté de l'Allemagne.

— Télégramme de Sa Majesté le Roi de Prusse au sénat de Brême.

— Les troupes allemandes occupent Nogent, Chauny, Vaucouleurs et Provins. Les Français font sauter le pont de Corbeil.

---

NOUVELLES POLITIQUES.

A l'occasion de l'acceptation de la dignité impériale, l'Empereur a adressé à l'armée l'ordre du jour suivant :

« En ce jour mémorable pour moi et pour ma maison, d'accord avec les princes allemands et avec l'approbation de tous les peuples allemands, je prends avec la dignité du roi de Prusse, celle d'empereur d'Allemagne.

« Votre bravoure et votre persévérance, au sujet de laquelle je vous ai exprimé à diverses reprises ma pleine reconnaissance, ont accéléré l'œuvre de l'union intérieure de l'Allemagne.

« Rappelez-vous toujours que les sentiments de l'honneur, de la confraternité, de l'obéissance et de la bravoure rendent l'armée grande et victorieuse. Conservez ces sentiments, alors la patrie vous regardera comme aujourd'hui avec orgueil et vous serez toujours son bras protecteur. »

---

L'Empereur a adressé au Sénat de Brême et de Hambourg une lettre dans laquelle il annonce son acceptation de la dignité impériale. A cette occasion Hambourg et Brême ont été pavoisés, 101 coups de canon ont été tirés.

---

En reconnaissance des services rendus par le général Manteuffell dans la campagne du Nord, le roi Guillaume vient d'ajouter « les feuilles de chêne » à « l'ordre pour le mérite » que le général avait reçu précédemment.

---

Une souscription se fait à Berlin pour offrir, au nom de cette ville, une épée d'honneur au général Werder. Les commerçants de Stettin ont adressé au magistrat une lettre demandant que l'on décerne au même général le titre honorifique de citoyen de la capitale de la Poméranie.

---

### FAITS DIVERS.

On écrit de Paris à la *Pall Mall Gazette* :

« La question du combustible reste toujours des plus importantes pour la population assiégée. Même le bois vert coupé par ordre du Gouvernement est distribué en petites quantités d'après une certaine routine. Il est nécessaire d'aller à la mairie de votre arrondissement, de là on vous envoie chez un marchand de bois du voisinage ; après avoir fait queue pendant plusieurs heures (la queue commence à se former à neuf heures du matin et dure toute la journée), vous recevez un numéro. Le jour suivant, vous revenez avec votre numéro et on vous donne pour 3 fr. de bois, qui vous coûte 3 fr. en plus pour le transport chez vous, car depuis la diminution des voitures de place, par suite de la rareté des chevaux et la réquisition des cochers pour la défense des remparts, il n'est pas de cocher qui accepte un prix inférieur pour la plus petite course. La proclamation du Gouvernement n'a pas entièrement mis fin au pillage du bois à brûler. »

---

Le *Journal de Bruxelles* fait connaître que le concert que la musique du régiment des guides a donné à Aix-la-Chapelle a eu lieu au profit des blessés français et allemands.

Les Ursulines de Blois en France avaient envoyé à diverses reprises, à la succursale de leur ordre, à Berlin, des institutrices. Elles adressèrent une lettre à la supérieure des Ursulines, à Berlin, avec prière de vouloir supplier le Roi de faire acte de clémence en épargnant à leur cloître les horreurs de la guerre. La supérieure de Berlin s'adressa à la reine Augusta. Le couvent de Blois reçut un jour l'ordre de donner le logement à cinquante hommes avec leurs chevaux. Lorsque les hommes se présentèrent, la supérieure leur montra un arrêté exemptant le couvent de toute charge militaire.

### N° 79. — MARDI 31 JANVIER 1870.

### PARTIE OFFICIELLE.

#### COMMUNICATION OFFICIELLE.

VERSAILLES, 30 janvier. — L'occupation de Saint-Denis ainsi que de tous les forts de Paris par les troupes allemandes a eu lieu, sans incident, le 29 de ce mois.

Ont été nommés :
M. Gutman, secrétaire-général de la préfecture du département d'Eure-et-Loir ;
M. de Berlepsch, sous-préfet à Chartres ;
M. de Boxberg, secrétaire général de la préfecture du département du Loiret.

### PARTIE OFFICIELLE.

Le *Moniteur Prussien* résume ainsi la situation militaire :
« Plus d'un tiers du territoire ennemi est occupé par les armées allemandes : 27 départements, en tout ou en grande partie, sont entre leurs mains. Un territoire de 2,860 milles carrés allemands avec une population de 11 millions et demi d'âmes ressentent directement les effets de la guerre. Les forteresses de Metz, Strasbourg, Schelestadt, Brisach, Phalsbourg, Marsal, Toul, Verdun, Soissons, Laon, Thionville, Montmédy,

Longwy, Mézières, Péronne, Rocroi, ainsi que les citadelles de Lutzelbourg, Montbéliard et Amiens, renfermant toutes un immense matériel de guerre, sont prises. Bitche, Belfort, Langres et Givet sont assiégés ou bloqués.

« La grande force défensive de la France vient d'être constatée de nouveau dans la présente guerre. En face d'une nation si guerrière et si bien armée, il est urgent de donner à l'Allemagne des frontières stratégiquement assurées. »

---

La *Presse de Francfort* publie l'ordre du jour suivant adressé par le général de Werder à son armée :

Le 14ᵉ corps et les troupes réunis autour de Belfort, par leur brillante valeur et le courage avec lequel ils ont supporté et bravé les fatigues sans nom et les privations exceptionnelles de cette rude campagne, ont rendu à la patrie un service que l'histoire considérera comme un des événements les plus glorieux de cette guerre mémorable.

Nous avons réussi à arrêter et à repousser glorieusement un ennemi qui, à l'aide de forces bien supérieures aux nôtres, voulait débloquer Belfort et envahir l'Allemagne.

Puissent nos soldats, sur les succès desquels l'Allemagne entière a les yeux fixés, trouver dans les résultats obtenus une récompense digne de leur dévouement ! Sa Majesté a déjà daigné me faire connaître sa haute satisfaction ; j'y joins mes sincères félicitations pour les glorieuses journées du 14 au 18 janvier.

Signé DE WERDER.

---

La *Nouvelle Gazette de Stettin* publie, sur la marche du corps d'armée poméranien, commandé par le général de Fransecky, une correspondance datée de Tornancy, 13 janvier, et dans laquelle on lit :

« Depuis le 3 janvier, le 2ᵉ corps d'armée a été relevé de ses avant-postes par le corps bavarois du général de Tann et s'est avancé en marche forcée sur Dijon où il a pris position à sept milles à l'ouest de cette ville, sans avoir trouvé des troupes françaises d'autres traces que les empreintes de leurs souliers sur la grande route. Les villages ont l'aspect misérable, les habitants sont des vignerons et des fermiers. Ces braves gens nous ont accueillis par un cri unanime de : La paix ! la paix à tout prix ! Les francs-tireurs leur sont odieux, parce qu'ils pillent et commettent toute sorte d'excès. Un marchand nous les dépeignit d'une façon assez caractéristique en disant que sur le chapeau ils portaient des plumes de coq, mais sur le dos les poulets qu'ils ont volés aux paysans. »

Le *Kœnigsberger Hartungsche Zeitung* publiait, ces jours derniers, une lettre d'un Allemand des États-Unis dans laquelle, en signalant le départ incessant pour la France de vapeurs chargés d'armes et de munitions, l'auteur demandait si le gouvernement prussien n'en savait rien, et, dans l'affirmative, pourquoi il n'envoyait pas de vaisseaux de guerre à leur poursuite. La *Gazette générale du Nord de l'Allemagne* répond en ces termes au correspondant du journal de Kœnigsberg :

« Nous nous empressons de donner sur cette question, qui a déjà été diversement agitée, les éclaircissements que voici : Les vaisseaux de guerre prussiens, ou, pour parler plus exactement, allemands, sont, il est bien vrai, fondés à opérer la capture de vapeurs ou autres navires de ce genre, mais à l'exception de ceux de « nationalité américaine », conformément à l'art. 13 du traité conclu le 11 juillet 1799 entre la Prusse et l'Amérique du Nord, article qui a été reconnu dans le traité américo-prussien du 1er mai 1829 comme ayant force de loi pour les deux parties.

« La saisie et la confiscation, par des vaisseaux de guerre prussiens, de navires américains ayant à bord des objets de contrebande de guerre, armes, munitions, etc., sont formellement interdites par cet article. Par contre, il serait permis d'arrêter tels navires et objets de contrebande et de les retenir aussi longtemps que les auteurs de l'arrêt le jugeraient nécessaire en vue de prévenir le dommage que la mise en liberté de ces bâtiments pourrait ultérieurement causer ; leurs propriétaires auraient cependant droit à des dommages-intérêts. En outre, le poursuivant aurait encore le droit de faire usage en tout ou en partie des « approvisionnements militaires » ainsi retenus, sauf à en payer la valeur aux propriétaires, au lieu de destination et conformément aux prix du marché.

« Mais supposé le cas où le navire arrêté voudrait livrer les articles déclarés contrebande de guerre, cela lui serait permis et le navire ne devrait pas, dans cette occurrence, être retenu plus longtemps ni conduit dans un port, mais pourrait continuer sa route.

« Il résulte de ce qui précède, que nous ne pouvons capturer les navires américains chargés d'artillerie de contrebande, mais que nous pouvons les arrêter et les empêcher, ou de continuer leur voyage pendant la durée de la guerre, ou leur prendre leur contrebande contre reçu de livraison et payement à effectuer plus tard, et les congédier ensuite. Telle est la conduite, croyons-nous, qu'adoptera, en cette matière, notre marine de guerre. »

---

Nous extrayons d'une correspondance militaire du *Times* sur l'*armée allemande de la Loire*, les passages suivants :

« Les Prussiens élèvent les chevaux comme tout le reste : au point de vue militaire. Ils ne produisent, par conséquent, pas de chevaux qui, à deux ans, puissent gagner une course plate à courte distance, mais des animaux qui résistent à la fatigue et à toutes les rigueurs de la température ; qui peuvent charger, galoper ou trotter pendant nombre d'heures ; qui sont robustes, bons mangeurs et intelligents. Je viens d'acheter une jument d'un officier qui l'avait payée mille francs à un dépôt de remonte lorsqu'elle avait quatre ans, ainsi que peuvent le faire les officiers en Prusse. S'il y avait la moindre possibilité, je l'emmènerais en Angleterre comme spécimen de ce qu'on peut produire lorsqu'on élève des chevaux en vue du travail réel et non pour gagner de l'argent. On pourrait dire qu'on ne peut argumenter d'un exemple isolé, mais il y a des milliers de chevaux aussi bons, ou presque aussi bons, montés par des soldats de cavalerie de l'armée prussienne. Nul ne saurait cheminer avec le prince Frédéric-Charles sans jeter un regard d'envie sur les chevaux des hussards de Zieten, régiment du prince, ni sans admirer l'aisance et la hardiesse des cavaliers. Chacun sait que les soldats prussiens sont bien exercés — exercés par les officiers. Leurs mouvements à la parade satisferaient les plus strictes exigences de Windsor et de Hyde-Park, mais ce n'est là que l'orthographe de leur grammaire. Comme escorte du prince, ce régiment a suivi le quartier général, et la même responsabilité individuelle qui fait que le soldat d'infanterie marche toujours en avant contre l'ennemi, choisissant son abri et abattant son adversaire avant que celui-ci ne tire, a été déployée dans le choix de son chemin par chaque homme de l'escorte. On affirme que le prince Frédéric-Charles, lorsqu'il interroge ses officiers sur leur service, a l'habitude de dire : « Bien, votre réponse me prouve que vous avez *réfléchi* sur cette question, » ou « vous ne vous trompez pas de beaucoup, mais vous feriez bien d'y *réfléchir* un peu plus. »

« Il en est de même pour le service d'avant-poste. Il y a certains règlements, mais le prince, qui est passé maître dans l'art de la guerre, a toujours dit dans les manœuvres par lesquelles l'armée allemande a fait son instruction : « Vous ne devez pas vous conformer strictement à la lettre de la loi, mais *réfléchir* par vous-mêmes. » Ainsi les hussards de l'escorte ne cheminent pas deux à deux au milieu de la route lorsqu'elle est couverte de glace, mais marchent, chacun de son côté, sur les accotements ou dans les bois et les champs qui bordent la chaussée. Beaucoup de chevaux sont tombés pendant la marche, mais généralement les cavaliers tombés avec leurs montures se relèvent avec elles.

« Le caractère allemand renferme incontestablement de nombreuses qualités admirablement adaptées à la guerre. Je vous ai dit dans une précédente lettre avec quel contentement les hommes vont à la bataille, comment le sifflement des balles et des bombes les fait éclater en chants de guerre, comme avaient coutume de le faire nos ancêtres les Normands, avec quelle patience et quelle discipline ils endurent le bivouac dans la neige, et un autre incident fournira la preuve d'une nouvelle vertu militaire. Tandis que le prince cheminait sur la grande route, plusieurs hommes passèrent devant lui, retournant en arrière parce qu'ils étaient blessés à la main ou au bras. Quelques-uns avaient les doigts enlevés, et l'un d'eux avait reçu une balle à travers la main droite; mais il continuait à porter son fusil de la main gauche, et tous avaient conservé leur équipement au complet. Le prince adressa la parole au soldat blessé à la main droite, et lui demanda comment il avait fait pour ne pas laisser tomber son fusil, qui devait assurément avoir été brisé. « Je l'ai laissé tomber, répondit le brave homme, mais j'en ai ramassé un bon. » Voilà comment se comportent les hommes que l'on instruit à user d'initiative. Où pourrait-on trouver un exemple plus parfait de discipline et de vertu militaire? »

### LA LANDWEHR.

La landwehr des États allemands du Sud se trouve aujourd'hui en grande partie organisée; déjà même 6 bataillons de landwehr bavaroise et 4 de landwehr badoise se trouvent sur le territoire français. La landwehr allemande du Sud se composera de 32 bataillons bavarois, 10 wurtembergeois, 10 badois et 6 hessois, en tout 58 bataillons. — Le royaume de Saxe a également achevé d'organiser sa landwehr, qui forme 17 bataillons. — Quant à la landwehr prussienne et allemande du Nord (en dehors de la Saxe), on calcule que sa force totale équivaut à 12 divisions.

### CHRONIQUE DE LA GUERRE FRANCO-ALLEMANDE 1870.

13 *septembre*. — Le ministre Crémieux, chargé par le gouvernement de la défense nationale de diriger l'action du pouvoir central dans les départements français non occupés par les troupes allemandes, adresse de Tours un appel aux Français.

— Le ministre anglais comte Granville, dans une note au comte Bernstorff (en réponse au Mémoire de celui-ci, daté du 30 août), soutient que l'exportation d'armes, de munitions et de charbon — d'Angleterre en France — n'est point une infraction à la neutralité.

— Le grand-duc de Mecklembourg-Schwerin, commandant le 13e corps, ordonne de respecter les vignobles et de ne point empêcher les vendanges en Champagne.

14 *septembre*. Dans la nuit du 14, la troisième parallèle devant Strasbourg est achevée.

— Le quartier général du Roi est transporté à Château-Thierry.

— Devant Bülk (Kiel), 13 navires de guerre français sont de nouveau en vue.

— Réponse du Roi à l'Adresse des autorités municipales de Berlin, du 4 septembre.

*15 septembre.* Le commandant du régiment d'artillerie de place n° 3 (Brandebourg), général d'artillerie Bartsch, est nommé commandant de l'artillerie de siége devant Toul.

— Le quartier général du Roi est à Meaux.

— Une colonne mobile sous les ordres du général Keller occupe Colmar.

— Le général de Steinmetz, dans un ordre à l'armée, prend congé de la 1<sup>re</sup> armée.

— Couronnement du glacis de l'ouvrage 55 devant Strasbourg, par les assiégeants.

*16 septembre.* Ordonnance royale, par laquelle les territoires français occupés par les troupes allemandes, et non attribués aux gouvernements généraux d'Alsace et de Lorraine, sont placés sous l'administration du gouvernement général de Reims. — Par la même ordonnance, le général commandant le 13<sup>e</sup> corps d'armée, grand-duc de Mecklembourg-Schwerin, est nommé gouverneur général à Reims.

— Le ministre de la guerre wurtembergeois de Suckow arrive au quartier général du Roi de Prusse, chargé de remettre à Sa Majesté une lettre autographe du Roi de Wurtemberg avec la Grand'-Croix de l'Orde du mérite militaire. Dans cette lettre, le Roi Charles exprime le désir que la plus haute décoration militaire du Wurtemberg soit portée, pour la première fois, par l'héroïque généralissime des armées allemandes.

— Dépêche circulaire du comte de Bismarck (datée de Meaux) aux représentants de l'Allemagne du Nord près plusieurs gouvernements neutres — ayant trait à l'espérance conçue par le nouveau gouvernement de Paris de voir les puissances neutres intervenir diplomatiquement ou matériellement en faveur de la France, — et concernant aussi les conditions d'armistice et de paix.

— Mulhouse est occupé par les troupes du général de Keller.

— Le ministre des États-Unis à Berlin reçoit l'avis que le blocus de l'Elbe et du Weser est levé.

— Adresse au Roi de Prusse, de la Conférence centrale allemande des églises épiscopales méthodiques aux États-Unis de l'Amérique du Nord, — tenue à Louisville dans le Kentucky.

*17 septembre.* Combat de Brévannes, non loin de Paris.

— Le Roi Louis II de Bavière adresse au comité berlinois (Lindenstrasse n° 4) qui s'était chargé d'accueillir à Berlin et de traiter un détachement bavarois) (escorte des prisonniers français), — ses remerciments pour l'excellente réception faite à ses soldats et pour le télégramme du comité.

— Circulaire du ministre du gouvernement provisoire français, Jules Favre, aux agents diplomatiques de la France, — relative à la légitimation du nouveau gouvernement et aux négociations de paix.

— Les élections pour une assemblée constituante en France, précédemment fixées au 16 octobre, sont avancées au 2 du même mois.

*18 septembre.* Combat à Bicêtre, au sud de Paris.

Les Bavarois, commandés par le général de Hartmann, occupent Bourg (près Paris).

— Mort de M. de Watzdorff, ministre du Grand-Duc de Saxe. La Reine Augusta exprime la part qu'elle prend à cette perte, en rappelant avec éloges les grands services que le ministre défunt a rendus à son souverain et à son pays.

— Les ambassadeurs d'Autriche et d'Angleterre quittent Paris et se transportent à Tours.

— Adresse de la ville de Munich et d'autres municipalités bavaroises à leur Roi Louis II, demandant que l'union définitive du nord et du midi de l'Allemagne soit constitutionnellement établie.

— Le Roi de Wurtemberg modifie les statuts de l'Ordre de la Couronne wurtembergeoise et de l'ordre de Frédéric, en y introduisant des décorations qui seront décernées au mérite militaire.

19 *septembre*. Par une marche en avant de toutes les troupes allemandes rassemblées autour de Paris, cette ville est complétement investie. Les Français, à l'apparition des troupes allemandes, abandonnent la position de Pierrefite au nord de Saint-Denis. A Sceaux, le 2ᵉ corps bavarois, qui a passé la Seine à Villeneuve-Saint-Georges, rencontre 3 divisions du corps français de Vinoy. Avec l'aide du 5ᵉ et du 6ᵉ corps prussien, sous le commandement en chef du Prince Royal de Prusse, ces divisions sont rejetées derrière les forts sud de Paris, en perdant 1,000 prisonniers et 7 canons. — Le Roi de Prusse fait une reconnaissance des forts nord-est de Paris.

— La 3ᵉ armée occupe la ligne de Bougival — Sèvres — Meudon — Bourg — L'Hay — Chevilly — Thiais — Choisy-le-Roi — Bonneuil.

— Le quartier général du Roi est établi à Ferrières (et à Lagny).

— En Lorraine est institué un tribunal spécial pour en juger les crimes, délits et transgressions qui pourraient être commis envers des membres de l'armée allemande, et qui ne seraient pas de la compétence du conseil de guerre.

## NOUVELLES DIVERSES.

GRANDVILLE, 25 janvier. — Le général de Krenski annonce : Longwy, bombardé depuis 9 jours, vient de capituler.

4,000 prisonniers et 200 canons sont tombés entre nos mains.

J'occuperai la forteresse à midi.

**Prix de vente au détail des denrées alimentaires et autres articles de consommation dans la ville de Versailles, du 29 janvier au 4 février 1871.**

| DÉSIGNATION. | PRIX. | QUANTITÉS. |
| --- | --- | --- |
| Beurre | 1 50 à 2 » | le 1 2 kilo. |
| Pommes de terre | » 75 | le décalitre. |
| Volailles (Poulets) | 45 » | la douzaine. |
| Café | 2 40 | le 1,2 kilo. |
| Sucre en pain | 1 80 | — |
| Sucre en poudre | » 80 | — |
| Eau-de-vie | 1 60 | le litre. |
| Vin au litre | 0 70 à 0 80 | — |
| Pain | » 25 | le 1/2 kilo. |
| Sel | » 40 | — |
| Viande | 1 20 | — |
| Huile à brûler | 1 20 | — |
| Huile à manger | 1 75 | — |
| Chandelles | » 90 | — |
| Bougies | 2 » | — |

*Certifié véritable par le Conseiller municipal soussigné,*
**BARRUE-PERRAULT.**

N° 80. — MERCREDI 1ᵉʳ FÉVRIER 1871.

## PARTIE OFFICIELLE.

Devant Paris, l'exécution de la convention du 28 de ce mois a eu lieu sans entrave.

L'ennemi, s'étant avancé de la rive gauche de la Loire contre la ville de Blois, le colonel de Below a brûlé, le 28, le pont. Le 29, l'ennemi s'est retiré de nouveau dans la direction du Sud.

Le 28, le 2ᵉ corps a capturé près de Nozeray un transport de voitures ennemies. La 4ᵉ division de la réserve s'est avancée, le 26, jusqu'à Passavant, en faisant 200 prisonniers.

Les corps de Bourbaki se trouvèrent entre les colonnes du général de Manteuffel et la frontière suisse.

## PARTIE NON OFFICIELLE.

Nous avons à signaler un événement des plus regrettables : le château de Meudon vient de devenir la proie des flammes. Une destinée particulière paraît régner sur les dernières résidences impériales. Saint-Cloud, le château favori de Napoléon III a été incendié au mois d'octobre déjà par le feu du mont Valérien. Le château de la Malmaison a subi le même sort, et voici celui de Meudon, l'ancienne résidence du prince Napoléon, devenant une ruine par l'action de cette même artillerie avec laquelle on a espéré arrêter l'armée allemande.

Nous sommes à même de publier sur les causes de l'incendie les renseignements authentiques suivants. Pendant le siége, le château a été souvent exposé au feu des forts. Dans la dernière journée du bombardement, un obus français a été lancé dans l'intérieur du château et y a causé un incendie qui tout d'abord n'a pas pu être remarqué, parce que le château s'est trouvé dégarni de troupes. Hier seulement la fumée sortant des appartements a divulgué le désastre. Les troupes allemandes ont immédiatement été envoyées dans le but d'éteindre l'incendie et de sauver cette ancienne résidence. Malheureusement, les efforts pour se rendre maître du feu sont restés inutiles.

---

Quoique depuis la reddition de Paris les bruits de médiation soient devenus sans objet, nous croyons intéressant de reproduire ici l'article que la *Gazette de Spener* a publié à ce sujet :

« On a supposé que les puissances neutres, aujourd'hui réunies, à Londres, en conférence afin de régler la question de la mer Noire, s'entendraient pour proposer leur médiation commune entre l'Allemagne et la France. Mais il paraît infiniment peu probable que ce cas doive se présenter. Parmi les puissances réunies à Londres, la Russie, dès le commencement de la guerre, a reconnu que toute tentative d'immixtion serait une injustice envers l'Allemagne, — et le point de vue, à cet égard, de l'Autriche, depuis l'échange des dépêches de décembre, ne peut pas être autre que celui-là. Or, sans le concours de la Russie et de l'Autriche, aucune des autres puissances qui prennent part à la Conférence de Londres ne peut songer à jouer le rôle de médiatrice.

« L'Allemagne est en droit d'attendre de toute l'Europe qu'aucune tentative ne soit faite par les neutres pour lui arracher le prix de ses victoires et de ses sacrifices, sous prétexte de mettre fin à l'effusion du sang. Cette guerre n'est pas comme tant d'autres luttes, où le droit et l'injustice sont à peu près égaux de chaque côté. Il y a, dans le cas présent, une attaque faite volontairement contre l'Allemagne, entreprise uniquement pour satisfaire la vanité nationale et la soif de conquêtes des Français, et qui ne saurait se justifier même par un prétexte.

« Peut-on trouver injuste ensuite que ceux qui ont été provoqués, attaqués, réclament comme indemnité une rectification des frontières ? Le prix du combat pour l'Allemagne, ce n'est pas même la réparation complète du dommage qu'elle a reçu, mais seulement la sûreté de son territoire pour l'avenir, les garanties de frontières, faute desquelles l'Allemagne a eu si souvent à souffrir des entreprises guerrières de son voisin.

« L'Europe n'a fait quoi que ce soit pour empêcher l'attaque de la France contre l'Allemagne, au moment où cette attaque était imminente ; elle n'a pas même élevé une protestation solennelle contre cette odieuse violation du droit public. Comment viendrait-elle donc aujourd'hui s'ériger en aréopage pour soustraire la partie coupable à la punition méritée ? Car tel est le sens de ces idées de médiation. Et quel autre but auraient-elles, si ce n'est que l'Allemagne cédât devant l'obstination des Français à ne vouloir faire aucune concession de territoire, et qu'elle retournât chez elle comme elle était venue, qu'elle rentrât dans ses anciennes frontières si insuffisantes pour sa sûreté et tracées autrefois par les Français eux-mêmes ? — Un essai de médiation en ce sens, s'il se faisait, serait tenté inutilement... »

---

On écrit de Bruxelles (20 janvier) à la *Gazette de Cologne* :

L'*Écho du Parlement* contient aujourd'hui une correspondance datée de Hanovre, qui peint l'état de l'opinion en Allemagne. Le correspondant de ce journal a quitté depuis peu Bruxelles et traversé déjà une grande partie de l'Allemagne ; il dit n'avoir aperçu nulle part, dans la population allemande, le moindre signe de découragement ; tout le monde est unanime à vouloir que la guerre soit poursuivie énergiquement, jusqu'à ce que les Français consentent à céder à l'Allemagne les frontières dont elle a besoin pour sa sûreté à venir. Et plus la guerre se prolonge, plus vivement aussi se fait sentir la nécessité de ces garanties contre un voisin qui montre de si grandes forces encore dans la défaite.

« Cette lettre a produit ici dans les cercles politiques une assez vive impression, car beaucoup de gens, à Bruxelles, sur la foi des absurdes mensonges répandus par les feuilles françaises, se persuadaient que la majorité des Allemands réclame la paix à tout prix et réprouve les annexions territoriales... »

---

La frégate allemande *Augusta* vient de faire sa première capture. Cette nouvelle a jeté l'épouvante au camp des armateurs français, et nous voyons par là combien nous avons eu tort de jouer à la générosité vis-à-vis de nos adversaires, en respectant la propriété privée sur mer, malgré la non-réciprocité. Nos armateurs sont, il est vrai, certains d'obtenir des dédommagements pour les pertes que leur a fait éprouver la flotte ennemie, mais, si la guerre avait été moins heureuse, les conséquences de la déclaration de la Prusse pouvaient être très-graves pour nous. L'Allemagne n'est pas assez riche pour être généreuse envers ceux qui se sont défaits de tout scrupule. Quelques coureurs rapides comme l'*Alabama* éveilleraient un besoin impérieux de paix chez nombre de Français influents.

(*Gazette de la Bourse*, Berlin.)

---

### CHRONIQUE DE LA GUERRE FRANCO-ALLEMANDE 1870.

19 et 20 *septembre*. Conférences à Ferrières entre le comte de Bismarck et le ministre du gouvernement de la défense nationale, Jules Favre, — en vue d'un armistice.

20 *septembre*. La lunette 53 des fortifications de Strasbourg est prise par une attaque à l'improviste du lieutenant de Müller (régiment des fusiliers de la Garde) à la tête d'un détachement de landwehr de la Garde (Cottbus).

— Le Roi Louis II de Bavière remercie la ville de Schwerin de l'accueil amical fait à ses troupes et des félicitations qu'elle Lui a adressées.

— Le major-général de Schmeling est nommé commandant de la 4e division de réserve (nouvellement formée).

— Arrêté du commissaire civil en Alsace, président de régence de Kühlwetter, réglant tout ce qui concerne les écoles dans les parties déjà occupées de l'Alsace, y compris la Lorraine allemande.

— Le duc Georges de Saxe-Meiningen crée pour les soldats de son duché, combattants de 1870, et pour leurs familles, une caisse d'invalides, qui se confondra avec la fondation dite du duc Georges.

— A onze heures du soir, la lunette 52 des fortifications de Strasbourg est prise par le 34e régiment et par une compagnie de landwehr de la Garde (Lissa).

— Ordonnance annulant l'arrêté du 20 juillet de cette année qui prohibait la sortie et le transit des grains par les frontières de Nordhon à Sarrebrück.

— Les avant-postes allemands occupent le château de Saint-Cloud.

— Rapport de M. Jules Favre au gouvernement de la défense nationale sur ses entretiens avec le comte de Bismarck à Ferrières.

22 et 23 *septembre*. Combat devant Metz; une sortie des Français est repoussée.

23 *septembre*. Après un bombardement de huit heures, la place de Toul se rend au grand-duc de Mecklembourg-Schwerin, sur la base des conditions de la capitulation de Sedan. 2,240 soldats et 109 officiers sont faits prisonniers. Par la reddition de la place, 120 chevaux, 197 canons de bronze, dont 48 rayés, 3,000 sabres, 500 cuirasses et beaucoup de provisions de bouche tombent aux mains du vainqueur.

— Dans le sud de la France, également, l'expulsion de tous les sujets allemands est décrétée par les autorités républicaines.

24 *septembre*. Proclamation des membres du Gouvernement de la défense nationale délégués à Tours, — disant que la France répond aux conditions prussiennes d'armistice et de paix par la continuation de la guerre à outrance.

— Ouverture de la section de chemin de fer de Remilly à Pont-à-Mousson commencée le 12 août.

25 *septembre*. Les élections municipales, en France, et celles pour l'Assemblée constituante sont ajournées.

26 *septembre*. Le Prince Royal de Prusse passe en revue les troupes cantonnées dans et près Versailles, et leur distribue les décorations de la Croix de fer accordées par le Roi.

— Réponse du comte de Bismarck à une lettre de M. Jules Favre, qui demandait, au nom du corps diplomatique résidant à Paris, d'être informé d'avance en cas de bombardement, — et qui exprimait aussi le désir de pouvoir faire partir de Paris toutes les semaines un courrier diplomatique.

— Le colonel de Rieff, président de la commission d'examen d'artillerie, est nommé commandant d'artillerie de siége devant Paris.

— Le grand-duc de Bade répond à l'adresse des habitants de Pforzheim et les remercie de la sollicitude qu'ils ont témoignée, en créant une caisse d'invalides, pour les soldats blessés et pour les familles de ceux qui auront succombé.

27 *septembre*. Dépêche circulaire du chancelier fédéral comte de Bismarck aux ambassadeurs de la Confédération de l'Allemagne du Nord, relative au rapport de M. Jules Favre (en date du 21 septembre) sur ses négociations avec le comte de Bismarck.

— Circulaire du secrétaire d'État de Thile, à Berlin, aux puissances neutres, relativement au manque de sûreté des communications avec Paris.

— Proclamation du gouverneur-général de Reims, grand-duc de Mecklembourg-Schwerin, aux ressortissants de son gouvernement-général.

— Le lieutenant-général de Werder, commandant du corps de siége devant Strasbourg, est promu général d'infanterie.

— Le lieutenant-général et inspecteur de la 4ᵉ inspection d'artillerie, Schwartz, commandant, à cette date, l'artillerie de la 1ʳᵉ armée, est nommé commandant de l'artillerie de tous les corps d'armée placés sous les ordres du général de cavalerie prince Frédéric-Charles de Prusse.

— Une sortie de la garnison de Metz, faite dans la direction de Mercy-le-Haut, et jusqu'à Ars-le-Quenez, est repoussée avec de grandes pertes pour les Français. Les villages de la Grange et de Colombay sont brûlés.

— Le commandement de l'artillerie de tous les corps d'armée réunis devant Paris est confié au lieutenant-général et inspecteur de la 3ᵉ inspection d'artillerie, Herkt, commandant, jusqu'à ce jour, l'artillerie de la IIIᵉ armée.

— Proclamation du gouverneur-général à Reims, grand-duc Frédéric-François de Mecklembourg-Schwerin, commandant le 18ᵉ corps, aux ressortissants français de son gouvernement-général.

— Proclamation des commissaires-civils nommés près le gouvernement-général de Reims, prince Charles de Hohenlohe et comte de Taufkirchen, — à la population de ce gouvernement-général.

— Le duc Guillaume de Mecklembourg proclame la loi martiale dans le département de l'Oise.

— Dépêche du Chancelier de la Confédération de l'Allemagne du Nord (en son lieu et place, de Thile) aux ambassadeurs fédéraux, — ayant pour but de réfuter les assertions qui étaient contenues dans deux circulaires lues par le prince Latour d'Auvergne au Corps législatif français (séance du 1ᵉʳ septembre), et d'après lesquelles des violations du droit des gens auraient été commises par les troupes allemandes.

— Le Roi de Prusse mande que Strasbourg a capitulé, ce jour, à 9 heures du soir.

— Le gouvernement de la Grande-Bretagne fait connaître que, par un avis officiel du gouvernement français, le blocus de la mer Baltique est levé.

28 *septembre*. A deux heures du matin, la capitulation de Strasbourg est conclue. 451 officiers et 15,595 soldats, dont 7,000 gardes nationaux, mettent bas les armes. On trouve dans la place 6,000 quintaux de munitions, de draps et d'armes (1,250 canons de bronze, 12,000 fusils chassepot), 2 millions de francs appartenant à l'État, 8 millions de francs déposés à la Banque (dépôts particuliers), 50 locomotives, 1,843 chevaux. — Le siège a coûté aux Allemands 906 soldats et 45 officiers tués ou blessés.

## N° 81. — JEUDI 2 FÉVRIER 1871.

### PARTIE OFFICIELLE.

#### COMMUNICATION OFFICIELLE.

VERSAILLES, 1ᵉʳ février. — La 14ᵉ division a atteint, le 29 janvier, la queue de l'armée française et l'a rejetée sur Pontarlier en prenant d'assaut les villages de Sombacourt et de Chaffoy. L'ennemi a perdu 6 canons et nous lui avons fait 3,000 prisonniers.

Au nord et à l'ouest de la France, on effectue l'exécution de l'armistice.

### PARTIE NON OFFICIELLE.

A l'heure qu'il est, le monde civilisé a les yeux tournés vers Paris et vers les douloureuses épreuves que la société française est obligée d'y subir. Nous remplissons un devoir d'humanité en rappelant que ce n'est pas la société française seule qui a souffert à Paris, mais que des milliers d'innocentes familles allemandes ont supporté, tant par l'expulsion que par d'autres mesures vexatoires, des douleurs difficiles à calmer.

Pendant la première phase de la guerre, Son Excellence M. le comte de Bismarck, comme Chancelier de la Confédération de l'Allemagne du Nord, avait mis à la disposition de la Légation des États-Unis, à Paris, une somme considérable pour venir en aide aux Allemands expulsés. Un secrétaire du Consulat de la Confédération de l'Allemagne du Nord, à Paris, avait été adjoint à la Chancellerie de cette Légation, et y est resté, non sans courir de dangers, jusqu'à la bataille de Sedan.

Quelle qu'ait été la rigueur de la mesure de l'expulsion, la ramification de la société allemande à Paris était devenue trop large par le travail d'un demi-siècle pour que Paris n'ait pas dû renfermer pendant le siége encore de nombreuses personnes et des familles d'origine allemande. C'est donc avec l'émotion la plus vive que nous rendons ici hommage à la sollicitude dont S. Exc. M. Washburne, ministre des États-Unis d'Amérique, chargé des intérêts des Allemands pendant la guerre, a fait preuve surtout pendant le siége. Nous avons devant nos yeux de nombreux témoignages dont il résulte que M. le ministre des États-Unis n'a pas cessé de s'occuper du sort collectif et individuel des Allemands restés à Paris. Il leur a fait parvenir des secours en argent et en vivres, et il a fait chauffer à la légation des États-Unis même un appartement où les personnes nécessiteuses ont pu s'abriter contre les rigueurs d'un hiver exceptionnel. L'Allemagne doit donc être profondément reconnaissante à M. Washburne, et nous sommes particulièrement heureux de pouvoir dès aujourd'hui porter le bel exemple qu'il a donné à la connaissance du public. Nous ajouterons que le personnel diplomatique de la légation des États-Unis s'est dignement associé aux efforts du ministre pour soulager la malheureuse position des Allemands enfermés dans Paris.

---

Le correspondant du *Daily News*, à la suite de l'armée du général Chanzy, — témoin de la déroute de cette armée, — en fait la peinture suivante :

Laval, 15 janvier. « ... Ce matin, le mouvement de retraite s'est fait sentir dans toute sa force. C'était triste à voir. Encore une fois les télégrammes français vous ont dit que la retraite s'opérait dans le meilleur ordre, etc. Eh bien ! je me suis trouvé au milieu de ces masses qui se repliaient, et je puis dire que c'était une complète *débandade*.

« Le corps qui a passé par ici est le 16e, — du moins on le nomme ainsi ; — mais il s'y trouve mêlés, d'une façon inextricable, des hommes, des bataillons, des compagnies, des voitures, des canons appartenant à tous les autres corps. Chacun semble s'être tiré d'affaire comme il a pu, et avoir choisi la route de marche qui lui a convenu ; l'infanterie particulièrement (mobiles, gardes nationaux et ligne) déploie le plus grand zèle pour se mettre hors de la portée de l'ennemi qui la poursuit sans relâche. J'ai entendu dire que toutes les bandes de mobiles marchent la nuit et se reposent le jour, afin d'échapper aux gendarmes qui sont chargés de rallier par force les troupes débandées. La division de cavalerie du général Michel a été occupée toute la nuit précédente à ramasser dans les villages, dans les maisons isolées et les fermes, les mobiles et les gardes nationaux qui s'y cachaient par milliers. Des cavaliers poussaient devant eux toute la bande ; d'autres, à droite et à gauche de la colonne, distribuaient aux traînards des coups de plat de sabre.

« Les pertes en hommes du côté français n'ont pas été considérables. Dès qu'un bataillon voyait tomber 10 ou 12 hommes, il se retirait aussitôt, en criant qu'on voulait les faire décimer. Les officiers n'étaient pas éloignés de suivre les soldats ; quelques-uns même, dit-on, donnaient l'exemple de la fuite. Chanzy avait naturellement quelques meilleures troupes, mais si peu nombreuses qu'à peine peuvent-elles être mentionnées comme un corps. Le général en chef couvre la retraite du 16e corps avec le 15e et le 21e, ou pour mieux dire avec un gros de troupes ayant à peu près la valeur numérique de deux corps d'armée. Parmi les civils et les militaires on pense généralement que l'ennemi nous fera demain sa visite ici, et tous ceux qui peuvent quitter la ville prennent une fuite précipitée. Les Français avaient auprès du Mans une excellente position ; le premier jour (mercredi) ils ont remporté quelques avantages, mais ce n'était que le prélude, comme toujours dans l'armée de la Loire, d'une retraite succédant aussitôt à ce premier succès et ressemblant fort à une déroute... »

---

L'ARMÉE DU NORD.

Voici une lettre adressée à l'*Étoile belge :*

« Douai, 21 janvier.

« Un officier, un individu quelconque rompu au métier de la guerre, aura peut-être le droit de dire que l'armée du général Faidherbe « s'est repliée en bon ordre. » Quant à moi, témoin impassible et désintéressé, je ne puis que dire que cette retraite a été une véritable déroute, un désastre; que je me suis senti le cœur navré, ému de pitié, à la vue de tant de misères, de souffrances.

« Je vous ai dit quelques mots dans ma précédente lettre de l'aspect triste et misérable des malheureux soldats que j'avais vus rentrer en ville, se traînant péniblement, couverts de boue, pâles et défigurés, s'appuyant aux façades des maisons pour ne pas tomber. Mais ceux-ci, les premiers arrivés, étaient évidemment les moins fatigués; un spectacle bien plus affligeant m'attendait hors de la ville.

« Décidé à me rapprocher autant que possible du théâtre de la lutte, j'étais parvenu à grand'peine à me procurer, à un prix plus que raisonnable, un tilbury et un cheval, mais pas de conducteur. Il était environ deux heures de l'après-midi lorsque, dans cet attelage, je franchis les portes de la ville. La route de Cambrai à Busigny était encombrée de soldats, surtout de mobiles et de mobilisés.

« Une boue épaisse, gluante, couvrait la route ; il tombait une de ces pluies fines, persistantes, qui glacent. Des milliers de jeunes gens échappés au feu de l'ennemi étaient là, pataugeant, luttant contre les difficultés de la route. Pas un ne proférait une parole; ils n'en avaient plus la force. De temps en temps ils levaient la tête et jetaient un regard désespéré vers la ville, se demandant, sans doute, s'ils pourraient bientôt arriver. Parmi eux pas un chef, pas une voix pour les encourager.

« De distance en distance on en voyait qui, impuissants à continuer la lutte, l'œil terne, les joues pâles, s'affaissaient sur eux-mêmes, s'étendaient dans la boue. Il en était parmi eux qui étaient littéralement couverts de boue et avaient perdu toute forme humaine. Pour la plupart la chaussure n'existait plus qu'à l'état de mythe. Les uns marchaient nu-pieds, d'autres en sabots, d'autres encore avaient un sabot et un soulier. Les plaintes contre les chaussures sont, au reste, générales. Ce sont des souliers de carton qu'on nous a donnés, disent les soldats, au bout de cinq jours ils tombent en pièces.

« Ce n'est qu'après avoir parcouru quatre ou cinq kilomètres que je parvins à franchir ce lugubre cortége. Déjà je me réjouissais d'être arraché à ce douloureux spectacle, lorsque, arrivé sur la route de Masnières au bas d'une forte côte, — appelée, je crois, la Montagne blanche, — je vis une voiture descendre celle-ci avec une effrayante rapidité. A mesure que je m'approchais, je vis le monsieur, qui se trouvait à côté du cocher, me faire des gestes désordonnés que je crus destinés à m'avertir d'avoir à me garer. Sa voiture s'étant rapprochée, je l'entendis s'écrier : « N'allez pas plus loin, retournez sur vos pas ! »

« Le monsieur et son conducteur étaient d'une pâleur livide et étaient évidemment en proie à une grande émotion. — Ils sont là ! ils sont là ! continua-t-il. — Qui ? lui demandai-je. — Mais les Prussiens, ils canonnent les fuyards. — Allons donc ! cela n'est pas possible. — Attendez une seconde, et vous entendrez le canon.

« En effet, à peine avait-il prononcé ces paroles que j'entendis distinctement un roulement de fusillade déchirer l'air, puis un coup de canon, puis deux, puis trois, chaque coup se rapprochait davantage. Depuis le commencement de la guerre, j'ai maintes fois entendu le canon, mais rarement d'une façon aussi distincte. Le monsieur avait raison, les Prussiens n'étaient pas loin, ils étaient derrière la côte que probablement ils ne tarderaient pas à franchir.

« J'avoue bien humblement que je n'éprouvai nullement le désir de les voir de plus près ; je fis tourner bride à mon cheval et me hâtai de regagner la ville.

« Quand je revins près des malheureux soldats, ceux-ci avaient déjà été prévenus par le monsieur en cabriolet de ce qui se passait; du reste, le canon se faisait entendre de plus en plus clairement.

« La panique était générale, les femmes sortaient des habitations qui bordent la route, affolées, levant les bras au ciel, poussant des cris de terreur; les conducteurs des chariots et voitures en s'avançant fouettaient leurs chevaux et les excitaient en criant; les pauvres soldats faisaient des efforts surhumains pour hâter le pas, quelques-uns parvenaient à courir, mais à peine avaient-ils fait quelques pas que leurs forces les trahissaient et ils devaient s'arrêter. C'était un sauve-qui-peut général. Je ramenai deux mobiles dans ma voiture. Je ne pouvais en prendre un de plus, et j'arrivai à Cambrai vers 4 heures.

« Le bruit que produisaient à l'intérieur de la ville l'allée et la venue des voitures de réquisitions, du train, des ambulances, etc., n'avait pas encore permis aux habitants d'entendre le canon.

« Près de l'hôtel je rencontrai une des autorités de Cambrai qui le matin m'avait complétement rassuré : « Oh! m'avait-il
« dit, vous ne devez pas vous presser de partir, les Prussiens
« ne pourront être ici que dans deux jours au plus tôt. Vous
« comprenez qu'après une bataille comme celle qui vient d'être
« livrée ils ont aussi besoin de repos. *Du reste, on va armer*
« *Cambrai!* »

« Je lui dis ce que j'avais vu et surtout entendu. Au même moment, un capitaine du génie, faisant partie de l'état-major du général Faidherbe, et que j'avais rencontré à Bapaume, me dit en passant auprès de moi : « Ne restez pas une minute de plus ici, partez au plus vite. »

« Ces paroles, entendues par plusieurs personnes produisirent un effet indescriptible, et je fus témoin d'une nouvelle panique, mais moins affligeante cette fois. L'omnibus qui devait se rendre à la gare se trouvait à la porte de l'hôtel, en cinq minutes il fut rempli par les voyageurs qui s'étaient précipités sur leurs bagages et quittaient Cambrai.

« Le canon se rapproche, les habitants s'interrogent effarés...

« Il me reste à peine le temps de fermer ma lettre, le courrier part dans un instant. »

---

Le *Mercure de Souabe* publie la lettre d'un officier supérieur wurtembergeois à une personne de sa famille, qui atteste encore une fois combien dans toute cette guerre la conduite des soldats allemands a été honorable et humaine. — Voici les principaux passages de cette lettre :

« ..... Avant tout, n'accueille qu'avec une extrême méfiance les bruits qui courent sur la guerre et la cruauté de nos troupes. Tu sais que depuis quatre mois je vis au centre des événements, tu sais que je suis juste envers les ennemis comme les amis, et que je compatis à toutes les souffrances. Je puis donc affirmer en bonne conscience que jamais guerre si colossale et si sanglante n'a été faite avec plus d'humanité. Que, par exception, il se soit passé de part et d'autre des choses qu'on peut taxer de cruautés, si l'on en ignore les motifs, c'est ce qui n'étonnera personne dans une lutte qui a déchaîné toutes les passions violentes. Jamais pourtant on n'avait encore vu le vainqueur, pour épargner le pays du vaincu, tirer de sa propre patrie les trois quarts des subsistances de l'armée ou les payer aux habitants des localités envahies. Voilà pourtant ce que nous avons fait.

« Partout où les habitants n'ont pas fui, la conduite de nos soldats à leur égard est exemplaire, les Français le reconnaissent eux-mêmes. Durant mon séjour en France, je n'ai pas vu un seul cas de sévices ou d'insultes contre les indigènes. Les soldats sont dans les meilleurs termes avec leurs hôtes, les aident de tout leur pouvoir et payent sans exception ce qu'ils prennent. Souvent ils partagent avec les pauvres les subsistances qui leur sont fournies. Si j'ai un reproche à leur faire, c'est d'être trop polis et trop modestes.

« Nos troupes sont d'une prévenance modèle à l'égard des Françaises. Quant aux autorités indigènes, on les traite avec une douceur qui fait rire en secret les Français. Les contributions prélevées sont loin d'égaler encore les sommes que jadis Napoléon I$^{er}$ fit payer à mainte ville d'Allemagne, sans compter qu'alors l'argent avait bien plus de valeur qu'aujourd'hui.

« Passons au chapitre des dégâts. En arrivant à Lagny, je fus étonné des déprédations commises et je les attribuai d'abord à nos troupes. Plus tard, j'appris que ces dégâts étaient l'œuvre des Français eux-mêmes qui ont fait sauter avec les ponts nombre de maisons voisines. Ce sont avant tout les gardes mobiles et les francs-tireurs qui ont ravagé la banlieue de Paris et non point les « hordes barbares de l'Allemagne. »

« Il est de fait que les citoyens paisibles aiment mieux voir chez eux les Prussiens — c'est ainsi qu'ils s'obstinent à nous appeler — que les francs-tireurs et les mobiles. Ceux-ci détruisent avec rage, car ils savent qu'on met tout sur notre compte. Le mensonge le plus éhonté paraît avoir élu domicile en France et consomme la ruine de ce pays...

« Depuis que nous sommes en pays ennemi, je n'ai vu qu'un seul de nos soldats ivre de vin, c'était à Nancy; tandis qu'au dire de leurs officiers les soldats français sont très-fréquemment ivres et portés par conséquent à tous les excès. Le principal défaut de nos adversaires, c'est de fermer l'oreille aux choses désagréables et d'attribuer tout le mal à d'autres... »

---

La *Nouvelle Gazette de Stettin* publie, sur la marche du corps d'armée poméranien commandé par le général de Fransecky, une correspondance qui dit qu'en partant de Nemours, ce corps s'était avancé par le département de l'Yonne dans la direction de Dijon. La lettre, datée de Tornancy, 13 janvier, est ainsi conçue :

« Depuis le 3 janvier, le 2$^e$ corps d'armée a été relevé de ses avant-postes par le corps bavarois du général de Tann et s'est avancé en marches forcées vers Dijon, où il a pris position à sept milles à l'ouest-nord-ouest de cette ville, sans avoir trouvé des troupes françaises d'autres traces que les empreintes de leurs souliers sur la grand'route. Les villages ont l'aspect misérable, les habitants sont des vignerons et des fermiers. Ces braves gens nous ont accueillis par le cri unanime de : La paix ! la paix à tout prix ! Les francs-tireurs leur sont odieux, parce qu'ils pillent et commettent toute sorte d'excès. Un marchand nous les dépeignit d'une façon assez caractéristique en disant que sur le chapeau ils portaient des plumes de coq, mais sur le dos les poulets qu'ils avaient volés aux paysans. »

---

## Annonces et Avis divers.

### AVIS.

Un nouveau transport de
PORTE-CIGARRES (en bois et écume de mer).
SIFFLETS DE CAMPAGNE (aussi sculptés avec figures).
ALLUMETTES (Suédoises et en cire).
BOUGIES DE STÉARINE (première qualité de Motard).
CIRE A CACHETER (différentes qualités).
RHUM DE LA JAMAIQUE (première qualité).
EXTRAIT DE PUNCH (première qualité).
KUMMEL DE GRAINS (de Gilka).
CAVIAR (d'Astrakan, gros grain).
OIE FUMÉE (de Poméranie).

vient d'arriver aux magasins de
GUSTAVE DE HULSEN,
65, *rue de la Paroisse*, 65,
En face les numéros 80 et 82.

(2-10)

---

### N° 82. — VENDREDI 3 FÉVRIER 1871.

## PARTIE OFFICIELLE.

#### COMMUNICATION OFFICIELLE.

VERSAILLES, 2 février. — Le général de Manteuffel mande : Aux combats livrés dans la journée du 29 par la 14ᵉ division près de Chaffois et de Sombacourt, nous avons pris 10 canons et 7 mitrailleuses et fait prisonniers 2 généraux, 46 officiers et 4,000 hommes. Le 30, la 7ᵉ division a pris Frasne en faisant 2,000 prisonniers et en capturant 2 aigles; ses propres pertes sont minimes. En avançant sur Pontarlier, on a trouvé la route couverte d'armes. Toute issue vers le territoire français est coupée à l'armée française.

### AVIS.

Le public est prévenu que les lettres pour Paris ne seront reçues qu'au seul bureau de Poste avenue de Paris, n° 19.

Le prix du port est fixé à 20 centimes par lettre simple. L'affranchissement est obligatoire.

Il faut que les lettres soient ouvertes (non cachetées).

*L'administrateur des postes dans les territoires français occupés,*

ROSSHIRT.

## PARTIE NON OFFICIELLE.

Les deux lettres suivantes ont été adressées au *Drapeau* :

« Lille, le 23 janvier 1871.

« Monsieur,

« En dehors des frères et amis *prévenus à l'avance de l'arrivée du citoyen Gambetta*, aucun enthousiasme, quoi qu'en disent les fanatiques, n'a éclaté sur son passage, ni dans la cour de la Préfecture où il est logé.

« Quand le fiacre dans lequel il était monté avec M. Testelin en sortant de la gare passa sur la grande place, les agents de police étaient obligés d'exciter les gamins en leur disant : *Vois, c'est le ministre qui est dans cette voiture, va donc crier vive Gambetta !*

« Et ces petits bambins inconscients couraillaient autour de la voiture, criant avec la même conviction que lorsqu'ils hurlent en temps de carnaval contre des masques grotesques.

« En l'entendant nommer, bien des gens, tout le long de son passage, exhalaient contre lui des plaintes amères et d'autant plus naturelles, que les familles du pays venaient d'être cruellement frappées dans leurs enfants par la défaite de Saint-Quentin.

« Arrivé à la Préfecture, devant le ban et l'arrière-ban de ses partisans *convoqués pour la circonstance*, Gambetta a prononcé un long discours pour essayer de démontrer que, *bien qu'elle fût inutile, il fallait continuer une lutte à outrance.*

« Les paroles auraient été bien froidement accueillies, si les chefs du parti, à certains mots et sur certains signaux convenus, n'avaient donné l'élan.

« En somme, nul enthousiasme ; au contraire, un certain sentiment de malveillance contre celui qui persiste à vouloir ruiner la France, pour fonder la République.

« Il veut avoir l'air de faire la guerre aux Prussiens ; il ne la fait en réalité qu'à ceux qui ne partagent pas ses idées politiques.

« S'il avait, d'ailleurs réellement souci de la défense du pays, est-ce que lui, qui veut tout diriger, qui a pris en main les deux portefeuilles de la guerre et de l'intérieur, ne devrait pas rester à un poste fixe, pour recevoir tous les renseignements, pourvoir à tous les besoins, au lieu de se transporter de droite et de gauche, sans qu'on sache jamais exactement où le trouver ? »

« Lille, mardi 24 janvier.

« C'est au sujet du séjour que fait ici M. Léon Gambetta, que je crois devoir vous mettre ainsi en garde contre les récits exagérés et enthousiastes de la réception qui lui a été faite.

« Nous savions bien qu'à la suite de *lettres de convocation* adressées à chacun des habitants du quartier Saint-Sauveur, une réunion avait lieu à la préfecture, réunion dans laquelle un conseiller municipal qui a la prétention d'être le chef de notre démocratie, avait adressé au dictateur en voyage quelques mots *biens sentis*, destinés à provoquer une réplique ; mais ce que toute la ville ignorait, c'est qu'une *foule immense* formée spontanément sur la grand'place et dans les rues voisines se fût, en même temps que nos édiles, portée à la Préfecture. *J'ai assisté à cette réunion*, et je vous affirme *de visu* que 400 personnes au plus, ainsi que le constatent, du reste, les journaux de la localité, s'étaient rendues *à l'invitation*, ou pour mieux dire *à la convocation*.

« Quant aux milliers de personnes qui de confiance applaudissaient dans la rue, un discours prononcé *dans l'intérieur de l'hôtel*, la charge est trop forte pour que vous n'en ayez point déjà fait justice.

« Voilà cependant les moyens employés pour tromper la France et l'Europe sur la véritable situation du pays.

« On voulait faire croire que le représentant du Gouvernement républicain avait reçu dans le Nord un accueil *enthousiaste*, alors que cet accueil n'a même pas été *sympathique*. Mais ne faut-il pas abuser les populations pour conserver cette domination dictatoriale qu'on s'est arrogée, au mépris du droit et des intérêts mêmes du pays?

« Les moyens employés aujourd'hui à Lille ne sont pas autres que ceux qu'on met en usage pour tromper Paris, si énergique et si malheureux.

« Si vous pouviez entendre tout ce qui se dit à ce sujet, et comme on qualifie sévèrement ces dépêches officielles, adressées à Paris sur la situation et les aspirations de la province, dépêches que les derniers journaux parisiens, reçus par ballon, viennent enfin de nous faire connaître !

« Que M. Gambetta, au lieu de rester enfermé à la Préfecture et de n'y *convoquer* que ceux dont il connaît d'avance l'opinion pour s'entendre dire qu'il sauve la France, et que tout est pour le mieux dans le meilleur des mondes, daigne descendre dans nos rues ; qu'il parcoure nos établissements industriels et nos ateliers; que mêlé aux travailleurs, il fréquente les lieux publics de réunions, et il ne sera pas flatté, je vous assure, de ce qu'il entendra dire sur son compte et sur celui d'un gouvernement qui réellement trahit la France, en lui dissimulant volontairement la vérité.

« On s'attendait aujourd'hui à une revue de la garde nationale; car, à Lille, ville essentiellement militaire, on ne comprend pas un ministre de la guerre passant tout son temps entouré d'avocats et de médecins, et ne se montrant pas aux troupes.

« La revue n'aura pas lieu.

« On a craint que le cri de : Vive la République ! s'il avait été poussé, n'eût été immédiatement étouffé sous l'acclamation unanime de : Vive la France !

« Quant au cri de : Vive Gambetta, on n'y pouvait compter. On savait quelles étaient les intentions de nos braves gardes nationaux et on s'est prudemment abstenu de les convoquer, pour ôter tout prétexte à des manifestations peu favorables à nos gouvernants et auxquelles la population tout entière se serait certainement associée.

« En résumé, la présence de M. Gambetta à Lille n'a jusqu'ici rien produit.

« Je me trompe, il a refusé de sauvegarder nos intérêts commerciaux; et il a vivement et aigrement répondu aux hommes considérables qui avaient osé critiquer devant lui la dissolution des Conseils généraux. Quant aux avantages à nous promis par lui, ils se résument en ceux-ci : levée très-prochaine des hommes mariés de 20 à 40 ans, et appel des jeunes gens de 18 ans.

« Décidément la République est morte dans nos pays, et ce sont les républicains eux-mêmes qui l'ont tuée. »

La *Gazette de la Bourse* de Berlin se préoccupe de la politique à suivre dans l'éventualité plus ou moins probable où, même après la capitulation de Paris, les dictateurs de la défense nationale se refuseraient à conclure la paix; elle dit :

« Si la République repousse toute idée de négociations sur les bases indispensables à la paix et à la sécurité de l'Allemagne il faudra bien nous résoudre à traiter avec un pouvoir plus accommodant. Assez de sang allemand a déjà coulé par l'opiniâtreté des chefs républicains, c'est notre intérêt seul qui doit nous guider, et cet intérêt réclame une paix prochaine. Sans doute nous serions obligés de faciliter le retour d'un régime immoral, mais le pouvoir actuel a tout sacrifié à son ambition... En prêtant, s'il n'y a pas d'autre moyen, notre concours à une restauration, nous obéirons, non pas à un désir de vengeance, mais à notre besoin de paix. Et dans ce pis-aller, lorsque les armées allemandes se seraient retirées, la France pourrait reprendre ses droits de souveraineté; si alors elle renverse de nouveau un trône exécré, personne en Allemagne ne se lèvera pour le maintenir. Notre souhait le plus sincère, en somme, ce serait que les chefs actuels profitassent de la douzième heure pour sauver la République. »

---

Nous trouvons dans une lettre adressée du Mans, en date du 14 janvier, le passage suivant :

« Il serait bon que les grandes villes du Midi de la France, avec leur drapeau rouge, leurs lignes de défense nationale et leurs préparatifs de guerre en général, eussent à expérimenter pendant une semaine ce que voient en ce moment Orléans et le Mans. Peut-être aussi, si M. Gambetta avait à se rendre sous bois avec quelques tirailleurs de la garde mobile et à subir la sensation de s'enfuir avec eux, serait-il un peu moins confiant dans les succès militaires, et épargnerait-il à son pays les souffrances et les horreurs qui peuvent reculer, mais qui ne sauraient empêcher, la consommation de ce qui est inévitable.

« Ceux qui servent le mieux la France dans la crise actuelle sont ceux qui aident à dissiper les illusions dans lesquelles on l'a bercée, et auxquelles elle doit ses désastres, et peut-être le spectateur impartial qui a vu comme moi déployer sans succès des efforts suprêmes de résistance est-il en aussi bonne position pour rendre ce service que nul autre. C'est une tâche ingrate que j'assume là, et qu'une nation à laquelle je suis pourtant sympathique ne voudra considérer que comme une marque d'hostilité ; il est cependant bien certain que l'acceptation immédiate des leçons que cette guerre a données et une croyance à de désagréables vérités seraient plutôt de nature à sauver la nation que les jeunes recrues qui sont censées se battre pour elle. »

---

Nous extrayons d'une lettre de Paris du 21 janvier et publiée par le *Morning Post* ce qui suit :

« Nous avons perdu 9,000 hommes tués ou blessés dans la sortie du 19. On les rapporte par centaines ; les chemins de fer de ceinture déposent les malheureux aux différentes stations. Il y a de l'ouvrage pour les ambulances et les médecins et, hélas! que de larmes dans des centaines de familles! Le diable lui-même ne pourrait rien ajouter à nos souffrances. Le manque de nourriture, le froid, la maladie, la perte d'amis, nos femmes et nos enfants éloignés sans que nous puissions avoir de leurs nouvelles! Des projectiles de mort pleuvant sur nous! — Dieu merci, ma chérie, tu es en sûreté; embrasse les enfants. »

#### FAITS DIVERS.

On écrit de Nancy, 24 janvier, à la *Gazette de Cologne :*

« Les francs-tireurs, après avoir attaqué Fontenay et détruit le pont du chemin de fer, ont fait prisonnier le sergent-major de la compagnie de la landwher n° 57 et l'ont pendu. *Le cadavre de ce sous-officier, à qui on avait coupé la gorge,* a été exhumé pour la seconde fois et conduit, par ordre du gouverneur général, à Toul, pour y être enterré avec les honneurs militaires. Quant à la seconde inhumation, les Français ont été forcés de la faire en présence des camarades du défunt. Les mesures les plus énergiques ont été prises pour prévenir à l'avenir des faits pareils. Les troupes ont été provisoirement logées aux frais des habitants, qui ont été sommés de livrer leurs armes; tout individu qui s'approcherait le soir d'une sentinelle d'avant-poste serait fusillé sans avertissement.

---

ARLON, 26 janvier. — Les Allemands ont fait leur entrée à Longwy hier, à dix heures.

Les prisonniers ont été expédiés à Thionville et Metz à midi. La garde nationale n'est pas faite prisonnière.

---

BORDEAUX, 27 janvier. — Le général Cambriels, nommé au commandement du 19ᵉ corps d'armée, a quitté Toulouse, obligé de retourner chez lui par suite de la réouverture d'une blessure à la tête reçue à Sedan.

---

Un correspondant du *Times* dit, dans une lettre datée de Paris, 21 janvier, que le pain qu'on y mangeait alors était composé de 30 p. 100 de blé, de 30 p. 100 de riz, 20 p. 100 de seigle et 20 p. 100 d'avoine. Le tout fournissait un pain noir, indigeste et peu nutritif. La ration du pain était réduite à 300 grammes et celle de viande à 20 grammes, ce qui fait ensemble 320 grammes, tandis que la moyenne normale de consommation en France est de 1,200 grammes par personne.

### N° 83. — SAMEDI 4 FÉVRIER 1871.

## PARTIE OFFICIELLE.

#### AVIS.

VERSAILLES, 3 février. — Par suite de la Convention du 28 janvier, le territoire, faisant partie du département de la Seine, et qui se trouve occupé par les troupes allemandes, en vertu de l'article 3 de cette Convention, est mis dès aujourd'hui sous l'administration de la préfecture du département de Seine-et-Oise.

Versailles, le 4 février 1871.

*Le Gouverneur général,*
DE FABRICE.

## PARTIE NON OFFICIELLE.

Un volontaire du 28° régiment d'infanterie prussienne a écrit de Lille, à la date du 5 janvier, la lettre suivante relativement au traitement qu'il a eu à subir, comme prisonnier, après le combat de Sapigny.

« Pour me couvrir, j'ai cherché à me diriger sur le village, mais ce mouvement devint mon malheur. Les Français étaient dans les rues du village; je tombais infailliblement entre leurs mains. Ne voyant plus aucun secours, j'attendais une balle pour finir mes jours. Je pensais pour une dernière fois aux miens. Les Français avancèrent sur moi en poussant des cris et en se servant de leurs fusils et de leurs baïonnettes. Dans un pareil moment je n'ai pas songé à jeter mon fusil et à crier pardon; j'étais trop excité alors. C'est ainsi que je fus pris le fusil à la main. Aussitôt je fus saisi à chaque bras par un Français, et derrière moi il y en avait un qui me menaça de son sabre-baïonnette. On me conduisit dans le village où devant l'école je trouvai encore plusieurs autres prisonniers des nôtres. Le pillage commença alors. On me prit mon casque que les Français se disputèrent. Mon sabre, ma cartouchière (elle était vide parce que j'avais brûlé ma dernière amorce) et mon sac furent arrachés et fouillés. On prit tout ce qu'il y avait dans le sac, excepté deux chemises. Mon pain, mes cigares, mon tabac, tout a été pillé. On a voulu prendre mon argent aussi; un caporal français s'y opposa cependant, et je lui dois beaucoup en général, parce qu'il rendit notre position un peu plus supportable. Un colonel français qui passait et nous voyait, nous traita plus durement. Il s'arrêta, nous menaça de sa canne, — les officiers français en portent d'habitude, — et encouragea les soldats à de nouvelles violences. Il nous débita une quantité d'injures en français, quelques-unes même en mauvais allemand. Les soldats français accompagnaient ces insultes d'éclats de rire et nous menaçaient de leurs baïonnettes. Je disais tranquillement au colonel qui voulait nous faire peur : Nous sommes maintenant vos prisonniers comme les Français sont prisonniers chez nous, traitez-nous donc conformément aux lois des nations. Le colonel me lança un regard furieux et ordonna, en partant, à ses soldats, de tuer chacun de nous qui oserait bouger. Avant de partir, il nous fit lier avec des cordes, etc., etc. »

---

On écrit à l'*Indépendance belge* :

De la frontière du Sud-Est, 20 janvier.

Quinze mille Allemands environ ont reçu l'ordre de quitter Marseille. Il y avait parmi eux des industriels et des commis dont la résidence remontait à vingt ou trente ans, et même plus; quelques-uns avaient épousé des Françaises et se considéraient pour ainsi dire comme des Français d'adoption.

---

Le *Moniteur prussien* contient, sur la sortie du 19, un rapport daté du quartier général de Versailles, auquel nous empruntons les passages suivants :

« Les dispositions prises par l'ennemi quand il nous attaqua le matin, à huit heures, démontrèrent clairement qu'il avait d'abord projeté un assaut contre le retranchement de Montretout, ensuite qu'il voulait nous enlever la position de Garches, ainsi que la chaîne de collines qui s'étend le long du village. Il n'était pas difficile de prévoir, d'après ces indications, les opérations auxquelles la sortie devait donner lieu. Si les Français avaient réussi à s'emparer de Garches et marcher de là sur Vaucresson, ils auraient été maîtres des routes de Versailles et de Saint-Germain, en même temps que la prise du retranchement de Montretout leur eût ouvert par le parc de Saint-Cloud un autre chemin sur Versailles. C'est sur le siége du quartier général lui-même, ainsi que l'ont avoué des officiers prisonniers, que toute la sortie était dirigée, et l'on avait dit aux simples soldats qu'ils camperaient cette nuit à Versailles.

« Mais tous ces projets furent, comme on sait, mis à néant grâce aux dispositions prises et à la valeur de nos troupes.

« Une brigade du 1$^{er}$ corps bavarois avait déjà été dirigée vers midi sur Versailles; elle campa dans l'avenue de Paris et sur la place d'Armes, et repoussa, l'après-midi entre cinq et six heures, les Français près de Garches; le lendemain ceux-ci battaient en retraite.

« Le 20, une affaire eut encore lieu, qui manqua d'avoir un sanglant dénoûment. Après avoir occupé un instant le retranchement de Montretout, quelques bataillons ennemis s'étaient répandus dans quelques villas situées entre Montretout et Saint-Cloud, c'est-à-dire à l'extrémité ouest de cette ville. On ne les avait pas remarqués le soir, et ils y passèrent la nuit. Ils croyaient à une reprise de la sortie.

« Quand il fit jour, ces détachements isolés ne pouvaient plus se dérober à notre vue et l'on voyait des officiers français faire des signaux au mont Valérien pour demander du renfort. Par une adroite manœuvre du 58$^e$ et des chasseurs du 5$^e$ corps, les Français restés à Saint-Cloud furent pris en flanc et durent se rendre au nombre de 340 hommes. Ils prétendirent d'abord ne pas être traités en prisonniers de guerre, et demandèrent à être mis en liberté, mais on leur répondit que c'était impossible, et on les invita à se rendre en les menaçant de bombarder les maisons dans lesquelles ils s'étaient réfugiés. On permit ensuite aux officiers de garder leurs epées jusqu'à la porte de Versailles ; 329 prisonniers non blessés avec 18 officiers tombèrent de cette manière entre nos mains.

« Ces prisonniers nous apprirent que le gouvernement avait employé les plus grands efforts pour effectuer cette sortie. Des régiments de zouaves avaient été requis dans la nuit du 19 et avaient pris position à deux heures du matin. Chaque division avait été renforcée par des emprunts faits à la garde nationale mobilisée ; de là un grand nombre de gardes nationaux parmi les prisonniers. »

---

LA SORTIE DU 19 JANVIER D'APRÈS LES JOURNAUX ANGLAIS.

« Je sortis hier de bonne heure de la ville, écrit le 20 le correspondant du *Daily News* dans Paris, afin de me rendre compte le mieux possible de la bataille engagée par nos troupes. Mais le brouillard était si intense, que je pus à peine m'apercevoir que l'attaque des Français paraissait réussir. Je revins donc en ville ; j'étais peut-être le premier à revenir du champ de bataille.

« Quel spectacle m'attendait quand j'entrai par la porte Maillot ! Une foule pressée — 2,000 personnes peut-être — vieillards, femmes, enfants, attendant les nouvelles avec une anxiété horrible. Ils ne voyaient rien, car ils se tenaient derrière le pont-levis, mais ils prêtaient l'oreille à chaque coup de feu, et guettaient avec avidité toute personne revenant du champ de bataille. Je crus que je serais mis en pièces ; ils m'entourèrent avec l'empressement le plus terrible. — Quelles nouvelles ? Comment va la bataille ? Avez-vous appris quelque chose du 122e des gardes nationaux ? Combien de canons ont-ils trouvés à Montretout ?

« Hélas ! je ne pouvais presque rien leur dire. Je n'avais vu que des incidents de la bataille. Mais il y avait une chose que je pouvais leur apprendre — et peut-être eussé-je dû réfléchir avant de la faire — c'était que Paris devait se préparer à une longue liste de tués et de blessés. Les blessés étaient bien nombreux. C'est la fusillade prussienne qui avait eu le plus d'effet...

« La vue des ambulances et des brancardiers à l'arrière-garde ne pouvait se comparer qu'à celle du voisinage de l'Opéra-Italien de Londres dans une nuit au milieu de la saison des fêtes, quand on voit d'interminables lignes de voitures, souvent sur quatre rangs, attendant les heureux de la terre pour les ramener dans leurs somptueuses demeures. Seulement, au lieu de voitures élégantes, il faut se figurer de longues rangées de brancards, chacun portant un blessé sanglant, le visage livide. J'avais l'esprit plein de ce spectacle terrible, et je ne pus m'empêcher, en rentrant dans les murs de Paris, de m'écrier que les blessés étaient bien nombreux. Hélas! ceux qui m'entouraient en furent cruellement émus, les femmes surtout : l'une avait un fils dans tel régiment de gardes nationaux, une autre son mari, une troisième son frère, une quatrième son père. Jamais je n'oublierai comme ces femmes tremblaient, avec leurs voix hésitantes, leurs yeux remplis de larmes, leurs mouvements inquiets.

« Voilà ce que c'est que de faire combattre des gardes nationaux. Ils se battent presqu'en vue de leurs familles, et l'angoisse de ces familles attendant aux portes de la ville est peut-être plus terrible que les angoisses du champ de bataille.

« La foule ne se trouvait pas seulement aux portes; tout le long de l'avenue du Général-Uhrich, jadis avenue de l'Impératrice, il y avait des rassemblements. L'un de ces rassemblements, vers la moitié de l'avenue, formait une barricade vivante, solide, au-dessus de la barricade qui s'y trouve déjà érigée. Tout autour du pied de l'Arc de Triomphe, la foule attendait avec une anxiété pénible à contempler. »

CHRONIQUE DE LA GUERRE FRANCO-ALLEMANDE 1870.

28 *septembre*. Des sorties réitérées de la garnison de Soissons sont repoussées par les troupes de la landwher du 13ᵉ corps d'armée.

— Le Roi de Prusse visite les troupes au nord-est et au nord de Paris.

— Le navire fédéral le *Grillon* constate qu'il n'y a plus de navire de guerre français dans la mer Baltique.

— Le gouvernement français constitue des conseils de guerre pour les gardes nationaux comme pour les troupes de ligne.

30 *septembre*. Ordonnance de la présidence fédérale, par laquelle, aux termes des lois du 9 novembre 1867 et du 20 mai 1869 concernant les dépenses extraordinaires de la Confédération de l'Allemagne du Nord pour l'extension de la marine de guerre fédérale, — l'émission de bons du trésor pour une somme de 6,500,000 thalers portant intérêt, est autorisée.

— Combat livré par la 5ᵉ brigade de cavalerie (major-général de Bredow) et par l'infanterie bavaroise à Maule, près les Alluets.

— Une attaque du corps Vinoy contre les 5ᵉ et 6ᵉ corps prussiens devant Paris est repoussée, après un combat de deux heures, avec une perte pour les Français de 1,200 hommes tués, blessés ou prisonniers (ceux-ci au nombre de 300). Le général Guilhem est parmi les morts. L'ennemi se retire dans le plus grand désordre.

— Une seconde sortie, faite en même temps au sud-ouest de Paris contre les positions du 5ᵉ corps, est également repoussée par celui-ci.

— Entrée solennelle du général de Werder à Strasbourg, et service divin d'actions de grâces pour les troupes allemandes, célébré en l'église Saint-Thomas.

— Fête nationale du jour de naissance de la reine Augusta qui reçoit de tous les côtés des félicitations.

1ᵉʳ *octobre* (et jours suivants). La 4ᵉ division de réserve passe le Rhin à Neuenbourg.

— La reine Augusta adresse, sous l'impression des grands événements de la guerre, ses remercîments aux villes de Berlin, Coblence et Cassel, ainsi qu'à la corporation des marchands de Berlin, pour leurs félicitations à l'occasion de son jour de naissance.

— Combat victorieux du 5ᵉ régiment d'infanterie de Thuringe, n° 94 (grand-duc de Saxe), au carrefour de Pompadour (sud-est de Paris).

— Dépêche-circulaire du chancelier fédéral, comte de Bismarck, aux ambassadeurs de la Confédération de l'Allemagne du Nord, relative aux pourparlers avec M. Jules Favre à Ferrières.

— Une ordonnance de la délégation de Tours, datée du 29 septembre, d'après laquelle les élections pour la Constituante devaient avoir lieu le 16 octobre, est annulée par le gouvernement de Paris comme étant en désaccord avec l'arrêté de ce gouvernement, en date du 23 septembre, et avec celui de ladite délégation, en date du 24 septembre.

— Les corps d'armée d'observation belges sont dissous.

— La direction supérieure allemande des postes pour l'Alsace entre en fonctions à Strasbourg.

2 *octobre*. La Reine de Prusse donne une première somme (1,000 thalers) pour secourir les habitants de Strasbourg.

— Combat victorieux d'avant-postes de la division de Kummer à Saint-Rémy, devant Metz.

— Ordonnance de la présidence fédérale, qui autorise la réduction de l'emprunt (du 24 juillet) de 100 à 80 millions de thalers.

— La duchesse Agnès de Saxe-Altenbourg fait un appel, pour cette même œuvre de secours, aux habitants de son pays.

— Le comité central de la société prussienne de secours aux soldats blessés ou malades en campagne, décerne les prix qu'il avait proposés pour les travaux écrits concernant cette œuvre d'humanité.

— Le Prince royal de Prusse passe en revue le 2ᵉ corps d'armée bavarois, et, en le félicitant de sa vaillante conduite, distribue les décorations de la Croix de fer accordées à ses troupes.

— Ordonnance royale concernant la formation d'un 14ᵉ corps d'armée à Strasbourg.

— Le général d'infanterie de Werder, commandant jusqu'à ce jour le corps de siège de Strasbourg, est nommé général en chef du 14ᵉ corps d'armée, et le lieutenant-colonel de Leszcinski, chef d'état-major de ce même corps.

— Le lieutenant général de Glümer, commandant la 13ᵉ division, est chargé du commandement de la division de campagne badoise, et le lieutenant général de Bothmer est nommé commandant de la 13ᵉ division.

— Le lieutenant général d'artillerie de Ollech reçoit l'ordre de se rendre de Coblence à Strasbourg pour y prendre la direction du gouvernement local.

3 *octobre.* Le Roi de Prusse inspecte la disposition des troupes au sud-est de Paris.

— Ordonnance de la présidence fédérale, levant la défense d'exportation et de transit de l'avoine et du son (ordonnance du 20 juillet précédent).

4 *octobre.* Combat de la 15ᵉ brigade de cavalerie (colonel de Alvensleben), soutenue par de l'artillerie bavaroise, dans le bois d'Hilarion et près d'Épernon.

— Les troupes badoises, sous les ordres du major général de Degenfeld, livrent un combat à Champenay (département des Vosges).

### NOUVELLES DIVERSES.

BRESLAU, 29 janvier. — Suivant une communication du général commandant le 6ᵉ corps d'armée (Silésie), ce corps occupera les forts d'Ivry et de Bicêtre.

DRESDE, 29 janvier. — Le prince Georges télégraphie au roi de Saxe que le 12ᵉ corps d'armée occupera, ce matin, à dix heures, Romainville, Noisy, Rosny et Nogent.

MUNICH, 29 janvier. — Le 1ᵉʳ corps d'armée bavarois occupera Charenton, le 2ᵉ corps Montrouge et Vanves.

LONDRES, 29 janvier. — L'*Observer* dit : « Il est à supposer que la conférence sera de nouveau ajournée à cause de la capitulation de Paris et des perspectives de paix.

« Le général Bourbaki a tenté de se suicider après la défaite de Belfort. On désespère de sa guérison. »

La *Gazette de Karlsruhe* publie la dépêche suivante, en date du 30 :

*Le commissaire de police badois à la gare de Bâle au ministre de l'intérieur à Carlsruhe.*

« L'armée de Bourbaki, avec ses canons, est entrée près de Porrentruy en Suisse.

« La tentative de suicide du général Bourbaki se confirme. »

M. Henri Rochefort, qui fait partie de l'artillerie de la garde nationale, a été blessé dans la sortie du 19 (1).

Les journaux de Bordeaux, en date du 22 de ce mois, nous apprennent que le vicomte Ponson du Terrail vient de succomber à une terrible maladie.

Un détail qu'ils ne donnent point, détail assez ignoré du reste, c'est qu'avec lui s'éteint l'un des derniers descendants, en droite ligne, du célèbre Bayard, le chevalier *sans peur et sans reproche*.

Un fait déplorable, dit la *France*, s'est passé dans la Côte-d'Or. Le général Franzini, des mobilisés de la Haute-Savoie, qui était à Beaune, ayant reçu l'ordre pressant d'arriver au secours de Dijon, a trahi son devoir de soldat. Non-seulement il ne s'est pas rendu à l'appel qui lui était adressé, mais a fait replier ses hommes vers le sud. Ordre a été donné de le faire arrêter partout où on le trouvera.

(1) Assertion inexacte.

N° 84. — DIMANCHE 5 FÉVRIER 1871.

## PARTIE OFFICIELLE.

VERSAILLES, 4 février. — Par les opérations des derniers jours, le général de Manteuffel a rejeté l'armée qui s'est trouvée en face de lui dans les montagnes de la frontière, et l'a cernée de façon à ne lui laisser que le choix entre une capitulation ou l'entrée sur le territoire suisse. Les tentatives des généraux ennemis de profiter de la convention conclue à Versailles pour échapper à cette situation ont dû rester sans succès. D'après des nouvelles étrangères, l'entrée de l'armée ennemie, forte de 80,000 hommes, sur le territoire suisse aurait déjà eu lieu.

Garibaldi qui, à Dijon, a été en même temps en danger d'être cerné, a échappé à ce sort par une retraite précipitée, après avoir essayé d'arrêter nos opérations en se prévalant de la convention du 28 janvier.

Le 1$^{er}$ de ce mois, Dijon a été occupé par nos troupes après un léger combat.

L'armée du Sud a fait dans les combats, en partie opiniâtres, qui ont eu lieu autour de Pontarlier, à partir du 29 janvier jusqu'au 1$^{er}$ de ce mois, environ 15,000 prisonniers parmi lesquels 2 généraux. Elle a pris aussi 2 aigles, 19 pièces de canon et de mitrailleuses, ainsi que de grandes quantités d'armes, d'effets d'habillement et de provisions de bouche.

### ORDONNANCE CONCERNANT LA PRESSE PÉRIODIQUE.

Nous, Commissaire civil auprès du Gouvernement général du Nord de la France,

Vu le décret du Gouverneur général du 18 janvier 1871,

Arrêtons, au sujet de la presse périodique, ce qui suit :

1. Les propriétaires ou éditeurs de tout journal ou écrit périodique paraissant dans les départements de Seine-et-Oise, de l'Oise, de la Somme, de la Seine-Inférieure, d'Eure, d'Eure-et-Loir et du Loiret, sont tenus de déclarer au Préfet du département les noms et la demeure des gérants, rédacteurs en

chef, propriétaires ou administrateurs du journal ou écrit périodique. Cette déclaration doit être faite dans les trois jours de la publication de la présente.

2. Au moment de la publication de chaque feuille ou livraison du journal ou écrit périodique, il en sera remis à la Préfecture deux exemplaires signés d'un propriétaire ou éditeur responsable.

Les éditeurs de journaux, qui paraissent ailleurs qu'aux chefs-lieux de département, feront parvenir ces exemplaires par la poste.

3. Tout journal sera tenu d'insérer gratis dans le plus prochain numéro les publications officielles des autorités allemandes contenues dans le *Moniteur officiel* du Gouvernement général du Nord de la France, ou dans les Moniteurs officiels paraissant aux chefs-lieux des départements.

4. La contravention aux articles 1, 2, 3 de cet arrêté sera punie d'une amende de 100 francs à 2,000 francs ou d'emprisonnement d'un mois à trois mois.

Versailles, le 3 février 1871.

*Le Commissaire civil,*
De Nostiz-Wallwitz.

---

AVIS.

Versailles, le 5 février 1871.

En exécution de mon arrêté du 30 janvier dernier, relatif à l'enlèvement de tous les immondices qui encombrent les voies publiques, cours, écuries et maisons, M. Belin fils, chimiste et membre du conseil d'hygiène, est prié par moi d'examiner dans toutes les communes de l'arrondissement de Versailles, si les ordres contenus dans ledit arrêté ont été ponctuellement exécutés, et de donner à MM. les Maires les instructions nécessaires pour qu'ils puissent procéder à la désinfection desdites cours, écuries et maisons.

*Le Préfet de Seine-et-Oise,*
De Brauchitsch.

## PARTIE NON OFFICIELLE.

Des employés supérieurs des musées de Versailles et de Saint-ermain ont pu venir à Paris et démentir tous les bruits qui ont couru depuis l'investissement sur les dégâts ou les déprédations dont on accusait l'armée prussienne. *(Agence Havas.)*

### LES ALLEMANDS AU MANS.

*Le Mans, 14 janvier.*

« Le Mans est aujourd'hui dans un état de surexcitation indescriptible. La plus grande partie des troupes prussiennes ont quitté la ville, quoique le prince Frédéric-Charles soit toujours établi à la préfecture, et qu'on entende le bruit du canon, paraissant venir de la direction de Conlie. Si l'on ajoute à ce fait les rumeurs qui courent et d'après lesquelles Arras et Paris auraient capitulé, Chanzy aurait envoyé deux parlementaires avec pleins pouvoirs pour traiter d'une reddition sans conditions de son armée entière, l'armée de Bourbaki aurait été taillée en pièces, et Gambetta assassiné, il est facile de concevoir que les malheureux Manceaux sont dans un état de confusion mentale.

« Ajoutez à cela que le maire de la ville est parti pour des régions inconnues, laissant à ses infortunés concitoyens le soin d'arranger de leur mieux la petite affaire des contributions.

« Pour autant que j'ai pu voir, ces envahisseurs tant redoutés semblent généralement se conduire d'une manière décente. Ils sont calmes et respectent l'ordre. Mon barbier, chez lequel on en a logé quinze, et qui accepte leur présence comme un des « malheurs de la guerre », m'a assuré ce matin qu'ils ne font pas beaucoup de dégâts, mais en même temps il se plaignait mélancoliquement de ce qu'ils occupaient sa chambre à coucher, et que par suite il avait dû chercher asile sous son comptoir.

« Une classe d'habitants a certainement tiré de grands profits de la présence des Allemands, ce sont les restaurateurs. Les officiers prussiens se nourrissent bien, et payent rubis sur l'ongle en thalers d'argent, en Frédérics d'or, ou en bons billets de banque roses. Les traiteurs ont par conséquent récolté une superbe moisson ; mais le proverbe qu'on ne saurait trop avoir d'une bonne chose sera ainsi justifié en cette occasion, je le reconnais ; car par suite de l'affluence des consommateurs, il est à peu près impossible d'obtenir quelque chose de mangeable dans ces établissements.

« En réalité, si la famine n'est pas à craindre, il y a, dans tous les cas, disette dans les articles de consommation journalière. Dans beaucoup de cafés il est impossible d'obtenir une demi-tasse, et le sucre menace de passer au nombre des choses qu'on ne connaît que par souvenir. Toutes les devantures sont fermées, mais les habitants sont sortis de leur réclusion, et s'occupent paisiblement de leurs affaires ordinaires comme si les « hordes barbares », que leurs journaux ont dénoncées depuis des mois étaient toujours à une grande distance.

« Ainsi que je l'ai dit plus haut, lesdites hordes ont beaucoup diminué en nombre depuis hier ; mais il est impossible d'apprendre dans quelle direction elles ont marché, et si les détonations que nous avons entendues aujourd'hui proviennent d'un engagement avec le gros des forces de Chanzy ou avec un des corps détachés.

« Quant aux soldats, il est impossible de ne pas ajouter ma voix au témoignage universel par rapport à leur excellence. L'infanterie est assez insoucieuse de son apparence extérieure, mais elle est robuste et de bon service en campagne ; et la robuste cavalerie, sur ses puissants chevaux aux jambes effilées, offre un contraste frappant avec la cavalerie française, dont les montures ne sont rien moins qu'à l'abri de toute critique. »

(*Daily News.*)

---

DÉMÉNAGEMENT DE LA DÉLÉGATION DE TOURS.

Nous empruntons au *Journal de Genève* la correspondance suivante, qui lui est adressée de Bordeaux :

« Le 8 au matin le gouvernement avait fixé sa nouvelle résidence. D'abord il tint la nouvelle secrète. Toutefois, les grands préparatifs qui se firent au chemin de fer commencèrent à donner l'éveil. Le premier train des émigrants partit à trois heures ; le deuxième, à sept heures du soir. Le reste s'en alla dans la nuit. La confusion qui avait eu lieu au départ fut encore plus grande à l'arrivée. Le froid et la neige augmentaient les désagréments de ce voyage. Les hôtels de la nouvelle résidence étaient encombrés, et les chambres étonnamment chères. Les maisons meublées sont presque introuvables. Bordeaux est avant tout une ville d'été.

« Les chambres sont élevées, les cheminées ne sont pas rares, mais dans la plupart il n'y a pas de feu. Les fenêtres et les portes sont si peu épaisses que personne ne peut se faire l'idée qu'elles puissent fermer. Le vent souffle à travers, comme si elles étaient complétement ouvertes. Les trois quarts des nouveaux arrivés errent dans les rues, à la recherche d'un logis. Les hôtels du rang inférieur se font payer comme les plus grands hôtels. Un petit appartement meublé qu'on aurait cru payer trop cher à Tours en donnant 200 francs par mois, n'est pas laissé ici à moins de 500 francs. Crémieux est arrivé le 9 au soir avec une partie du corps diplomatique.

« Il loge dans un hôtel, et on le voit dans les rues à la recherche d'une habitation. Pour les ministres et les ambassadeurs, les hôtels ont des prix fabuleux. Un particulier a loué sa maison 28,000 francs par mois. Lorsque lord Lyons, l'ambassadeur d'Angleterre, est arrivé tard le soir, il ne put trouver aucune chambre à l'hôtel de Paris. Il fut obligé de passer la nuit dans la grande salle de l'hôtel Lechevalier.

« M. Nigra, ambassadeur d'Italie, dormit dans un fauteuil. »

---

CHRONIQUE DE LA GUERRE FRANCO-ALLEMANDE 1870.

5 *octobre*. Le Roi de Prusse inspecte les positions du 6e corps d'armée devant Paris, et transporte son quartier général à Versailles.

— L'avant-garde du 14e corps se met en marche le 5 octobre, et le gros de ce corps le 6, partant de Strasbourg et des environs de cette ville, conformément à l'ordre reçu, pour forcer les passages des Vosges et disperser les rassemblements de troupes françaises formées au sud de ces montagnes.

— Escarmouches de la 4e division de cavalerie battant le pays aux environs de la Loire. — 1,500 gardes mobiles, auprès de Montfort, sont mis en déroute par la 6e division de cavalerie.

— Dans Paris (comme en fait foi le *Journal officiel*), a lieu une démonstration armée contre le gouvernement ; c'est la seconde en l'espace de 14 jours.

— Combat des troupes badoises sous le major général de Degenfeld à Raon-l'Étape et à Saint-Dié (département des Vosges).
— Combat de la 5e brigade de cavalerie, etc., à Pacy.
— Combat de la 4e division de cavalerie, à Toury.
— Les troupes allemandes occupent Gisors.
— Le gouverneur général Vogel de Falckenstein rétablit dans son gouvernement la liberté de réunion provisoirement suspendue.
— On travaille dans Strasbourg à relever les maisons en ruines et à restaurer les monuments qui ont souffert du siège.

6 *octobre*. Combat victorieux de la brigade badoise du major-général de Degenfeld contre 14,000 hommes de troupes françaises et de francs-tireurs sous les ordres des généraux Dupré et Potevin, à Saint-Rémy, Nompatelize et Bois (département des Vosges). Le général Dupré est blessé. L'ennemi fuit en désordre sur Rambervilliers ; il perd, outre 1,400 morts et blessés, 585 hommes, dont 6 officiers, faits prisonniers.

7 *octobre*. Une sortie de la garnison de Metz, exécutée sur les deux rives de la Moselle, est repoussée avec de grandes pertes pour les Français. (La lutte principale a lieu à Woippy, sur la rive gauche.)
— Garibaldi arrive à Marseille.
— Le Roi de Prusse inspecte les troupes placées à l'ouest de Paris (Saint-Germain-en-Laye).
— Dans l'après-midi la garnison de Paris fait une sortie du côté de la Malmaison.

8 *octobre*. Le gouvernement général d'Alsace est transféré à Strasbourg. Proclamation du gouverneur comte de Bismarck-Bohlen à la ville de Strasbourg. — Par ordre du Chancelier de la Confédération de l'Allemagne du Nord, est instituée une commission générale pour constater les pertes et dégâts que le siège a causés dans Strasbourg.
— Le chargé des affaires étrangères près la Délégation de Tours adresse aux ambassades une circulaire dans laquelle il essaye de prouver que la France libérale n'a jamais désiré des conquêtes ni combattu l'unité allemande.
— Neufbrisach, inutilement sommé de se rendre, est canonné par l'artillerie légère.
— Dans la nuit du 8 octobre, un escadron du 16e régiment de hussards est surpris dans Ablis (département de Seine-et-Oise, 6 milles 1/2 de Versailles), par le fait d'une trahison des habitants. Comme châtiment, cette localité est incendiée.
— Mémorandum du comte de Bernstorff au Cabinet de Londres. — représentant à celui-ci que sa neutralité est bienveillante pour la France et partiale, puisqu'il permet une exportation considérable d'armes d'Angleterre en France. — et faisant observer aux ministres britanniques — d'un côté, comment l'opinion publique en Allemagne se prononce à cet égard, — de l'autre, que cette fâcheuse impression est corrigée par les preuves nombreuses et positives de la sympathie du peuple anglais.
— M. Thiers arrive à Vienne.

---

On écrit au *Républicain du Jura* sur le combat de Villersexel :

Cuse, 15 janvier.

« ..... Bourbaki avait son quartier général à Bournel. C'est de là que, lundi, nous avons vu la bataille de Villersexel où ils avaient des batteries formidables. Il y avait environ 100,000 hommes engagés. A sept heures du soir nous étions maîtres de Villersexel; le soir, à onze heures, les Prussiens ont repris la ville, et il a fallu brûler le château de M. de Grammont et une partie de Villersexel. J'ai de mes yeux vu le champ de bataille : c'était affreux. Du château il ne reste plus que les quatre murs. »

### NOUVELLES DIVERSES.

Nous trouvons dans une lettre adressée par deux zouaves pontificaux à la *Gazette du Midi* le passage suivant, relatif à la bataille du Mans ;

« On avait mobilisé toute la gendarmerie pour maintenir les troupes et les empêcher de fuir et de se débander ; eh bien ! cela n'a pas suffi : on m'assure qu'on a été obligé de charger quelques-unes de nos troupes par des escadrons de dragons à cheval pour les ramener au feu. Imagine-toi que l'on m'assure que de tout le premier bataillon il ne reste plus que 80 à 90 hommes. »

Le général Ducrot est gravement malade à Vincennes et on ne croit pas qu'il se rétablisse.

Des lettres de Rome annoncent l'arrivée de M. Haussmann, l'ex-préfet de la Seine, que la municipalité a voulu consulter sur les démolitions et la reconstruction de la vieille capitale. A tous ces grands projets il ne manquera que les capitaux qui se font rares, depuis le désastre de l'inondation et des pertes subies par le commerce des grands quartiers.

On lit dans l'*Écho du Nord* :

« Nous venons d'avoir dans les mains différents spécimens des chaussures livrées à nos soldats par l'intendance. *Les se-*

*melles sont en carton.* Il n'est pas possible que l'autorité supérieure laisse s'accomplir plus longtemps une si scandaleuse exploitation.

« Nous nous expliquons maintenant que la plupart de nos mobiles et de nos mobilisés se soient trouvés les pieds nus au milieu de la boue et de la neige après une marche de vingt-quatre heures.

« Que fait donc la commission d'examen? De quel nom qualifier les fournisseurs?

« Ces faits s'ajoutent au dossier déjà trop gros de l'administration militaire, et compromettent gravement sa responsabilité. Il est donc de l'intérêt de tout le monde de réclamer hautement une enquête judiciaire (1). »

---

### N° 35. — MARDI 7 FÉVRIER 1871.

## PARTIE OFFICIELLE.

#### PUBLICATION.

VERSAILLES, 6 février. — Conformément à l'article 15 de la convention d'armistice du 28 janvier 1871, un service postal a été organisé entre Paris et Versailles, par lequel sont expédiés :

1. Des lettres ordinaires, non cachetées, entre Paris et les départements occupés, jusqu'au poids de 100 grammes;
2. Des imprimés de toute nature entre Paris et les départements occupés jusqu'au poids de 240 grammes.

Pour les lettres des départements occupés, les expéditeurs ont à payer un port de 20 centimes jusqu'au poids de 10 grammes; un port de 40 centimes pour les lettres dont le poids

---

(1) Ce numéro publie, en *supplément*, le décret rendu, le 4 février, par le gouvernement de la défense nationale, pour annuler le décret de la délégation de Bordeaux relatif à l'exclusion de certaines catégories de citoyens des élections à l'Assemblée nationale.

dépasse 10 grammes jusqu'au poids de 20 grammes, et un port de 80 centimes pour les lettres dépassant le poids de 20 grammes. La même taxe est à payer par les destinataires des lettres originaires de Paris.

Pour les imprimés originaires ou à destination de Paris, le port à percevoir des destinataires ou des expéditeurs dans les territoires occupés est de 4 centimes par chaque 40 grammes.

*L'Administrateur des postes dans les territoires français occupés,*

Rosshirt.

## PARTIE NON OFFICIELLE.

Les nouvelles authentiques sont venues confirmer le suicide du général Bourbaki, à la suite de l'échec subi par son armée dans les journées du 15 au 17 janvier.

---

Les généraux Barral et Cremer, qui ont aujourd'hui des commandements dans l'armée française, — avaient signé, lorsqu'ils furent faits prisonniers, l'un à Strasbourg, l'autre à Metz, les engagements d'honneur qui suivent :

« Je soussigné, m'engage sur mon honneur à ne plus prendre les armes dans cette guerre, à ne commettre aucun acte, à n'entretenir aucune correspondance qui soient de nature à nuire aux armées allemandes.

« Il m'a été déclaré que dans le cas de transgression du présent engagement, je serais traité avec toute la rigueur des lois de la guerre.

« *Se rendant à Grenoble par Colmar, Belfort.*

« Barral. »

« Je soussigné, m'engage sur mon honneur, comme officier, et donne, par la présente, ma parole d'honneur de ne plus prendre les armes contre l'Allemagne pendant la durée de cette guerre et de ne pas agir contre ses intérêts, ni de rendre quelque service quel qu'il soit, soit dans les colonies françaises, soit pour les levées de troupes et dans les dépôts d'armement.

« Metz, le 31 octobre 1870. »

« Le capitaine d'état-major,
« Cremer. »

Ministère de la guerre,
Klotz.

Département général de la guerre,
De Wangenheim.

---

Dans l'histoire de cette prodigieuse campagne que les armées allemandes viennent de faire, une place d'honneur devra être réservée à l'administration militaire, qui a, elle aussi, dans son domaine, exécuté de véritables prodiges. Pour alimenter et entretenir sur le territoire ennemi, jusqu'à 200 lieues et plus de la mère patrie, quatre grandes armées et d'innombrables détachements, il a fallu une puissance d'organisation, une continuité d'efforts, une sûreté de provisions, une entente et un soin des détails dont jamais aucune intendance n'avait encore approché. On pourra juger des difficultés de cette tâche colossale, par un simple aperçu de l'approvisionnement quotidien de l'armée devant Paris. Il faut chaque jour, pour les besoins de cette armée : 148,000 pains de 3 livres, 1,020 quintaux de riz ou d'orge, 595 bœufs ou 1,020 quintaux de lard, 144 quintaux de sel, 9,600 quintaux d'avoine, 24,000 quintaux de foin, 28,000 quarts d'eau-de-vie ou liqueurs spiritueuses. La fourniture du tabac est livrée tous les dix jours avec la même régularité. Chaque corps d'armée (de 25 à 30,000 hommes) reçoit pour 10 jours 60 quintaux de tabac à fumer, 1,100,000 cigares pour soldats et 50,000 cigares pour officiers. Le transport de ces gigantesques approvisionnements se fait par la ligne du chemin de fer de l'Est qui, depuis le 5 octobre, était en activité jusqu'à Nanteuil, et qui, au 25 novembre, arrivait jusqu'aux lignes d'investissement devant Paris. Dans le courant de décembre et de janvier, les chemins de fer d'Amiens, d'Orléans et de Rouen ont pu être rétablis et utilisés pour le même service. L'approvisionnement de bouche et les fourrages pour chaque corps d'armée exigent, par jour, 5 trains de chemin de fer, chacun de 32 wagons. — L'intendance allemande a été, il est vrai, aidée dans sa tâche par les masses considérables d'approvisionnements que l'ennemi a constamment laissés derrière lui dans toutes les places et tous les campements qu'il évacuait. Sous ce rapport, les Français ont été d'un véritable secours pour leurs adversaires. Ils les auraient également pourvus de munitions, et de la même manière, si la différence des armes n'eût empêché d'utiliser les munitions prises à l'ennemi.

---

D'intéressantes communications sur la *situation financière en France* sont publiées par l'*Economist* de Londres :

« La pénurie monétaire s'est élevée à un tel point que l'on veut émettre comme argent une nouvelle monnaie d'aloi inférieur à l'argent; en outre, on annonce l'intention de faire un emprunt de 10 millions de livres sterling (250 millions de francs). Le trésor de l'État est dans une véritable détresse. On sait que les marchands de Marseille n'ont pas voulu livrer leur blé contre payement moitié en espèces, moitié en traites du trésor; il a fallu que l'État payât tout comptant. Le gouvernement républicain a, il est vrai, affranchi les journaux du cautionnement, mais il ne leur a pas encore rendu l'argent déposé, et il se contente de leur en payer l'intérêt à 5 pour 100. Un rapport de la commission d'armement montre à quel prix ont été faits les immenses achats d'armes en France et à l'étranger. Il est dit dans ce rapport que l'on a payé pour le fusil Chassepot 127 francs au lieu de 100, pour le Remington 115 au lieu de 95, pour le Snyders 120 au lieu de 90, pour la batterie d'artillerie 75,000 francs au lieu de 36,000! Le compte rendu de la Bourse, fin décembre, témoignait de la profonde perturbation qui règne sur le marché financier de Paris; la rente 3 pour 100, qui au commencement de 1870 touchait à 75 francs, est tombée, à la fin de la même année, au-dessous de 50 francs. Une feuille du Havre fait sérieusement la proposition qu'après la guerre tout commerce soit interdit avec l'Allemagne. De Rouen, d'Elbeuf, de Fécamp, de Dieppe on signale l'effroyable misère qui sévit sur la classe ouvrière. Les directions de chemins de fer ont en grande partie été obligées d'ajourner le payement d'intérêts même pour les obligations. »

« La corvette *Augusta*, il n'est plus permis d'en douter, a déjà fait trois prises (trois navires transportant des munitions pour l'armée française). L'un des navires a été pris dans l'embouchure de la Gironde même, à deux milles de Point de la Coubre, à cinq mille pas à peine des batteries de l'ennemi, c'est-à-dire à portée de leur canon. Les armateurs français ont donc de justes motifs pour se plaindre de leur flotte et pour accabler de reproches le ministre de la marine. Quant à nous, la brillante croisière de l'*Augusta* nous cause d'autant plus de satisfaction que notre flotte n'a guère eu l'occasion de se distinguer. Cette corvette est commandée par le capitaine Weickhmann, qui avait déjà fait une heureuse sortie contre l'escadre française bloquant Dantzig.

« La capture de ces trois navires n'a du reste rien de contraire à l'inviolabilité de la propriété privée sur mer. Ces navires transportaient de la contrebande de guerre, et jamais l'Allemagne n'a renoncé à la confiscation de ce genre de transports. A partir du 10 février seulement, notre flotte pourra s'emparer de bâtiments de commerce. »

(*Gazette de la Bourse.*)

### NOUVELLES DIVERSES.

BERLIN, 1er février. — La *Correspondance provinciale* dit :

« L'Empereur restera pendant l'armistice à Versailles, où sa présence sera nécessaire aussi bien à cause des opérations ultérieures dans le Sud que des prochaines négociations.

« Le même journal dit, au sujet de la capitulation de Paris, que par la convention faite avec la capitale de la France, le gouvernement de Paris devient, dans ses propres intérêts les plus urgents, l'allié de l'Allemagne, afin d'éviter le renouvellement de la guerre et afin d'employer l'armistice à assurer la paix. »

BERNE, 1" février. — D'après une communication officielle, le général suisse, M. Herzog, a fait ce matin une convention relative à l'entrée de l'armée française en Suisse, près du village Les Verrières.

Trois mille hommes ont déjà franchi la frontière près de Sainte-Croix.

Le nombre des soldats s'élève environ à 80,000 hommes, dont la répartition dans les divers cantons se fera proportionnellement au chiffre de la population des divers cantons.

L'artillerie française arrivera aujourd'hui au village de Les Verrières.

———

On écrit de Bâle, 29 janvier au *Journal de Francfort :*

« La retraite de l'armée de Bourbaki s'est faite sur deux lignes : Bourbaki avec le gros de ses troupes sur la rive droite du Doubs vers Besançon, tandis que le corps du général de Bressoles passa le Doubs à Clerval et se glissa le long de la frontière suisse par Morteau, Pontarlier, Hôpitaux-sur-Monthe.

« Le 27, un train de 80 canons français est arrivé à Pontarlier; hommes et chevaux étaient exténués et mouraient de faim. Une brigade suisse est arrivée à Verrières.

« Une entrevue a eu lieu, hier, à la frontière du canton de Neufchâtel, entre des officiers suisses et français pour régler les conditions du passage sur le territoire suisse. Les engagements nécessaires ont été souscrits par les officiers français.

« Les troupes qui passeront la frontière, après avoir déposé les armes, seront internées dans les casernes de Thoune, Fribourg, Soleure, Sion, Berne, Brugg, Aarau, Zurich, Winterthur, Frauenfels, Lucerne, Saint-Gall, Luziensteig, etc. »

## 36. — MERCREDI 8 FÉVRIER 1871.

### PARTIE OFFICIELLE.

*Versailles, le 5 février 1871.*

Les moyens de transport sur la route de Versailles à Lagny, par Juvisy et retour, étant insuffisants, les entrepreneurs de voitures et de roulage sont invités à organiser un service suffisant et régulier pour le transport des voyageurs et des marchandises, et à se présenter dans ce but à la préfecture.

*Le préfet de Seine-et-Oise,*
DE BRAUCHITSCH.

---

*Versailles, le 5 février 1871.*

Le public est prévenu qu'il a été trouvé :
1° A Choisy-le-Roi, dans le jardin entre la rue des Vertus et la rue du Midi, une boîte en fer-blanc contenant des papiers privés et de valeur, dont le propriétaire présumé est M. Haudry, marié à M^{lle} Richard ;
2° A Choisy-le-Roi, dans la maison n° 6, rue de Sébastopol, divers papiers de valeur ;
3° A Villeneuve-le-Roi, dans la cave de la maison n° 2 de la rue allant de Villeneuve-le-Roi à Orly, une somme d'argent ;
4° A Montretout, on a sauvé de l'incendie quinze tableaux provenant de la maison n° 37, rue Impériale.

*Le préfet de Seine-et-Oise,*
DE BRAUCHITSCH.

---

### PARTIE NON OFFICIELLE.

Suivant une dépêche privée adressée de Vienne à la *Gazette de la Bourse*, à Berlin (31 janvier), « toutes les feuilles indépendantes et semi-officielles de Vienne reconnaissent la grande modération du vainqueur dans les conditions qu'il a fixées pour la capitulation et pour l'armistice ; elles voient là une garantie du retour de la paix. »

Le *Moniteur prussien* a publié une relation détaillée des opérations de la 2ᵉ armée allemande (Prince Frédéric-Charles) contre l'armée de l'Ouest française (général Chanzy) depuis le milieu du mois de décembre jusqu'à la prise du Mans. Nous publions ci-après la première partie de cette intéressante relation :

« Dans la position qu'elle occupait autour d'Orléans, cette armée se trouvait fortement menacée par l'ennemi, qui avait l'avantage de la supériorité du nombre. Le général Bourbaki était en mesure de renouveler, en partant de Briare, ses tentatives pour se frayer un passage vers le Nord, — après l'échec que le 3ᵉ corps allemand lui avait fait subir près de Gien, peu de temps avant la réoccupation d'Orléans par nos troupes.

« De plus, on pouvait supposer que, de Vendôme, le général Chanzy essayerait de porter les quatre corps d'armée sous ses ordres contre le flanc droit de notre position, bien que le 16 janvier il eût été refoulé par notre 10ᵉ corps dans la direction du Mans.

« Il fut enjoint, le 16 décembre, au 3ᵉ et au 9ᵉ corps allemands de remonter de nouveau le cours de la Loire. Le 3ᵉ corps s'établit ensuite sur la ligne d'Orléans à Beaugency, et le 9ᵉ sur celle d'Orléans à Gien. Le 10ᵉ corps resta près de Blois, le plus à portée de l'ennemi.

« Des détachements de cavalerie considérables furent dirigés, à travers la Sologne, vers Vierzon, et ce mouvement donna l'occasion de constater les services extraordinaires que les troupes de cette arme peuvent rendre. Notre cavalerie serra constamment de près l'ennemi et, en l'inquiétant sans cesse, lui masqua si bien nos positions, ainsi que les mouvements qui auraient été de nature à l'éclairer sur nos projets, — que les Français se figuraient l'armée du prince Frédéric-Charles marchant dans toutes les directions, pendant qu'elle gardait tranquillement ses cantonnements. Ce répit était tout aussi indispensable pour donner à nos troupes le repos nécessaire que pour fournir à l'intendance la possibilité de compléter nos approvisionnements, et de pourvoir au manque d'effets d'équipement qui se faisait sentir.

« Après qu'on eut suffisamment satisfait aux besoins de la troupe, le feld-maréchal prince Frédéric-Charles passa, dans les premiers jours de janvier, de la défensive à l'offensive, pour marcher contre le gros des troupes françaises postées sur le Loir sous le commandement du général Chanzy. A la nouvelle que le général Bourbaki s'était replié vers l'Est, le prince feld-maréchal se décida immédiatement à attaquer l'armée de Chanzy. On ne laissa à Orléans qu'une faible garnison composée de 5 bataillons de la division hessoise. Le 10$^e$ corps fut porté en avant dans la direction de l'Ouest. Le 3$^e$ s'avança de Beaugency au sud du bois de Marchenoir, tandis que le 9$^e$ corps, quittant Morée, marcha au nord de ce bois. En même temps arrivait de Chartres le grand-duc de Mecklembourg-Schwerin, à la tête de son corps de troupes qui a été incorporé à la II$^e$ armée.

« Le 4 janvier, le prince Frédéric-Charles partit d'Orléans avec son quartier général, en descendant le cours de la Loire, et le même soir il atteignit Beaugency. On se rabattit, dans la journée du 5, vers l'Ouest, en traversant de nouveau les localités où précédemment déjà l'armée française de la Loire avait combattu contre le corps du grand-duc de Mecklembourg et le 10$^e$ corps prussien.

« Le 6 janvier, le quartier général rejoignit, au delà de la petite ville d'Oucques, le 3$^e$ corps, et puis le reste de l'armée, dont les colonnes arrivaient successivement au lieu du rendez-vous général. Après des froids intenses de 10 degrés, le thermomètre était remonté à 3 degrés au-dessous de zéro.

« Le quartier général prit la route de Vendôme. Les différentes colonnes, par contre, continuèrent leur marche vers les hauteurs situées à l'Ouest, et en arrière desquelles s'étend la forêt de Vendôme.

« Le prince Frédéric-Charles fit son entrée dans cette ville vers midi, à la tête de son état-major. Au moment où le cortège franchissait l'enceinte de la ville, une vive fusillade retentit tout à coup de l'Ouest, dans la direction qu'avait suivie le 3$^e$ corps. Évidemment nos troupes avaient joint l'ennemi en dépassant les hauteurs dont on a parlé. La fusillade devenait à chaque instant plus violente et plus accélérée.

« A l'issue de la longue avenue qui donne accès dans la ville, on rencontre les ruines de l'ancien château de Vendôme. De ce point la vue se déroule au loin sur la contrée environnante. Arrivé à cet endroit, le feld-maréchal prince Frédéric-Charles descendit de cheval et, accompagné de son état-major et de sa suite militaire, se rendit au château, qui est situé sur une hauteur d'où l'on dominait parfaitement le théâtre de l'action. La fusillade continuait; le feu devenait plus vif ou se ralentissait et se faisait entendre tantôt à peu de distance, tantôt dans l'éloignement.

« On n'apercevait nulle part de fumée, parce que, ce jour-là, l'air était complétement pur et sec, et par conséquent répercutait les sons d'une façon toute particulière, de sorte que la fusillade paraissait souvent plus rapprochée qu'elle ne l'était en réalité. De temps en temps on entendait dans le lointain le tonnerre des canons. Nos troupes paraissaient évidemment engagées sur plusieurs points à la fois, et c'était en effet le cas, ainsi qu'on l'apprit plus tard.

« Le général de Kraatz-Koschlau se trouvait avec sa brigade près de Vendôme, que le général Chanzy espérait occuper par surprise. Dans cette intention il avait posté deux divisions sur la route du Mans, pour faire une attaque de flanc contre la brigade de notre 10ᵉ corps. Mais le prince feld-maréchal entrava énergiquement ses opérations.

« Dès la veille on s'attendait à ce que nous serions attaqués de ce côté, et deux bataillons du 10ᵉ corps avaient été échelonnés dans cette direction pour observer les positions et les mouvements de l'ennemi. Ces deux bataillons avaient été remplacés le 6 par le 3ᵉ corps, qui eut ainsi pour tâche d'attaquer et de repousser l'ennemi.

« Lorsque nos avant-gardes eurent dépassé Vendôme, elles furent tout à coup exposées à une vive fusillade partant d'un bois qui se trouve en arrière d'un village situé de l'autre côté de cette localité. Le bois et le village lui-même furent finalement enlevés, après plusieurs attaques faites par les régiments de Brandebourg, et les Français furent refoulés dans la forêt de Vendôme, où ils opposèrent aux nôtres une résistance des plus opiniâtres, mais d'où ils finirent cependant par être délogés.

« Nos troupes continuèrent alors leur marche en avant. Mais le général Chanzy paraissait vouloir faire des retours offensifs contre toutes nos colonnes qui s'avançaient. Une attaque fut dirigée principalement contre l'avant-garde de la 5ᵉ division et contre la 9ᵉ brigade d'infanterie, près de Villers. Sur ce dernier point les Français nous étaient considérablement supérieurs en nombre et occupaient des positions retranchées, d'où, soutenus par leurs batteries, ils attaquèrent les nôtres à plusieurs reprises. L'ennemi fut cependant constamment repoussé par nos troupes, qui firent preuve d'une grande bravoure, mais qui essuyèrent des pertes sensibles. L'artillerie ennemie, qui avait été postée sur une hauteur, fut bientôt réduite au silence.

« Ces engagements eurent pour résultat que l'ennemi fut obligé de passer complétement à la défensive et de se retirer devant nos troupes, qu'il trouva en force et suffisamment concentrées, tandis qu'il supposait d'abord pouvoir surprendre nos détachements isolés et les battre en détail. »

---

**Prix** de vente au détail des denrées alimentaires et autres articles de consommation, dans la ville de **V**ersailles, du 4 au 10 février 1871.

| DÉSIGNATION. | PRIX. | QUANTITÉS. |
|---|---|---|
| Beurre. | 2 50 à 2 80 | le 1/2 kilog. |
| Pommes de terre. | » 75 | le décalitre. |
| Volailles (Poulets). | 4 » à 7 » | la pièce. |
| Café. | 2 40 | le 1/2 kilog. |
| Sucre en pain. | 1 60 | — |
| Sucre en poudre. | » 80 | — |
| Eau-de-vie. | 1 60 | le litre. |
| Vin au litre. | 0 70 à 0 80 | — |
| Pain. | » 25 | le 1/2 kilog. |
| Sel. | » 30 | — |
| Viande. | 1 10 | — |
| Huile à brûler. | 1 75 | — |
| Huile à manger. | 1 20 | — |
| Chandelles. | » 90 | — |
| Bougies. | 2 » | — |

*Certifié véritable par le Conseiller municipal soussigné,*
BARRUE-PERRAULT (1).

(1) Ce numéro publie, en supplément, la dépêche du 6 février, par laquelle M. Gambetta annonce aux Préfets et Sous-Préfets, qu'il croit devoir donner sa démission de Membre du Gouvernement.

N° 87. — JEUDI 9 FÉVRIER 1871.

## PARTIE OFFICIELLE.

VERSAILLES, 7 février. — Par ordre de Sa Majesté l'Empereur-Roi, les départements de l'Eure, de la Sarthe, d'Indre-et-Loire, de Loir-et-Cher, de l'Yonne, ainsi que la partie du département de l'Orne, actuellement occupée par les troupes allemandes sont placés sous l'administration du Gouvernement général du Nord de la France.

Versailles, le 7 février 1871.

*Le Gouverneur général du Nord de la France,*
**DE FABRICE.**

## PARTIE NON OFFICIELLE.

Nous lisons dans l'*Illustration* du 4 février un article sur la première entrevue que M. Jules Favre a eue à Versailles pour traiter la convention d'armistice. Ce récit, publié pour rectifier les données fantaisistes de certains écrivains, n'a malheureusement pas atteint le but qu'il s'était proposé, car il est lui-même basé sur les indications les plus erronées.

M. Favre n'a été attendu ni par Sa Majesté l'Empereur-Roi, ni par MM. de Bismarck ou de Moltke. Le ministre des affaires étrangères du Gouvernement de la défense nationale n'a pas eu l'honneur d'être reçu, jusqu'à présent, par Sa Majesté. Lors de la stipulation des questions militaires se rattachant à la convention, M. Jules Favre a conféré, il est vrai, une fois avec le comte de Moltke; mais les paroles attribuées par l'*Illustration* tant à Sa Majesté l'Empereur-Roi qu'au général de Moltke, ainsi que les réponses de M. Favre sont de pure invention. Il en est de même de ce fait, qu'au moment de son départ de Sèvres quelques officiers se seraient avancés vers M. Favre, la casquette à la main, pour lui exprimer leur admiration pour la belle résistance de Paris. La politesse est une qualité qui honore tout le monde, et, certes, les officiers allemands ne sont pas les derniers à s'y conformer; mais il suffit de connaître le règlement pour savoir qu'on ne rend pas, et surtout en plein air, le salut militaire la casquette à la main.

L'*Illustration* dit que M. Jules Favre a eu pendant sa conversation les bras croisés et la tête haute. Nous ferons observer que le ministre français a fait preuve, pendant son séjour à Versailles, de trop de tact et de bon goût pour mériter un pareil reproche.

L'arrivée de M. Favre à Versailles était fort simple et sans apprêt.

Le comte de Bismarck reçut dans le courant de la journée du 23 janvier une lettre de M. Favre, dans laquelle il lui demandait l'autorisation de se rendre à Versailles, dans le but de conférer avec Son Excellence. Le chancelier lui répondit immédiatement qu'il se trouverait à sa disposition et qu'une voiture l'attendrait au pont de Sèvres. M. Favre, arrivé à 8 heures du soir à Versailles, accompagné par M. Martinez del Rio, son gendre, se rendit immédiatement rue de Provence, et, après y avoir pris une collation, il eut avec M. de Bismarck sa première entrevue, qui s'est prolongée jusqu'à minuit.

N'ayant pas assisté aux discussions qui ont eu lieu entre les deux ministres, nous ne sommes pas à même de citer les paroles échangées, mais le correspondant de l'*Illustration* doit être tout aussi embarrassé que nous de rendre compte d'un entretien qui a eu lieu à huis clos.

---

On écrit de Hambourg à l'*Indépendance belge* sur l'impression qu'a produite la nouvelle de la capitulation de Paris :

« La nouvelle de la capitulation de Paris nous est arrivée hier après-midi, de source officielle. Bien qu'elle fût déjà annoncée depuis vendredi soir par des télégrammes privés, vous ne vous imagineriez pas la sensation immense qu'a produite la dépêche authentique : c'était une espèce de délire dont les Hambourgeois étaient pris; eux, les hommes de sang-froid par excellence, chantaient et remplissaient l'air d'acclamations. A quatre heures, on chanta des hymnes patriotiques sur la place de l'Hôtel-de-Ville, derrière la Bourse; 3,000 chanteurs étaient inscrits, mais à cause du froid intense et du peu de temps qu'on leur avait laissé, il n'y en avait pas mille de présents. Aussi les premiers chœurs furent-ils pour ainsi-dire étouffés par la voix de la foule. Quand vint le tour de l'œuvre de Wilhelm : *Die Wacht am Rhein,* dix mille voix entonnèrent le refrain, et c'était vraiment beau, beau de conviction sinon d'exécution.

« Le soir, malgré le froid glacial, il y avait foule dans les rues, qu'une illumination spontanée inondait de lumière. L'espoir de la paix, qui, en ce moment, est devenue presque générale, avait sa part dans l'ivresse générale. Que de parents étaient transportés de joie par l'idée que leurs enfants allaient être épargnés !

« L'Allemagne entière n'a plus qu'un vœu : la paix ! »

---

Nous donnons aujourd'hui la fin de la relation publiée par le *Moniteur prussien* sur les opérations de la II<sup>e</sup> armée (Prince Frédéric-Charles) :

« Le combat de Vendôme a ouvert les opérations qui ont été dirigées contre l'armée du général Chanzy, et qui, après avoir été continuées sans interruption à partir du 6 janvier, ont abouti, le 12, à l'occupation du Mans.

« Pas un des rudes et violents engagements qui ont eu lieu en ces journées n'a pris les proportions d'une bataille. En raison des circonstances particulières, ainsi que des positions qu'occupait l'ennemi et de la configuration du terrain, on n'a livré qu'une série de combats qui s'enchaînaient néanmoins l'un avec l'autre, et dont l'effet combiné a fait remporter des avantages équivalant aux résultats d'une grande bataille décisive que nous aurions gagnée.

« Le feld-maréchal prince Frédéric-Charles a eu à surmonter des difficultés considérables dans l'exécution de son plan d'opérations.

« D'abord il fallait lutter contre les conditions désavantageuses du terrain, dans un pays où jadis, — grâce à ces conditions mêmes, — les Vendéens purent tenir si longtemps en échec les armées de la première République. Toute la contrée du Perche, à partir de Vendôme jusqu'à La Ferté et au Mans, présente une surface régulièrement accidentée, — coupée alternativement de hauteurs considérables et de vallées profondes. De plus, le pays est partout sillonné d'allées d'arbres et de haies vives. Chaque champ, chaque jardin est entouré d'une épaisse haie d'épines. Chaque taillis, chaque enclos offre un point naturellement fortifié, et la défense est encore facilitée par cette circonstance que les villages sont rares et que les habitations rurales se trouvent éparpillées çà et là.

« A ces difficultés du terrain s'ajoutèrent celles que causaient les intempéries de la saison, cette année étant en outre plus rigoureuse que d'ordinaire. De fréquentes neiges alternaient avec des dégels. Après avoir dû, pendant des journées entières, se frayer un chemin à travers des amas de neige, les troupes étaient subitement réduites à poursuivre leur route dans des terrains détrempés et que de nouvelles gelées recouvraient ensuite d'une croûte de glace de façon à les rendre à peine praticables. Défiant les intempéries, nos troupes, — infanterie, cavalerie et artillerie, — ainsi que les colonnes de munitions et les transports de vivres, avançaient cependant sans relâche, fatiguées par les descentes et les montées continuelles. C'est pendant ce mouvement que le général Chanzy aurait été en mesure de nous créer les plus graves embarras. Il aurait suffi pour cela que l'ennemi nous eût opposé des détachements volants, qui auraient pu inquiéter constamment nos convois, les arrêter ou même les couper. Cette tâche n'aurait pas été difficile si l'on pense aux obstacles inouïs que les nôtres étaient obligés de surmonter.

« Depuis le 6 janvier il ne s'est pas passé un seul jour sans que nos soldats aient été au feu. Exposés aux balles et aux obus de l'ennemi, il leur fallait, pour l'aborder dans ses positions, se frayer un passage à travers des neiges profondes et des haies épaisses, tiraillant souvent pendant des heures entières étendus sur la glace ou dans l'eau, et la plupart du temps sans prendre de nourriture, faute d'avoir le répit nécessaire pour faire la soupe. Après toute une journée de pénibles efforts, les soldats passaient la nuit en plein air, se contentant d'un feu de bivouac, les villages étant trop clair-semés dans le pays pour qu'on pût y loger les troupes.

« A partir du 6 janvier, la paille vint à manquer aux bivouacs. Aux avant-postes la troupe restait même sans feu, et ce n'est que vers neuf ou dix heures du soir que le soldat pouvait prendre quelque repos. Dans les rangs de nos troupes, généraux, officiers et soldats, tous ont montré une constance héroïque au milieu de ces fatigues vraiment indicibles.

« Le 8 janvier, le quartier-général du prince feld-maréchal se porta de Vendôme vers Épuisay en suivant la grand'route. Celle-ci était bordée sur la droite par le bois de Vendôme, où s'était concentré le combat soutenu le 6 par le $3^e$ corps. On en apercevait encore partout les traces. Dans les champs gisaient éparses des pièces d'équipement et des armes. Çà et là on rencontrait des cadavres abandonnés pour la plupart par l'ennemi, mais parmi lesquels on comptait aussi bon nombre de Prussiens. Des deux côtés de la route on découvrait les endroits où l'ennemi avait établi ses postes avancés ou ses bivouacs.

« On arriva ainsi à Épuisay, — village peu considérable situé sur la route du Mans. Ce village avait été pris la veille par le $2^e$ bataillon du $64^e$ régiment d'infanterie et l'avant-garde du $9^e$ corps.

« Nos troupes poursuivirent leur marche. En dépassant Épuisay on eut lieu de constater partout les dispositions prises par les Français pour gêner nos mouvements. Sur tous les points les chemins étaient défoncés, coupés de barricades et de fossés.

« On atteignit ainsi la ligne de la Braye, que l'ennemi avait essayé en vain de défendre la veille contre le $3^e$ corps. L'engagement fut vif, mais tourna tout à l'avantage des nôtres.

« Vers huit heures au soir le quartier-général fit halte à Saint-Calais. Il était précédé par le $3^e$ corps, formant le centre de notre ligne d'opération, et suivi par le $9^e$ corps, qui servait de réserve. Le 9 janvier le quartier-général rejoignit l'avant-garde du $3^e$ corps. Cette journée fut la plus pénible de toutes, à cause d'un tourbillon de neige violent, au milieu duquel nos troupes durent avancer en serrant l'ennemi de près.

« Dans la soirée, le prince feld-maréchal atteignit le village de Bouloire, où il fut informé que près d'Ardenay, à 11 kilomètres environ de cette localité, le 3ᵉ corps était aux prises avec les forces du général Chanzy. Le quartier-général s'installa à Bouloire, qui fut fortement occupé, parce que de nombreux détachements français tenaient encore la forêt qui avoisine ce village.

« Forcé d'abandonner ses positions près de Vendôme, le commandant en chef français, qui n'avait sous ses ordres que des masses indisciplinées et inertes, n'avait pu opérer sa retraite assez promptement pour échapper à notre poursuite.

« Cette circonstance le força de s'engager les jours suivants dans des combats dont l'issue lui fut désavantageuse, et qu'il eut à soutenir notamment contre les 5ᵉ et 6ᵉ divisions allemandes. Le 10 janvier au soir on amena à Bouloire 2 mitrailleuses enlevées à l'ennemi, — comme premier trophée de victoire. Puis on vit arriver d'énormes files de prisonniers, qui affluèrent bientôt en si grand nombre que la place manqua pour les installer dans le village.

« Dans les journées du 11 et du 12 janvier l'ennemi essaya de nous tenir tête entre Ardenay et la petite-ville d'Yvre, c'est-à-dire au centre de notre front.

« Il défendit avec une grande ténacité quelques hauteurs qui s'élèvent à droite de la route et qui la dominent. Sur ce point furent engagés le 3ᵉ corps et plus tard le 9ᵉ. Ce dernier corps était appelé à maintenir les communications entre notre centre et le 13ᵉ corps, commandé par le grand-duc de Mecklembourg-Schwerin.

« Le grand-duc s'était avancé de Chartres vers le Nord en soutenant des combats continuels, et ses troupes formaient l'aile droite de notre ligne. Il avait pour tâche d'agir contre l'aile gauche de l'ennemi, qui s'étendait jusqu'à La Ferté. Le grand-duc avait devant lui le 21ᵉ corps français et avait réussi, pendant les derniers jours, à occuper ce corps par de rudes et continuels combats, de façon à le retenir dans ses positions et à le mettre dans l'impossibilité de donner la main au général Chanzy.

« Depuis le matin jusqu'à une heure avancée du soir on soutint, sur toute la ligne du centre et de l'aile droite, un feu violent d'infanterie et d'artillerie. La neige avait cessé. Le temps était devenu clair et il gelait très-fort.

« L'ennemi tint ferme plus longtemps que l'on ne s'y était attendu. Bien que dès le soir du 12 janvier sa résistance eût considérablement faibli et qu'il ne se défendît plus que pour masquer sa retraite, — néanmoins l'opinion prévalait parmi les chefs allemands que l'action se renouvellerait le lendemain.

« A Ardenay, où le quartier-général avait été installé le 11, le prince feld-maréchal reçut le soir, au moment où il revenait du lieu de l'action, la nouvelle que le général de Voigts-Rhetz, à la tête du 10ᵉ corps, renforcé par la 5ᵉ division, s'était emparé du Mans dans le courant de la matinée et occupait la ville.

« Ce corps avait été porté à l'extrême gauche de notre ligne. Il lui avait été enjoint de s'avancer le 6 janvier jusqu'à Montoire et d'opérer ensuite sur la rive gauche du Loir, dans la direction de l'Ouest.

« Arrivé à la Châtre, le général de Voigts-Rhetz s'était dirigé vers le Nord, pour prendre en flanc l'aile gauche des Français, qui s'adossait au Mans. Le matin du 12 janvier, le général avait fini par triompher de la résistance que l'ennemi lui avait opposée sur un grand nombre de points, et s'était porté rapidement contre la ville.

« De la sorte l'ennemi avait été une fois de plus tourné dans les positions qu'il occupait. Ce résultat fut atteint précisément par les opérations de notre centre et de notre aile droite, qui arrêtèrent l'ennemi, en lui faisant supposer probablement que notre aile gauche ne se trouverait pas en mesure d'opérer à une aussi grande distance.

« La prise du Mans exposait les Français au danger d'être menacés sur toute leur ligne de retraite. Aussi se replièrent-ils de toutes les positions qu'ils occupaient, de sorte que le soir la route du Mans fut ouverte aux armées allemandes.

« Pendant toutes ces luttes le prince feld-maréchal est resté du matin jusqu'à la nuit sur le champ de bataille, se portant sur tous les points où son intervention était nécessaire.

« Nos pertes dans ces journées de combat s'élèvent au total d'environ 3,200 tués et blessés; celles des Français sont bien plus considérables. Nous avons enlevé à l'ennemi 15 canons et mitrailleuses.

« Notre artillerie s'est trouvée pendant deux jours, — et cela à cause du mauvais état des chemins et d'autres difficultés encore, dans l'impossibilité d'avancer contre les positions qu'occupait l'artillerie ennemie. Il fallut se battre exclusivement à la baïonnette et à coups de crosse.

« A l'histoire militaire incombe la tâche d'apprécier dans tous leurs détails les mouvements et actions dont on vient de faire l'exposé. Mais dès à présent les avis compétents s'accordent à les ranger parmi les opérations les plus intéressantes et les mieux combinées de la campagne actuelle. »

### NOUVELLES DIVERSES.

On écrit de Paris au *Daily News* :

« Parmi les jeunes gens tués dans la dernière sortie, on cite M. Regnault, le peintre qui obtint au dernier salon la médaille d'or pour son beau tableau de *Salomé*.

« Il est allé au combat, portant sur la poitrine une carte où il avait inscrit son nom et l'adresse de la jeune fille qu'il devait épouser. Quand les brancardiers le ramassèrent, il lui restait tout juste assez de force pour indiquer cette adresse. On le transporta chez sa fiancée, mais il expira au bout de quelques heures.

« Mais la scène la plus pénible qui eut lieu pendant la bataille fut la mort d'un soldat français tué par des balles françaises. C'était un simple soldat du 119e bataillon qui refusa d'avancer. Son capitaine lui fit des reproches. Le soldat tira sur lui et le tua. Le général Bellemare, qui était près de là, condamna le meurtrier à être fusillé sur-le-champ. Un peloton fut formé et tira sur lui; l'homme tomba, on le crut mort. Un peu plus tard, quelques brancardiers qui passaient par là crurent qu'il avait été blessé dans la bataille et le mirent sur une civière.

« On découvrit alors que le malheureux vivait encore. Un

soldat le visa à bout portant, mais son fusil rata. On lui en donna un autre, et cette fois il brûla la cervelle à l'infortuné. »

### N° 38. — VENDREDI 10 FÉVRIER 1871.

## PARTIE OFFICIELLE.

#### COMMUNICATION OFFICIELLE.

VERSAILLES, 9 février. — Les forts Haute-Perche et Basse-Perche qui se trouvent devant Belfort ont été occupés le 8 de ce mois.

La remise des canons et des armes de l'armée de Paris a commencé le 7.

M. le comte Charles de Kœnigsmarck a été nommé préfet du département d'Indre-et-Loire.

## PARTIE NON OFFICIELLE.

Le *Moniteur prussien* résume ainsi qu'il suit les opérations du siége de Paris, depuis l'attaque du Mont-Avron jusqu'à la capitulation :

« L'artillerie allemande ouvrit, le 27 décembre, le feu par 76 pièces sur le Mont-Avron, situé à l'est de la capitale. Les batteries françaises du Mont-Avron cessèrent dès le lendemain leur feu, mais les forts répondirent avec une certaine vigueur, ce qui n'empêcha pas nos batteries de bombarder la gare de Noisy-le-Sec et de forcer les troupes françaises cantonnées à Bondy à abandonner cette position.

« Le 29 décembre, des divisions du 12ᵉ corps d'armée saxon se rendirent maîtresses du Mont-Avron; les troupes françaises qui avaient pris position en dehors de l'enceinte furent refoulées sur Paris.

« Le 30 décembre, plusieurs compagnies allemandes avaient

poussé jusqu'au village de Rosny, et le 31 décembre commença le bombardement des forts de l'Est, de Nogent, de Rosny et de Noisy, qui cessèrent leur feu le 1ᵉʳ janvier 1871 ; le fort de Nogent seul répondait encore le 2 janvier faiblement à nos batteries, tandis que celles-ci bombardaient sans interruption le front entier de l'Est.

« Le 5 janvier, l'artillerie allemande ouvrit le feu sur le front du Sud : les forts d'Issy, de Vanves et de Montrouge, la redoute de Villejuif et le Point-du-Jour ; les canonnières françaises sur la Seine furent également bombardées, tandis que le feu de notre artillerie continuait à battre les forts du Nord-Est et de l'Est.

« Les forts d'Issy et de Vanves cessèrent momentanément leur feu le 6 janvier. Notre artillerie redoublait de vigueur ; les quartiers du sud de la capitale furent atteints, et le général Trochu, qui avait publié le 6 janvier une proclamation où il repoussait l'idée d'une capitulation, lança, le 9 janvier, avec les autres membres du gouvernement parisien, une protestation contre le bombardement. La situation des forts du Sud devint de plus en plus critique. Leur artillerie et celle des retranchements situés à proximité se taisaient presque entièrement. Dans la nuit du 8 au 9 janvier, les casernes du fort Montrouge furent incendiées et les habitants des quartiers du sud de la Seine quittèrent leurs maisons pour chercher un asile plus sûr dans les quartiers du Nord.

« A trois heures du matin, le 10 janvier, les troupes parisiennes hasardèrent une nouvelle sortie ; elles attaquèrent les avant-postes allemands près de Clamart, mais elles furent refoulées. Dans les nuits du 13 et du 14 janvier, elles nous attaquèrent de nouveau, cette fois avec de plus grandes forces ; leurs efforts portèrent surtout sur Clamart et sur Fleury, et d'autre part sur le Bourget et Drancy. L'attaque fut partout repoussée victorieusement. Le bombardement de la ville et des forts continuait sans relâche, en dépit de ces sorties, et les forts du Sud ne tardèrent pas à cesser presque complétement leur feu.

« Le 15 janvier, il y eut une nouvelle sortie contre les positions de la garde et du 12ᵉ corps près du Bourget, de Dugny et du Mont-Avron ; elle fut facilement repoussée. En même temps notre artillerie réduisait au silence le feu de quelques batteries françaises nouvellement démasquées au sud.

« Le 19 janvier, le général Trochu, cédant à la pression de la population de Paris, tenta une sortie du côté du mont Valérien avec 100,000 hommes ; l'attaque fut dirigée surtout contre le 5ᵉ corps, mais l'entreprise échoua, après un combat de six heures.

« Nos pertes se sont élevées dans cette bataille en morts, blessés et prisonniers à 39 officiers et à 616 hommes ; les pertes de l'ennemi sont évaluées par quelques journaux français à environ 7,000 hommes, chiffre qui paraît d'autant moins exagéré que plus de 1,000 morts ont été trouvés devant nos retranchements. Le général Trochu envoya le 20 janvier le général comte d'Hérison au grand quartier général de Versailles pour demander verbalement un armistice de quarante-huit heures au prince royal ; on consentit à une trêve pour l'inhumation des morts, et le général Trochu fut invité, pour le cas où il voudrait donner quelque durée à l'armistice, de s'adresser par lettre au grand quartier de Versailles.

« Le 21 janvier, le bombardement, qui avait continué sans interruption, fut ouvert sur Saint Denis. Le lendemain le feu des assiégés cessa presque entièrement à Saint-Denis, et à Paris on apercevait journellement des incendies ; au surplus, des symptômes alarmants se manifestaient dans la capitale. Le 20 janvier, le général Trochu se démit de ses fonctions de commandant en chef de l'armée de Paris. Le général Vinoy prit sa place. Enfin, le 23 janvier, après une nouvelle émeute, sanglante cette fois, sur la place de l'Hôtel-de-Ville, M. Jules Favre arriva à Versailles avec des propositions de capitulation. On sait le reste. »

---

L'*Indépendance belge* publie les deux correspondances suivantes :

Berne, 1ᵉʳ février.

Vous savez sans doute déjà, par le télégraphe, que l'armée

française de l'Est, maintenant sous les ordres du général Clinchamp, vient de conclure, avec le général Herzog, une capitulation en vertu de laquelle elle se rend à l'armée fédérale pour être internée en Suisse. En conséquence de cette capitulation, 80,000 Français passent aujourd'hui la frontière, en commençant par l'artillerie. On voit par là que les roses de la neutralité ne sont pas sans épines. Cette catastrophe est une calamité réelle pour la Suisse. Indépendamment de ses troupes, elle aura à nourrir des prisonniers, soit en tout, 100,000 hommes, pour au moins quatre semaines, et cela sans espoir de compensation. Si l'armistice ne mène pas à la paix, la Suisse ne saurait longtemps supporter le fardeau qui vient de lui tomber sur les bras. Dès à présent, les finances fédérales sont en souffrance et pour de longues années.

Le Conseil fédéral a immédiatement ordonné aux cantons de prendre toutes les mesures nécessaires, afin que d'un côté les prisonniers soient internés et que de l'autre côté les charges de cet internement soient distribuées aussi également que possible.

Des ordres ont été donnés aussi pour examiner l'état sanitaire des troupes françaises. Les malades, ceux surtout qui sont atteints de la petite vérole ou d'autres maladies contagieuses, devront être séparés de leurs compagnons. Ils seront distribués ensuite dans les vingt-cinq cantons, d'après la proportion de la population.

Les dépêches du général Herzog tracent de la situation des corps français un tableau désolant. Ils sont arrivés débandés, sans armes, en haillons ; un grand nombre ayant les pieds ou les mains gelées ; bref, dans une misère qui rappelle celle de la retraite de Russie. Des troupes dans ces conditions ne pouvaient pas lutter contre un ennemi aguerri.

Des bruits répandus à Berne, mais dont je n'assume pas la responsabilité, accusent M. Gambetta d'avoir perdu l'armée de l'Est et causé le suicide de son chef. Non-seulement il serait l'auteur du fatal plan de campagne qui, en détachant Bourbaki de l'armée de Chanzy et en le lançant contre Belfort, a renouvelé les fautes du plan de campagne qui aboutit à Sedan, mais encore, lorsque le chef de l'armée française, après l'échec de ses attaques contre les lignes de Werder, voulait rétrograder sur Lyon, il l'en aurait empêché par des ordres formels. Bourbaki, retenu à Clerval, aurait ainsi perdu un temps précieux pendant lequel l'ennemi achevait de le cerner. Pris de désespoir et craignant d'être accusé de trahison par ceux-là mêmes qui l'avaient poussé à sa perte, il aurait attenté à ses jours en confiant son armée au général Clinchamp. Les révélations ultérieures ne manqueront pas de nous faire connaître ce qu'il y a de vrai dans ces assertions.

---

BERNE, 1ᵉʳ février. — Le texte de la capitulation du chef de l'armée française avec le général Herzog n'est pas encore publié; mais il est à remarquer que cette armée s'est rendue avec tout son matériel de guerre, entre autres cent canons et mitrailleuses et environ 80,000 carabines. La Suisse n'aurait donc point de pertes financières à souffrir, même dans le cas improbable que le dédommagement des frais d'alimentation des internés ne serait pas stipulé dans la capitulation; car le matériel appartiendrait, par le droit de la guerre, à la Suisse, à moins d'une stipulation en sens contraire.

Le Conseil fédéral a chargé le département militaire de faire des achats de riz et de froment pour l'alimentation des internés. Il a résolu aujourd'hui de les distribuer entre les différents cantons de la façon suivante : Zurich, 11,000; Berne, 20,000; Lucerne, 5,000; Uri, 400; Schwyz, 1,000; Oberalden, 400; Niderwalden, 500; Glaris, 7,000; Zangen, 700; Fribourg, 4,000; Soleure, 3,000; Bâleville, 5,000; Bâlecampagne, 1,500; Schaffhouse, 1,200; Appenzell R. E, 1,500; Appenzell R., 1,200; Saint-Gall, 7,000; Grisons, 1,000; Argovie, 8,800; Thurgovie, 3,900; canton de Vaud, 8,000; Valais, 1,000; Neufchâtel, 1,000; Genève, 1,500; en tout 84,900 hommes.

---

On écrit de Versailles, 26 janvier, au *Daily Telegraph* :

« Une partie énorme de la population de Paris, — 800,000 personnes, dit-on, — est maintenant nourrie par le gouvernement. On comprend que cette armée considérable de mendiants, qui se compose de presque tous ouvriers et de leurs familles, n'acceptera pas gaiement la suppression de son entretien gratuit et rencontrera d'ailleurs les plus grandes difficultés à se procurer sa nourriture par le travail, puisqu'il n'y a en ce moment rien à faire pour elle.

« C'est là une sombre perspective.

« En 1848, nous avons traversé une crise semblable après la suppression des ateliers nationaux; dans les circonstances actuelles, le cas est bien plus grave encore.

« Si nous jugeons par analogie, il semble que le gouvernement, quelle que soit sa forme, devra nécessairement continuer de nourrir une grande partie de la population de Paris pendant un temps indéterminé. Il ne peut, en effet, s'exposer à voir cette population mourir de faim; la réorganisation des occupations ordinaires et du travail régulier peut exiger un temps assez long, d'autant plus que la demande pour les articles de luxe sera presque entièrement nulle. Comment donc les hommes qui ont vécu jusqu'ici en travaillant pour l'élément parisien pourront-ils subvenir à leurs besoins? Que deviendront les classes plus élevées d'artisans, les tapissiers, les ébénistes, les bijoutiers et les fabricants de ce nombre infini de petits articles de luxe connus sous le nom d'articles de Paris? Et les autres, les maçons, les tailleurs de pierre, les charpentiers qui ont été attirés à Paris en nombre excessif par l'administration Haussmann?

« Combien de temps se passera-t-il avant que tous ces bras inoccupés puissent ou gagner le pain quotidien à Paris ou trouver du travail ailleurs?

« Ces considérations semblent indiquer que nous allons assister au spectacle d'un million d'hommes obligés de dépendre, presque entièrement, et pendant un temps indéterminé, de la charité publique. »

---

Nous extrayons d'une correspondance particulière de l'*Étoile belge* ce qui suit :

Bordeaux, 29 janvier.

« C'est pendant la nuit dernière, à trois heures du matin, que la délégation de Bordeaux a reçu la dépêche qui lui annonçait que tout était fini à Paris.

« Ce dénoûment, bien que pressenti depuis trois jours, a jeté un trouble profond dans le gouvernement. M. Gambetta ne le prévoyait guère quand passant à Lille il prêchait la lutte à outrance et annonçait une victoire suprême après trois mois de résistance.

« La convention signée à Paris est venue renverser les espérances dans le moment fatal où les armées du Nord, de l'Ouest et de l'Est sont en échec ou en péril. Faidherbe est écrasé à Saint-Quentin; Bourbaki se sent tellement menacé qu'il trouve le fardeau au dessus de ses forces et qu'il tente de se brûler la cervelle, et c'est encore Chanzy qui, il y a quelques jours, était regardé comme perdu, qui se trouve dans la situation la moins mauvaise, puisqu'il vient de livrer un nouveau combat.

« Ce matin, tout le monde se jette avec avidité sur le *Moniteur*. Le journal officiel ne contient qu'un décret, longuement motivé, qui destitue treize magistrats inamovibles comme coupables de participation aux commissions qui, en 1852, ont violé toutes les lois en frappant des peines de l'exil, de l'internement ou de la déportation les citoyens les plus honorables, dont le seul crime était d'être républicains sous le gouvernement de la République. Le décret qui atteint M. Raoul Duval, premier président de la cour de Bordeaux, produit une profonde impression. Il paraît inexplicable au public, qui se demande pourquoi le gouvernement a cru devoir prendre cette mesure inattendue plutôt aujourd'hui que le 5 septembre. Je ne vois qu'un mot qui puisse expliquer ce décret, qui me fait l'effet d'un testament. En le lisant, je crois deviner que M. Gambetta a l'intention de ne pas rester au pouvoir, et qu'il ne veut pas le quitter sans avoir donné aux radicaux une satisfaction qu'ils réclamaient depuis longtemps.

« A onze heures, j'essaye de pénétrer à la préfecture. J'apprends là que tous les membres du gouvernement sont en délibération avec leurs amis.

« A midi, je rencontre des journalistes, des anciens députés, qui affirment que les termes de la convention de Paris sont connus par le gouvernement, et qu'ils sont très-durs.

« A deux heures, le gouvernement fait apposer sur les murs une affiche dont vous connaissez les termes par le télégraphe et qui annonce la convention d'armistice de vingt et un jours, les élections pour le 8 février et la convocation de l'Assemblée pour le 14 à Bordeaux.

« C'est aujourd'hui dimanche, le jour des nouvelles fatales. Les désastres de Reichshoffen, de Sedan, de Metz ont été connus un dimanche. Il était dit qu'il devait en être ainsi pour Paris. Une population nombreuse est dehors. Les groupes s'accumulent sur la place du Grand-Théâtre. »

---

CHRONIQUE DE LA GUERRE FRANCO-ALLEMANDE 1870.

8, 9 et 10 octobre. Tentatives d'insurrection dans Paris.

9 octobre. Les troupes prussiennes et bavaroises dispersent, à Étampes, les principaux détachements ennemis venant de la Loire.

— Combat du bataillon de Bockefeld, du 50e régiment d'infanterie (14e corps d'armée), à Rambervillers.

— Le ministre du gouvernement provisoire français Gambetta, qui s'est rendu de Paris à Tours en ballon, pour rétablir l'entente entre le gouvernement de Paris et la délégation (au sujet des élections), adresse une proclamation aux citoyens du département d'Indre-et-Loire (Tours), dans laquelle il les exhorte à voler au secours de Paris.

— Garibaldi arrive à Tours.

— Proclamation du Président des États-Unis d'Amérique, relative à la neutralité de l'Union américaine.

— Neuf-Brisach et Schlestadt sont investis.

— Le Roi de Saxe envoie à Versailles le lieutenant-général de Thieulau, chargé de remettre au Roi Guillaume la grand'croix (instituée exclusivement pour Lui) de l'ordre royal militaire saxon, dit l'Ordre de Henri. — Le roi Guillaume remercie par un télégramme.

— Le grand-duc de Mecklembourg, gouverneur-général à Reims, fait paraître le *Moniteur officiel du gouvernement de Reims*, pour la publication des nouvelles officielles dans son gouvernement-général.

10 octobre. Le *Moniteur prussien* publie un Mémoire du gouvernement allemand communiqué à plusieurs Cabinets, dans lequel il est fait observer que la famine sévira vraisemblablement à Paris, même après la capitulation, et que les membres du gouvernement français, qui ont refusé l'armistice, devront seuls porter la responsabilité de ce fléau.

— Le Roi Louis II de Bavière adresse au directeur-archiviste de Lœher une lettre de remerciments pour son écrit : « Règlement de compte avec la France. »

— Combat victorieux de différentes troupes de la IIIe armée (1er corps bavarois, divisions de cavalerie du Prince Albert de Prusse et du comte Stolberg), sous les ordres du général von der Tann, contre une partie de l'armée de la Loire, à Arthenay, près d'Orléans.

— La division de cavalerie Rheinbaden met en déroute 4000 gardes mobiles à Chérisy-sur-l'Eure.

— Le lieutenant-général de Beyer se rend de Carlsruhe à l'armée, pour prendre le commandement en chef de la division badoise, à la place du lieutenant-général de Glümer, malade.

— Le chargé d'affaires étrangères près de la Délégation de Tours, de Chaudordy, s'efforce, dans une dépêche-circulaire, de démontrer que la Prusse a l'intention de réduire la France à l'état de puissance de second ordre.

— Assemblée et déclaration du parti libéral allemand à Stuttgard, relativement à l'unité allemande.

11 *octobre*. L'armée de la Loire est battue près d'Orléans par les troupes allemandes (1er corps bavarois, 22e division d'infanterie, une division de cavalerie), sous les ordres du général von der Tann. Orléans est pris d'assaut. L'ennemi perd 5 canons; 2,000 Français sont faits prisonniers.

— Combat des 1er et 2e régiments grenadiers badois à Brouvellières.

— Le Grand-Duc de Saxe étend les statuts de l'Ordre de la maison de Saxe, pour y donner place aux décorations gagnées devant l'ennemi.

— La flotte française reparaît dans les eaux d'Héligoland.

— Le détachement d'étape à Stenay est surpris et enlevé par une sortie de la garnison de Montmédy.

12 *octobre*. Commencement du siège régulier de Soissons.

— Le roi Louis II de Bavière, à l'occasion de la bataille d'Orléans, adresse au lieutenant-général von der Tann un télégramme où il félicite ce général et ses troupes.

— Le lieutenant-général de Rosemberg-Gruszczynski, gouverneur de Kœnigsberg, reçoit l'ordre de se rendre à Reims pour remplacer le grand-duc de Mecklembourg-Schwerin en sa qualité de gouverneur général de Reims.

— Le général Senfft de Pilsach disperse 3,000 gardes mobiles à Breteuil.

— Combat du 30e régiment d'infanterie près Épinal.

---

Le *British Medical journal* publie le tableau suivant de la mortalité à Londres et à Paris, dans les deux semaines du 1er au 7 janvier et du 8 au 14 :

|  | 1re semaine. | | 2e semaine. | |
| --- | --- | --- | --- | --- |
|  | Londres. | Paris. | Londres. | Paris. |
| Variole.............. | 79 | 329 | 133 | 529 |
| Rougeole............. | 34 | 51 | 27 | 40 |
| Scarlatine............ | 112 | 13 | 77 | 11 |
| Diphtérie............ | 4 | 19 | 9 | 22 |
| Coqueluche........... | 36 | (?) | 58 | (?) |
| Croup............... | 9 | 20 | 15 | 20 |
| Typhus.............. | 10 | | 10 | |
| Typhoïde............ | 18 | 251 | 17 | 301 |
| Fièvre continue simple...... | 9 | | 11 | |

| | | | | |
|---|---|---|---|---|
| Diarrhée . . . . . . . . . . . . . . | 19 | 151 | 17 | 145 |
| Dyssenterie. . . . . . . . . . . . | 2 | 52 | 1 | 46 |
| Érysipèle . . . . . . . . . . . . . | 16 | 9 | 11 | 10 |
| Phthisie. . . . . . . . . . . . . . | 186 | 19 | 178 | (?) |
| Bronchite. . . . . . . . . . . . . | 519 | 545 | 577 | 457 |
| Pneumonie. . . . . . . . . . . . | 93 | 282 | 91 | 590 |
| Maladie du cœur.. . . . . . . . . | 102 | (?) | 109 | (?) |
| Affections puerpérales . . . . . . | 11 | 11 | 9 | 11 |
| Autres cas.. . . . . . . . . . . . | 769 | 2,189 | 764 | 2.191 |
| | 1,828 | 3,680 | 1,896 | 3,982 |

Pendant les deux premières semaines de l'année dernière, la mortalité, dans Paris, avait été respectivement de 1,106 et 998. Il est à remarquer que les chiffres donnés ci-dessus pour Paris sont incomplets ou défectueux. Ainsi, dans la première semaine, la mortalité causée par la phthisie n'aurait été que de 19 cas. Ce nombre est bien loin d'être en rapport avec le chiffre ordinaire de la mortalité dans cette maladie. Le tableau de la deuxième semaine ne donne aucun chiffre pour la phthisie. D'autres chiffres manquent aussi. Sous cette réserve, on constate que la mortalité totale s'est élevée, dans ces quatorze jours, à 7,762 cas, ce qui, sur le même pied, impliquerait une mortalité pour toute l'année de plus de 200,000 individus.

La population de Londres est de 37 p. 100 plus nombreuse que celle de Paris. La mortalité de Paris a été, dans ces deux premières semaines, de 148 p. 100 plus élevée que celle de Londres. On remarquera qu'à Paris les cas de mortalité par la diarrhée et la dyssenterie n'ont été, dans ces quatorze jours, que de 392, chiffre qu'il faut considérer comme au-dessous de la réalité, en raison de la mauvaise alimentation à laquelle la population a été condamnée.

La mortalité désignée sous le nom d'autres cas s'est élevée à Paris durant ces quatorze jours à 4,381 cas, soit le double à peu près des cas énumérés, ce qui laisse une marge assez large aux conjectures sur la signification des cas non énumérés.

N° 89. — SAMEDI 11 FÉVRIER 1871.

PARTIE NON OFFICIELLE.

VERSAILLES, 10 février. — La ligne de démarcation, établie par la convention du 28 janvier, traverse la ville de Saint-Denis de façon à laisser la grande moitié de la ville à la zone neutre. Les habitants de cette moitié ne pouvant pas obtenir sans certificat des vivres dans la zone allemande et ne pouvant pas non plus entrer à Paris, il s'en est suivi une disette considérable pendant laquelle cette population éprouvée n'a pas cessé d'entourer le poste des officiers allemands chargé de vérifier les certificats. Informé de cet état de choses, le comte de Bismarck a adressé une lettre à M. Jules Favre dont nous publions ici le texte. Le Chancelier s'est en même temps adressé aux autorités militaires allemandes, pour que des vivres fussent délivrés provisoirement et à titre de don à la population de Saint-Denis. S. M. l'Empereur a donné des ordres en conséquence et 15,000 portions venant des magasins de l'armée allemande ont été distribuées.

Voici la lettre de Son Exc. M. le comte de Bismarck :

« La commune de Saint-Denis se trouve coupée en deux par la ligne de démarcation, de manière à laisser la plus grande partie de ses habitants dans la zone neutre. Jusqu'à l'époque de la convention, l'approvisionnement était fourni par la ville de Paris et distribué par l'entremise de la mairie de Saint-Denis. Maintenant les habitants qui font partie de la zone neutre se trouvent exclus de Paris, qui ne leur fournit plus rien, et il leur est interdit de se ravitailler en dehors de la ligne de démarcation. Il en résulte un état de misère pour cette malheureuse population déjà très-éprouvée par la guerre, qu'il importe de soulager sans retard dans l'intérêt de l'humanité. J'ai l'honneur d'appeler l'attention de Votre Excellence sur ce point, en la priant de vouloir bien prendre les mesures nécessaires pour assurer la subsistance de la partie de la population de Saint-

Denis située dans la zone neutre. En attendant l'effet de ces mesures, j'ai prié les autorités militaires allemandes de concourir au soulagement de cette population en lui cédant à titre gratuit quelques vivres de nos approvisionnements.

« Veuillez agréer, etc.

« DE BISMARCK. »

---

Le correspondant de Berlin donne de la force des armées allemandes actuellement sur le territoire français l'aperçu suivant :

La I<sup>re</sup> armée, commandée par le général de Gœben, se compose de 56 bataillons, 56 escadrons et 34 batteries.

La II<sup>e</sup> armée, sous les ordres du Prince Frédéric-Charles, compte 98 bataillons, 136 escadrons et 61 batteries.

La III<sup>e</sup> armée, qui a pour chef le Prince Royal de Prusse, comprend 129 bataillons, 56 escadrons et 58 batteries.

La IV<sup>e</sup> armée, dite armée de la Meuse, sous les ordres du Prince Royal de Saxe, a un effectif de 93 bataillons, 60 escadrons et 98 batteries.

La V<sup>e</sup> armée, ou armée du Sud, commandée par le général de Manteuffel, comprend 118 bataillons, 94 escadrons et 91 batteries.

Les commandements d'étapes (lignes de communications, chemins de fer, etc.) ont sous leurs ordres 27 bataillons et 16 escadrons.

Les garnisons de places fortes se composent de 89 bataillons de landwehr, 24 escadrons et 33 batteries.

Total : 615 bataillons, 401 escadrons et 290 batteries, formant un effectif d'environ 780,000 hommes.

Dans le chiffre donné ci-dessus pour l'artillerie ne sont comptées que les batteries de campagne, et non les pièces de siége.

---

Un des correspondants du *Daily News* a réussi à entrer à Paris, le 1<sup>er</sup> février, et à en sortir de nouveau. Voici quelques détails qu'il adresse sous cette date à son journal :

« Paris a l'air d'un tombeau. Tout le monde y est abattu

physiquement et moralement, mais les neuf dixièmes de la population sont heureux de penser que la lutte est finie et se consolent par le fait que les Prussiens sont dans les forts et non pas véritablement à Paris.

« Le gouvernement de la défense nationale a cessé d'être le point de mire des Parisiens et n'est plus, à leurs yeux, qu'une commission chargée de maintenir l'ordre. Trochu et Gambetta, précédemment les idoles de la population, sont devenus les hommes les plus malmenés dans les conversations de tous. Les soldats de la ligne et les mobiles se promènent sans armes dans les rues, les mains dans leurs poches et s'arrêtant aux vitrines. On dirait aujourd'hui plutôt de paisibles campagnards que des soldats. Ducrot s'est retiré dans la vie privée. Plus de 23,000 personnes avaient déjà demandé l'autorisation de sortir de Paris, sous le prétexte qu'elles désirent présenter leur candidature dans les départements. »

Le correspondant dit qu'il a été fort bien accueilli à son arrivée à Paris, par le motif qu'il avait des journaux anglais dans une de ses poches et des tranches de jambon dans l'autre.

« L'ordre règne à Paris, continue-t-il, les rues y sont pleines de monde : beaucoup de magasins, cependant, n'ouvrent pas. Les magasins de comestibles n'ont pas plus à offrir qu'avant la capitulation; des confitures et des conserves, voilà ce qu'on y trouve, mais pas de vivres, ayant de la consistance. Quelques boutiques vendent de la graisse de cheval qui a une apparence de lard. Les boulangers sont fermés.

« Le Grand-Hôtel est devenu un immense hôpital. La moitié de Paris semble convertie en hôpitaux, à en juger par les drapeaux d'ambulance qui flottent partout.

« Paris est dans une ignorance complète de ce qui se passe à l'extérieur. Le lendemain du jour où les négociations ont commencé, les Parisiens étaient dans la conviction que l'armée assiégeante n'avait pas mangé depuis trois fois vingt-quatre heures.

« Le 31 janvier, un grand nombre de Parisiens affamés ont fait irruption dans un des magasins de la Halle, y ont brisé tous les obstacles et vidé la place.

« La dernière vache vendue a été cédée à une ambulance pour 2,000 fr. Dans la journée du 31 janvier, il n'y a pas eu de distribution de vivres dans plusieurs arrondissements de Paris, et ceux qui n'avaient pas d'argent ont dû tout bonnement se passer de manger.

« Un des signes caractéristiques du siége, c'est l'absence de crimes.

« Les arbres des boulevards ont peu souffert, ceux des Champs-Élysées et d'ailleurs sont tous détruits.

« A la date du 2 février, un plus grand nombre de magasins se sont ouverts à Paris et le service des omnibus a partiellement repris. Paris n'avait encore reçu aucun réapprovisionnement.

« L'état de choses amené par la disette des vivres avait encore empiré. Plusieurs arrondissements n'avaient rien distribué depuis deux jours. La population était désespérée, mais trop misérable pour se livrer à des désordres. »

---

On lit dans le *Salut public* de Lyon :

« La chaussure fournie aux légionnaires du Rhône est si mauvaise qu'il est impossible de faire campagne avec.

« Un chimiste nous expliquait l'autre jour que l'industrie est parvenue à confectionner avec des rognures de corroierie, du crin haché et de la colle forte, un faux cuir à semelle tellement ressemblant quand il a passé au cylindre compresseur, qu'il faut le disséquer pour en reconnaître l'artifice. Ce cuir tient assez bien sur le sec, mais à l'humidité il s'imbibe, il gonfle et finalement se détache, de façon que l'homme, après une étape à la pluie, marche mieux déchaussé qu'un père carme. »

---

Nous extrayons d'une très-intéressante correspondance militaire du *Times* ce qui suit :

« Rouen, 26 janvier.

« La perspective d'arriver dans une ville d'environ cent mille âmes produit sur une armée en marche à peu près le même effet que la vue de la terre sur des passagers après une longue traversée. L'armée aussi bien que le navire fait sa toilette avant d'arriver dans ce port tant désiré. Officiers et soldats prennent également à cœur d'effacer autant que possible la trace des privations et des souffrances causées par une longue marche. Hier, cependant, grâce au temps exécrable et à la longueur de la route, il était impossible d'avoir la moindre prétention à une entrée triomphale. Il avait neigé très-fort pendant la plus grande partie de la journée et le gros des troupes s'étendait sur un espace de vingt milles. Il était donc tard avant qu'elles n'eussent gagné leurs quartiers dans les faubourgs et les villages sur la rive sud de la Seine.

« La capacité de marche que l'armée allemande a acquise doit certainement compter pour beaucoup dans son succès invariable. Durant les trois premières heures de notre marche d'hier, les troupes ne se sont arrêtées qu'une seule fois pendant moins de cinq minutes, et au bout des vingt milles elles avaient le pas aussi élastique et aussi ferme qu'au moment du départ. On ne voit pas cette démarche abattue et traînante qui caractérise souvent une armée qui a fait une longue étape. Les soldats ne se débarrassent pas de leurs sacs; ils pataugent bravement dans la neige et dans la boue, chantant et plaisantant, gravissant les pentes rapides pour arriver aux lieux où ils doivent passer la nuit et où leurs places sont déjà assurées. La gaîté et la patience du soldat allemand doivent être attribuées à la façon dont tout cela est organisé.

« Il sait que pendant qu'il marche péniblement, on a prévu et prévenu tous ses besoins, que des officiers sont en avant, s'inquiétant déjà d'assigner les quartiers, de lui procurer le logement et la nourriture dans les meilleures conditions possibles; il sait que pas un officier, depuis von Treskow lui-même jusqu'au plus simple subalterne, ne pensera à son propre confort avant de s'être assuré que ses hommes sont convenablement casés. J'ai vu comment cela se passe, car j'ai fait route avec les fourriers, dont le premier souci, lorsqu'ils arrivent dans une ville, est de se rendre chez le maire. Si c'est une grande ville, ce fonctionnaire divise la ville en sections et donne une liste détaillée des hôtels et des ressources particulières de chaque section, ainsi que des écuries, etc.

« Des officiers allemands sont alors appelés à coopérer avec les autorités municipales et à loger les troupes de la façon la plus convenable avec des logements appropriés aux grades. Ainsi, quand l'armée arrive, elle trouve sur toutes les portes, de chaque côté de la rue, des indications marquées à la craie, le nombre exact d'hommes qui doivent occuper la maison, avec le nom du régiment et de la compagnie auxquels ils appartiennent, et de même pour les officiers. Aussitôt que les hommes de quartier ont décidé qu'une maison peut contenir le nombre d'hommes requis, les habitants sont priés de tout préparer, de mettre de la paille par terre dans certaines chambres et de distribuer généreusement leurs propres matelas.

« Quand l'armée française arrive dans une ville, on n'a rien préparé pour la recevoir. Les officiers, pour la plupart du temps, vont de suite se loger et laissent les hommes se tirer d'affaire eux-mêmes. Le contraste se présente forcément aux yeux de la population d'ici même. Ils ont vu une armée française forcée de bivouaquer sur les places publiques par ces affreux temps, vivant de croûtes de pain et de tout ce qu'elle pouvait accrocher. D'après les récits des Français eux-mêmes avec lesquels j'ai causé, les soldats ressemblaient plus, avec leurs vêtements en lambeaux et leurs souliers éculés, à une bande de mendiants qu'à une armée prête à tenir tête à l'ennemi. En conséquence, lorsqu'ils montrent leurs billets et réclament le logement à leurs concitoyens patriotes, ces derniers se montrent peu disposés à les recevoir.

« Tout ce que j'ai recueilli de critiques sur l'armée française a été pris à des sources françaises. Tous les prisonniers français, officiers ou soldats, avec lesquels j'ai causé, tiennent le même langage. Parmi tous les citoyens de Chartres, d'Orléans, du Mans, d'Alençon et de Rouen avec lesquels j'ai causé, et parmi tous les paysans ou propriétaires ruraux des districts conquis, je n'en ai pas trouvé un seul qui ait dit que la guerre continuerait ou qui ait admis la possibilité que la victoire tournât en faveur des Français Si pendant les trois derniers mois j'ai toujours tenu le même langage, ce n'a certes pas été par manque de sympathie pour la nation vaincue ou par une partialité imméritée envers les Allemands, mais simplement parce qu'après avoir vu les deux armées, je me suis trouvé dans l'impossibilité d'arriver à une autre conclusion. »

Nous extrayons d'une correspondance adressée de Versailles au *Daily Telegraph*, le passage suivant :

« En allant du Vert-Galant à Livry, nous rencontrâmes une procession de chariots français venant des forts, où ils ont été employés à charrier des munitions, Il y en avait une trentaine. Les chevaux qui les traînaient étaient dans un état des plus piteux. On eût dit des cadavres ambulants. A peine s'en trouvait-il un qui eût une livre de chair sur les os. Ils étaient presque tous de poil blanc. Non-seulement on voyait leurs os, mais le sang rare qui coulait dans leurs veines donnait à leur pelage des reflets tirant vers le rose. Des exclamations d'horreur éclatèrent sur leur passage. Les hommes et les jeunes garçons qui les conduisaient, avec leurs vieux manteaux en lambeaux, semblaient avoir à peine la force de lever leurs sabots pour accomplir leur triste marche. »

N° 90. — DIMANCHE 12 FÉVRIER 1871.

PARTIE NON OFFICIELLE.

M. Thiers, dit le *Mot d'ordre*, continue ses intrigues en province ; il essaye de faire adopter par M. de Bismarck une combinaison digne de son grand âge, celle d'offrir la couronne de France au roi des Belges qui, pour obtenir cet agrandissement de territoire, signerait volontiers des deux mains l'abandon de l'Alsace et de la Lorraine, voire même de la Champagne.

Cette idée grotesque n'est pas nouvelle d'ailleurs : M. Thiers l'avait déjà mise en avant il y a quatre ou cinq mois, à Vienne et à Saint-Pétersbourg, quand le gouvernement de la défense l'avait, malgré les énergiques protestations de Rochefort et de

Gambetta, envoyé solliciter au nom de la République l'intervention des empereurs d'Autriche et de Russie.

C'est ainsi que, en même temps que la France se levait pour repousser l'envahisseur, M. Thiers trahissait effrontément la République et achevait de déshonorer ses cheveux blancs.

---

Le général Bourbaki, d'après la *Gazette de l'Allemagne du Nord* du 5 février, ne serait pas mort, et sa blessure, au contraire, n'offrirait aucune gravité.

Le général serait en Suisse avec son armée.

---

Le compte rendu que le comité berlinois de secours des armées allemandes en campagne vient de publier montre d'une manière frappante quelles sont, à côté des dépenses colossales de l'État, les exigences de la guerre vis-à-vis de la charité privée, du dévouement et du patriotisme du public. Cette société a reçu, pendant la période actuelle de la guerre, du 19 juillet au 31 décembre, par suite de différentes collectes, 293,054 thalers, dont 144,705 th. proviennent des négociants berlinois; elle a par contre, dépensé 271,000 th., de sorte que son encaisse est presque épuisé. Ce que cette société a fait est vraiment prodigieux. Elle a dépensé 98,570 th. pour établir deux grandes ambulances, chacune de 850 lits, dont 500 sont occupés régulièrement, de sorte qu'on a compté, jusqu'à la fin de 1870. 61,960 jours de traitement, dont 56,994 pour les Allemands et 4,966 pour les Français. L'administration militaire accorde 12 gros 1/2 ou 15 gros par jour pour chaque blessé, mais la société a dépensé en sus 148,817 th., parce qu'elle prodigue à ses pensionnaires tous les soins imaginables. Aussi les résultats répondent-ils parfaitement aux sacrifices qu'elle s'est imposés. Quoique les médecins appelés de toutes les parties du globe aient eu à constater de graves lésions, et quoiqu'une des ambulances ait été en partie destinée aux malades atteints de la fièvre d'hôpital, 66 seulement des 2,177 malades admis sont morts et 893 ont pu quitter l'ambulance complétement guéris.

Ce résultat favorable est dû aussi en grande partie aux soins dévoués des dames de la société. En outre, celle-ci a envoyé quatre convois sanitaires, qui ont coûté 1,819 th. aux ambulances de campagne, et a fait douze envois de dons de charité aux troupes en campagne, pour lesquels elle a dépensé 95,540 th. En ce moment, la société emploie tous ses moyens pour ses ambulances, parce qu'elle s'attend à voir bientôt tous les lits occupés par suite de l'évacuation de France de tous les blessés et malades. L'impératrice Augusta a envoyé pour la société une nouvelle somme de 1,000 th., avec une lettre dans laquelle elle lui exprime toute sa reconnaissance pour ses bons soins.

###### NOUVELLES DIVERSES.

Une dépêche de Lyon du 5 dit :
Les Prussiens ont occupé Lons-le-Saunier ce matin.

L'*Electeur libre* annonce que tous les généraux en chef des armées de province sont mandés à Paris, depuis deux jours, par le gouvernement.

MM. Laurier et Steenackers, directeurs au ministère de l'intérieur de Bordeaux, et plusieurs préfets compromis, vont, au dire du même journal, être nécessairement changés.

Une dépêche de Berlin, datée du 5, annonce qu'il y a eu, dans l'après-midi, une grande salve d'artillerie pour célébrer la défaite de Bourbaki et sa retraite en Suisse. Les principales rues de la ville étaient obstruées par la foule.

Le colonel Elphinstone, un des correspondants militaires du *Times* au quartier général français, raconte en ces termes la mésaventure dont il a été victime.

Il était détaché, comme le rapporte son confrère de Bordeaux le 26, à l'armée du général Chanzy qui l'avait accueilli, ainsi que son état-major, avec la plus grande cordialité. Tout à coup on vint l'arrêter, sans qu'on voulût lui dire pourquoi. On l'enferma pendant deux jours dans un cachot infect, sans feu, ni lit, ni couvertures, et privé de toute nourriture convenable. Il ne recouvra sa liberté qu'à l'arrivée des Prussiens. L'ambassadeur d'Angleterre informa de ce fait le comte Chaudordy et demanda une enquête. Le comte promit de faire son possible pour découvrir le motif de l'arrestation.

N° 91. — MARDI 14 FÉVRIER 1871.

## PARTIE OFFICIELLE

AVIS.

VERSAILLES, 13 février. — Pour répondre aux diverses demandes qui m'ont été adressées au sujet de la fixation nouvelle des contributions dues par les communes du département de Seine-et-Oise pendant le temps de l'armistice conclu le 28 janvier dernier, je porte à la connaissance du public que ladite convention ne modifie en rien le versement des contributions, de sorte que tous les arrêtés précédents relatifs à ce sujet restent en pleine vigueur. Je rappelle principalement mon dernier arrêté du 23 janvier par lequel les contributions directes et indirectes sont nouvellement fixées (*Moniteur officiel*, n° 78).

MM. les maires sont donc invités à continuer leurs versements dans les termes fixés s'ils veulent éviter l'exécution militaire.

Versailles, le 11 février 1871.

*Le Préfet de Seine-et-Oise,*
DE BRAUCHITSCH.

## PARTIE NON OFFICIELLE.

Le *Français* du 11 février dit au sujet du citoyen Bordon :

« Les bruits les plus étranges courent contre Bordon, le chef d'état-major de Garibaldi. Il paraît que M° Laurier, qui est fils d'un médecin du Blanc, avait eu occasion de défendre Bordon, traduit devant la cour d'assises de l'Indre sous le *poids d'une accusation grave*. Bordon avait, à la suite de cette affaire, pu s'échapper, gagner l'Italie, et c'est là qu'il s'est affilié à Garibaldi. Le casier judiciaire de Bordon, au milieu du bouleversement général, est tombé en province dans la publicité, et les faits, si étranges qu'ils paraissent, sont partout ailleurs qu'à Paris, de notoriété universelle. C'est ce Bordon qui a fait arrêter et emprisonner, à Autun, M. Pinard. Bordon, dit Bordone, chef d'état-major de Garibaldi, est le bras droit de celui-ci.

« M. Gambetta parlait toujours de la levée en masse. En fait, le recrutement s'est fait dans des conditions déplorables. Dans une foule de villes, il n'est pas parti pour l'armée un seul jeune homme. Qui voulait échapper échappait. L'arbitraire, le désordre étaient poussés à l'extrême. »

### CHRONIQUE DE LA GUERRE FRANCO-ALLEMANDE 1870.

**13 *octobre*.** Ordonnance de la présidence fédérale levant, — pour la frontière-sud, de Malmédy jusqu'à Sarrebruk, — la défense d'exporter le bétail, ainsi que celle d'exporter ou de faire passer en transit la houille et le coke (ordonnances du 10 et du 16 juillet 1870).

(Jusqu'au 15 *octobre*). Négociations, au quartier-général du Roi, à Versailles, avec le général Boyer envoyé de Metz par le maréchal Bazaine.

— Le 14ᵉ corps d'armée, à la suite de petits combats livrés chaque jour, entre dans Épinal; il établit sa ligne de communication par Lunéville.

— Le prince Guillaume de Bade prend, à Épinal, le commandement de la 1ʳᵉ brigade d'infanterie badoise, à la place du lieutenant-général La Roche, malade.

— Commencement du siège de Verdun.

— Avis publié par l'Office général des Postes annonçant qu'en vertu d'un ordre royal du 12 septembre 1870, deux directions supérieures des postes, l'une pour l'Alsace, l'autre pour la Lorraine, entrent en fonctions, la première à Strasbourg, la seconde à Nancy, et que l'administration postale créée pour les autres parties occupées du territoire français, est portée de Nancy à Reims.

— Les Français incendient le château de Saint-Cloud par le feu de leurs forts.

— 10 bataillons de la garnison de Paris font une sortie, qui est repoussée par le 2ᵉ corps bavarois.

— Le président des États-Unis d'Amérique invite, dans une proclamation, les divers États de l'Union à ne pas enfreindre la neutralité.

**14 *octobre*.** Le quartier-général du Prince Royal de Saxe (IVᵉ armée, dite de la Meuse) est placé à Margency.

— Une sortie de plusieurs bataillons parisiens est repoussée par les avant-postes et quelques pièces d'artillerie du 12ᵉ corps (Saxe royale).

— Garibaldi, nommé par la délégation de Tours généralissime de toutes les forces militaires irrégulières de France, arrive à Besançon.

— Une direction des impôts est créée dans chaque département du gouvernement général de Strasbourg.

— Arrêté du commissaire civil de l'Alsace, président de régence de Kuhlwetter, concernant l'institution d'autorités financières en Alsace.

15 *octobre*. Les Français travaillant à la redoute de Villejuif sont dispersés par l'artillerie de campagne du 6ᵉ corps d'armée.

— Ordonnance du gouvernement général de Reims, relative à la peste bovine.

16 *octobre* (trois heures du matin). Soissons capitule après une très-vive défense d'artillerie de quatre jours.

— Le même jour, après-midi, les troupes victorieuses, sous la conduite du grand-duc de Mechklembourg-Schwerin, entrent dans Soissons. 99 officiers et 4,653 soldats sont faits prisonniers; 128 canons, 7,000 obus, 3,000 quintaux de poudre, une caisse militaire contenant 92,000 francs et un magasin de provisions pouvant suffire aux besoins d'une division pendant trois mois, sont trouvés dans la place.

— La garnison de Neuf-Brisach tente une sortie sans succès.

— Avis publié par le Chancelier fédéral comte de Bismarck, concernant l'émission de bons du trésor portant intérêt, pour une somme de 20,000,000 de thalers.

17 *octobre*. Montdidier (département de la Somme) est occupé par un détachement de l'armée de la Meuse.

18 *octobre*. La 22ᵉ division (IIIᵉ armée) bat quatre mille Français à Châteaudun (département d'Eure-et-Loir, au nord-ouest d'Orléans) et prend cette ville d'assaut.

— Ordonnance royale qui autorise l'émission de bons du trésor portant intérêt, pour une somme de 3,100,000 thalers.

— Le général de Werder prend Vesoul.

— Circulaire de Jules Favre en réponse au rapport du comte de Bismarck sur l'entretien de Ferrières.

— Fête nationale à Versailles et à Strasbourg, pour célébrer le jour de naissance du Prince Royal Frédéric-Guillaume de Prusse et l'anniversaire de la bataille de Leipzig.

— Le roi de Wurtemberg adresse un télégramme de félicitations au Prince Royal de Prusse et l'informe qu'il lui a conféré la grand'croix de l'Ordre du mérite militaire. Le Prince Royal exprime au roi ses remercîments par réponse télégraphiée.

— Le Roi de Prusse informe le prince Louis de Hesse que, pour reconnaître la glorieuse conduite des troupes placées sous son commandement, il lui décerne la Croix de fer de première classe.

— Télégramme de félicitations du Roi de Bavière au Prince Royal de Prusse, et réponse télégraphique de Son Altesse Royale.

(*A suivre.*)

---

Nº 92. — MERCREDI 15 FÉVRIER 1871.

## PARTIE OFFICIELLE.

VERSAILLES, 14 février. — M. Ruprecht, assesseur de régence, a été nommé sous-préfet de l'arrondissement de Saint-Denis.

## PARTIE NON OFFICIELLE.

Nous empruntons à la *Presse* de Vienne les réflexions qui suivent sur la prise de Paris :

« ..... A l'avenir on ne songera plus à fortifier la capitale d'un pays, car la guerre actuelle a démontré qu'un ennemi habilement conduit triomphe de tous les obstacles. Paris a l'honneur sauf et s'est acquis le respect du monde; néanmoins ce qu'il a fait disparaît complétement à côté des travaux des assiégeants. Jamais ville de deux millions d'habitants, avec une garnison de 500,000 hommes et approvisionnée pour plus de quatre mois, n'a été subjuguée par une armée de 300,000 combattants. Les Parisiens ont fait tout ce qui était en leur pouvoir; l'effort des Allemands a été surhumain.

« Les conditions de la capitulation sont très-douces. A cette occasion le quartier-général a voulu donner à la France des preuves de ses dispositions conciliantes, et les articles de la convention ont été dictés par les intérêts politiques et militaires. On a facilité autant que possible l'opération douloureuse de la capitulation, et l'empire d'Allemagne débute avec une modération inouïe après des succès si foudroyants ; — il est juste de le constater.

« Quelle que soit l'importance de la prise de Paris, l'armistice a une portée bien plus grande encore. La capitale devait se rendre, c'était inévitable et prévu depuis quatre mois; en Allemagne le fait n'a guère produit qu'une certaine satisfaction de ce que l'artillerie n'ait pas été obligée d'incendier la ville. L'armistice, en revanche, c'est le gage d'une paix prochaine et désirée; jamais le comte de Bismark n'y aurait consenti, si M. Jules Favre n'avait adopté en principe une cession de territoire. Les événements ont bien modifié le programme de ce vieux républicain. Il y a quatre mois c'était : « Pas un pouce de notre sol, pas une pierre de nos forteresses » ; aujourd'hui il se voit forcé de reconnaître que le salut de la France dépend de la satisfaction des exigences allemandes. Si à Ferrières il avait pu prévoir les suites de sa prétention de maintenir l'intégrité du sol français, il aurait sans doute consenti dès lors à la cession de l'Alsace et de la Lorraine allemande...

« Selon toute probabilité nous aurons la paix dans quelques semaines. La paix ! Ce mot seul est une consolation. A notre époque, une guerre prolongée répugne à tous les sentiments, et les intérêts matériels sont devenus si puissants qu'il est impossible de ne pas compter avec eux. La France a besoin de repos, plus encore que l'Allemagne, qui sait pourtant ce que lui ont coûté ses victoires. La paix sera une bénédiction pour tous. Espérons que la Constituante se montrera aussi patriote que M. Favre, à qui on ne saurait reprocher de n'avoir pas eu à cœur le bien de son pays. »

---

La partie de la France occupée actuellement par les troupes allemandes a été divisée en quatre gouvernements généraux établis à Strasbourg, à Nancy, à Reims et à Versailles. Il ne sera pas sans intérêt de jeter un coup d'œil sur la composition et l'étendue de ces gouvernements.

| | | |
|---|---|---|
| Le gouvernement de Strasbourg est formé de quelques parties du département de la Meurthe et de la Moselle avec environ....... | 519,291 | habitants. |
| Du département du Bas-Rhin » | 588,970 | — |
| Du département du Haut-Rhin » | 550,285 | — |
| | 1,658,546 | — |
| Le gouvernement de la Lorraine résidant à Nancy est formé des parties restantes des départements de la Meurthe et de la Moselle avec environ.................... | 561,252 | habitants. |
| Et des départements de la Meuse avec environ........ | 301,653 | — |
| Des Vosges » | 418,998 | — |
| De la Haute-Saône » | 517,706 | — |
| De la Haute-Marne » | 259,096 | — |
| | 1,658,706 | — |
| Le gouvernement de Reims se compose des départements de l'Aisne contenant | 565,023 | habitants. |
| Des Ardennes » | 326,864 | — |
| De la Marne » | 590,809 | — |
| e Seine-et-Marne » | 554,400 | — |
| De l'Aube » | 261,951 | — |
| | 1,899,049 | — |

Enfin le gouvernement général de Versailles, qui d'abord n'était composé que

| des départements de Seine-et-Oise | avec | 55,727 habitants. |
| De l'Oise | » | 401,274 — |
| De la Somme | » | 572,640 — |
| De la Seine-Inférieure (sans le Hâvre) | » | 692,768 — |
| D'Eure-et-Loir | » | 290,753 — |
| Du Loiret | » | 337,110 — |
| | | 2,848,272 — |

a été agrandi par un ordre impérial du 7 de ce mois (Voir n° 87 du *Moniteur officiel*) par les départements de l'Orne (en partie) avec. . 500,000 habitants.

| De l'Eure | » | 394,467 — |
| De la Sarthe | » | 463,619 — |
| D'Indre-et-Loire | » | 525,193 — |
| De Loir-et-Cher | » | 275,757 — |
| De l'Yonne | » | 372,589 — |
| De la Seine (en partie) | » | 100,000 — |
| | | 2,131,625 — |

Le nombre total des Français qui se trouvent actuellement sous l'administration allemande se monte ainsi à 10,276,198 habitants, sans compter les parties du département du Doubs, du Jura et de la Côte-d'Or, où, selon l'art. 1$^{er}$ de la convention du 28 janvier 1871, la ligne de démarcation reste encore à tracer. C'est donc plus que le tiers de la France qui se trouve actuellement occupé par les armées allemandes.

### NOUVELLES DIVERSES.

Une dépêche arrivée à Liverpool et datée de la Havane, 23 janvier, dit : « Une rencontre a eu lieu dans l'Océan Pacifique (on ne dit pas sur quel point), vers le 20 décembre, entre la frégate prussienne *Méduse* et deux canonnières françaises, le *Curieux* et le *Bruix*. Ces deux bâtiments ont été coulés. Le *Curieux* portait quatre canons en bronze de 12, le *Bruix* deux canons de 12 et de 24. La frégate prussienne était armée de canons de gros calibre. »

BERNE, 8 février. — La caisse de guerre de l'armée de l'Est, contenant un million et demi de francs a été remise aujourd'hui en dépôt à l'armée fédérale.

Le gouvernement français envoie à l'intendance 62 wagons de vivres. Le nombre des Français qui sont entrés en Suisse excède 80,000 soldats. Les troupes françaises qui sont entrées en Suisse se composent de plusieurs corps d'infanterie, de chasseurs, de cuirassiers et de gendarmes.

**Prix de vente au détail des denrées alimentaires et autres articles de consommation, dans la ville de Versailles, du 11 au 17 février 1871**

| DÉSIGNATION. | PRIX. | QUANTITÉS. |
|---|---|---|
| Beurre | 3 » | le 1/2 kilo. |
| Pommes de terre | » 75 | le décalitre. |
| Volailles (Poulets) | 6 » | la pièce. |
| Café | 2 40 | le 1/2 kilo. |
| Sucre en pain | 1 40 | — |
| Sucre en poudre | » 75 | — |
| Eau-de-vie | 1 60 | le litre. |
| Vin au litre | 0 70 à 0 80 | — |
| Pain | » 25 | le 1/2 kilo. |
| Sel | » 30 | — |
| Viande | 1 50 | — |
| Huile à manger | 1 75 | — |
| Huile à brûler | 1 10 | — |
| Chandelles | » 90 | — |
| Bougies | 2 » | — |

*Certifié véritable par le Conseiller municipal soussigné,*
BARRUÉ-PERRAULT.

## N° 93. — JEUDI 16 FÉVRIER 1871.

### PARTIE OFFICIELLE.

#### DÉCRET.

VERSAILLES, 15 février. — Nous, Préfet de Seine-et-Oise,

Vu un décret de M. le ministre de l'intérieur du Gouvernement de la défense nationale, en date du 5 février de cette année, nommant des sous-préfets pour les arrondissements de Corbeil et d'Étampes;

Considérant que dans les pays occupés par les armées allemandes, les autorités allemandes ont seules le droit de nommer des fonctionnaires;

Considérant que les arrondissements de Corbeil et d'Étampes font partie du département de Seine-et-Oise,

Décrétons :

Les nominations faites en vertu du décret de M. le Ministre

de l'intérieur du Gouvernement de la défense nationale, en date du 5 février 1871, sont considérées comme nulles et non avenues.

Défense est faite aux Maires, à tous les fonctionnaires et à tous les habitants desdits arrondissements de respecter en quoi que ce soit des ordres venant des deux Sous-Préfets illégalement nommés.

Toutes les mesures sont prises pour empêcher l'installation des Sous-Préfets nommés en vertu du décret sus-mentionné.

Versailles, le 14 février 1871.

*Le Préfet de Seine-et-Oise,*<br>
DE BRAUCHITSCH.

---

## PARTIE NON OFFICIELLE.

Le *Journal de Genève* fait la plus triste peinture de l'entrée des troupes françaises sur le territoire suisse. — Nous empruntons à la relation de ce journal les détails qui suivent :

« La convention était à peine signée avec le général en chef de la Confédération suisse que les têtes de colonne de l'armée française ont commencé à se montrer à nos avant-postes des Verrières, et le défilé a continué sans interruption pendant toute la journée du 1$^{er}$ février.

« On a vu d'abord passer une longue colonne d'artillerie en assez bon ordre.

« Les officiers de cette arme, nous écrit un témoin oculaire, sont en partie à la tête de leurs troupes. Mais tout le reste est en débandade. Je crois que 12 à 15,000 hommes ont passé ici aujourd'hui (1$^{er}$ février), mais dans quel état, grand Dieu ! Les chevaux maigres et efflanqués se traînent péniblement ; à chaque instant l'une de ces pauvres bêtes tombe pour ne plus se relever. Les routes en sont littéralement jonchées.

« Ceux qui les montent ne sont guère en meilleur état. On voit des officiers en pantoufles, des guides en sabots, de magnifiques dragons en manteaux rouges souillés de boue, avec des babouches aux pieds. Plus de casques, plus de shakos, plus de ces élégantes coiffures qui font l'orgueil d'une armée les jours de parade.

« Ce soir, une forte canonnade se faisait entendre mêlée à une fusillade assez nourrie. On croit que c'est le fort de Joux qui tonne. Des francs-tireurs sont, nous dit-on, déployés en tirailleurs à quelques kilomètres seulement de la frontière. Ce qu'il y a de certain, c'est que les bois en sont pleins et qu'on les en voit sortir par petits groupes innombrables pour se réfugier sur notre territoire. D'après les bruits qui circulent ce soir, les uhlans seraient très-près de nous, en sorte que l'immense colonne qui nous arrive et qui s'écoule très-lentement court le plus grand risque d'être coupée, si, du reste, telle est la volonté de l'état-major allemand; et il ne manque pas de gens pour supposer qu'il préfère de beaucoup nous laisser le soin d'héberger et de garder ces 60 à 80,000 prisonniers.

« Les mesures prises pour recevoir cette armée, qui pénètre de partout, ne me paraissent pas suffisantes. Nous avons trop peu de monde. Aussi tous les postes de la frontière télégraphient-ils pour demander des renforts.

« Il est dix heures du soir. Ces masses confuses défilent toujours. Un peintre de genre aurait là bien des sujets de tableaux. Ces soldats de toutes armes, marchant en désordre sur un sol couvert de neige, donnent une idée de la retraite de Russie.....

« C'est affreux, et l'on nous dit que ce que nous avons vu jusqu'ici n'est rien en comparaison des troupes d'infanterie qui forment la queue de la colonne et que nous allons voir!...

« Pendant que le gros de l'armée française défilait aux Verrières, des colonnes plus ou moins considérables se présentaient sur d'autres points de la frontière suisse pour y être internées et désarmées.

« A Sainte-Croix, dès le 31 janvier, les fuyards commençaient à arriver, les uns isolés, les autres par groupes, venant des Fourgs et de Pontarlier.

« Ce matin, à huit heures et demie, écrit-on de Couvet à la *Gazette de Lausanne*, les roulements de la générale retentissaient. Le bataillon 26 s'éloignait rapidement et, à 10 heures, la tête d'une colonne interminable d'artillerie française faisait son entrée à Couvet. Un demi-bataillon du 26° ouvre la marche, les armes chargées, puis les canons, les fourgons, les chars de bagages, les ambulances roulent lentement sur le sol couvert de neige et de verglas. Quel spectacle!

« Les chevaux se traînent à peine. De temps à autre, l'un d'entre eux, exténué de faim et de fatigue, s'abat sous son cavalier. On enlève ses harnais comme l'on peut, on le pousse au bord de la route, où il crève misérablement, et l'attelage poursuit son chemin avec ce qui reste.

« La plupart des officiers sont cependant encore bien montés et ne paraissent pas avoir trop souffert. Ils sont profondément découragés et jugent la continuation de la guerre impossible... »

### N° 94. — VENDREDI 17 FÉVRIER 1871.

#### PARTIE OFFICIELLE.

VERSAILLES, 16 février. — L'armistice qui devait expirer le 19 février à midi a été prorogé au 24.

La forteresse de Belfort a capitulé.
La garnison a été admise à quitter la place avec les honneurs de la guerre et en emportant les papiers et les archives.

M. de Drygalski, directeur de police à Berlin, a été chargé des fonctions de préfet dans le département de la Sarthe.
M. Eugène Landgraff, de Leipzig, a été nommé secrétaire général de la préfecture du même département.

Ont été nommés :
M. Adolphe Schoen préfet du département de Loir-et-Cher ;
M. Édouard Langhans, secrétaire général.

#### PUBLICATION.

Désormais des lettres ordinaires cachetées peuvent être expédiées de ou pour Paris.

#### PARTIE NON OFFICIELLE.

On écrit de Versailles à la *Gazette de Cologne*:
« Dans le compte des frais de guerre figure en première

ligne l'emprunt fédéral (250 millions y compris les avances de 30 milions du trésor prussien), puis viennent : un minimum de 100 millions de thalers pour les invalides, des sommes considérables pour le renouvellement du matériel de guerre, des dommages-intérêts aux Cercles pour l'entretien des familles des soldats de la landwehr, un dédommagement pour les Allemands chassés de Paris, enfin une indemnité pour la marine marchande allemande. »

---

D'après la *Gazette d'Augsbourg*, les indemnités de guerre que l'on compte demander à la France pour les huit Cercles de Bavière seraient les suivantes : — pour la Haute-Bavière, 1,200,000 fr.; pour la Basse-Bavière, 640,000 fr.; pour le Palatinat, 5 millions de francs (on sait que de tous les pays allemands, c'est le Palatinat qui a le plus souffert de la guerre actuelle); — pour le Haut-Palatinat et Ratisbonne, 690,000 fr.; pour la Haute-Franconie, 300,000 fr.; pour la Franconie moyenne, 2,700,000 fr.; pour la Basse-Franconie et Aschaffenbourg, 1,500,000 fr.; pour la Souabe et Neubourg, 1 million de francs. — En tout, une somme d'environ 15 millions de francs.

---

« La Chancellerie impériale vient de recevoir de la part des Chambres de commerce des ports allemands un nouveau Mémoire relatif aux indemnités pécuniaires que notre marine marchande estime être en droit de réclamer. Depuis le 18 juillet jusqu'à l'armistice, la marine française n'a rien eu à souffrir, tandis que plus de cent navires allemands ont été capturés et que trois mille autres se sont vus réduits à une oisiveté forcée. Les armateurs ne demandent pas seulement une indemnité pour les bâtiments capturés, mais pour tous les dommages que leur a causés la flotte ennemie. »

(*Gazette de Cologne.*)

---

On lit dans la *Gazette de Mayence* du 10 février :

« Il est certain que l'Allemagne ne demande que la cession de pays allemands et non pas de pays français. En ce qui concerne l'indemnité de guerre, on établira incontestablement des comptes, et les Français ne pourront pas se soustraire au remboursement des frais de guerre, du dommage qu'ont éprouvé les Allemands expulsés de France, les navires de commerce, les villes ouvertes de Saarbrüken et de Kehl, et les forteresses de Strasbourg, Brisach, Phalzbourg, etc., qui doivent rester à l'Allemagne. Ils n'auront pas des conditions aussi douces qu'en 1815, où ils ont été épargnés grâce aux Bourbons qui venaient d'être restaurés. A cette époque, les frais des dédommagements pour les particuliers additionnés pendant vingt ans n'ont été évalués qu'à 1,600 millions. Les dommages dus aux puissances alliées ne dépassaient pas 700 millions, et cette somme a même été diminuée.

« La Prusse, quoique la puissance la plus fortement atteinte, ne reçut que 125 millions, et cependant dans l'intervalle du 22 octobre 1806 jusqu'au 31 décembre 1808, ce royaume n'a pas payé moins de un milliard 123 millions de contributions, sans compter la confiscation des caisses publiques des magasins et des biens mobiliers de toute espèce. Bignon qui, comme plénipotentiaire français, a eu entre ses mains les finances prussiennes, estime même dans son *Histoire de France* le chiffre que nous venons d'indiquer à 40 millions de plus.

« Il importe de ne pas oublier que ces contributions frappèrent une population de 4,500,000 âmes qu'on a laissée à la couronne de Prusse. Le mode de perception des contributions a été, il est vrai, réglé par des traités, mais la France ne les a pas tenus. On a toujours trouvé des prétextes pour augmenter les sommes. Au mois de juin 1807, la Prusse ne devait plus que 19 millions; le commissaire français y trouvait cependant encore 112 millions. Le gouvernement prussien, pour éviter d'autres pillages, reconnut cette somme, mais l'évacuation du pays et des forteresses, promise lors de ce nouveau versement, fut toujours retardée. Faut-il dire ce que la Prusse a souffert sous le régime du blocus continental, sous celui de l'importation continentale de 1810, bien pire encore, et pendant les mouvements de troupes de 1812 ? Les armées françaises, afin de pouvoir vivre sur le dos de la Prusse, ont même fait des détours considérables. Jusqu'au mois de septembre 1812, les Français n'ont pas enlevé moins de 77,000 chevaux à la Prusse. La Prusse orientale seule a dû fournir 22,000 bœufs. La liquidation de ces fournitures était stipulée, mais elle n'a jamais eu lieu. L'hiver de 1812 et les guerres de la délivrance de 1813 ont enfin mis un terme aux pillages monstrueux et aux autres violences des Français. »

#### NOUVELLES DIVERSES.

DARMSTADT, 12 février. — Le Grand-Duc vient de conférer 363 décorations à des officiers hessois, à des officiers prussiens ayant un commandement dans la division hessoise, et à des fonctionnaires militaires et civils.

BREST, 10 février. — La peste règne parmi les immenses convois de bestiaux en destination de Paris et se trouvant à Landernau. Un cordon sanitaire a été établi, mais les cas de mort sont tellement nombreux, qu'il est impossible d'enterrer les cadavres.

Deux vieux navires de guerre ont été chargés de cadavres et doivent les porter en haute mer.

BERLIN, 9 février. — Officiel. — Le général Treskow annonce de Bourogne, 8 février :

« Les forts détachés de Haute-Perche et de Basse-Perche, qui étaient construits dans le roc, ont été pris aujourd'hui. Les tranchées avaient été creusées dans le roc et par suite du dégel elles étaient inondées. »

Les 84,900 hommes de l'armée de Bourbaki, qui viennent de se réfugier en Suisse, élèvent le chiffre des prisonniers français et fugitifs internés dans les États voisins à plus d'un million. D'après la *Gazette de l'Allemagne du Nord*, 930,000 hommes sont prisonniers de guerre, en y comprenant la garnison de Paris; près de 20,900 se sont enfuis en Belgique après les batailles de Metz et de Sedan, et plus de 80,000 viennent de passer la frontière suisse. Ce total énorme de 1,034,000, observe la *Gazette*, est sans précédent dans l'histoire.

N° 95. — SAMEDI 18 FÉVRIER 1871.

## PARTIE OFFICIELLE.

#### COMMUNICATION OFFICIELLE.

VERSAILLES, 17 février. — L'armistice est prorogé au 24 à midi et s'étend aussi sur le théâtre de la guerre au sud-est. Nos troupes continueront à occuper les départements du Doubs, de la Côte-d'Or ainsi que la plus grande partie du Jura.

La forteresse de Belfort nous sera livrée avec le matériel appartenant à l'armement de la place et sera occupée par nos troupes le 18.

En considération de sa défense courageuse, la garnison, forte de 12,000 hommes environ, a été admise à sortir avec les honneurs militaires.

M. de Tuempling a été nommé secrétaire général de la préfecture du département d'Indre-et-Loire.

## PARTIE NON OFFICIELLE.

#### ENTRÉE DE L'ARMÉE DE BOURBAKI EN SUISSE.

Un journal SUISSE, l'*Union libérale* de NEUFCHATEL, a reçu d'un témoin oculaire le récit suivant sur l'entrée de l'armée de Bourbaki en Suisse. Rien de plus saisissant que ce récit :

« Dimanche, 29 janvier.

« Arrivés à Pontarlier vers une heure de l'après-midi, nous nous rendîmes d'abord aux ambulances organisées dans les colléges et les hospices pour savoir comment distribuer les secours aux blessés que nous avions amenés de Neufchâtel : les besoins étaient grands ; les ambulances étaient remplies de malades plutôt que de blessés ; un seul hospice en contenait un millier, nous dit-on. Parmi eux un grand nombre n'étaient malades que par suite des privations ou du froid extrême ; une salle, par exemple, était remplie de soldats, étendus sur la paille, qui avaient un ou plusieurs membres gelés ; chacun d'eux aurait une longue histoire de souffrances et de misères à raconter.

« Nous leur distribuâmes les quelques provisions que nous avions sur nous. Que de reconnaissance pour peu de chose ! L'un d'eux arrivait à l'ambulance ; depuis cinq jours il n'avait mangé que du biscuit ; aussi avec quelle avidité il dévorait ce que nous lui avions remis.

« Dans les rues, un fleuve non interrompu d'infanterie, de chariots, de soldats de toutes armes et surtout de tous costumes ; pendant plusieurs heures le défilé continua. Une neige profonde, menue comme du sable, entravait la marche ; beaucoup de chevaux, affaiblis par l'ivresse de la faim et traînés par leurs cavaliers, s'avançaient en chancelant et rongeaient le bois des voitures qui précédaient ; parfois l'un d'eux bronchait et tombait sur la route, où on l'abandonnait après lui avoir enlevé son harnais ; au dire des soldats, la route de Besançon à Pontarlier en est jonchée. Nous en vîmes six hors de la porte nord de la ville, tombés dans un espace assez restreint ; leurs cadavres restaient là, le cou tendu, la bouche ouverte, et, chose étrange, la queue coupée.

« Un soldat auquel nous demandions l'explication de ce fait nous répondit : « Oui, on leur prend ce qu'ils ont de bon ; à eux on leur coupe la queue, à nous, quand nous tombons, on nous prend les sabots. » Bon nombre de soldats, d'officiers même, n'étaient chaussés que de sabots ; ce n'étaient pas les plus malheureux. Un soldat arabe n'avait les pieds entourés que de chiffons ; bien d'autres, les pieds blessés, se traînaient misérablement. Point de drapeaux deployés, pas de musique, pas même de tambour ; de temps en temps quelques signaux donnés par le clairon ; des zouaves sans turban, des chasseurs de Vincennes, quelques turcos, puis beaucoup d'infanterie de ligne, de volontaires, des convois de mulets portant les lits de fer des blessés, des fourgons remplis de harnais, de cuirasses, de capotes rongées, passaient pêle-mêle, arrivant à Pontarlier par plusieurs routes, se dirigeant tous par celle du fort de Joux, probablement pour éviter d'être coupés par les Prussiens, déjà à Champagnole, disait-on.

« — Où allez-vous ? leur demandions-nous au passage.

« — Eh! qui le sait, répondaient-ils : là où on nous mène!

« — Et d'où venez-vous ?

« — De Héricourt, de Villersexel, de Besançon.

« — Et pourquoi vous retirez-vous ?

« — Nous sommes trahis; on nous ordonne toujours la retraite au moment où nous sommes en train de battre l'ennemi.

« — De quel département êtes-vous ?

« — De l'Isère, répondait l'un ; dites plutôt de la misère, reprenait un autre ; nous en sommes en tous cas bien près.

« — Vous êtes Suisses ? vint nous dire un soldat, de Genève ?

« — Non, de Neuchâtel.

« — Ah! j'en suis, moi, de Genève, engagé volontaire ; mais quelle misère! C'est bien la dernière fois que la France me voit.

« Les officiers ne se plaignaient pas, mais leur sort n'en était pas plus gai : pas payés depuis trois semaines, marchant toujours, se battant souvent et chargés de faire marcher des soldats harassés, affamés, mal vêtus, la tâche n'était pas facile.

« — Qu'est devenu Bourbaki ? demandâmes-nous à l'un d'eux.

« — Il s'est fait sauter la cervelle près de Besançon.

« — La raison ?

« — C'est après avoir reçu des dépêches du gouvernement, qui probablement lui reprochaient d'avoir trahi.

« Hors de Pontarlier, du côté de Besançon et de Morteau, les routes étaient couvertes de masses humaines qui s'avançaient toujours. Nous vîmes défiler un long corps de grosse cavalerie, des cuirassiers, puis des lanciers, des chasseurs à cheval et quelques hussards. Quoique les lanciers fussent souvent sans lance, ce corps avait encore quelque chose de fort et d'imposant ; les chevaux ne paraissaient pas trop mal nourris et portaient bravement le poids de leurs cavaliers.

« Peu à peu, la nuit s'étendit sur ce lugubre spectacle; quelques officiers supérieurs tâchaient de mettre de l'ordre dans ce grand désordre. La ville regorgeait de soldats; les magasins, les boucheries, les boulangeries et bien d'autres étaient vides de denrées; les hôtels n'avaient plus ni bois ni pain. Dans les rues bivouaquaient ceux qui n'avaient pu trouver place dans les maisons. Bien des milliers de soldats allaient passer la nuit dans la neige par un froid de 15 degrés; on entendait des Arabes causer entre eux ou s'appeler de cette voix stridente qu'on n'oublie pas une fois qu'on l'a entendue.

« Pauvres gens! le ciel était garni d'étoiles; combien ils doivent trouver que notre terre et nos cieux diffèrent des leurs, et surtout que doivent-ils penser du Dieu d'amour et de charité des chrétiens!

« Hors de la ville, c'était encore un autre spectacle: des milliers et des milliers de soldats étaient groupés autour de leurs feux, faisant leur maigre cuisine, et, tout en cherchant à se réchauffer, devisaient sur les malheurs de la France et la trahison des généraux. A droite, une grande masse noire indiquait la place où était campé un parc d'artillerie; à gauche, des équipages de toute espèce, des chevaux qui dévoraient l'écorce des arbres; au milieu, partout les feux du bivouac qui jetaient de sanglantes rougeurs, et auprès desquels, dans la neige, allaient s'étendre et dormir, ou plutôt souffrir, ces milliers de soldats. »

---

On écrit de Bordeaux au *Times :*

« On vous a parlé des souliers à semelles de carton récemment découverts à Lille. Il paraît qu'il y en avait 15,000 paires, et on affirme positivement qu'ils venaient d'Angleterre. Les fournisseurs avaient des contrats très-étendus avec le gouvernement de Bordeaux pour fournir des souliers. Il paraît que depuis que M. Gambetta a pris la direction de tout ce qui était relatif à la guerre, tout a été fait avec une telle hâte que rien n'a réussi. Des contrats ont été passés avec des personnes qui n'avaient aucune qualité pour fournir des objets utiles, et qui ne pouvaient offrir de garantie. Il y a eu du favoritisme, dit-on. Les soldats en ont pâti, ainsi que le pays.

« L'intendant militaire de Lyon, un Corse nommé ***, vient d'être démis de ses fonctions. Les journaux de Lyon affirment que sa coupable et honteuse incurie a beaucoup contribué aux désastres de l'armée de Bourbaki. Les munitions et les rations manquaient continuellement.

« Les corps de troupe traversant Lyon, et aux besoins desquels l'intendant avait mission de veiller, restaient souvent pendant des jours entiers sans pain, et par le froid le plus glacial sans bois à brûler. Ces faits ont été dénoncés plusieurs fois par la presse de Lyon et par des officiers généraux ; mais le gouvernement n'a sévi que lorsque le mal était fait. Des lettres de soldats de l'armée de la Loire se plaignent amèrement de la mauvaise qualité des cartouches qu'on leur distribuait, dont la moitié seulement contenait des balles, tandis que d'autres étaient composées de lingots, la plupart sans capsules.

« L'examen a montré que ces munitions n'avaient aucune valeur. Les faits de ce genre se répétaient journellement. Dans les combats devant Dijon, il n'y avait pas de munitions pour les mitrailleuses. »

### LES PRISONNIERS FRANÇAIS EN ALLEMAGNE.

M. A. Boissaye, administrateur du comptoir d'escompte, a reçu d'un Suisse distingué la lettre suivante, qu'il a adressée au *Temps* :

« Lausanne, 3 février 1871.

« Je me hâte de venir vous demander comment vous êtes tous après les tristes mois que vous venez de passer.

« Donnez-moi en quelques lignes des nouvelles de vos santés ; et nos amis de la rue du Sentier sont-ils tous vivants, et n'ont-ils pas été atteints dans leurs affections ?

« Je viens de passer les deux mois de décembre et janvier en Prusse, occupé à distribuer des secours aux prisonniers français de la part de la délégation du gouvernement ; je suis de retour depuis quatre jours seulement. Ma position de Suisse neutre facilitait une mission qu'il eût été difficile à un Français d'accomplir.

« Il est bien clair que les prisonniers ne peuvent pas se trouver heureux, tant s'en faut; mais j'ai pu constater partout que, en tenant compte de l'énorme agglomération qu'il y a dans quelques places, l'administration allemande faisait tout ce qu'il lui était possible de faire. Quant à la nourriture, la ration est exactement la même que celle du soldat prussien, avec cette différence qu'on fait pour les Français un pain plus blanc que pour les Allemands.

« Le plus grand mal de la situation est l'oisiveté complète des prisonniers. La saison est un grand obstacle à leur trouver une occupation. Dans quelques endroits, on leur fait faire quelques travaux de terrassements à raison de cinq heures de travail par jour; mais ce ne sont que des exceptions, en sorte qu'ils sont accroupis toute la journée autour des poêles dans les baraques ou les chambrées.

« Dans les places où ils ne sont pas trop nombreux, ils sont toujours mieux que dans les grands centres. Les commandants ont moins à faire et peuvent s'en occuper davantage.

« Il y a cependant quelques grands dépôts où les généraux commandants ont su établir un ordre remarquable qui améliore momentanément la situation générale des hommes.

« Les prisonniers sont généralement classés par compagnies de 5 à 600 hommes, commandées par un seul lieutenant allemand, qui a sous ses ordres un certain nombre de sous-officiers prussiens, qui ont beaucoup de peine à se faire comprendre. Tout cela n'est pas facile à mener. La qualité des aliments est bonne, mais la différence du mode de nourriture, le climat, l'oisiveté constituent un ensemble dont la continuation n'est pas possible. Il y a là 400,000 hommes qu'il faut faire rentrer en France au plus vite.

« Les affaires d'un pays ne sont pas d'une autre nature que celles d'un particulier. Quand un joueur s'est assis à une table de roulette et qu'il voit la déveine le prendre, ce qu'il a de mieux à faire est de se lever avant d'avoir perdu ce qui lui reste dans sa poche. Quant un négociant a été pris dans une mauvaise affaire, s'il a du bon sens, il coupe court, fait la part du feu et en sort au plus vite.

« Nous autres Suisses, qui ne sommes pas emportés par l'imagination jugeons la chose ainsi. En attendant, nous voilà avec l'armée de Bourbaki sur les bras depuis quarante-huit heures ; elle entre chez nous comme un torrent, et nous sommes fort occupés à la loger, car eu égard à notre population, nous aurons quatre fois plus de prisonniers à héberger que l'Allemagne.

« Bien à vous. F. DE LOYS. »

### NOUVELLES POLITIQUES.

BERNE, 13 février. — Le *Bund* annonce qu'il résulte des nouvelles reçues de divers cantons que les troupes françaises internées en Suisse se composent de 1,798 officiers et de 79,789 soldats. Il y a en outre 10,000 chevaux.

## N° 96. — DIMANCHE 19 FÉVRIER 1871.

## PARTIE OFFICIELLE.

### AVIS

VERSAILLES, 18 février. — Il est expressément défendu d'emporter des vivres de Versailles. L'ordre est donné aux chefs de garde de confisquer aux portes de la ville et à la gare des chemins de fer les vivres saisis.

Versailles, le 13 février 1871.

*Le Général-Major et Commandant,*
VON VOIGTS-RHETZ.

### AVIS.

Les propriétaires de maisons, gérants, concierges ou toutes autres personnes appartenant à cette catégorie d'habitants sont tenus de donner avis au bureau de la direction de la police du camp, boulevart du Roi, 1, au deuxième, de l'arrivée de tout étranger et de toute personne qui, quoique habitant Versailles, se serait absentée pendant plus de huit jours. Cet avis doit être fait par écrit et contenir le nom, la profession, l'âge et les lieux d'où le visiteur est arrivé, ainsi que le motif de sa présence et la durée probable de son séjour. Il doit parvenir au bureau susmentionné jusqu'à sept heures du soir. Toute infraction à cet ordre sera punie d'une amende de 100 fr. ou d'un emprisonnement de quinze jours.

*Le Général-Major et Commandant,*
VON VOIGTS-RHETZ,

---

Ont été nommés :

M. Bernard Gruenler, préfet du département de l'Yonne.

M. le baron Hugo de Kalitzsch, secrétaire général du même département.

---

## PARTIE NON OFFICIELLE.

Dans quelques jours la France doit se prononcer définitivement pour la guerre ou pour la paix. La courte prolongation de l'armistice du 19 au 24, c'est-à-dire de cinq jours seulement, a suffisamment fait comprendre que l'Allemagne n'entend pas conclure de nouveau un long armistice. Les Allemands en attendant plus longtemps n'amélioreraient pas leur position, mais l'empireraient. La France connaît depuis des mois déjà toutes les conditions essentielles sous lesquelles l'Allemagne est prête à conclure la paix ; on a donc eu le temps d'y réfléchir et de prendre une résolution. Des atermoiements prolongés ne sont pas nécessaires, et ne seraient nullement dans l'intérêt ni de l'Allemagne, ni de la France. Les conditions de l'Allemagne sont fondées sur le besoin des dédommagements pour le passé, et sur celui des garanties pour l'avenir. Comparées à ses besoins, elles sont modérées. Plus la France attendra, moins ces conditions seront favorables, et nous ne prévoyons pas d'incident qui puisse venir à son secours. Nous ne pouvons que le répéter : la France est arrivée à l'heure suprême pour faire la paix ou la guerre que les Allemands sont résolus à continuer dans le cas où leurs conditions seraient rejetées. Espérons qu'à Bordeaux on comprendra qu'il n'y a pas de moyen terme dans cet exposé fidèle de la situation.

### LE BILAN DE LA RÉPUBLIQUE.

Sous ce titre, la *Gazette nationale de Berlin* publie un article remarquable dont nous donnons ici l'analyse suivante :

« Dans quelques jours, le gouvernement que Paris s'est donné dans l'après-midi du 4 septembre pendant une guerre épouvantable avec une sorte de joie de carnaval aura cessé d'exister. Il est impossible de prévoir ce qui sortira de l'Assemblée nationale de Bordeaux. Par la capitulation de Paris, par la retraite de Gambetta et l'éloignement du général Trochu, la défense nationale de la « République bleue » a cessé d'exister.

« Depuis 1789 les gouvernements et les constitutions de la France ont la vie courte : le dernier gouvernement n'a duré que cinq mois, il n'y a que le gouvernement de cent jours qui ait été plus éphémère encore, tout en ayant poussé la France à une guerre aussi folle que celle qui a été continuée par MM. Favre et Gambetta. A entendre les Français, c'était une grande révolution qui s'est accomplie le 4 septembre : « Sans répandre une goutte de sang, le peuple de Paris a renversé les statues et les aigles de l'Empereur. » Le sang que l'Allemagne et la France elle-même ont versé sur le champ de bataille n'a pas été compté, ce n'était que le sang de barbares et de prétoriens. Une population frivole chasse l'ombre d'un homme qu'elle n'a jamais osé regarder en face, et, d'un autre côté, le Sénat et le Corps législatif, l'Impératrice et ses ministres s'enfuient sans même essayer la résistance. Toute autre nation, jalouse de son honneur, se serait ralliée, après un désastre comme celui de Sedan, à son gouvernement. En France, la République était toute prête, et il ne lui était pas absolument impossible de conclure une paix supportable au milieu du mois de septembre. L'Empire avait perdu beaucoup en capitulant à

Sedan; la Lorraine, le nord de l'Alsace et une partie de la Champagne étaient déjà occupés pendant son gouvernement. Cependant ni Metz, ni Strasbourg, ni même Toul n'étaient encore tombés. Paris n'était pas cerné, et les chevaux allemands n'avaient pas encore bu l'eau limpide de la Loire. Le 15 septembre, les conditions de la paix ne pouvaient jamais être aussi dures qu'elles le seront aujourd'hui.

« Le succès seul aurait pu justifier l'usurpation du gouvernement de septembre. PERSONNE N'EST OBLIGÉ D'ÊTRE UN GRAND HOMME ; MAIS CE A QUOI ON EST OBLIGÉ, C'EST DE NE PAS PRENDRE LE GOUVERNAIL AU MILIEU DE LA TEMPÊTE SI L'ON NE SAIT PAS LE MANIER. Qu'est-ce que la République avait fait de la France ? Elle a posé deux principes : celui de l'intégrité du territoire français et celui de la souveraineté nationale pour ce qui concerne la forme du gouvernement. Le 4 septembre, Sedan était la seule forteresse importante prise par les Allemands. Depuis la proclamation de la République, cette dernière, qui n'a pas voulu abandoner une pierre de ses forteresses, a perdu, en Alsace, Strasbourg, Phalsbourg, Schlettstadt, Neufbrisach; en Lorraine, Toul, Metz, Thionville; à la frontière du Nord, Longwy et Montmédy; vers l'Ouest, Verdun, Laon, La Fère, Mézières, Soissons, Péronne et enfin les forts de Paris. Troyes, Orléans, Blois, Tours, Vendôme, Le Mans, Alençon, Rouen, Amiens, Dieppe, Mulhouse, Dijon ont été militairement occupés par les armées allemandes. Dans la galerie des Glaces de Versailles, le cri « vive l'Empereur allemand ! » a retenti pour la première fois. Devant ces tableaux représentant les victoires de Napoléon se trouvent les lits de nos blessés. Il n'a pas été donné à la République de venger Wœrth et Sedan. La défaite de Chanzy à Vendôme était plus honteuse que celle de Mac-Mahon à Wœrth et la perte était quatre fois plus grande. Mac-Mahon n'a laissé que 5,000 prisonniers entre les mains du vainqueur, Chanzy plus de 20,000. Le sort de l'armée républicaine de l'Est répète jusque dans les détails le malheur de l'armée impériale. Napoléon III n'a pas pu mourir à la tête de son armée; le général Bourbaki a essayé de se suicider. Les républicains ont été battus partout. Les armements n'ont été possibles à la République que parce que Metz et Bazaine ont occupé nos forces pendant deux mois. Lorsque nous avons pu conduire nos réserves sur le champ de bataille, les armées républicaines se sont dispersées à tous les vents. Indépendamment de ceux que nous avons faits prisonniers dans les forteresses, nous avons, depuis le 19 septembre, rendu captifs en rase campagne près de 100,000 hommes, nous avons jeté en Suisse 80,000 hommes, 150,000 sont nos prisonniers à Paris. La République seule a donc perdu plus de 300,000 hommes, sans compter les morts, les blessés et les malades.

« Personne n'a plaidé plus éloquemment que Gambetta en faveur du suffrage universel, et cependant qu'avons-nous vu? Trois fois on a promis des élections générales, trois fois on les a retirées. La suite naturelle de ces contradictions était l'augmentation de l'occupation du pays. L'Empire a falsifié les élections, la République les a prohibées. La mauvaise conscience lui disait que si les principes de la liberté avaient son cours pendant une semaine seulement, la République serait immédiatement balayée. C'est la peur des Bonaparte et des d'Orléans qui a fait naître le fameux décret de Gambetta du 31 janvier. Tout ce qui existe en France en fait d'hommes d'État capables, expérimentés dans les affaires, devait être exclu de l'Assemblée nationale. De Napoléon III à Gambetta : c'est ainsi qu'une grande nation tombe d'écueil en écueil, dans le précipice de l'anarchie. C'est le comte de Bismarck qui a dû défendre, contre le dictateur français, la liberté des élections et peut-être sauver ainsi la France. »

---

Une feuille américaine, *The Nation* de New-York, apprécie en ces termes les conséquences de la dictature que la France subit depuis le 4 septembre :

« Dans l'histoire moderne il serait impossible de trouver un exemple de l'état de misère où la France est plongée. Pour toute personne sachant ce qu'est la guerre, connaissant les conditions de la victoire ainsi que les points faibles des armées françaises, — depuis la chute de Metz il n'y avait plus de salut à espérer. Il est impossible, surtout quand on manque d'officiers, d'improviser une armée capable de résister en rase campagne à des troupes comme celles de l'Allemagne qui se renforcent continuellement par des réserves exercées. Parfois le soldat doit à son honneur de continuer la lutte sans égard au dénouement probable, mais les Français ont fait tout ce qu'exigent l'honneur et le patriotisme. Leur lutte ne saurait plus exciter notre admiration; et nous ne serions point fâchés d'apprendre que leur entêtement approche de sa fin. Si le bombardement de Paris peut avancer ce résultat, mieux vaut cette dure nécessité que la continuation d'une folle résistance. Pour toute personne ayant à cœur l'avenir du pays, il ne reste qu'à désirer la catastrophe finale.

« Après la chute de l'Empire, la France avait quelques chances d'arriver à un régime constitutionnel véritable, mais ces chances, MM. Gambetta et consorts les ont détruites. En pleine paix, il est déjà fort difficile de gouverner les Français; quelle sera donc cette tâche après le départ des Allemands, lorsque les provinces occupées se verront en face de la misère, sans armée, sans autorités, sans organes respectés !

« Le premier devoir du gouvernement républicain était de convoquer une assemblée nationale capable de mettre au jour les vœux du pays; au lieu de cela on sait ce que la dictature a fait et ce qui en est résulté de maux pour la France..... »

---

On sait, combien ont été utiles aux armées allemandes, dans cette campagne, leurs excellentes cartes topographiques. Un officier bavarois fait remarquer dans une correspondance adressée au *Journal militaire*, que les deux armées bavaroises, à leur entrée en campagne, avaient emporté plus de 100,000 cartes du bureau topographique. En outre, ces corps de troupes, à mesure qu'ils avançaient dans le pays ennemi et à chaque nouvelle combinaison stratégique, recevaient de l'état-major des cartes détaillées indiquant la situation du moindre hameau qu'ils avaient à traverser, et ces cartes n'étaient rien moins que celles dressées en feuilles d'atlas au « dépôt de la guerre », sur l'échelle de 1/80,000. L'armée d'investissement est encore en possession du plan de Paris à l'échelle de 1/40,000; ce plan a été agrandi sur l'Atlas officiel par le procédé photographique et multiplié à l'infini. Il faut encore ajouter à ce plan une carte donnant un aperçu général et détaillé des endroits les plus reculés et tracé d'après l'Atlas officiel de France. Cette carte a été dressée sur l'échelle de 1/320,000. Le bureau topographique de Berlin avait déjà travaillé depuis des années aux reproductions de cette carte à l'échelle originale de 1/320,000, ce qui permit à l'état-major prussien de les distribuer au commencement de la campagne, au nombre de plus de deux millions d'exemplaires. On a encore utilisé les progrès obtenus dans la fabrication du papier, en employant le papier de chanvre, qui permet de les mettre en circulation immédiatement après leur impression; elles occupent à peine un quart de l'espace des cartes collées sur toile; les frais de collage, lesquels dépassent dans le cas le double de la valeur de la carte, sont économisés. Les cartes usées ou perdues sont vite remplacées par d'autres délivrées à bon marché aux états-majors qui en font la demande.

### FAITS DIVERS.

Voici quelques détails biographiques sur le général de Werder : « Auguste de Werder est né en 1808; en 1825, il entra dans le régiment des Gardes du corps; en 1826, il passa avec le grade de lieutenant en second au 1er régiment de l'infanterie de la Garde; en 1842, il fut nommé lieutenant en premier; de 1842 à 1843, il fit avec les Russes la campagne du Caucase et reçut dans cette campagne une blessure; il fut ensuite nommé capitaine dans le grand état-major général; puis il passa dans l'état-major du 1er corps d'armée; en 1863, il reçut le grade de général-major; en 1866, celui de lieutenant-général; dans la guerre de 1866, il commandait la 3e division d'infanterie à Gitschin et à Kœniggrætz, et fut décoré de l'Ordre pour le mérite. »

On écrit de Cassel à la *Gazette de Francfort*, en date du 9 :

« La capitulation de Paris a eu pour suite la réduction du personnel de la cour de l'ex-empereur; une douzaine de serviteurs mariés et dont les familles sont restées à Paris, ont été congédiés après avoir reçu une gratification considérable et une provision de vivres pour leurs familles qui leur a été délivrée par le chef des cuisines de la cour de Berlin, M. Bernard.

« Hier, les officiers français internés à Cassel ont reçu, de la part du gouvernement de la défense nationale, la différence entre la solde des prisonniers français et allemands. L'argent a été envoyé par les soins de la légation des États-Unis et payé par l'autorité prussienne. Ces suppléments s'élèvent à un chiffre assez considérable; quelques officiers d'état-major ont touché 300 à 400 thalers pour les trois mois passés, et ainsi de suite jusqu'au grade de sous-lieutenant. Comme il se trouve actuellement en Allemagne plus de 12,000 officiers prisonniers et qu'il est probable que tous jouiront du bénéfice de ce supplément, il est permis de croire que le gouvernement français est encore assez pourvu d'argent. »

N° 97. — MARDI 21 FÉVRIER 1871.

## PARTIE NON OFFICIELLE.

VERSAILLES, 20 février. — La *Gazette de la Bourse*, de Berlin, publie, sur l'indemnité de guerre, l'article suivant :

« Dans les États neutres on fait grand bruit de l'indemnité de guerre exigée par l'Allemagne, et que l'on évalue à 2 milliards de thalers. Dans un compte-rendu de l'ouvrage du comte de Bassewitz sur le marquisat de Brandebourg, ouvrage dont les documents sont puisés aux meilleures sources, nous avons déjà démontré que depuis le mois d'octobre 1806 jusqu'au milieu du mois de juillet 1807, les deux Marches, les trois cercles de Magdebourg, la Poméranie, la corporation des marchands de Stettin, la Prusse orientale et occidentale, la Lithuanie et la Silésie, n'ont pas payé moins de 245,091,801 thalers, soit 919,094,250 fr. en fait de contributions de guerre, de réquisitions en argent et en vivres, et de pertes provenant d'actes de pillage. La ville de Berlin seule était comprise dans cette somme pour 203,180,000 francs, partant pour plus que la somme que Paris, ville de plus de 2 millions d'habitants, vient de verser. N'oublions pas qu'en 1816 le nombre des habitants de Berlin n'était que de 197,717 habitants, et que dix années auparavant elle n'avait pas la dixième partie des habitants actuels de Paris. Par le traité de Tilsit, la Prusse a dû payer une somme de 140,000,000 de francs, dont 20,000,000 seulement ont été diminués. Par le même traité elle a perdu 2,851 lieues carrées et 5,158,489 habitants de 9,752,731 qu'elle avait. La Prusse ainsi diminuée a, par conséquent, payé en neuf mois de temps la somme énorme de 1 milliard 39 millions.

« Que l'on veuille bien considérer aussi la valeur immense qu'avait l'argent à cette époque, et l'on sera obligé de convenir que cette somme équivaut aujourd'hui à deux milliards et demi. Que l'on compare aussi la France d'aujourd'hui, riche de plus de 38 millions d'habitants, et dont le mouvement de commerce en 1867 était de plus de 6 milliards, avec la Prusse de 1806 complétement pauvre en industrie et en commerce. Au commencement de 1851, la dette publique en France était de 5,345 millions de francs, capital nominal de rente. En 20 années de temps et jusqu'au moment de la guerre avec l'Allemagne elle a augmenté cette somme de 8 milliards. Avant la guerre il y avait tant de capitaux en France que son taux de l'intérêt a fait concurrence à celui de l'Angleterre. Nous avons donc la conviction que la France est complétement en état de payer la somme demandée et sans être ruinée, ainsi que le craignent les hommes d'une politique sentimentale dont nous venons de parler. Que ces messieurs mettent enfin en ligne de compte cette vérité que la France en déclarant la guerre sans être provoquée a endommagé pour des années les intérêts matériels de l'Allemagne. »

La *Gazette nationale* dit sur le même sujet : « Il est parfaitement vrai qu'une guerre malheureuse entreprise dans le but le plus audacieux ne saurait se liquider avec de la sciure de bois, et le compte à régler aura certainement de grandes proportions ; mais il ne peut pas en être autrement. La modestie dans nos prétentions qui auraient pour but d'éparger les Français au détriment de l'Allemagne innocente et travailleuse, serait tout à fait inadmissible. Pour se convaincre de cette vérité on n'a qu'à voir avec quelle légèreté les Français jettent leur argent par la croisée quand le caprice de la guerre s'empare d'eux. Nous ne parlerons pas de l'aventure mexicaine qui a follement fait dépenser plusieurs centaines de millions. Nous citerons un autre exemple : rarement peuple s'est conduit plus en dépit du bon sens que pendant les Cent-Jours. Une année auparavant les puissances alliées l'avaient traité avec les plus grands égards ; aussi furent-elles regardées à Paris comme des libérateurs. Évidemment les Alliés aussi bien que les Bourbons avaient droit à la gratitude du peuple français. Et cependant qu'est-il arrivé ? Napoléon est revenu de l'île d'Elbe, et quoique cette entreprise n'ait pu amener que des ruines, les Français fatigués depuis plusieurs mois de la guerre et heureux d'être délivrés du régime impérial, l'accueillirent volontiers. Ils prirent les armes pour trahir et pour attaquer leurs sauveurs. Cette entreprise était tellement dépourvue de bon sens, que lorsqu'elle eut échoué, les Français la regrettèrent, et après les désastres qui eurent lieu en Belgique, plusieurs généraux de Napoléon furent exécutés par le gouvernement royal et d'autres assassinés par la plèbe. Ces cent jours ont coûté plusieurs milliards au pays, et ce qui est pis encore, jusqu'à 1870, les Français ont crié revanche pour Waterloo. Cet exemple suffit pour montrer comment la France répond à la magnanimité et aux bienfaits. »

Au moment où la question de l'indemnité des frais de guerre se pose avec plus d'autorité que jamais, le *Journal du Weser* produit sur les dépenses que la campagne de 1870-1871 a occasionnées à l'Allemagne un calcul qui n'est pas sans intérêt.

Cette feuille établit d'abord « le total nominal des emprunts militaires contractés par l'Allemagne du Nord et les avances pour frais de mobilisation faites par les autres États. Pour l'Allemagne du Nord, ces sommes s'élèvent à 400 millions de thalers, et pour les besoins annuels des fonds des invalides, à 100 millions. Le déficit qui est résulté pour le travail national qu'auraient livré les troupes de la landwehr, des réserves, des militaires en congé, est évalué à un thaler par jour et par homme, soit sur un million d'âmes, 200 jours, 200 millions. Les livraisons en nature faites par les cercles, communes et particuliers montent à 100 millions. Les pertes de matériel de guerre de toute espèce s'élèvent encore à 100 millions. Celles subies par le matériel des chemins de fer, chevaux et autres moyens de transport, se chiffrent à 100 millions. Le total s'élève donc à 1,000 millions. Si l'on ajoute encore 100 millions pour tous les autres dommages non compris dans les énumérations qui précèdent, tels que déboursés, avaries, etc., on obtient un total de 1,100 millions de thalers ou quatre milliards de francs.

« Les indemnités pour vaisseaux capturés et pour les Allemands expulsés doivent encore être calculées. »

Une feuille radicale de Berlin, la *Gazette du peuple*, — que nous avons rarement l'occasion de citer, — fait entendre, dans les lignes qui suivent, le langage de la modération et de la raison, — et plût à Dieu qu'elle fût écoutée par ses amis les démocrates français :

« Tout homme qui désire sincèrement la paix considérera les jours d'armistice comme une préparation à des dispositions pacifiques, comme une époque pendant laquelle non-seulement les armes, mais aussi les passions doivent se reposer pour arracher deux nations, qui pourraient contribuer au bonheur des peuples par une plus noble rivalité dans les luttes de la civilisation, aux sentiments tels que les produit une guerre sanglante, et les rapprocher par une meilleure notion des points de vue sous lesquels il faut se placer pour amener un avenir plus heureux.

« Quels que soient les desseins des cabinets, il est un fait que la nation française ne devrait pas méconnaître, c'est que le peuple allemand n'avait nulle envie de faire la guerre. L'unanimité avec laquelle tout le monde a couru aux armes n'était pas une conséquence de l'ardeur guerrière, mais bien au contraire le résultat de l'indignation que l'ami de la paix, s'il est provoqué à la guerre, ressent d'autant plus fortement qu'il la désire moins. Si les armées de l'Empire français ont été terrassées par la puissance de ce sentiment unanime de nos armées allemandes dans des campagnes incomparablement victorieuses, elles ne sont pas tombées victimes d'une passion guerrière, mais de la profonde exaspération contre le défi audacieux qui a forcé les Allemands de prendre les armes. »

---

Les journaux suisses continuent de donner les plus tristes détails sur l'état physique et moral des troupes françaises qui ont passé la frontière helvétique. Toutes ces relations accusent le désordre, l'incurie de l'administration militaire française et font entendre aussi les plaintes les plus graves contre le service médical de cette malheureuse armée de l'Est ; — on écrit de Brassus, au *Journal de Genève* :

« Les réfugiés du Sentier ont été dirigés sur l'Abbaye et l'Isle. Maintenant nous voilà à peu près libres ; il ne nous reste que les malades, blessés, pieds gelés, varioleux, etc., qui encombrent les ambulances. Ce qui nous manque le plus, ce sont les médecins. Il n'y a dans la Vallée que le docteur du bataillon, lequel n'a pu suffire à pareille tâche. Les médecins français du régiment, quoique se réclamant de la *Société internationale* pour conserver leur liberté, ont refusé soit de soigner leurs malades, soit de suivre leurs soldats. On les a mis en demeure d'avoir à rejoindre leur régiment avant une demi-heure, à défaut de quoi on les y contraindrait par la force... Ces messieurs se sont exécutés... »

Dans une autre lettre publiée par le même journal, nous lisons :

« Au milieu de ce désastre chacun de chercher en vain les ambulances. Où donc se cachaient-elles ? — Elles avaient défilé en tête avec les chariots laissant l'armée en arrière ! — Il en restait une aux Verrières ; mais les médecins l'avaient abandonnée et s'étaient empressés de descendre de Neufchâtel, où ils couraient les cafés. Partout le même spectacle, à Orbe, à Yverdon, à Neufchâtel, les médecins militaires avaient abandonné les ambulances, laissant aux médecins suisses le soin de s'occuper de leurs innombrables malades. A Yverdon, on a vu un de ces messieurs attablé dans un café refuser de faire deux pas pour panser un malheureux étendu sur le trottoir. « Depuis que nous avons passé la frontière nous ne sommes plus de service, » avait-il répondu.

« Sur toute la ligne c'était le même phénomène, qui partout indignait les populations et qui a laissé partout la plus pénible impression, car la généralité du fait a montré qu'il ne s'agissait pas ici d'un cas fortuit, mais bien de l'une des manifestations de cette décomposition morale de la France qui est la cause de tous ses désastres. Le sentiment du devoir semble disparaître et la machine ne marche plus que tant qu'une main vigoureuse la force de marcher. »

Il paraît aussi, d'après ces mêmes relations, que les francs-tireurs de l'armée française produisent sur la population suisse un tout autre effet que l'admiration. Un visiteur du campement français écrit de Bullet (Vaud) au *Journal de Genève* une lettre qui se termine ainsi :

« Enfin nous revenons sur nos pas et, à Sainte-Croix, j'ai la mauvaise chance de voir dans une maison un franc-tireur aux yeux sanguinaires. — J'aurais peur de cet homme ; il montre le casque d'un uhlan qu'il a tué à vingt pas en pleine poitrine. — « Il a fait un beau saut, » dit-il. Après l'avoir tué, il l'a dépouillé d'un beau fusil qu'on vient de lui voler ; c'est tout ce qu'il regrette. Non, décidément, je n'aime pas cette guerre d'embuscades, de surprise, où il n'y a rien de loyal, de chevaleresque, de généreux. J'examine ce casque : sur le devant on lit sur un petit étendard déployé « *Mit Gott für Kœnig und Vaterland.* » Oui, quoi qu'on dise, l'Allemagne a combattu pour ses foyers, et Dieu a protégé l'Allemagne, tandis que pour la France, le jour de sa gloire est hélas ! bien passé ; et la France ne la retrouvera, cette gloire, que dans la paix et sous l'influence de l'Évangile !    (Signé) F. Koeune. »

On lit dans la *Correspondance de Berlin :*

« Après la capitulation, Paris a eu quelques jours de calme ou de stupeur ; mais cette trêve de l'anarchie des esprits aura duré moins longtemps que l'armistice. Le 7 février, un correspondant de l'*Indépendance belge* écrivait à ce journal :

« Après avoir été vraiment et tout bonnement étonnant de raison, de calme et de simplicité dans le sacrifice, Paris, poussé par une grande partie de la presse qui, devant ces grands événements, s'est trouvée manquer de vrai sens politique, Paris est en train de perdre absolument l'équilibre. Nous sommes en pleine guerre civile de récriminations insensées, injustes, en tout cas stériles, et devant les Prussiens souverainement impolitiques.

« Au fond il n'y a pas un homme sensé qui ne se rende compte, et cent fois pour une, que l'armistice, disons pis, que la capitulation était indispensable ; pas un qui ne s'émerveille d'avoir pu résister près de cinq mois. Eh bien ! il n'en est presque pas un non plus qui ne prenne cette capitulation de travers. Il semble que nous ayons *dû compter* sur le miracle, sur l'impossibilité du succès, et que ce soit une déception *inouïe* qui nous arrive.

« Or, pas un chat à Paris n'oserait soutenir qu'avant la capitulation il ait cru pour de bon Paris débloquable sans le secours des armées de province. Du moment que les vivres manquèrent, à l'heure même où les armées de province, au lieu d'avancer, reculaient, il fallait, hélas ! faire ce que l'on a fait et se tenir pour relativement satisfaits.

« Car, enfin, ces cinq mois ont sauvé la *conscience française*, l'honneur est retrouvé, car, enfin, cette capitulation nous laisse *maîtres du choix* de notre gouvernement. Cela, certes, vaut à soi seul toutes les misères subies depuis cinq mois. L'Empire perdu, c'est un gain qui compense bientôt toutes les pertes... »

Que Paris ait sitôt *reperdu l'équilibre*, on le comprend sans peine lorsqu'on lit, dans les journaux parisiens, le compte rendu des discours insensés qui se tenaient dans les clubs la veille encore de l'armistice. — Voici un spécimen de ces extravacances, donné par le *Journal des Débats* (la scène se passe au *Club révolutionnaire*) :

« ..... Il y a des choses encore plus graves, s'écrie un quatrième orateur, qui est pourvu d'un fort accent auvergnat. Savez-vous de quoi est composé le pain qu'on vous fait manger? Je vais vous le dire : 1° de foin ; 2° de résidus d'avoine ; 3° de balayures de meules ; 4° de terre glaise, surtout de terre glaise.

« On est en train, dans ce moment-ci, de nous faire avaler les buttes Montmartre. (*Hilarité*.) Il ne faut pas rire, car il y a autre chose encore dans le pain ; on y met un « poison lent », et la preuve, c'est qu'après l'avoir mangé on a la gorge sèche, et qu'il faut absolument boire son demi-setier. (*Certains citoyens paraissent faire un usage fréquent de ce contre-poison.*) C'est comme la fécule de pommes que nous vendent ces voleurs, ces bandits, ces scélérats d'épiciers. C'est de l'amidon. (*Oui, oui, c'est vrai.*) L'orateur s'y connaît, dit-il, car il est « colleur ». (*Nouvelle hilarité.*)

« Mais il fait une découverte bien autrement importante. On a bombardé, ces jours-ci, le faubourg Saint-Germain. Eh bien ! savez-vous qui a bombardé le faubourg Saint-Germain? On croit que ce sont les Prussiens ; on se trompe, c'est Trochu. (*Marques d'étonnement ; quelques signes d'incrédulité.*) C'est Trochu, vous dis-je, et savez-vous pourquoi Trochu fait bombarder le faubourg Saint-Germain ? C'est pour exciter les propriétaires à aller à l'Hôtel-de-Ville demander la capitulation. A l'Hôtel-de-Ville, on dira : « Vous voyez bien, il faut capituler ; c'est la « population elle-même qui le demande. »

« Si nous protestons, et si nous marchons de notre côté sur l'Hôtel-de-Ville, on tombera sur nous, on nous fera fusiller par les Bretons. Car ces gens-là n'ont qu'une idée : capituler. Et pourtant savez-vous ce qui vous attend, si vous capitulez? Quand les Prussiens seront entrés, ils égorgeront tous les enfants au-dessous de douze ans et tous les vieillards au-dessus de cinquante ans. (*Mouvement d'horreur ; quelques signes d'incrédulité.*)

« Quant à la population valide, ils l'enverront casser des

pierres en Allemagne, et ils garderont pour eux les femmes qui seront de leur goût. (*Mouvement parmi les citoyennes.*)

« Le président fait remarquer qu'il y a certainement quelque exagération dans les paroles de l'orateur, mais qu'elles renferment cependant un fond de vérité.

« Les Prussiens demanderont probablement que la population virile de Paris soit emmenée prisonnière en Allemagne, et il est facile de prévoir que Trochu et ses collègues ne manqueront pas d'adhérer à cette condition qui les débarrassera des républicains et leur permettra de rétablir la monarchie. — Sur cette réflexion peu consolante, la séance est levée aux cris de : *Vive la commune !* »

### CHRONIQUE DE LA GUERRE FRANCO-ALLEMANDE 1870.

18 *octobre*. Le Roi Louis de Bavière confère au général d'infanterie de Hartmann la Grand-Croix de l'Ordre du mérite militaire.

19 *octobre*. Le Roi Jean de Saxe, dans un ordre du jour, loue la constance et la bravoure de l'armée saxonne.

— Dans la nuit du 20 octobre, l'ennemi inquiète les avant-postes allemands à Chevilly, devant Paris.

— Ordre du Roi pour la formation de 2 bataillons de chasseurs de réserve.

20 *octobre*. Les ministres de Bavière, de Wurtemberg et de Bade se rendent, pour conférer, au quartier-général du Roi à Versailles.

— Le général de Wittich occupe Chartres, chef-lieu du département d'Eure-et-Loir.

— Le Roi de Prusse décerne au grand-duc de Mecklembourg-Schwerin la Croix de fer de première classe.

— Le quartier-général du 14e corps d'armée (général de Werder) est à Vesoul, ce corps étant parti d'Épinal du 15 au 18 octobre.

— Ouverture des bureaux de poste dans la Lorraine allemande.

— Sous la présidence du gouverneur général comte de Bismarck-Bohlen, une société pour la restauration de la cathédrale de Strasbourg se réunit.

— Cette société et d'autres notabilités de Strasbourg appellent les contributions volontaires pour la restauration de la cathédrale.

— Le ministre anglais Lord Granville publie une Note sur les tentatives de l'Angleterre et d'autres puissances neutres pour intervenir comme médiatrices entre l'Allemagne et la France. Dans cette Note, lord Grandville constate que toutes les offres de paix étant rejetées par les membres du gouvernement français, la responsabilité des malheurs qui menacent Paris incombera à ceux-ci ; — il ajoute que le gouvernement anglais serait disposé à s'entremettre entre l'Allemagne et la France pour faire conclure, avant le bombardement, en vue d'une assemblée constituante, un armistice, qui pourrait amener la paix.

21 *octobre*. Saint-Quentin est occupé par 4,500 hommes de troupes allemandes.

— Dépêche de lord Granville, en réponse à la Note du comte Bernstorff datée du 8 octobre. Le ministre anglais défend la politique de neutralité suivie par l'Angleterre, comme étant conforme aux dispositions du droit international ainsi qu'à la ligne de conduite adoptée dans les cas précédents. L'exportation d'armes anglaises qui n'aurait pas été surveillée, dit-on, assez rigoureusement par le gouvernement britannique, a été moindre que la même exportation provenant des États-Unis, et cependant l'Allemagne n'a élevé aucune plainte contre ceux-ci. En tout cas, la commande de 40,000 fusils, faite en Angleterre par le maréchal Palikao pour le compte de la France, n'a jamais été exécutée. La vente des navires *Hypathia* et *Norsemann*, comme navires de transport pour munitions, au gouvernement français, avait eu lieu avant l'adoption du *foreign enlistement act* ; c'est pourquoi il ne peut y avoir de poursuite contre les vendeurs. En terminant, lord Granville exprime l'espérance de voir promptement écarter cet unique différent qui s'est élevé entre la Grande-Bretagne et l'Allemagne. Il ajoute que le gouvernement anglais n'est nullement jaloux de l'unité allemande, que, loin de là, il considère la réalisation de cette unité comme une œuvre grande et digne de l'Allemagne.

— Combat à la Malmaison, près Paris. 12 bataillons d'infanterie française avec 40 canons sont battus par les avant-gardes des 9ᵉ et 10ᵉ divisions d'infanterie et par le 1ᵉʳ régiment de landwehr de la Garde, soutenus par l'artillerie du 4ᵉ corps. Les Français perdent plus de 100 prisonniers et 2 canons.

— Devant Schlettstadt on ouvre la première parallèle ; 32 pièces de siége bombardent la place.

22 *octobre*. Le général de Werder bat l'armée de l'Est française, composée de deux divisions sous les ordres du général Cambriels, à Rioz et à Etuez sur l'Oignon, près Besançon. Du côté des Allemands, étaient engagés la brigade de Degenfeld, des détachements des brigades Prince Guillaume de Bade et Keller, et 2 bataillons du 50ᵉ régiment. Les Français ont perdu, outre leurs morts et blessés, 2 officiers d'état-major, 13 autres officiers et 130 soldats faits prisonniers.

— Rétablissement des contributions indirectes dans le gouvernement-général de Strasbourg.

— Une sortie de 5 bataillons de la garnison parisienne avec artillerie et mitrailleuses, faite dans la direction de Champigny, est repoussée par les avant-postes wurtembergeois.

— La Chambre des Députés wurtembergeoise adopte les projets de loi présentés par le gouvernement, et ayant pour objet : 1° la continuation, jusqu'au 31 janvier 1871, de la perception des impôts ; 2° un nouveau crédit militaire de 5,700,000 florins. La Chambre est ensuite dissoute, afin que la nouvelle Constitution fédérale allemande puisse être soumise à une Chambre nouvellement élue.

FAITS DIVERS.

On mande de Cassel au *Daily Telegraph* :

« Napoléon III est très-abattu par suite du résultat des élections françaises, qui ne laissent pas d'espoir pour le rétablissement de la dynastie de Bonaparte. »

Les Halles-Centrales de Paris sont de jour en jour plus largement approvisionnées. Dans les pavillons affectés à la vente des viandes de boucherie, et d'où la viande de cheval a disparu, les étaux regorgent de marchandise. Le bœuf s'y débite à peu près aux prix cotés avant le siége, soit à partir de 0 fr. 70 et 0 fr. 80 le 1/2 kilogramme. Le filet ne dépasse guère 2 fr. 50. Le gigot de mouton vaut environ 1 fr. 50. On peut se procurer du veau à ce prix. Le porc fumé se paye 2 fr. le 1/2 kilogr.; le porc frais, 1 fr. 30.

On trouve aussi, aux Halles, des volailles en grand nombres mais les prix en sont encore assez élevés; ces prix tendent du reste à baisser. Un dindon de bonne grosseur se paye de 15 à 16 fr.; un poulet gras, de 8 à 10 fr. Les oies sont chères et atteignent facilement 18, 20 fr. et plus. En fait de gibier, les lièvres se tiennent entre 15 et 20 fr. Les lapins domestiques et de garenne sont à des prix abordables.

En poissons de mer, l'approvisionnement des Halles ne laisse presque plus rien à désirer. D'importants arrivages ont eu lieu en saumons, en raies, en soles, rougets, limandes, anguilles de mer, harengs frais, etc. Les homards, les langoustes, les crevettes, les crabes, ne manquent pas non plus. Les poissons d'eau douce sont assez abondants. D'énormes quantités de morues, de merluches, de harengs saurs et salés sont à ajouter.

Les fromages, dont la population parisienne a été privée si longtemps, ont également reparu sur le marché. On peut aujourd'hui s'y procurer du gruyère à raison de 2 fr. 25 le 1/2 kilogramme. Les prix des différentes sortes de ces produits tendent à se rapprocher de leur cours normal.

En ce qui concerne les légumes, on vend les pommes de terre, au détail, de 0 fr. 20 à 0 fr. 25 et un peu plus suivant qualité; les légumes verts sont rares, un petit pied de laitue ne va pas à moins de 0 fr. 30. On trouve des choux de Bruxelles à 0 fr. 50 le litre. Les carottes valent de 0 fr. 50 à 0 fr. 70 le 1/2 kilogramme.

On remarque avec satisfaction, depuis quelques jours, que les oranges ne font plus défaut sur le marché parisien. Il en est de même des pommes, des poires et des raisins conservés.

On mande de Berne, 11 février, à la *Gazette de Cologne*, que le général Clinchant, qui a conduit l'armée de l'Est en Suisse, est arrivé hier à Berne, où il compte résider jusqu'à la conclusion de la paix. Un colonel nommé Carayon-Latour, qui a été élu dans le département de la Gironde, a reçu la permission de rentrer en France, en échange de sa parole d'honneur donnée au Conseil fédéral de revenir, à l'expiration de son mandat, se constituer prisonnier en Suisse et de s'abstenir de tout acte d'hostilité contre l'Allemagne pendant la guerre.

Le *Phare de la Loire* publie une correspondance de Quimperlé, 14 février, dont nous extrayons ce qui suit :

« Plusieurs personnes très-honorables et certainement incapables de mentir m'ont affirmé que l'un des desservants d'une paroisse de l'arrondissement de Quimperlé avait, le dimanche qui précédait les élections, et cela dans la *chaire de vérité*, à l'issue de la messe, dit à ses paroissiens :

« Mes chers paroissiens,

« C'est mercredi prochain qu'auront lieu les élections. Je vous guiderai dans le choix que vous aurez à faire.

« Je vous donne rendez-vous au presbytère pour le 8 au matin, et vous offre le bouilli et le lard ; et, comme nous sommes un peu loin du chef-lieu de canton, et que le voyage vous fatiguerait, le soir, à votre retour, je vous offre le même repas. »

### N° 98. — MERCREDI 22 FÉVRIER 1871.

### PARTIE NON OFFICIELLE.

VERSAILLES, 21 février. — D'après un article de la *Presse* reproduit par le *Journal des Débats*, le département de l'Oise, frappé d'une contribution de 12 millions de francs, aurait obtenu, grâce aux représentations énergiques de MM. les comtes de Gobineau et de Clermont-Tonnerre, une diminution considérable, et la contribution exigée ne serait plus que de 2 millions. Ces assertions sont inexactes. Le gouvernement général a fixé la somme de la contribution à verser par le département de l'Oise à 10 millions, et il a accordé à la députation du département des délais pour le payement des 10 millions, à condition que 2 millions seraient versés jusqu'au 23 de ce mois. Les 8 millions doivent donc être également versés, mais le gouvernement général s'est montré disposé à accorder des délais constituant des facilités pour le département. Ce qui a contribué à cette concession, c'est que les impôts échus depuis le mois d'octobre 1870 dans le département de l'Oise sont également exigibles.

(COMMUNIQUÉ.)

### L'INDEMNITÉ DE GUERRE.

Sous ce titre, la *Gazette de Spener* publie l'article suivant :

« Nous voyons par la situation présente des États-Unis avec quelle rapidité une nation répare les désastres de la guerre ; quatre ans de guerre avaient coûté au Nord victorieux — et nous ne parlons ici que des emprunts — 16 milliards de francs. Mais l'Union américaine n'a pu se relever sitôt de cette ruine qu'en réduisant, aussitôt la guerre finie, l'armée de terre et la flotte jusqu'aux dernières limites du possible.

« La France n'a pas une moindre richesse de ressources que les États-Unis ; elle trouvera en elle-même autant de facilité pour réparer les graves pertes qu'elle aura subies ; l'industrie, qui est peut-être la principale source de fortune pour un pays, dépasse de beaucoup, en France, celle de l'Amérique du Nord ; et la plupart des Français sont plus sobres et plus économes que la majorité des Américains. A voir la passion violente qui, quatre ans à peine après la guerre de sécession, s'est emparée de l'Amérique du Nord pour la construction de chemins de fer gigantesques, on peut se faire une idée du rapide et complet rétablissement de la fortune publique en ce pays.

« La demande d'indemité qui, d'après des nouvelles paraissant assez dignes de foi, sera faite au peuple français, doit s'élever à environ 8 milliards de francs, soit la moitié de la dette d'État que le Nord-Amérique a contractée pour la guerre. Que la

France, par une telle rançon, soit réduite à la mendicité et ne puisse plus jamais se relever de sa ruine, — ainsi que le prétendent quelques Anglais, — c'est là, pour nous, une parole dite en l'air, une assertion ne reposant sur rien. Les Anglais peuvent relire, à ce sujet, les livres de leur économiste national J. Stuart Mill, qui leur montrent comment la fortune publique dans ses principaux éléments se reproduisait continuellement. Aux Français ne manquent ni l'élasticité d'esprit, ni les conditions favorables, comme nature, comme position, comme caractère national, qui leur permettront de réparer bientôt les pertes actuelles, pourvu, toutefois, qu'ils restreignent très-notablement leur armée et leur marine d'État, et qu'ils renoncent au jeu ruineux de la guerre. C'est ce que nous souhaitons pour notre repos et pour celui de l'Europe. Tout Anglais qui songe aux inquiétudes perpétuelles causées a son pays et au nôtre par les menaces belliqueuses de la France, si fière de son armée et de sa flotte, doit nous remercier de ce qu'aujourd'hui nous rognons les ailes du coq gaulois...

« Les excellentes qualités du caractère national français, la sobriété, l'activité, l'économie, l'humeur pacifique qui distinguent la plupart des Français dans les campagnes et dans les villes de province, finiront par l'emporter et par prévaloir dans la conduite des affaires publiques, lorsque cette couche de population ambitieuse, fanfaronne, turbulente, qui a su s'emparer du pouvoir sous les d'Orléans, sous l'Empire et pendant ces cinq mois de république, sera complétement mise à nu dans toute sa nullité, son incapacité, sa misérable impuissance; — et c'est là le sens de la lourde rançon imposée à la France. Chaque Français, par là, sera bien forcé de reconnaître à quelle clique d'égoïstes, de vaniteux, de spéculateurs était échu le gouvernement du pays, et ce que valent ceux qui auront consumé en un jour l'épargne du pays lentement et laborieusement amassée. Ces messieurs ont déjà, sous les d'Orléans, produit la phrase connue : « La France est assez riche pour payer sa gloire, » et lorsque dans les expéditions de Napoléon III furent dévorés peu à peu 4 milliards de francs pour conquérir un lambeau de gloire ici et là, on entendit plus d'une fois à la tribune législative cette fière parole : « dans les questions de « guerre l'argent ne doit jouer aucun rôle. »

« En 1868, Napoléon III ayant fait voter par les Chambres un emprunt de 450 millions de francs principalement destiné à la réforme de l'armement, le public fut admis à souscrire cet emprunt; chacun alors sentait bien qu'une guerre avec la Prusse était dans l'air; — *la souscription publique couvrit* 34 *fois l'emprunt*, malgré le haut cours de 69 1/2 fr. pour 3 fr. de rente (= 115 5/6 pour 5 0/0). Ainsi plus de 15 milliards de francs étaient mis à la disposition du gouvernement, et le ministre des finances constata ce résultat, devant le Corps législatif, en disant que c'était la plus brillante preuve de la grandeur de la France, de sa confiance en ses forces, et un éloquent témoignage de sa richesse accumulée ! Ceux qui gouvernaient alors ont toujours eu de l'argent lorsqu'il s'est agi de faire la guerre. En somme, le dictateur Gambetta n'a pas agi plus follement que les dissipateurs impérialistes. — Le peuple français, laborieux, sobre, économe, doit avoir appris à connaître tous ces gens-là, et il goûte maintenant les fruits de cette maxime que « l'argent ne joue aucun rôle dans les questions de guerre. » Nous le répétons, l'indemnité demandée au peuple français est la leçon qui doit l'éclairer et par suite amener la paix de l'Europe.

« Plusieurs millions de Français sous Napoléon gémissaient tout bas, en se disant : « que nous fait Sébastopol, que nous « importent la Syrie, la Chine, le Mexique, à quoi nous sert la « splendeur de la capitale ? Qui s'occupe de nos petites com- « munes, de nos chemins vicinaux ? Qui songe à rendre l'agri- « culture plus prospère ? Nous voyons revenir de la guerre « assez de gens estropiés, mais quel bénéfice tirons-nous de « cette gloire ? » .... — Mais la société qui gouvernait l'Empire savait étouffer ces millions de voix, amuser l'opinion publique et l'enivrer par le sentiment de vanité nationale (surtout dans la plus brillante période de Napoléon III, en 1859 et 60). — La catastrophe est arrivée comme un jugement de Dieu. Pourtant, avec le caractère léger du peuple français, le désastre serait bientôt oublié; bientôt la race des vaniteux, des ambitieux, des chauvins, reprendrait la haute place et inspirerait au peuple des sentiments de vengeance, si, par une élévation très-sensible de la somme anuelle, inscrite au budget pour payer l'intérêt de la dette d'État, nous ne laissions pas aux bourgeois et aux paysans français un vivant souvenir des suites qu'entraîne cette triste passion de guerre et de gloire et qu'elle lègue aux générations futures. Cette sorte de *memento* sera plus efficace auprès d'eux que tout autre stimulant pour qu'ils exercent leurs droits d'électeurs de telle sorte que la représentation nationale soit composée d'hommes amis de la paix, désireux du bien public, économes de la fortune particulière et publique, qui retranchent annuellement des centaines de millions de francs au budget de l'armée et de la marine, réduisent les énormes traitements des employés, et s'efforcent de guérir les plaies du pays. Réformer les classes dominantes en France, c'est le véritable moyen de fonder la paix; nous devons partir de là, et, dans ce but, une indemnité de guerre considérable demandée à la France aura un excellent effet. »

Nous terminons par un extrait de la *Gazette nationale* de Berlin, sur la même question :

« Les statisticiens estiment la valeur des propriétés immobilières de France, — et cette évaluation, selon nous, est plutôt trop faible, — à plus de 120 milliards de francs. Ils calculent le produit annuel des biens, meubles et immeubles et celui du travail, en France, à 30 milliards. — L'indemnité de guerre de 2 milliards de thalers ne représente donc que 6 0/0 de la fortune immobilière française et que *le quart* des revenus et produits annuels de la France. »

On écrit à la *Correspondance de Berlin*, le 16 février :

« Le 10 février, le Prince Frédéric-Charles a quitté Versailles pour aller se remettre à la tête de la 2ᵉ armée, dont le quartier-général est à Tours.

« Le même jour, le 4ᵉ corps d'armée, qui avait jusqu'ici ses positions au nord-ouest de Paris, entre Saint-Denis et Saint-

Germain, a traversé Versailles en se dirigeant vers le Sud.

« Dès le 5, les 5ᵉ et 6ᵉ corps d'armée avaient reçu l'ordre de se tenir prêts à marcher immédiatement.

« Aujourd'hui que les forts de Paris sont occupés, la moitié au moins de l'armée de Paris devient disponible et peut porter rapidement au Sud et au Nord des forces considérables.

« De même, à l'Est, la capitulation annoncée de Belfort et l'internement de l'armée de Bourbaki en Suisse laissent aux troupes du général de Werder et à l'armée commandée par le général de Manteuffel toute liberté pour opérer sur Lyon et au centre de la France.

« Aussitôt que l'assemblée de Bordeaux — si elle subit l'influence des hommes funestes qui ont mené la France à l'abîme — aura dit non aux conditions de paix, toutes les forces allemandes agiront ensemble et avec la dernière énergie. »

---

### CHRONIQUE DE LA GUERRE FRANCO-ALLEMANDE 1870.

*23 octobre* (et jours suivants). La IIIᵉ armée de réserve, sous les ordres du général de Lœwenfeld, quitte Glogau pour se rendre en Alsace.

— Un détachement wurtembergeois, sorti de Nangis, sous les ordres du lieutenant-colonel de Schrœder, désarme dans Montereau 500 gardes nationaux, et prend un canon et une mitrailleuse ; du côté des Français, 15 officiers français, 2 officiers d'état-major et 180 soldats sont faits prisonniers.

— Le grand-duc de Mecklembourg-Schwerin se rend de Reims à l'armée d'investissement devant Paris, où est transféré l'état-major du 15ᵉ corps d'armée.

*24 octobre.* La place de Schlestadt capitule ; elle livre 120 canons et une garnison de 2,400 hommes, qui sont faits prisonniers de guerre et transportés à Rastadt.

— Ordre du Cabinet du Roi au gouverneur général des pays maritimes allemands, général Vogel de Falckenstein, — arrêtant que, dans les districts où l'état de siège a été déclaré, les dispositions légales, en vertu desquelles l'article 50 de la Constitution avait été suspendu, n'auront aucun effet jusqu'à la fin des élections, — et décidant la mise en liberté immédiate des sujets prussiens arrêtés ou internés sur l'ordre du gouverneur général, en tant qu'il n'y ait pas contre eux de mandat d'arrêt judiciaire et sous réserve des poursuites pénales qui pourront avoir lieu à leur égard.

— Ordre analogue du Cabinet du Roi, adressé au gouverneur général des provinces rhénanes.

— Le ministre d'État de Saxe royale, baron de Friesen, le ministre grand-ducal hessois, de Dalwigk, et l'envoyé du grand-duché de Hesse à Berlin, conseiller de légation Hoffmann, se rendent au quartier général du Roi, à Versailles.

— Avis publié par le directeur général des postes, faisant connaître l'augmentation du nombre des bureaux de poste dans l'Alsace et la Lorraine.

25 *octobre*. Dans un combat à Nogent-sur-Seine, le détachement wurtembergeois disperse 2,000 gardes mobiles et quelques centaines de gardes nationaux et de francs-tireurs; 5 officiers et 250 soldats français sont faits prisonniers.

— Le quartier général de l'état-major de la division badoise se trouve placé à Étuz.

— Le grand-duc de Mecklembourg-Schwerin, commandant en chef le 13ᵉ corps d'armée, prend aussi le commandement supérieur de la division luxembourgeoise.

— Entrée du général de Schmeling à Schlestadt.

26 *octobre*. Le corps du général de Werder marche en avant sur Dijon.

— Arrêté du gouverneur général de l'Alsace, lieutenant général comte de Bismarck-Bohlen, qui rétablit les impôts indirects dans le ressort de ce gouvernement général à partir du 1ᵉʳ novembre 1870.

— Le commandant du 2ᵉ corps bavarois, général d'infanterie de Hartmann, dans un ordre du jour, porte à la connaissance de ses troupes qu'il a reçu du roi de Bavière la grand'croix de l'ordre du Mérite militaire, accompagnée d'une lettre autographe de Sa Majesté qui glorifie la bravoure des troupes.

— Le major général de Debschitz reçoit le commandement du détachement de troupes envoyé à Kehl (12 bataillons de landwehr du corps de réserve à Glogau, 2 escadrons de cavalerie de landwehr et 2 batteries légères de réserve).

27 *octobre*. Capitulation de Metz. La place, le maréchal Bazaine et son armée se rendent au Prince Frédéric-Charles, 3 maréchaux de France (Bazaine, Lebœuf, Canrobert), 6,000 officiers et 173,000 soldats sont faits prisonniers de guerre. Dans la place, 53 aigles, 103 mitrailleuses, 541 pièces de campagne, 800 canons de place, 300,000 fusils, un matériel de la valeur de plusieurs millions de francs et une fabrique de poudre tombent aux mains du vainqueur. Du côté des Français, 1 maréchal, 24 généraux, 2,110 officiers et 42,550 soldats ont été blessés ou tués pendant le siège.

### NOUVELLES DIVERSES.

On adresse à l'*Étoile belge* l'avis suivant : « Des industriels belges parcourent la France, achetant des effets de militaires morts sur les champs de bataille. L'importation en Belgique de ces sortes de vêtements, soit comme chiffons ou autrement, étant de nature à amener des maladies contagieuses, nous appelons sur ce genre de commerce l'attention du gouvernement. »

La *Strasburger Zeitung* annonce que les établissements industriels de l'Alsace, notamment de Mulhouse, ont repris leur travail. Partout où les métiers ne marchaient plus que quelques jours par semaine ou quelques heures par jour, l'activité d'autrefois a reparu; on travaille toute la semaine et quelquefois jusque dans la nuit.

**Prix de vente au détail des denrées alimentaires et autres articles de consommation dans la ville de Versailles, du 18 février au 25 février 1871.**

| DÉSIGNATION. | PRIX. | QUANTITÉS. |
|---|---|---|
| Beurre. | 1 80 | le 1/2 kilo. |
| Pommes de terre. | » 75 | le décalitre. |
| Volailles (Poulets). | 4 » à 6 » | la pièce. |
| Café. | 2 40 | le 1/2 kilo. |
| Sucre en pain. | 1 40 | — |
| Sucre en poudre. | » 75 | — |
| Eau-de-vie. | 1 60 | le litre. |
| Vin au litre. | 0 70 à 0 80 | — |
| Pain. | » 25 | le 1/2 kilo. |
| Sel. | » 30 | — |
| Viande. | 1 20 | — |
| Huile à manger. | 1 75 | — |
| Huile à brûler. | 1 10 | — |
| Chandelles. | » 90 | — |
| Bougies. | 2 » | — |

*Certifié véritable par le Conseiller municipal soussigné,*
**BARRUÉ-PERRAULT.**

---

N° 99. — JEUDI 23 FÉVRIER 1871.

## PARTIE OFFICIELLE.

COMMUNICATION OFFICIELLE.

VERSAILLES, 22 février. — L'armistice a été prorogé au dimanche 26, à minuit.

---

## PARTIE NON OFFICIELLE.

La levée des contributions de la part des autorités allemandes a fait naître des plaintes qui ne sont nullement justifiées si l'on met en ligne de compte les sacrifices immenses que cette guerre impose à l'Allemagne. On doit les considérer comme complétement exagérées, si l'on compare les sommes prélevées par l'Allemagne à celles que les Français ont imposées à ce dernier pays pendant les guerres de la République et de l'Empire. Nous recevons d'un historien qui possède une collection considérable de documents inédits sur l'histoire de ces guerres, la pièce curieuse suivante. Il mérite d'être observé que **Bliescastel**, dont il est question ici, est une petite ville de 2,000 à 3,000 habitants.

« Par ordre du *Général en chef* de l'armée de la Moselle, citoyen *Hoche*.

« Le commissaire général de l'armée requiert la commune de Bliescastel et pays en dépendant de fournir dans *deux jours* la somme de *trois cent mille livres* en numéraire.

« Les magistrats de la ville auront attention que cette contribution ne porte que sur les riches, il leur est défendu sur leur tête de la faire supporter par les pauvres, l'intention de la République et de ses agents étant de venir au secours des malheureux plutôt que d'accroître leur infortune.

« Dans le cas d'absence des magistrats, les habitants de Bliescastel s'assembleront dans l'heure et nommeront des magistrats qui ne pourront sous aucun prétexte se refuser d'accepter. La confiance de leurs concitoyens les dédommagera bien des fatigues qu'ils éprouveront.

« La commune préviendra le commissaire général de l'instant où elle pourra faire le versement de la susdite somme de *trois cent mille livres* qui sera effectué entre les mains du payeur de l'armée, qui en donnera un récépissé.

« La commune est prévenue que *tous les chevaux, bœufs, voitures, fourrages, grains du pays et eaux-de-vie* sont en réquisition; elle est spécialement chargée sous sa responsabilité de les faire rentrer et d'en prévenir le commissaire général qui leur indiquera le lieu où ils devront être assemblés.

« La commune est aussi requise de faire descendre dans le jour *toutes les cloches*, elle remettra dans le jour tous les objets de luxe des *temples* comme *ciboires, calices, patènes, soleils, chandeliers*, etc., etc. *Ces meubles inutiles n'honorent point la divinité.* Il lui sera donné un récépissé de tous les objets qu'elle délivrera.

« La commune est aussi requise de fournir *douze mille paires de souliers* et *trois mille paires de bottes;* les *cuirs* qui sont dans tout le pays de Bliescastel sont en réquisition; la commune mettra *tous les cordonniers* en *réquisition* permanente et elle sera tenue sous sa responsabilité de faire payer les journées de tous les ouvriers au taux qu'elle fixera, lequel doit être tel qu'ils puissent vivre, elle imposera cette contribution sur les riches seulement.

« La commune est tenue de fixer dès aujourd'hui *le prix du pain* à raison de trois sols la livre, pour que le peuple, cette classe précieuse et vertueuse de la société, puisse vivre : cette diminution dans le prix du pain pouvant occasionner une perte, elle sera supportée par la commune et elle sera imposée sur les riches seulement.

« *Tous les habitants sont* et *demeureront* en réquisition permanente pour tous les besoins de l'armée, ils seront tenus à marcher au premier ordre qu'ils recevront et s'emploieront à tous les travaux qui leur seront désignés.

« Dans le cas d'inexécution du présent ordre, les habitants de Bliescastel sont prévenus qu'il sera fait des exécutions militaires, le pauvre excepté.

« Au quartier général à Bliescastel le 1$^{er}$ frimaire an II de la République française une et indivisible.

« Signé : ARCHIER. »

Dans l'intérêt de la vérité historique, nous tenons à préciser de nouveau de quelle manière le drapeau d'un bataillon du 61$^e$ régiment est tombé entre les mains de l'ennemi. Le drapeau a été trouvé sous un monceau de cadavres et de soldats grièvement blessés. Les troupes auxquelles il appartenait l'avaient défendu héroïquement, et ont fini par être anéanties. Dans le journal le *Français*, du 16 de ce mois, on lit sur ce sujet :

C'est un Français qui a trouvé le drapeau, Menotti Garibaldi l'a appris et lui a offert 200 francs et le grade de lieutenant d'équipement s'il voulait le lui vendre. La fierté du Français s'y refusait. Le journal que nous citons tient ces renseignements de la meilleure source, car ils sont contenus dans une lettre que ce Français lui a adressée, et dans laquelle il rend compte de sa trouvaille.

Le correspondant Versaillais de l'*Indépendance belge* écrit à ce journal au sujet de ce drapeau :

« Versailles, 7 janvier 1871.

« Menotti Garibaldi vient d'adresser, de son propre mouvement, une lettre très-polie au général de Manteuffel, dans laquelle il lui annonce que le drapeau du 61ᵉ régiment d'infanterie prussien, cité dans son rapport comme ayant « disparu », a été retrouvé sur le champ de bataille sous un monceau de morts et de blessés. Il ressort de cette lutte que le 61ᵉ régiment a défendu son drapeau avec la plus grande valeur, et que les mourants le couvraient encore de leurs corps. Cette démarche toute volontaire du fils de Garibaldi a produit au quartier-général une agréable impression. »

---

Le nombre des Allemands expulsés de France s'élève, d'après le *Journal de Dresde*, à 110 ou 120,000 personnes. Beaucoup d'entre eux n'ont pas éprouvé de grandes pertes à cette occasion; par contre, il en est dont les demandes en dommages-intérêts se chiffrent par millions, surtout dans la classe des industriels et des hommes d'affaires, qui sont complétement ruinés.

---

On écrit au journal de Londres le *Shipping and Mercantile Gazette*, du 11 février :

« La corvette allemande *Augusta*, de dix canons, capitaine Weikmann, vient de faire un coup hardi qui est de bon augure pour la jeune marine allemande.

« *L'Augusta* avait quitté le port de Kiel pour donner la chasse aux nombreux vapeurs qui apportent des armes et des munitions des États-Unis pour l'armée française. Elle réussit à gagner l'Atlantique sans être aperçue par les croiseurs français. La corvette se mit en croisière durant huit jours devant le fort de Brest, à une distance de 100 milles, puis se décida à se porter sur la Gironde, où elle entra le 4 janvier dans la matinée. Avant le soir, elle avait réussi à capturer, entre les phares de Point de Coubre et la Tour de Cordouan le brick *Saint-Malo*, de Dunkerque, en destination de Bordeaux, la barque *Pierre-Adolphe*, du Havre, et le transport de l'État *Maximilien;* ces trois bâtiments étaient chargés de provisions pour la 3ᵉ division de l'armée. Le transport, manquant de charbon, a dû être brûlé, et pour le couler avant la nuit on le troua de boulets de 24, des pièces Krupp.

« Les deux autres navires à voiles furent envoyés dans un port allemand.

« *L'Augusta* arriva le 7 janvier à Vigo, où elle se trouve actuellement bloquée par les navires cuirassés *l'Hermione* et *la Valeureuse* et l'aviso *Kléber*.

« Les prisonniers enlevés des navires capturés furent bien traités et envoyé à Londres à bord du vapeur *Cadiz*. »

### GAMBETTA ET GARIBALDI.

On écrit à *l'Ami de la France* de Bordeaux :

« Gambetta est regardé ici comme un fou dangereux, comme un ambitieux sans valeur réelle qui s'est joué des intérêts les plus sacrés du pays en voulant assumer des responsabilités beaucoup trop lourdes pour son piètre personnage. Il est complétement délaissé et vit isolé dans une maison du Cours du 30 juillet. On le dit malade. Il aurait eu, paraît-il, des vomissements de sang, amenés par la fureur dans laquelle il est entré lorsqu'il eut connaissance de la protestation des douze journaux contre l'arrêt de saisie dont avaient été frappés le *Journal de Bordeaux*, *le Français*, *la Guienne*, *l'Union* et *le Constitutionnel*. Un journal fondé pour défendre la politique de M. Gambetta est tombé devant l'indifférence publique à son troisième numéro. — Le parti de la guerre à outrance semble avoir entièrement disparu. — Tout le monde sent la nécessité d'en arriver à une solution pacifique.

« Vous avez dû apprendre que nous avons ici Garibaldi. La population s'est montrée peu enthousiaste pour le chef des chemises rouges. Les journaux ont même sensiblement exagéré l'incident de lundi. On a bien crié : *Vive Garibaldi!* mais ces vivats ont été poussés par l'état-major du patriote et par les quelques pifferari qu'il traine avec lui et que commande le soi-disant général Bordone. C'est l'hôtel de Nantes, situé au coin des Quinconces et des quais, aux avenues d'Orléans, qui abrite le vaincu de Mentana et sa suite tapageuse. Les badauds s'attroupent à la porte, et comme un marchand de singes est établi dans une des boutiques de la maison, on se demande si la curiosité est excitée par les chimpanzés ou par l'homme de Caprera. Je ne sais trop, mais je crois qu'il y a de l'un et de l'autre, et que les ouistitis ne verraient pas diminuer de beaucoup leur public, si l'homme à la chemise rouge transportait ses pénates rue Judaïque, à l'autre bout de la ville.

« Toutes informations prises, il faut beaucoup en rabattre sur les victoires garibaldiennes, et ils ont fait plus de réquisitions que de prisonniers. »

### PARLEMENT ANGLAIS.

M. Horsmann a déclaré que la France seule est blâmable d'avoir provoqué la guerre; ayant perdu, elle doit payer; les Allemands ont raison en demandant des sécurités assurant la paix.

M. Muntz approuve complétement la politique du gouvernement; il dit que si la France avait été victorieuse elle aurait annexé les provinces du Rhin.

### CHRONIQUE DE LA GUERRE FRANCO-ALLEMANDE 1870.

*27 octobre.* Ordre du jour du Prince Frédéric-Charles à la 1re et à la 2e armée, qui ont assiégé Metz sous ses ordres. Le Prince, en annonçant aux troupes la capitulation de cette place, leur rend témoignage de la bravoure, de l'obéissance et du dévouement qu'elles ont montrés, et fait ses adieux à la 1re armée et à la division Kummer.

— Combats victorieux des troupes badoises à Sainte-Église et Essertenue. Dans ce dernier combat, 13 officiers et 500 soldats français sont faits prisonniers.

— La députation de la ville de Berlin adresse un télégramme de félicitations au Roi pour la capitulation de Metz.

28 *octobre.* Le généralissime des armées allemandes, S. M. le Roi de Prusse, dans un ordre à l'armée, exprime aux troupes ses remerciements et sa reconnaissance pour le courage, l'obéissance, la constance, l'abnégation pendant les maladies et les privations, dont elles ont fait preuve, — et nomme feld-maréchaux le Prince Royal de Prusse et le Prince Frédéric-Charles.

— Le Roi Louis II de Bavière, à l'occasion de la capitulation de Metz, félicite par télégramme le Roi Guillaume de Prusse « le Victorieux ».

— Ordonnance du Roi de Prusse concernant la taxe des lettres dans les gouvernements généraux d'Alsace et de Lorraine.

— Réponse télégraphique du Roi de Prusse aux félicitations du Roi de Wurtemberg pour la capitulation de Metz.

— A Berlin, on tire le canon pour célébrer la capitulation de Metz.

**29 *octobre*.** Le Roi de Prusse informe la Reine Augusta qu'il a nommé feld-maréchaux le Prince Royal de Prusse et le Prince Frédéric-Charles de Prusse.

— Le Roi de Prusse informe par télégramme le Prince Frédéric-Charles qu'il l'a nommé feld-maréchal.

— Le Roi fait part au fed-maréchal-général comte de Wrangel de la nomination des deux Princes de Prusse comme feld-maréchaux. Réponse du comte de Wrangel.

— Le Roi élève au rang de comte le général baron de Moltke, chef du grand état-major général.

— Réponse du Roi au télégramme de félicitations que le feld-maréchal comte de Wrangel lui a adressé pour la capitulation de Metz.

— Le Prince Guillaume de Bade occupe Mirebeau.

— Le lieutenant-général comte de Lœwenfeld est nommé gouverneur de Metz.

— Le Prince Frédéric-Charles remercie le feld-maréchal de Wrangel de ses félicitations.

— La place de Metz est occupée par les troupes allemandes.

— Le comte de Bismarck, dans une dépêche adressée au comte de Bernstorff, à Londres, répond — à la proposition d'entremise faite par lord Granville, le 20 octobre, que ce qui manque au moyen conseillé par le ministre anglais pour arriver à faire la paix : c'est-à-dire la libre élection d'une assemblée constituante française, ce n'est pas le consentement des gouvernements alliés (allemands), mais celui du gouvernement parisien, et que les puissances allemandes seront reconnaissantes au Cabinet britannique s'il veut faire une tentative pour détourner le gouvernement parisien de la voie dangereuse et violente où il s'est engagé.

— Par un arrêté du contre-amiral Heldt, les articles de la Constitution suspendus le 16 juillet pour le district du port fortifié de Kiehl, sont remis en vigueur.

— Le Roi de Bavière lève l'état de siège dans les places de Germesheim et Landau.

— Le Prince Luitpold de Bavière (au quartier général du Roi) reçoit de l'Empereur de Russie la décoration de l'Ordre de Saint-Georges, seconde classe.

— Circulaire de Gambetta aux préfets, dans laquelle le ministre républicain cherche à flétrir la capitulation de Metz comme une trahison et outrage l'armée française. — Décrets du gouvernement parisien abolissant la garde impériale et réservant l'Ordre de la Légion d'honneur exclusivement pour le mérite militaire.

— Le lieutenant général de Kummer (dont la division est réunie au 7ᵉ corps d'armée), nommé commandant de Metz, entre en fonctions.

## Annonces et Avis divers.

Je viens de recevoir :

JAMBONS DE WESTPHALIE.
SAUCISSON ORDINAIRE, CERVELAS et SAUCISSON DE JAMBON.
SAINDOUX EN BAQUETS première qualité.
BITTER dit BOONEKAMP of Maag Bitter.
EXTRAIT DE PUNCH.
BOUGIES première qualité.
Également une petite partie de CIGARES DE HAVANE à prix réduits de 100 à 250 francs le mille, et du TABAC A PRISER.

ERNEST LUBAAN de Berlin,
*A Versailles, 9, rue Colbert,*
A côté de la commandanture R. J., place d'Armes.

N° 100. — VENDREDI 24 FÉVRIER 1871.

## PARTIE OFFICIELLE.

VERSAILLES, 23 février. — Par ordre de Sa Majesté l'Empereur et Roi la partie du département du Calvados occupée par l'armée allemande est placée sous l'administration du Gouvernement général du Nord de la France.

<small>Versailles, le 25 février 1871.</small>

*Le Gouverneur général du Nord de la France,*
DE FABRICE.

## PARTIE NON OFFICIELLE.

*La Correspondance provinciale* apprécie de la manière suivante la politique de l'Allemagne :

« Lorsque, après la chute de Napoléon I<sup>er</sup>, la famille royale des Bourbons eut été rétablie sur le trône de France, rien ne devint plus fatal à la monarchie restaurée que le sentiment humiliant éprouvé par la nation sous le nouveau régime qui lui était imposé par l'ennemi.

« Cette faute capitale, cette faute, le gouvernement de l'Empereur d'Allemagne l'a soigneusement évitée. Quelque délicate qu'ait été notre position en face de gouvernants improvisés qui ne possédaient jusque-là aucun droit de disposer des destinées du pays, M. de Bismarck n'a cependant voulu reconnaître ni fonder, pour la conclusion de la paix, aucun autre pouvoir que la volonté souveraine et indépendante du peuple français. La France a été laissée complètement libre de se donner tel gouvernement qu'il lui plaira. Nous avons seulement à nous inquiéter de la manière dont l'Assemblée nationale entendra remplir sa mission première et immédiate : celle de décider de la paix ou de la guerre. Plus tôt l'Assemblée sera persuadée que toute hésitation ne peut être que fatale au pays et le ruiner encore davantage, plus vite elle prouvera son patriotisme en acceptant les conditions dictées par l'Allemagne avec la plus grande modération et en vertu de son bon droit. La France ne pourra donc pas dire de l'Allemagne ce qu'elle avait coutume de dire des Bourbons en 1814 : ils n'ont rien appris et rien oublié. »

L'INDEMNITÉ DE GUERRE.

Sous ce titre, la *Correspondance de Berlin* publie l'article suivant :

« En vingt ans, la France a trouvé par voie d'emprunt 4 ou 5 milliards de francs pour faire la guerre dans les quatre parties du monde et sans autre intérêt immédiat que la gloire de ses armes; comment ne trouverait-elle pas aujourd'hui, soit dans ses propres ressources, soit dans son crédit extérieur, la somme qu'elle devra payer (2 milliards de thalers, dit-on) pour sortir de l'abîme où l'a jetée cette dernière guerre ? En 1868, l'emprunt de 450 millions, voté d'enthousiasme au Corps législatif, était couvert 34 fois par la souscription publique; c'est-à-dire que la guerre française, toute seule, mettait à la disposition du gouvernement impérial environ 15 milliards de francs; comment aujourd'hui, aidé par la souscription étrangère, notamment par les capitaux sympathiques de la Grande-Bretagne, le public français ne réaliserait-il pas la moitié seulement de la somme qu'il offrait il y a deux ans, avec cette patriotique spontanéité, au ministre des finances de Napoléon III? Quand il s'agit de sauver le pays, le même patriotisme ne saurait délier les cordons de la bourse française ?

« Si un particulier, pour réparer les graves dommages qu'il a sciemment causés à son voisin, était condamné à payer une somme équivalente au quart de son revenu annuel ou à 6 p. 100 de sa propriété immobilière, — quelqu'un trouverait-il la sentence trop sévère ou dépassant les limites du possible ? Telle est cependant la proportion de l'indemnité de guerre réclamée aujourd'hui, puisque 7 milliards 500 millions de francs ne forment que 6 p. 100 de la fortune immobilière de la France (au bas mot, 120 milliards) ou que 25 p. 100 de son revenu annuel, foncier et industriel (30 milliards environ).

« Ainsi la double objection d'énormité et d'impossibilité, soulevée par certaines feuilles anglaises, tombe d'elle-même.

Quant à la question de justice, personne assurément ne peut chercher à l'obscurcir, lorsque l'Allemagne, se référant aux principes et aux usages du droit commun, demande à être en quelque sorte, indemnisée *par état*, c'est-à-dire d'après le compte dûment établi des pertes et des dépenses que l'agression des Français, lui a causées depuis sept mois. Sans doute que la France qui n'a jamais *compté* avec la gloire, et qui dépensait un jour, 2 milliards pour rapporter de Crimée un titre de duc de Malakoff et trois noms de rues parisiennes, — admet avec peine que la grande guerre se dénoue comme un vulgaire procès en dommages et intérêts ; mais tout les amis de la paix et de la civilisation applaudiront, si l'Allemagne, par ce précédent, réussit à assimiler le droit public international au droit commun et à introduire entre les peuples la même stricte justice qui règle les indemnités privées.

« Une qualité que la Prusse a toujours possédée au plus haut degré, c'est de savoir précisément son compte. — Si, par exemple, quelque historien français désirait connaître le chiffre exact auquel se montent les exactions, extorsions, dévastations, que le premier empire napoléonien a commises en Prusse de 1807 à 1813, les archives prussiennes pourraient lui en fournir l'*état* par provinces, détaillé, spécifié, avec procès-verbaux à l'appui (nous avons déjà donné nous-mêmes quelques parties de ce bilan historique). — De même aujourd'hui l'Office de la Chancellerie impériale allemande sera en mesure de placer sous les yeux des hommes d'État français négociateurs de la paix, un relevé complet, par articles, de tous les frais de la guerre actuelle.

« Pour avoir une idée de la précision avec laquelle ces *états* sont dressés, on peut consulter le recueil imprimé des comptes rendus sténographiés de la Chambre des députés prussiens (session de 1867). A la fin de l'Annexe II, se trouvent les tableaux des dépenses militaires occasionnées par la guerre de 1866. Comme durée et distance des opérations, comme effectif belligérant et matériel de campagne, cette guerre est à celle d'aujourd'hui dans la proportion de 1 à 6. Il faudrait donc multiplier par 6 les tableaux de 1866 pour avoir approximativement la somme des mêmes dépenses dans la campagne actuelle.

« Exemple pris sur un seul article : *Renouvellement des effets d'habillement et d'équipement* (armes non comprises) : — 9 régiments d'infanterie de la Garde : 28,242 hommes, à 34 thalers l'habillement et l'équipement de chaque homme : 960,228 thal.; — 72 régiments d'infanterie de ligne : 34 thal. par homme : 7,030,800 ; — 40 4$^{mes}$ bataillons d'infanterie de ligne : 31 1/2 thal. par homme : 1,015,560 thal.; — 8 régiments de cuirassiers de ligne : 61 thal. par homme : 316,224 thal., etc. — *La somme totale* s'est élevée pour 1866, à 20,763,410 thal., environ 75 millions de francs. Porté au triple seulement pour la guerre actuelle, cet article déjà donnerait 225 millions de francs.

« Le renouvellement des armes, des chevaux et du matériel formera une somme pour le moins aussi considérable. L'Allemagne du Nord a, dans cette guerre, 13 corps d'armée en campagne (le Sud, 4), 12,873 chariots et fourgons, 1,654 pièces attelées, 150,000 chevaux pour cavalerie, artillerie, train, services divers.

« Quant à la dépense des munitions de guerre, le compte en est réellement formidable, si l'on pense que dans le siège seul de Strasbourg, les batteries allemandes ont tiré 193,000 obus...

« Nous nous bornons aujourd'hui à ces premiers aperçus sommaires, en attendant que nous puissions donner les relevés authentiques et complets. »

―――

On s'étonne beaucoup de ce que les autorités allemandes continuent à exiger des réquisitions en nature et de frapper des contributions *pendant la durée de la suspension d'armes*. A entendre les récriminations, il n'y aurait dans l'histoire d'aucune guerre des exemples de semblables exactions et *jamais, les Français surtout*, ne se seraient permis de pareilles choses.

Consultons l'histoire, et invoquons le témoignage de deux Français également éminents.

M. de Barante, l'auteur célèbre de l'*Histoire des ducs de Bourgogne* et de l'*Histoire du parlement de Paris*, avant d'être un écrivain hors ligne, avait occupé les fonctions d'auditeur au Conseil d'État, pendant le premier empire, et, en cette qualité, avait été détaché en Allemagne et en Pologne, pour y aider à administrer, sous le feu de la guerre, les provinces occupées par les armées françaises.

A la mort de M. de Barante, survenue en novembre 1866, M. Guizot publia dans la *Revue des Deux-Mondes* (tome 70, p. 5), une étude sur le défunt résumant sa carrière et appréciant ses travaux.

Voici quelques extraits du travail de M. Guizot; voyons d'abord, en passant, comment se faisaient certaines réquisitions :

« Vers la fin de décembre 1806, l'empereur quittait Varsovie pour aller se mettre à la tête de l'armée et poursuivre la guerre. Les commissaires, les administrateurs des divers services, les ambulances étaient encore embourbés dans la route. M. Daru ne savait comment il lui serait possible de pourvoir aux besoins des troupes qui entraient en campagne *sans que rien eût été disposé d'avance ;* on allait se battre, les blessés seraient dans quelques heures amenés à Varsovie, et il n'y avait pas un hôpital en état de les recevoir. Il appela à son aide tous ceux qui l'entouraient, et, faute de commissaires de guerre, il engagea M. de Canonville et M. de Barante à se charger d'établir chacun un hôpital. Le temps pressait, on entendait le canon, le théâtre de la guerre était à peu de lieues de la ville, les blessés pouvaient arriver pendant la nuit. « J'eus, dit M. de Barante, pour instruction de me faire fournir tout ce qui me serait nécessaire par la municipalité de Varsovie. J'y trouvai une bonne volonté complète et même empressée ; on commença par me conduire aux plus grandes maisons qui pouvaient recevoir cette destination. Je choisis un hôtel qui avait été très-beau, mais depuis longtemps abandonné, désert et démeublé ; il fallait meubler mon hôpital. La municipalité mit à mes ordres un employé qui, de rue en rue, allait mettre en réquisition des lits, des matelas, du linge qu'on enlevait à mesure et que je chargeai sur des chariots. Je n'entrais point chez les habitants, mais je hâtais l'opération. Le jour avançait, il n'y avait pas un moment à perdre. La nuit vint, et je n'avais pas encore les poteries nécessaires pour le service d'un hôpital. La municipalité me donna un bon moyennant lequel le marchand devait me délivrer tout ce que je lui demanderais ; puis on chargea un des juifs qui fourmillaient dans la ville, offrant et vendant leurs services, de me conduire chez le faïencier. L'ordre lui fut donné à la hâte et brusquement ; le juif n'osa pas le faire répéter. Nous nous mîmes en route ; après avoir erré pendant plus d'une heure dans les rues mal ou point éclairées, le juif, voyant mon impatience, m'expliqua en allemand, que je n'entendais guère, qu'il ne savait pas où il devait me mener. Nous retournâmes à la municipalité, où je racontai le malentendu. A peine l'eus-je expliqué, que le commissaire polonais tomba sur le pauvre juif, *le roua de coups, l'abattit par terre, le foulant à ses pieds.* C'était à peu près de la sorte que *Polonais* et Français *traitaient les juifs,* qui supportaient patiemment ces brutalités, cherchant les occasions de gagner quelque argent, de se faire payer cher quand on les payait, *et d'acheter bon marché aux soldats,* CE QUI NE LEUR AVAIT RIEN COUTÉ. »

Nous n'expliquons pas, nous ne commentons pas ; nous nous

bornons à souligner et à laisser deviner ainsi ce que devait être le pillage des soldats en campagne.

Comment procédait-on, non pas pendant les armistices et les suspensions d'armes, mais *après la conclusion de la paix?* Transcrivons, à titre de réponse, la page 23 du travail susdit de M. Guizot :

« En juillet 1807, la paix était faite à Tilsitt avec la Prusse comme avec la Russie; intendant en Silésie, M. de Barante se croyait au terme de ses travaux : « Nous nous hâtâmes, dit-il, de mettre nos comptes en bon ordre pour les présenter à M. Daru, afin de ne pas retarder d'un jour notre rentrée en France; il nous tardait de quitter des fonctions qui nous avaient été si déplaisantes. *L'idée ne nous venait pas que* LA PAIX *n'eût apporté aucun changement à l'état de la Prusse et qu'elle ne dût pas cesser d'être administrée en pays conquis.* C'est cependant ce qu'il me fallut reconnaître en arrivant à Berlin ; je trouvai toutes choses sur le même pied que huit mois auparavant, une administration française, nos collègues à la tête des administrations financières et M. Daru gouvernant la Prusse. J'avais été chargé de lui apporter nos comptes de Silésie ; je les lui remis en lui demandant à quelle heure je pourrais le lendemain les soumettre à son examen, et lui donner les explications qui seraient nécessaires. — Ah ça, me dit-il, vous nous donnerez beaucoup d'argent. — Fort peu, lui répondis-je, deux ou trois millions seulement ; la contribution a été acquittée en grande partie par des réquisitions. — Il y aura à débattre ; je n'ai pas approuvé toutes ces imputations. — Il n'y en a pas une qui ne soit appuyée d'un décret de l'Empereur ou d'une décision de vous. — Je ne m'explique pas toujours clairement, on pourra chicaner. Écoutez, me dit-il, en prenant un ton plus sérieux, je n'ai pas envie de vous donner de mauvaises raisons; l'Empereur m'a laissé l'autre jour à Kœnigsberg ; au moment où il montait en voiture, il m'a dit : « Vous resterez avec l'armée, vous la nourrirez et vous me rapporterez 200 millions. » Je me suis récrié. « Va pour 150, » a-t-il repris. On a fermé la portière, et il est parti sans attendre une réponse. *Vous voyez bien qu'il faut* QUE LA PRUSSE DOIVE ENCORE 150 MILLIONS ET QUE MES COMPTES LE PROUVERONT. *Nous saurons bien trouver des arguments et des calculs pour le démontrer.* »

Les Français ont-ils raison de se plaindre des contributions que l'on lève, non pas après la paix, mais pendant une simple suspension d'armes?

---

La *Gazette du Weser*, dressant un compte approximatif des dépenses que la guerre de 1870—71 a causées à l'Allemagne, établit d'abord le total nominal des emprunts militaires contractés par l'Allemagne du Nord et les avances pour frais de mobilisation faite par les autres États. Ces sommes s'élèvent pour toute l'Allemagne à 400 millions de thalers, et pour les besoins annuels des fonds des invalides à 100 millions. Le déficit qui en est résulté pour le travail national qu'auraient produit les troupes de la landwehr, des réserves, des militaires en congé, est évalué à 1 thaler par jour et par homme, soit sur un million d'âmes, 200 jours, 200 millions. Les livraisons en nature faites par les Cercles, communes et particuliers montent à 100 millions. Les pertes de matériel de guerre de toute espèce s'élèvent encore à 100 millions. Celles subies par le matériel des chemins de fer, chevaux et autres moyens de transport, se chiffrent à 100 millions. Le total s'élève donc à 1,000 millions. Si l'on ajoute encore 100 millions pour tous les autres dommages non compris dans les énumérations qui précèdent, telles que déboursés, avaries, etc., on obtient un total de 1,100 millions de thalers ou quatre milliards de francs.

Les indemnités pour les navires capturés, pour le chômage forcé du commerce maritime allemand, pour les Allemands expulsés de France, doivent élever encore singulièrement ce premier chiffre, — calculé, d'ailleurs, sur des chiffres beaucoup trop bas, si nous nous en rapportons aux estimations plus sûres qui nous sont fournies.

---

Les considérations qui suivent sur la situation économique de la France sont tirées d'une remarquable étude publiée dans les *Ergänzungsblätter d'Hildbourghausen :*

« Plus nous avançons, plus l'état économique de la France préoccupe les esprits. Tandis qu'en Allemagne les conséquences de la guerre se font à peine encore sentir et que personne ne doute que nos ressources financières ne nous permettent de continuer la lutte, — chez nos voisins, la misère, la décomposition prennent des proportions effrayantes, et le mal est encore augmenté par cela même qu'on cherche à dissimuler le véritable état des choses. C'est en vain que M. Michel Chevalier demande une liste des innombrables emprunts de l'État, des départements et des communes; le pouvoir actuel est même allé jusqu'à cacher les tableaux du rendement des douanes et des contributions directes, afin de ne pas abattre les courages. Cependant quelques privilégiés ont pu soulever un coin du voile, et dans ce nombre il faut ranger avant tout le correspondant parisien de l'*Économiste* de Londres.

« Il est temps, — écrit-il en date du 24 décembre, — que la France soit délivrée du triumvirat qui la gouverne hors de Paris. L'influence de ces dictateurs, si pernicieuse pour la stratégie, ne l'est pas moins pour les opérations commerciales. Leurs décrets contradictoires sur les effets de commerce, leurs défenses d'exportation, le blocus inutile de nombreux ports ont entravé la banque, le commerce, l'industrie et l'agriculture à un plus haut degré que la guerre; c'est à la paix que nous verrons les résultats de leurs mesures. La Constituante ne brillera certes pas par ses talents économiques, mais elle sera moins folle que la dictature actuelle, et ne tombera pas sans doute d'un extrême dans l'autre. »

« Les trois mesures particulièrement incriminées sont la clôture du Canal entre Caen et Saint-Valéry-sur-Somme, la défense d'exporter les produits agricoles et la suspension des échéances. Cette dernière mesure, décidée en août, puis prolongée de mois en mois, est une des plus désastreuses pour l'avenir. Elle provient de la prédilection qu'on semble avoir chez nos voisins pour le débiteur; pourvu que celui-ci soit sauvé, peut importe ce qu'il adviendra du créancier. Qui nous dit cependant que ce dernier n'est pas le plus nécessiteux? Peut-être même le débiteur représente-t-il souvent la classe la plus solide de la population? En reculant les échéances, on a creusé pour ainsi dire une fosse à d'innombrables débiteurs solvables qui ont été induits en tentation et dont le crédit futur se ressentira d'avoir usé des facilités déplorables que leur offrait le pouvoir.

« Les mesures dont nous parlons doivent avoir une portée énorme pour l'avenir. Dès l'instant qu'on intervient dans les conventions privées, qu'on interdit au cultivateur de chercher un marché pour ses produits, ne sera-t-on pas tenté d'écouter les industriels qui réclameront des droits protecteurs? Le parti protectionniste, M. Pouyer-Quertier en tête, se prépare déjà à une nouvelle campagne contre les traités de commerce. Exploiter le droit d'imposition de l'État au profit d'intérêts égoïstes, tel sera bientôt le mot d'ordre....

« Une autre cause de ruine pour la France, c'est l'effroyable abus que la dictature de Bordeaux a fait du sang français. Les pertes de l'Allemagne, assez considérables pourtant, disparaissent à côté de celles des armées de l'empire et de la république. A en croire une plume française, les pertes de ces armées en morts et en blessés atteindraient le chiffre énorme de 400,000 hommes, c'est-à-dire près d'un et demi pour cent de la population ! Ce désastre est d'autant plus terrible qu'il affecte les classes les plus robustes et qu'avant la guerre déjà, l'augmentation trop minime de la population de la France semblait inquiétante pour l'avenir de ce pays. — Au contraire la force régénératrice du peuple allemand est inépuisable, comme la statistique le démontre.

« Les mauvaises habitudes contractées pendant la guerre, seront aussi une cause de ruine et de trouble pour la France. Chez nous, Allemands, le service militaire est une école de bonnes mœurs, d'ordre et de régularité, il élève la valeur individuelle; en France au contraire il fomente et propage la démoralisation. Nos voisins viennent d'armer au hasard la partie la plus malsaine de leurs populations, et ont appelé à leur secours des aventuriers de la pire espèce. Depuis que la république est proclamée, le Français, armé de son fusil, se sent délivré du joug des lois, des convenances sociales; il n'obéit plus qu'à ses instincts et conservera cette habitude après la paix. Après avoir vécu si longtemps aux dépens de l'État, pense-t-on qu'il retourne volontiers au travail monotone des usines, qu'il rapprenne facilement à gagner son pain et celui de sa famille par le dur labeur quotidien? »

---

### CHRONIQUE DE LA GUERRE FRANCO-ALLEMANDE 1870.

*30 octobre.* Le Roi Louis II de Bavière remercie les habitants de Posen pour la manière dont ils ont accueilli, traité et honoré ses troupes.

— Service divin dans l'église métropolitaine de Berlin, à l'occasion de la capitulation de Metz.

— La 2ᵉ division de la Garde prussienne attaque le village du Bourget (devant Paris), qui a été occupé le 28 par les Français. Ceux-ci sont délogés de cette position en perdant, outre un grand nombre de tués et de blessés, 30 officiers et 1,250 soldats faits prisonniers.

— L'Impératrice Eugénie, voyageant sous le nom de comtesse de Clary, arrive à Wilhelmshœhe.

— M. Thiers, venant d'Orléans, arrive à Versailles, et, après y avoir fait une courte station, se rend à Paris.

— Le général de Beyer bat les Français à Dijon, et prend d'assaut des hauteurs de Saint-Apollinaire et deux faubourgs de la ville.

31 *octobre*. Lettre de remerciements du Prince Royal de Prusse au Magistrat et à la Députation de la ville de Berlin pour les félicitations qu'ils lui ont envoyées le 18.

— Le Prince Auguste de Wurtemberg, commandant général du corps de la Garde, félicite ses troupes dans un ordre du jour, à l'occasion de la prise d'assaut du Bourget.

— Proclamation du lieutenant-général de Kummer aux habitants de Metz.

— Appel fait par le commissaire civil d'Alsace, président de régence de Kühlwetter, pour que Metz et ses environs soient pourvus de ressources d'existence.

## N° 101. — SAMEDI 25 FÉVRIER 1871.

### PARTIE OFFICIELLE.

#### COMMUNICATION OFFICIELLE.

VERSAILLES, 24 février. — 602 pièces de campagne de l'armée de Paris ont été remises à l'armée allemande.

1357 canons en parfait état ont été trouvés dans les forts.

---

Le préfet du département de l'Orne, résidant à Alençon, est chargé de l'administration de la partie du Calvados occupée par l'armée allemande.

*Le Commissaire civil du gouvernement*
*général du Nord de la France,*
DE NOSTITZ-WALLWITZ.

---

Le comte de Linden, conseiller de la légation de Sa Majesté le Roi de Wurtemberg, est nommé préfet de l'Orne.

## PARTIE NON OFFICIELLE.

A différentes reprises déjà et notamment dans le numéro du *Moniteur* du 18 de ce mois, nous avons qualifié comme il le mérite le ton arrogant avec lequel la presse parisienne insulte l'armée victorieuse de l'Allemagne pendant qu'elle se trouve devant les murs de la ville. Nous avons dit aussi que l'occupation de Paris par l'armée allemande serait le moyen le plus efficace pour faire cesser ces effronteries, ces exagérations et ces mensonges. Aujourd'hui les rodomontades et les calomnies de certains journaux ne connaissent plus de bornes. Que l'on lise, entre autre le feuilleton du *Figaro* du 21 février, intitulé les *Prussiens en France*, et signé Alfred d'Aunay, dans lequel on impute aux officiers allemands et aux Allemands en général les faits les plus éhontés, le vol et le pillage. Nous apprenons que ces procédés inqualifiables ont rendu complétement infructueux les efforts qui avaient été faits pour empêcher l'entrée des troupes à Paris et que cette entrée est devenue désormais inévitable. On nous assure qu'elle aura lieu immédiatement après l'expiration de l'armistice.

---

Certains journaux français ne se lassent pas de répéter que les troupes allemandes n'ont dû leurs victoires dans cette guerre qu'à une écrasante supériorité numérique, tandis qu'au moins une fois sur deux l'avantage du nombre était du côté des Français. Les chiffres authentiques ont déjà été publiés; nous en rappelons quelques-uns. — A Gravelotte, il y avait 270,000 Allemands contre 210,000 Français, à Sedan 210,000 Allemands contre 130,000 Français, dans la troisième bataille d'Orléans 120,000 Allemands contre 180,000 Français. A Mars-la-Tour 45,000 Prussiens tout au plus ont tenu tête depuis huit heures du matin jusqu'à quatre heures du soir, d'abord contre 160,000, et vers midi contre presque 200,000 Français. Récemment, devant Belfort, tout au plus 30 à 36,000 Prussiens et Badois ont tenu contre 90 à 120,000 Français. A Bapeaume, la situation était analogue. Dans la dernière sortie exécutée par la garnison parisienne, les troupes allemandes se sont trouvées de même à avoir à lutter contre un ennemi qui lui était trois fois supérieur en nombre. Enfin devant Dijon, 6,000 Prussiens ont combattu contre les 40,000 hommes de Garibaldi.

On lit dans la *Nouvelle France* :

### LA VRAIE HONTE.

Ce n'est pas d'avoir été battu par la Prusse, ce n'est pas d'avoir perdu cinq mille canons, d'avoir cinq cent mille prisonniers en Allemagne; la vraie honte, c'est qu'on puisse lire dans un journal ce qui suit :

On écrit de Genève : « Le conseil d'État a voté la somme de 500 francs pour faire donner l'instruction primaire aux prisonniers qui en ont besoin. »

La Suisse instruisant nos soldats, votant des fonds pour leur instruction ! Quelle leçon !

Le *Courrier du Bas-Rhin* juge comme il suit la situation militaire :

« ..... Mais la situation de la France est-elle donc en réalité telle que, cette fois-ci, il n'y ait plus aucun espoir de vaincre? A cette demande, nous répondrons sans hésiter : « Oui, à moins d'un miracle ! » Mais un homme politique ne peut jamais compter sur des miracles. L'armée du Nord, celle de l'Est, celle de l'Ouest sont en partie détruites ou ne valent guère mieux. Dans peu de jours, Belfort augmentera le nombre des forteresses prises. Paris est entre les mains des Allemands, et la position de leurs armées est telle que l'adversaire ne peut en approcher d'aucun côté. Ces armées occupent en France un territoire de presque 13 millions d'habitants, qui ne peut donc être d'aucun secours, et celui qui croirait que des émeutes, des conjurations y pourraient opérer des diversions, n'a aucune idée des mailles d'airain dont l'organisation militaire prussienne entoure ces pays; toutes les parties s'y adaptent parfaitement et fonctionnent avec ensemble, comme les rouages d'une machine colossale, et celui qui s'aventure à passer à travers ces mailles est infailliblement pris et écrasé.

« Qu'on ne croie pas que nous ayons une grande prédilection pour une pareille force motrice ; nous la décrivons telle qu'elle est et telle que chaque observateur, dont les regards n'étaient pas troublés par les déclarations de Gambetta, l'a pu juger. Que nul ne se dise que, puisque toute chose a une fin, les forces de l'Allemagne doivent être épuisées. Il est certain que l'Allemagne, comme la France, a besoin de paix ; mais s'il s'agit d'envoyer encore quelques centaines de mille soldats exercés de l'autre côté du Rhin, elle le peut ; bien plus, toutes les dispositions sont déjà prises et après l'expiration de l'armistice elle mettra en campagne une armée bien équipée et renforcée, contre laquelle les troupes improvisées de la France ne sauraient tenir... »

### EXPLOITS DE LA CORVETTE AUGUSTA.

Voici le rapport adressé par le pilote Gaillard, de Royan, au commisssaire général de la marine, à Bordeaux :

« Monsieur le Commissaire Général,

« Je suis parti de Royan le 2 janvier, à sept heures du matin, pour aller au Verdon, à bord du brick *Jacques*, de Saint-Malo. J'ai mis une chaloupe en mer, et ai laissé le brick à cinq heures et demie du soir en dehors des dangers de la rivière, avec jolie brise de vent est-sud-est.

« Une fois embarqué dans ma chaloupe, j'ai aperçu un brick avec pavillon au mât de misaine ; je me suis aussitôt dirigé sur lui de crainte que la nuit me le fasse perdre de vue. Je suis monté à bord de ce brick, qui était le *Saint-Marc*, de Saint-Malo, à sept heures ; il faisait alors grande nuit. A huit heures, je dis au capitaine qu'il fallait virer de bord et courir la bordée du sud-ouest ; faible brise, à neuf heures, calme plat, la mer houleuse et de la brume. Nous fûmes emportés au large par le courant.

« Le 3 au matin, je dis au capitaine de faire courir à l'est, que peut-être nous pourrions entrer ; les vents étaient au sud-ouest ; mais la brise était faible, et le navire n'était pas seulement d'une marche moyenne. Nous ne pûmes entrer en rivière.

Nous sommes venus à l'entrée de la passe du Nord; mais le calme et la grosse mer ne nous ont pas permis d'entrer, et la journée s'est passée sans faire de route, car nous étions contrariés par le calme, le courant et la grosse mer. Le 3, à neuf heures du soir, courant du sud, les vents est-sud-est, nous aperçûmes un grand navire, forme de transport à vapeur, qui nous passait à côté sous le vent à nous ; il gouvernait à l'est-sud-est sur la Coubre, qui ne paraissait que par intervalle, à cause de la brume. Dix minutes après, ce navire repassait à côté de nous, gouvernant à l'ouest; nous ne fîmes pas attention à lui, car nous pensions qu'il était français.

« Le 4, à sept heures et demie du matin, nous courions au nord-est, les vents étaient au sud-est. Nous vîmes ce navire se diriger sur nous; nous pensions qu'il venait demander des renseignements sur l'entrée de la Gironde; à huit heures moins un quart, il était à notre côté de tribord. Je lui demandai s'il avait un pilote. Il me répondit : Gouvernez au nord-ouest. Nous fûmes saisis de cette réponse, et, aussitôt, il nous envoya un coup de canon à poudre, puis un second, ensuite il hissa le pavillon prussien à la corne; nous hissâmes le nôtre, mais avec grand mal au cœur, en nous voyant pris par un prussien, à l'entrée de la rivière de Bordeaux, à six milles dans l'ouest-nord-ouest de Cordoua. Il tira un troisième coup de canon, mais cette fois à boulet, pour nous faire mettre le cap au large. Nous avons obéi, car nous ne pouvions pas nous défendre. Alors deux canots armés en guerre sont venus à bord. Un officier prussien est descendu dans la chambre du capitaine et un autre officier est resté sur le pont avec quatorze hommes armés de revolvers et de sabre d'abordage ; ils ont conduit le brick à neuf milles au large.

« La corvette l'*Augusta* était toujours à côté de nous. Les Prussiens ont mis le grand hunier sur le mât; la corvette a stoppé au vent à nous, à 50 mètres environ. Là, ils ont emmené le capitaine à bord de la corvette avec ses papiers; ils ont fait un va-et-vient pendant deux heures pour embarquer des vivres à bord du brick pour le conduire en Prusse. Le capitaine est retourné à bord de son navire avec huit Prussiens, dont deux officiers. L'équipage du brick ne se composait que de sept hommes, tout compris. Quant à moi, on m'a sommé de me rendre à bord de la corvette. Quand je fus à bord, on fit monter des hommes dans la mâture, qui crièrent trois fois *houra*, en voyant partir le pauvre brick pour la Prusse. Il était alors onze heures et demie.

« Après cette capture la corvette s'est dirigée sur le trois-mâts français *Pierre-Adolphe*, de Bordeaux; on ne voyait que la coque de ce trois-mâts, qui courait bâbord amarres pour entrer en rivière. L'*Augusta* étant un navire de première marche, dans 25 minutes elle fut rendue près du trois-mâts, et là on fit le même trajet que pour le brick. Ce trois-mâts était en dedans des bouées quand on lui a fait mettre le cap au large. Quand on a été à dix milles environ ils ont fait mettre le grand hunier du trois-mâts sur le mât, et ils ont commencé le va-et-vient pour porter des vivres à bord du trois-mâts, enfin tout ce qu'il fallait pour entreprendre une campagne. Comme l'équipage du trois-mâts était plus nombreux que celui du brick, ils ont fait venir à bord du trois-mâts huit Prussiens, dont deux officiers.

« A quatre heures, tout fut fini pour le *Pierre-Adolphe*. Mais venait un bateau à vapeur; on courut dessus aussitôt, et dans peu de temps on fut sur lui, et la même opération fut faite; seulement ils prirent tout l'équipage du *Max* et tout ce qu'ils voulurent du chargement, qui se composait de diverses marchandises. Ils ont pris des ballots d'effets, des caisses de sardines, des caisses de beurre, des tentes de campement, le petit cheval de la machine, les coupes, les lampes, etc. Le pillage a duré jusqu'à huit heures, après ils ont ouvert les soupapes et mis le feu dans la chambre, et nous, nous regardions ce triste spectacle avec bien mal au cœur. Après avoir mis le feu, ils ont tiré onze coups de canon à une distance de 200 mètres à peu près. Quand le *Max* a été presque coulé, ils ont abandonné le lieu du pillage et ont fait route à neuf heures du soir pour le large.

« Le lendemain, nous étions en croisière dans le golfe; on a visité plusieurs vapeurs anglais. Le 7, à 8 heures du soir, nous arrivions à Vigo. Le 12, la frégate l'*Héroïne* est venue mouiller à 50 mètres de l'*Augusta;* le lendemain, elle est allée se mouiller à l'entrée de la baie; enfin, le 20, à 7 heures du matin, nous embarquons à bord du vapeur anglais *Cadix*, sur lequel nous n'avons pas été heureux; nous avions une mauvaise nourriture et nous couchions sur le fer à fond de cale. On nous expédiait à Londres, où M. le consul de France n'a pas voulu se charger de rapatrier les deux pilotes.

« Grâce au capitaine du *Pierre-Adolphe*, qui a répondu pour nous, nous avons pu nous rendre à Calais sur le navire anglais le *Vigilant;* là, le commissaire de l'inscription maritime nous a envoyés aux ordres du commandant de marine de Dunkerque; les matelots du *Max* ont été embarqués sur le transport français *Yonne*, et les deux pilotes ont été envoyés au Hâvre pour être rapatriés le plus promptement possible.

« Je suis enfin rendu dans mes foyers, et je m'empresse, monsieur le commissaire, de vous informer de tout ce qui s'est passé.

« Agréez, Monsieur le Commissaire, l'assurance de ma parfaite considération.

« Royan, 14 février 1871.

« GAILLARD, pilote. »

NOUVELLES DIVERSES.

On lit dans le *Soir :*

« Le général Chanzy a déclaré que la continuation de la guerre est absolument impossible. Le nombre des laisser-passer délivrés s'élève à 140,000, L'ancien président de la Chambre, M. Schneider, est arrivé à Paris. »

Certains marchands de charbon, usurpant pour la facilité de leurs expéditions le titre de fournisseurs ou de délégués de la mairie de Paris, ont fait arriver en gare, à Paris, des convois de combustible, qu'ils ont mis immédiatement en vente, à des prix exorbitants. Le commerce des charbons s'en est ému à juste titre.

L'administration n'est pas moins intéressée que le négoce à

réprimer les abus de ce genre, aussi a-t-elle immédiatement ouvert une enquête. Le maire de Paris et le directeur de la compagnie du chemin de fer du Nord ont tenu à constater les faits par eux-mêmes. Ils ont reconnu qu'en effet, des charbons acquis par l'industrie privée avaient pu profiter, par surprise, du privilége que les compagnies de chemins de fer accordent au ravitaillement de la capitale, en passant sous le couvert des services municipaux. Avis est donné aux négociants peu scrupuleux qui seraient tentés de recourir à cette manœuvre déloyale, qu'ils n'en tireront aucun profit : réquisition a été faite au nom de la ville de Paris de tous les combustibles qui parviennent dans les gares sous l'étiquette de la mairie, des services municipaux, des hospices ou de toute autre administration publique, et l'arrêté de réquisition a été, dès ce soir, mis à exécution.

---

Le fils du général d'Aurelle de Paladines (1) a été tué dans la bataille du Mans.

---

Il s'écoulera du temps avant que l'on puisse se rendre un compte exact des pertes subies par la littérature et la science pendant le siége de Paris. Plusieurs professeurs éminents, des membres de l'Institut ont servi dans les rangs de la garde nationale, et il est presque impossible qu'ils soient tous sains et saufs. Nous savons déjà que l'abbé Moigno, auteur des « *Mondes* », a été blessé par l'explosion d'un obus ; que M. Desnoyers fils, de la Bibliothèque du Musée, a été tué, et que M. Thénard est prisonnier en Allemagne.

---

Le chiffre des arrivages à Paris, dans la journée du 21 février, ajouté à celui des journées précédentes, donne pour totaux des arrivages à partir du 3 février, les quantités suivantes :

Bestiaux. — Bœufs, 17,556 ; moutons, 16,515 ; vaches, 1,993 ; porcs, 5,143.

Grains, farines. — Grains, 26,455,888 kilog. ; farines, 43,437,610 kilog. ; biscuits, 10,507,468 kilog.

---

(1) D'Aurelle de Paladines (Jean-Émilien-Léonce), lieutenant au 2ᵉ régiment de tirailleurs algériens.

Conserves. — Bœufs, 2,612,522 kilog.; mouton, 1,052,810 kil.; sel, 417,524 kilog.

Salaisons. — Diverses, 3,371,994 kilog.; lard, 6,885,211 kilog.

Poissons. — Marée, 240,777 kilog.; morue, 2,838,200 kilog.

Alcool, 4,200 hectolitres; vins, bières, 253,678 hectolitres; beurre, 1,089,774 kilog.; fromage, 708,113 kilog.; huile, 188,114 kilog.; légumes, 10,957,056 kilog.; fruits, 526,538 kil.; fourrage, 2,413,168 kilog.; tourteaux, 426,421 kilog.; divers, 4,414,459 kilog.

Combustibles. — Houille, 25,841,062 kilog.; divers 3,765,889 kilog.

### VENTE A L'ENCHÈRE.

De *vingt chevaux avec harnais, treize voitures de blanchisseur, un tombereau, quatre chariots*, appartenant à la Société allemande de secours aux blessés, le *Samedi 25 Février*, à 2 heures de l'après-midi, sur *l'avenue de Sceaux*, près de la caserne de Limoges.

### N° 102. — DIMANCHE 26 FÉVRIER 1871.

#### PARTIE OFFICIELLE.

VERSAILLES, 25 février. — M. Bicnz est nommé secrétaire général de la préfecture du département de l'Orne.

#### PARTIE NON OFFICIELLE.

##### LES FRAIS DE LA GUERRE.

Nous lisons dans une correspondance adressée de Berlin à la *Gazette de Cologne* :

« Les frais de la guerre actuelle ne peuvent être calculés d'après les dépenses que la campagne de 1866 a occasionnées à la Prusse, car les conditions de la lutte, aujourd'hui, sont tout autres relativement à la force des armées, à l'étendue du théâtre de la guerre, à l'éloignement des opérations, à la durée de la campagne, aux nombreux siéges de places fortes, au chiffre des prisonniers, au blocus des côtes de l'Allemagne, à la capture de navires allemands et à l'expulsion hors de France des Allemands pacifiques. Suivant les données officielles fournies aux Chambres prussiennes en 1866 et 1867, la Prusse avait eu sous les armes, pendant cette guerre de 1866, 650,000 hommes, — dont 74,000 hommes de landwehr, qui, étant restés sur place, coûtèrent beaucoup moins cher. Dans les rangs de l'armée active ne furent appelés alors que 24 bataillons de landwehr à 822 hommes, et 12 régiments de cavalerie de landwehr à 648 hommes. L'armée qui entra en campagne se composait seulement de 9 *corps;* celle qui fait aujourd'hui la guerre contre la France en compte 17 (13 corps de l'Allemagne du Nord, 4 de l'Allemagne du Sud). En 1866, la landwehr tout entière était forte de 100,000 hommes; en 1870-71, elle compose dans l'armée de la Confédération du Nord une force de 214,000 hommes avec 40,000 chevaux, — sans compter les bataillons de garnison récemment formés. Nous ne comptons pas non plus les 188,000 hommes de troupes de remplacement formées à part, — dans le calcul général d'après lequel l'effectif des armées mobiles de l'Allemagne du Nord s'élève à 960,000 hommes, avec au moins 200,000 chevaux, et celui des troupes de l'Allemagne du Sud à 180,000 hommes (1).

« Le prix d'un cheval étant compté à 200 thalers en moyenne, la cavalerie de l'Allemagne du Nord représenterait ainsi, sans son équipement et ses armes, une valeur de 40 millions de thalers. En 1866, l'équipement seul (sans les armes) dans la grosse cavalerie avait coûté au moins 61 thal. par homme et 38 par cheval ; dans la cavalerie légère, 45 thal. par homme et 24 par cheval. — L'habillement et l'équipement de l'infanterie furent évalués à 34 thal. par homme.

« La courte campagne de 1866, qui dura tout au plus huit

---

(1) Voyez Wolff de Lüdinghausen, *Organisation de la force militaire en* 1869, page 196.

semaines, exigea, d'après les comptes présentés au *Landtag* le 3 novembre 1869, — et déduction faite des dépenses non directement appliquées au but militaire, — une somme de 124 millions de thal. (environ 465 millions de francs). Si l'on déduit de là pour les frais de mobilisation à cette époque 24 millions de thal., — les dépenses de l'armée de 1866, calculée non plus sur 8 semaines, mais sur 32 (durée de la campagne actuelle), s'élèveraient, au plus bas chiffre, à 300 millions de thal. (1 milliard 200 millions de francs). Mais, sans compter les bataillons de garnison nouvellement formés, l'armée actuelle offre un nombre de combattants plus que double de celui de l'armée de 1866; en l'évaluant seulement à 1,200,000 hommes, ce serait donc, d'après le calcul qui précède, un chiffre de dépenses d'au moins 600 millions de thal. (2 milliards, 400 millions).

« Maintenant, que l'on suppute les frais considérables de transports à de si grandes distances, comparativement avec la proximité du théâtre des opérations en 1866, et l'on se figurera combien les dépenses ont dû, cette fois, être plus grandes pour envois, par chemins de fer, de troupes, de provisions, de munitions, pour transports de malades, de blessés, de prisonniers. L'armée prussienne en 1866 eut 4,964 morts et 16,181 blessés. Aujourd'hui les pertes seules des armées de l'Allemagne du Nord, y comprise la division badoise, sont déjà de 13,960 morts et 88,924 blessés. Il faut ajouter à ce chiffre (pour les dépenses de transport) le nombre des blessés bavarois et wurtembergeois, aussi bien que celui des blessés français (transportés par les Allemands). — Quant aux prisonniers, on sait qu'au commencement de cette année, plus de 400,000 soldats français non blessés se trouvaient entre les mains des Allemands. Quelles sommes énormes le transport de ces prisonniers, l'appropriation ou la création des locaux destinés à les recevoir, n'ont-ils pas coutées !

« Un autre chapitre qu'il faut ajouter, c'est, concurremment aux opérations de campagne, la guerre de siége et l'énorme dépense de munitions qu'elle a entraînée. Suivant les rapports officiels, Strasbourg a été bombardé par 241 pièces d'artillerie, qui ont lancé contre la ville 193,722 grenades. En adoptant l'évaluation donnée par Prehn (*Le tir d'artillerie*, page 155), chaque grenade ordinaire, lancée par les pièces de 24, coûte environ 4 2/3 thalers. Les bombes de 25 et de 50 livres, les obus, les grenades longues reviennent à un prix beaucoup plus élevé. Ainsi la dépense de munitions pour la prise de cette seule place représente au moins 2 millions de thalers. — On peut calculer, approximativement, d'après cela, ce qu'a pu coûter le bombardement des forts de Paris exécuté avec 600 pièces d'artillerie et celui des autres places fortes françaises assiégées et prises par les Allemands.

« Faisons entrer aussi en ligne de compte les sommes que les Cercles, selon les lois existantes, ont dû employer pour soutenir les familles des soldats de la réserve et de ceux de la *landwehr*; — puis les pensions aux vieux parents, veuves ou enfants de 14,000 morts; — et celles aux blessés devenus totalement ou partiellement incapables de travail.

« On se demande ensuite quelle somme énorme il faudra pour renouveler l'habillement des troupes, pour remettre à neuf leur équipement, le matériel de campagne, les fourgons, les équipages, les pontons, le train de siége, la télégraphie de campagne, les canons, les munitions, tout le matériel d'artillerie. Après la courte campagne de 1866, le renouvellement et la remise à neuf dont nous parlons ont coûté seuls 27 millions de thalers.

« Citons enfin les pertes causées par la capture de plus de cent navires de commerce allemands, par sept mois d'inactivité forcée de toute notre marine marchande, — les frais qu'ont coûtés les chemins de fer construits par les Allemands sur le territoire français, — les indemnités que, d'après la loi française, l'Allemagne a dû payer aux populations d'Alsace et de Lorraine, notamment dans les forteresses, pour les ravages causés par la guerre, — les réparations pécuniaires dues aux Allemands expulsés de France (plus de 100,000), — les dépenses pour armer les fortifications des côtes allemandes, — et les sommes qu'il a fallu pour remplacer dans les caisses d'épargne d'Alsace et de Lorraine l'argent que les autorités françaises avaient pris, etc.

« On peut juger ainsi de l'élévation des frais de guerre que la France aura à payer. Sans doute le chiffre considérable de cette juste indemnité apprendra à nos voisins combien une guerre avec l'Allemagne est sérieuse et ruineuse, et quelles profondes atteintes la prospérité publique doit en recevoir. »

## LA PRESSE PARISIENNE

Se préoccupe beaucoup de l'entrée des troupes allemandes à Paris, mais elle oublie complétement l'entrée des troupes françaises à Berlin (28 octobre 1806). Nous remettons sous les yeux du public parisien la page « triomphale » qui suit, extraite de l'*Histoire du Consulat et de l'Empire* de M. Thiers :

« Napoléon voulut qu'en récompense de la journée d'Auerstedt, le maréchal Davoust entrât le premier à Berlin, et reçût des mains des magistrats les clefs de la capitale (25 octobre)...

« Avant d'entrer à Berlin, Napoléon s'arrêta à Postdam ; il s'y fit remettre l'épée de Frédéric, sa ceinture, son cordon de l'Aigle-Noire, et dit en les saisissant : « Voilà un beau cadeau pour les Invalides, surtout pour ceux qui ont fait partie de « l'armée de Hanovre. Ils seront heureux sans doute quand ils verront en notre « pouvoir l'épée de celui qui les vainquit à Rosbach ! »

« Napoléon, s'emparant *avec tant de respect* de ces précieuses reliques, *n'offensait assurément ni Frédéric, ni la nation prussienne.*

« Le 28 octobre 1806, Napoléon fit son entrée à Berlin en triomphateur, comme Alexandre et César.

« Toute la population de la ville était sur pied, afin d'assister à cette grande scène.

« Napoléon entra entouré de sa garde et suivi par les cuirassiers d'Hautpoul et de Nansouty. La garde impériale, richement vêtue, était ce jour-là plus imposante que jamais. En avant, les grenadiers et les chasseurs à cheval ; au milieu les maréchaux Berthier, Duroc, Davoust, Augereau, et au sein de ce groupe, isolé par le respect, Napoléon dans le simple costume qu'il portait aux Tuileries et sur les champs de bataille, Napoléon, objet des regards d'une foule immense, silencieuse, saisie à la fois de tristesse et d'admiration. Tel fut le spectacle offert dans la longue et vaste rue de Berlin qui conduit de la porte de Charlottenbourg au palais des rois de Prusse. »

Le *Journal des Débats* rappelle qu'en 1866 l'armée prussienne était arrivée en vue de Vienne, et que cependant elle n'entra point dans la capitale de l'Autriche. — Mais la ville de Vienne (défendue encore par l'armée de l'archiduc Albert, victorieuse en Italie) n'avait pas été assiégée et n'avait point capitulé.

Pendant les années difficiles qui ont précédé la guerre actuelle, que de fois n'a-t-on pas soulevé en France, en Angleterre, en Autriche, la question du désarmement! La presse allemande répondait toujours à ce sujet que les forces de la Confédération du Nord étaient déjà sur l'extrême pied de paix et que pour les réduire davantage il faudrait briser l'organisation militaire de la Prusse et de ses confédérés. — Dans le Rapport du chargé d'affaires militaires de France à Berlin, — dont nous avons déjà donné un fragment, — cette question du désarmement, par rapport à l'Allemagne, est ainsi jugée (avril 1868) :

« ..... Ceci m'amène à dire quelques mots de cette singulière question du *désarmement* des puissances, question qu'on soulève de temps à autre, et dont les journaux s'occupent aujourd'hui plus que jamais. Quelle absence de sens commun dans les articles que ces journaux donnent en pâture à l'avidité publique! Quelle ignorance des institutions des pays étrangers! On ne se demande même pas ce qui constitue pour une puissance un désarmement, et on confond ce mot avec celui de licenciement.

« Il faut reconnaître qu'on a quelque peine à donner du mot *désarmement* une définition précise. D'abord, comme il n'y a pas deux puissances dont l'organisation militaire soit la même, il ne saurait avoir exactement le même sens pour elles. Ensuite, à ne considérer qu'une même puissance, la France, par exemple, qu'est-ce qui constitue au juste un désarmement, et où commence-t-il? Est-ce un licenciement, ce qu'on regarde d'ordinaire comme équivalent à un désarmement? Encore faudra-t-il savoir ce qu'on licenciera. Sera-ce une partie de l'armée qui est sous les drapeaux ou une partie de la réserve? Le licenciement sera-t-il provisoire ou définitif, sans rappel possible? Tout cela paraît bien vague.

« En cherchant au mot désarmement une signification précise qui s'applique à tous les pays, on ne trouve que celle-ci : diminution dans l'effectif des hommes qu'une puissance instruit et réserve pour la guerre. Le désarmement sera partiel, si cette puissance diminue son effectif dans une certaine proportion; il sera total si elle ne forme plus aucun soldat et qu'elle se borne à n'entretenir qu'une sorte de gendarmerie pour l'intérieur. Or, ce dont nos journalistes ne se doutent même pas, c'est qu'un désarmement partiel ou total, chose concevable, c'est-à-dire possible, pour la France, l'Autriche, l'Italie, l'Angleterre, en un mot pour toutes les puissances, est absolument impossible pour une seule, la Prusse.

« Le mot de désarmement appliqué à la Prusse n'a, en effet, aucun sens. Pourquoi cela ? A cause du principe du service obligatoire pour tous, principe fondamental des institutions militaires prussiennes, et l'on peut ajouter, de l'existence sociale de la nation. Il exige que *tous les citoyens valides* passent trois ans dans l'armée active, comme dans une école de guerre, et qu'ensuite ils servent quatre ans dans la réserve et cinq ans dans la *landwehr*. Autrement dit, tous les jeunes gens valides de vingt ans, c'est-à-dire 93,000 hommes (le contingent de 1868 pour la Confédération de l'Allemagne du Nord, était de 92,886 hommes), entrent chaque année dans l'armée; ils y sont instruits pendant trois ans au métier des armes, et, cette instruction reçue, ils restent pendant neuf ans à la disposition de l'État.

« La Confédération du Nord a, de la sorte et comme conséquence de ses institutions, 300,000 hommes de 20 à 23 ans qu'on instruit au métier de la guerre ; plus 600,000 hommes de 23 à 32 ans, qui ont été complètement instruits. Total : 900,000 hommes. »  (*Correspondance de Berlin.*)

---

### CHRONIQUE DE LA GUERRE FRANCO-ALLEMANDE 1870.

31 *octobre*. Les membres du gouvernement parisien, — sur la nouvelle qu'ils négocient un armistice et que les troupes françaises ont été battues au Bourget, — sont tenus prisonniers dans l'Hôtel-de-Ville, à Paris, par des insurgés. Ceux-ci créent un comité de salut public et une commune de Paris. Trochu, Arago et Ferry sont, vers le soir, arrachés aux mains des insurgés par le 106e bataillon de la Garde nationale. Les autres membres du gouvernement ne sont délivrés que le 1er novembre, à trois heures du matin, par la garde naitonale qui réprime l'insurrection.

— Le maréchal Bazaine et beaucoup d'officiers français arrivent à Cassel ; ils y sont suivis, le 1er novembre, par les maréchaux Canrobert et Lebœuf.

— Dijon capitule. Le préfet français est fait prisonnier.

— M. Thiers revient de Paris à Versailles.

1er *novembre* (et jours suivants). Entretiens du comte de Bismarck avec M. Thiers à Versailles.

— Les francs-tireurs d'Alsace, de Bretagne et des Vosges protestent contre le commandement en chef de Garibaldi.

2 *novembre*. Le siège en règle du fort Mortier et de Neuf-Brisach commence.

— L'Impératrice Eugénie quitte Wilhelmshœhe.

— S. A. R. le Prince Royal de Prusse fait adresser une lettre de remercîments au colonel Lloyd Lindsay, fondateur de la société anglaise pour secours aux soldats malades et blessés.

— Le Prince Royal de Saxe donne connaissance de l'ordre à l'armée du Roi de Saxe — au corps d'officiers et aux députations de toutes les troupes saxonnes campées devant Paris, et leur distribue les décorations qui leur sont accordées.

— Combat de la division de Tresckow (du corps de Schmeling, 4ᵉ division de réserve), à Les Errues, Rougemont et Petit-Magny contre des gardes mobiles, qui ont, dans un seul de ces combats (Petit-Magny), 5 officiers et 105 soldats tués.

— Rochefort donne sa démission de membre du gouvernement parisien.

3 *novembre*. Pour qu'en France les élections générales puissent être faites, le comte de Bismarck offre à M. Thiers un armistice de vingt-cinq jours, sur la base du *statu quo* militaire, à partir du jour de la signature.

— Le grand-duc de Bade se rend à Versailles.

— Il en est de même du grand-duc d'Oldenbourg.

— Le quartier général de la 1ʳᵉ armée (général de Manteuffel) et celui de la 2ᵉ armée (Prince Frédéric-Charles), toutes deux en marche pour exécuter les opérations qui leur sont assignées, — se trouvent à Briey et à Commercy.

— Après plusieurs petits combats victorieux, les troupes allemandes cernent la place de Belfort.

— Le major-général de Selchow, commandant le corps d'investissement devant Mézières, mande que depuis quelques jours ses colonnes mobiles opèrent avec succès contre les bandes de francs-tireurs.

— A la suite de l'insurrection du 31 octobre, le gouvernement parisien appelle la population de Paris à voter sur le maintien ou la retraite du gouvernement de la défense nationale. La très-grande majorité des votants (557,976 contre 62,638) se prononce pour le maintien du gouvernement.

4 *novembre*. Le Prince Royal de Prusse distribue à Trianon, aux régiments de cavalerie les décorations de la Croix de fer qui leur sont accordées.

— Proclamation du général commandant le 7ᵉ corps d'armée, de Zastrow, à Metz, qui soumet le département de la Moselle aux tribunaux militaires.

— Dans la mer du Nord, le gouvernement général permet de rallumer les phares, de rétablir les signaux, etc.

5 *novembre*. Le Roi de Bavière, dans un ordre à l'armée, félicite le 1ᵉʳ corps bavarois de sa belle conduite à Sedan et accorde des décorations pour les faits d'armes les plus brillants.

— Le duc de Saxe-Meiningen arrive à Versailles.

— Les 53 aigles et drapeaux conquis à Metz sont apportés à Berlin et déposés dans l'arsenal.

— Le *Moniteur* royal de Prusse publie l'avis que la direction supérieure des Postes, dans le ressort administratif du gouvernement général de la Lorraine allemande, est transférée de Nancy à Metz.

— S'appuyant sur le vote des Parisiens en sa faveur, le gouvernement provisoire de Paris, non-seulement refuse l'armistice offert, mais repousse la proposition du comte de Bismarck, d'après laquelle les élections pour constituer un nouveau gouvernement auraient pu avoir lieu même dans les provinces occupées par les troupes allemandes.

— La Diète de la principauté de Waldeck et de Pyrmont vote une Adresse au Roi de Prusse.

*6 novembre.* Le fort Mortier, près Neuf-Brisach, capitule.

— Le *Moniteur officiel* de Prusse publie un télégramme par lequel le Prince Frédéric-Charles répond aux félicitations que le général-feld-maréchal comte de Wrangel lui a adressées pour la capitulation de Metz.

— A Cuxhaven reparaissent 9 navires de guerre français. Par suite, la permission, donnée le 4 novembre, de rallumer les phares, etc., est suspendue.

— M. Thiers reçoit à Versailles des instructions du gouvernement de Paris lui enjoignant de rompre les négociations pour l'armistice, par la raison que le commandant supérieur de l'armée allemande refuse de permettre l'approvisionnement de Paris, si on ne lui donne pas un équivalent militaire.

---

### N° 103. — MARDI 28 FÉVRIER 1871.

### PARTIE NON OFFICIELLE.

VERSAILLES, 27 février. — La *Gazette de l'Allemagne du Nord* consacre un article à l'examen des avantages et des inconvénients qui ont résulté pour la France des fortifications de sa capitale. La feuille de Berlin ne conteste pas qu'au point de vue militaire il n'y ait eu bénéfice pour les armées françaises à pouvoir arrêter pendant près de cinq mois les troupes allemandes devant les murs de Paris. Mais elle estime que ce bénéfice est plus que compensé par les désastres économiques que le siége de la capitale a eus pour conséquence et dont les suites se feront sentir longtemps encore ; elle calcule que Paris, rien que par la stagnation absolue de son commerce et de son industrie pendant la durée de l'investissement, a subi une perte de près d'un demi-milliard de francs, et que cette somme atteint une élévation fabuleuse si l'on y ajoute les dommages matériels produits par les exigences de la défense et les fonds absorbés par l'entretien de la population indigente, que le manque de travail a réduite et réduira encore, pour un temps assez long, à un complet dénûment.

« Cette terrible expérience, dit en concluant la *Gazette de l'Allemagne du Nord*, sera-t-elle perdue pour la France ? La nation française se rendra-t-elle compte de la contradiction qu'il y a à faire une place d'armes de premier ordre d'une ville qu'elle considère comme la capitale de la civilisation ? De la réponse qui sera donnée à cette question dépend le sort futur de la France. Paris fortifié sera toujours un poids de plus dans la balance de cette politique aventureuse qui a porté la France à se mêler des affaires des autres États, tandis qu'avec une capitale ouverte on pourrait espérer de voir s'accentuer de plus en plus chez nos voisins les sentiments qui sont la première condition d'une paix durable. »

---

Un rédacteur du journal *la Presse* de Paris a vu de près l'armée allemande et lui rend complète justice. A cause de la rareté du fait, nous reproduisons cet article :

« Certes, on ne peut pas nous accuser de prussianisme. Dès les premiers jours de cette guerre mortelle dans laquelle notre pays vaincu succombe et râle, la *Presse* n'a pas varié de sentiment ; elle a toujours été française, patriote, *chauvine* même (ce mot n'a rien qui nous déplaise), prêchant la résistance, et passionnément éprise de ces deux grandes et saintes choses : l'honneur et le salut de la France.

« Nous ne pouvons donc pas être suspect si l'évidence nous arrache aujourd'hui un cri d'étonnement et d'admiration. Quelles que soient notre haine et la profondeur de l'abîme où ils nous ont précipités, nos ennemis nous contraignent à nous incliner cette fois devant leur merveilleuse ténacité et l'incroyable persistance avec laquelle ils maintiennent parmi leurs soldats la discipline sévère et les habitudes de travail régulier qui ont été leur véritable, leur principale supériorité.

« C'est qu'en effet, cela est stupéfiant et écrasant à voir, et tous ceux qui sortent de Paris et y peuvent rentrer, en rendent un témoignage éclatant. Quelle armée et quels soldats !

« La victoire, inouïe dans sa persistance et son étendue, qu'ils ont remportée, ne les a ni grisés ni amollis. Maîtres de Paris, de nos forts et de nos armes, vainqueurs du tiers de la France, tenant sous clef toute notre armée prisonnière, et libres de dicter à notre malheureuse patrie les conditions de la paix, les Prussiens ne se sont pas départis une minute de leurs habitudes rigides. Ils travaillent toujours, sans relâche, sans cesse, et rien n'est changé pour eux.

« Tous les jours ils s'exercent, ils manœuvrent, ils s'instruisent et se perfectionnent. Parades, marches, revues, tir à la cible, tout le détail de la vie militaire continue pour eux comme si de rien n'était, et comme si la campagne n'était pas arrêtée.

« Ils ont nettoyé nos fusils et les ont emballés, cloués et étiquetés méthodiquement, et toutes ces caisses ont déjà pris la route d'Allemagne.

« Nos canons, ils les ont essayés, au fur et à mesure qu'on les leur livrait ; nos affûts, ils les expérimentent tous les jours, et cet énorme matériel de guerre est là prêt à être expédié de l'autre côté du Rhin, comme nos armées, comme nos trésors, comme *tout !...*

« Et toujours, au milieu de ces occupations incessantes et supplémentaires, le service régulier se fait ; les postes se succèdent, les régiments fatigués sont relevés par des régiments frais ; avant-postes, réserves, gardes et grand'gardes, tout fonctionne avec une précision implacable et mathématique, et cette armée victorieuse ne sait pas encore ce que c'est qu'un *jour* de repos.

« D'Allemagne, les recrues arrivent sans relâche, relayant les troupes fatiguées, et l'éducation de ces nouveaux venus se fait immédiatement, ponctuellement et promptement. Trois appels par jour, manœuvres, matin et soir, exercice à feu tous les jours ; et toujours la terrible discipline maintenue sévèrement se produit, sans que la moindre infraction soit tolérée. La main de fer de l'autorité militaire prussienne est toujours là, brisant les hommes, broyant les volontés et châtiant sans pitié les moindres écarts.

« Franchissez nos murailles et allez voir, par vos yeux, si ceci est exagéré ! Allez vous en assurer vous-mêmes, et vous reviendrez effrayés et émerveillés de ce labeur sans trêve et de cette activité infatigable. Que la guerre doive recommencer, et l'armée prussienne sera prête en deux heures à reprendre la campagne et nous écraser encore.

« Ce que nous disons ici, nous l'avons vu, et nous revenons stupéfaits de ce spectacle inattendu. Quel exemple et quelle leçon nous donnent nos ennemis ! »

---

Le *Times* du 23 publie une lettre du docteur Franck, contenant des détails intéressants sur l'armée du général Bourbaki. Dans cette lettre du docteur Franck, datée de l'hôtel Bellèvue, à Neufchâtel (Suisse), le 16 février, on trouve que 800 Français malades et blessés ont été traités et soignés dans le canton de Neufchâtel. Les habitants ont fait preuve de la plus inépuisable charité. Au moment de l'arrivée des malades et des blessés, on a vu des jeunes filles elles-mêmes laver les pieds de tous les malheureux dans les églises où l'on avait commencé par les déposer. Ce qui a le plus fait défaut dans le principe, ç'a été les vins fins et généreux. Enfin, l'on a pu se procurer des bouteilles de Porto qui ont contribué puissamment à réconforter ces malheureux. A Verrières (Suisse), l'ambulance militaire était desservie par quatre médecins suisses et seize étudiants en théologie française. Ces dignes infirmiers rivalisaient de zèle. C'était admirable.

Les malades et blessés étaient parfaitement couchés. Le personnel de l'ambulance ne reposait que sur des bottes de paille. Les sœurs de charité, dans plusieurs ambulances, ont été ce qu'elles sont et seront toujours, aussi dévouées que douces et bonnes. Il a fallu, dans le principe surtout, procéder à la ventilation de plusieurs ambulances.

Les Français comptaient peu de blessés, mais, en revanche, beaucoup avaient les pieds gelés. Les médecins prussiens n'ont pas eu, dans leurs ambulances, d'hommes ayant les pieds gelés; en revanche, ils avaient un grand nombre d'hommes atteints par la fièvre typhoïde, la dyssenterie, des affections pneumoniques et la petite vérole.

Des vins généreux des Pyrénées ont pu être distribués aux malades. Les habitants de Neufchâtel ont envoyé aussi des vêtements chauds et du lait concentré.

Le docteur Franck a été assisté par M. Blervill et par le commissaire Willis.

---

Dans une lettre adressée à M. Victor Hugo, un autre chef de la démocratie française, M. Louis Blanc, vient de déclarer qu'il se range parmi ceux qui veulent prolonger la lutte à outrance ; — le *Times* répond comme il suit à cette déclaration :

« M. Louis Blanc est, sans doute, un excellent patriote ; mais son langage est celui d'un joueur désordonné. Après avoir perdu un enjeu, il est d'avis que tout le reste doit suivre.

« Les Allemands, dit-il, n'ont jamais demandé rien de plus qu'une cession de la ligne des Vosges ; mais la cession de cette ligne, voire même d'un seul pouce de territoire, aux yeux du patriotisme français, signifierait et entraînerait la confession d'une défaite ; or, M. Louis Blanc, tout comme les hommes du 4 septembre, soutient que l'Empire et l'Impérialisme ont seuls été renversés alors, tandis que la France était et est encore invincible et non conquise.

« Qu'importe que la France ait vu ses armées vaincues à Wœrth, à Sedan et à Metz ; que les désastres d'Orléans, du Mans, l'avortement des tentatives de Faidherbe et de Bourbaki soient venus prouver à la France que, quant à présent, elle a devant elle un ennnemi plus fort qu'elle, mieux organisé et mieux outillé ; qu'importe tout cela, M. Louis Blanc n'en crie pas moins que la France doit continuer à se battre, de toute manière et à tout prix.

« Il peut y avoir et il y a dans notre esprit un doute sérieux quant au droit qu'a M. Louis Blanc de disposer ainsi des destinées de son pays.... On nous dit que la France entière pense comme M. Louis Blanc, c'est-il bien vrai ?..... »

Le journal anglais conclut en ces termes :

« M. Gambetta a trouvé dans la garde nationale et la garde mobile des institutions déjà formées et fonctionnant. La France a répondu à son appel comme elle répondit à celui de Napoléon I$^{er}$ après Moscou et Leipzig. M. Gambetta a lancé un million d'hommes en campagne. Il a enfourché la France et l'a conduite à bride abattue jusqu'à la mort. Les hommes qu'il a enrôlés, après les avoir affolés, il les fait défiler à Orléans, au Mans, à Belfort, non pas pour montrer qu'ils peuvent et veulent se battre, mais pour prouver qu'ils sont prêts à mourir de leur propre volonté, et pour que le monde le croie.

« Et cependant, M. Louis Blanc pense que la France doit combattre; qu'elle combattra; qu'elle combat en réalité. Il est évidemment sous l'empire d'une bien grande erreur. La France *est conduite au massacre* par des hommes qui lui refusent de se faire entendre, et qui prétendent avoir le droit de la tuer sans la consulter. »

**Prix de vente au détail des denrées alimentaires et autres articles de consommation, dans la ville de Versailles, du 25 février au 4 mars 1871.**

| DÉSIGNATION. | PRIX. | QUANTITÉS. |
|---|---|---|
| Beurre. | 1 75 | le 1/2 kilog. |
| Pommes de terre. | » 90 | le décalitre. |
| Volailles (Poulets). | 3 75 | la pièce. |
| Café. | 2 40 | le 1/2 kilog. |
| Sucre en pain. | 1 20 | — |
| Sucre en poudre. | » 75 | — |
| Eau-de-vie. | 1 60 | le litre. |
| Vin au litre. | 0 70 à 0 80 | — |
| Pain. | » 25 | le 1/2 kilog. |
| Sel. | » 30 | — |
| Viande. | 1 20 | — |
| Huile à manger. | 1 75 | — |
| Huile à brûler. | 1 » | — |
| Chandelles. | » 95 | — |
| Bougies. | 1 80 | |

*Certifié véritable par le Conseiller municipal soussigné,*
**BARRUÉ-PERRAULT.**

N° 104. — **MERCREDI 1er MARS 1871.**

## PARTIE NON OFFICIELLE.

VERSAILLES, 28 février. — Il serait à peu près impossible de réfuter toutes les accusations et toutes les calomnies répandues dans la presse française au sujet des dégâts causés pendant le siége aux environs de Paris. Quiconque connaît les lois de la tactique doit comprendre au premier abord que quels que soient les principes d'humanité qui animent une armée, elle doit avant tout se conformer aux besoins de la guerre. Ce n'est pas de gaieté de cœur que l'on détruit les biens appartenant soit à des institutions publiques, soit à des particuliers, et si la guerre a rendu ces sacrifices nécessaires, les causes doivent en être imputées beaucoup moins à l'assiégeant qu'à ceux qui ont fait de Paris une place forte et qui ont inutilement prolongé la résistance.

S'il est impossible de confondre toutes les calomnies, il est cependant de toute nécessité de démontrer par des exemples de quelle manière on cherche à dénaturer les faits.

Le 13 de ce mois quelques habitants de Thiais près Choisy-le-Roi se sont adressés au quartier général de la 3ᵉ armée pour se plaindre de ce que dans le cimetière de cette commune on avait profané des tombeaux. On aurait ouvert ces derniers, renversé les cercueils et dispersé les ossements. A la suite de cette plainte, le commandant du 6ᵉ corps en possession de ces parages a reçu l'ordre de faire un rapport sur les faits en question. Il résulte de cette enquête que le cimetière de Thiais situé sur la côte nord-ouest du village a dû entrer dans le système des fortifications défensives. Le mur a dû être crénelé et il a fallu faire des échafaudages et des fossés, couper des arbres et exécuter enfin tous les travaux nécessaires pour se mettre à l'abri. Voilà en quoi se résument les travaux absolument indispensables que l'armée de siège a été obligée de faire dans le cimetière de Thiais. L'ennemi, connaissant naturellement cette position défensive, y a dirigé le feu de ses obus qui a été particulièrement meurtrier dans la journée du 30 septembre. La masse de projectiles tombée dans le cimetière ont considérablement labouré le terrain, endommagé les monuments funèbres et causé généralement des dégâts. Du 28 au 30 novembre, le territoire de Choisy et de Thiais, n'a pas reçu moins de 5 à 6,000 obus. Malgré ces accidents le cimetière de Thiais, lorsque les postes allemands l'ont quitté le 28 janvier, n'a pas été à beaucoup près aussi endommagé que ne le ferait supposer la version française. Si des dégâts ont été commis depuis, ils doivent être exclusivement attribués aux maraudages et aux mauvais instincts d'une certaine partie de la population rentrée depuis dans ces parages. Ce qu'il y a de certain c'est que la discipline et le sentiment religieux du soldat allemand lui défendent absolument des profanations comme celles dont il est question dans la plainte des habitants de Thiais. Les journaux français ont eux-mêmes dénoncé ce fait monstrueux que des bandes de maraudeurs et de pillards traversent les environs de Paris, et y commettent des excès que le monde civilisé a depuis longtemps voués à l'exécration.

---

On lit dans la *Gazette de la Bourse* (Berlin) :

« Nous avons indiqué, il y a quelque temps, la nouvelle ligne-frontière entre l'Allemagne et la France, telle que, suivant toute probabilité, elle doit être tracée. D'après cette délimitation, outre l'Alsace, la plus grande partie de la Lorraine allemande appartiendrait à l'Allemagne, et la frontière, de ce côté, se trouverait placée à 4 milles environ (28 kilomètres) à l'ouest de Metz.

« La France, ainsi, ne restera point découverte; cette ligne-frontière forme, en effet, pour elle un boulevard déjà naturellement très-fort par les conditions du terrain et la situation des cours d'eau, et qui s'appuyant sur les places fortes françaises existantes de ce côté — places dont les fortifications peuvent être développées et transformées en camps retranchés, — formera une base également avantageuse pour la défensive et l'offensive. Au nord elle est couverte par l'Argonne, au sud-ouest par les ramifications des Vosges, les monts Faucilles et la fortification naturelle du plateau de Langres, au sud-est par les montagnes du Jura, de tous côtés enfin par une imposante chaîne de places fortes : Mézières, Sedan, Verdun, Toul, Langres, Besançon; — ces places, dans leur état actuel, n'ont pas sans doute la force défensive qu'exigent les progrès de l'art militaire moderne, mais ce sera le premier et plus pressant devoir de tout régime en France de donner à ces forteresses l'extension et le perfectionnement nécessaires.

« En face d'un tel front de défense, dont la puissance pourrait presque être considérée comme une provocation permanente à prendre l'offensive, — l'Allemagne qui ne fait la guerre d'invasion que pour défendre ses propres frontières, doit se préoccuper de donner à celles-ci une complète sûreté. En réalité, l'Allemagne, dans ses nouvelles limites, ne sera suffisamment couverte que du côté de l'extrême sud-ouest. Les défilés des Vosges ayant derrière eux les places fortes de Belfort, de Brisach, Schlettstadt et Strasbourg, formeront une défense suffisante pour assurer la vallée du Rhin supérieur contre toute invasion ennemie; mais il en est autrement au nord, où les Vosges, en s'abaissant peu à peu, cessent d'offrir un rempart naturel. Il y aurait donc de ce côté un danger permanent pour les populations allemandes de la rive gauche du Rhin, danger qui ne sera conjuré que si l'on enlève au voisin tout point d'où il pourrait sans cesse menacer le pays ouvert entre la Moselle et le Rhin, et si l'Allemagne, — pour avoir une défense contre la place forte de Verdun qui doit rester dans la possession de l'ennemi et dont celui-ci pourra bientôt faire un second Metz, — possède dans Metz même une forte position qui soit pour elle la clef du pays s'étendant en arrière jusqu'à la seconde ligne de défense sur le Rhin. »

---

Le *Daily-Telegraph* publie sur l'entrée de l'armée allemande à Paris les considérations suivantes :

« Il est facile de comprendre l'importance que les vainqueurs attachent à la reconnaissance formelle de leur triomphe, qui comporte l'occupation temporaire de la capitale. Les Allemands ont assiégé Paris pendant quatre mois au prix de grands périls, de grandes souffrances et de grandes pertes, et maintenant que leurs efforts ont été couronnés de succès, les soldats se croiraient privés de leur juste récompense s'il leur était interdit d'entrer dans la ville dont les fortifications leur ont opposé une si vive résistance.

« La marche à travers Paris est une des phases de la partie jouée et gagnée par les Allemands; et les autorités militaires ne sont naturellement disposées à renoncer à aucun des avantages auxquels les règles de la guerre leur donnent des droits. En outre, le fait même qu'il répugne aux Parisiens de voir l'ennemi en possession de Paris, ne fût-ce que pendant quelques heures, donne de la vraisemblance à l'idée que les Allemands viendront, par des considérations d'opportunité, infliger cette humiliation à la capitale. Les Allemands pensent que, en vue d'obvier à de nouvelles agressions de la part de la France, il est nécessaire de frapper l'imagination populaire de l'idée distincte de la défaite; et si les envahisseurs s'éloignent de Paris sans y entrer, les Français seront portés à croire que la retraite a été due aux craintes inspirées par l'attitude de la ville vaincue. »

---

Nous publions la fin de l'étude empruntée aux *Ergaenzunsblaetter sur la situation économique de la France* (1).

« A ces causes de ruine viendra se joindre l'accroissement forcé des impôts. Au début de la guerre, la France avait une dette de 13 milliards; le payement de l'indemnité à l'Allemagne, les frais de la campagne, le rétablissement des communications, du matériel de l'armée, etc., la feront monter à plus de 20 milliards, c'est-à-dire qu'elle dépassera la dette anglaise, qui avait toujours passé pour un nec plus ultra. En outre, à quelles conditions obtiendra-t-on les nouveaux milliards? La rente étant tombé de 75 à 50, la France paye déjà 6 p. 100 d'intérêts. Quant au dernier emprunt de guerre, son taux est plus désastreux encore (près de 8 p. 100). Le service de la dette absorbera donc une somme double de celle qu'il exigeait avant 1870.

« Ajoutons à ces effroyables charges les dettes départementales et communales. Voyant le crédit de l'État épuisé, M. Gambetta a tout déversé sur les provinces qui ont dû équiper les mobiles, acheter des canons et des chevaux. Le Calvados, une des contrées les plus fertiles, a demandé 3 millions à ses habitants; il n'a obtenu d'abord que 100,000 francs; la Seine-Inférieure n'a pu qu'à grand'peine faire face aux dépenses. A Amiens, pour payer la contribution, la municipalité a dû confisquer la propriété privée. L'équipement des mobiles marseillais a coûté 215 francs par homme. Pour couvrir toutes ces dépenses, on parle de la vente des domaines et forêts, mais c'est

(1) Voir le n° 100

une épée à deux tranchants qui n'a sauvé financièrement ni l'Autriche, ni l'Italie.

« Dans un avenir rapproché, la France aura un souci plus cuisant encore. Il s'agira de combler le déficit de la récolte, d'occuper les travailleurs, de restaurer les ponts, les routes, les édifices endommagés. — Le déficit de la récolte de 1870 peut être évalué à 50 p. 100; en outre, il faut songer que dans les contrées envahies, les produits de la terre ont servi avant tout à la nourriture des armées allemandes et françaises. Déjà le manque de semence se fait partout sentir, et il est fort possible qu'une bonne partie des terrains reste en friche. — Quant à l'industrie, les blessures qu'elle a reçues seront plus longues encore à cicatriser. La fabrication française porte en majeure partie sur des objets de luxe; elle doit donc souffrir bien plus que l'industrie allemande, et ses souffrances seront d'autant plus vives qu'en France la richesse a diminué et que les acheteurs de l'étranger ont pris l'habitude de se pourvoir ailleurs. Déjà Berlin et Vienne ont saisi le sceptre de la mode, et, tout l'hiver, le Nord s'est fourni en Allemagne de soieries, de gants, de ces innombrables articles dont la France s'était acquis le monopole. Trouvant chez nous des marchandises aussi parfaites et à meilleur compte, la clientèle nous restera en majeure partie.

« Le commerce s'est naturellement ressenti de la paralysie générale, mais les perturbations les plus terribles proviendront de la crise monétaire. Pour le numéraire, la France est descendue au niveau de l'Autriche, de l'Italie, de la Russie et des États-Unis. Dès le début de la guerre on a vu proclamer le cours forcé des billets de banque, et aux dernières nouvelles de Paris l'or faisait un agio de 4 p. 100. Le numéraire émigre chassé par l'augmentation énorme des valeurs fiduciaires, non-seulement celles émises par la Banque de France, mais surtout par les innombrables coupures de 5 à 10 fr. qu'ont dû créer les banques provinciales, les communes, les départements.

« Le rétablissement de l'état normal sera d'autant plus difficile que les ressources pécuniaires feront défaut. Tout le numéraire disponible a été affecté à l'achat d'armes à l'étranger, au payement des envois de céréales et de combustibles; il ne saurait rentrer tant que les banknotes auront cours forcé. Attendons-nous donc à une seconde édition des assignats.

« Après la guerre un des premiers soucis des gouvernants sera l'entretien de la classe ouvrière. Déjà Bordeaux construit un grand boulevard uniquement pour soutenir et maintenir le prolétariat. Le Havre a emprunté 2 millions dans le même but. De toutes parts les utopies socialistes reprennent cours. La destruction de l'armée et de l'empire qui tenaient en respect les novateurs, la proclamation de la république, c'est-à-dire, pour les peuples latins, l'abolition de toutes les entraves sociales, le régime temporaire du drapeau rouge à Lyon, les ateliers nationaux rétablis sous le nom de garde plus ou moins mobile, enfin le fait qu'à l'étranger, à part l'*Internationale*, personne n'a songé à venir au secours de la France, — toutes ces circonstances font prévoir une crise effroyable qui, quelles que soient son intensité et sa durée, empêchera la prompte réparation des pertes essuyées. Sans admettre qu'on en vienne à une émigration de la bourgeoisie, il est constant que pour de longues années on évitera le séjour de Paris, et que des familles de Metz et de Strasbourg, ne voulant pas vivre sous la domination allemande, préféreront transporter leurs pénates aux États-Unis.

« Avant la guerre la France était plus riche que l'Allemagne; aujourd'hui les rôles sont renversés. »

---

Un journal de Hanovre, la *Gazette pour l'Allemagne du Nord*, donne les détails biographiques qui suivent sur le général de Goeben, vainqueur de l'armée du Nord française :

« Né en 1816, Charles de Goeben entra à treize ans au service prussien, qu'il quitta en 1836 pour aller combattre en Espagne sous le drapeau de Don Carlos. Ses connaissances militaires lui valurent une place dans l'état-major de ce prince. Après la défaite des carlistes, il revint en Allemagne (1841), et rentra comme sous-lieutenant dans l'armée prussienne. Un ouvrage qu'il publia sur la guerre de la Péninsule fut la base de sa réputation, et bientôt le jeune officier fut attaché à l'état-major. De Gœben fit ensuite la campagne de Bade, où le prince de Prusse eut l'occasion d'apprécier l'étendue de ses connaissances et son mérite, — puis l'expédition espagnole au Maroc, comme officier étranger à la suite, — et en 1864 la campagne du Schleswig, où il commanda avec distinction la 26° brigade. En 1866, il avait sous ses ordres la 13° division qui se distingua à Langensalza et sur le Mein. Commandant le 8° corps, depuis le début de la guerre actuelle, le général de Gœben a succédé au général de Manteuffel dans le commandement en chef de l'armée qui opère au Nord de la France. »

On peut se faire une idée des services que l'artillerie de campagne allemande a rendus dans la guerre actuelle, par ce fait que le 41° régiment d'artillerie de campagne a dû déjà renouveler toutes ses pièces. Plusieurs de ces canons avaient tiré, dans le cours de la guerre, jusqu'à 8,000 coups, et l'on calcule toujours qu'une pièce après avoir tiré 3,000 coups seulement, doit être mise à la réforme. Ainsi les canons de l'artillerie allemande auront servi près de trois fois autant qu'on l'avait entendu dans les expériences faites en temps de paix.

NOUVELLES DIVERSES.

On écrit de Cassel, 20 février, à la *Gazette de Francfort*.

« L'ex-empereur quittera la résidence de Wilhemshœhe, qui lui avait été assignée pour la durée de sa captivité, immédiatement après la conclusion de la paix. On s'occupe déjà des préparatifs de son départ, qui aura lieu, dit-on, le 28 de ce mois. Aucune décision n'aurait été prise encore sur son futur séjour. Il dépendra des circonstances qu'il se rende à son domaine d'Arenenberg en Suisse ou à une résidence en Angleterre. Ces « circonstances » se rapportent sans doute aux négociations politiques qui se poursuivent en ce moment. »

Un correspondant de la *Gazette de Cologne* décrit comme suit une excursion qu'il a faite de Belfort à Pontarlier :

« Des amas de cadavres abandonnés dans les buissons et dans les fossés du grand chemin. Près de Montbéliard, nous avons trouvé huit Français morts dans une maison; parmi eux était un blessé encore en vie, qui demandait du secours d'une voix lamentable; nous le portâmes en plein air. C'était un homme petit, âgé d'à peu près dix-sept ans ; une grenade lui avait brisé les deux jambes au-dessous des genoux; il y avait sept jours qu'il était dans cet état : il avait enveloppé ses blessures avec des lambeaux de son uniforme, et le froid avait arrêté l'hémorrhagie; il s'était traîné près de ses compagnons, il s'était nourri de quelques morceaux de biscuit qu'il avait trouvés dans leurs poches, et avait étanché sa soif en buvant la neige qui tombait sur le plancher par la fenêtre.

« On a transporté ce malheureux en Suisse; les médecins disent qu'il survivra à ses blessures.

« La viande de cheval est maintenant la nourriture des habitants; j'ai vu moi-même des femmes affamées se jeter avec avidité sur un cheval mort et en arracher la chair avec toute espèce d'instruments. C'est la huitième campagne à laquelle j'assiste, mais je n'ai jamais vu, ni en Algérie, ni en Italie, ni en Bohême, ni même dans le Schleswig, des choses si horribles. »

---

N° 105. — JEUDI 2 MARS 1871.

PARTIE NON OFFICIELLE.

VERSAILLES, 1ᵉʳ mars. — On a souvent mis en doute la véracité des récits relatifs aux mutilations exercées sur les corps des soldats allemands. Le document suivant ôtera toute espèce de doute à cet égard :

« Le conseil municipal de la ville de Montbéliard est douloureusement affecté et profondément indigné de la mutilation dont a été l'objet le corps d'un soldat prussien. Il proteste de toutes ses forces, en son nom comme au nom de ses concitoyens, contre un tel acte de sauvagerie, dont pas un seul habitant de Montbéliard ne serait capable, et, pour exprimer publiquement ses sentiments à cet égard, il se propose d'accompagner, en corps, le convoi du soldat prussien mutilé.

« Montbéliard, le 19 janvier 1871. »

(*Suivent les signatures de tous les membres du conseil municipal.*)

---

On écrit de Versailles à l'*Indépendance belge* :

QUARTIER GÉNÉRAL DE L'ARMÉE ALLEMANDE.

« Il paraît enfin hors de doute que nous ferons cette semaine notre entrée dans Paris. Les incessantes provocations d'une partie de la presse de cette ville, les déclarations que nous n'oserions jamais fouler le sol de la « Mecque sainte de la civilisation », ont beaucoup contribué à la résolution de nos autorités militaires. Du reste, le *Rappel* a déjà rappelé il y a huit jours aux Parisiens que ce calice ne leur serait pas épargné et qu'ils le boiraient jusqu'à la lie. Il leur donne en même temps le significatif avertissement d'éviter toute démonstration provocatrice, et de rester dans leurs maisons pendant le défilé des troupes allemandes ; un seul coup de fusil tiré par un patriote trop exalté pourrait, dit-il, devenir le signal du pillage de Paris et amener la destruction totale de rues entières. Que le *Rappel* se rassure cependant, notre police de campagne prendra ses mesures. Les maisons des rues par lesquelles marcheront nos soldats et dans lesquelles ils prendront quartier, seront complétement évacuées par leurs habitants. Les musiques de nos régiments ont déjà tenu hier, sous la direction de leur chef, une répétition des morceaux qu'ils exécuteront pendant le défilé. Les troupes se dirigeront de l'avenue de Neuilly vers les Champs-Élysées.

« Depuis la promotion de M. Thiers au grade de chef du pouvoir exécutif, les probabilités d'une prompte paix gagnent de plus en plus du terrain. Il est certain d'ailleurs que la France n'a pas la moindre chance d'obtenir, par l'ajournement de la conclusion de la paix, de meilleures conditions. Ces conditions, les Français les connaissent depuis longtemps et ils ont eu le temps d'en étudier la lettre et l'esprit, et de prendre une décision en conséquence. »

NOUVELLES DIVERSES.

**GENÈVE, 21** février. — Chez nos voisins de Savoie il règne une grande fermentation. Un parti assez bien organisé s'agite ouvertement pour obtenir la séparation de la France, la neutralisation du pays ou son incorporation à la Suisse. Dans la crainte qu'une guerre civile n'éclate bientôt dans cette province et dans la prévision que la Suisse pourrait être obligée d'occuper ce pays, on a concentré ici une plus grande force armée. C'est ainsi que le bataillon de Zurich et les deux demi-compagnies de dragons de Zurich et de Thurgovie ont été renforcés hier par deux bataillons de Thurgovie et d'Argovie, qui ont été logés dans les maisons particulières. (*Bund.*)

---

Une dépêche télégraphique de Cassel, en date du 22 février, annonce le prochain départ de l'ex-empereur de Wilhemshœhe pour Londres. Plusieurs journaux prussiens prétendent que Napoléon se propose de se fixer en Italie ou en Espagne.

---

M. Albert Piétremont, né à Reims, le 2 mai 1846, artiste dessinateur, attaché au service des signaux de la citadelle du mont Valérien, a disparu de cette place depuis environ trois mois.

Ce jeune homme avait fait la campagne du Mexique en qualité de novice dans la marine nationale.

Prière de communiquer tous renseignements à M. Piétremont Béranger, son père, conducteur des ponts et chaussées en retraite, 9, rue d'Angiviller, à Versailles.

---

N° 106. — VENDREDI 3 MARS 1871.

## PARTIE OFFICIELLE.

#### COMMUNICATION OFFICIELLE.

VERSAILLES, 2 mars. — Hier, vers onze heures du matin, S. M. l'Empereur et Roi a passé en revue au champ de course de Longchamps, au bois de Boulogne, les divisions de toutes armes du 6° et du 11° corps prussiens, ainsi que du 2° corps bavarois, destinés à faire leur entrée dans Paris.

Après le défilé ces troupes, au nombre de 30,000 hommes environ, sont entrées à Paris et ont pris leurs quartiers aux Champs-Élysées, au Trocadéro et dans les parties avoisinantes de la ville. L'entrée favorisée par le plus beau temps a eu lieu sans aucun incident.

S. M. l'Empereur et Roi est retourné de Longchamps directement à Versailles. De même, S. A. I. et R. le Prince Impérial n'est pas entré dans Paris et s'est rendu de la revue de Longchamps à son quartier-général à Versailles.

## PARTIE NON OFFICIELLE.

Un ordre du jour du général *de Manteuffel*, daté du 14 février, est ainsi conçu :

« Soldats de l'armée du Sud !

« J'ai la joie de pouvoir vous accorder un repos que vous avez si bien mérité. Sa Majesté, notre Empereur et Roi, a fait conclure l'armistice également pour l'armée du Sud ; mais cette conclusion même fait bien voir les résultats de vos combats victorieux devant Belfort, et de votre marche infatigable à travers les montagnes du Jura, pendant laquelle vous avez livré de sanglants combats et rejeté, à la fin, toute l'armée française de l'autre côté de la frontière suisse. Vous n'évacuez, aujourd'hui, aucune des positions que vous avez prises ; les trois départements jusqu'à Lons-le-Saunier restent occupés par vous, et la puissante place de Belfort a dû livrer ses clefs.

« Soldats de l'armée du Sud !

« C'est à vous maintenant, après vos grands faits d'armes, de montrer au monde que la véritable culture se trouve chez les peuples de race germanique ; et cette preuve vous la donnerez par la politesse, la douceur, par les ménagements et les égards pour l'ennemi vaincu.

« De Manteuffel. »

---

*La Gazette nationale de Berlin* publie les considérations suivantes sur les futures délimitations territoriales entre la France et l'Allemagne ;

« L'Allemagne montrerait une insouciance coupable si, après une expérience de plusieurs siècles et à la suite de cette pénible guerre, elle traitait légèrement la question de l'amélioration de ses frontières. Il n'y a rien de plus facile, dans de telles conditions, que de conseiller la faiblesse, sous prétexte de modération, mais il n'y a rien aussi de plus funeste que d'augmenter par des demi-mesures les dangers que présente l'avenir. Il faut du courage aussi bien pour la conclusion de la paix que pour la guerre elle-même. Si l'on enlève à un ennemi puissant un morceau de son territoire, on ne gagnera certainement pas ainsi son affection.

« Si nous réunissons à nous les habitants de l'Alsace et de la Lorraine, qui sont Français de cœur, il est à prévoir que pendant les premiers temps ils se montreront récalcitrants et qu'ils seront, comme disait M. Thiers, des citoyens fort gênants ; mais ce ne sont pas nos aises qu'il faut considérer. Nous devons songer avant tout à la sûreté de l'Allemagne. La nation compte sur ses hommes de guerre, et ne doute pas qu'ils ne posent ses frontières d'une main ferme. Que dirait-elle si des considérations économiques ou une question de nationalité les entraînaient à rester en deçà de ce que demande la sûreté nationale ? Le commerce et l'industrie naissent et prospèrent grâce aux États où ils ont pris naissance et aux protections qu'ils en reçoivent. Les États sont le principal : le commerce et l'industrie ne sont que secondaires. Ils contribuent au bien-être général et, par cela même, à la puissance de l'État ; mais cet État est le cadre indispensable dans lequel ils se développent. Nul ne peut travailler, nul ne peut s'enrichir sans la protection de l'État.

« Il en résulte que lorsqu'il s'agit de déterminer des frontières, le bien général doit passer avant les intérêts individuels. D'ailleurs, l'industrie finira bien par retrouver son chemin malgré les nouvelles frontières : on cultivera celles de ses branches qui rapportent davantage, et plus l'État sera puissant, à l'abri de tout danger, et possédant un grand crédit, plus le gain sera considérable. Si cependant, par l'effet de ce changement de frontière, certaine industrie devient moins prospère, ou bien si quelques ouvriers se voient forcés d'abandonner leur travail pour en entreprendre un autre, ce sont des changements dont il faut savoir prendre son parti. On peut trouver bien des compensations à des pertes de ce genre : il n'en existe pas pour l'État lorsque sa frontière est faible et défectueuse ; tous ceux qui lui appartiennent en souffrent par la guerre, et plus la frontière est mal protégée, plus cette guerre est funeste.

« La question de nationalité et de langue ne peut pas non plus entrer en première ligne lorsqu'il s'agit d'une détermination de frontière, surtout entre la France et l'Allemagne. Les Français comptaient, jusqu'au Rhin et même au delà, gouverner des millions d'Allemands, et l'Allemagne serait incapable de régner sur un nombre de Français bien moins considérable ! Qu'importe qu'aux environs de Metz commence la langue française ? Les paysans de Gorze et de Corny prétendraient-ils effrayer l'Allemagne ? La portion de territoire que nous demandons a été mesurée si exactement, qu'elle suffit à peine à notre sûreté et à notre défense nationale. Naturellement, la frontière ne doit pas être assez rapprochée de Metz pour que le son de chaque tir à la cible des soldats allemands puisse retentir en France : il faut qu'il y ait assez d'espace pour qu'en cas de guerre, cet espace puisse être utilisé pour les positions allemandes. Si notre frontière commençant près de Longwy, à la frontière luxembourgeoise-belge, s'étend entre la Meuse et la Moselle, puis au-dessus de Pont-à-Mousson, à mi-chemin entre Metz et Nancy, traverse la Moselle pour se diriger vers l'Est, nous aurons exigé de la France la plus petite portion de territoire que permette le but que nous poursuivons. Il restera encore aux Français, avec Nancy et Épinal, un morceau de la Lorraine, entrant dans le territoire allemand en forme de coin. Pour que notre sûreté fût complète, il nous le faudrait encore ; lorsqu'on examine la carte du pays, il est facile de voir que plus au Sud, là où cesse la chaîne d'Alsace, du côté de Belfort, les nouvelles frontières d'Allemagne seront très-exposées. Pour les défendre et empêcher les Français de pénétrer par cette ouverture sur le Rhin, il faudra de ce côté une surveillance toute particulière. Les garanties sur la Moselle sont d'autant plus importantes, que cette région sera toujours le principal théâtre de toutes les guerres. L'Allemagne ne demande pas trop et ne peut renoncer à rien, car c'est un principe national qu'il s'agit de défendre et de faire respecter. »

---

Un correspondant militaire du *Standard*, attaché au quartier-général du général Garibaldi, raconte, dans la lettre qui suit, la retraite des garibaldiens, après le désastre Bourbaki :

« Lorsque, le 29, la capitulation de Paris et l'armistice furent connus à Dijon, il n'y eut qu'un cri parmi les chemises rouges : « Nous sommes trahis ! Vive la République ! Vive la guerre ! Vive Garibaldi ! » — Deux jours après, une émotion extraordinaire se manifesta dans les rues de Dijon, par suite d'un bruit vague fort inquiétant qui se répandait, savoir que les trois départements du Jura, du Doubs et de la Côte-d'Or n'étaient pas compris dans l'armistice. En même temps, on apprenait que l'ennemi était à proximité de Dijon, et vers onze heures du matin la fusillade se faisait entendre très-distinctement. Les Français avaient ouvert de loin le feu sur les Prussiens, sans faire aucun mal à ceux-ci, qui n'y répondaient même pas. Le soir, on sut qu'une convention avait été conclue avec les Prussiens, suivant laquelle Dijon devait être évacué dans les 24 heures. De grandes masses ennemies s'approchaient de tous les côtés.

« L'évacuation de la ville s'opéra dans une confusion extraordinaire, bien que les Prussiens se tinssent tout à fait tranquilles. L'état-major garibaldien se surpassa, en cette circonstance, comme incapacité; beaucoup d'officiers partirent par le chemin de fer, laissant leurs troupes faire leur retraite par la grand'-route. La maraude, le pillage et les coups de feu inutiles signalèrent cette retraite, qui dura toute la nuit et presque toute la journée suivante. Il n'y avait plus trace de discipline parmi ces troupes, et, à les voir, on les eût prises plutôt pour une bande d'émeutiers que pour des soldats. Gambetta a déclaré officiellement qu'il avait envoyé à Garibaldi 50,000 hommes de renfort; la vérité est que l'armée garibaldienne ne se composait guère que de 25,000 hommes, avec 80 pièces d'artillerie, force beaucoup trop considérable pour un corps de partisans, mais trop faible pour un corps d'armée régulière, que Garibaldi, d'ailleurs, serait incapable de conduire...

« Quant aux garibaldiens proprement dits, ils se composent de 2,000 Italiens et de 1,000 aventuriers d'autres nations; je dois dire que l'aspect de cette légion d'élite n'est pas précisément flatteur. Dans le pays, les garibaldiens sont fort impopulaires; à cause de leur costume théâtral, on les appelle *le cirque de Franconi*, et, sous le titre de *réquisitions*, ils ont organisé la rapine. Aussi leur présence dans un village français est-elle infiniment plus désagréable que celle de l'ennemi. Ils refusent payement au nom de la liberté et qualifient ceux qu'ils détroussent d'amis des Prussiens; ils se proclament les sauveurs de la France, en la ravageant et en l'opprimant; ils prêchent une croisade contre les riches, contre le clergé, contre tous ceux qui possèdent, et sous leurs casquettes rouges ils jouissent d'une complète impunité, comme étant *les vrais amis de la République*.

N° 107. — SAMEDI 4 MARS 1871.

## PARTIE NON OFFICIELLE.

VERSAILLES, 3 mars. — Dans un de nos derniers numéros nous avons parlé de nouveau des fausses accusations lancées contre l'armée allemande, et nous avons fait observer que les dévastations constatées dans différents endroits sont souvent causées par des malfaiteurs qui profitent du départ des soldats pour commettre toute sorte d'excès. La *Liberté* fournit une nouvelle preuve de la vérité de cette assertion. Elle dit :

« Le viaduc du chemin de fer d'Auteuil, où étaient campés les mobiles du département de l'Aube, a été évacué hier matin. Aussitôt des bandes de maraudeurs, hommes, femmes et enfants, armés de marteaux et de haches, se sont précipités sur les fermetures en planches, qui, en très-peu d'instants, ont été arrachées, coupées, dépecées et emportées.

« Comme ce travail de destruction s'est fait très-vite et avec beaucoup de désordre, les fils du télégraphe ont été brisés sur toute la longueur du viaduc, c'est-à-dire sur un parcours d'environ 1,500 mètres. Nous avons même vu des gens qui ont ramassé des fils étendus sur la chaussée, et les ont emportés.

« Et personne pour mettre un terme à cette dévastation ! — »

### L'HISTOIRE DU CAPITAINE DES FRANCS-TIREURS BRULÉ.

La *Gazette de Fribourg* a publié l'extrait suivant d'une lettre émanant d'un médecin attaché au 3° hôpital militaire à *Dijon :*

« Hier j'ai eu l'occasion de voir le vice-sergent-major Veitenslaufer, de la 4° compagnie du 11° régiment d'infanterie poméranien n° 21, qui a été témoin de la fameuse histoire du capitaine de francs-tireurs brûlé vif par les Prussiens. Ce militaire a été à même de donner sur cette affaire les renseignement les plus précis.

« Ainsi que je l'ai déjà dit, le corps brûlé d'un capitaine de francs-tireurs, trouvé dans un château de Pouilly, a été rapporté à l'hôpital général. On a prétendu que les Prussiens après avoir blessé ce capitaine l'auraient garrotté et brûlé vif. Cette histoire a été répandue avec passion et a causé une vive irritation contre les Allemands en général et contre nous, si bien que nos collègues nous ont dit : « Vous êtes une nation de féroces ».

« Le cadavre a été exposé pendant plusieurs jours à l'hôpital général, et est devenu le but d'une procession à laquelle ont pris part des milliers de personnes avides de voir cette nouvelle preuve de la barbarie de nos troupes, et qui ont quitté le lieu en poussant les malédictions les plus terribles. Le 25 janvier, au soir, un officier est arrivé demandant au médecin en chef de notre hôpital de l'accompagner avec un second médecin parlant le français, pour aller à l'hôpital général. Il n'a pas indiqué le but de cette invitation. Nous le suivîmes et nous fûmes conduits devant le cadavre du capitaine pour nous convaincre de la barbarie de nos troupes. Nos médecins cependant allèrent plus au fond de cette affaire que les Français, qui n'avaient pas seulement découvert que le cadavre portait la trace d'une blessure mortelle. Ils retournèrent le cadavre, trouvèrent sur le dos l'ouverture causée par le coup de feu, et, en faisant la section, ils découvrirent une balle Minié, partant une balle française, qui avait traversé la moelle épinière et le poumon. La balle fut extraite de ce dernier organe et a dû causer une mort instantanée. Cet état de choses a été immédiatement constaté dans un procès-verbal rédigé en allemand et en français, et signé par nos médecins, un médecin français et un officier français témoins de la section. Malgré ce témoignage irrécusable, Garibaldi, dans un ordre du jour, a cité ce fait comme une nouvelle preuve de la manière barbare dont les Allemands font la guerre. Le *Petit Journal,* paraissant à Dijon, a consacré à cette affaire un article à part intitulé « *Les Chauffeurs* » qui a demandé vengeance, et qui était rempli d'injures contre les Allemands. Il m'a donc été doublement intéressant d'entendre raconter cette histoire par un témoin oculaire

« Le vice-sergent-major avait avec ses soldats cerné le château situé à Pouilly, lorsque le capitaine des francs-tireurs qui s'y trouva s'est approché de lui en lui disant : « Je suis votre prisonnier ». Le sergent-major lui a répondu : « Votre reddition ne me sert à rien tant que votre monde (il y en avait à peu près 150 au second étage, qui tirèrent sur les Allemands) ne se sera pas également rendu. Dites-leur de se rendre ou nous allons incendier la maison ». Le capitaine en train de monter l'escalier (un escalier tournant) était à peine sur la cinquième marche, lorsqu'une balle venant de ses propres gens le frappa au dos et l'étendit roide. Le sergent-major se serait volontiers employé à aller chercher le cadavre, mais le feu venant du second étage lui rendait cette tâche impossible. Le feu fut mis à l'escalier. Lorsque les assiégés aperçurent la fumée, ils se rendirent en descendant par groupes par un autre escalier.

« Le récit de cet événement, qui a causé une si grande sensation dans la ville et qui nous a fait tant de difficultés est une nouvelle preuve que les Français dénaturent la vérité avec intention dans le but d'exciter la passion de la population. Après l'entrée de nos troupes dans la ville, le rédacteur du *Petit Journal* a été obligé de démentir son article contenant le récit mensonger et de constater que la carbonisation du malheureux capitaine était le fait du hasard après qu'il eût été déjà atteint par une balle. »

---

*La prise d'un drapeau prussien* au combat sanglant qui a eu lieu devant Dijon le 23 janvier, le premier qui ait été pris dans les deux grandes guerres soutenues par la Prusse en 1866 et en 1870, ne pouvait manquer d'attirer l'attention publique.

« Nous nous empressons, dit le *Journal militaire hebdomadaire*, de publier les détails de cette affaire d'après la relation officielle, et de prouver de quelle façon honorable le bataillon a perdu son drapeau. Le 2e bataillon du régiment poméranien, sous le commandement provisoire du capitaine Kumme, reçut à quatre heures de l'après-midi l'ordre de marcher en avant pour appuyer l'aile droite. Le bataillon s'avança en colonnes sur le côté ouest de la chaussée et plus tard du chemin de fer.

« L'ennemi fut refoulé avec vigueur et sa fuite devint bientôt générale; les 3e, 5e et 6e compagnies pénétrèrent jusqu'au faubourg de Dijon; mais, arrivées à cet endroit, elles furent accueillies par un feu si terrible qu'elles se réfugièrent dans une carrière de pierres qu'elles venaient de prendre d'assaut.

« Le feu venait surtout d'une fabrique à trois étages, distante de 150 pas environ. La 5ᵉ compagnie reçut à six heures du premier lieutenant Luchs, qui commandait le bataillon (le capitaine Kumme ayant été blessé), l'ordre de prendre la fabrique. La compagnie à la tête de laquelle se trouvait le porte-drapeau, sergent Pionke, se mit immédiatement en marche. Arrivé à vingt-cinq pas de la fabrique, le porte-drapeau tomba mort ainsi que tous les hommes de son peloton.

« Le lieutenant en second Schultze releva le drapeau et devança de vingt pas la compagnie, mais il tomba frappé de deux balles à la tête. Le lieutenant en second et adjudant von Pukammer, déjà blessé à la joue, sauta de cheval, prit le drapeau, mais fut tué également par une balle à la tête. Deux soldats qui avaient relevé le drapeau eurent le même sort. Le commandant de la compagnie, le lieutenant en premier Werse, fut blessé ; de la colonne il ne restait que des débris qui ne pouvaient s'apercevoir, au milieu des épais nuages de poudre, que le drapeau était resté sur le champ de bataille.

« Dès qu'on s'en aperçut, un détachement partit pour le chercher ; il n'en revint pas un seul homme ; il en fut de même d'une patrouille dont un seul homme s'échappa, suivi de près par l'ennemi. La carrière où se trouvaient les restes de la compagnie fut complétement cernée, et nos soldats durent se frayer un passage à travers un détachement ennemi beaucoup plus considérable.

« Le lendemain le général Ricciotti Garibaldi fit savoir par un parlementaire que le drapeau avait été trouvé sous un monceau de cadavres ; il était couvert de sang, en lambeaux et percé de balles. Il n'y aura qu'une voix pour reconnaître que ce signe honorifique du bataillon porté en avant par de braves officiers et soldats a été perdu de la manière la plus honorable. »

N° 108. — DIMANCHE 5 MARS 1871.

## PARTIE OFFICIELLE.

#### COMMUNICATION OFFICIELLE.

VERSAILLES, 4 mars. — S. M. l'Empereur et Roi a passé hier matin, à onze heures, à Longchamps, la revue du garde-corps, de la division de garde-landwehr, du régiment des grenadiers du Roi et des détachements de l'artillerie de siége et de pionniers.

A la suite de l'échange des ratifications du traité des préliminaires de paix qui a eu lieu hier, nos troupes, après une occupation de deux jours ont évacué Paris dans la matinée du 3.

Les armées ont reçu l'ordre de commencer leurs marches derrière la ligne de la Seine, conformément au traité.

## PARTIE NON OFFICIELLE.

La Société « pour les expéditions allemandes au pôle nord », a écrit au chancelier de l'Empire d'Allemagne, comte de Bismarck, une lettre où elle demande à Son Exc. l'autorisation de donner au cap le plus septentrional qui ait été découvert le nom de *Cap Bismarck*.

Le président de la Société, M. A. G. Mosles, à Brême, a reçu de Versailles la réponse qui suit :

« Versailles, 19 février 1871. J'ai reçu la lettre de la Société
« pour les expéditions allemandes au pôle nord, du 8 de ce
« mois, — avec surprise et reconnaissance; elle m'a fait parti-
« culièrement plaisir en me rappelant ici, à Versailles, le jour
« où j'ai assisté, avec un bien vif intérêt, au départ d'une ex-
« pédition qui, maintenant de retour, a obtenu, dans une lutte
« difficile contre les éléments, des résultats si satisfaisants.
« J'apprécie le haut honneur que la Société veut faire à mon

« nom, en l'attachant à ce lieu dont la découverte a enrichi la
« science géographique.

« De Bismarck. »

---

CURIOSITÉ BABYLONIENNE.

Le célèbre historien arabe, Maçondi (mort en 957 après J. C.) raconte dans ses *Prairies d'or* entre autres l'histoire d'un monarque de Babylonie, nommé Nooman III, qui régna vingt ans, ou, d'après d'autres, vingt-deux ans, vers la fin du sixième siècle de notre ère.

La chute de ce prince, accompagnée de circonstances extraordinaires, donna lieu au pamphlet suivant d'un poëte arabe, que nous donnons d'après la traduction de MM. Barbier de Meynard et Pavet de Courteille, imprimée en 1864, *à Paris, par autorisation de l'Empereur, à l'Imprimerie impériale* (vol. III, p. 207-208) :

« Ne pensais-tu pas que Nooman était au-dessus des atteintes de la fortune,
« Si un homme pouvait être à l'abri de ses coups ?
« Le roi Nooman que j'ai vu, aux jours de sa prospérité,
« Distribuant les pensions et les faveurs,
« Il disposait, nuit et jour, du sort de ses sujets ;
« *Tous se taisaient*, et la voix du destin se faisait seule entendre.
« Un *seul jour d'erreur* a renversé ce trône
« Qui *était debout depuis vingt années*.
« Non, je n'ai jamais vu un roi aussi entièrement dépouillé de son pouvoir ;
« Aussi privé des secours et des consolations de l'amitié. »

---

*Le Temps* fait les observations très-calmes que voici au sujet de l'entrée des armées allemandes à Paris :

« En fait, et pour les esprits qui se rendent compte des choses, l'entrée du vainqueur à Paris n'ajoute rien à la réalité de la situation, ni même à son apparence. Le drapeau prussien flottant sur le mont Valérien n'est pas moins significatif que pourra l'être l'apparition des casques prussiens sur les boulevards. Paris est rendu depuis le 28 janvier, absolument comme si les Prussiens étaient venus ce jour-là même camper sur la place de la Concorde. »

On lit dans le *Moniteur prussien* :

« L'ambulance prussienne qui est établie au château de Versailles depuis cinq mois, et où plus de deux mille blessés ont été traités, est à la veille d'être dissoute.

« On a eu de l'inquiétude au sujet de la conservation de ce musée, dont les salles ont servi à l'ambulance ; mais le conservateur français du Musée, M. Soulié, a délivré le certificat suivant :

« Je soussigné, conservateur du musée de Versailles, déclare que la présence de l'ambulance prussienne dans les salles et galeries du Musée a puissamment contribué à préserver le Musée de tout désordre. Si un certain nombre de tableaux ont souffert par le froid et l'humidité, il faut en chercher la cause dans la rigueur exceptionnelle de l'hiver et peut-être aussi dans le chauffage défectueux dont le docteur Kitchner, médecin en chef de l'ambulance, n'est pas responsable.

« Château de Versailles, 12 février 1871.

« Eudore Soulié. »

---

La faculté de philosophie de l'université de Fribourg a conféré au général de Werder le grade de docteur *honoris causâ*, et lui en a envoyé le diplôme richement orné. Le général de Werder a exprimé, dans une lettre publiée par les journaux, ses remercîments à la faculté de Fribourg.

C'est l'usage en Allemagne que les Universités confèrent ce grade de docteur honoraire aux chefs illustres des armées nationales. En 1815, Blücher reçut ainsi, quoiqu'il eût bien peu cultivé la métaphysique, le diplôme de docteur en philosophie de l'Université de Berlin.

---

Le 24 janvier, anniversaire de la naissance du grand Frédéric, l'Académie des sciences de Berlin a tenu, en l'honneur de son royal fondateur, une séance publique où assistaient Sa Majesté l'Impératrice et Reine Augusta, S. A. I. et R. la Princesse Royale, le ministre des cultes, M. de Mülher. — Un des membres les plus éminents de l'Académie, le savant professeur de l'Université de Berlin, Dʳ du Bois-Raymond a ouvert la séance par un remarquable discours, dont nous citons le passage qui suit, relatif à Frédéric II et à la guerre actuelle :

« La situation nationale, dans laquelle tout Allemand se félicite de vivre aujourd'hui, a été réellement fondée par Frédéric-le-Grand, qui, en luttant contre l'Autriche, fut toujours animé de cette pensée que l'Allemagne ne pouvait être forte et une que sous la conduite de la Prusse.

« Il est vrai, Frédéric a eu l'esprit français et une éducation française ; mais on a faussement conclu des sympathies personnelles du Roi pour la France que les principes français dominaient dans l'organisme de l'État prussien, que la Prusse était gouvernée d'après le modèle français et que c'est la révolution française qui seule a amélioré la condition politique de l'Allemagne. Cette idée est une erreur manifeste ; quel contraste en effet forme la France avant et pendant la révolution avec la Prusse telle que nous l'a léguée l'administration de son grand Roi ! L'étrange illusion qu'on s'est faite en France, à cet égard, n'a pas peu contribué à exalter la vanité nationale française que notre tâche, aujourd'hui, est de ramener à la raison. En vérité, c'est une grande idée que celle pour laquelle nous combattons ! Après le combat d'où est sortie victorieuse l'égalité de droits de tous les hommes dans l'hémisphère occidental, nous soutenons à présent une lutte semblable pour l'égalité de droits de tous les peuples de l'Europe. Que cette idée doive triompher à son tour, c'est la profonde conviction, c'est le vœu le plus ardent de tous les hommes de science. De même, car il y a une force unitaire, une solidarité cosmopolite de la science, nous ne devons pas craindre d'exprimer que nous voulons rester toujours intimement unis avec la science française si hautement méritante, et le mot qui s'échappe aujourd'hui de toutes nos bouches, le mot que nous prononçons avec une vive et sincère espérance, c'est celui de *la paix !*... »

NOUVELLES DIVERSES.

Des lettres de Rome annoncent que M. Cochin sera nommé ambassadeur de France près du Saint-Siége.

L'ambassade chinoise, dont on a annoncé l'arrivée en France, est en ce moment à Bordeaux, où elle vient apporter au nouveau gouvernement les offres de réparation du fils du Céleste Empire, pour la sanglante insulte faite à la France par le massacre de Tien-Tsin.

Une lettre de Vienne, écrite au *Daily-News*, annonce que, par suite du refus qu'a fait M. de Rémusat du poste d'ambassadeur en Autriche, le comte Daru a reçu l'offre de ce poste. *La Presse* (de Vienne) dit que celui-ci n'a pas encore accepté, mais que le gouvernement autrichien a fait savoir qu'il recevrait volontiers le comte Daru.

FIN DU DEUXIÈME ET DERNIER VOLUME.

# INDEX ALPHABÉTIQUE.

Ablis (Affaire d'), I. 8.
Adresse des électeurs du cercle de Duisbourg, au roi de Prusse, pour désavouer leur député, II. 119.
Alabama (L'), I. 402, 591.
Algérie. — Sa situation en octobre, I. 10, 27. — Insurrection du Sud, I. 82. — Sa nouvelle administration, I. 100. — Sur les insurgés, I. 101. — Sur la fin du régime militaire, I. 228 — Adresse des Algériens au roi de Prusse, I. 349.
Allemagne et la Belgique pendant et après la guerre (L'), brochure belge, II. 107.
Allemands. — Chiffre de ceux expulsés de France, II. 604.
Amédée (Le roi). — Son entrée à Madrid, II. 539.
Américains. — Quittent Paris, I. 56. — Pillés, I. 546.
Amiens. — Combat devant la ville, I. 545. — Capitule, I. 414.
Anecdotes. — Dans le *Times*, I. 95. — Dans la *Gazette du Mein*, I. 184. — Sur l'entrée des Allemands à Metz, I. 254.
Angleterre. — Sur sa réorganisation militaire, II. 246.
Antonelli (Le cardinal). — Sur sa protestation contre l'occupation de Rome par les Italiens, I. 11. — Sa protestation contre l'occupation du Quirinal, I. 242, 483.
Aoste (Duc d'). — Candidat au trône d'Espagne, I. 101. — Sur les votes relatifs à son élection, I. 177. — Sa candidature combattue par la presse espagnole, I. 190. — Article de la *Gazette d'Italie* sur sa candidature, I. 208. — Scrutin de sa nomination comme Roi d'Espagne, I. 331. — Son départ pour Turin, I. 332. — Une commission des Cortès est chargée de lui notifier son élection, I. 351. — Reçoit diverses députations, I. 352. — Échanges de dépêches entre Victor-Emmanuel et Prim sur sa candidature, I. 399. — Victor-Emmanuel félicité sur son élection, I. 441. — Accepte la couronne d'Espagne, I. 567. — Résumé de son discours d'acceptation, I. 568.
Aoste (Duchesse d'). — Ses couches, I. 400.
Armée allemande. — Ses pertes, I. 203. — Note sur ses mouvements dans la Côte-d'Or, I. 252. — Consommation d'un corps d'armée, II. 469. — Sa force en France, II. 549. — Compte rendu des secours qu'elle a reçus, II. 555. — Départements qu'elle occupe, II. 561. — Sa situation au 10 février, II. 598. — Chiffre des hommes engagés dans diverses batailles, II. 618. — Son artillerie de campagne, II. 645. — Son entrée à Paris, II. 649. — Évacue Paris, II. 658.
Armée autrichienne. — Chiffre des troupes, II. 75.
Armée de l'Est. — Son internement en Suisse, II. 542, 562, 564. — Chiffre des hommes internés, II. 569, 576. — Son entrée en Suisse, II. 570. — Son service médical, II. 587. — Lettre du Docteur Franck sur cette armée, II. 636.
Armée française. — Chiffre de ses pertes, I. 24.
Armée de la Loire. — Son indiscipline, I. 47. — Dépêche sur divers combats, I. 394.

— 664 —

455. — Télégramme sur ses opérations, I. 471. — Sur sa retraite, I. 529. — Affaires du 7 décembre, I. 547. — Ses derniers engagements, I. 564. — Suite de ses défaites après le 7 décembre, I. 569. — Ses combats près de Blois, I. 593.

Armée du Nord. — Sa défaite, I. 381. — Ses combats, II. 327. — Sa retraite, II. 433, 436. — Lettre extraite de l'*Étoile belge*, II. 492.

Armée de Paris. — Remise de ses armes, II. 538, 617.

Armistice (L'). — Article de la *Correspondance provinciale* de Berlin, I. 238. — Est prorogée, II. 566, 570, 601.

Arnaud (Le commandant). — Son assassinat à Lyon, II. 240, 280.

Arrestations à la suite de l'affaire du 31 octobre, I. 254.

Artenay, I. 1.

Articles ou extraits d'articles.

TOME PREMIER.

*Articles ou extraits d'articles reproduits.* Du *Journal de Fécamp*, sur la situation en octobre, 5. — De la *Patrie en danger*, 12. — Du *Daily News*, sur des volontaires anglais francs-tireurs, 18. — Du *Morning-Post*, sur l'armistice, 18. — Du *Times*, sur la modération des Prussiens, 18. — De l'*Indépendance belge*, sur Paris, 30. — Du *Times*, sur Paris, 35. — De l'*Abendpost*, de Vienne, sur la campagne actuelle, 37. — De la *Gazette de France*, contre la levée en masse, 43. — De la *Correspondance provinciale*, de Berlin, sur le bombardement, 48. — De l'*Indépendance belge*, sur des suspensions de journaux, 51. — Du *Journal du Loiret*, sur les dévastations commises à Versailles, 59. — De Flourens, dans la *Libre Pensée*, 68. — Du *Siècle*, sur les responsabilités des généraux battus, 69. — Du *Bien public*, sur l'invasion des Vosges, 70. — De la *Gazette d'Augsbourg*, sur le désordre des armées françaises, 70. — De la *Nouvelle Presse libre*, de Vienne, sur la situation du Gouvernement français, 72. — Du *Moniteur de Seine-et-Oise*, sur les fausses nouvelles, 79. — De la *Gazette de l'Allemagne du Nord*, défendant Bazaine contre Gambetta, 93. — De la *Gazette de Strasbourg*, sur les responsabilités de la guerre, 104. — Du *Moniteur de Seine-et-Oise*, sur les hommes du 4 septembre, 111. — De la *Gazette de France*, sur les gouvernants, 116. — Du *Daily-News*, sur le Mont-de-Piété, 122. — De la *Gazette de Magdebourg*, sur les espions de l'Allemagne, 127. — Du *Times*, sur Paris, 129. — De la *Presse*, de Vienne, sur la circulaire de Jules Favre, à propos d'armistice, 132. — De la *Correspondance de Berlin*, sur les mensonges du Gouvernement français, 136. — Du *Times*, du *Saturday Review* et du *Daily-News*, sur la situation de Paris et de la France, 137. — Du *Moniteur de Seine-et-Oise*, sur les exagérations d'un article du *Constitutionnel*, 145. — Du *Moniteur universel*, contre la levée en masse, 148. — Du *Siècle*, sur la formation d'un parti de la paix orléaniste, 160. — De la *Gazette nationale*, de Berlin, sur l'arrivée des prisonniers de Metz, 160. — De la *Gazette de Cologne*, sur la consommation journalière de Paris, 161. — De la *Gazette de Nîmes*, sur les illusions de la France, 163. — De la *Presse*, de Vienne, pour défendre le maréchal Bazaine, 169. — De la *Wiener abendpost*, sur Gambetta, 174. — De l'*Indépendance belge*, sur la situation à Paris après le 31 octobre, 175. — Du *Staatsanzeiger*, journal officiel de Berlin, sur la candidature du duc d'Aoste au trône d'Espagne. — De la *Nouvelle Feuille quotidienne*, de Vienne, sur l'entrée de la Hesse-Darmstadt dans la Confédération de l'Allemagne du Nord, 177. — Du *Daily Telegraph*, sur la situation des provinces françaises, 183. — De la *Gazette de Silésie*, sur les pertes de la guerre, 188. — De l'*Abendpost*, de Vienne, sur Gambetta, 189. — De la *Norddeutsche Zeitung* et de la *Correspondance viennoise*, sur l'entêtement français, 190. — De la *France*, contre la levée en masse, 194. — De la *France*, sur la convocation d'une Assemblée nationale, 198. — Du *Rappel*, sur la direction de l'armée à Paris, 200. — Du *Times*, sur ceux qui gouvernent en France, 200. — De la *Poste*, de Berlin, sur les exagérations françaises en ce qui concerne le chiffre des soldats allemands détruits, 201. — De la *Presse*, de Vienne, sur le 31 octobre, 207. — Du *Standard*, sur la situation à Paris (21 octobre), 212. — Du *Combat*, sur la chasse aux rats, 232. — Du *Daily News*, sur Metz, après la capitulation, 233. — De la *Meuse*, sur les officiers de l'armée du Rhin, 234. — De l'*Étoile belge*, sur la situation de Paris (6 novembre), 253. — De la *Gazette de Spener*, sur Bazaine, 260. — De la *Gazette de France*, sur Paris (12 novembre), 268. — De la *Patrie en danger*, sur les moyens de défense, 268. — De la *France*, sur le danger de la guerre civile, 270. — Du *Daily News*, sur le siège de Paris (5, 6 et 7 novembre), 272. — D'un officier français, dans l'*Indépendance belge*, contre le maréchal Bazaine, 279. — De la

— 665 —

*Nouvelle Presse libre*, de Vienne, sur la rupture de l'armistice, 280. — De la *Correspondance Havas*, sur Paris (1er novembre), 287. — Du *Gers*, sur des perquisitions, 288. — De la *Gazette de France*, sur la Délégation de Tours, 289. — Du *Moniteur belge*, sur les officiers français internés, 302. — Du *Nord*, sur la Délégation de Tours, 302. — Du *Moniteur officiel de Reims*, sur Gambetta, 305. — De *la Décentralisation*, sur les agissements du comité de défense de Lyon, 310. — De la *Gazette de Cologne*, sur Metz après la capitulation, 315. — Du *Times*, sur Paris (6 novembre), 318. — D'un homme politique français sur *l'inertie*, 526. — Du *Nord*, sur la note russe, 529. — De l'*Union*, sur les nouvelles obligations imposées aux instituteurs, 333. — Du *Journal de Saint-Pétersbourg*, sur l'armistice, 338. — Du *Morning-Post*, sur la cession de l'Alsace et de la Lorraine, 339. — De la *Presse*, de Vienne, sur la situation des belligérants (novembre), 540. — Du *Journal de Saint-Pétersbourg*, sur le Congrès, 350. — De la *Correspondance Warrens*, sur le traité de 1856, à Paris, 352. — Du *Moniteur universel*, sur la cour martiale instituée par Garibaldi, 354. — Du *Nord*, sur Paris le 21 novembre, 355. — De divers journaux, sur la réunion d'une Assemblée, 357. — Du *Moniteur de Seine-et-Oise*, sur les fausses nouvelles, 564. — Du *Salut public*, de Lyon, sur une explosion de cartouches, 577. — De *la Décentralisation*, sur la situation politique et militaire, 583. — Du *Staatsanzeiger*, sur la situation militaire de la France, 386. — Sur la rupture des traités de 1856, en ce qui regarde l'Angleterre, 591, 392. — Du *Nord*. — Lettre de Reims, sur la situation en province, 400. — Du *Nord*, sur Paris (16 novembre), 403. — De l'*Indépendance belge*, sur le sentiment pacifique commençant à percer à Paris, 404. — Du *Standard*, sur la faiblesse du gouvernement français, 408. — Du *Moniteur prussien*, sur Paris, rédigé d'après des journaux pris dans un ballon monté, 417. — Rectifié de l'*Indépendance belge*, sur l'envoi en Allemagne du maire de Versailles, 419. — Du *Moniteur* et de la *Gazette de France*, sur les élections, 452. — De la *Presse du Nord*, de Saint-Pétersbourg, sur la paix et l'intégrité du territoire français. 456. — Du *Daily-News*, sur Napoléon III, à Wilhelmshœhe, 445. — Du *Times*, sur Paris (3 décembre), 450. — De la *Gazette de la Croix*, sur la forme du gouvernement en France, 459. — De l'*Indépendance belge*, sur la situation de Paris (décembre), 486. — Du *Journal de l'Orne*, sur la marche de l'armée du grand-duc de Mecklembourg, 495. — Du *Moniteur officiel de Seine-et-Oise*, sur Paris (17 novembre), 501. — Du *Daily-News*, sur Paris, 504. — Du *Moniteur prussien*, sur les opérations militaires, 517. — Du *Daily-News*, sur Paris (décembre), 523. — Du *Times*, sur les dernières opérations militaires (décembre), 534. — Du *Moniteur officiel* de la Lorraine, sur les critiques violentes de la presse européenne sympathique à la France, 549. — Du journal l'*Église libre*, imaginant une sorte de confession de ses fautes faite par la France, 554. — De la *Correspondance provinciale*, sur l'entrée des États allemands du Sud dans la Confédération, 565. — Du *Moniteur officiel* de Lorraine, sur la situation politique de la France, 575. — De l'*Indépendance belge*, sur les traités de 1856, 575. — De la *Gazette de Silésie*, sur les combats du 29 novembre et du 2 décembre, sous Paris, 580. — De la *Gazette de la Croix*, sur les mêmes combats, 582. — De l'*Indépendance belge*, sur les dissidences entre quelques généraux et Gambetta, 585. — Du *Pall-Mall Gazette*, sur un prétendu moyen de diriger les aérostats, 586. — De la *Gazette de Nîmes*, sur le serment politique, 586. — Du *Times*, sur l'attitude de la presse anglaise à propos des malheurs de la France, 595. — Du *Journal de la Sarthe*, sur une arrestation arbitraire, 599. — De la *Patrie en danger*, contre Trochu, 600. — Du *Nord*, sur la question de la mer Noire, 602. — De la *Gazette de France*, sur les transformations subies par les salles de bal et de concert, à Paris, 603.

TOME DEUXIÈME.

*Articles ou extraits d'articles reproduits.* — De la *Correspondance provinciale*, sur le rétablissement de l'empire allemand, 4 — Du *Drapeau*, sur la situation militaire, 4. — Du *Times*, sur divers combats livrés en décembre, 10. — De la *Nation*, de New-York, sur les ressources comparées de la France et de l'Allemagne, 16. — Du *Times*, sur la situation désespérée de la France, 24. — De la *Gazette générale de l'Allemagne du Nord*, sur la situation intérieure de la France, 25. — Du *Moniteur prussien*, sur les combats des 30 novembre et 2 décembre, 27. — De la *Gazette de Milan*, sur les ambitions allemandes, 39. — De la *France*, sur la contagion de la dictature, 40. — De la *Gazette de France*, sur une ovation à Gambetta à propos des prétendus succès sous Paris, 50. — Du *Times*, sur la bataille de Champigny. 60. — Du *Times*, sur l'armistice et la conférence, 65. — Du *Times*, sur le rétablissement de l'Empire d'Allemagne, 69. — Du *Moniteur prussien*, sur le résultat des dernières victoires en province, 70.—Du *Moniteur prussien*, sur les francs-tireurs, 76. — De la *Gazette de Cologne*, sur la bataille de Champigny, 76. — De la *Gazette générale de l'Allemagne du Nord*, sur la circulaire du comte de Chaudordy, 84. — De la *Correspondance provinciale*, sur les impatiences allemandes au sujet du siège de Paris, 86. — Du *Morning Post*, sur la guerre à outrance, 86. — Du *Pall Mall Gazette*, sur le combat de Beaune-la-Rolande, 87. — De l'*Étoile belge*, sur les élections, 88. — Du *New-York Tribune*, sur le gouvernement du 4 septembre, 90. — Du *Drapeau*, sur la dictature, 91. — Du *Times*, sur les conséquences de l'obstination de la France, 92.— Du *Journal de Bruxelles*, sur des renforts allemands qui seraient passés en Belgique, 108. — Du *Moniteur prussien*, sur les exagérations françaises, 121. — De l'*Observer*, sur le départ de sujets anglais de la ville de Paris, 125. — Du *Moniteur officiel de Seine-et-Oise*, sur la situation compromise de la France, 132. — Du même, sur la proclamation de Gambetta annonçant à la France la victoire de Champigny, 139. — Intitulés *Jean Bonhomme*, sur la situation, 149, 165, 177. — Du *Courrier de Lyon*, sur un conflit entre la municipalité lyonnaise et la délégation, 156. — Du *Droit*, rendant compte de l'affaire d'un enfant ayant dépouillé des cadavres de soldats,157.—Du *Moniteur prussien*, sur la dure tâche des armées allemandes, 161. — Du *Moniteur officiel de Seine-et-Oise*, sur l'application du Code pénal allemand à l'Alsace et à la Lorraine, 170. — De l'*Étoile belge*, sur les faux bruits,172. — Du *Mercure de Souabe*, sur les sympathies belges pour la France avec la réponse du *Journal de Bruxelles*, 175, 176.—De la *Correspondance provinciale*, sur les relations de l'Autriche avec le nouvel Empire, 180. — Du *Times*, sur la guerre « à tout prix », 181. — De l'*Écho du Luxembourg*, sur les incursions des francs-tireurs, 195. — De la *Correspondance de Berlin*, sur la ruine qui menace la France, 202. — Du *Drapeau*, sur la défense, 211. — Du *Messager du Midi*, sur Toulouse, 215. — Du *Journal de Liège*, sur Paris, 219. — Du *Moniteur officiel de Seine-et-Oise*, sur la délégation de Bordeaux, 220. — De la *Gazette de l'Allemagne du Nord*, au sujet des proclamations du roi de Prusse, 227. — De la *Gazette de France*, sur la situation de l'armée de la Loire en retraite, 229. — Du *Salut public*, sur les pertes de la 1re légion du Rhône, 232. —Du *Moniteur officiel de Seine-et-Oise*, sur la prime offerte aux prisonniers français qui s'évaderaient, 237. — De la *France*, sur la dictature de Bordeaux, 244. — Du *Moniteur prussien*, sur les opérations de la 2e armée, 253. — De la *Gazette du peuple Souabe*, saluant la restauration de l'Empire, 258. — Du *Salut public*, sur les avocats hommes d'État, 261. — Du *Moniteur officiel de Seine-et-Oise*, sur le déménagement de la délégation, 264. — Du *Constitutionnel*, sur les meetings à Bordeaux, 267.—De la *Gazette de Cologne*, sur la santé des troupes allemandes devant Paris, 268. — Du *Moniteur*, sur l'attaque du plateau d'Avron, 270. — De l'*Espérance du peuple*, sur certaines formules optimistes, 281. — Du *Times*, sur les pertes françaises, 283. — De l'*Indépendance algérienne*, sur des renforts africains, 290. — Du *Daily-Telegraph*, sur la déroute du Mans, 297. — De la *Presse* (de Vienne), sur la résistance de la France, 301.—De la *Gazette d'Augsbourg*, sur Châteaudun, 304. — Du *Journal de Bruxelles*, sur la délégation, 311. — Du *Moniteur prussien*, énumérant les trophées de l'Allemagne, 319. — Du docteur Decaisne dans la *France*, sur la santé publique à Paris, 333. — Du *Pall-Mall Gazette*, sur Paris (fin décembre), 337. — Du *Moniteur officiel*, sur le bruit d'un nouvel emprunt, 341. — De la *Nouvelle presse libre* (de Vienne), sur le bombardement de Paris, 343. — Du *Dagbladet*, sur la dictature de Gambetta, 348. — De la *Gazette du Spener*, sur la flotte française pendant la guerre, 349. — Du *Times*, sur l'impossibilité pour Paris de rompre les lignes allemandes, 352.— Du *Staatsanzeiger*, sur la neutralité de la Belgique, 357. — Du *Times*, sur le bombardement d'Avron et sur la rigueur du froid, 358, 359. — Du *Drapeau*, sur l'opinion en France (fin décembre), 362, 572, 586.—De la *Gazette de Spener*, sur la continuation de la guerre après la prise de Paris, 381. — Du *Times*, sur les francs-tireurs, 385. — De la *Gazette de Breslau*, sur une conspiration contre Gambetta, 403. — Du *Moniteur prussien*, sur les opérations de l'armée du prince Frédéric-Charles, 409. — De la *Gazette de la Bourse*, sur les soldats allemands au bivouac, 412. — Du *Mercure de Souabe*, sur le bombardement, 413. — De la *Gazette du Weser*, sur les Français, 420. — De la *Gazette de Cologne*, sur les procédés de la France sur mer, 422. — Du *Moniteur officiel de la Lorraine*, sur les manœuvres financières de la délégation, 427. — De la *Gazette de la*

— 667 —

*Croix*, sur la conférence, 450. — Du *Moniteur officiel*, sur des actes de barbarie commis par des Français, 457.— De la *Gazette nationale de Berlin*, comparant les armées françaises et allemandes, 458.—De la *Gazette générale de l'Allemagne du Nord*, sur la cession territoriale, 459. — Du *Times*, sur Paris (janvier), 457. — De la *Gazette de Cologne*, sur les balles explosibles, 461. — De la *Presse de l'Allemagne du Sud*, sur la démoralisation de la France, 463 — Du *Moniteur prussien*, sur l'appel en France de la levée de 1871, 464. — De la *Gazette de l'Allemagne du Nord* et de la *Gazette de la Croix*, à propos de la victoire de Werder sur Bourbaki, 465, 467. — De la *Gazette générale de l'Allemagne du Nord*, sur la propriété maritime, 472.— De la *Pall Mall Gazette*, sur le combustible à Paris, 473. — Du *Moniteur prussien*, sur la situation militaire du janvier, 476. — De la *Nouvelle Gazette de Stettin*, sur la marche du corps poméranien, 477. 496. — De la *Gazette générale du Nord de l'Allemagne*, sur les fournitures d'armes faites à la France, 478.—Du *Times*, sur l'armée allemande de la Loire, 479. — De la *Gazette du Spener*, sur des bruits de médiation, 483. — De la *Gazette de Cologne*, sur l'opinion en Allemagne, 486. — Du *Daily-News*, sur la retraite de l'armée de Chanzy, 490. — De la *Gazette de Berlin*, sur la prolongation de la guerre après la prise de Paris, 501. — Du *Times*, sur Paris (février), 504. — Du *Daily-News*, sur les Allemands au Mans, 514. — De l'*Écho du Nord*, sur les fournitures militaires, 518.— Du *Journal officiel de Seine-et-Oise*, sur l'administration militaire allemande, 521. — De l'*Economist* (de Londres), sur la situation financière en France, 522. — De la *Gazette de la Bourse*, sur les prises faites par la corvette Augusta, 523.—Du *Journal de Francfort*, sur la retraite de l'armée de Bourbaki, 526. — De la *Gazette de la Bourse*, sur les conditions de paix, 503. — Du *Moniteur prussien*, sur les opérations de l'armée de Frédéric-Charles contre Chanzy, 526, 552. — De l'*Indépendance belge*, sur l'impression produite en Allemagne par la prise de Paris, 531. — Du *Moniteur prussien*, sur les dernières opérations du siège de Paris, 532. — De l'*Indépendance belge*, sur l'armée de l'Est, 540.—Du *Daily-Telegraph*, sur Paris après la reddition, 542. — De l'*Étoile belge*, sur l'effet produit à Bordeaux par la reddition de Paris, 543. — Du *Daily-Telegraph*, sur Paris après sa reddition, 549. — Du *Salut public*, sur les fournitures militaires, 551. — Du *Times*, sur l'occupation de Rouen, 551.

De la *Presse* (de Vienne), sur la prise de Paris, 560. — Du *Journal de Genève*, sur l'entrée de l'armée de l'Est en Suisse, 564. — Des *Gazettes de Cologne*, d'Augsbourg et de Mayence, sur les frais de la guerre, 566. — De l'*Union libérale* (de Neuchâtel), sur l'armée de l'Est en Suisse, 570.— Du *Times*, sur les fournitures militaires, 573. — Du *Moniteur officiel de Seine-et-Oise*, sur les conditions de la paix, 577. — De la *Gazette nationale* de Berlin, établissant le bilan de la République, 578. — De *The Nation*, (de New-York), sur la dictature du 4 septembre, 580. — Du *Journal militaire*, sur l'emploi des cartes topographiques, 581. — De la *Gazette de la Bourse*, sur l'indemnité de guerre, 583. — Du *Journal du Weser*, sur les frais causés aux Allemands par la guerre, 585, 613. — De la *Gazette du peuple*, sur la paix, 586. — Du *Journal de Genève*, sur le service médical dans l'armée de l'Est, 587. — De la *Correspondance de Berlin*, analysant les articles de l'*Indépendance belge*, et des *Débats* sur Paris à la fin du siège, 589. — Du *Phare de la Loire*, sur le projet d'une entrée à propos des élections, 594. — Du *Moniteur officiel de Seine-et-Oise*, rectifiant un article de la *Presse* au sujet de la contribution imposée au département de l'Oise, 594. — De la *Gazette du Spener*, sur les ressources financières de la France, 595. — De la *Gazette nationale*, sur le même objet, 598. — De l'*Étoile belge*, sur l'importation de vêtements enlevés aux soldats tués, 600. — De l'*Ami de la France*, sur Gambetta et Garibaldi, 605. — De la *Correspondance provinciale*, sur la politique de l'Allemagne, 608. — De la *Correspondance de Berlin*, sur l'indemnité de guerre, 609. — De l'*Economist* (de Londres), sur la situation économique de la France, 614, 615, 642. — De la *Nouvelle France*, sur l'instruction du soldat français, 619.— Du *Courrier du Bas-Rhin*, sur la situation militaire, 619. — De la *Gazette de Cologne*, sur les frais de la guerre, 623. — De la *Correspondance de Berlin*, sur le désarmement, 630. — De la *Gazette de l'Allemagne du Nord*, sur les fortifications de Paris, 633. — De la *Presse*, sur l'armée d'Allemagne, 634. — Du *Moniteur officiel de Seine-et-Oise*, sur les accusations de la presse française contre les dévastations des environs de Paris, 638. — De la *Gazette de la Bourse*, sur les forces défensives de la France, 640. — Du *Daily-Telegraph*, sur l'entrée des Allemands à Paris, 641. — De la *Gazette de Cologne*, sur l'armée de l'Est, 645. — De l'*Indépendance belge*, sur l'entrée des Allemands à Paris, 647. — De la

*Gazette nationale de Berlin*, sur les délimitations nouvelles, 650. — Du *Standard*, sur les garibaldiens, 652. — De la *Liberté*, sur les maraudeurs, 654. — Du *Journal militaire*, sur la prise d'un drapeau allemand, 636. — Du *Temps*, sur l'entrée des Allemands à Paris, 659.

AUGUSTA (La reine). — Fait organiser des trains pour évacuer les malades de Metz, I. 175.

AUMALE (Duc d'). — Candidat, à la Constituante, I, 48.

AUNAY (A. d'). — Réponse du *Moniteur de Seine-et-Oise* à un de ses articles du *Figaro*, II. 618.

AURELLES DE PALADINES. — Appelé à un commandement à Cherbourg, II. 33. — Refuse, II. 34.

AURELLES DE PALADINES, fils du général. — Tué au Mans, II. 624.

AURORES BORÉALES, I. 46.

AUSTRALIE (L'). — Collecte faite dans cette colonie pour les blessés, II. 325.

AVRON (Mont). — Bombardé, II. 196, 211. — Occupé par les Allemands, II. 225, 236, 253. — Récit de l'attaque, II. 270. — Lettre du *Times* sur le bombardement, II. 338.

AZÉMAR (Général d'). — Obligé de donner sa démission, I. 402.

BADE (Grand-duché de). — Le grand-duc à Versailles, I. 110. — Sur les modifications de la constitution badoise, I. 398. — Le grand-duc signe la convention militaire, I. 462. — Ouverture de la Chambre, II. 75. — Discours du ministre d'État, II. 289.

BADE (Prince Guillaume de). — Blessé, II. 426.

BALLON-POSTE (Le). — Lettre-journal, I. 322.

BALLONS (Les). — Un ballon pris à Chartres, I. 111. — Deux ballons pris, I. 166. — Ballons tombés en Norwége, I. 462; II, 114, 307. — Le ballon *Égalité*, tombé en Belgique, I. 499. — Un ballon au Mans, I. 545. — Saisi en Allemagne, II. 224. — Tombé à Nassau, II. 284. — Le *Lavoisier*, II. 351.

BAPAUME (Bataille de). — II. 211, 296, 346.

BARAGUEY D'HILLIERS (Le maréchal). — Président de la commission d'enquête des capitulations, II. 326.

BARRAL (Le général). — Arrêté à Grenoble, I, 176. — Son arrestation, I. 300. — S'est évadé, I. 512; II. 93, 520.

BARRICADES. — Commission nommée, I. 3. — Leur destruction dans Paris, I. 388.

BAVIÈRE. — Télégramme du roi après la capitulation de Metz, I. 117. — Bruit de sa venue à Versailles, I. 398. — Signe un traité militaire avec l'Allemagne, I, 463. — Félicite le 1ᵉʳ corps bavarois, II. 63. — Séance de la Chambre, II. 114.

BAZAINE. — Sa proclamation à l'armée lors de la capitulation de Metz, I. 128. — Ordre relatif à son arrestation ou à celle de ses officiers, I. 211. — Bruit d'un acte d'accusation lancé contre lui, I. 401. — Annonce d'une brochure de lui sur Metz, I. 441. — Sa lettre à un ami, II. 58.

BAZAINE (La maréchale). — I. 195.

BEAU. — Refuse d'imprimer le *Nouvelliste*, I. 11.

BEAUNE LA ROLANDE. — I. 382, 414.

BEETHOWEN. — Célébration de son anniversaire à Munich, II. 222, 251, 295.

BELFORT. — Sortie de la garnison, I. 204. — Péripéties du siége, II. 64, 124, 250, 302, 327, 389, 398, 435. — Sa reddition, II. 566, 570.

BEURTHERET. — Est tué à Tours, II. 371.

BELIN, chimiste à Versailles. — II. 513.

BELLEVUE (Combat de). — I. 7.

BERLIN. — Lecture de la proclamation du roi annonçant qu'il accepte la couronne impériale, II. 468.

BERNE. — Ouverture de la session du conseil national, I. 603.

BILLOT (Général). — Apppelé au commandement du 18ᵉ corps, II. 34.

BISMARCK (Prince de). — Sa circulaire sur la question d'une cession territoriale, I. 6. — Sur l'armistice et les suites possibles de la prise de Paris, I. 14. — Bruit d'un attentat sur sa personne, I. 35. — Sa circulaire relative à l'armistice et à la nomination d'une assemblée, I. 122. — Sa circulaire aux membres du corps diplomatique restés à Paris, I. 236. — Sa lettre d'envoi de la circulaire du 18 octobre, sur les suites possibles de la capitulation trop retardée de Paris, I. 530. — Sa circulaire au gouvernement du grand-duché de Luxembourg sur sa neutralité, II. 187. — Sa circulaire sur les évasions de prisonniers français, II. 197. — Sa dépêche à l'ambassadeur de Prusse à Vienne sur la reconstitution de l'Allemagne, II. 238. — Sa dépêche sur les régiments des villes hanséatiques, II. 332. — Sa lettre sur le ravitaillement de Saint-Denis, II. 548.

BIXIO (Fils). — S'évade de Stettin, II. 295.

BLANC (Louis). — Sa lettre à Victor Hugo jugée par le *Times*, II. 237.

BLOIS. — Occupé, II. 17.

BOIS. — Ventes de bois de l'État, I. 323.

BOIS-RAYMOND (Docteur du). — Son discours à l'Académie des sciences de Berlin, II. 660.

— 669 —

BOMBARDEMENT. — Causes de son retard, II. 168. — Ses péripéties, II. 253, 326, 327, 535, 540, 545, 552, 570, 589, 594, 431, 455. — Détails donnés par le *Mercure de Souabe*, II. 415. — Réponse à un article des *Débats*, II. 420. — Sa suspension, II. 470.

BOMBES. — Du système Orsini, trouvés à Paris, I. 505.

BONNECHOSE (Cardinal de). — Proteste contre l'entrée des Italiens à Rome, I. 114.

BORDEAUX. — Désastres financiers, I. 208.

BORDONE, officier supérieur de Garibaldi. — Désapprouvé par le gouvernement, 1.308 ; II. 557.

BOUET-VILLAUMEZ (L'amiral). — I. 101.

BOUGIVAL. — Sortie du 21 octobre, I. 54. — Exécutions militaires, I. 46.

BOURBAKI (Le général). — A un commandement dans le Nord. — I. 28, 148, 160. — Nommé au commandement du 19e corps, I. 494. — Nommé commandant de la 1re armée du Nord, II. 55. — Retraite de son armée de l'Est, II. 406, 442, 462. — Tente de se suicider, II. 511, 520. — Survit à sa blessure, II. 554. — Sa défaite célébrée à Berlin, II. 556.

BOURGET (Le). — Combat du 30 octobre, I. 75. — Version française du combat du 30 octobre, I. 242. — Version allemande du même, I. 244. — Protestations d'officiers français contre la version allemande insérée dans le numéro du 20 novembre de ce journal I. 607.

BOYER (Le général). — Son arrivée à Versailles, I. 8. — Arrestation d'un homonyme, I. 159. — Sa visite à Wilhelmshöhe, I. 194.

BRAUCHITSCH. — Préfet allemand de Seine-et-Oise. — Se rend au Reichstag, I. 416. — Rentre à Versailles, II. 69. — Son arrêté sur la publication des actes officiels des maires, II. 540. — Suspend deux sous-préfets français nommés dans les départements occupés, II. 565.

BREST. — Explosion d'un atelier de cartouches, I. 455.

BRETENAY (Affaire de). — I. 127.

BUCHAREST. — Discours du trône, I. 482. — Constitution du bureau des Chambres, I. 543.

BUDGETS. — Des communes réglés par les Allemands, II. 452.

*Bulletin de la République (Le)*. — Article de la *Gazette de France* sur ce journal, I. 541.

BUZENVAL (Bataille de). — II. 417, 427, 445, 452, 502 — Gardes nationaux couverts de cottes de maille, II. 455. — Rapport prussien, II. 506. — Recit des journaux an-

CAMBRAI. — Bombardé, II. 472.

GAMBRIELS (Le général). — Sa lettre à Gambetta, I. 484. — Sur les outrages qu'il a dû subir, I. 577. — Blessé, II. 505.

CANTAGREL. — Son discours sur la candidature de M. de Kératry, II. 366.

CAPELLEMANS. — Article sur sa brochure relative à la réunion d'une assemblée, I. 546.

CARLYLE (Thomas). — Son opinion sur la France et l'Allemagne, II. 102.

CASSAGNAC (Granier de). — Père et fils, I. 22.

CHAMBORD. — Occupé, II. 505.

CHAMBORD (Comte de). — I. 176.

CHAMPIGNY. — Sur la bataille, I. 414. — Pertes des combattants, I. 566, 567.

CHANZY (Général). — Dépêche allemande sur les combats du 6 janvier, II. 326. — Retraite de ses troupes, le 9 janvier, II. 339. — Sa retraite sur le Mans, II. 352, 557. — Retraite de son armée, II. 370, 377. — Déclare la continuation de la guerre impossible, II. 625.

CHANGARNIER (Le général), I. 67.

CHARBONS. — Note sur le trafic des charbons, II. 624.

CHARTRES. — Occupé, I. 45.

CHASSEPOT. — Procès relatif à un trafic de ses fusils en Belgique, I. 409.

CHATEAUDUN. — Prise de la ville, I. 28.

CHATEAU-NEUF (Combat de). — I. 253, 255.

CHAUDORDY (Comte de). — Sa circulaire du 29 novembre, II. 145.

CHEMINS DE FER. — De Remilly, I. 26. — Sur les lignes détruites par les Français, I. 50. — Lignes qui reprennent leur service, I. 165 — Accident arrivé à un train belge, II. 195. — Ordonnance et avis relatifs aux dégradations, II. 591, 418.

CHINE. — Ambassade en France au sujet du massacre de Tien-Tsin, II. 662.

CHRONIQUE DE LA GUERRE. — Écrite jour par jour par les Allemands, II. 555, 561, 575, 584, 595, 415, 425, 440, 449, 455, 475, 481, 487, 509, 516, 545, 558, 591, 599, 606, 616, 651, 679.

CIRCULATION. — Interdite dans les bois de Meudon, Ville-d'Avray et Marnes, II. 55.

CLARETIE (Jules), I. 251.

CLUBS. — Une séance aux Folies-Bergères, II. 95.

CLUSERET (Le général). — Ses proclamations à Marseille, I. 180.

COCHIN — Bruit de sa nomination d'ambassadeur à Rome, II. 662.

COCHINCHINE. — Expulsion des Allemands I. 425.

COLOMB (Général), appelé au commandement du 17e corps, II. 34.

— 670 —

COMMUNE (La). — A Bordeaux, I. 247. — A Marseille, I. 251.
CONCILE (Le). — Son ajournement, I. 63.
CONSCRIPTION. — Ordonnance la concernant, 490. — Abolie par la Prusse dans les départements occupés, II. 590.
CONTRIBUTIONS DIRECTES. — Arrêté du préfet prussien de Seine-et-Oise, I. 65. — Mesures et avis divers, I. 142, 185, 345; II. 67. — Défense d'en déléguer les payements en d'autres mains que celles des Allemands, II. 407. — Ordre avec bordereau relatif à celles des instituteurs, I. 437. — Sur leur payement, II. 357.
CONTRIBUTIONS DE GUERRE. — Par les Français en Prusse, de 1806 à 1813, I. 36, 40, 48. — Rapprochement avec celles dont la France frappa jadis l'Allemagne, II. 601.
CONVENTION DE GENÈVE (Croix rouge de la). — Ordre du général de Moltke sur le port de cette croix, I 133.
CORPS DIPLOMATIQUE (Le). — Pendant le siège, I. 21.
CORTÈS (Les). — Une commission se rend auprès du duc d'Aoste, I. 463. — Liste des membres qui la composent, I. 500.
COULMIERS (Affaire de), I. 170.
COUR DES COMPTES. — Bruit de sa suppression, I. 88.
COURS MARTIALES, I. 26, 42. — Cinq exécutions d'arrêts prononcés par elles, I. 265.
CREMER (Général). — S'est évadé, II. 520.
CRÉMIEUX. — Manifestation pour sa démission, I. 148. — Jugé par le Drapeau, II. 363.
Crise (La). — Brochure favorable à la paix, II. 371.
CROIX. — Occupé, II. 454.

DANEMARK. — Sa neutralité, I. 17.
DARMSTADT (Grand-duché de). — Sur la réunion de la diète, I. 442. — Décorations données par le grand-duc, II. 569.
DARU (Comte). — Proposé pour l'ambassade de Vienne, II. 662.
DÉCRET. — Sur la remise des armes, I. 436.
DÉGRADATION MILITAIRE, II. 325.
DEJEAN (Le général), I. 212.
DELBRÜCK, ministre d'État. — Son discours à l'ouverture du Reichstag, I. 561. — Arrive à Versailles, II. 211. — Reçoit l'aigle rouge, II. 435.
DÉLÉGATION DE BORDEAUX (La). — Apprend la reddition de Paris, II. 343.
DÉLÉGATION DE TOURS (La). — Annonce aux préfets sa translation à Bordeaux, II. 33. — Article du Moniteur sur cette translation, II. 46 — Se transporte à Bordeaux, II. 205, 207, 513.

DELESVAUX (Le président). — Article de l'Écho du Nord sur son décès, I. 88.
DELBOM (La citoyenne). — Veut offrir un drapeau à Gambetta, I. 431.
DELPECH. — Préfet à Marseille, I. 50.
DEMAY (Le général). — II. 510.
DÉROULÈDE (Paul). — S'est évadé, I. 529.
DESNOYERS (fils). — Tué, II. 624.
DIEPPE. — Occupé, II. 75.
DIJON. — Prise de la ville, I. 117. — Article du Moniteur sur cette prise, I. 185. — Son occupation, I. 196; II. 312. — Combat de Dijon, II. 470.
DÔLE. — Occupé, II. 436.
DORÉ (Gustave). — Son dessin Le Passage du Rhin par les Français, II. 108.
DORIAN, II. 444.
DRAPEAUX. — 53 sont livrés à Metz, I. 117.
DREUX. — Séjour des gardes mobiles du Midi, I. 57. — Prise par les Prussiens, I. 218.
DROUÉ (Combat de). — II. 81.
DUCROT (Le général). — Sur son évasion, I. 4. — Sur sa proclamation, II. 23. — II. 213. — Sa maladie; II. 430, 518.
DUFRAISSE (Marc). — En mission dans les Alpes-Maritimes, I. 88.
DUMAS (Alex.). — Sur sa maladie, I. 115, 508. — Article nécrologique, II. 182. — Ses obsèques, II. 225.
DUPORTAL, préfet de la Haute-Garonne. — Destitue le président du tribunal de Toulouse, I. 247. — Son discours aux funérailles de Le Balleur-Villiers, II. 217.

Écho de la Patrie (L'). — Organe bonapartiste, I. 509.
ÉGYPTE. — Rappel des soldats en congé, I. 546.
ELPHINSTONE (Le colonel). — Correspondant du Times, II. 556.
EMPRUNTS. — Sur l'emprunt contracté à Londres, I. 94. — Sur l'emprunt de Nancy, I. 111. — Placard affiché à Londres au sujet de l'emprunt Laurier, I. 176. — Du département du Nord, I. 208. — Bruit d'un nouvel emprunt, I 299. — Extrait de la Gazette de France sur l'emprunt de Londres, I. 557.— Bruit d'un nouvel emprunt français, I. 425. — Sur le second versement du dernier emprunt, I. 484. — Article du Moniteur officiel sur le bruit d'un nouvel emprunt et sur ses suites, II. 341.
ÉPUISAY. — Occupé, II. 81.
ESPAGNE. — Sur son intervention, I. 21, 52.
ESQUIROS (Alph.). — Détails sur sa retraite à Marseille, I. 250. — Sa proclamation, I. 251.
ÉTAMPES. — Frappée d'une amende, I. 33.

— 671 —

ÉTATS-UNIS. — État financier, I. 546, 605. — Message du Président, I. 591.
Eu (Comte d'), I. 249.
EUGÉNIE (L'impératrice). — A Wilhelmshoehe, I. 81. — Rend visite à la reine Victoria, I. 590. — Récit de sa visite à Windsor, II. 65.
EXÉCUTIONS MILITAIRES, I. 46, 299, 354, 425, 428, 466, 467, 498; II 295.

FABRICE (Général de). — Arrive à Versailles, II. 296. — Sa proclamation aux habitants de son gouvernement, II. 317. — Son ordonnance sur la responsabilité des communes en cas d'attaques contre les Allemands, II. 591.
FAIDHERBE (Général). — II. 167, 309, 310. — S'attribue la victoire de Bapaume, II. 528. — A Cambrai, II. 432.
FAILLY (Général de). — I. 309.
FINANCES. — Sur la situation financière du pays, I. 90.
FLANDRES (Comtesse de). — Accouche de deux princesses, I. 494. — Réception du corps diplomatique à cette occasion, I. 605.
FLEURY (Le général). — I. 45.
FLOURENS. — I. 167.
FONCTIONNAIRES ALLEMANDS NOMMÉS EN FRANCE. — I. 79, 299; II. 68, 508, 378, 416, 431, 476, 538, 559, 566, 570, 577, 617, 625.
FONDS SECRETS. — A Lyon, I. 114.
FONTEILLE (Wilfrid de). — Descend de ballon en Belgique, I. 499.
FORCADE DE LA ROQUETTE (De). — I. 114.
FOURICHON (L'amiral). — Sa démission de ministre de la guerre et de la marine, I. 9.
FRANCS-TIREURS (Les). — Jugés par un rapport anglais, I. 121. — Ordre du jour disciplinaire, I. 211. — Renvoi de ceux de l'Alsace et de la Sarthe, I. 299, 501. — Traduits devant les tribunaux militaires, II. 251. — Jugés par le Times, II. 384. — Leur conduite dans les Ardennes, II. 433. — II. 503. — Un capitaine brûle, II. 634.
FRANZINI (Général) — II. 511.
FRASNE. — (Affaire de), II. 497.
FRÉDÉRIC (La princesse, sœur du roi de Prusse). — Article nécrologique, II. 173.
FRÉDÉRIC-CHARLES (Prince). — Créé maréchal, I. 75. — Son ordre du jour après la capitulation de Metz, I. 138.
FRÉMONT (Le colonel). — I. 260.

GAILLARD (Le citoyen). — Au club Valentino, II. 79.
GAMBETTA. — Son arrivée à Tours. I. 10. — A Besançon, I. 47. — Son décret sur les offres patriotiques des paroisses et des consistoires, I. 371.
GARIBALDI. — Bruit de son arrivée, I. 4. — Sur son arrivée, I. 45. — Jugé par l'archevêque de Tours, I. 51. — Sa conduite blâmée par le général Fabrizi, I. 76. — Sur son élection comme député, I. 94. — Extrait du Daily News sur sa situation à la fin d'octobre, I. 209. — Sa proclamation aux Italiens de son armée, I. 264. — Sa proclamation à l'armée des Vosges, I. 282. — Mesures prises par le gouvernement contre ses troupes, I. 508, 570, 573. — Sa campagne, d'après la presse anglaise, I. 574. — Dépêche prussienne sur une attaque de son armée, I. 581. — Conduite de ses troupes à Autun, I. 424. — Assassinat commis à Lyon par deux de ses soldats I. 466. — Ses francs-tireurs à Châtillon-sur-Seine et à Orléans, I. 558, 559. — Sur son intervention, II. 119. — Ses troupes repoussées près de Montbard, II. 359. — A Dijon, II. 512. — Article du Standard sur la retraite de ses troupes, II. 652.
GARIBALDI (Menotti). — Sa lettre au général Manteuffel à propos de la prise d'un drapeau, II. 603, 604.
GENDARMERIE FRANÇAISE. — Sur sa mobilisation, II. 205.
GENT. — I. 118, 176. — Son arrivée et sa proclamation à Marseille, I. 178. — Sa proclamation sur les élections, I. 252.
GIRARDIN (Émile de). — Son pari avec Glais-Bizoin, II. 454.
GLAIS-BIZOIN. — Au camp de Conlie, II. 337. Jugé par le Drapeau, II. 564, 565. — Son pari avec E. de Girardin, II. 454.
GOEBEN (Général de). — Note biographique, II. 644.
GORTCHAKOFF (Prince). — Sa circulaire sur le traité de 1856, I. 261, 366. — Sa note à M. de Brunow sur les traités de 1856, I. 425. — Sur l'arrivée de cette note à Londres, I. 442. — La réponse à la note anglaise, I. 545.
GRAMONT (Duc de). — II. 168.
GRANDVILLE (Lord). — Sa réponse à la circulaire du prince Gortchakoff, I. 311, 566.
GRÉVY. — Proteste contre l'ajournement des élections, I. 88.
GRICOURT (Marquis de). — Sa brochure sur les origines de la guerre, II. 52, 104.
GUIDES (Régiment des). — Concert donné à Aix-la-Chapelle par sa musique, II. 475.
GUILLAUME, ROI DE PRUSSE. — Sur sa proclamation au peuple Français, I. 11. — Son ordre du jour après la capitulation de Metz, I. 73. — Reçoit des délégations, I. 462. — Ses télégrammes à la reine Augusta sur les affaires des 4 et 5 décembre, I. 563. — Annonce à la Reine la rentrée des Allemands à

Orléans, I. 587. — A la grande-duchesse de Schwerin, les victoires du grand-duc, son fils, I. 587.— Félicite le roi de Wurtemberg sur la valeur de ses troupes, II. 19. — Reçoit la députation du Parlement venant lui offrir la couronne impériale, II. 81. — Son discours à la députation du Parlement lui offrant la dignité impériale, II. 100. — Sa proclamation du 6 décembre à l'armée, II. 115. — Sa proclamation aux Français en entrant sur le territoire, II. 158. — Son ordre à son armée en arrivant en France, II. 228. — Son télégramme à la Reine sur le combat du Bourget (21 décembre) II. 196. — Reçoit la Cour à l'occasion du jour de l'an, II. 253. — Son toast au repas du jour de l'an, II. 269. — Sa réponse aux félicitations de la Chambre des seigneurs, II. 286. — Son ordre du jour au général Von der Thann, II. 286. — Autorise la formation d'un nouveau Gouvernement général dans les provinces occupées, II. 310. — Proclamé Empereur d'Allemagne, II. 399. Répond aux félicitations de nouvel an de la municipalité de Berlin, II. 462. — Son ordre du jour sur son acceptation de la couronne impériale, II. 474. — Ecrit à ce sujet au Sénat de Brême et de Hambourg, II. 474.— Reste à Versailles après l'armistice, II. 523 — Passe une revue au bois de Boulogne, II. 649, 658.

Ham. — Occupé, II. 219.
Haussmann, I. 212, 311 ; II. 518.
Haussonville (Comte d'). — Sa brochure *la France et la Prusse devant l'Europe*, II. 135.
Herzog (Général). — Sa convention relative à l'internement de l'armée de l'Est, II. 524.
Hesse (Grand-duché de). — Sur les modifications de sa constitution, I. 398.
Hohenzollern (Le prince Antoine de). — Se rend à Bruxelles, II. 129.
Holtzendorff, professeur de l'Université de Berlin. — Extrait de sa conférence sur le droit de conquête, I. 514.
Huc. — Nommé préfet à Toulouse, I. 312.
Huot, sous-lieutenant français. — Mandat d'arrêt lancé contre lui, I. 382.

Illustration (L'). — Son article inexact sur la première entrevue pour l'armistice, II. 530.
Instruction publique. — En Prusse, II. 324.
Isabelle II. — A Cologne, I. 83.
Italie. — Nouvelles de novembre, I. 282.

Jackson (L'amiral), I. 332.

Jauréguiberry (Le général). — Appelé au commandement du 16e corps, II. 34.
Jésuites (Les). — Chassés de Marseille, I. 58.
Joinville (Prince de). — Candidat à la Constituante, I. 48.
Journaux. — Supprimés, II. 68. — Nouveau-nés à Paris pendant le siége, II. 79. — Décret des Allemands relatif à leur rédaction, II. 407. — *Id.* à leur publication, II. 512.
Jouvencel (de). — Sa belle conduite en 1814 et 1815, II. 133.
Kératry (Comte de). — Sa mission à Madrid, I. 33. — Grâce accordée par lui à un soldat condamné à mort, I. 439. — Donne sa démission de général en chef, I. 494. — Bruit de tentative d'entrée à Paris, II. 251. — Candidat aux élections. — II. 366. — Démissionnaire comme général, II. 427.
Kersalaün (Le général). — Bruit de sa destitution, I. 465.
Ketterer (Eug.). — Sa mort, II. 331.
Kolapore (Le Rajah de). — Sa mort et ses funérailles, II. 168.
Ladmirault (Le général). I. 212.
La Fère. — Combat autour de la place, I. 256. — Capitule, I. 360.
La Loupe. — Combats, I. 296.
La Marmora (Le général). — Gouverneur de Rome, I. 33.
La Motterouge (Général de). — I. 42.
Landwehr (La). — II. 481.
La Roncière (Amiral de). — II. 213.
Latarse. — Sergent de francs-tireurs.— Son exécution, I. 299.
Laurier. — Son voyage à Londres, I. 47, 51. — I. 68, 264. — Circulaire aux préfets, II. 204.
Lavertujon (A.). — I. 231.
Le Balleur-Villiers. — Son enterrement civil, II. 216.
Ledochowski (Monseigneur), archevêque de Posen. — Bruit de sa venue à Versailles, I. 110. — Apporte au roi de Prusse une adresse des catholiques d'Allemagne, I. 389.
Le Dur (Mme). — Refuse de prendre le dépôt du *Nouvelliste*, I. 11.
Légion d'honneur (Ordre de la). — Réservé aux militaires, I. 148. — Modifications, II. 66.
Lettres ou extraits de lettres.

TOME PREMIER.

*Lettres ou extraits de lettres.* — De Jules Favre et de Bismark, sur le bombardement et sur la situation du Corps diplomatique, 2. — D'un député sur la situation (en octobre), 19. — Du général Uhrich à l'archevêque de

— 673 —

Tours, 20. — Sur les élections, 23. — Sur Paris (octobre), 28. — Du ministre Bancroft à M. de Bismark, 52. — D'un Allemand, sur la situation, 39. — Du correspondant du *Times*, sur Paris, 60. — D'un touriste au *Daily News*, sur Strasbourg, 62. — Sur la situation de Paris, au journal le *Nord*, 94.— De Mazzini aux journaux de Milan, 102. — Du général Boyer à l'*Indépendance belge*, sur les assertions de Gambetta contre les chefs de l'armée du Rhin, 140. — De M$^{me}$ veuve André, sur sa maison de Versailles, 143. — Du maréchal Bazaine, sur la capitulation de Metz, 146. — De M. Ros..., chimiste à Paris, sur les combats sous Paris, 158. — D'un homme d'État, sur les mêmes combats, 158. — Sur la situation à Paris, 166.— Protestation de M. Bazaine, frère du maréchal, au sujet des allégations portées par la délégation de Tours contre son frère, 168.— Sur les attaques portées contre la délégation de Tours, 171. — De Alph. Bart, sur la situation de Paris après la capitulation de Metz, 178. — De Félix Pyat, sur le gouverneur de Paris, 200. — De M. P..., garde national, sur Paris, le 5 novembre, 205.— D'un homme politique français, sur la situation (en novembre), 219. — Sur Paris (11 novembre), 222. — D'un Français au *Times*, sur les conditions de la paix, 256. — Du général Coffinières, sur Metz, 265. — De M. Decroix, garde national, contre G. Flourens, 269. — De remercîments d'un sous-officier français, prisonnier, à une dame allemande, 340. — Du prince royal de Prusse au feld-maréchal Wrangel, 348. — D'un ancien député à *la Décentralisation*, sur les incapacités de la défense, 372. — D'une réunion de pères de famille, sur les écoles communales, à Lyon, 372. — Du prince royal de Prusse au colonel Lindsay, sur les blessés, 338. — Sur l'état-major garibaldien, 390. — De remercîments du comte de Bismarck pour l'envoi d'une plume d'or, 397. — Du prince royal de Prusse à la municipalité de Postdam, 398.— D'un Anglais, sur Paris, 403. — De l'aumônier général des armées allemandes à l'évêque de Genève, sur les prisonniers français, 420. — Publiée dans l'*International*, de Londres, sur des faits antérieurs à la guerre et sur les responsabilités de ses auteurs, 474. — Du docteur allemand de Wrede, au sujet des relations à établir entre les prisonniers français et leurs familles, 483. — de M. Eug. Pelletan, trouvée dans un ballon monté, 491. — Du grand-duc de Bade au général Uhrich, 492. —De l'abbé Camille Rambaud au comte de Pourtalès, sur les instructions religieuses données aux prisonniers, 520. — Du lieutenant de vaisseau Arnauld, sur le corps dit les *Vengeurs du Havre*, 539. — Du général Uhrich, en réponse au grand-duc de Bade, 548. — Du comte d'A..., sur la capitulation de Sedan, 556.— De Got, (du Théâtre-Français), à propos des *Châtiments*, de Victor Hugo, 557. — Du roi de Bavière au roi Guillaume, sur le rétablissement de la dignité impériale, 571.— Du général Cambriels à Gambetta, sur des accusations et des outrages dont il a été l'objet, 577. — De M. de Pontmartin à la *Gazette de France*, sur la situation des départements du Midi, 585. — Publiée au *Nouvelliste de Rouen*, sur la consommation des animaux du jardin des plantes, 592.

TOME DEUXIÈME.

*Lettres ou extraits de lettres*. — Adressée aux journaux par la Société internationale de secours, à Bruxelles, en leur envoyant ses statuts, 6. — De Tours, sur Gambetta, 11. — De Tours, sur certains actes de la délégation, 13. — De l'Américain Train, au peuple de Lyon, sur son arrestation, 14. — D'un soldat de Garibaldi, sur les combats livrés près de Dijon, 29.—De M. Ordinaire fils, sur la nécessité d'employer les moyens révolutionnaires, 36. — De Nancy au *Journal de Genève*, sur la guerre, 41. — De Rome au *Journal de Genève*, sur la situation du pape et de la ville, 42. — Du maréchal Bazaine à un ami, sur sa justification, 58. — De Tours, sur la stratégie de Gambetta, 59. — Du roi Guillaume à sa femme, sur les combats d'Orléans, 74, 75. — De Berne à la *Gazette d'Augsbourg*, sur les comptes que pourrait rendre la France à l'Allemagne et à la Suisse, 90. — De Versailles à la *Gazette de Cologne*, sur le fait des prisonniers évadés, 93. — Sur l'armée de la Loire (décembre), 116. — Du général Coffinières à l'*Indépendance belge*, en réponse à des attaques contre lui, 122. — Du sous-préfet de Cambrai au maire d'une commune bonapartiste, 159. — de M. Stoll, prisonnier de guerre, à Gambetta, 151. — Du docteur Kerkhoven, sur le traitement des prisonniers français, 204. — Adressée au *Journal de Genève*, sur la translation du gouvernement de Tours à Bordeaux, 205, 207.—Adressée à la *Gazette de Cologne*, sur une violation par les Français de la convention de Genève, 210. — De Léon Mirès, sur les garibaldiens, 252. — De Londres, sur ce qui se passe en France, 276. — D'un mobile à son père, sur l'armée de la Loire, 291. — D'un officier d'état-major, sur la retraite de l'armée de la Loire, 292, 299. — Du docteur Worms, sur le traitement des prisonniers, 308. — De M. Lespès, sur les tirailleurs girondins, 311. — Du docteur Chardon, sur le meurtre d'un officier, 314. — Du comte de Bismarck à la ville de Worms, qui lui a conféré les droits de cité, 319. — D'un médecin suisse, sur les balles explosibles, 322. — Adressée à l'*Écho du Parlement*, sur le traitement des prisonniers français, 344. — Deux lettres échangées entre le préfet de la Drôme et le président des assises des Bouches-du-Rhône, au sujet de l'offre d'une cloche, 356. — De félicitations adressées au général Roon, par le roi et la reine de Prusse, 378, 379. — De deux officiers français à un général allemand, sur leur évasion, 379. — Adressée au *Times*, sur la situation de Paris (fin octobre), 414. — Du roi de Prusse au prince Albert, son frère, pour lui conférer une décoration, 419. — D'un aumônier français au *Times*, sur le traitement de nos prisonniers en Allemagne, 423. — De M. de Voigts-Rhetz à Gambetta, sur la circulaire de M. de Chaudordy, 449. — A l'*Étoile belge*, sur l'armée du Nord, 492. — Adressée au *Mercure de Souabe*, sur la conduite des Allemands, 495. — Adressées au *Drapeau*, sur la visite de Gambetta à Lille, 498, 499. — Adressée du Mans, sur la dictature, 502. — D'un soldat prussien prisonnier, sur les mauvais traitements qu'il a subis, 504. — De zouaves pontificaux, sur la bataille du Mans, 518. — D'un Suisse, sur les prisonniers français en Allemagne, 574. — Du docteur Frank, sur l'armée de l'Est, 636. — De Louis Blanc à Victor Hugo, jugée par le *Times*, 637. — Adressée à la *Gazette de Fribourg*, sur un capitaine de francs-tireurs brûlé, 654. — De M. Eudore Soulié, sur le musée de Versailles, 660.

LIGUE DU MIDI (La). — I. 115, 229, 299.
LISSAGARAY. — II. 40, 510.
LOEWENFELD (Le général).— Nommé gouverneur de Metz, I. 174.
LONGEAU. — Combat, II. 124.
LONGPRÉ. — Combat, II. 237.
LONGWY. — Bombardé, II. 418, 430, 435, 443. — Capitulation, II. 444, 452, 482. — Entrée des Allemands, II. 503.
LONS-LE-SAULNIER. — Occupé, II. 556.
LULLIER (Charles). — Est arrêté, I. 370.
LYON. — Sur la succursale de la Banque, I. 228. — Conflit entre les ouvriers et les gardes nationaux, I. 300. — Troubles, I. 309. — Le conseil municipal décide la fonte des statues impériales, I. 372. — Sur une question d'impôt de capitation personnel, I. 498. — Adresse de la commune à la délégation sur la défense, II. 233. — Décision de la Commune sur les appointements de ses employés, II. 284. — La Commune de Lyon et la délégation, II. 321.

MAC-MAHON (Maréchal de). — Sur le lieu de sa résidence, I. 211, 212. — Son rapport sur Sedan, I. 463. — Quitte Pourru-aux-Bois, I. 465.
MALARDIER. — Sa lettre au *Siècle* sur la Providence, II. 375.
MANS (Le).—Occupé par les Allemands, II.514.
MANTEUFFEL (Général). — A Rouen, I. 567; II. 34. — Combat avec l'armée du Nord, II. 172, 187. — Une reconnaissance de ses troupes part de Rouen, II. 252. — Est décoré de l'ordre du Mérite avec feuilles de chêne, II. 474. — Ses dernières opérations, II. 512. — Son ordre du jour à ses troupes, II. 649.
MARAC. — Combat, II. 589.
MARAUDEURS (Les). — I. 254.
MARINE ALLEMANDE (La). — Exploits de l'*Augusta*, II. 604, 620.
MARINE FRANÇAISE (La).—I. 17.—Jugée par le *Dagbladet* (de Copenhague), I. 31. — Lutte du *Bouvet* contre le *Meteor*, I. 218.— Son action pendant la guerre, I. 396; II. 349, 562, 567. — Un navire français pris par l'*Augusta*, II. 486.
MARSEILLE. — Un appel au Midi y est affiché, I. 131. — Décision du club, I. 159. — Troubles et mouvements populaires, I. 196, 285, 334, 391, 404. — Élections municipales, I. 281. — Motion sur la militarisation du clergé, I. 371. — Arrêté préfectoral sur la destruction des alouettes, I. 429. — Expulsion des Allemands, II. 472, 505.
MARTIN (Henri). — Extraits de son Histoire de France rapprochés de la situation actuelle, II. 109.
MATHILDE (La princesse). — I. 212.
MAZZINI. — Sa lettre aux journaux de Milan, I. 102 ; — II. 118.
MECKLEMBOURG (Grand-duc de). — Proclamation sur la situation au 16 octobre, I. 44.— Ses télégrammes sur divers combats livrés par ses troupes, I. 588 ; II. 53.
MÉDAILLE MILITAIRE (La). — Modification dans l'effigie, II. 66.
MÉGY. — Condamné à deux ans de prison, II. 295.
MERMILLOD (Mgr). — Sa lettre à propos des prisonniers français, I. 593.
MESSAGERIES IMPÉRIALES (Les). — I. 122.
METZ. — Situation en octobre, I. 30. — Capitulation, I. 54, 58, 59, 67. — Protocole, I.

77, 85. — Sur le doute de la capitulation, I. 109. — Effets qu'elle produit, I. 113, 149, 194, 195. — Trophées, I. 155. — Installation des Allemands, I. 146. — Articles des journaux sur la capitulation, I. 149, 156, 183. — Lettre sur les prisonniers et l'état de la place, I. 191. — Évaluation du matériel pris, I. 242. — Après la capitulation, I. 315. — Comment la France avait conquis cette place, I. 321. — Sur les travaux à exécuter pour la mieux fortifier, I. 527.

MEUDON (Château de). — Son incendie, II. 484.

MÉZIÈRES. — Sortie de la garnison, I. 218. — Capitulation, II. 253, 296.

MICHEL (Général). — Donne sa démission, I. 401.

MINGHETTI, ministre italien, I. 299.

MINISTRES D'ÉTAT. — Les principaux de l'Allemagne à Versailles, I. 41.

MIRANDA (Angel de). — Son arrestation, I. 10.

MOIGNO (L'abbé). — Blessé, II. 624

MOLTKE (Le général baron de). — Reçoit le titre de comte, I. 76.

*Moniteur officiel du département de Seine-et-Oise.* — Ordre aux maires de le faire vendre et afficher, I. 74. — Détérioré sur les murs de Versailles, I. 87. — Double son format, I. 162. — Sur l'envoi du journal, I. 162. — Reçoit des annonces, II. 218.

MONNAIES ET VALEURS ALLEMANDES, I. 13, 24, 58, 276, 457; II. 68, 593.

MONTBÉLIARD. — Occupée par les Allemands, I. 190.

MONTLIVAULT (Affaire de), II. 64, 74, 98 (1).

MONTMÉDY. — Bombardé, II. 1. — Capitule, II. 55. — Résultats de la capitulation, II. 67. — Entrée des Allemands, II. 124. — Sur la capitulation, II. 193.

MONTPENSIER (Princesse Amélie de). — Sa mort et ses funérailles, I. 354.

MONT VALÉRIEN (Forteresse du), I. 92; II. 114.

MONNY (Duc de). — Sa statue à Deauville, I. 52.

MORTALITÉ. — Paris comparé à Londres pendant le siège, II. 546.

MORTIER (Le fort). — Capitule I. 109.

MULHOUSE, II. 600.

MURAT (Prince Achille). — Arrive à Londres, II. 34.

MUSÉES (de Versailles et de Saint-Germain). — Leur dévastation démentie, II. 514.

MUSIQUE. — Concert donné par le 80ᵉ de ligne allemand, I. 110.

(1) Tome II, page 98, *au lieu de* Montlevaud, *lisez* : Montlivault.

NANCY. — Administrée par les Allemands, I. 116.

NAPOLÉON Iᵉʳ. — Sa statue détruite à Grenoble, I. 558.

NAPOLÉON III. — Prépare une brochure, I. 21. — Indisposé, I. 45. — Bruit de son départ de Wilhelmshœbe, I. 82. — Sur sa captivité, I. 116. — Prépare une étude militaire, II. 352. — Comment il reçoit les maréchaux après Metz, I. 463. — Sa situation depuis la prise de Paris, II. 582. — Abattu par le résultat des élections, II. 592. — Sur son départ de Wilhemshœbe, II. 645, 648.

NAPOLÉON (Le prince) — à Bruxelles, I. 249.

NAVIGATION. — Entre Nancy et Saarbruck, I. 26.

NEUFBRISACH. — Capitule, I. 142.

NOEL (Fête de). — Célébrée par les Allemands à Versailles, II. 166. — Article de l'*Indépendance belge*, II. 245. — Dans les hôpitaux militaires de Hanovre, II. 525.

NOGENT-LE-ROTROU. — Occupé, I. 296.

NOSTILZ-WALLITZ. — Nommé commissaire civil en France, II. 378. — Sa circulaire en entrant en fonctions, II. 595.

NOUVELLES (Fausses), I. 389.

NUITS. — Combat et prise de la ville, I. 100.

OBJETS. — Sauvés par les Prussiens, II. 525.

OLDENBOURG (Le grand-duc d'). — A Versailles, I. 128.

OLLIVIER (Jules). — Poursuivi pour distribution aux prisonniers de l'*Écho français*, II. 156.

OLOZAGA. — Ambassadeur en France, II. 168.

OPÉRA (Le nouvel). — Emmagasinage des subsistances militaires, I. 568. — Mot d'Auber sur cette circonstance, I. 569.

ORDINAIRE (Fils). — Sa lettre au journal *les Droits de l'Homme*, II, 56.

ORLÉANS (Princes d'). — I. 61. — Avis du *Siècle* sur leur arrivée en France, I. 114.

ORLÉANS. — Article de l'*Indépendance belge*, sur la prise de la ville, I. 61. — Évacuée par les Allemands, I. 263. — Reprise par eux, I. 472. — Trophées, I. 490.

OTAGES. — Emmenés en Allemagne, I. 302.

PALIKAO (Général comte de). — I. 42.

PARIS (Comte de). — I. 176.

PARIS. — Ses approvisionnements, I. 52, 214, 535, 556; II. 34, 51. — Aux 19 et 20 décembre, d'après Havas, II. 550. — Approvisionnements de 1870, comparés à ceux de 1869, II. 461. — Ses forts occupés, II 476, 510. — Ravitaillé, II. 392, 624.

PARLEMENT ALLEMAND (Le). — Sur sa réunion à Berlin, I. 242. — Caractère des élections, I. 429. — Discussion sur les traités constitutionnels, I. 566. — Séances relatives au rétablissement de l'Empire, II. 32, 46.
PARLEMENT ITALIEN. — Le discours du trône, I. 589. — Constitution du bureau, I. 604.
PATAY (Combat de). — I. 455.
PERCHE (Forts de haute et basse). — Pris et occupés, II. 538, 569.
PÉRONNE. — Cerné, II. 226, 340.
PERPIGNAN. — Troubles dans cette ville, I. 447.
PERRIN. — Nommé inspecteur des camps du Midi, II, 285.
PESTE BOVINE. — I. 276.
PESTH. — Réunion d'un congrès catholique, I. 17.
PHALSBOURG. — La forteresse capitule, II. 135. — Récit de la capitulation, II. 260.
PIE IX. — I. 17. — Sa situation à Rome, I. 132. — Excommunie les usurpateurs de ses États, I. 464. — Sur son départ de Rome, II..441, 470
PIÉTREMONT (Albert). — Sa disparition du mont Valérien, II. 468.
PIÉTRI (Franceschini). — Ex-secrétaire particulier de Napoléon III, I. 288.
PLÉBISCITE. — Pour la confirmation des pouvoirs du gouvernement à Paris, I. 174. — Article du *Nord* sur ce vote, I. 181.
PONSON DU TERRAIL. — Sur sa mort, I. 44; II. 511.
POSTES (Service des). — I. 96, 97, 99, 108. — Avis sur les lettres envoyées par les prisonniers français, I. 100. — Sur les abonnements de journaux près des recettes de postes, I, 106, 461. — Sur les cartes de correspondance, I. 107. — Bureau établi à Metz, I. 128. — Affranchissement des envois, I. 204. — Bureaux allemands de Versailles agrandis, I. 308. — Bureaux allemands établis dans les provinces occupées, I. 595. — Heures d'arrivée et de départ des voitures des postes, I. 415. — Ordre relatif à l'affranchissement des lettres, I. 459. — Établissement de bureaux de recettes, I. 475; II, 151. — Lettres et valeurs déclarées pour l'Allemagne, I. 528. — Bureaux pouvant recevoir des lettres chargées, II. 17. — Sur la mission des postes allemandes, II. 24. — Distributions irrégulières, II. 35. — Distributions tardives, II, 226. — Poste secrète à Soissons, II. 402. — Maîtresse de poste emprisonnée, II. 405. — Tarif des envois de lettres, II. 418. — Service entre Paris et Versailles, II. 519.
PRIM (Maréchal). — Est assassiné, II. 268, 323. — Ses funérailles, II. 339, 405.

PRINCE IMPÉRIAL (Le). — Procès à Bruxelles, relatif à des menaces de mort faites contre lui, II. 47.
PRISONNIERS ALLEMANDS. — Sur les cruautés excercées contre eux, I. 149.
PRISONNIERS FRANÇAIS. — Énumération de prises récentes, I. 167. — A Liége, I. 249. Traitement des prisonniers, I. 290, 464. — Évasions, II. 309, 595, 596, 545, 547, 571; II. 66, 199, 236, 287, 297, 325, 354, 355, 579, 580, 427, 663. — Provenant de Metz, I. 322. — Natifs d'Alsace et de Lorraine, I. 597. — Situation des prisonniers, I. 420. — Leur camp à Wesel, I. 504. — Dans les houillères d'Allemagne, I. 508. — Leur instruction religieuse, I. 519. — Internés à Mayence, I, 562. — Lettre de Mgr Mermillod sur leur traitement, I. 595.— Internés à Stettin, II. 98. — A Brandebourg, II. 168. — Bataillons pour les surveiller, II. 190. — Lettre du Dr Kerkhoven sur leur traitement, II. 204. — Repris et condamnés, II. 269. — Loyauté des prisonniers sous Louis XIII, II. 286. — Engagement d'honneur des prisonniers, II. 329. — Lettres sur les traitements qu'ils subissent, II. 330, 344, 424. — Internés en Suisse, II. 369.— Soignés par les Allemands, II. 371. — Ordonnance les concernant, II. 592. — A Vurzbourg, II. 453. — A Mayence, II. 468. — Lettre d'un Suisse sur leur situation, II. 574.
PRUSSE (Prince royal de). — Son jour de naissance, I. 17. — Créé feld-maréchal, I. 75. Visite l'orangerie de Versailles, I. 75. — Créé maréchal russe, I. 189. — Son ordre du jour aux Poméraniens du 2ᵉ corps, I. 297.
PYAT (Félix). — Propose l'assassinat du roi de Prusse, I. 22.

QUIRINAL (Le). — Occupé par le gouvernement italien, I. 209.

RANC (A.).—Chef de la sûreté générale, I. 82.
RANDON (Le maréchal). — Sa mort, II. 442.
*Recueil officiel du département de Seine-et-Oise*. — Sa publication par ordre des Prussiens, I. 8.
REGNAULT (Henri).—Tué à Buzenval, II. 537.
REICHSTAG (Le). — Sa convocation au sujet de l'entrée des États du Sud dans la Confédération du Nord de l'Allemagne, I. 190.— Ouverture de sa session, I. 430. — Séances relatives au rétablissement de l'Empire, II. 71.
REIMS. — Le sous-préfet interné en Silésie, I. 400. — Trois médecins internés à Magdebourg, I. 456.
RENAULT (Le général). — II. 215.
RÉQUISITIONS.—Extraits d'ouvrages de MM. de

— 677 —

Barante et Guizot sur celles qui frappèrent l'Allemagne sous Napoléon Ier, II. 611, 612. 613.
Rochefort (H. de). — Ne signe plus comme membre du gouvernement, I. 156. — Sur sa retraite, I. 250. — Sur sa démission, I. 288. — Bruit de sa blessure, II. 511.
Rocroy. — Occupé, II. 317, 347.
Rome. — Installation du gouvernement italien, I. 189. — Discours du ministre des affaires étrangères italien sur l'entrée à Rome, I. 241. — Elections municipales, I. 262. — Lettre sur la situation à Rome, II. 42.
Roon (Le général de). — Ministre de la guerre de Prusse, célèbre le cinquantième anniversaire de son entrée au service, II. 527. — Est félicité par le roi, la reine et la princesse royale, II. 378, 379.
Roques. — Président du tribunal de Toulon, son arrestation, I. 501.
Rouen. — Lecture dans les églises d'une protestation contre l'invasion italienne à Rome, I. 70. — Occupé, I. 512. — Texte de la reddition de la ville, II. 155. — Sur l'occupation, II. 351.
Russel (Odo). — A Versailles, I. 308.

Saint-Cloud. — Incendie du château, I. 5, 13.
Saint-Denis. — Bombardé, II. 431. — Occupé, II. 476. — Coupé en deux par la ligne de l'armistice, II. 548.
Saint-Étienne. — Manifestation révolutionnaire, I. 284. — Scène de club, I. 402.
Saint-Pétersbourg. — Adresse du conseil municipal à Alexandre II sur les traités de 1856, I. 561.
Saint-Quentin. — Occupé, I. 58. — Combats, II. 417, 427, 431, 435.
Sanghaï. — I. 227.
Saussier (Le colonel). — Son évasion, II. 236.
Savoie. — Ses tendances révolutionnaires et séparatistes, I. 22; II. 648.
Saxe (Roi de). — Félicite l'Empereur d'Allemagne, II. 470.
Saxe-Cobourg-Gotha (Duc de). — Donne un repas anniversaire, II. 452.
Schelestadt. — Assiégé, I. 44. — Capitule, I. 45. — Récit du siège de cette ville d'après l'*Industriel alsacien*, I. 265.
Schmitz (Général). — II. 213.
Schneider. — Bruit de la vente de ses usines du Creuzot, I. 247.
Sée, Lieutenant français. — S'est évadé, I. 512.
Service militaire. — Ordre sur le service militaire dans les provinces occupées, I. 211.

Sèvres. — Sa manufacture de porcelaine pendant le siège, I. 85.
Shéridan (Général). — I. 353.
*Situation (La)*. — Journal bonapartiste. — Article sur les sentiments de la France, I. 103. — Sur l'arrivée de Gambetta à Tours et la nomination de Garibaldi comme général d'armée, I. 150. — Sur les véritables traîtres, I. 152. — Sur Bazaine et Gambetta, I. 224. — Sur les élections, I. 258. — Sur la France (décembre), I. 551. — Sur les hommes du 4 septembre, I. 551. — Sur la situation à Florence, I. 560. — Sur la France, I. 571. — Sur la paix. II. 20. — Sur la dictature de Gambetta, II. 56. — Lettre de Vienne (décembre), II. 154. — Sur l'intérêt d'une entente de l'impératrice Eugénie avec l'Allemagne, II. 159. — Sur la France, II. 190.
Situation économique (fin octobre). — I. 54.
Soissons. — Capitulation, I. 12, 47.
Spuller. — Nommé inspecteur des camps, II. 285.
Steenackers. — II. 556.
Strasbourg. — Sur la capitulation, I. 3. — L'armée de siège, I. 5. — Collectes pour les indigents, I. 17. — Visite aux ruines, I. 53. — Sur la bibliothèque, I. 117 ; II. 396. — Réorganisation de l'instruction primaire par les Allemands, I. 147.
Suez (Canal de). — Bruit sur la transformation de la Société directrice, I. 567.

Taschard, ministre de France en Belgique. — Excite les soldats internés à rentrer en France, I. 513.
Télégrammes. — Adressés à l'empereur et trouvés au palais de Saint-Cloud, I. 275, 291, 303, 541, 559, 578, 410, 451, 468, 488, 508. — Pourquoi l'*Indépendance belge* ne les publie pas, I. 516. — Des préfets de l'Empire sur l'effet produit dans leurs départements par la déclaration de guerre, I. 609.
Théâtre Français. — Matinée littéraire, I. 202.
Thénard. — Prisonnier en Allemagne, II. 624.
Thiers. — Sa mission diplomatique, I. 21, 22, 52. — Son *Histoire du Consulat et de l'Empire*, I. 27. — Bruit de sa venue à Versailles, I. 56. — On lui offre le ministère de la guerre, I. 58. — Sur sa venue à Versailles, I 59, 68, 76. — Y séjourne, I. 81, 87, 92, 110. — Retourne à Paris, I. 100. — Sa conversation avec le roi d'Italie, .101. — Sur sa mission à Versailles, I. 119. — Sur le rapport publié par lui sur sa mission, I. 151. — Écrit au pape au sujet de son voyage diplomatique, I. 191. — Ses demandes relatives au ravitaillement de Paris,

I. 298. — En dissentiment avec Gambetta, II. 353. — Bruit qu'il proposerait la couronne de France au roi des Belges, II. 554. — Entrée de Napoléon I$^{er}$ à Berlin, extraite du *Consulat et de l'Empire*, II. 629.

THIONVILLE. — Est bombardée, I. 310. — Sa capitulation, I. 323, 360.

TIMBRES-POSTE à l'effigie de la République, I. 605.

TIRAILLEURS GIRONDINS. — II. 311.

TOUL. — Capitulation, I. 3.

TOULOUSE. — Établit un comité de salut public, I. 43, 130. — Désordres, I. 176. — Manifestations à propos de la destitution de Duportal, I. 312. — Réunion démagogique, I. 552.

TOURS. — Bombardé, II. 158. — Sur le déménagement de la délégation à Bordeaux, II. 264. — Proclamation de la municipalité sur l'inutilité de la résistance de la ville, II. 370. — Occupé, II. 418.

TRAITÉS DE 1856. — I. 599, 400, 424, 425, 431, 441, 462, 463, 481, 482, 485, 494, 495, 500, 544, 546, 565, 568, 590, 591; II. 235. — Ouverture de la conférence, II. 434.

TRIBUNAUX. — Décret sur leur compétence, I. 162.

TROCHU (Le général). — Attaqué par Blanqui dans la *Patrie en danger*, I. 600. — Bruit de sa démission, II. 444.

UNITÉ ALLEMANDE (L'). — I. 528, 532.

VAILLANT (Le maréchal). — I. 114.

VALCOURT (Comte de). — Sur sa fuite de Metz, I. 290.

VALLÈS (Jules). — Compromis dans les papiers des Tuileries, I. 29.

VENDÔME — Évacué par les Français, II. 67. Combat, II. 80.

VERDUN. — Sa capitulation, I. 127, 152.

*Vérité* (Journal la). — Sur son article du 15 octobre, I. 115.

VERMOREL — Compromis dans les papiers des Tuileries, I. 29.

VERSAILLES. — Sur son ravitaillement, I. 14, 76. — Tarifs des restaurateurs, I. 16. — Sur les réquisitions, I. 16. — Sur l'heure de rentrée des habitants, I. 33. — Sur la vente des denrées, I. 92. — Objets délivrés aux ambulances de la ville, I. 120. — Prix successifs des denrées, I. 141, 203, 393; II. 99, 445, 483, 529, 563, 601, 606, 658. — Questions d'approvisionnements, I. 296; II. 408. — Vol commis au musée, I. 565 — Note sur une arrestation, II. 528.

VESOUL. — Combats autour de la ville, II. 317.

VICHY. — Son ambulance, I. 255.

VICINAL (Service). — Arrêté du préfet de Seine-et-Oise, I. 135.

VIGNERAL (Commandant de). — II. 66.

VILLEFRANCHE. — Inconduite des mobiles dans cette ville, I. 427. — Article de *l'Union* sur cette affaire, I. 434.

VILLERSEXEL (Combats de). — II. 340, 352, 358, 517.

VINOY (Le général). — II. 39, 213, 430.

VON DER TANN (Général). — Ses combats près d'Orléans, II. 64.

VRIGNAULT. — Au club Valentino, II. 79.

WASHBURNE. — Éloges donnés à sa conduite envers les Allemands pendant le siège, II. 490.

WERDER (Général de). — Bat les Français près de Besançon, I. 48. — Félicité par le roi de Prusse, II. 445. — Souscription pour lui offrir une épée d'honneur, II. 475. — Son ordre du jour à son armée, II. 477. — Notice biographique, II. 582. — Reçoit le diplôme de docteur, II. 660.

WILHELMSHOEHE. — Arrivée de généraux de l'armée de Metz, I. 145. — Vie menée par l'empereur captif, I. 443.

WITTERSHEIM, I. 251.

WURTEMBERG (Royaume de). — Sur son entrée dans la Confédération du Nord, I. 442. — Élections, II. 20. — La Chambre vote le traité avec la Confédération du Nord, II. 250. — Le roi confère diverses décorations, II. 455, 470.

# APPENDICE.

### CHRONIQUE DE LA GUERRE FRANCO-ALLEMANDE (1870-1871)

Le *Journal officiel de Seine-et-Oise* a arrêté, à la date du 6 novembre 1870, la chronique de la guerre franco-allemande. Nous complétons cette chronique par l'insertion d'une autre chronique de la même guerre parue dans *l'Almanach de Gotha* de 1872, à partir du jour où le *Moniteur Prussien de Versailles* à suspendu sa publication :

#### 1870. — NOVEMBRE.

7. Capitulation du Fort Mortier.
Le général de Manteuffel, en quittant Metz, se dirige vers le nord de la France.
8. Capitulation de Verdun.
L'armée de la Loire, arrivant devant Orléans, le général von der Tann évacue cette ville.
9. Combat à Coulmiers entre le général von der Tann et le géné- d'Aurelle de Paladines, à la suite duquel les Allemands se retirent sur Toury.
10. Neuf-Brisach capitule.
11. Le grand-duc de Mecklembourg-Schwérin prend le commandement de l'armée opposée à celle du général d'Aurelle.
15. Le grand-duc de Mecklembourg se dirige vers l'Ouest.
17. Combat à Dreux entre la 17ᵉ division allemande et des parties de l'armée de l'Ouest.
18. La 22ᵉ division allemande soutient un combat près de Châteauneuf.
21. La 22ᵉ division allemande occupe la Loupe. Le général de Manteuffel s'empare de Ham.
22. Le grand-duc de Mecklembourg occupe Nogent-le-Rotrou. Commencement du bombardement de Thionville.
23. Belfort est complètement investi.
24. Les avant-gardes du général de Manteuffel et de l'armée du nord française se rencontrent à Quesnel et à Mezières.
Capitulation de Thionville.
Le grand-duc de Mecklembourg arrive à la Ferté-Bernard. Combats du Xᵉ corps d'armée contre l'aile droite de l'armée de la Loire près de Ladon, Maizières et Boiscommun. Les Français se retirent dans la forêt d'Orléans.
26. Capitulation de la Fère.
27. Bataille d'Amiens. Le général de Manteuffel force le général Farre à se retirer vers les places fortes du Nord.
28. Le général Trochu fait occuper le mont Avron.
Combat à Beaune-la-Rolande. Le Xᵉ corps allemand repousse les

attaques des XVIII⁰ et XX⁰ corps français. Le général de Manteuffel fait son entrée dans Amiens.

29. Sortie de la garnison de Paris, dirigée contre les positions du VI⁰ corps d'armée.

30. Grande sortie de la garnison de Paris, dirigée contre le front sud. Bry et Champigny tombent le soir de la bataille entre les mains des Français.

### 1870. — DÉCEMBRE.

1ᵉʳ. L'armée française se fortifie à Bry et à Champigny. Le général de Manteuffel se dirige sur Rouen.

2. Les Saxons et les Wurtembergeois renforcés par les II⁰ et VI⁰ corps d'armée luttent contre l'armée de Paris à Bry et à Champigny.

Commencement des combats autour d'Orléans entre le prince Frédéric-Charles et le général d'Aurelles. Combats d'Orgères, Patay, Pougny et Loigny.

3. L'armée de Paris se retire sur la rive droite de la Marne. Combats de l'armée du prince Frédéric-Charles à Chevilly et à Chilleurs contre l'armée du général d'Aurelles. Les Français se retirent sur Orléans.

Commencement du bombardement de Belfort.

4. Combats près de Cercottes et de Gidy devant Orléans. L'armée française se retire, en amont et en aval de la Loire, en deux masses séparées qui forment plus tard l'armée de l'Est sous Bourbaki et l'armée de l'Ouest sous Chanzy.

5. Le prince Frédéric-Charles occupe Orléans.

La délégation de Tours quitte cette ville et se retire à Bordeaux.

6. Le général de Manteuffel occupe Rouen,

8. Le grand-duc de Mecklembourg bat le général Chanzy à Beaugency.

9. Le grand-duc de Mecklemboug occupe Bouvalet et Cernay. Occupation de Dieppe par un détachement de l'armée du général de Manteuffel.

10. Le général Chanzy est forcé de se retirer sur Vendôme.

12. Capitulation de Phalsbourg.

Commencement du bombardement de Montmédy.

13. Marche du prince Frédéric-Charles sur Vendôme.

Capitulation de Montmédy.

15. Combat sur les bords du Loir entre le prince Frédéric-Charles et le général Chanzy. Ce dernier se retire sur le Mans.

16. Le prince Frédéric-Charles entre dans Vendôme.

18. Combat près de Nuits dans lequel la division badoise repousse l'armée française sous les ordres du général Cremer.

19. Le prince Frédéric-Charles se tient en observation près d'Orléans.

21. Sortie de la garnison de Paris contre les positions de la garde et des Saxons.

23. Bataille près de la Hallue (Pont Noyelles) entre le général de Manteuffel et le général Faidherbe.

27. Commencement de l'attaque de l'artillerie sur Paris.

Bombardement du mont Avron par les Saxons.

Combats près de Montoire et de la Chartre dans les environs de Vendôme.

28. Combat d'une partie de l'armée allemande du Nord près de Longpré.

29. Les Saxons s'emparent du mont Avron.
31. Combat de la XX<sup>e</sup> division allemande près de Vendôme. Les Allemands prennent d'assaut le château de Robert le Diable, en Normandie.

### 1871. — JANVIER.

2. Capitulation de Mézières.
Commencement du bombardement de Péronne.
2—3. Combats de Bapaume. Le général de Gœben repousse les attaques du général Faidherbe.
5. Commencement du bombardement du front sud de Paris. Les Allemands s'emparent de Rocroi par un coup de main.
Le prince Frédéric-Charles se dirige sur le Mans.
6—12. Batailles pendant lesquelles l'armée du prince Frédéric-Charles rejette celle du général Chanzy sur le Mans et remporte sur elle une victoire complète.
8. Commencement du bombardement de la ville de Paris.
9. Combat à Villersexel dans lequel un détachement de l'armée du général de Werder arrête l'armée du général Bourbaki en marche sur Belfort.
Capitulation de Péronne.
10. Sortie de l'armée de Paris dans la direction de Clamart.
13. Sortie de la garnison de Paris contre Meudon et Clamart et contre le Bourget.
14. Les Allemands trouvent le camp de Conlie abandonné.
15—17. Bataille sur les bords de la Lisaine, près de Belfort, dans laquelle le général Bourbaki attaque inutilement à diverses reprises les positions du général de Werder.
18. Le général Bourbaki se retire sur Besançon.
19. Grande sortie de la garnison de Paris contre Versailles.
Le général de Hartmann occupe Tours.
Bataille de Saint-Quentin dans laquelle le général de Gœben remporte une victoire complète sur l'armée du Nord sous les ordres du général Faidherbe.
21. Commencement du bombardement de Saint-Denis.
23. Mr. Jules Favre entame à Versailles, avec le Chancelier Fédéral, des négociations concernant un armistice.
25. Capitulation de Longwy.
26—27. L'artillerie suspend à minuit son feu devant Paris.
28. Conclusion de la convention de Versailles qui stipule la capitulation de Paris. Les forts seront remis aux Allemands, l'armée de Paris, à l'exception de la garde nationale et d'une division de 12,000 hommes, est prisonnière de guerre, mais elle reste dans la ville. La garde nationale veillera au maintien de l'ordre. Armistice général, excepté sur le théâtre de la guerre dans le sud-est. Les élections à l'Assemblée nationale auront lieu dans toute la France, et les généraux allemands y laisseront procéder librement dans les provinces occupées.
29. Combats près de Dombacourt et de Chaffois dans lesquels le général de Manteuffel repousse l'avant-garde de l'armée française jusqu'à Pontarlier.
31. La délégation de Bordeaux promulgue un décret par lequel elle met des restrictions notables à la liberté électorale.

## 1871. — FÉVRIER.

1ᵉʳ. L'armée française, forte d'environ 84,000 hommes, poursuivie par le général de Manteuffel, passe en Suisse.

3. Le comte de Bismarck proteste contre les restrictions posées par la délégation de Bordeaux à la liberté électorale.

4. Un décret du gouvernement de Paris casse celui de la délégation de Bordeaux. En conséquence, Gambetta donne sa démission de membre du gouvernement de la Défense nationale et de ministre de la guerre.

6. Emmanuel Arago est chargé de la direction des ministères de la guerre et de l'intérieur.

8. Élections à l'Assemblée nationale.

10. Le général Leflô prend la direction des affaires du département de la guerre.

12. Séance préparatoire de l'Assemblée nationale à Bordeaux.

13. Jules Favre déclare à l'Assemblée nationale au nom de ses collègues que le gouvernement de la Défense nationale dépose ses pouvoirs entre les mains des Représentants du peuple, mais qu'il continuera à fonctionner jusqu'à la formation d'un nouveau gouvernement.

16. Capitulation de Belfort. La garnison obtient la libre sortie avec les honneurs de la guerre.

17. L'Assemblée nationale nomme M. Thiers chef du pouvoir exécutif de la République française.

19. M. Thiers fait connaître le nouveau ministère à l'Assemblée nationale; il est ainsi composé : Dufaure à la justice, Jules Favre aux affaires étrangères, Picard à l'intérieur, Jules Simon à l'instruction publique, Lambrecht au commerce, Leflô à la guerre, Pothuau à la marine, Larcy aux travaux publics.

L'Assemblée nationale nomme une commission de 15 membres qui, pendant les négociations de paix, doit servir de trait d'union entre les négociateurs et l'Assemblée.

21. Le chef du pouvoir exécutif et la commission diplomatique arrivent à Versailles pour prendre part aux négociations de paix.

22. L'armistice est prolongé jusqu'au 26 février à minuit.

24. M. Pouyer-Quertier est nommé ministre des finances.

26. Signature des préliminaires de paix à Versailles entre 5 et 6 heures du soir. L'armistice est de nouveau prolongé sous la condition qu'à partir du 3 mars il pourra être dénoncé par un avis donné trois jours à l'avance. Les conditions principales des préliminaires de paix, soumis à la ratification de l'Assemblée nationale, sont la cession de l'Alsace et d'une partie de la Lorraine, y compris Metz ainsi que le payement de 5 milliards de francs à l'Allemagne.

28. Lecture, à l'Assemblée nationale à Bordeaux, du projet de loi concernant l'acceptation des préliminaires de paix. L'Assemblée vote l'urgence et décide de se réunir le soir dans les bureaux et le lendemain, 1ᵉʳ mars, en séance publique. L'Assemblée vote avec acclamation la résolution rejetant la responsabilité du malheur qui frappe la France sur Napoléon et qui renouvelle la déchéance prononcée contre lui.

## 1871. — MARS.

1ᵉʳ. L'Assemblée nationale vote le traité de paix préliminaire au scrutin par 546 voix contre 107.

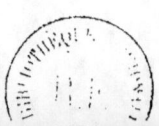

# TABLE DES MATIÈRES.

## LE MONITEUR OFFICIEL
#### DU DÉPARTEMENT DE SEINE-ET-OISE.

|  | Pages |
|---|---|
| Mercredi 14 décembre 1870 | 1 |
| Jeudi 15 | 17 |
| Vendredi 16 | 33 |
| Samedi 17 | 52 |
| Lundi 19 | 67 |
| Mardi 20 | 80 |
| Mercredi 21 | 100 |
| Jeudi 22 | 115 |
| Vendredi 23 | 131 |
| Samedi 24 | 145 |
| Dimanche 25 | 158 |
| Mardi 27 | 172 |
| Mercredi 28 | 187 |
| Jeudi 29 | 196 |
| Vendredi 30 | 211 |
| Samedi 31 | 225 |
| Dimanche 1ᵉʳ janvier 1871 | 236 |
| Mardi 3 | 252 |
| Mercredi 4 | 269 |
| Jeudi 5 | 285 |
| Vendredi 6 | 296 |
| Samedi 7 | 309 |

## LE MONITEUR OFFICIEL
#### DU GOUVERNEMENT GÉNÉRAL DU NORD DE LA FRANCE ET DE LA PRÉFECTURE DE SEINE-ET-OISE.

|  |  |
|---|---|
| Dimanche 8 janvier 1871 | 317 |
| Mardi 10 | 326 |
| Mercredi 11 | 333 |
| Jeudi 12 | 339 |
| Vendredi 13 | 352 |
| Samedi 14 | 357 |
| Dimanche 15 | 370 |
| Mardi 17 | 377 |
| Mercredi 18 | 389 |

|  | Pages |
|---|---|
| Jeudi 19 janvier 1871 | 398 |
| Vendredi 20 | 406 |
| Samedi 21 | 417 |
| Dimanche 22 | 427 |
| Mardi 24 | 431 |
| Mercredi 25 | 436 |
| Jeudi 26 | 443 |
| Vendredi 27 | 452 |
| Samedi 28 | 462 |
| Dimanche 29 | 470 |
| Mardi 31 | 476 |
| Mercredi 1er février | 484 |
| Jeudi 2 | 489 |
| Vendredi 3 | 497 |
| Samedi 4 | 504 |
| Dimanche 5 | 512 |
| Mardi 7 | 519 |
| Mercredi 8 | 525 |
| Jeudi 9 | 530 |
| Vendredi 10 | 538 |
| Samedi 11 | 548 |
| Dimanche 12 | 554 |
| Mardi 14 | 557 |
| Mercredi 15 | 559 |
| Jeudi 16 | 563 |
| Vendredi 17 | 566 |
| Samedi 18 | 570 |
| Dimanche 19 | 576 |
| Mardi 21 | 583 |
| Mercredi 22 | 594 |
| Jeudi 23 | 601 |
| Vendredi 24 | 608 |
| Samedi 25 | 617 |
| Dimanche 26 | 625 |
| Mardi 28 | 633 |
| Mercredi 1er mars | 638 |
| Jeudi 2 | 646 |
| Vendredi 3 | 649 |
| Samedi 4 | 654 |
| Dimanche 5 | 658 |
| INDEX ALPHABÉTIQUE | 663 |
| APPENDICE. — Chronique de la guerre franco-allemande (*Fin*) | 679 |

www.ingramcontent.com/pod-product-compliance
Lightning Source LLC
Chambersburg PA
CBHW050057230426
43664CB00010B/1352